中国—中东欧国家
进出口商品贸易潜力研究

钟建军 著

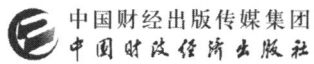

中国财经出版传媒集团
中国财政经济出版社

图书在版编目（CIP）数据

中国—中东欧国家进出口商品贸易潜力研究 / 钟建军著 . -- 北京：中国财政经济出版社，2023.9
ISBN 978 - 7 - 5223 - 2355 - 8

Ⅰ.①中… Ⅱ.①钟… Ⅲ.①商品 - 进出口贸易 - 研究 - 中国、欧洲 Ⅳ.①F752.75

中国国家版本馆 CIP 数据核字（2023）第 122717 号

组稿编辑：周桂元　　　　　责任校对：胡永立
责任编辑：周桂元　　　　　责任印制：张　健
封面设计：卜建辰

中国—中东欧国家进出口商品贸易潜力研究
ZHONGGUO—ZHONGDONGOU GUOJIA JINCHUKOU SHANGPIN
MAOYI QIANLI YANJIU

中国财政经济出版社 出版

URL：http://www.cfeph.cn
E - mail：cfeph@ cfeph.cn
（版权所有　翻印必究）

社址：北京市海淀区阜成路甲 28 号　邮政编码：100142
营销中心电话：010 - 88191522
天猫网店：中国财政经济出版社旗舰店
网址：https://zgczjjcbs.tmall.com
北京财经印刷厂印刷　各地新华书店经销
成品尺寸：170mm×240mm　16 开　26.25 印张　430 000 字
2023 年 9 月第 1 版　2023 年 9 月北京第 1 次印刷
定价：110.00 元
ISBN 978 - 7 - 5223 - 2355 - 8
（图书出现印装问题，本社负责调换，电话：010 - 88190548）
本社质量投诉电话：010 - 88190744
打击盗版举报热线：010 - 88191661　QQ：2242791300

前　言

本书为宁波大学中东欧经贸合作研究院自设课题"中国与中东欧国家贸易潜力与产品结构优化研究"（CEEC2022-01）的最终研究成果。宁波大学中东欧经贸合作研究院成功入选浙江省新型培育智库、国家民委"一带一路"国别和区域研究中心。研究院以首席专家、基本研究人员、签约研究人员和参与研究人员为研究力量，聚焦中国与中东欧贸易合作、产业合作和科技合作等领域开展研究，致力于助推中国—中东欧国家经贸合作示范区建设，全面推动中国与中东欧国家经贸合作高质量发展。

本书包括7章，可概括为5个部分。内容如下：

第1部分为绪论，即第1章。本部分先介绍本书的研究背景与意义，然后从中国—中东欧国家合作、双边贸易潜力和估算贸易潜力的引力模型三个方面介绍国内外研究现状。

第2部分介绍贸易潜力理论，即第2章。本部分先从引力模型的理论推导和引力模型的实证运用这两个维度，系统梳理贸易潜力理论。然后从引力模型、出口潜力指标和产品多样化指标三个维度，系统梳理贸易潜力测度方法。

第3部分描述贸易现状，由第3章和第4章构成。本部分从双边贸易总体现状，进口贸易现状和出口贸易现状三个维度系统描述中国（浙江省）与中东欧的进出口贸易现状。

第 4 部分由第 5 章和第 6 章构成，论述贸易潜力估算与现状。本部分从总体贸易潜力估算、分国别贸易潜力估算和分商品贸易潜力估算三个方面来系统刻画中国（浙江省）—中东欧国家贸易潜力现状。

第 5 部分由第 7 章构成，为全书研究结论与政策启示（建议）。本部分概括了 8 个研究结论，提出了 5 个政策启示（建议）。

本书的写作得到了方方面面的帮助与支持。宁波大学中东欧经贸合作研究院副院长杨丹萍教授在书稿提纲的拟定和人员的组织以及与出版机构的联系沟通等方面做了大量悉心的指导与安排。宁波大学商学院王威威、杨小钢、陈栋、易子涵、周希琳、郑可晴、曾忆、陈佳格、傅若晗、包姗姗、夏金萍、蔡顺、顾月秀、张梦迪与胡唐洁等研究生搜集了本书所需要的部分数据。感谢中国财政经济出版社周桂元编审的审读，使本书避免了不少差错。感谢宁波大学中东欧经贸合作研究院刘晓丹博士和宁波大学商学院党政办骆嬺主任在课题研究过程中提供的无私帮助，使本书得以顺利出版。本书也得到了教育部人文社会科学研究一般项目"企业动态视角下中间品进口对中国制造业就业的影响研究"（20YJC790188）的资助。

书中不当和疏漏之处，恳请读者和专家批评指正。

钟建军

2023 年 6 月

目 录

第1章 绪 论 …………………………………………………（ 1 ）

    1.1 研究背景与意义 ……………………………………（ 1 ）

    1.2 国内外研究现状 ……………………………………（ 3 ）

    1.3 研究思路与内容 ……………………………………（ 21 ）

第2章 贸易潜力理论 …………………………………………（ 23 ）

    2.1 贸易潜力理论 ………………………………………（ 23 ）

    2.2 贸易潜力测度 ………………………………………（ 37 ）

第3章 中国—中东欧国家进出口贸易现状 …………………（ 63 ）

    3.1 中国—中东欧国家双边贸易总体现状 ……………（ 63 ）

    3.2 中国从中东欧国家进口贸易现状 …………………（113）

    3.3 中国向中东欧国家出口贸易现状 …………………（170）

第4章 浙江省—中东欧国家进出口贸易现状 ………………（227）

    4.1 浙江省—中东欧国家进出口贸易规模分析 ………（227）

    4.2 浙江省—中东欧国家进口贸易市场分布分析 ……（242）

    4.3 浙江省—中东欧国家出口贸易商品结构分析 ……（285）

第 5 章　中国—中东欧国家贸易潜力估算 …………（298）

  5.1 总体贸易潜力估算 ………………………………（298）
  5.2 分国别贸易潜力估算 ……………………………（309）
  5.3 分商品贸易潜力估算 ……………………………（320）

第 6 章　浙江省—中东欧国家进出口贸易潜力估算 ………（346）

  6.1 总体贸易潜力估算 ………………………………（346）
  6.2 分国别贸易潜力估算 ……………………………（354）
  6.3 分商品贸易潜力估算 ……………………………（365）

第 7 章　研究结论与政策启示（建议）…………………（385）

  7.1 研究结论 …………………………………………（385）
  7.2 政策启示（建议）………………………………（390）

参考文献 ………………………………………………………（392）

第 1 章

绪 论

1.1 研究背景与意义

1.1.1 研究背景

作为新兴市场的中东欧国家，是最早承认新中国的一批欧洲国家，与中国有着深厚的传统友谊。中东欧国家，北起波罗的海，南至地中海，与土耳其接壤，东临俄罗斯、白俄罗斯、乌克兰等经济体，西接德国、奥地利与意大利。中东欧国家地处欧亚大陆要冲，是通往西欧和北欧的重要枢纽，是率先探讨跨区域合作、共建"一带一路"倡议对接的经济体，是"一带一路"倡议融入欧洲经济圈的重要承接纽带。

中国—中东欧国家合作已成为共建"一带一路"的样板。自 2012 年建立中国—中东欧国家合作机制以来，中国与中东欧国家经贸合作不断发展，取得长足进步。中国—中东欧国家投资贸易博览会自 2015 年开始连续在宁波举办四届。2019 年，中国—中东欧国家投资贸易博览会升级为我国唯一面向中东欧国家的国家级展会，即中国—中东欧国家博览会暨国际消费品博览会,并且继续在宁波举办,为中国—中东欧国家经贸合作提供了重要平台。此外,宁波、沧州等地已经启动中国—中东欧国家经贸合作示范区、产业园区建设。这些举措将持续活跃中国—中东欧国家双边经贸合作。当前,中国—中东欧国家双向投资规模已接近 200 亿美元,涉及绿色低碳、医药健康、新能源、汽车零配件、化工、家电、矿产、商务等多个领域。中国—中东欧国家双边贸易持续保持强劲增长势头。2012 年以来,双边贸易额增长近 85%,年均增速达到 8%,是同期中国与欧盟贸易增速的 2 倍以上,也是同期中国双边贸易增速的 3 倍以上。即使在新冠肺炎疫情全球蔓延、世界经济复苏艰难、局部地区冲突加剧的大环境下,中国与中东欧国家双边贸易额依旧逆势增长,2021 年大幅增长 29.7%,贸易额高达 1240.2 亿美元,占中欧双边贸易总额的四分之一。由此可见,双边贸易是中国—中东欧国家经贸合作的重要抓手。

当前世界充满不确定性,如何借助中国—中东欧国家合作机制以保持强劲的双边贸易发展势头,则成为当下双方需要深入思考的问题。习近平主席在 2021 年的中国—中东欧国家领导人峰会上的主旨讲话中提到:"中方计划今后 5 年从中东欧国家进口累计价值 1700 亿美元以上的商品,愿积极利用中国国际进口博览会、中国—中东欧国家博览会等平台扩大自中东欧国家进口商品。"这说明中国—中东欧国家之间的贸易潜力不容小觑,有待挖掘。当前,中国从中东欧国家进口的产品大多为农食产品,离满足广大群众对多样化产品需求的目标还存在一定差距,进口产品结构有待进一步优化。因此,研究中国—中东欧国家贸易潜力与产品结构优化迫在眉睫。

1.1.2 研究意义

为深入挖掘中国—中东欧国家贸易潜力提供决策依据。中国—中东欧国家合作机制已经运行 10 周年,取得了丰硕成果。然而,在当前高度复杂的国际局势背景下,该合作机制也遭遇到了一些挑战,如部分中东欧国家对华贸易出现逆差,使其预期与实践形成一定落差。立陶宛于 2021 年宣布退出该合作机制,拉脱维亚和爱沙尼亚也于 2022 年 8 月 11 日宣布退出该合作机制,这在一定程度上影响了中国—中东欧国家合作机制的可持续发展。本书从经济视角出发,基于合作机制开始前后两个历史阶段的 HS6 位码层面双边贸易数据,从国家、行业、产品类别等层面系统测度中国—中东欧国家的贸易潜力，为挖掘中国—中东欧国家的贸易潜力提供决策依据。

为优化中国—中东欧国家进出口产品结构提供决策参考。自2012年中国—中东欧国家合作机制运行以来，中国从中东欧国家的进口产品以农食产品为主，农食产品的附加值相对较低，部分中东欧国家对华贸易出现逆差。本书采用中国国家层面和省级层面数据，系统剖析中国—中东欧国家贸易的进出口产品结构，为优化双边进出口产品结构提供决策参考。

为中国—中东欧国家贸易潜力研究提供鲜活案例。学术界关于中国—中东欧国家的研究，大多聚焦于中国—中东欧国家合作机制的优化与运作、贸易互补性与竞争性、直接投资效率、农产品合作等方面。本书从双边HS6位码产品的双边贸易数据出发，系统解析中国—中东欧国家的贸易潜力与进出口产品结构现状，并提出相应的政策性启示（建议），在学术上将为中国—中东欧国家的贸易潜力研究提供新案例。

助推"一带一路"倡议建设。中东欧国家是率先探讨跨区域合作共建"一带一路"倡议对接的经济体，是"一带一路"倡议融入欧洲经济圈的重要承接带。提升中东欧国家与中国的贸易潜力并且优化其对中国的出口产品结构，缩小与中国的贸易逆差，提高其贸易顺差，提高中东欧国家参与"一带一路"倡议的内生动力，助推"一带一路"倡议建设。

1.2 国内外研究现状

本章涉及中国—中东欧国家合作研究、双边贸易潜力研究、测度贸易潜力的引力模型研究三个方面的内容。

1.2.1 中国—中东欧国家合作研究

中东欧国家包括阿尔巴尼亚、保加利亚、匈牙利、波兰、罗马尼亚、爱沙尼亚、拉脱维亚、立陶宛、斯洛文尼亚、克罗地亚、捷克、斯洛伐克、马其顿、波黑、塞尔维亚、黑山、乌克兰、白俄罗斯、摩尔多瓦19

个国家，其中有11个国家已经加入欧盟，整体具备良好的经济基础。按照世界银行收入水平分类，中东欧19个国家属于中高收入国家和高收入国家，但各国之间经济发展水平差距明显。2012年4月26日，首次中国—中东欧国家领导人会晤在波兰华沙举行，中国—中东欧国家合作正式启动，这也标志着以中国和中东欧16个国家为合作双方的"16+1"合作机制正式开启。2019年4月，希腊正式加入该合作机制，"16+1"合作升级为"17+1"合作。

2021年5月，立陶宛宣布退出"17+1"合作机制，中国—中东欧国家合作机制恢复到"16+1"合作机制。2022年8月11日，拉脱维亚和爱沙尼亚两国宣布退出"16+1"合作机制。截至2023年5月，中国—中东欧国家合作官网将成员国更新为14个国家（以下简称中东欧国家），即阿尔巴尼亚、波黑、保加利亚、克罗地亚、捷克、希腊、匈牙利、黑山、北马其顿、波兰、罗马尼亚、塞尔维亚、斯洛伐克和斯洛文尼亚。奥地利、白俄罗斯、欧盟、瑞士和欧洲复兴开发银行为观察员。中国—中东欧国家合作机制变为"14+1"合作机制，中国—中东欧国家合作机制面临新挑战。

国内外关于中国—中东欧国家合作的研究大致集中在以下几个方面：合作机制特点、机会与挑战，合作机制的影响及影响因素，合作理论探讨，法律政策合作等。

在中国—中东欧国家合作的研究方面，中国社会科学院欧洲研究所刘作奎研究员见地颇深，成果斐然，是研究该领域学者的典型代表。早在2013年，刘作奎研究员就指出了中国与中东欧国家合作的问题，并提出了推进中国与中东欧国家务实合作的四个对策：局部修正中国和中东欧国家合作机制的不对称性问题，细致挖掘同中东欧某些国家的合作潜力，注意欧盟的核心关切以及重视软实力的提升等（刘作奎，2013）。刘作奎（2020）认为，中国—中东欧国家合作以推动中欧关系发展和促进"一带一路"建设为宗旨。当前，中国—中东欧国家合作的内外部环境发生了巨大变化，合作中的不确定性增加，内外部因素叠加，合作难度加大，逐步进入合作的深水期。作者提出了破解合作难题的对策，如全面深化改革，对外释放合作利好；细致挖掘合作潜力，同时解决合作中存在的问题，增加政治互信，提高双边人文交流水平；维护好中欧关系大局，落实中欧投资协定；在新形势下，抓好用好新的契机，寻找双边合作机会，坚定中东欧国家与中国合作的信心。

进一步地,刘作奎研究员探讨了百年未有之大变局下中国—中东欧国家合作所面临的新挑战与新问题,并在评述国内外学者关于中国—中东欧国家合作理论的基础上,尝试提出了"双边+多边"理论来推进中国—中东欧国家合作进程,以弥补现有理论的不足(刘作奎,2022)。刘作奎(2019)首次剖析了日本对中东欧国家政策及日本针对"16+1"合作所提出的四项政策的内涵:价值观外交,安全领域合作,高技术领域合作以及推进民主化和转型工作。作者还对比分析了中日两国对中东欧国家政策的优劣势,并且提出了一系列推进"16+1"合作机制的政策建议:加快投资协定谈判,做好自由贸易协定谈判调研;开展第三方合作、取长补短;对接中东欧和欧盟关注领域,实现互利共赢;官方金融机构和私营或中小机构融资相互结合等。

Liu(2020)在概述中国—中东欧国家合作机制所取得的基本成就与经验以及合作面临的新机遇后,提出了当前中国—中东欧国家合作机制有待解决的问题,包括贸易逆差问题、中东欧国家向中国出口农产品问题、中东欧国家国内政局复杂多变导致项目推进困难、民心相通任重道远等困难。最后作者提出了在百年未有之大变局下,对深化中国—中东欧国家合作的五个思考,分别为:进一步夯实民意基础;发挥企业引领的作用;有理有据地解决贸易逆差问题;加大多边领域合作的力度;做好专业性的合作平台。王灵桂(2022)认为中国—中东欧国家合作面临来自四个方面的挑战:一是美国加大对中东欧国家的介入;二是部分欧洲人认为中国—中东欧国家合作会阻碍欧盟的统一对外政策;三是中东欧国家位于地缘政治敏感地带,易受美国、欧盟等外部因素的左右;四是中东欧国家国情复杂,对中国—中东欧国家合作的获益诉求不同。

在中国—中东欧国家合作的影响因素方面,人文交流合作是夯实双边合作民意基础的重要保障。宋黎磊(2020)强调人文交流对中国—中东欧国家合作的重要性,认为双方文化传统与价值观差异、战略需求不对称、美欧经济体对华态度变化等是影响中国—中东欧国家合作的主要因素。作者还提出了改善双边人文交流的建议:建设人文交流合作机制,对接中东欧国家个性化与差异化需求,将双边人文交流融入"一带一路"倡议的"民心相通"和"人类命运共同体"框架。鞠豪(2019)认为经济因素是"16+1"合作机制得以建立的主要原因:经贸合作是以往中国与中东欧国家关系中较为薄弱的环节，经济因素也是双方改变原有发展模式和在新发展环境下寻求合作突破的关键因素。作者还提出了影响当前"16+1"合作的三大因素：一是经济因素，包含双边合作规模和中东欧国家多样的经济诉求；二是中东欧国家的政治形势；三是外部势力，尤其是美欧对中东欧国家的控制。在新的发展形势下，深化"16+1"合作，首先需正确认识"16+1"合作的性质，实现双方互利共赢，使得"16+1"合作真正向战略机遇期转化；其次，精准对接中东欧国家的差异化诉求，增强他们参与"16+1"合作的能力与意愿；再次，做好风险评估与应对工作；最后是加强人文交流与合作，实现中国故事和中国声音在中东欧国家的"本土化"。

Turcsányi（2014）驳斥了"中东欧国家向中国示好是欧盟内部特洛伊木马（抑或分化欧盟）"的言论，认为"分化欧盟"言论其实反映出欧盟内部的问题，包括一些国家被边缘化以及对不同成员国实施双重标准等问题，这也得到了 Hickman 和 Karásková（2019）的支持。Góralczyk（2017）认为，早在20世纪50年代，中国就在中东欧地区扮演着积极和活跃的角色。后来，因为中苏关系破裂和中国国内的动荡局势，中国—中东欧国家的这种牢固关系受到影响。直到2012年，中国才再次活跃在该地区。在"走出去"战略的推动下，中国—中东欧国家"16+1"合作机制与"一带一路"倡议顺势提出并实施。作者认为，中国政府对"16+1"合作机制与"一带一路"倡议有理念、有务实态度、有政治愿景，但是该理念的落地力度较弱，其可能的原因有：商业文化不同、心态不同，欧盟法规对中国的限制，中东欧国家缺乏对中国的信任。中东欧国家从来没有走到一起形成一个单一的政治共同体。作者认为，中东欧国家需要做的是找到共同立场，即找到共同对待中国的务实态度，也包括处理好与中国文化方面的关系。

中国—中东欧国家合作机制经过10年来的发展，在经贸、文旅、科教、工业制造等领域的合作成效显著。但丁新正（2021）认为，对这些领域起保障与护佑作用的司法、仲裁、调解等法律政策领域的合作协调却相对滞后，随着《中国—中东欧国家合作中期规划》（2015—2020）的到期，双方需要制定《中国—中东欧国家合作规划》（2021—2026）。作者还提出了着重加强中国—中东欧国家法律政策合作协调机制建设的立法及政策建议：制定中国—中东欧国家合作的下一个五年规划及构建其框架下的"中国—中东欧国家法律政策合作机制";构建中国—中东欧国家合作风险救济机制;加强中国—中东欧国家法律政策合作协调的公众意识和提升公众参与度;强化中国企业"走出去"的法律政策风控意识,尤其是在贸易和投资合作领域提高预见性;在加强法律政策协调与合作中强化地方合作的稳定性和长远性。

1.2.2 双边贸易潜力研究

潜力的概念较早来源于生产方面的文献,一般解释为生产潜力,即在给定技术和投入品的情况下,一个经济体能达到的最大产出。如果经济体的产出水平处在边界或前沿上运行,则该生产过程是技术完全有效率的,否则是技术非效率的,意味着生产效率还有进一步提升的空间。生产效率的损失可以用实际产量和生产潜力的比例来衡量。相应地,贸易潜力是指在现有贸易政策、运输设施质量、制度或技术条件下,在最开放和最无摩擦的贸易条件下可以实现的理想贸易量(Kalirajan,1999;Kalirajan 和 Findlay,2005)。Baldwin(1994),Nilsson(2000)以及 Egger(2002)将引力模型估算出来的国家之间的贸易量称之为"贸易潜力"。他们还衡量了潜在贸易量是如何高于或低于实际贸易量的。其中,Egger(2002)使用不同的面板数据来寻找最佳模型,并提出了一个可以计算出实际贸易量与潜在贸易量的比例。这是一种衡量实际贸易流相对于模型估计平均值表现如何的指标,即双边贸易效率。

Kang 和 Fratianni(2006)将统计噪声项 v_{ijt} 和贸易非效率项 u_{ijt} 设定为正态—半正态分布,采用 Rose(2005)的数据,利用随机前沿估计方法估计出了一个特定国家或特定区域的相对贸易效率,并且将贸易效率定义为实际贸易量与计量模型所估计出的最大可能贸易量(抑或贸易潜力)之间的差距。为了解释双边贸易量,Armstrong 等(2008)根据双边贸易决定因素的世界贸易矩阵构建了一个潜在贸易的前沿,以对比分析东亚和南亚的贸易绩效。研究结果表明,在东盟的带领下,东亚的贸易绩效显著优于世界贸易绩效,而南亚贸易绩效则明显落后于东亚绩效。在东亚地区,随着中国加入世贸组织,中国的贸易绩效明显提升。澳大利亚与东亚高效地融合在一起,其贸易数量接近其贸易边界,即接近潜在的最大贸易量,抑或贸易潜力。东亚经济体之间有提升区域内贸易的空间,但南亚有更多尚未实现的贸易潜力,包括其区域内的贸易潜力。

Gebrehiwot 和 Gebru（2015）采用面板数据的动态引力模型，估算了埃塞俄比亚在 1995—2009 年与 36 个主要贸易伙伴的贸易潜力。研究发现，埃塞俄比亚的贸易潜力依旧未能实现，所有的传统贸易引力模型中的变量都显著。埃塞俄比亚与亚洲、欧洲和非洲国家的贸易潜力最高。作者还认为，可以通过改善埃塞俄比亚的基础设施、出口多样化以及加强双边贸易谈判来挖掘其未开发的贸易潜力。Mersha（2020）则重点分析了埃塞俄比亚的农产品出口潜力，与 Gebrehiwot 和 Gebru（2015）类似，作者也借助面板动态引力模型，不仅估算了埃塞俄比亚在 1995—2015 年与其 38 个主要贸易伙伴之间的农产品出口贸易潜力，还分析了农产品出口贸易潜力的主要影响因素。研究发现，出口国人口和贸易开放对农产品出口潜力的影响为正，而进口国人口、双边的地理距离和出口国的"合同密集型资金"（contract-intensive money）对农产品出口潜力的影响为负。包含以色列、瑞士、希腊、挪威、芬兰、瑞典、罗马尼亚和奥地利在内的欧洲国家依旧是埃塞俄比亚的主要潜在出口目的地。作者认为，通过双边贸易协议安排、减少公共部门对出口商的约束是优先促进对这些国家出口的两个重要措施。

Deluna 和 Edgardo（2014）基于 2009—2012 年菲律宾与 69 个贸易伙伴的双边产品贸易数据，采用随机前沿引力模型估算出了菲律宾的出口贸易效率及其贸易潜力。实证分析结果显示，进口贸易伙伴收入和市场规模显著正向影响菲律宾的产品出口。进口贸易伙伴市场规模每增加 1%，其出口额则会提升 0.24%。地理距离每增加 1%，其出口额则会降低 1.22%。在与目的地的出口贸易效率方面，出口贸易效率在 80% 以上的经济体有新加坡、新西兰、中国香港特区、美国、澳大利亚、加拿大、英国、丹麦、日本，马来西亚与韩国。美国、中国、日本等市场规模较大的国家，其出口潜力也较大，出口潜力大致在 10 万亿—30 万亿美元。贸易非效率模型的实证结果表明，菲律宾加入东盟 ASEAN、亚太经合组织 APEC 和世贸组织 WTO 后，出口贸易潜力得到显著提高。此外，减少进口经济体的腐败和劳动力市场更加自由，提升了菲律宾商品的出口潜力。语言的共同性也增强了菲律宾的出口贸易潜力。

Moharreri 和 Khosravi（2014）则尝试从互补性视角探讨跨太平洋伙伴关系协议（TPP）的贸易潜力。作者采用的数据是 2000—2010 年的 TPP 成员的农业和制造业部门的贸易数据。研究结果显示，对于制造业贸易而言，区域之间的贸易潜力占主导地位。地理距离，产品的互补性程度具有扩大跨太平洋伙伴关系中各大陆之间出口额的潜力。该研究还发现，美国市场不存在承接其他成员出口商品的潜力。

Tamini 等（2016）借助随机前沿引力模型，实证分析了北非贸易伙伴之间的贸易潜力与实际实现的贸易之间的关系，即贸易效率问题。在实证分析之前，作者假设所有偏离贸易潜力的情形都不源于统计白噪声，而是源于贸易非效率。基于时间不变下国家特定的贸易效率模型的实证结果揭示，毛里塔尼亚作为目的地国和来源国是贸易关系效率最低的地方，而突尼斯、摩洛哥所面临的"背向"（"behind"）和"超越"（"beyond"）边境效应的影响最小。产品细分层面的分析表明，贸易效率的得分值在不同类型产品上体现出高的可变性。此外，相对于其他产品，农产品的贸易效率更低，存在显著的"背向"和"超越"边境非效率效应。Kumar 和 Prabhakar（2017）利用随机前沿引力模型实证分析了 2000—2014 年自由贸易协定和规制质量对印度进出口效率及其贸易潜力的影响。作者研究发现，印度的双边自由贸易协定 FTA 以及与东盟国家集团 ASEAN 的贸易协定都有助于提升其出口和进口的贸易效率。然而，南亚自由贸易协定对印度出口和进口效率的影响不显著。

Xu 等（2022）在扩展面板随机前沿引力模型的基础上，采用"一步法"贸易非效率模型，探讨了 2003—2018 年中国钢制产品出口到"一带一路"沿线国家的贸易效率和贸易潜力。作者发现，中国人均 GDP 对出口效率影响强于其他变量。中国 GDP 对贸易效率的抑制作用也较其他变量更加显著。在贸易非效率模型中，自由贸易协定对提高出口效率发挥了最显著的作用。制度距离对贸易效率的影响显著，而文化距离对贸易效率的影响不显著。

基于面板数据的随机前沿引力模型正是对双边贸易及其贸易潜力具有良好的解释能力，国内学者也应用扩展的面板数据随机前沿引力模型来研究中国与某些经济体、"一带一路"沿线国家与中国、某一地区与出口目的市场、出口贸易潜力影响因素等问题。本小节综述中国知网上关于贸易潜力方面的引用次数较多的文献。

盛斌和廖明中（2004）是较早触及中国出口贸易潜力问题的研究者。他们从总量和部门两个层面估算了 2001 年中国对 40 个贸易伙伴的出口贸易潜力。实证结果显示，2001 年中国在总量层面上对主要贸易伙伴的出口处于"贸易过度"状态，中国对发达经济体"过度出口"的程度高于对发展中经济体。在发展中经济体中，中国对中东和非洲地区经济体出口贸易的"过度贸易"程度最高，其次是东亚与拉美地区经济体。中国对南亚、东欧国家与俄罗斯的出口贸易处于"贸易不足"状态。分国别来看，中国对尼日利亚的出口潜力最高，最低为俄罗斯，日本是为数不多的"贸易不足"经济体。在发展中经济体中，对于中国出口有重要影响的东盟6国，中国对其的出口贸易总体处在"贸易过度"状态。在发达经济体中，对于中国出口有重要影响的欧盟与美国，中国对其的出口贸易处在"贸易不足"状态。分经济体来看，中国对俄罗斯、墨西哥、日本、印度、中国台湾地区、韩国与菲律宾的出口潜力都处于"贸易不足"阶段，贸易潜力有待深挖。

李亚波（2013）则探讨中国与某一个国家如智利的双边货物贸易的进出口贸易潜力。作者基于1992—2011年中国与智利的双边货物贸易进出口数据的实证研究表明，中国与智利的双边贸易潜力均值仅为1.012，每年的数值在1附近波动，中国与智利的双边贸易潜力并未充分发挥，有较大的提升空间。刘用明等（2018）基于2002—2016年包含中国与俄罗斯在内的13个"一带一路"沿线国家的面板数据，采用扩展后的面板数据随机前沿引力模型，估算了中俄贸易效率与贸易潜力，并分析了样本国家之间进出口贸易的影响因素。研究发现，中国对俄罗斯出口的贸易效率在样本国家中处于中下游水平，也明显低于进出口贸易效率，说明中国对俄罗斯出口贸易以及进出口贸易存在很大的拓展空间，贸易潜力较大。

与盛斌、廖明中（2004）和李亚波（2013）的研究对象不同，马惠兰等（2014）、刘倩（2018）研究中国某一地区如新疆的出口贸易潜力。新疆与8个国家接壤，向西部延伸可以促进与欧亚等国家的交流与合作，是丝绸之路经济带的重要枢纽，也是"一带一路"倡议中的核心区域。马惠兰等（2014）基于2004—2009年新疆出口到上海合作组织成员的农产品贸易数据的实证发现，新疆出口到俄罗斯、吉尔吉斯斯坦和哈萨克斯坦的农产品贸易处于"贸易过度"状态，出口到乌兹别克斯坦和塔吉克斯坦的农产品贸易处于"贸易不足"状态，说明新疆出口到乌兹别克斯坦和塔吉克斯坦的农产品贸易具有很大的提升空间。

刘倩（2018）采用引力模型估算了新疆在2004—2015年出口到欧亚经济联盟的贸易潜力。结果表明，新疆出口到哈萨克斯坦的贸易潜力依旧存在很大的提升空间。新疆出口到俄罗斯与白俄罗斯的贸易潜力较大。同时，新疆对亚美尼亚的出口贸易潜力提升空间巨大，但是亚美尼亚的经济规模较小，对新疆的出口贸易增长贡献有限。此外，新疆对吉尔吉斯斯坦的出口贸易潜力也有限。

姚鸟儿（2018）聚焦浙江省与中东欧国家的贸易潜力与贸易效率研究。作者基于2009—2016年浙江省对16个中东欧国家的进出口贸易面板数据的研究揭示，浙江省出口到黑山、波黑、爱沙尼亚和斯洛文尼亚4国的贸易潜力属于"贸易不足"型，出口到其余12国的贸易潜力均属于"贸易潜力增长"型。其中，浙江省出口到拉脱维亚、立陶宛、克罗地亚、阿尔巴尼亚和北马其顿等国的贸易潜力较大。作者认为，浙江省对中东欧国家出口的目的国应该优先选取黑山、波黑、爱沙尼亚和斯洛文尼亚4国，进一步完善"16＋1"机制，争取互利共赢，巩固双边合作成果。

谭秀杰和周茂荣（2015）较早从事21世纪"海上丝绸之路"贸易潜力的研究。作者基于2005—2013年包含中国在内的13个经济体相互之间的数据，利用随机前沿引力模型估算了"海上丝绸之路"主要沿线国家之间的贸易潜力，并借助"一步法"尝试探讨了贸易潜力的影响因素。研究发现，在样本期间的"海上丝绸之路"贸易效率呈上升态势。双边人均收入、人口规模对出口贸易的影响显著为正，而双边地理距离对出口贸易的影响显著为负。自由贸易协定安排、交通基础设施等因素可以抵消贸易非效率对出口贸易的影响，而金融自由化程度、清关时间以及关税等因素对贸易非效率的影响显著为正，这意味着这些因素会阻碍出口贸易的发展。

张亚斌和马莉莉（2015）对中国与丝绸之路经济带沿线国家双边贸易的研究发现，双边GDP不断提升、国土接壤、同为WTO成员等因素对双边贸易量有显著的促进效应。双边人均GDP差额、地理距离、上海合作组织等因素对双边贸易量具有显著的抑制效应。中国与乌兹别克斯坦、俄罗斯、吉尔吉斯斯坦、哈萨克斯坦等国的双边贸易潜力类型属于潜力巨大型，中国与塔吉克斯坦的双边贸易潜力类型属于潜力开拓型，而中国与土库曼斯坦的双边贸易潜力类型属于潜力再造型。

农产品作为一种特殊的产品，其出口潜力的研究也引起了学术界的关注。孙林（2008）基于2005—2006年中国对48个经济体的农产品贸易数据，采用引力模型对中国农产品贸易流量的决定因素及其贸易潜力进行了实证检验。研究发现，优惠贸易安排对中国农产品出口具有显著的促进作用，双边经济发展水平差异对中国农产品出口贸易具有显著的阻碍作用。在农产品贸易潜力方面，中国对美国、日本的农产品出口贸易呈现"过度贸易"状态，而对越南、印度、墨西哥以及越南等经济体的农产品出口贸易状态为"贸易不足"，向加拿大、澳大利亚以及欧盟等经济体出口农产品的贸易潜力有待开发。

赵雨霖和林光华（2008）则探讨了中国对东盟十国出口农产品的贸易潜力。作者基于 2000—2006 年的中国与东盟十国双边农产品贸易数据的实证分析结果显示，中国与东盟十国双边农产品贸易处于"贸易不足"状态。具体到国家，中国与马来西亚和新加坡的农产品双边贸易潜力类型属于"潜力再造型"，中国与越南、泰国和缅甸的农产品双边贸易潜力类型属于"潜力开拓型"，中国与文莱、菲律宾、老挝、印度尼西亚、柬埔寨等国的农产品双边贸易潜力类型属于"潜力巨大型"。在出口贸易潜力方面，中国对东盟十国的出口贸易整体处于"贸易过度"状态。具体到国家差异，中国对柬埔寨和缅甸的农产品出口贸易潜力类型属于"潜力再造型"，中国对印度尼西亚、马来西亚、菲律宾、新加坡、越南、泰国等国的农产品出口贸易潜力类型属于"潜力开拓型"，中国对文莱、老挝等国的农产品出口贸易潜力类型属于"潜力巨大型"。

李丹等（2016）对中国与中东欧 16 个国家在 2000—2014 年的农产品贸易潜力的研究显示，中国与中东欧国家的农产品贸易伙伴主要有波兰、捷克、立陶宛、罗马尼亚等国家，中国与中东欧国家之间的农产品贸易的互补性较强。时变随机前沿引力模型表明，双边经济发展水平、中国人口规模对双边农产品贸易的影响显著为正，而中东欧国家的人口规模和双边地理距离对双边农产品贸易的影响不显著。从农产品贸易效率来看，中国与中东欧国家的农产品贸易的平均效率为 0.361，贸易潜力很大。双边贸易非效率模型的估计结果表明，"一带一路"倡议、海运设施以及贸易互补性等对中国与中东欧国家的农产品贸易效率具有显著的促进作用。而关税、欧盟一体化进程对双边农产品贸易效率的影响则显著为负。农产品占比、清关时间等因素对双边农产品贸易效率的影响不显著。

万璐等（2017）则关注了林产品的双边贸易潜力。他们基于 2005—2014 年中国与中东欧 16 个国家的林产品双边贸易的面板数据，采用引力模型进行了影响因素和贸易潜力的实证研究。研究结果显示，中国与捷克、罗马尼亚等国家的林产品贸易潜力很大；与斯洛伐克、匈牙利、塞尔维亚、黑山、波兰等国的林产品贸易潜力比较大，还有很大的发展空间；与立陶宛和爱沙尼亚等国的林产品贸易潜力较低，有待进一步开发。中国与其余几个中东欧国家的林产品贸易属于潜力再造型，需要增加新的促进因素，如加快中国与中东欧国家铁路建设，以激发潜力再造型国家的林产品贸易潜力。在影响因素方面，双边经济规模、人均森林面积差异对双边林产品贸易的影响显著为正。双边地理距离、"16 + 1" 总理会晤机制对双边林产品贸易的影响显著为负。双边人口规模与金融危机等因素对双边林产品贸易没有显著影响。

与前两个研究不同，侯敏和邓琳琳（2017）侧重于中国与中东欧国家整体的贸易效率和贸易潜力。他们基于中国与 22 个中东欧国家在 2007—2014 年的双边贸易面板数据的研究发现，中国与中东欧国家的双边贸易效率值处于 0.37—0.40，出口贸易效率值处于 0.33—0.38，双边贸易效率值有待提升。与中国贸易效率较高的国家有三个：拉脱维亚、斯洛文尼亚和爱沙尼亚。与中国贸易潜力较大的国家有四个，分别是捷克、匈牙利、罗马尼亚和波兰。在影响因素方面，中国人口规模是促进双边贸易的主要因素。双边经济规模 GDP、人口规模、人均收入差异等因素会促进双边贸易的发展。地理距离、关税等因素则会阻碍双边贸易的发展。此外，龙海雯和施本植（2016）在"一带一路"背景下也探讨了中国与中东欧国家的贸易潜力问题。作者基于 1995—2014 年中国与 16 个中东欧国家的双边贸易数据的实证研究发现，中国与中东欧国家中的欧盟成员如捷克、匈牙利、斯洛伐克、波兰等国的贸易潜力有了较大提升，且处于贸易过度阶段，而与非欧盟成员如马其顿、克罗地亚、波黑和塞尔维亚等国家的贸易潜力较大，目前处于贸易不足阶段，可以继续挖潜。

此外，也有文献探讨中国双边服务贸易出口潜力。周念利（2010）基于 2004—2006 年发展中经济体对全世界的双边服务出口流量的面板数据的实证研究发现，样本期间中国双边服务出口整体处于"贸易不足"状态，中国对发达经济体服务出口的"贸易不足"程度稍高于对发展中经济体和转型经济体双边服务出口的"贸易不足"程度。具体到国家差异，中国对比利时、日本、匈牙利、意大利、英国、波兰、俄罗斯、葡萄牙以及挪威等经济体的双边服务出口潜力"严重不足"。

黄满盈（2015）利用 2005—2010 年的 OECE 数据，基于扩展的引力模型对中国双边金融服务出口潜力及其贸易壁垒进行了实证分析。研究结果显示，中国对目的经济体的金融服务出口存在"贸易过度"的经济体有6个，"贸易不足"的经济体有16个。其中，卢森堡的"贸易过度"程度最高，丹麦的"贸易不足"程度最高。中国对美国、卢森堡、比利时等经济体的金融服务出口处于严重的"贸易过度"状态，对德国的金融服务出口也基本处于"饱和"状态，而对日本的金融服务出口处于"贸易不足"状态。此外，中国对小型经济体如丹麦、荷兰、意大利、斯洛伐克、爱沙尼亚、芬兰、瑞典、希腊、捷克和奥地利等的金融服务出口严重"贸易不足"，对这些经济体的金融服务出口的潜力巨大，这也是接下来中国金融服务出口的优先考虑与发展的经济体。在影响因素上，双边经济规模、双边经济自由度、是否使用共同语言等因素对双边金融服务出口的影响显著为正，地理距离的影响显著为负。是否接壤、是否有自由贸易协定、是否有殖民联系等因素对中国金融服务出口的影响不显著。

方英和马芮（2018）聚焦文化产品贸易潜力，采用随机前沿引力模型实证分析了2011—2015年中国对"一带一路"沿线64个国家的文化产品出口贸易潜力。研究揭示，中国对"一带一路"沿线国家的文化产品出口贸易潜力巨大，文化贸易潜力在不同目的国之间呈现不均衡的特点。其中，中国向老挝出口的文化产品潜力最大，向阿联酋出口的文化产品潜力最小。中国向阿联酋和越南等国家出口的文化产品潜力呈现"贸易过度"的状况。按区域来看，中国向中东欧9国出口的文化产品潜力最大，向东南亚11国出口的文化产品贸易潜力最小。在影响因素方面，经济规模、市场规模等因素对中国文化产品出口具有显著影响，地理距离、文化距离等阻力因素对中国文化产品出口的影响为负。自由贸易协定、进口清关时间、关税等也是影响中国文化产品出口效率的重要因素。

与其他研究不同，杨桔和祁春节（2020）探讨了"丝绸之路经济带"沿线国家对中国农产品出口贸易潜力，拉开了研究他国对中国出口贸易潜力研究的序幕。作者利用1995—2016年"丝绸之路经济带"沿线国家的面板数据，采用贸易潜力指数估算了沿线国家的农产品总体出口贸易潜力，构建了面板数据随机前沿引力模型与贸易非效率模型，以估算沿线国家对中国的农产品出口贸易效率，分析了沿线各国对中国的农产品出口贸易潜力与影响因素。作者研究发现，沿线国家对中国的农产品出口贸易的平均效率偏低。出口国农业劳动生产率、物流效率、经济开放度等对出口贸易效率具有显著影响。沿线国家向中国出口农产品的总体贸易潜力的由大到小的排序分别是中亚经济带，环中亚经济带和亚欧经济带。2008—2016 年，沿线国家向中国出口农产品的贸易潜力的由大到小的排序为环中亚经济带国家，中亚经济带国家和亚欧经济带国家。

相对于杨桔和祁春节（2020），孔庆峰和董虹蔚（2015）、陈继勇和刘燚爽（2018）等的研究又向前推进一步。他们都探讨贸易便利化水平对贸易潜力的影响。前者分析的是"一带一路"沿线国家的贸易便利化水平对"一带一路"沿线国家之间贸易潜力的影响。后者探讨"一带一路"沿线国家的贸易便利化水平对中国贸易潜力的影响。孔庆峰和董虹蔚（2015）两位作者先采用主成分分析方法估算"一带一路"沿线国家在 2014 年的贸易便利化水平及其国家之间的贸易潜力状况。然后，作者尝试探讨了"一带一路"沿线国家贸易便利化水平提升对国家之间贸易潜力的影响。研究表明，"一带一路"沿线国家之间在 2014 年的贸易潜力巨大，各个国家之间的贸易有很大的提升空间。在其他因素不变的情况下，如果"一带一路"沿线所有国家的贸易便利化水平平均提升一个档次，则国家之间的贸易量将释放 244.88 百亿美元。具体到大区域上，贸易便利化水平提升所带来的贸易潜力存在较大差异。对于西欧、中欧、南欧和东亚国家来说，贸易便利化水平提升可以给"一带一路"沿线国家的贸易额分别增加 13.64%、10.20%、3.26% 与 2.28%。在国家对外贸易潜力事实上，有 1301 对国家的出口贸易潜力状态为"潜力巨大"型，345 对国家的出口贸易潜力状态为"潜力开拓"型，1511 对国家的出口贸易潜力状态为"潜力再造"型。

陈继勇和刘燚爽（2018），两位作者首先也采用主成分分析方法估算了 2012—2016 年 65 个"一带一路"沿线国家的贸易便利化水平，然后再估算了中国与"一带一路"沿线各个国家的贸易潜力，最后实证分析了"一带一路"沿线国家的贸易便利化水平对中国贸易潜力的影响。研究发现，东南亚国家对中国的出口贸易潜力处于"潜力开拓"状态，其中 7 个国家处于"潜力巨大"状态。中西亚国家对中国的出口贸易潜力为"潜力再造"状态，其中 5 个国家为"潜力巨大"状态。欧洲国家对中国的出口贸易潜力处在"潜力开拓"状态，且非常接近"潜力巨大"状态，其中 6 个国家处于"潜力巨大"状态。整体来看，"一带一路"沿线国家对中国出口的贸易潜力处在"潜力开拓"状态，提升的空间广阔。"一带

"一路"沿线国家提升其贸易便利化水平有助于增加对中国的出口贸易量，不同的贸易便利化合作对中国的出口贸易潜力的影响存在差异性。

贺书锋等（2013）对比分析了1995—2010年中国与69个经济体在传统贸易环境下和北极航道通航环境下的贸易潜力，实证检验了北极航道对中国贸易潜力的影响。作者发现，北极航道通航可以使中国与69个经济体的出口潜力和进出口潜力平均提升10.2%和28.1%。其中，中国与立陶宛的进出口潜力可以提升147%，而中国与美国贸易潜力提升的幅度较小，出口潜力和进出口潜力的平均提升幅度仅为7.7%和19.2%。与提升后的贸易潜力与现有贸易规模相比较，中国与69个经济体的出口贸易依旧有24.1%的提升空间，进出口贸易提升空间更大，高达463.6%。

王领和陈珊（2019）则研究了孟中印缅经济走廊的贸易效率与贸易潜力。他们选取的样本包含中国、缅甸、印度、孟加拉国4国的16个主要贸易伙伴，以及中国作为出口国，包含缅甸、印度、孟加拉国在内的19个进口国。样本期间为2007—2018年。作者采用面板数据的随机前沿引力模型中的"一步法"测度了孟中印缅的贸易潜力。实证结果表明，总体来看，孟中印缅经济走廊的贸易潜力巨大。其中，中印两国之间的贸易潜力与提升空间远大于中孟和中缅，也是"孟中印缅经济走廊"之贸易发展的优先目的国。

1.2.3 测度贸易潜力的引力模型研究

国内外测度双边贸易潜力的研究，大多在引力模型（Gravity Model）的范式下展开。引力模型的由来其实应该追溯到牛顿物理学中的"引力法则"，主要描述的是物体间的引力和质量以及距离之间的关系。较早将引力模型用于经济学分析框架的文献至少可追溯到1885年，Ravenstein（1885）就将引力模型用于人口迁移（流动）的分析。Tinbergen（1962）是第一个将计量经济学方法用于引力模型进行参数估计，进而成变为研究国际贸易商品流的基准"传统"引力方程的人（Bergstrand等，2013）。在Tinbergen（1962）之前，也有学者尝试将物理学中的引力与经济学联系起来，如普林斯顿的"社会物理学派"（Stewart，1948），解释商品贸易流动的"确定性方法"（Niedercorn和Moorehead，1974），以及用模型描述空间相互作用行为的"概率性方法"（Savage和Deutsch，1960）。受Tinbergen教授的影响，他的三个学生将引力模型用于国际贸易的研究，分别是：Poyhonen（1963），Pulliainen（1963），Linnemann（1966）。

与 Tinbergen（1962）首次将引力模型引入国际贸易的计量实证分析不同，Anderson（1979）首次在不同区域之间的消费者具有同质偏好假设下，采用消费者支出系统的性质来为引力模型在国际贸易实证中的应用提供一个理论解释。尽管引力模型展现出了直接的吸引力和良好的实证表现，也具有坚实的理论基础，但它在 20 世纪 70 年代、80 年代甚至 90 年代都难以赢得贸易经济学家的青睐，正如 Baldwin 和 Taglioni（2007）在论文中所说：引力模型在 20 世纪 70 年代和 80 年代声名狼藉。Deardorff（1984）将引力模型称为"某些可疑的理论遗产"，Leamer 和 Levinsohn（1995）解释道：引力理论过于复杂，对国际贸易主题几乎没有影响。因此，Anderson（2011）将引力模型在这一时期的经历描述为"一个知识孤儿"。

直到 21 世纪初开始，引力模型才进入黄金发展时期（Yotov，2022），这离不开 Eaton 和 Kortum（2002）与 Anderson 和 van Wincoop（2003）的杰出贡献。他们证明了引力模型拥有非常坚实的理论基础，并引领了"结构引力模型"（2002—2012）的黄金时代。Eaton 和 Kortum（2002）将供给侧的引力推导为含有中间产品的李嘉图结构。Anderson 和 van Wincoop（2003）推广了 Anderson（1979）的阿明顿不变替代弹性（Armington – CES）模型，并强调了贸易成本一般均衡效应的重要性。在此期间的大多数引力方面的研究以实证分析为主，探讨双边贸易流的不同决定因素的影响，比如与腐败和合同不完全相关的不安全和制度质量（Anderson 和 Marcouiller，2002）、经济制裁（Hufbauer 和 Oegg，2003）、本地偏向效应（Hillberry 和 Hummels，2003）、世界贸易组织（WTO）成员（Rose，2004）、非关税措施（Fontagne 等，2005）、边境（Balistreri 和 Hillberry，2007）、自由贸易协定（FTA）（Baier 和 Bergstrand，2007）、距离效应（Disdier 和 Head，2008）、贸易代表团（Head 和 Ries，2010）以及殖民关系（Head 等，2010）等。也有的学者用引力模型来解释贸易增长（Baier 和 Bergstrand，2001），估计货币联盟的作用（Glick 和 Rose，2002），解释"加拿大边境难题"（Anderson 和 van Wincoop，2003）以及"距离之谜"（Yotov，2012）。

在黄金发展时期，引力模型在理论方面也得到了显著发展。Anderson 和 van Wincoop（2004）在前期研究的基础上推导出了需求侧的部门引力模型，而 Chor（2010）沿着 Eaton 和 Kortum（2002）推导出了供给侧的部门引力模型。Redding 和 Venables（2004）通过扩展引力框架来研究贸易和劳动力市场之间的联系，而 Bergstrand 和 Egger（2007）则为研究国际贸易和 FDI 的引力框架奠定了基础。在 Melitz（2003）开创性研究的基础上，Helpman 等（2008）和 Chaney（2008）推导出了异质性企业的引力，而 Redding（2011）回顾了最近的企业异质性文献，这有助于推进引力模型理论和计量估计方法。Arkolakis（2010）在引力模型中嵌入了内生的营销成本。Waugh（2010）的研究证明，引力模型应该考虑穷国和富国之间的贸易成本差异以及匹配国家之间的收入差异。Anderson 和 Yotov（2010）扩展了引力以分解贸易成本对消费者和生产者，以及对国际贸易与国内贸易的影响。Fieler（2011）建立了一个具有非同质偏好的引力模型。Olivero 和 Yotov（2012）推导出了一个动态引力模型。

人们对引力模型理论和应用兴趣不断提升，伴随而来的是计量估计方法和数据方面的新发展。Hummels（1999）倡导使用出口国和进口国固定效应来控制引力回归中的多边阻力，Egger 和 Pfaffermayr（2003）更广泛地讨论了引力模型中固定效应的使用。Baier 和 Bergstrand（2009）提出了一种简约式的方法来估计结构引力。Henderson 和 Millimet（2008）提出了"引力是否线性"的问题，并建议对引力模型进行水平估计。最小二乘法（OLS）依旧是标准的引力估计方法，这一时期诞生了对引力估计方法最有贡献的一个方法，即由 Santos Silva 和 Tenreyro（2006）采用的泊松伪最大似然估计方法（Poisson Pseudo Maximum Likelihood，PPML）。由于能够成功地解释异方差和零贸易流，PPML 很快成为领先的引力模型估计方法。最后，引力模型应用的蓬勃发展也带来了新的引力数据库的开发，如 Mayer 和 Zignago（2011）。

2012 年以后，引力模型成为万有引力模型，成为一种新的定量分析国际贸易的模型。Arkolakis 等（2012）在一篇开创性的论文中，通过证明不同的微观理论基础收敛于精确，从而巩固了结构引力模型在国际贸易研究中的主导地位。随着许多理论和实证运用的发展，引力模型于 21 世纪初期重新得到学界广泛关注，如引力模型出现在了《国际经济手册》的两个章节中（Head 和 Mayer，2014；Costinot 和 Rodriguez – Clare，2014），而引力模型在 20 世纪 80 年代和 90 年代的《国际经济手册》中被删除。此外，引力模型还见于《运输经济学手册》中的某个章节（Baier，2018a），还出现在了专门研究国际贸易政策的书籍中（Yotov，2016），以及全球化的影响的书籍中（Bergstrand，2019）。

引力模型成为一种新的定量分析国际贸易的主要模型后，学者们尝试用新的更好的方法重新审视已有研究的结果，如货币联盟的影响（De Sousa，2012；Campbell，2013；Glick 和 Rose，2016；Larch，2019a）、盗版的影响（Bensassi 和 Martinez - Zarzoso，2012）、贸易成本的测量（Novy，2013a）、共同语言（Melitz 和 Toubal，2014）、自由贸易协定的贸易创造（Baier 等，2014）和贸易转移效应（Dai 等，2014）、汇率（Anderson 等，2016）、世贸组织成员（Larch 等，2019b；Esteve - Pérez 等，2020）以及商业贸易法律（Gil - Pareja 等，2020）。Anderson 等（2018a）的研究揭示，结构引力很好地适用于新的服务贸易数据，更好的国际贸易面板数据还可以用于估计不同政策的效应，如自由贸易协定（Baier 等，2018b；Baier 等，2019）以及货币联盟（Chen 和 Novy，2018）。应用引力理论还可以解答更多的实证谜题，如"缺失的全球化谜题"（Bergstrand 等，2015），以及宏观和贸易文献中"大国应该比小国更富有"的谜题（Ramondo 等，2016）。

在理论研究方面，引力模型也得到了快速发展。Novy（2013b）放弃了标准 CES 需求的假设，构建了一个"超对数引力"模型，Chaney（2014）基于企业之间的投入产出联系网络推导出引力模型，Allen 和 Arkolakis（2014）将引力嵌套在控制经济活动空间分布的一般均衡框架中，Fajgelbaum 和 Khandelwal（2016）建立了一个非位似的引力模型以考虑异质贸易对一个国家消费者的影响。Anderson 和 Yotov（2020）提出了一个具有双边动态特性的引力模型，Carrére 等（2020）建立了一个次凸引力模型以考虑异质贸易弹性，Allen 等（2020）证实了"万有引力"模型的反事实预测的存在性、唯一性和稳健性。

在此期间，引力作为 CGE 框架的核心而广受学者们的重视，并被称为"新的定量贸易模型"。引力模型被用来研究贸易与各种经济结果之间的联系，例如技术扩散（Shikher，2014）、失业（Heid 和 Larch，2016）、自由贸易协定的效率（Anderson 和 Yotov，2016）、碳排放（Larch 和 Wanner，2017）。此外，引力被嵌套在更复杂的模型中，包括投入产出联系（Caliendo 和 Parro，2015）、国内投资（Eaton 等，2016；Ravikumar 等，2019；Anderson 等，2020）、内生贸易失衡（Reyes - Heroles，2017）、外商直接投资（FDI）（Anderson 等，2019）和劳动力市场动态（Caliendo

等，2019）。

估计方法和数据的更新都对引力模型的发展发挥了重大作用。Arvis 和 Shepherd（2013）以及 Fally（2015）发现了 PPML 估计方法的可加性特征，这意味着 PPML 引力回归与基础理论模型完全一致。Anderson 等（2018b）利用这一特性，展示了如何在标准软件包（如 Stata）中直接使用引力模型获得 GE（一般均衡）效应，而不需要定制编程。Anderson 和 Yotov（2016）以及 Pfaffermayr（2020）探索了构建 GE 置信区间的方法，而 Larch 等（2019a）和 Correia 等（2020）提出了可以估计高维固定效应的快速 PPML 估计的新命令。Martin 和 Pham（2020）再次探讨了引力估计中零贸易量的重要性。新一代引力数据库，包括解释引力变量（Gurevich 和 Herman，2018）和国际与国内贸易流（Borchert 等，2021），以支持理论发展和新的应用需求。

在新时代背景下，引力模型的吸引力一直不减，学者们对引力模型的兴趣依旧浓厚。最近的一些引力模型的应用包括分析 COVID-19 的影响（Baldwin 和 Dingel，2021；Cunat 和 Zymek，2022；Sforza 和 Steininger，2020）、优惠贸易协定（Egger 和 Tarlea，2021）、边界效应（Coughlin 和 Novy，2021）、关税（Fontagné 等，2020）、语言（Gurevich 等，2021）、贸易失衡（Felbermayr 和 Yotov，2021）、异质贸易成本弹性（Chen 和 Novy，2021）、时间作为贸易壁垒（Oberhofer 等，2021）、经验（Dutt 等，2022）和增值税（Benzarti 和 Tazhitdinova，2021；Schneider 等，2022）。更严格地依赖引力理论可以为评估国家特定的贸易决定因素（Beverelli 等，2018；Freeman 等，2021）以及非歧视贸易政策（Heid 等，2021）提供了新的机会。在估计方面，Weidner 和 Zylkin（2021）通过证明即使在使用三边固定效应进行估计时，PPML 依旧引人注目。PPML 在通常情况下不会遇到附带参数问题，而 Santos Silva 和 Tenreyro（2022）则反思了 PPML 估计方法在引入国际贸易领域 15 年后取得成功的原因。在理论研究方面，Breinich 等（2020）与 Heid 和 Stahler（2020）推导了不完全竞争引力模型，Dix - Carneiro 等（2021）将引力嵌套在具有内生贸易失衡和劳动力市场摩擦的动态模型中，Anderson 和 Yotov（2020a）构建了一个关于扩展贸易边际的动态引力模型，Adao et al.（2020）与 Anderson（2021）将引力模型推广到一个非参数框架，并在没有参数限制的情况下检验参数的含义。

1.3 研究思路与内容

1.3.1 研究思路

本书的研究思路为：以贸易潜力为主题，在描述中国—中东欧国家双边贸易总体状况和浙江省—中东欧国家双边贸易总体状况的基础上，构建测度贸易潜力的框架，并从总体、进口国别和具体商品等多个方面测度中国—中东欧国家进出口商品的贸易潜力和浙江省—中东欧国家进出口商品的贸易潜力；最后，总结本书研究结论、提出政策启示（建议）。

1.3.2 研究内容

本书研究内容可分为五个部分。

第一部分由第1章构成，是绪论。先介绍本书的研究背景与意义，然后从中国—中东欧国家合作研究、双边贸易潜力研究和估算贸易潜力的引力模型三个方面介绍国内外研究现状。

第二部分由第2章构成，主要介绍贸易潜力理论。这里分两个层面展开：一是从引力模型的理论推导和引力模型的实证运用两个维度，系统梳理贸易潜力理论；二是从引力模型、出口潜力指标和产品多样化指标三个维度，系统梳理贸易潜力测度方法。

第三部分由第3章和第4章构成，是对贸易现状的描述。第3章主要从双边贸易总体现状、进口贸易现状和出口贸易现状三个维度系统描述中国与中东欧国家的贸易现状。第4章也从双边贸易总体现状、进口贸易现状和出口贸易现状三个维度系统描述浙江省与中东欧国家的贸易现状。

第四部分由第5章和第6章构成，对贸易潜力估算与现状进行描述。第5章从总体贸易潜力估算、分国别贸易潜力估算和分商品贸易潜力估算三个方面来系统描述中国—中东欧国家贸易潜力现状。第6章也从总体贸易潜力估算、分国别贸易潜力估算和分商品贸易潜力估算三个方面来系统描述浙江省—中东欧国家贸易潜力现状。

第五部分由第 7 章构成，是总体结论与政策启示部分。概括了八个研究结论，提出了五个政策启示（建议）。

1.3.3 主要研究方法

本书的主要研究方法至少有以下四个：

一是文献研究法。系统梳理出学术界对引力模型的研究历程，归纳出不同引力模型的优缺点，为测度贸易潜力提供方法论支撑。系统梳理出双边贸易潜力的研究历程，为贸易潜力测度提提供理论支撑。系统梳理出中国—中东欧国家合作的相关研究，寻找前人研究的缺失之处，为本书研究提供切入点与创新点。

二是数理统计与计量分析方法。采用 Baier and Bergstrand（2009）的"绝佳的传统最小二乘估计方法"（Bonus Vetus OLS），在控制多边贸易阻力的情形下，纳入常规的引力变量进行引力模型的参数估计。在此基础上估计出潜在的贸易额，以计算出贸易效率，进而得出贸易潜力。

三是比较研究法。无论是在现状描述部分，还是在贸易潜力的分析部分，本书都采用了比较研究的方法。比如分析了中国或浙江省与各个中东欧国家的进出口贸易依存度，浙江省在全国各个省市区与中东欧国家进行双边贸易中的地位等。

四是演绎归纳法。采用演绎归纳的方法，归纳出了八个研究结论，提出了五个政策启示（建议）。

第 2 章

贸易潜力理论

2.1 贸易潜力理论

2.1.1 引力模型的理论推导

前文已述,Tinbergen(1962)是第一个将计量经济学方法用于引力模型进行参数估计的学者。经典引力模型的概念源自牛顿的万有引力定律:宇宙中任何一个物质粒子 M_i 都会以一种引力 F_{ij} 吸引另一个物质粒子 M_j,其吸引力的大小与粒子质量的乘积成正比,与粒子之间距离的平方 D_{ij}^2 成反比。其公式如下:

$$F_{ij} = G \frac{M_i M_j}{D_{ij}^2}$$

国际贸易领域中的引力模型将双边贸易视为两国之间的"引力",并认为这种引力与以 GDP 为代表的国家的质量和距离之间的关系相同(见表 2.1)。

表 2.1　　　　　　物理学和国际贸易中的引力模型对比

物理学中的引力模型	国际贸易中的引力模型
$F_{ij} = G \dfrac{M_i M_j}{D_{ij}^2}$	$X_{ij} = \tilde{G} \dfrac{Y_i E_j}{T_{ij}^\theta}$
式中：	式中：
F_{ij} 为物体 i 和 j 之间的引力	X_{ij} 为国家 i 和 j 之间的贸易值
G 为物理学中的引力常量	$\tilde{G}$ 为国际贸易中的引力常量
M_i 为物体 i 的质量	Y_i 为国家 i 的产出值
M_j 为物体 j 的质量	E_j 为国家 j 的支出值
D_{ij} 为物体 i 和物体 j 之间的距离	T_{ij} 为国家 i 和国家 j 之间的贸易摩擦
	θ 为贸易弹性

资料来源：作者根据 Yotov 等（2016）整理所得。

然而，尽管以上"质朴"（naïve）版本的引力模型具有良好的拟合优度，但是其可能产生严重的偏误结果。Baldwin 和 Taglioni（2007）引入了一个名为极简主义的引力方程理论来理解这一问题。他们认为，引力方程本质上是一个附加了市场出清条件的支出方程。引力模型不同于一般意义上的模型，它是内生变量对内生变量的回归。

此外，众多学者从各种研究的领域对引力模型的理论进行了补充与拓展，进而弥补了之前学界认为引力模型缺乏理论支撑的不足，因而具有扎实的理论基础（如图 2.1 所示）。

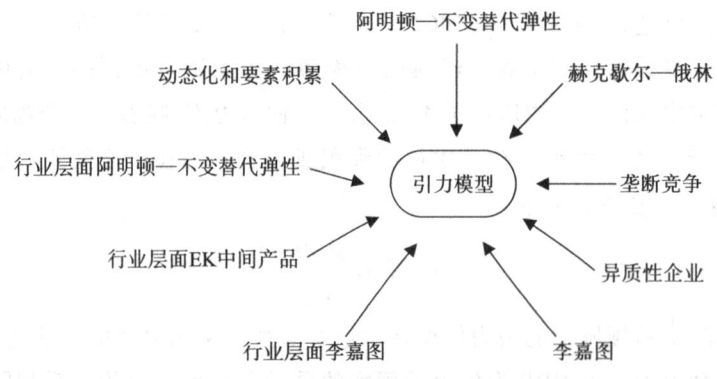

图 2.1　引力模型的强大理论基础

Yotov（2022）在其最近的题为"引力模型 60 年：贸易的主力模型"

工作论文中梳理了 7 种具有代表性的结构引力模型（如表 2.2 所示）。论文中的这些引力模型，其所依据的理论不同，研究的对象也不同，但是引力模型的结构基本一致。

表 2.2　　　　　　　　7 种典型的结构引力模型

序号	结构引力模型的名称	结构引力模型的表达式
1	需求侧引力模型	$X_{ij} = \dfrac{E_j Y_i}{Y} \left(\dfrac{t_{ij}}{P_j \Pi_i} \right)^{1-\sigma}$
2	供给侧引力模型	$X_{ij} = \dfrac{E_j Y_i}{Y} \left(\dfrac{t_{ij}}{P_j \Pi_i} \right)^{-\theta}$
3	需求侧的行业层面引力模型	$X_{ij}^k = \dfrac{E_j^k Y_i^k}{Y^k} \left(\dfrac{t_{ij}^k}{P_{ij}^k \Pi_{ij}^k} \right)^{1-\sigma^k}$
4	供给侧的行业层面引力模型	$X_{ij}^k = \dfrac{E_j^k Y_i^k}{Y^k} \left(\dfrac{t_{ij}^k}{P_{ij}^k \Pi_{ij}^k} \right)^{-\theta^k}$
5	企业层面引力模型	$X_{ij}^k = \dfrac{E_j^k Y_i^k}{Y^k} \left(\dfrac{t_{ij}^k}{P_{ij}^k \Pi_{ij}^k} \right)^{-\gamma^k}$
6	国家特定动态的动态引力模型	$X_{ij,t} = \dfrac{E_{j,t} Y_{i,t}}{Y_t} \left(\dfrac{t_{ij,t}}{P_{j,t} \Pi_{i,t}} \right)^{1-\sigma}$
7	双边贸易的动态引力模型	$X_{ij,t} = \dfrac{E_{j,t} Y_{i,t}}{Y_t} \left(\dfrac{t_{ij,t}}{P_{j,t} \Pi_{i,t}} \right)^{\rho(1-\sigma)}$

资料来源：作者根据 Yotov（2022）整理所得。

需求侧引力模型是安德森模型，主要基于安德森的经典论文（Anderson，1979；Anderson 和 van Wincoop，2003）。其中，σ 为国内与国外不同产品种类之间的替代弹性。供给侧引力模型是 E – K 型，主要基于 Eaton 和 Kortum（2002）。其中，θ 为弗雷歇分布（Fréchet distribution）的一个参数，反映一个国家比较优势的分散程度。与 σ 衡量需求侧国内外不同产品种类之间替代弹性的大小类似，θ 衡量的是不同产品种类在供给侧的差异，且 $\theta = \sigma - 1$。Anderson 和 van Wincoop（2004）推导出了基于需求侧的行业层面的引力模型，Chor（2010）和 Costinot 等（2012）则推导出了供给侧的行业层面的引力模型，其中 k 指代的是行业 k。这些行业层面的引力模型的一个重要意义（称为"引力的可分离性"）是：引力理论可以为在任何期望的加总层面进行估计提供了理论指导。在 Melitz（2003）的基础上，Chaney（2008）推导出了企业层面的引力模型。其中 k 是帕累托分布（Pareto distribution）的分散参数，双边贸易成本向量不仅包括企业的可变成本，还包括企业的固定出口成本。受 Eichengreen 和 Irwin（1998）的启发，Olivero 和 Yotov（2012）推导出了具有"国家特定动态"的动态引力模型。下标 t 为时间，具有"国家特定动态"的动态引力模型的一个重要意义是，引力模型可以为基于面板数据的计量经济学上的参数估计提供理论指导。最后，Anderson 和 Yotov（2020b）推导出了双边贸易的动态引力模型，该动态引力模型包含两个新元素：一个是结构参数，该参数在短期和长期贸易弹性之中形成一个楔子；另一个是贸易成本向量中的时变双边引力变量，该变量有助于学者在引力回归估计中使用预期和分阶段的贸易政策变量。

与表 2.1 进行对比可以发现，表 2.1 中的 $\tilde{G}$ 与表 2.2 中的 $\frac{1}{Y}$ 等价，即 $\tilde{G} = \frac{1}{Y}$，为引力常量。同理，$T_{ij} = \frac{t_{ij}}{P_j \Pi_i}$ 为双边贸易总成本，包含直接的双边贸易成本摩擦 t_{ij}（如运输成本，关税，自由贸易协定等），以及 Anderson 和 van Wincoop（2003）中的多边阻力项 P_j 和 Π_i。

鉴于本书研究的是中国—中东欧国家进出口商品的贸易潜力，本小节主要推导国家、行业层面的引力模型，具体分 5 个方面展开。

（1）初步引力模型的推导

Baldwin 和 Taglioni（2007）用六个步骤来推导双边贸易的初步引力模型。在所有六个推导步骤中，价格和支出都是以计价物的形式来衡量。

第一步：支出份额恒等式。

先考虑从"原产国"出口到"目的国"的单一商品的支出份额恒等式：

$$p_{ij} x_{ij} \equiv share_{ij} E_j \tag{2.1}$$

式（2.1）中，x_{ij} 表示从 i 国到 j 国的单一种类产品的双边出口数量（i 表示"原产国"，j 表示"目的国"），p_{ij} 表示产品在进口国内部的价格，也被称为"到岸价格"，该价格以计价物的形式来衡量。E_j 表示目的国在与进口商品竞争的商品上的支出（也以计价物的形式来衡量）。根据以上定义，$share_{ij}$ 表示目的国在原产国所生产的典型种类产品上的支出份额。

第二步：支出函数：支出份额取决于相对价格。

由微观经济学理论可知，支出份额是相对价格和收入水平的函数。为了简化分析，先假设支出份额仅仅依赖于相对价格。进一步地，采用 CES 需求函数，假设所有产品都进行贸易，则进口产品的支付份额与其相对价格通过以下方式联系起来：

$$share_{ij} \equiv \left(\frac{p_{ij}}{P_j}\right)^{1-\sigma}, P_j \equiv \left(\sum_{k=1}^{R} n_k (p_{kj})^{1-\sigma}\right)^{1/(1-\sigma)}, \sigma > 1 \quad (2.2)$$

式（2.2）中，$\frac{p_{ij}}{P_j}$ 表示 p_{ij} 的真实价格。P_j 表示国家 j 的理想 CES 价格指数。σ 表示不同产品种类之间的替代弹性（为简单起见，假设每个国家的所有产品种类都是对称的）。R 表示国家 j 向哪个国家购买产品的国家数量（包含国家 j 本身）。n_k 表示国家 k 出口的产品种类数。

第三步：添加传递方程。

在原产国 i 生产的产品在目的国 j 的落地价格与该国的生产成本、双边加成和双边贸易成本有关：

$$p_{ij} = p_i \tau_{ij} \quad (2.3)$$

式（2.3）中，p_{ij} 表示一个国家 i 的生产者价格，τ_{ij} 表示所有的贸易成本，包含自然的和人为的贸易成本。进一步地，假设价格-成本加成是一个参数（与迪克西-斯蒂格利茨垄断竞争或与阿明顿的完全竞争的假设类似）。

第四步：跨单个产品进行加总。

以上 3 步探讨的是单种种类产品的出口情形。为了得到从原产国 i 出口到目的国 j 的总的双边贸易量，可以通过将支出份额函数乘以原产国 i 提供的对称产品种类数（n_i）。

$$V_{ij} = n_i (p_i \tau_{ij})^{1-\sigma} \frac{E_j}{P_j^{1-\sigma}} \quad (2.4)$$

第五步：市场出清。

出口国 i 的生产者价格 p_i 需要调整以销售所有产品，无论国内还是国外。式（2.4）表达的是出口国 i 销售给每个市场的总量。加总包含在出口国 i 在内的所有市场上的销量，可得到出口国 i 产品的总销量。假设市场出清，出口国 i 的工资与价格需要调整以使出口国 i 以供国际贸易的产品的生产与需求相等，即：

$$Y_i = \sum_{j=1}^{R} V_{ij}$$

式中：Y_i 表示用计价物来衡量的国家 i 产出。将式（2.4）代入上式可得：

$$Y_i = \sum_{j=1}^{R} n_i (p_i \tau_{ij})^{1-\sigma} \frac{E_j}{P_j^{1-\sigma}} \qquad (2.5)$$

进一步可得：

$$n_i p_i^{1-\sigma} = \frac{Y_i}{\Omega_i}, \quad 其中，\Omega_i = \sum_{l=1}^{R} \left(\tau_{il}^{1-\sigma} \frac{E_i}{P_l^{1-\sigma}} \right) \qquad (2.6)$$

式中，Ω_i 表示类似经济地理文献中的市场潜力，衡量国家 i 出口到国际市场的开放程度。

第六步：初步的引力模型。

将式（2.6）代入式（2.4）可得初步的具有微观基础的引力模型：

$$V_{ij} = \tau_{ij}^{1-\sigma} \left(\frac{Y_i E_j}{\Omega_i P_j^{1-\sigma}} \right) \qquad (2.7)$$

在式（2.7）的基础上，可以得到引力模型。把出口国 i 的 GDP 作为其以供国际贸易的产品的生产总值，把目的国 j 的 GDP 作为其贸易商品支出的代表，则式（2.7）可以改写成与物理学上的万有引力定律一样的表达式。

$$BilateralTrade = G \frac{Y_1 Y_2}{(dist_{12})^{elasticity-1}}; G \equiv \frac{1}{\Omega_i} \frac{1}{P_j^{1-elasticity}} \qquad (2.8)$$

式（2.8）中，G 表示引力常量，也被称为多边阻力项，包含国家 i 和国家 j 之间的所有双边贸易成本，并且对每一对贸易伙伴来说都不同，会随着时间的推移而变化。

（2）需求侧结构引力模型的推导

式（2.8）是传统引力模型的理论推导过程。而结构引力模型可以为在多国环境下分析贸易政策效应提供一个易于操作的理论与实证框架。本书探讨中国—中东欧国家进出口商品贸易潜力，可以从结构引力模型出发测度双边贸易潜力。基于 Yotov 等（2016），结构引力模型推导过程如下：

考虑一个由 N 个国家组成的世界，其中每个经济体生产各种各样的产品，这些产品种类的差异性体现在其原产地，即用原产地来代表产品种类（Armington，1969），且与世界其他地区进行贸易。每种产品的供应量固定为 Q_i，每种品种的出厂价格为 p_i。因此，一个代表性经济体的国内生产总值被定义为 $Y_i = p_i Q_i$，其中 Y_i 也是国家 i 的名义收入。国家 i 的总

支出用 E_i 表示。总支出也可以用名义收入表示为 $E_i = \varphi_i Y_i$，其中 $\varphi_i > 1$ 表示国家 i 存在贸易赤字，而 $0 < \varphi_i < 1$ 表示贸易盈余。贸易逆差和顺差被视为外生的。为了简洁起见，在推导结构引力模型时省略时间维度 t。

先从需求侧推导出结构引力模型。假设消费者偏好在不同国家之间位似且相同。国家 j 的消费者的效用函数为不变替代弹性（CES）型：

$$U_j = \left(\sum_i \alpha_i^{\frac{1-\sigma}{\sigma}} q_{ij}^{\frac{\sigma-1}{\sigma}} \right)^{\frac{\sigma}{\sigma-1}} \qquad (2.9)$$

式（2.9）中，$\sigma > 1$ 表示不同产品种类之间的替代弹性。$\alpha_i > 0$ 表示消费者 CES 偏好参数，且视为外生。q_{ij} 表示国家 j 消费来自国家 i 的产品种类数量。

在下式的标准预算约束下，消费者最大化式（2.9）的效用。

$$E_j = \sum_i p_{ij} q_{ij} \qquad (2.10)$$

式（2.10）确保的是国家 j 的总消费支出必须等于花费在包含本国 j 在内的所有国家的产品种类上。其中，到岸价 $p_{ij} = p_i t_{ij}$ 表示原产国 i 的出厂价格 p_i，双边贸易成本 $t_{ij} \geq 1$。在结构引力模型的推导过程中，与标准的国际贸易文献一样，双边贸易成本具体化为冰川成本（Samuelson, 1952）：为了向国家 j 交付一个单位该种类的产品，国家 i 必须装运 $t_{ij} \geq 1$ 单位，即 $1/t_{ij}$ 单位的初始装运量"在途中"被融化。

求解消费者的最优化问题，可得到目的国 j 的消费者对来自原产国 i 不同产品种类的消费支出量：

$$X_{ij} = \left(\frac{\alpha_i p_i t_{ij}}{P_j} \right)^{1-\sigma} E_j \qquad (2.11)$$

式（2.11）中，X_{ij} 表示从原产国 i 出口到目的国 j 的贸易量。P_j 表示 CES 消费者价格指数：

$$P_j = \left[\sum_i (\alpha_i p_i t_{ij})^{1-\sigma} \right]^{\frac{1}{1-\sigma}} \qquad (2.12)$$

在来自每一个原产国产品的市场出清的条件下就可以推导出结构引力模型。市场出清的条件为 $Y_{ij} \equiv \sum_j X_{ij}, \forall_i$，具体如下：

$$Y_{ij} = \sum_j \left(\frac{\alpha_i p_i t_{ij}}{P_j} \right)^{1-\sigma} E_j \qquad (2.13)$$

定义 $Y \equiv \sum_i Y_i$，式（2.13）除以 Y 可得：

$$(\alpha_i p_i)^{1-\sigma} = \frac{\frac{Y_i}{Y}}{\sum_j \left(\frac{t_{ij}}{P_j}\right)^{1-\sigma} \frac{E_j}{Y}} \quad (2.14)$$

参考 Anderson 和 van Wincoop (2003),式 (2.14) 中的分母可以被定义为 $\Pi_i^{1-\sigma} \equiv \sum_j (t_{ij}/P_j)^{1-\sigma} E_j/Y$,将该式代入式 (2.14),可得:

$$(\alpha_i p_i)^{1-\sigma} = \frac{Y_i/Y}{\Pi_i^{1-\sigma}} \quad (2.15)$$

将式 (2.13) 代入式 (2.11) 和式 (2.12),结合 $\Pi_i^{1-\sigma} \equiv \sum_j (t_{ij}/P_j)^{1-\sigma} E_j/Y$ 可得结构引力模型系统:

$$X_{ij} = \frac{Y_i E_j}{Y} \left(\frac{t_{ij}}{P_j \Pi_i}\right)^{1-\sigma} \quad (2.16)$$

$$\Pi_i^{1-\sigma} = \sum_j \left(\frac{t_{ij}}{P_j}\right)^{1-\sigma} \frac{E_j}{Y} \quad (2.17)$$

$$P_j^{1-\sigma} = \sum_j \left(\frac{t_{ij}}{\Pi_i}\right)^{1-\sigma} \frac{Y_j}{Y} \quad (2.18)$$

由式 (2.16) 可知,结构引力模型将引力分解为规模项 $Y_i E_j/Y$ 和贸易成本项 $(t_{ij}/\Pi_i P_j)^{1-\sigma}$。

(3) 供给侧结构引力模型的推导

上面是从需求侧推导结构引力模型,供给侧的结构引力模型推导主要基于 Eaton 和 Kortum (2002) 的国际贸易之李嘉图模型,具体如下:

依旧假设消费者偏好在不同国家或全球都位似且相同,近似为不变替代弹性 (CES) 效用函数:

$$U_j = \left[\int_0^1 q(l)^{\frac{\sigma-1}{\sigma}}\right]^{\frac{\sigma}{\sigma-1}} \quad (2.19)$$

式 (2.19) 中,j 表示国家 j,σ 表示不同产品种类之间的替代弹性。与 Eaton 和 Kortum (2002) 类似,假设存在一个连续的产品 $l \in [0,1]$,对某一种类产品的消费量为 $q(l)$。产品从原产国 i 出口到目的国 j 存在 $t_{ij} > 1$ 的冰川贸易成本。各国在生产产品的效率上存在差异。在规模收益不变的情况下,在原产国 i 生产一单位商品 l 的成本为 $z_i/z_i(l)$,z_i 表示原产国 i 的投入成本。考虑到冰川贸易成本,将原产国 i 生产的一单位产品 l 运送到目的国 j 的成本为:

$$p_{ij}(l) = \left(\frac{z_i}{z_i(l)}\right) t_{ij} \qquad (2.20)$$

式（2.20）中，在完全竞争市场中，$p_{ij}(l)$ 表示 j 国消费者决定购买原产国 i 产品 l 时所支付的价格。在存在国际贸易的情形下，消费者可以自由选择购买哪个国家产品。因此，j 国消费者为产品 l 支付的实际价格为 $p_j(l)$，且是所有来源国 i 的最低价格，即：

$$p_j(l) = min\{p_{ij}(l); i = 1, \cdots, N\} \qquad (2.21)$$

式（2.21）中，N 仍然为国家数目。

与 Eaton 和 Kortum（2002）类似，假设各国的生产效率服从极值二类分布函数的弗雷歇分布（Fréchet distribution）：$F_i(z) = e^{-T_i z^{-\theta}}$，其中 T_i 为国家 i 的生产率位置参数，抑或技术存量水平。θ 表示生产率的离散程度，并假设所有国家都一样。用式（2.20）代替 $F_i(z)$ 中的 z，可得 $G_{ij}(p) = Pr[P_{ij} \leq p] = 1 - e^{-[T_i(z_i t_{ij})^{-\theta}] p^\theta}$。给定购买 j 国产品的价格分布，即 $G_j(p) = Pr[P_j \leq p] = 1 - \prod_{i=1}^{N}[1 - G_{ij}(p)]$，则其可以进一步简化为：

$$G_j(p) = 1 - e^{-\Phi_j p^\theta}, \Phi_j = \sum_{i=1}^{N} T_i(z_i t_{ij})^{-\theta} \qquad (2.22)$$

i 国以最低价格向 j 国提供商品 l 的概率为：

$$\Pi_{ij} = \frac{T_i(z_i t_{ij})^{-\theta}}{\Phi_j} \qquad (2.23)$$

假设产品的连续区间在 0 到 1，π_{ij} 也表示 j 国购买 i 国产品的比例。国家 j 实际从国家 i 购买一种产品的价格也服从 $G_j(p)$ 分布，其准确的价格指数为 $P_j = \gamma \Phi_j^{-1/\theta}$，$\gamma = [\Gamma((\theta + 1 - \sigma)/\theta)]^{1/1-\sigma}$，其中，$\Gamma$ 为伽马（Gamma）函数。

前已述，消费者偏好在不同国家或全球都位似且相同，消费者对每件产品的平均支出不因来源国的差异而变化。因此，j 国购买 i 国产品的比例 π_{ij} 也是国家 j 购买国家 i 产品的支出比例，即：

$$X_{ij} = \frac{T_i(z_i t_{ij})^{-\theta}}{\Phi_j} = \frac{T_i(z_i t_{ij})^{-\theta}}{\sum_{j=1}^{N} T_k(z_k t_{kj})^{-\theta}} E_j \qquad (2.24)$$

式（2.24）中，E_j 表示国家 j 的总支出。

此外，按照到岸价格或者交付价格计算，国家 i 的产出价值（Y_i）应等于该国对来自世界上所有国家（包括 i 国本身）所有产品种类上的总支出：

$$Y_i = \sum_{j=1}^{N} X_{ij} = T_i z_i^{-\theta} \sum_{j=1}^{N} \frac{t_{ij}^{-\theta}}{\Phi_j} E_j \qquad (2.25)$$

解式（2.25）中的 $T_i z_i^{-\theta}$ 可得：

$$T_i z_i^{-\theta} = \frac{Y_i}{\sum_{j=1}^{N} \frac{t_{ij}^{-\theta}}{\Phi_j} E_j} \qquad (2.26)$$

将式（2.26）代入式（2.24）可得：

$$X_{ij} = \frac{t_{ij}^{-\theta}}{\Phi_j \sum_{j=1}^{N} \frac{t_{ij}^{-\theta}}{\Phi_j} E_j} Y_i E_j \qquad (2.27)$$

用 $P_j = \gamma \Phi_j^{-1/\theta}$ 代替式（2.27）中分母的 Φ_j 可得：

$$X_{ij} = \frac{t_{ij}^{-\theta}}{\gamma^\theta P_j^{-\theta} \sum_{j=1}^{N} \frac{t_{ij}^{-\theta}}{\gamma^\theta P_j^{-\theta}} E_j} Y_i E_j \qquad (2.28)$$

由上可知，Π_{ij} 可以修改为：

$$\Pi_{ij} = \left[\sum_{j=1}^{N} \left(\frac{t_{ij}}{P_j} \right)^{-\theta} \frac{E_j}{Y} \right]^{-\frac{1}{\theta}}, Y \equiv \sum_j Y_j \qquad (2.29)$$

同理，P_j 也可以修改为：

$$P_j = (\gamma^{-\theta} \Phi_j)^{-\frac{1}{\theta}} = \left[\gamma^{-\theta} \sum_{i=1}^{N} T_i (z_i t_{ij})^{-\theta} \right]^{-\frac{1}{\theta}} = \left[\gamma^{-\theta} \sum_{i=1}^{N} \frac{t_{ij}^{-\theta} Y_i}{\sum_{l=1}^{N} \frac{t_{il}^{-\theta}}{\Phi_l} E_l} \right]^{-\frac{1}{\theta}}$$

$$= \left[\sum_{i=1}^{N} \left(\frac{t_{ij}}{\Pi_i} \right)^{-\theta} \frac{Y_i}{Y} \right]^{-\frac{1}{\theta}} \qquad (2.30)$$

则式（2.28）可以改写为：

$$X_{ij} = \frac{Y_i E_j}{Y} \left(\frac{t_{ij}}{\Pi_i P_j} \right)^{-\theta} \qquad (2.31)$$

用 $1-\sigma$ 代替 $-\theta$，可以发现，式（2.29）至式（2.31）与从需求侧推导出来的结构引力模型系统的式（2.16）至式（2.18）是同构的。唯一的不同是，需求侧中的替代弹性被弗雷歇分布中的反映生产率离散程度所取代。

（4）需求侧的行业层面结构引力模型的推导

需求侧的行业层面结构引力模型是通过扩展 Anderson（1979）的标

准假设来获得。考虑含有多种产品的模型,在该模型中,在每一个产品的类别 $k \in K$ 中,不同产品种类的差异同样设定为来源国的差异。一个经济体的规模由其要素禀赋所决定,行业层面的收入函数为:

$$Y_i^k = p_i^k Q_i^k \tag{2.32}$$

式(2.32)中,Y_i^k 为 i 国 k 行业的收入。Q_i^k 为 i 国 k 类产品的禀赋。p_i^k 为其相应的出厂价格。消费者对每一类产品的偏好是基于之前的不变替代弹性(CES)的假设。在此处,每一类产品不同种类之间的 CES 偏好是嵌套在柯布—道格拉斯(C-D)效用函数中,以反映对不同产品类别的偏好。因此,对于每个国家,每个消费者对每一类产品的支出 E_i^k 可以看成是该国总支出 E_i 的一个固定份额 η^k:

$$E_i^k = \eta^k E_i = \eta^k \varphi_i Y_i \tag{2.33}$$

求解消费者最优化问题,每个行业在交付价格时市场出清,可以得到需求侧的行业层面结构引力模型系统:

$$X_{ij}^k = \frac{Y_i^k E_j^k}{Y^k} \left(\frac{t_{ij}^k}{\Pi_i^k P_j^k} \right)^{1-\sigma_k} \tag{2.34}$$

$$(\Pi_i^k)^{1-\sigma_k} = \sum_j \left(\frac{t_{ij}^k}{P_j^k} \right)^{1-\sigma_k} \frac{E_j^k}{Y^k} \tag{2.35}$$

$$(P_j^k)^{1-\sigma_k} = \sum_i \left(\frac{t_{ij}^k}{\Pi_i^k} \right)^{1-\sigma_k} \frac{Y_i^k}{Y^k} \tag{2.36}$$

$$p_i^k = \left(\frac{Y_i^k}{Y^k} \right)^{\frac{1}{1-\sigma}} \frac{1}{\alpha_i^k \Pi_i^k} \tag{2.37}$$

$$E_i^k = \eta^k \varphi_i Y_i \tag{2.38}$$

$$Y_i = \sum_k Y_i^k = \sum_k p_i^k Q_i^k \tag{2.39}$$

$$Y^k = \sum_i Y_i^k = \sum_i p_i^k Q_i^k \tag{2.40}$$

(5)供给侧的行业层面结构引力模型的推导

正如 Eaton 和 Kortum(2002)所建议的那样,供给侧的行业层面结构引力模型可以通过修改某些标准假设来扩展以上供给侧层面结构引力模型得到。

同样地,对于每个行业来说,消费者偏好在不同国家之间位似且相同。国家 j 的消费者的效用函数近似为不变替代弹性(CES)型:

$$U_j^k = \left[\int_0^1 c^k(l)^{\frac{\sigma_k-1}{\sigma_k}} dl \right]^{\frac{\sigma_k}{\sigma_k-1}} \qquad (2.41)$$

式（2.41）中，j 表示国家，σ_k 表示行业 k 的不同种类 $l \in [0,1]$ 之间行业特定的替代弹性。来自不同行业的产品由柯布—道格拉斯（C-D）效用函数组合而成，以反映出消费者对不同产品类别的偏好。因此，对于每个国家，每个消费者对每一类产品的支出 E_i^k 可以看成是该国总支出 E_i 的一个固定份额 η^k：

$$E_i^k = \eta_k E_i = \eta_k \varphi_i Y_i \qquad (2.42)$$

在每个规模报酬不变的行业，在国家 i 行业 k 生产一单位产品 l 的成本为 $z_i^k / z_i^k(l)$，其中 z_i^k 表示国家 i 行业 k 的投入成本。考虑冰川贸易成本，将 i 国 k 部门生产的一单位产品 l 运送到 j 国的成本为：

$$p_{ij}^k(l) = \left[\frac{z_i^k}{z_i^k(l)} \right] t_{ij}^k \qquad (2.43)$$

按照以上供给侧的结构引力模型的推导思路，可以推导从所有国家进口产品的最低价格，价格的分布以及准确的价格指数。由此可得到 i 国对 k 行业产品的支出比重 X_{ij}^k：

$$X_{ij}^k = \frac{T_i^k (z_i^k t_{ij}^k)^{-\theta_k}}{\Phi_j^k} = \frac{T_i^k (z_i^k t_{ij}^k)^{-\theta_k}}{\sum_{l=1}^N T_i^k (z_i^k t_{ij}^k)^{-\theta_k}} E_j^k \qquad (2.44)$$

行业层面供给侧模型中，假设只存在唯一生产要素劳动，行业 k 中一单位劳动可以生产出一单位产品，即 $z_i^k = w_i^k$。因此，市场出清条件为：

$$T_i^k (w_i^k)^{-\theta_k} = \frac{Y_i^k}{\sum_{j=1}^N \frac{(t_{ij}^k)^{-\theta_k}}{\Phi_j^k} E_j^k} = \frac{\frac{Y_i^k}{Y^k}}{\sum_{j=1}^N (\gamma^k)^{-\theta_k} \left(\frac{t_{ij}^k}{P_j^k}\right)^{-\theta_k} \frac{E_j^k}{Y^k}} = (\gamma^k)^{\theta_k} \frac{Y_i^k}{Y^k} (\Pi_i^k)^{\theta_k}$$

$$(2.45)$$

从供给侧推导出来的行业层面结构引力模型系可以写为：

$$X_{ij}^k = \frac{Y_i^k E_j^k}{Y^k} \left(\frac{t_{ij}^k}{\Pi_i^k P_j^k} \right)^{-\theta_k} \qquad (2.46)$$

$$(\Pi_i)^{-\theta_k} = \sum_{j=1}^N \left(\frac{t_{ij}^k}{P_j^k} \right)^{-\theta_k} \frac{E_j^k}{Y^k} \qquad (2.47)$$

$$(P_j^k)^{-\theta_k} = \sum_{i=1}^N \left(\frac{t_{ij}^k}{\Pi_i^k} \right)^{-\theta_k} \frac{Y_i^k}{Y^k} \qquad (2.48)$$

$$w_i^k = \left(\frac{Y_i^k}{Y^k}\right)^{-\frac{1}{\theta_k}} \frac{(T_i^k)^{\frac{1}{\theta_k}}}{\gamma^k \Pi_i^k} \qquad (2.49)$$

$$E_i^k = \eta_k \varphi_i Y_i \qquad (2.50)$$

$$Y_i = \sum_k Y_i^k = \sum_k w_i^k L_i^k \qquad (2.51)$$

$$Y^k = \sum_i Y_i^k = \sum_i w_i^k L_i^k \qquad (2.52)$$

对比需求侧的行业层面引力模型系统可以发现,在供给侧的行业层面引力模型系统中,$-\theta_k$ 代替了前者的 $1-\sigma_k$。

2.1.2 引力模型的实证运用

为了便于计量经济学上的参数估计,与式(2.8)类似的传统国际贸易引力模型可以改写为:

$$X_{ij} = \beta_0 GDP_j^{\beta_1} GDP_i^{\beta_2} D_{ij}^{\beta_3} \epsilon_{ij} \qquad (2.53)$$

式(2.53)中,X_{ij} 表示国家 i 和国家 j 之间的双边贸易量。GDP_j 和 GDP_i 分别表示国家 j 和国家 i 的国内生产总值。D_{ij} 表示国家 i 和国家 j 之间的距离。ϵ_{ij} 表示随机误差项。β_0,β_1,β_2 和 β_3 表示 4 个有待于被估计的参数。假设 ϵ_{ij} 服从独立同分布,$E(\epsilon_{ij} \mid GDP_i, GDP_j, D_{ij}) = 1$。由此可得:

$$E(X_{ij} \mid GDP_i, GDP_j, D_{ij}) = \beta_0 GDP_j^{\beta_1} GDP_i^{\beta_2} D_{ij}^{\beta_3} \qquad (2.54)$$

式(2.54)的引力模型是由连乘形式所识别,不允许使用标准的计量经济学估计方法来估计有待于被估计的参数。在引力模型估计的方法中,处理连乘形式的估计方程的常规做法是对此估计方程做对数变换以估算出 4 个有待于被估计的参数,即:

$$ln X_{ij} = ln \beta_0 + \beta_1 ln GDP_j + \beta_2 ln GDP_i + \beta_3 ln D_{ij} + ln \epsilon_{ij} \qquad (2.55)$$

以上是传统引力模型的参数估计方程,本小节还介绍安德森(Anderson)的引力模型以及基于面板数据的计量经济学的参数估计方法。常用的方法是估计方程(2.7)的随机版本方程。先重写方程(2.7)的确定版本,即:

$$V_{ij} = \beta_0 \tau_{ij}^{\beta_1} GDP_j^{\beta_2} GDP_i^{\beta_3} e^{\theta_j} e^{\theta_i} \qquad (2.56)$$

式(2.56)中,θ_j 和 θ_i 分别表示目的国 j 和原产国 i 固定效应的多边阻力项。E_j 和 Y_i 分别表示目的国 j 和原产国 i 的国内生产总值。τ_{ij} 表示原产国 i 和目的国 j 之间地理距离和其他影响双边贸易成本的其他因素的函数。

方程（2.7）的随机版本方程为：

$$E(V_{ij} \mid GDP_i, GDP_j, \tau_{ij}, \theta_j, \theta_i) = \beta_0\, \tau_{ij}^{\beta_1} GDP_j^{\beta_2} GDP_i^{\beta_3}\, e^{\theta_j}\, e^{\theta_i} \quad (2.57)$$

由式（2.57）可得方程（2.7）的随机版本的回归估计方程：

$$V_{ij} = \beta_0\, \tau_{ij}^{\beta_1} GDP_j^{\beta_2} GDP_i^{\beta_3}\, e^{\theta_j}\, e^{\theta_i}\, \epsilon_{ij} \quad (2.58)$$

式（2.58）中，ϵ_{ij} 表示随机误差项。β_0，β_1，β_2 和 β_3 表示 4 个有待于被估计的参数。假设 ϵ_{ij} 服从独立同分布，$E(V_{ij} \mid GDP_i, GDP_j, \tau_{ij}, \theta_j, \theta_i) = 1$。与式（2.55）类似，将式（2.58）进行对数变换，即：

$$ln\, V_{ij} = ln\, \beta_0 + \beta_1 ln\, \tau_{ij} + \beta_2 ln\, GDP_j + \beta_3 ln\, GDP_i + \theta_j + \theta_i + ln\, \epsilon_{ij} \quad (2.59)$$

然而，方程（2.59）包含了进口国固定效应和出口国固定效应。这两个固定效应与其他回归元相关，传统的最小二乘法（OLS）所估计出来的系数是不一致的。为了解决该问题，一个方法是可以用进口国和出口国的哑变量来分别代理进口国固定效应和出口国固定效应。另一个方法是采用面板数据来代替上面的截面数据来进行回归估计。面板数据可以控制住包含进口国和出口国固定效应在内的各种无法观测到的固定效应。

基于面板数据的引力模型估计可以从式（2.58）的安德森的随机引力模型版本来进行。唯一的区别是各个变量加了时间 t 的下标。如下式：

$$V_{ijt} = \beta_0\, \tau_{ijt}^{\beta_1} GDP_{jt}^{\beta_2} GDP_{it}^{\beta_3}\, e^{\theta_j}\, e^{\theta_i}\, \epsilon_{ijt} \quad (2.60)$$

与式（2.59）类似，对式（2.60）进行对数变换，得：

$$ln\, V_{ijt} = ln\, \beta_0 + \beta_1 ln\, \tau_{ijt} + \beta_2 ln\, GDP_{jt} + \beta_3 ln\, GDP_{it} + \theta_j + \theta_i + ln\, \epsilon_{ijt} \quad (2.61)$$

虽然引力模型有扎实的理论基础，但是学界大多喜欢直观地应用类似式（2.61）的计量模型来估计引力模型的核心参数。这可能导致有偏或不一致的引力模型估计参数结果和错误的政策启示。其中，对结构多边阻力项的处理是学界较容易忽略的问题。Baldwin 和 Taglioni（2007）将遗漏适当控制结构多边阻力项描述为"经典引力模型的金牌错误"。

因此，需要重点关注结构多边阻力项。Yotov（2022）列出了 11 条估计引力模型的最佳建议。一是当数据可获得时，应该使用面板数据来估计引力模型。二是使用直接的时间可变固定效应，如出口商—时间固定效应和进口商—时间固定效应。三是使用配对固定效果，如使用国家对固定效应来估计引力模型。四是与理论一致，引力模型估计应该包括国内贸易流量。五是使用连续年份数据，连续年份数据的估计应该优于平均或区间数据。六是使用泊松伪极大似然（PPML）估计法来估计引力模型，以解决"零贸易值"问题。PPML估计法应该作为（结构）引力回归的主要估计方法。七是应该考虑到贸易成本的调整。引力模型估算应考虑到贸易成本估算随时间而变化。八是应该考虑不同政策的效应。引力模型估计应考虑到异质贸易政策的效果。九是使用来自高维固定效应（HDFE）家族的估计命令来进行估计，如考虑使用 ppmlhdfe（和 reghdfe）估计引力模型。十是执行附带参数的偏差校正。十一是使用聚类标准误差。引力回归的标准误差应聚类在双边或三边层面。

基于这十一条处理多边阻力项的建议，Yotov（2022）提出了一个用于计量经济学分析的引力模型：

$$X_{ij,t} = \exp(\pi_{it} + \chi_{jt} + \gamma_{ij} + \beta_1 BLTRL_{ij,t} + \beta_2 BRDR_{ij,t} + \beta_3 EXS_{i,t} \times BRDR_{ij}) \times \exp(\beta_4 IMP_{j,t} \times BRDR_{ij} + \beta_5 CNTRY_{j,t} \times BRDR_{ij} + \beta_6 EXR_{ij,t} \times BRDR_{ij}) \tag{2.62}$$

式（2.62）中，$X_{ij,t}$ 表示从来源国 i 出口到目的地 j 连续多年的名义贸易水平值，其中还包括国内贸易流量。该模型的估计方法为 PPML 方法，且在多维层面聚类标准误差。π_{it}，χ_{jt} 分别表示出口商—时间固定效应和进口商—时间固定效应，以控制多边阻力和其他任何可以观测和不可观测到的国家特征对出口和进口的统一影响。γ_{ij} 表示国家对固定效应，以吸收所有可能不随时间变化的双边贸易成本。$BLTRL_{ij,t}$ 表示时间可变双边协变量向量，如自由贸易协定、贸易制裁、关税等。$BRDR_{ij,t}$ 表示边境指标，控制常见的全球化趋势，缓解双边政策协变量有关的内生性问题。$EXS_{i,t}$ 表示非歧视性的出口支持政策，如出口补贴。$IMP_{j,t}$ 表示非歧视性的进口支持政策，如统一的海关制度或者海关的清关时间。$CNTRY_{j,t}$ 表示国家特征的向量，如制度质量，技术性贸易壁垒等。$EXR_{ij,t}$ 表示国家 i 和国家 j 在 t 期的汇率。

2.2 贸易潜力测度

综合现有相关研究，贸易潜力测度方法至少可以分为三种：一是引力模型方法，二是出口潜力指标方法，三是产品多样化指数方法。

2.2.1 引力模型方法

（1）引力模型的具体估计方程

前文已述，估算贸易潜力诸多方法中，应用最多的当属引力模型。Baldwin（1994），Nilsson（2000）以及 Egger（2002）是该类文献中的典型代表。他们将引力模型估计出来的国家对之间的预期贸易量称为"贸易潜力"，且用实际的贸易量与"贸易潜力"之间的比值来衡量双边贸易的效率。

Tinbergen（1962）的引力模型将双边贸易流量表示为两国经济总量GDP，人口规模，两国之间地理距离以及双边的优惠贸易要素的一个确定函数。之后，学者们对其表达式进行了对数变换，延伸出了类似式（2.63）的用于计量经济学估计的模型。

$$ln\, X_{ijt} = ln\, \beta_0 + \beta_1 ln\, \tau_{ijt} + \beta_2 ln\, GDP_{jt} + \beta_3 ln\, GDP_{jt} + \theta_j + \theta_i + ln\, \epsilon_{ijt}$$

(2.63)

式（2.63）中，τ_{ijt} 表示贸易成本项，也可以视为 Yotov（2022）所重点强调的广义上的多边阻力项，包含原产国 i 和目的国 j 之间地理距离和其他影响双边贸易成本的其他因素，如式（2.62）中所提的诸多因素。

然而，在实际计量估计时，将人口作为一个解释变量而纳入引力模型并没有得到一个一致的估计结果（Armstrong，2007）。Anderson（1997），Helpman（1987），以及 Deardorff（1995）的理论基础也没有证明纳入人口这一因素的合理性，人口对进出口贸易的影响有时是正的，有时是负的。将对数形式的人口规模和国内生产总值纳入对数线性的引力模型，这等价于将人均国内生产总值纳入对数线性的引力模型。然而，大多文献并没有明确指出这一点，在模型中包含了人口项以控制国家规模，但在分析中经常被忽略。人均 GDP 之所以被包含在如此多的模型中，是因为在使用林德假说来解释贸易流动的背景下是有意义的。因此，纳入人口规模、GDP 等解释变量需要有理论基础。

同样地，随意选择多边阻力项纳入引力模型也会导致不同程度的遗漏变量偏误，而这一偏误一般只能通过假定不变国家对阻力的固定效应估计来加以控制。对于地理距离来说，相对地理距离在解释双边贸易量时也优于绝对距离，并且只使用绝对距离也会带来计量模型的错设定（Harrigan，2001）。已有许多关于相对距离（或偏僻）的指标，但大多数引力模型文献忽略了它的重要性。

传统的引力模型估计的是双边贸易决定因素的平均效应。在 Drysdale 和 Garnaut（1982）称为客观阻力的贸易阻力中，如距离和官方贸易壁垒，只有一些可以在引力模型中加以控制，但大多数难以量化，因此它们被归并到不可观察的扰动项中。在引力模型中，那些主观阻力，如不对称和不完全信息以及内部限制因素等根本得不到控制，这就会带来偏向的估计结果。将随机前沿分析技术应用于引力模型，不仅可以处理观测不到的贸易阻力，还是估计多边阻力的一种被广泛接受和适当的方法（Armstrong，2007）。

随机前沿分析起初主要是用于分析生产函数中的生产效率问题，较早由 Meeusen 和 van den Broeck（1977），Aigner 等（1977）以及 Battese 和 Corra（1977）开发并提出。在生产效率方面的文献中，大多认为生产过程受到两种具有不同特征的在经济上可以区分开的干扰项的影响，具体为一个可以捕捉到的生产非效率的非负项和一个可以捕捉到的随机干扰的更传统的对称误差项。引力模型同样存在难以观测到的多边阻力项和其他随机干扰项。那些不可观测或者难以量化的因素以及制度特征和其他影响双边贸易关系的贸易阻力将会在传统的引力模型中被捕捉到，而在随机前沿引力模型中被视为减少贸易的原因而被捕捉到。Drysdale 和 Garnaut（1982）也已认识到这种差别难以区分，无法观测的干扰项使人们难以得到一个准确的"潜在贸易"估计值。传统的引力模型依旧难以妥善处理好这一差异。

将随机前沿分析应用于引力模型的问题在于，这种应用需要假设所有的贸易阻力都包括在无效率项（即非负干扰项）中。在传统随机前沿法的使用中，所有生产者在生产产出方面的无效率都包含在无效率项中一样。贸易潜力是可以实现的最大可能贸易量。贸易潜力是生产效率文献中所描述的前沿，可以视为在当前世界上假设最大可能无摩擦力和自由贸易情景下的贸易估计量。

在将随机前沿分析方法运用于引力模型中，一般分两步进行：一是估算贸易潜力；二是估算贸易阻力。估算贸易潜力或贸易前沿只需要使用基本或者核心的贸易决定因素，正如理论推导所建议的那些因素：经济规模（GDP），相对距离，边境，其他在短中期无法变化的因素如语言与互补性。这些因素可以被归纳为自然的贸易决定因素。

首先分解贸易阻力。参照 Baldwin 和 Taglioni（2006）的方法，将国家 i 和国家 j 之间的贸易阻力（t_{ij}）定义为相对距离和其他因素的函数，即：

$$t_{ij} = f(dist_{ij}, 其他因素) \qquad (2.64)$$

进一步地，将贸易阻力分解为人工的（$manmade_{ij}$）和自然的（$natural_{ij}$）贸易阻力，即：

$$t_{ij} = f(resist_{ij}) = f(natural_{ij}, manmade_{ij}) = h(natural_{ij}) g(manmade_{ij}) \qquad (2.65)$$

其中，自然的贸易阻力可以进一步分解为：

$$h(natural_{ij}) = rDist_{ij}^{\alpha_1} exp(border_{ij}^{\alpha_2} + landlocked_i^{\alpha_3} + landlocked_j^{\alpha_4} + lang_{ij}^{\alpha_5}) \qquad (2.66)$$

式（2.66）中，$rDist_{ij}$ 表示国家 i 与国家 j 之间的相对距离。$border_{ij}$ 表示一个虚拟变量，如果国家 i 与国家 j 共享边界，则 $border_{ij} = 1$，否则 $border_{ij} = 0$。$landlocked$ 也是一个虚拟变量，如果一个国家为内陆国家，则该变量等于 1，否则等于 0。$lang_{ij}$ 表示语言相似性指数。此外，也可以增加一个互补性指数的变量以反映贸易国的比较优势。

人工的贸易阻力主要是一些政策性变量，可以表述为：

$$g(manmade_{ij}) = g(trade\ agreements_{ij}, political\ dist_{ij}, regional\ blocs, tariffs, institutions\cdots) \qquad (2.67)$$

式（2.67）中，$trade\ agreements_{ij}$ 是一个虚拟变量，如果国家 i 和国家 j 之间有贸易协定，则该变量等于 1，否则等于 0。$political\ dist_{ij}$ 衡量国家 i 和国家 j 之间的政治亲密度。此外，还可以引入关税措施、制度环境或背景，以及其他人工贸易阻力。因此，贸易阻力可以用下式列出：

$$lnt_{ij} = lnh(natural_{ij}) + lng(manmade_{ij}) = \alpha_1 lnrDist_{ij} + \alpha_2 lnborder_{ij} + \alpha_3 landlocked_i + \alpha_4 landlocked_j + \alpha_5 lang_{ij} + lng(manmade_{ij}) \qquad (2.68)$$

假设人工贸易阻力非负，则随机前沿或贸易潜力可以借助自然贸易阻力估算得到，人工贸易阻力在第二阶段回归中加以解释。因此，此时的标准引力模型如下所示：

$$ln\ x_{ijt} = ln\beta_0 + \beta_1 ln\ y_{it} + \beta_2 ln\ y_{jt} + \beta_3 lnh(natural_{ij}) + \sum_m \beta_m ln\ Z_m + \varepsilon_{ijt} - u_{ij} \qquad (2.69)$$

式（2.69）中，$u_{ij} = g(manmade_{ij}) \geq 0$。$x_{ijt}$ 表示 t 期从国家 i 出口到

国家 j 的贸易量。y_{it} 表示 t 期国家 i 的规模（GDP）。y_{jt} 表示 t 期国家 j 的规模（GDP）。Z_m 表示第 m 个其他包含 Anderson 和 van Wincoop 的多边贸易阻力在内的其他潜在的贸易决定因素。ε_{ijt} 表示传统的均值为零的随机干扰项。u_{ij} 表示非负的人工贸易阻力，并且他们通常具有半正态分布，指数分布或者交叉或折叠正态分布。

研究生产率方面的一些学者认为，测度实际贸易和潜在贸易之间差距的决定因素或贸易阻力大小，在统计分析时可以同时进行（Kumbhakar 和 Lovell，2000）。在估计贸易非效率的第二阶段，将那些影响贸易的政策变量和其他中短期的贸易决定因素纳入模型是非常必要的，这些决定因素可以成为人工贸易阻力决定因素，进而可以恰当地估计出贸易的决定因素的大小。所有促进贸易的政策变量（PTA（特惠贸易协定或安排），区域贸易安排和贸易组织）和减少贸易的政策变量（官方和非官方的贸易壁垒）等，都可以作为第二阶段回归来解释贸易阻力。这样就可以进一步衡量有多少贸易阻力是由可量化因素带来的，有多少是由其他阻力带来的。

（2）生产函数中技术非效率的估计

有 3 篇经典随机前沿分析的文献（Meeusen 和 van den Broeck，1977；Aigner，Lovell 和 Schmidt，1977；Battese 和 Corra，1977）将模型表示为：$y = f(x;\beta) \cdot exp\{v - u\}$。其中，$y$ 为标量产出，x 为一个投入品向量，β 为一个技术参数向量。第一个误差项 $v \sim N(0, \sigma_v^2)$，以捕捉统计噪声的影响。第二个误差项 $u \geq 0$，以捕捉技术非效率的影响。生产者按照 $u = 0$ 或者 $u > 0$ 的技术水平在其随机生产前沿上方或下方进行生产。对于第二个误差项 u，这 3 篇论文有不同的界定。Meeusen 和 van den Broeck（1977）假设 u 服从指数分布，Aigner，Lovell 和 Schmidt（1977）假设 u 服从半正态分布，Battese 和 Corra（1977）则综合考察了这两种类型的分布情形。对 u 的任意一种分布假设都意味着组合误差 $(v - u)$ 都为负偏，且一般需要用最大似然估计方法来估计模型。

早期的随机前沿分析存在一个不足，即组合误差 $(v - u)$ 可以通过对每个观察值进行估计获得，却不能将每个组合残差分解为以上 v 和 u 两个部分，因此也就不能通过观测值来估计技术非效率（Fϕrsund 等，1980）。Jondrow 等（1982）（JLMS）将条件分布 $[u \mid v - u]$ 的均值或该条件分布的众数作为 u 的点估计，从 $v - u$ 分离出 v 和 u，以获得每个生产者的技术效率，这也增强了随机前沿分析方法的吸引力，尤其是测度面板数据中每个生产者技术效率的吸引力。

前文已述,面板数据可以控制住包含进口国和出口国固定效应在内的各种无法观测到的固定效应,也可以跟踪每个生产者在连续时间段之内的生产技术效率。在估计面板数据方法上,两个问题需要引起关注:一是早期的面板数据模型需要时间不可变效率的假设。二是一般采用两阶段方法,其中在第一阶段是估计效率,在第二阶段是将其估计出来的效率与解释变量进行回归。针对这两个问题,首先,Kumbhakar(1990),Battese 和 Coelli(1992)等放弃了效率不可时变的假设,提出了效率时变模型。其次,Reifschneider 和 Stevenson(1991),Battese 和 Coelli(1995)则提出了单一阶段方法,其核心是将解释变量直接合并到技术非效率误差项之中,并将该技术非效率误差项的均值或方差解释为是解释变量的一个函数。

本小节主要介绍基于面板数据的时变技术非效率的经典模型(Kumbhakar 和 Lovell,2000;Kumbhakar 等,2015)。

1)使用自由分布方法的时变技术非效率模型

① Cornwell et al.(1990)模型

时变技术非效率模型可以由时不变技术非效率模型得到。Schmidt 和 Sickles(1984)较早估计了面板数据的随机前沿生产函数,采用的模型如下:

$$y_{it} = \alpha + x'_{it}\beta + v_{it} - u_i$$

其中,y_{it} 表示企业 i 在 t 期的产出。α 表示生产前沿截距项。x'_{it} 表示企业 i 在 t 期的投入品向量。β 表示参数向量。v_{it} 为统计噪声。$u_i > 0$,表示企业 i 的技术非效率。该式也可以写为:$y_{it} = \alpha_i + x'_{it}\beta + v_{it}$,其中,$\alpha_i = \alpha - u_i$。显然,对于 $I \cdot T$ 的面板数据,不可能获得所有 $I \cdot T$ 的截距项 α_i,N(截面的数量)个斜率参数 β 和 σ_v^2。从企业特定的技术非效率项 α_i 可以看出,该式为时不变技术非效率模型。

为了解决该问题,Cornwell et al.(1990)用式(2.70)的 α_{it} 替换 Schmidt 和 Sickles(1984)中的 α_i,得到时变技术非效率模型(下文简称为 CSS 模型)。

$$\alpha_{it} = \alpha_{0i} + \alpha_{1i}t + \alpha_{2i}t^2 \qquad (2.70)$$

式(2.70)将截距项数目减少到 $I \cdot 3$ 个。α_{0i},α_{1i} 和 α_{2i} 表示企业特定的参数,t 表示时间趋势变量。这种二次型的设定允许技术效率随着时间的推移而变化，并且对每个生产者来说可以以不同的方式变化。当样本的截面数目 N 不大的情形下，N 个企业虚拟变量，以及其与时间或者时间平方项的交互性，连同解释变量都可以用最小二乘法（OLS 方法）估计其系数大小。原因在于，在回归估计时，使用了所有的企业虚拟变量。为了避免多重共线性问题，回归中的截距项必须被加以限制。在估算出企业虚拟变量及其与时间交互项的系数 α_{0i}，α_{1i} 和 α_{2i} 之后，α_{it} 的系数自然可获得。

更一般地，标准的面板数据随机前沿技术非效率分析模型可以写为：

$$y_{it} = \alpha_{0i} + x'_{it}\beta + v'_{it} \tag{2.71}$$

其中，$v'_{it} \equiv v_{it} + \alpha_{1i}t + \alpha_{2i}t^2$。

与 Schmidt 和 Sickles（1984）一样，可以采用组内估计方法来估计方程（2.71），得到一致的估计量 $\hat{\beta}$，以及模型的残差（$\hat{\epsilon}_{it} \equiv y_{it} - x'_{it}\hat{\beta}$）。然后，这个模型估算出来的残差与每个企业 i 的常数项，时间趋势和时间趋势的平方项进行回归估计。从这些回归的拟合值就可以得到式（2.70）中的各个变量的参数估计值，进而得到 $\hat{u}_{it}$：

$$\hat{u}_{it} = \hat{\alpha}_t - \hat{\alpha}_{it}, \hat{\alpha}_t = \max_j(\hat{\alpha}_{jt}) \tag{2.72}$$

式（2.72）中，$\hat{\alpha}_t$ 表示 t 期的最大值 $\hat{\alpha}_{jt}$，所计算的技术效率也是相对于样本中同期技术效率最高企业而言的，是一个相对值。如果界定了所有企业 i 和时间 t，则企业 i 的技术效率则是相对于样本中技术效率最高的企业而言的，依旧是相对值。对于该模型来说，可以通过面板数据固定效应或随机效应估计量和 OLS 来进行估计。

② Lee 和 Schmidt（1993）模型

CSS 模型的优点是在技术非效率函数方面具有灵活性。企业暂时的低效率行为足够灵活，进而允许技术效率可增可减，不同截面单元不一。CSS 模型的一个问题是在技术非效率的设定时可能存在过度参数化现象。在大 N 小 T 的模型中，该模型会有太多的参数以待估计。针对该问题，Lee 和 Schmidt（1993）提出另一个较为简约的时变非效率模型，u_{it} 的设定如下式所示：

$$u_{it} = u_i \lambda_t \tag{2.73}$$

式（2.73）中，$\lambda_t, t = 1, \cdots, T$ 表示有待于进一步被估计的参数。Kumbhakar 等（2015）假设 u_i 是随机的，λ_t 表示有待固定的参数。由于 λ_t

是一系列参数，Lee 和 Schmidt（1993）模型比 Kumbhakar（1990），Battese 和 Coelli（1992）的模型更具一般普遍性。所有这些模型都可以视为 Lee 和 Schmidt（1993）模型的一个特例，可以通过对 λ_t 施加适当的限制条件来导出。比如假设 $\lambda_t = 1\,\forall t$，则式（2.73）模型缩减为时不变技术非效率模型。

一旦 λ_t 和 u_i 被估计出来，则技术非效率项可以从下式估算获得：

$$\hat{u}_{it} = \max_j\{\hat{u}_i\hat{\lambda}_t\} - \{\hat{u}_i\hat{\lambda}_t\} \tag{2.74}$$

2）带确定性和随机性组成部分的时变技术非效率模型

在 Lee 和 Schmidt（1993）模型中，残差项中的 u_i 和 λ_t 是确定性的。Lee 和 Schmidt（1993）模型在估计该模型时并未对 u_i 做任何分布的假设，事实上该模型可以假设 u_i 为随机的，而 λ_t 表示一关于时间的确定性函数（例如时间虚拟变量）。为此，需要在一个统一框架下进一步考虑该类模型对 u_i 做不同分布假设的情形，即：

$$\begin{cases} y_{it} = f(x_{it};\beta) + \epsilon_{it} \\ \epsilon_{it} = v_{it} - u_{it} \\ u_{it} = G(t)\,u_i \\ v_{it} \sim N(0,\sigma_v^2) \\ u_i \sim N^+(\mu,\sigma_u^2) \end{cases} \tag{2.75}$$

式（2.75）中，$G(t) > 0$ 是时间 t 的函数。技术非效率项 u_{it} 随时间和个体而改变，不再是固定的。u_{it} 由两部分组成，一部分是非随机时间部分 $G(t)$，另一部分是一个随机的个体部分 u_i。u_i 是个体特定的，$G(t)$ 是时变的，且对所有个体来说都是一样的。

为了确保 $G(t)$ 非负，假设 $u_i \geq 0, u_{it} \geq 0$。Kumbhakar（1990）模型将 $G(t)$ 设定为：

$$G(t) = [1 + exp(\gamma_1 t + \gamma_2 t^2)]^{-1} \tag{2.76}$$

Lee 和 Schmidt（1993）模型将 $G(t)$ 设定为：

$$G(t) = \sum_t \lambda_t TD_t \tag{2.77}$$

式（2.77）中，λ_t 表示时间虚拟变量 TD_t 的系数。在该模型中，$G(t)$ 没有被限制为正，因此 u_{it} 也就没有被限制为正。在实证分析的文献中，该类型模型应用较少。

Battese 和 Coelli（1992）对 $G(t)$ 的设定如下：

$$G(t) = exp[\gamma(t - T)] \qquad (2.78)$$

式（2.78）中，T 表示样本的终止时间。进一步地，可以借助最大似然估计方法来估计模型（2.75），每个截面观察值的通用形式的最大似然函数为：

$$ln\mathcal{L}_i = costant + ln\Phi\left(\frac{\mu_{i*}}{\sigma_*}\right) + \frac{1}{2}ln(\sigma_*^2) - \frac{1}{2}\left\{\frac{\sum_t \epsilon_{it}^2}{\sigma_\nu^2} + \left(\frac{\mu}{\sigma_u}\right)^2 - \left(\frac{\mu_{i*}}{\sigma_*}\right)^2\right\} - Tln(\sigma_\nu) - ln(\sigma_u) - ln\Phi\left(\frac{\mu}{\sigma_u}\right) \qquad (2.79)$$

其中，$\mu_{i*} = \dfrac{\mu\sigma_\nu^2 - \sigma_u^2\sum_t G(t)\epsilon_{it}}{\sigma_\nu^2 + \sigma_u^2\sum_t G(t)^2}$，$\sigma_*^2 = \dfrac{\sigma_\nu^2\sigma_u^2}{\sigma_\nu^2 + \sigma_u^2\sum_t G(t)^2}$。模型（2.75）的对数似然函数可以加总 $i=1, \cdots, N$ 的 $ln\mathcal{L}_i$ 得到，进而得到最大似然估计的参数值。一旦各个参数被估计出来，则技术非效率可以从均值或者众数预测得到，即：

$$E(u_i \mid \epsilon_i) = \mu_{i*} + \sigma_*\left[\frac{\varphi(-\mu_{i*}/\sigma_*)}{1 - \Phi(-\mu_{i*}/\sigma_*)}\right]$$

$$M(u_i \mid \epsilon_i) = \begin{cases} \mu_{i*}, & \text{如果 } \mu_{i*} \geq 0 \\ 0, & \text{其他} \end{cases}$$

3）从技术非效率中区分出企业异质性的模型

对于时不变技术非效率模型来说，无论其是固定效应模型还是随机效应模型，时不变的企业异质性都会被混淆在技术非效率当中。因此，面板数据模型无论是固定效应模型的固定参数还是随机效应模型的随机变量 u_i 的估计值 $\hat{u}_i$ 可能会出现在技术非效率当中，甚至还会在技术非效率之外体现企业异质性（Greene, 2005a）。此外，当时间 T 足够长时，时不变技术非效率模型当中的技术非效率是时不变的假设难以符合现实，持续技术非效率的企业在当前的激烈市场竞争中继续存活的假设也站不住脚。

事实上，技术非效率的部分构成可能是持续的。除非可以将个体异质性部分从时不变个体效应当中分离出来，否则只好选择代表持续性非效率的模型或者代表个体特定效应（异质性）的模型。本小节考虑这两种情形，尤其考虑技术非效率是时变的模型，而不管时不变构成部分是否是非效率。为此，考虑如下模型：

$$y_{it} = \alpha_i + x'_{it}\beta + v_{it} - u_{it} \qquad (2.80)$$

式中，u_{it} 表示时变技术非效率项。如果把 α_i（$\alpha_i = 1, \cdots, N$）视为不属于技术非效率项的固定参数，如此，式（2.80）变为"真实的固定效应"面板随机前沿模型；如果将 α_i 视为一个随机变量，则（2.80）变为"真实的随机效应"面板随机前沿模型（Greene，2005b）。

估计模型（2.80）并非容易。如果把 α_i 视为固定参数，则各个有待估计的参数会随着截面数目 N 的增加而增加，此时该模型会出现 Neyman 和 Scott（1948）所提到的附带参数问题。此时，参数估计的一致性要求就得不到保证。此外，对于一个横截面 N 大的面板数据模型，要估计的参数数目也会大到令人望而却步。针对该问题，Greene（2005a）提出了一个尝试性的解决办法。作者假设时变技术非效率项 u_{it} 服从独立同分布的半正态分布，即 $u_{it} \sim N^+(0, \sigma_u^2)$，采用最大似然估计（MLE）方法估计该模型，并且不需要像其他文献一样对模型进行组内或一阶差分转换。与此同时，作者发现当时间 T 较大时，附带参数问题也不会对模型的参数估计带来显著的偏误。作者也采用一种先进的数值算法解决了需要估计 N 个以上的参数问题。

此外，针对（Greene，2005b）在估算固定效应或随机效应面板随机前沿模型时所提到的问题，Wang 和 Ho（2010）从另一个视角提出了一套解决方案。作者提出了一种随机前沿模型，该模型可以进行组内变换和一阶差分变换，并且运用文献中所使用的标准方法还可以得到封闭形式的似然函数。这种模型的最主要优势就在于，α_i 在估计方程中被消除掉了，因而可以完全避免附带参数问题。无论 $N \to \infty$ 还是 $T \to \infty$，都可以得到一致的估计值。Wang 和 Ho（2010）构建的模型如下：

$$\begin{cases} y_{it} = \alpha_i + x'_{it}\beta + \varepsilon_{it} \\ \varepsilon_{it} = v_{it} - u_{it} \\ v_{it} \sim N(0, \sigma_v^2) \\ u_{it} = h_{it} u_i^* \\ h_{it} = f(z'_{it}\delta) \\ u_i^* \sim N^+(0, \sigma_u^2), i = 1, \cdots, N, t = 1, \cdots, T \end{cases} \qquad (2.81)$$

该模型允许模型转换，其主要特征在于技术非效率效应的乘法形式。其中，个体特定效应 u_i 以个体和时间特定效应 h_{it} 的乘法形式出现。由于

u_i^* 不随时间变化而改变,则模型的组内和一阶差分变化使得其随机项保持不变。Wang 和 Ho (2010) 揭示,组内变换模型和一阶差分模型在代数上是相同的。以一阶差分模型为例来阐述 Wang 和 Ho (2010) 估算技术非效率的方法。

首先,作者界定一阶差分为:$\Delta w_{it} = w_{it} - w_{it-1}$。给定 i 和 $t=2,\cdots,T$,Δw_{it} 的堆叠向量为 $\Delta \hat{w}_i = (\Delta w_{i2}, \Delta w_{i3}, \cdots, \Delta w_{iT})'$。假设尺度函数 h_{it} 不是常数,则一阶差分之后的模型为:

$$\begin{cases} \Delta \tilde{y}_i = \Delta \tilde{x}_i \beta + \Delta \tilde{\varepsilon}_i \\ \Delta \tilde{\varepsilon}_i = \Delta \tilde{\nu}_i - \Delta \tilde{u}_i \\ \Delta \tilde{\nu}_i \sim MN(0, \Sigma) \\ \Delta \tilde{u}_i = \Delta \tilde{h}_i u_i^* \\ u_i^* \sim N^+(\mu, \sigma_u^2), i = 1, \cdots, N \end{cases} \quad (2.82)$$

模型 (2.82) 中,在面板 i 中一阶差分引入了 $\Delta \nu_{it}$ 的相关性,$\Delta \tilde{\nu}_i = (\Delta \nu_{i2}, \Delta \nu_{i3}, \cdots, \Delta \nu_{iT})'$ 的多元正态分布的 $(T-1) \times (T-1)$ 方差-协方差矩阵为:

$$\Sigma = \begin{bmatrix} 2\sigma_\nu^2 & -\sigma_\nu^2 & 0 & \cdots & 0 \\ -\sigma_\nu^2 & 2\sigma_\nu^2 & -\sigma_\nu^2 & \cdots & 0 \\ 0 & \ddots & \ddots & \ddots & \vdots \\ \vdots & & \ddots & \ddots & -\sigma_\nu^2 \\ 0 & 0 & \cdots & -\sigma_\nu^2 & 2\sigma_\nu^2 \end{bmatrix}$$

矩阵 Σ 的对角阵上的元素为 $2\sigma_\nu^2$,非对角阵上的元素为 $-\sigma_\nu^2$。则第 i 个面板的边际对数似然函数为:

$$ln \mathcal{L}_i^D = -\frac{1}{2}(T-1)\ln(2\pi) - \frac{1}{2}\ln(T) - \frac{1}{2}(T-1)\ln(\sigma_\nu^2) - \frac{1}{2}\Delta \tilde{\varepsilon}_i'$$

$$\Sigma^{-1}\Delta \tilde{\varepsilon}_i + \frac{1}{2}\left(\frac{\mu_*^2}{\sigma_*^2} - \frac{\mu^2}{\sigma_u^2}\right) + \ln\left[\sigma_* \Phi\left(\frac{\mu_*}{\sigma_*}\right)\right] - \ln\left[\sigma_u \Phi\left(\frac{\mu}{\sigma_u}\right)\right] \quad (2.83)$$

其中,$\mu_* = \dfrac{\mu/\sigma_u^2 - \Delta \tilde{\varepsilon}_i' \Sigma^{-1} \Delta \tilde{h}_i}{\Delta \tilde{h}_i' \Sigma^{-1} \Delta \tilde{h}_i + 1/\sigma_u^2}$,$\sigma_*^2 = \dfrac{1}{\Delta \tilde{h}_i' \Sigma^{-1} \Delta \tilde{h}_i + 1/\sigma_u^2}$,

$\Delta \tilde{\varepsilon}_i = \Delta \tilde{y}_i - \Delta \tilde{x}_i \beta$。$\Phi$ 表示标准正态分布的累计密度函数。模型的边际对数似然函数可以通过加总不同面板 $i = 1, \cdots, T$ 得到。模型的参数可以通过最大化边际对数似然函数来估计所得。在得到模型的参数估计值后,观察值特定的技术非效率指数可以在 $\Delta \tilde{\varepsilon}_i = \Delta \tilde{\varepsilon}_i$ 处,通过下式求得:

$$E(u_{it} \mid \Delta \tilde{\varepsilon}_i) = h_{it} \left[\mu_* + \frac{\varphi\left(\frac{\mu_*}{\sigma_*}\right) \sigma_*}{\Phi\left(\frac{\mu_*}{\sigma_*}\right)} \right] \quad (2.84)$$

4)区分持续和时变的技术非效率模型

尽管有些模型可以将企业异质性从时变非效率区分开来,但这些模型都没有考虑持续的技术非效率。识别持续的技术非效率非常重要,尤其是在短面板中,因为持续的技术非效率反映出各种投入的影响。这些生产投入在不同企业之间会发生变化,但是不会随着时间的变化而变化。除非影响单个企业管理风格的某些方面发生变化,如政府对该行业政策的变化,企业所有权的变化等,否则技术非效率的持续部分不太可能发生变化。然而,技术非效率的残差部分可能会随着时间的推移而变化。因此,区分技术非效率的持续部分和残差部分非常重要,因为二者具有不同的政策含义。

考虑以下模型:

$$\begin{cases} y_{it} = \alpha_{0i} + x'_{it}\beta + \epsilon_{it} \\ \epsilon_{it} = \nu_{it} - u_{it} \\ u_{it} = u_i + \tau_{it} \end{cases} \quad (2.85)$$

式(2.85)中,ϵ_{it} 被分解为统计噪声项 ν_{it} 和技术非效率项 u_{it}。技术非效率项 u_{it} 进一步分解为持续性部分 u_i(如时不变管理效果)和时变残差项部分 τ_{it},二者都非负。u_i 表示企业特定,τ_{it} 表示企业和时间特定。从政策角度来看,这样的分解是可取的,因为如果政府的政策或企业的所有权没有发生任何变化,则持续性部分 u_i 不太可能随着时间的推移而变化,而技术非效率项的时变残差项部分 τ_{it} 在企业之间发生变化,也会随着时间的推移而变化。因此,非常有必要了解企业整体的技术非效率规模及其两个组成部分,因为这两个组成部分传递出不同的信号。举个例子来说,如果一个企业在某一年的技术非效率残差项部分相对较大,那么就可以认为技术低效率是由下一年不太可能重复的事情造成的。相比之下,如果一个企业的技术非效率的持续性部分很大,那么随着时间的推移,它将以一个相对较高的技术非效率水平运行,除非政策或管理效率发生变化。因此,从长期来看,技术非效率持续性部分的值更高,则其更值得各界关注,原因就在于其持续性的特点。

式(2.85)的模型设定的一个优点就是可以在不强加任何时间依赖的参数形式的情况下检验技术非效率的持续性特点。在解释变量 x_{it} 向量中加入时间就可以将外生的技术变化从技术非效率项中分离出来。因此,可以将模型(2.85)改写为:

$$y_{it} = \alpha_{0i} + x'_{it}\beta + \omega_{it} \qquad (2.86)$$

其中,$\alpha_i \equiv \beta_0 - u_i - E(\tau_{it})$,$\omega_{it} = \nu_{it} - [\tau_{it} - E(\tau_{it})]$。

式(2.86)中,误差项 ω_{it} 均值为零,方差为参数。该模型也非常符合带有企业特定特征的标准面板数据模型,能够通过最小二乘虚拟变量方法(LSDV)或者广义最小二乘法(GLS)来估计。

① 固定效应模型

至少可以从以下四个步骤来估计模型(2.86):第一步,用标准的固定效应面板数据模型进行估计,以得到 β 的一致估计值;第二步,估计技术非效率的持续性部分 u_i;第三步,估计 β_0,与随机部分 ν_{it} 和 τ_{it} 相关的参数;第四步,估计技术非效率的时变(残差)部分 τ_{it}。具体步骤如下:

第一步:在估计之前对模型(2.86)进行组内转换,以消除 α_i 项。因为 ω_{it} 的组成部分都是均值为零和方差为常数的随机变量。ω_{it} 的组内转换也会生成均值为零和方差为常数的随机变量。进而可以采用 OLS(最小二乘法)对组内转换后的模型(2.86)进行估计,以得到 β 的一致估计值。

第二步:给定步骤一中所得到的 β 的一致估计值,即 $\hat{\beta}$,可以得到伪残差 $r_{it} = y_{it} - x'_{it}\hat{\beta}$,该伪残差包含 $\alpha_i^* + \omega_{it}$。给定伪残差的表达式,首先从每个企业 i 的 r_{it} 的均值中估算出 α_i^*。然后,从 $\max_i \hat{\alpha}_i - \hat{\alpha}_i^* = \max_i \bar{r}_i - \bar{r}_i$ 中估算出 u_i,其中 $\bar{r}_i$ 是企业 i 的 r_{it} 随时间变化的均值。在求企业 i 的 r_{it} 的均值时,截距项 β_0 和 ω_{it} 被剔除掉。这个公式给出了样本中相对于最好企业的技术非效率的持续性部分 u_i 的估计值。

第三步:在得到 β 和 u_i 的估计值之后,计算残差估计值 e_{it},其估计

的表达式为 $\eta_{it} = y_{it} - x'_{it}\hat{\beta} + \hat{u}_i$，其中包含 $\beta_0 + \nu_{it} - \tau_{it}$。在该阶段，对技术非效率的持续性部分 ν_{it} 和技术非效率的时变残差项部分 τ_{it} 做如下额外假设。一是，$\nu_{it} \sim i.i.dN(0, \sigma_\nu^2)$，即 ν_{it} 服从均值为零，方差为 σ_ν^2 的独立同分布的正态分布。二是，$\tau_{it} \sim i.i.dN^+(0, \sigma_\tau^2)$，即 τ_{it} 服从均值为零，方差为 σ_τ^2 的独立同分布的截断正态分布。可以采用随机前沿技术（SF）来估算出 β_0 和随机部分 ν_{it} 和 τ_{it} 有关的参数。

第四步：采用使用 JLMS 技术（Jondrow et al.（1982）的技术）来估计每个观测值的 τ_{it}。

② 随机效应模型

如果假设 u_i 是随机的，则可以将模型（2.86）改写为：

$$y_{it} = \beta_0^* + x'_{it}\beta - u_i^* + \omega_{it} \qquad (2.87)$$

式中，$\beta_0^* \equiv \beta_0 - E(u_i) - E(\tau_{it})$，$u_i^* = u_i - E(u_i)$，$\omega_{it} = \nu_{it} - [\tau_{it} - E(\tau_{it})]$

式（2.87）中，误差部分 u_i^* 和 ω_{it} 都是均值为零和方差为常数的随机变量。式（2.87）也符合可以用广义最小二乘法 GLS 估计的单向误差构成面板模型。估计过程具体为：第一步，采用 GLS 来估算 β 和 β_0^*。第二步，用伪残差 $\tilde{r}_{it} = y_{it} - x'_{it}\hat{\beta} - \beta_0^*$ 来估算 u_i^*。u_i^* 的最佳线性无偏估计值为：

$$\tilde{u}_i^* = -\left(\frac{\hat{\sigma}_u^2}{\hat{\sigma}_\omega^2 + T\hat{\sigma}_u^2}\right)\sum_t \tilde{r}_{it}, i = 1, \cdots, N \qquad (2.88)$$

式（2.88）中，$\hat{\sigma}_u^2$ 和 $\hat{\sigma}_\omega^2$ 为 u_i^* 和 ω_{it} 的方差。在估算出 u_i^* 之后，可以从 $u_i = \max_i u_i^* - u_i^*$ 得到 u_i 的估计值。第三步和第四步与上述固定效应模型中一样。

5）区分企业效应，持续的技术非效率和时变技术非效率模型

前面第 4）部分区分持续和时变的技术非效率模型将企业（固定的或随机的）效应视为长期（持续的）非效率，并增加了第二个组成部分来捕捉时变的技术非效率。因此，这个模型混淆了企业效应（不是技术非效率的一部分）和持续的技术低效率。因此，该模型的设定是有误的，并且很可能通过将企业效应视为技术非效率而对技术非效率产生一个向上的偏差。前面第 3）部分从技术非效率中区分出企业异质性的模型将企业

(固定的或随机的) 效应视为非技术非效率的元素。因此，这些模型未能捕捉到持续的技术非效率，这与企业效应相混淆。因此，这些模型的设定也有误，并倾向于在估计总体技术非效率时产生一个向下的偏差。

由于上述模型中的假设无法得到满足，因此可以采用 Kumbhakar et al.（2014）和 Colombi et al.（2014）的模型来克服这些早期模型的一些不足，完善随机前沿面板数据模型的理论与实证应用。在接下来的一个模型中，该模型的误差项由四部分构成，这样就可以考虑在给定投入情形下的影响产出的不同因素。第一个构成部分可以捕捉到企业的潜在异质性（Greene, 2005a; 2005b），而这又需要从技术非效率当中分离出来。第二个构成部分可以捕捉到企业短期（时变的）技术非效率。第三个构成部分可以捕捉到 Kumbhakar 和 Heshmati（1995）中所提的持续的或者时不变的技术非效率。最后一个构成部分可以捕捉到随机冲击。模型的具体设定如下：

$$y_{it} = \alpha_0 + f(x_{it};\beta) + \mu_i + \nu_{it} - \eta_i - u_{it} \qquad (2.89)$$

模型（2.89）中，误差项中的两个构成部分 $\eta_i > 0$ 和 $u_{it} > 0$ 代表技术非效率，另外两个构成部分分别代表企业效率 μ_i 和统计噪声 ν_{it}。对于模型（2.89）的估计，可以在对误差项的四个构成部分的分布假设的基础上采用一阶段最大似然估计方法进行（Colombi et al., 2011）。具体可先将模型（2.89）改写为：

$$y_{it} = \alpha_0^* + f(x_{it};\beta) + \alpha_i + \varepsilon_{it} \qquad (2.90)$$

模型（2.90）中，$\alpha_0^* = \alpha_0 - E(\eta_i) - E(u_{it})$，$\alpha_i = \mu_i - \eta_i + E(\eta_i)$，$\varepsilon_{it} = \nu_{it} - u_{it} + E(u_{it})$。$\alpha_i$ 和 ε_{it} 的均值都为零，方差都是常数。具体估计分三步展开：

第一步：采用标准的随机效应面板回归估计出 $\hat{\beta}$、α_i 的估计值 $\hat{\alpha}_i$ 以及 ε_{it} 的估计值 $\hat{\varepsilon}_{it}$。

第二步：使用第一步估计出来的 ε_{it} 的估计值 $\hat{\varepsilon}_{it}$，估计出时变技术非效率 u_{it}。首先，采用标准的随机前沿技术（SF）估计模型 $\varepsilon_{it} = \nu_{it} - u_{it} + E(u_{it})$。前提是假设 $\nu_{it} \sim i.i.dN(0,\sigma_v^2)$，即 ν_{it} 服从均值为零，方差为 σ_v^2 的独立同分布的正态分布，以及 $u_{it} \sim i.i.dN^+(0,\sigma_u^2)$，即 u_{it} 服从均值为零，方差为 σ_u^2 的独立同分布的截断正态分布，这意味着可以忽略 ε_{it} 的真实值和估计值的差异。在 SF 的估计下，也可以得到时变残差项中技术

非效率构成部分的估计值 $\hat{u}_{it}$（如 Jondrow et al.（1982））或者残差技术效率 $exp(-u_{it} | \varepsilon_{it})$（如 Battese 和 Coelli（1988））。

第三步：按照第二步，使用第一步估计出的 α_i 的最佳线性估计值 $\hat{\alpha}_i$ 估计出 η_i。同样，先采用截面的标准正态—半正态随机前沿模型（SF）估计模型 $\alpha_i = \mu_i - \eta_i + E(\eta_i)$，再采用 JLMS 技术（Jondrow et al.（1982）的技术）得到持续的技术非效率构成部分 η_i 的估计值。前提是假设 $\mu_i \sim i.i.dN(0,\sigma_\mu^2)$，即 ν_{it} 服从均值为零，方差为 σ_ν^2 的独立同分布的正态分布，以及 $\eta_i \sim i.i.dN^+(0,\sigma_\eta^2)$，即 u_{it} 服从均值为零，方差为 σ_τ^2 的独立同分布的截断正态分布。持续的技术效率可以从式子 $PTE = \exp(-\eta_i)$ 估计得到。总体技术效率 OTE 是 PTE 和 RTE 的乘积，即 $OTE = PTE \times RTE$。

(3) 基于面板数据的随机前沿贸易引力模型

在解决了技术非效率的估计之后，可以将前面两部分的模型合并起来，形成基于面板数据的随机前沿贸易引力模型（SFGM）。前已述，面板数据可以控制住包含进口国和出口国固定效应在内的各种无法观测到的固定效应，也可以跟踪每个生产者在连续时间之内的生产技术效率。因此，在 Meeusen 和 van den Broeck（1977），Aigner et al.（1977），以及 Battese 和 Corra（1977）等研究的基础上，真实的双边贸易量可以表述为下式：

$$ln\,T_{ijt} = f(X_{ijt},\beta) + \nu_{ijt} - u_{ijt}, u_{ijt} \geq 0 \qquad (2.91)$$

式（2.91）中，T_{ijt} 表示 t 期从 i 国出口到 j 国的真实贸易量。X_{ijt} 表示影响双边贸易量变化的非人为因素。β 表示解释变量的系数向量。根据上述技术非效率项的估计，需要对随机干扰项和技术非效率项做进一步假设。参考 Jondrow et al.（1982）的设定，假设随机统计噪声 $\nu_{ijt} \sim i.i.dN(0,\sigma_v^2)$，即 ν_{ijt} 服从均值为零，方差为 σ_v^2 的独立同分布的正态分布，以及非负的贸易非效率项 $u_{ijt} \sim i.i.dN^+(0,\sigma_u^2)$，即 u_{ijt} 服从均值为零，方差为 σ_u^2 的独立同分布的截断正态分布。$COV(\nu_{ijt},u_{ijt}) = 0$。当 $u_{ijt} > 0$ 时，贸易规模达到了最优水平，式（2.91）可以变换为下式：

$$T_{ijt}^* = f(X_{ijt},\beta)\exp(\nu_{ijt}) \qquad (2.92)$$

式（2.92）中，T_{ijt}^* 为贸易潜力，表示 t 期从国家 i 出口到国家 j 的最优贸易规模。用 TE_{ijt} 表示实际贸易量与最优贸易量的比值，即：

$$TE_{ijt} = T_{ijt} / T_{ijt}^* = \exp(-u_{ijt}) \qquad (2.93)$$

式 (2.93) 中，$u_{ijt} > 0$，$TE_{ijt} \in (0,1)$，贸易多边阻力存在于双边贸易当中，实际贸易量不及贸易潜力，双边贸易存在贸易非效率。当 $u_{ijt} = 0$，$TE_{ijt} = 1$ 时，实际贸易量与贸易潜力相等，双边贸易量达到最优数量，不存在贸易多边阻力，也不存在贸易非效率。时不变模型较早在 SFGM 中应用，但是一般假设贸易非效率项不随时间的变化而变化。然而，在现实生活中，有些因素会在较长时间内期间发生变化，这与时不变模型的贸易非效率项的假设相悖。为此，Battese 和 Coelli (1992) 提出了时变模型，其一般形式为：

$$u_{ijt} = \{exp[-\eta(t-T)]\} u_{ij}, exp[-\eta(t-T)] \geq 0 \quad (2.94)$$

式 (2.94) 中，η 表示未知系数。当 $\eta = 0$ 时，模型 (2.94) 为时不变模型。当 $\eta > 0$ 时，贸易多边阻力会随着时间的推移而降低。当 $\eta < 0$ 时，贸易多边阻力会随着时间的推移而增加。

在对贸易非效率模型进行回归分析时，考虑到"两步法"的不足，本书采用 Battese 和 Coelli (1995) 提出的"一步法"或"单一阶段方法"对贸易非效率模型进行回归，其核心是将解释变量直接合并到技术非效率误差项之中，并将该技术非效率误差项的均值或方差解释为是解释变量的一个函数。技术非效率的公式为：

$$u_{ijt} = \lambda k_{ijt} + \tau_{ijt} \quad (2.95)$$

式 (2.95) 中，λ 表示未知系数。k_{ijt} 表示解释变量，τ_{ijt} 表示随机扰动项。根据"一步法"的原理，将式 (2.95) 代入式 (2.91)，可得：

$$ln\, T_{ijt} = f(X_{ijt}, \beta) + \nu_{ijt} - (\lambda k_{ijt} + \tau_{ijt}) \quad (2.96)$$

在确定了基于面板数据的随机前沿贸易引力模型 SFGM 和贸易非效率模型之后，则需要对模型的适用性进行检验。采用前已述的最大似然估计方法 (MLE) 估计 SFGM。对数似然函数如下：

$$ln\mathcal{L} = -\frac{1}{2}ln(\sigma_\nu^2 + \sigma_u^2) + ln\left[\phi\left(\frac{lnexp_{ijt} - X_{ijt}\beta + \mu_{ijt}}{\sqrt{\sigma_\nu^2 + \sigma_\mu^2}}\right)\right] - ln\left[\varphi\left(\frac{\mu_{ijt}}{\sigma_u}\right)\right] +$$

$$ln\left[\varphi\left(\frac{\widetilde{u}_{ijt}}{\widetilde{\sigma}_u}\right)\right] \quad (2.97)$$

式 (2.97) 中，$\widetilde{u}_{ijt} = [\sigma_\nu^2 \mu_{ijt} - \sigma_u^2(lnexp_{ijt} - X_{ijt}\beta)]/(\sigma_\nu^2 + \sigma_u^2)$，$\widetilde{\sigma}_u = \sigma_\nu^2 \sigma_u^2/(\sigma_\nu^2 + \sigma_u^2)$。$\phi(\cdot)$ 和 $\varphi(\cdot)$ 分别表示标准正态分布的密度函数和累积分布函数。

2.2.2 出口潜力指标方法

国际贸易中心（International Trade Centre）[①]的出口潜力地图提供了两个评估出口潜力的指标：一是出口潜力指标（Export Potential Indicator，EPI），二是产品多样化指标（Product Diversification Indicator，PDI），后者将在2.2.3小节进行介绍。出口潜力指标是识别出口经济体哪些产品已经证明是具有国际竞争力以及哪些产品在特定目标市场具有良好出口前景。出口潜力指标衡量的是现有出口产品在特定目标市场的潜在出口价值。如果出口经济体—产品组合对世界的总出口潜在价值至少达到20万美元，或至少部分被该出口商按降序排列的产品的95%累积出口潜力所覆盖，则被认为具有出口潜力。低于这一门槛值的产品被认为目前潜力不足，但可能被认为是多样化的机会。

出口潜力指数的测度方法也是受引力模型的启发。假设在一个没有贸易摩擦的世界中，贸易流可以用出口经济体×产品，进口经济体×产品，以及出口经济体×进口经济体三个要素来加以描述，即：

$$v_{ijk} = \alpha_{ik} \beta_{ij} \gamma_{jk} \tag{2.98}$$

式（2.98）中，v_{ijk} 表示出口经济体 i 的产品 k 对目的市场 j 的出口。参数 α_{ik} 表示出口经济体 i 的出口产品 k 的表现，参数 β_{ij} 表示任何产品从出口经济体 i 出口到 j 的容易程度，参数 γ_{jk} 表示目的市场 j 对出口产品 k 的需求。

与引力模型一样，可以借助计量经济学估计方法估算出出口贸易额的拟合值，该拟合值与真实值的差额即为没有被利用的出口潜力。然而，在出口经济体—产品—进口经济体三维数据的情形下，该方法有不便之处。原因有三：一是基于详细产品与国家层面数据的模型规模会变得很大；二是三维数据（v_{ijk}）的质量也较低，因为经验表明各国很难精准识别他们的贸易伙伴；三是在详细的生产和消费统计数据缺失的情形下，固定效应将用于捕捉出口经济体—产品（ik）、出口经济体—进口经济体（ij）、进口经济体—产品（jk）等层面的特征。然而，固定效应估算的模型难以刻画出影响出口潜力价值的驱动因素，而这是识别出各影响因素的关键要求。

[①] 网址为：https://exportpotential.intracen.org/en/。

为此，国际贸易中心提出了另一种方法来评估出口潜力，即基于二维数据的乘法模型来推断出 ijk 层面的潜在出口价值，具体公式如下：

$$\widetilde{v_{ijk}} = \widetilde{\alpha_{ik}} \widetilde{\beta_{ij}} \widetilde{\gamma_{jk}} = \frac{v_{ik}}{v_k} \frac{v_{ij}}{\sum_k \left(\frac{v_{ik}}{v_k} v_{jk}\right)} v_{jk} \quad (2.99)$$

式（2.99）中，右边第一项为出口经济体 i 的产品 k 的世界出口市场份额，第二项衡量的是双边贸易相对于如果出口国在世界市场上的份额与在 j 市场上的份额相同时的贸易额。第三项只反映了进口总额。在没有摩擦的世界中，在下面五个假设条件下，潜在出口价值对应于实际出口价值：

假设 1：供应商差异化。不同出口商出口的产品在消费者和购买它们的公司看来是不同的。对于一个给定的产品，需求行为来自不变替代弹性（CES）函数的最优化结果（阿明顿假设）。假设所有市场上的 CES 函数都相同。这一假设，有助于根据一个经济体在其他市场的出口情况推断出该经济体向新市场出口的能力。

$$\frac{v_{ijk}}{v_{jk}} = \alpha_{ik} \left(\frac{p_{jk}}{p_{ijk}}\right)^{\sigma_k - 1}, \quad \sum_i \alpha_{ik} = 1$$

假设 2：需求弹性。虽然 v_{jk} 会受到 j 市场收入增长的影响，但假设它不依赖于价格（假设总进口额对总价格的弹性为 1）。

假设 3：产品同质性。假定某一出口商向不同市场出口的产品是相同的。

假设 4：供给弹性。供给被认为是完全弹性的：出口价格不依赖于出口数量。

假设 5：贸易成本。p_{ijk} 可以分解为一个反映国家 i 生产成本的因素和一个双边因素：

$$p_{ijk}^{1-\sigma_k} = \varepsilon_{ik} \theta_{ij}$$

为简化起见，假设 $\varepsilon_{ik} = 1$。两个供应商在成本或质量上的差异主要体现在阿明顿参数 α_{ik} 上。v_{ijk} 的计算步骤如下：

最优化 CES 函数，可得：

$$p_{jk}^{1-\sigma_k} = \sum_i (\alpha_{ik} p_{ijk}^{1-\sigma_k}) = \sum_i (\alpha_{ik} \theta_{ij})$$

如果最具有竞争力（即 α_{ik} 越大）的供应商 i 出口到目标市场 j 的贸易成本越大（即 θ_{ik} 越小），市场 j 中产品 k 的价格越高。

由此可得下式：

$$v_{ijk} = \frac{\alpha_{ik}\theta_{ij}}{\sum_i(\alpha_{ik}\theta_{ij})}v_{jk} \qquad (2.100)$$

式（2.100）分母的意义为：给定需求 v_{jk}，α_{ik} 和 θ_{ij}，如果最具竞争力的供应商远离目的市场 j，则其潜在价值 v_{ijk} 就更大。

近似1：假设 $p_{jk}^{1-\sigma_k} = \sum_i(\alpha_{ik}\theta_{ij})$ 只取决于市场，即如果一个市场离有竞争力的供应商"很远"，那么所有的产品都被认为是"很远"的。

$$\sum_i(\alpha_{ik}\theta_{ij}) = \vartheta_j$$

则式（2.100）可变为：

$$v_{ijk} = \alpha_{ik}\beta_{ij}v_{jk} \qquad (2.101)$$

式（2.101）中，$\beta_{ij} = \frac{\theta_{ij}}{\vartheta_j}$。

前已述，三维数据难以估算出出口潜力的影响因素的大小。运用校准（Calibration）的方法可以解决该问题。假设在更为总体层面（两个维度而不是三个维度）上的实际贸易模式被准确报告出来，进而可以确定参数 α_{ik} 和 β_{ij} 的大小。

对于供应商来说，由式（2.99）可得：

$$\frac{v_{ik}}{v_k} = \alpha_{ik}\frac{\sum_j(\beta_{ij}v_{jk})}{\sum_i[\alpha_{ik}\sum_j(\beta_{ij}v_{jk})]}$$

因为出口到市场 j 的容易程度可能与这个市场的需求有关，$\sum_j(\beta_{ij}v_{jk})$ 原则上取决于 i。然而，为了简化分析，我们假设它不存在。

近似2：$\frac{v_{ik}}{v_k} = \alpha_{ik}$。

对于贸易成本来说，由式（2.101）可得：

$$v_{ij} = \beta_{ij}\sum_k(\alpha_{ik}v_{jk})$$

$$\beta_{ij} = \frac{v_{ij}}{\sum_k(\alpha_{ik}v_{jk})}$$

上式分母反映了国家 i 的供给能力与市场 j 对产品 k 的需求之间的互补性。β_{ij} 反映了出口到某个特定市场的容易程度，相对于其他国家供应这个市场的容易程度。

标准化如下：
由以上可得：

$$\widetilde{v_{ijk}} = \widetilde{\alpha_{ik}} \widetilde{\beta_{ij}} v_{jk} = \frac{v_{ik}}{v_k} \frac{v_{ij}}{\sum_k \left(\frac{v_{ik}}{v_k} v_{jk}\right)} v_{jk}$$

$\widetilde{\alpha_{ik}} \widetilde{\beta_{ij}}$ 是出口商 i 在 j 市场上产品 k 的预期市场份额。由近似 1 和 2 的结果可知，给定市场的预期市场份额的总和通常不等于 1，即：

$$\sum_i (\widetilde{\alpha_{ik}} \widetilde{\beta_{ij}}) \neq 1$$

标准化市场份额可以解决这个问题，即：

$$\widetilde{v_{ijk}} = \frac{\widetilde{\alpha_{ik}} \widetilde{\beta_{ij}}}{\sum_i (\widetilde{\alpha_{ik}} \widetilde{\beta_{ij}})} v_{jk} = \frac{v_{ik}}{v_k} \frac{v_{ij}}{\sum_k \left(\frac{v_{ik}}{v_k} v_{jk}\right)} \frac{1}{\sum_i \left[\frac{v_{ik}}{v_k} \frac{v_{ij}}{\sum_k \left(\frac{v_{ik}}{v_k} v_{jk}\right)}\right]} v_{jk}$$

(2.102)

对于市场准入来说，除了向市场 j 出口的总体容易程度之外（由于距离等原因），国家 i 对市场 j 的准入也是产品特定的：关税优惠是产品特定的，距离的影响也取决于特定产品。可以通过增加一个名为修正因子 δ_{ijk} 来解决该问题。则式（2.101）变为：

$$v_{ijk} = \alpha_{ik} \beta_{ij} \delta_{ijk} v_{jk} \qquad (2.103)$$

近似 2 也得到修正。$\sum_j (\alpha_{ik} \delta_{ijk} v_{jk})$ 不再取决于 i。则可得到：

$$\widetilde{\alpha_{ik}} = \frac{v_{ik}}{v_k}$$

$$\widetilde{\beta_{ij}} = \frac{v_{ij}}{\sum_k \alpha_{ik} \delta_{ijk} v_{jk}}$$

$$\widetilde{v_{ijk}} = \frac{\widetilde{\alpha_{ik}} \widetilde{\beta_{ij}} \delta_{ijk}}{\sum_i (\widetilde{\alpha_{ik}} \widetilde{\beta_{ij}} \delta_{ijk})} v_{jk}$$

$$= \frac{v_{ik}}{v_k} \frac{v_{ij}}{\sum_k \left(\frac{v_{ik}}{v_k} \delta_{ijk} v_{jk}\right)} \frac{1}{\sum_i \left[\frac{v_{ik}}{v_k} \frac{v_{ij}}{\sum_k \left(\frac{v_{ik}}{v_k} \delta_{ijk} v_{jk}\right)} \delta_{ijk}\right]} \delta_{ijk} v_{jk} \qquad (2.104)$$

但是在现实中，假设的（或潜在的）贸易量往往与实际贸易量存在偏差，主要原因有：

第一，前已述，上述 5 个假设未必都成立。如给定市场的预期市场份额的总和通常不等于 1，即 $\sum_i (\widetilde{\alpha_{ik}} \widetilde{\beta_{ij}}) \neq 1$。但是标准化市场份额可以解决该问题，如公式（2.102）所示。

第二，公式（2.102）没有考虑影响供应能力（全球关税优势或再出口可能高估一个国家的出口能力）和需求条件（产品的关税和距离敏感性可能影响市场对某个特定供应商的需求）的所有可衡量因素。

第三，无法测量的摩擦破坏了潜在出口和实际出口之间的关系。这一套因素通常与缺乏市场研究有关，包括信息缺失或难以遵守非贸易关税措施、产品特性与消费者需求不匹配以及难以找到买家。这些摩擦可以由贸易顾问来解决。由于出口潜在价值涵盖了所有可测量且超出贸易顾问控制范围的因素，任何剩余的缺口都表明有回旋余地。

接下来，介绍不同的供给、需求和贸易容易程度的组成部分，这些组成部分表明出口商在特定目标市场对特定产品的潜在出口价值。

一是供给侧指标。该指标是建立在动态版本的市场份额基础上，修正了一些扭曲真实出口表现的衡量因素：

$$Supply_{ik}^{EP} = ProjectedMS_{ik} \times TB_{ik} \times GTA_{ik} \qquad (2.105)$$

式（2.105）中，右边第一项 $Projected\ MS_{ik} = \dfrac{v_{ik} \times \Delta GDP_i}{\sum_i (v_{ik} \times \Delta GDP_i)}$，以解释经济增长将增加出口商的出口能力这一事实（$\Delta GDP_i$ 是国家 i 的预期 GDP 与当前 GDP 之比）。第二项为出口—进口之比，$TB_{ik} = min\left(1, \dfrac{x_{ik}}{m_{ik}}\right)$。第三项为全球关税优惠幅度，表示该国在出口产品 k 时在全球面临的优惠幅度，$GTA_{ik} = \left(\dfrac{1 + av.\ tariff_{-k}}{1 + av.\ tariff_k}\right)^{\sigma_k}$，其中 $\sigma_k > 0$ 是与产品 k 相关的替代弹性。GTA_{ik} 的分子是对产品 k 征收的加权平均关税。分母是适用于国家 i 的出口产品 k 的加权平均关税。如果分子超过分母，国家 i 就有关税优势。关税优势越高，市场份额的下降就越多。关税的影响取决于贸易对价格的敏感性，用 σ_k（产品 k 的供应商之间的替代弹性）来衡量，它反映了在价格上涨的情况下，市场转向该产品的其他供应商的容易程度。

二是需求侧指标。该指标可以通过对进口价值和影响该国出口产品目标市场开放程度的因素的组合的预测来获取。

$$Demand_{ijk} = ProjectedM_{jk} \times MTA_{ijk} \times Distance\ factor_{ijk} \quad (2.106)$$

式（2.106）右边第一项 $Projected\ M_{jk} = v_{jk} \times \left(\dfrac{\Delta\ GDP_j}{\Delta\ Pop_j}\right)^{E_{M_{dc},GDP_j}} \times \Delta Pop_j$。$E_{M_{dc},GDP_j}$是人均进口需求的收入弹性，分别由经济发展水平$d$和HS两位码章节$c$估算得到，估计的回归方程为：$log\ M_j = \delta_j + \alpha + \beta log\ GDP_j + \varepsilon$。其中，$M_j$和$GDP_j$为进口经济体$j$的人均进口需求和人均GDP，特定国家的虚拟变量（$\delta_j$）也被包含在该回归方程中。第二项为目标市场的优惠幅度，表示该国在目标市场上享有的优惠幅度，$MTA_{ijk} = \left(\dfrac{1 + av.\ tariff_{jk}}{1 + av.\ tariff_{ijk}}\right)^{\sigma_k}$。如果适用于出口国的关税低于适用于产品$k$的其他供应商的关税，则出口商将从市场上的关税优势中受益，这将转化为更高的进口潜力。这种影响的程度再次取决于贸易对价格的敏感性（σ_k）。第三项为距离优势，是产品特定化的距离优势指标 $Distance\ factor_{ijk} = e^{-|av.\ logdistance_{jk} - logdistance_{ij}|}$，比较到出口商的距离与到其他产品$k$的供应商的距离。地理距离的数据来源于CEPII的GeoDist数据库（Mayer和Zignago，2011）。

三是贸易容易程度指标。该指标是基于实际贸易量而言的，如果出口商i在市场j上的份额与在全世界市场上的份额相同，那么，对于具有相对于其假设贸易潜力的产品，出口商i与市场j之间的实际贸易是容易的。

$$Easiness_{ij} = \dfrac{v_{ij}}{\sum_k (Supply_{ik}^{EP,Static} \times Demand_{ijk}^{Static})}$$

如果$Easiness_{ij} > 1$，平均来看，出口商i发现与市场j进行贸易比与世界市场进行贸易更容易。反之，出口商i发现与市场j进行贸易相对更难，降低了与该市场进行贸易的潜力。

四是出口潜力值和未实现的出口潜力指标。出口潜在价值直接取决于供给、需求和交易容易程度等因素的组合。

$$EP_{ijk} = Supply_{ik}^{EP} \times Eassiness_{ij} \times Demand_{ijk}$$

类似于公式（2.102）的标准化保证了对i求和的结果是$EP_{jk} = Projectedv_{jk}$。

通过对潜在出口价值与实际出口价值的比较，可以发现尚未开发的贸易机会。某一特定产品或目标市场仍有未实现的出口潜力的程度计算为：

$$Unrealized\ potential_{ijk} = EP_{ijk} - min(v_{ijk}, EP_{ijk})$$

对于$v_{ijk} > EP_{ijk}$的情形，未实现的出口潜力等于零。

以上计算的是每个出口经济体×产品×目标市场组合层面的出口潜力指标。加总到部门或地区层面的出口潜力指标,以及未实现的出口潜力指标,可由下式加总得到:

加总的出口潜力为:

$$EP_{IJK} = \sum_{i \in I, j \in J, k \in K} EP_{ijk} \qquad (2.107)$$

加总的未实现的出口潜力程度为:

$$Unrealized\ potential_{IJK} = \sum_{i \in I, j \in J, k \in K} EP_{ijk} - \sum_{i \in I, j \in J, k \in K} min(v_{ijk}, EP_{ijk})$$

2.2.3 产品多样化指标方法

出口潜力指标 EPI 是将潜在出口价值经数学分解为市场份额、交易容易程度和需求侧三个大指标的乘积。市场份额只能计算现有产品。而利用产品空间的概念建立从一个国家当前的比较优势到潜在新优势的联系(Hausmann 和 Klinger, 2006; Hidalgo 等, 2007),可以识别出产品多样化的机会。具体来看,可以将一种产品与一国当前出口篮子的平均距离取代市场份额作为衡量供给能力的指标。而需求侧和贸易容易程度等两个指标与出口潜力指标 EPI 中的保持一致。

产品多样化指标 PDI 从一个国家当前的供给能力开始,但旨在根据这些能力确定该国可以出口多样化的产品。一个国家出口一种产品的能力取决于它出口其他产品的能力,这一观点源于 Hidalgo 和 Hausmann 的产品空间概念。这一概念衡量的是产品的相关性(它们的"邻近性"),其基本原理是人们观察到相似的产品比不相似的产品更有可能由同一国家生产。这一概念的基本假设是:国家拥有促进特定出口商品生产的能力。这一生产能力与特定于一种新产品的另一套生产能力之间的重叠程度越高,该国实现出口多样化的可能性就越大。Hidalgo 和 Hausmann 的概念纯粹是结果导向的。如果国家 i 目前能够出口产品 l,而该产品经常与另一种产品 k 一起出现在其他国家的出口篮子中,那么国家 i 也将相对容易地"跳转"到产品 k。

在 Hausmann 和 Hidalgo 的原始方法中,当前的生产能力是通过 Balassa 的显示比较优势(RCA)来衡量,但考虑到报告的贸易数据在反映"真实"供给能力方面的缺陷,可以对 RCA 采取与公式(2.102)中对市场份额相同方法进行修正。

$$CA_{ik} = Projected\ RCA_{ik} \times TB_{ik} \times GTA_{ik},\ RCA_{ik} = \frac{v_{ik}/v_k}{v_k/v}$$

从产品 k 到产品 l 的链接 φ_{kl} 是基于条件概率 $P(.|.)$ 来定义的，如果一个国家在产品 l 上已经有了比较优势，那么它在产品 k 上就具有比较优势：

$$\varphi_{kl} = P(CA'_{ik}|CA'_{il})\ \forall i$$

其中，$CA'_{il} = \begin{cases} 1 & 如果 CA_{il} > 1 \\ 0 & 其他 \end{cases}$。通过使用来自世界所有国家的出口组合信息，一个国家的供给能力可以通过一个国家接近一种新的潜在出口产品的平均距离来计算，即：

$$Density_{ik} = \frac{\sum_l CA'_{il}\varphi_{kl}}{\sum_l \varphi_{kl}}$$

高密度值意味着该国在产品 k 周围的许多产品上已经形成了比较优势，产品 k 相对容易到达。相比之下，低密度值意味着该产品与该国目前的出口结构相差甚远，因此不太可能成为出口多样化的候选。然而，即使是密度非常高的产品也不一定能出口。理由有二：一是以贸易数据为基础的密度测量方法不能总是正确地反映开始生产和出口新产品所必需的禀赋。二是对该国可出口的产品可能不为出口商与之进行贸易的市场所需要。或者，即使有需求，出口商在这个市场上面临的关税可能异常地高。为了识别出有很大成功出口的多样化机会，密度指标需要与出口潜力指标中 EPI 的需求侧和贸易容易程度指标相结合来度量。

在产品多样化指标方面，密度与市场份额有许多不同之处，因此在将其与贸易容易程度和需求侧指标结合起来之前必须将其标准化。

第一，对于一个给定国家来说，PDI 供给侧指标在不同产品之间的差异比修正后的市场份额小得多。即使不进行调整，与需求方面相比，该指标的权重也相对较小。转换因子 $Density'_{ik} = Density_{ik}^{\frac{logMS_{ik_1} - logMS_{ik_N}}{logDensity_{ik_1} - logDensity_{ik_N}}}$ 以确保 $\frac{Density'_{ik_1}}{Density'_{ik_N}} = \frac{MS_{ik_1}}{MS_{ik_N}}$，其中 N 是计算比较优势的最后一个产品的排名，MS_{ik} 是国家 i 在产品 k 的世界市场上的市场份额。

第二，虽然市场份额是一个相对的概念，但密度是一个绝对的衡量标准，这意味着许多国家可能在同一产品周围有很高的密度。因此，总的多样化潜力并不等于预期的双边贸易。然而，需要大致对应一下按国家分类的预期总出口能力和按产品分类的预期世界总需求。因此，密度的再调整可分为两步进行：

第一步：

$$Density''_{ik} = Density'_{ik} \times \frac{\sum_{jk} Expv_{ijk}}{\sum_{jk} PDI_{ijk}}, \text{ 因此 } PD'_i = Projectedv_i$$

第二步：

$$Density'''_{ik} = Density''_{ik} \times \frac{\sum_{jk} Expv_{ijk}}{\sum_{jk} PDI'_{ijk}}, \text{ 因此 } PD''_k = Projectedv_k$$

其中，$Expv$ 对应的是预期 GDP 增长所推动的贸易量。

假设新的供给指标由归一化密度得到，$Density^{PD}_{ik} = Density''_{ik}$，并将其与贸易容易程度与需求侧指标相结合，可得到：

$$PD_{ijk} = Supply^{PD}_{ik} \times Easiness_{ij} \times Demand_{ijk}$$

标准化 $Supply^{PD}_{ik} \times Easiness_{ij}$ 是为了确保在每个市场上的市场份额加总等于 1 以及 $PD_{jk} = Projected\ v_{jk}$。

行业或区域层面加总的出口多样化指数为：

$$PD_{IJK} = \sum_{i \in I, j \in J, k \in K} PD_{ijk} \tag{2.108}$$

第 3 章

中国—中东欧国家进出口贸易现状

3.1 中国—中东欧国家双边贸易总体现状

3.1.1 中国—中东欧国家双边贸易总额现状

（1）中国与中东欧国家双边贸易总额与增长率

图 3.1 反映了中国与中东欧国家双边贸易的总体现状。图中数据都来源于 CEPII BACI 数据库。作者根据该数据库数据测算发现，1995—2020 年，中国从十四个中东欧国家进出口贸易总额总体上呈现上升的态势，年均进出口贸易总额为 411.30 亿美元。2007 年是一个重要节点，2007 年中国从十四个中东欧国家进出口贸易总额首次突破 400 亿美元，之后总体也呈现上升趋势。2018 年，中国与中东欧十四个国家双边进出口贸易总额首次突破 800 亿美元。2020 年，尽管全球贸易受到新冠疫情所带来的负面影响，但是中国与中东欧十四个国家的双边贸易额取得了历史性成绩，双边贸易总额突破千亿美元大关，总贸易额达到 1064 亿美元，较上一年度增长 12.24%。

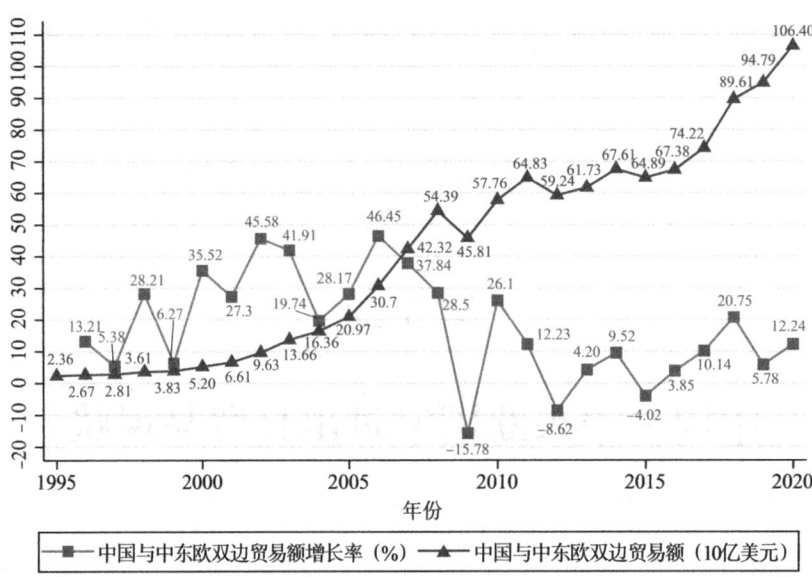

数据来源：CEPII BACI数据库。

图3.1　中国与中东欧国家双边贸易总额与增长率

从双边贸易额增长率来看，以1995年为基期，在样本期间，年均增长率为17.62%。增速最快的年份为2006年，增长率高达46.45%，其次是2002年的45.58%。2009年受美国次贷危机影响，中国与中东欧国家双边贸易额增长率断崖式下跌，跌到谷底的-15.78%。在中国—中东欧国家合作机制成立的2012年，中国与中东欧国家双边贸易额增长率为负，增长率仅为-8.62%。自从中国—中东欧国家合作机制正式运行以来，除了2015年有所下降，增速仅为-4.02%之外，其余年份的双边贸易额增长率都为正。受美国次贷危机所带来的全球经济危机的影响，中国与中东欧国家双边贸易额增长率在波动中变化。2006—2012年，双边贸易额增长率总体呈下降态势，2012年以后，中国—中东欧国家合作机制的贸易效应逐步显现，在曲折中增长，年均增速为10.77%。

值得注意的是，中国与中东欧国家贸易受外部负向冲击的影响并不很大。2001年"9·11"恐怖袭击给世界蒙上了阴影，但是中国与中东欧国家双边贸易额依旧保持了相对稳定的增长。在美国次贷危机发生之前的2001—2007年，中国与中东欧国家双边贸易额的平均增长率依旧保持较高水平，达到34.44%。在此期间，中国与中东欧国家双边贸易额在2002年的增长率达到总样本的次高点，为45.58%。2007年的双边贸易额也达到了 423.2 亿美元。

(2) 中国与中东欧国家双边贸易额占比与增长率

中国与中东欧国家双边贸易额占中国同期总贸易额的比重与增长率可以从图 3.2 体现出来。中国与中东欧国家双边贸易占中国同期总贸易额的占比可以体现出中东欧国家在中国双边贸易上的重要性。1995—2020 年，中国与中东欧国家双边贸易额在中国同期总贸易额中的比重一直保持在 0.7% 以上，平均比重为 1.64%，标准差为 0.5%，这说明中国与中东欧国家双边贸易额占中国总贸易额的比重在样本期间波动的幅度较小。从时间变化趋势来看，中国与中东欧国家双边贸易额在中国同期总贸易额中的重要性不断提升，最低位为 1995 年的 0.74%，最高位为 2020 年的 2.54%。分时间段来看，中国与中东欧国家双边贸易额占中国总贸易额的比重在 1996—1997 年、1998—1999 年、2003—2004 年、2008—2013 年和 2016—2017 年呈下降态势，双边贸易占比均值分别为 1.00%、1.52%、1.95% 和 1.96%，平均下降幅度分别为 0.70%、3.04%、8.81%、4.39% 和 0.61%，降幅最大的是 2003—2004 年。

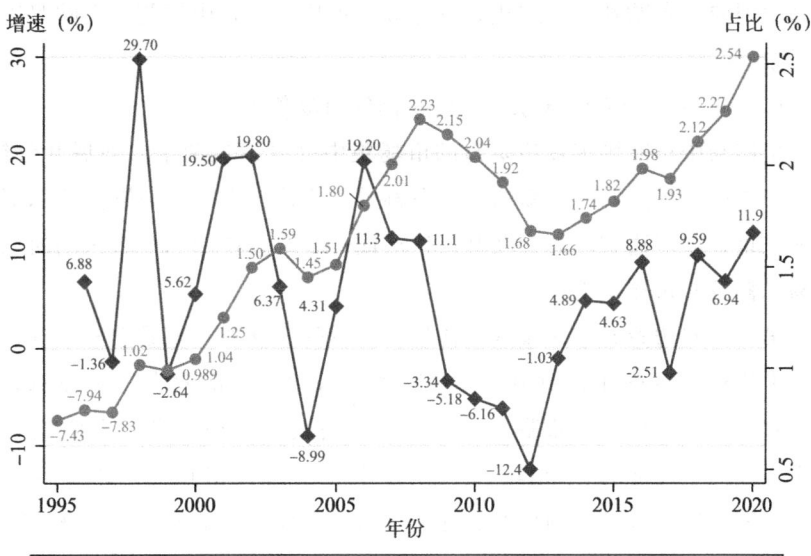

数据来源：CEPII BACI 数据库。

图 3.2 中国与中东欧国家双边贸易额占比与增速

与之形成对比的是，在 1995—1996 年、1997—1998 年、1999—2003 年、2004—2008 年、2013—2016 年和 2017—2020 年，中国与中东欧国家双边贸易额占中国总贸易额的比重上升幅度明显，各时间段的增幅分别为 6.86%、30.27%、12.84%、11.49%、6.07% 和 9.60%，双边贸易占比均值分别为 0.77%、0.90%、1.27%、1.8%、1.8% 和 2.22%。增幅最大的年份或期间是在 1997—1998 年。

自从 2012 年成立并运行中国—中东欧国家合作机制以来，虽然处在后次贷危机时代，并面临着新冠肺炎疫情所带来的危机，但是中国与中东欧国家双边贸易额占中国总贸易额的比重不减反增，在 2020 年达到了历史新高，达到 2.54%，平均增速达到 5.41%，双边贸易额占比的均值也达到 1.97%。

综上所述，中国与中东欧国家双边贸易额在中国同期总贸易额的占比，都无一例外地呈现上升趋势，反映出中东欧国家对中国双边贸易重要性显著提升。中国需要继续深化与十四个中东欧国家的双边贸易合作，进一步提高中东欧国家参与中国—中东欧国家合作机制的积极性和持续性，提高中国向中东欧地区的双边贸易总额与占比，活跃中国与中东欧双边贸易关系。

（3）中国与中东欧国家双边贸易额的市场集中度

中国与中东欧国家双边贸易的市场集中度可以从两个方面展开分析：第一，中国与最大六国的双边贸易总额及占中国同期与中东欧国家总贸易额的比重，即双边贸易总额及其占比层面；第二，中国与最大三国的双边贸易总额及其占比层面。①

第一，双边贸易总额及其占比层面。首先，从双边贸易总额来看。如表 3.1 所示，1995 年，中国与中东欧地区双边贸易前六大国家分别为波兰、罗马尼亚、捷克、希腊、匈牙利和斯洛伐克。2000 年，前六大国家分别为波兰、匈牙利、希腊、捷克、罗马尼亚和斯洛伐克。2005 年，前六大国家分别为波兰、匈牙利、捷克、希腊、罗马尼亚和克罗地亚。2010 年，前六大国家分别为波兰、捷克、匈牙利、斯洛伐克、希腊和罗马尼

---

① 本书在分析中国与十四个中东欧国家在贸易总额、贸易占比及其各自增速等方面差异时，所涉及到的最大三国、六国和其余八国的分类依据是样本期间的双边贸易总额均值、出口贸易总额均值和进口贸易总额均值，即各个层面的总额均值。

亚。2015 年，前六大国家分别为波兰、捷克、匈牙利、斯洛伐克、罗马尼亚和希腊。2019 年，前六大国家分别为波兰、捷克、匈牙利、希腊、斯洛伐克和罗马尼亚。到 2020 年，前三大国家与 2019 年保持一致，分别为波兰、捷克、匈牙利。2019 年排在第四位的希腊下降到 2020 年的第六位，2019 年排在第五位和第六位的斯洛伐克和罗马尼亚顺次排在 2020 年的第四位和第五位。2020 年前六位中东欧国家分别为波兰、捷克、匈牙利、斯洛伐克、罗马尼亚和希腊。从样本期间 1995—2020 年的双边贸易额均值来看，排名前六大的国家分别为波兰、捷克、匈牙利、希腊、斯洛伐克和罗马尼亚，中国与这六个国家的双边贸易额均值分别为 122.87 亿美元、91.28 亿美元、53.67 亿美元、31.30 亿美元、30.04 亿美元和 28.69 亿美元，占中国与中东欧国家总贸易额比重的均值分别达到 28.94%、19.65%、15.42%、10.40%、6.00% 和 7.84%。

表 3.1　　　　　中国与中东欧十四个国家双边贸易总额　　　单位：亿美元

国家	1995	2000	2005	2010	2015	2019	2020	样本均值
波兰	6.58[1]	14.88[1]	50.21[1]	154.38[1]	210.91[1]	304.02[1]	351.49[1]	122.87[1]
捷克	3.63[3]	7.7[4]	35.5[3]	135.62[2]	153.07[2]	240.28[2]	270.09[2]	91.28[2]
匈牙利	3.00[5]	12.19[2]	37.09[2]	86.79[3]	73.01[3]	89.02[3]	106.39[3]	53.67[3]
斯洛伐克	0.87[6]	1.70[6]	9.4[7]	49.18[4]	51.45[4]	62.78[5]	68.33[4]	30.04[5]
罗马尼亚	4.02[2]	3.20[5]	21.36[5]	38.98[6]	41.83[5]	60.81[6]	67.89[6]	28.69[6]
希腊	3.50[4]	8.13[3]	26.24[4]	45.64[5]	38.04[6]	70.7[4]	65.56[6]	31.30[4]
克罗地亚	0.68[7]	1.15[8]	9.89[6]	18.66[7]	9.53[10]	13.57[10]	16.61[10]	9.82[10]
斯洛文尼亚	0.60[8]	1.57[7]	5.93[9]	17.47[8]	22.39[7]	34.96[7]	37.25[7]	13.99[7]
保加利亚	0.50[9]	1.07[9]	7.96[8]	9.93[9]	18.92[8]	28.02[8]	29.85[8]	12.32[8]
阿尔巴尼亚	0.15[10]	0.22[10]	1.97[11]	4.03[12]	5.83[12]	6.44[13]	6.48[13]	3.06[12]
北马其顿	0.04[11]	0.16[11]	1.13[12]	3.46[13]	5.03[13]	6.53[12]	7.05[12]	2.60[13]
波黑	0.00[12]	0.04[12]	2.99[10]	4.09[11]	5.86[11]	7.86[11]	7.3[11]	3.46[11]
塞尔维亚	—	—	—	8.12[10]	10.61[9]	20.45[9]	26.93[9]	12.12[9]
黑山	—	—	1.29[14]	2.36[14]	2.46[14]	2.76[14]	2.09[14]

注：右上角数字为排名，"—"表示未做统计，下同。
数据来源：CEPII BACI 数据库。

图 3.3 显示，1995—2020 年，中国与中东欧地区双边贸易规模前六大国家的贸易总额的均值为 357.89 亿美元，标准差为 285.26 亿美元，年

均增长率为 16.24%。从时间变化趋势来看，贸易规模前六大国家贸易总额总体表现为上升趋势。受美国次贷危机影响，贸易规模前六大国家贸易总额从 2008 年的 460.48 亿美元，降到 2009 年的 397.54 亿美元，之后增加到 2011 年的 566 亿美元，到 2012 年为 509.80 亿美元，之后除了 2015 年，总体保持增长势头，到 2020 年达到最高值 929.75 亿美元，相比 2019 年的 827.63 亿美元，增长 12.34%。

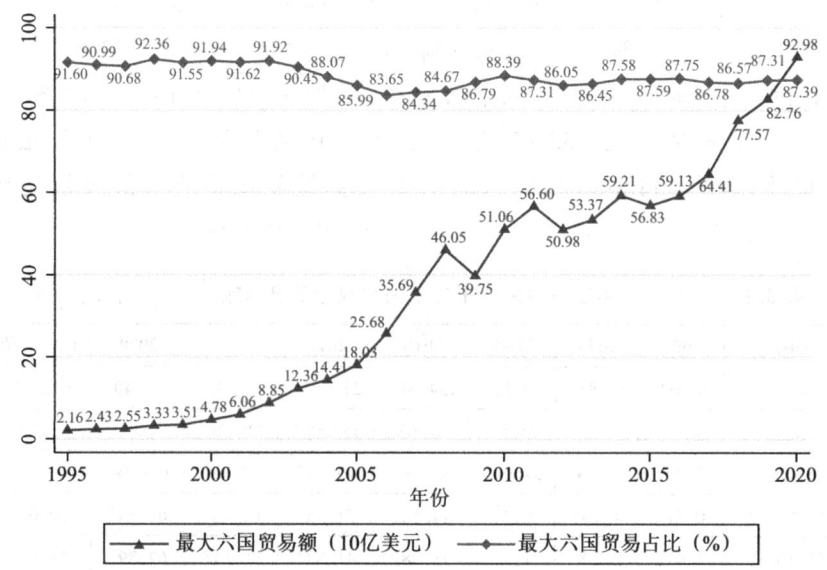

数据来源：CEPII BACI 数据库。

图 3.3 中国对中东欧最大六国双边总贸易的集中度

其次，从贸易规模最大六国贸易总额占中国与中东欧国家总贸易额的比重来看，1995—2020，中国与贸易规模最大六国贸易额的增长态势不同，贸易占比总体呈现下降趋势，平均占比为 88.30%，标准差为 2.60%，说明贸易规模最大六国贸易占比在样本期间的波动较小，对中国与中东欧国家双边贸易的重要性极高，也是中国当前需要继续强化经贸往来的对象国。从分时间段来看，下降趋势最明显的是 2002—2006 年，贸易规模最大六国贸易额占比从 2002 年的 91.92%，下降到 2006 年的最低点 83.65%，降幅高达近 9 个百分点。上升幅度最大的时间段为 2006—2010 年，增幅为 5.67 个百分点。2012 年以后，贸易规模最大六国贸易占比都在 86% 以上，均值为 87.05%，略低于总样本均值 88.30%。尽管受到新冠肺炎疫情的影响，2020年的最大六国贸易占比为87.39%，较2019年上浮了0.08%。

从前面的表3.1可以看出，中东欧前三大贸易国的排名保持相对稳定。为此，本小节还进一步探讨中国对中东欧最大贸易三国双边贸易集中度情况，如图3.4所示。1995—2020年，中国与中东欧最大贸易三国双边贸易总额的均值为268.05亿美元，标准差为219.63亿美元，增速明显，年均增长速度高达17.05%。从时间段来看，中国与中东欧最大贸易三国双边贸易总额的变化轨迹与图3.2类似，2009年，2012年和2015年都是不同时间段的谷底，其余时间段都呈现出明显的上升状态。

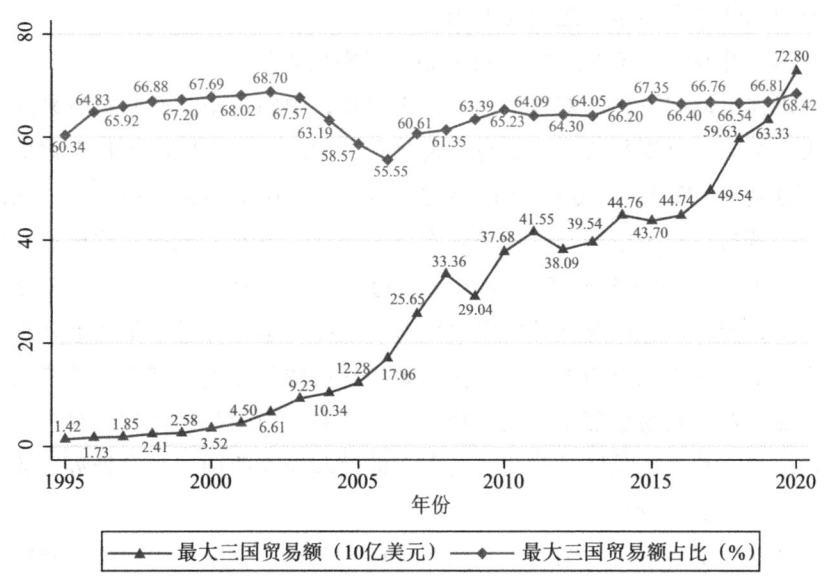

数据来源：CEPII BACI数据库。

图3.4 中国对中东欧最大三国双边总贸易的集中度

第二，最大贸易三国贸易额占同期中国与中东欧国家总贸易额的比重。1995—2020年，最大贸易三国占比的均值为64.84%，标准差为3.27%，说明最大贸易三国占比在样本期间的波动幅度较小。从分时间段来看，最大贸易三国占比与最大贸易六国贸易占比的演化轨迹类似，下降幅度最大的依旧是2002—2006年，最大贸易三国贸易额占比从2002年的68.70%，下降到2006年的55.55%，下降13.15个百分点，远高于最大贸易六国占比。这一定程度上意味着，中国与中东欧国家在进行双边贸易时要避免高度集中于某些国家的现状，需要强调贸易伙伴国多元化的重要性，抑或需要挖掘其他国家的贸易潜力。上升幅度最大的依旧是2006—2010年，增幅高达17.41%。此外，中东—中东欧国家合作机制运行后，中国与最大三国贸易的占比也呈现出上升的态势，年均增速为0.78%。

3.1.2 中国—中东欧国家双边贸易额的国别差异

3.1.1部分已经从贸易总额和占比等两个层面，剖析了中国与中东欧十四个国家的双边贸易状况，并选取出了在各个层面的最大三国和最大六国（见表3.1）。本小节与3.1.1部分一样，也从中东欧最大三国、中东欧最大六国之第四、五和六国和中东欧其余八个国家等三个层面来解析中国与中东欧各个国家双边贸易的国别差异。

（1）中国与中东欧最大三国双边贸易额的差异

以样本期间平均的双边贸易总额来测算，中国与中东欧双边贸易总额最大三个国家分别是波兰、捷克和匈牙利，中国与该三国的平均双边贸易总额分别为122.87亿美元、91.28亿美元和53.67亿美元。中国与该三国的双边贸易总额占中国与十四个中东欧国家双边贸易总额的平均比重分别为28.94%、19.65%和15.42%。从双边贸易总量的时间变化趋势来看①，如图3.5所示，中国与波兰的双边贸易总额无论是从总量还是从上升趋势来看，都表现出强有力的上涨势头。紧随其后的是捷克，其上升趋势也非常明显，双边贸易总额也较大，最后是匈牙利。中国与匈牙利的双边贸易总额无论是总量还是增长势头都要弱于波兰和捷克两国，上升趋势系数分别为0.44、1.35和1.01。

从双边贸易额占比来看，从图3.6可以发现，作为中国在中东欧国家的第一贸易伙伴是波兰，中国与波兰的双边贸易额占比呈现出一定幅度的波动，其上升趋势也势趋于缓慢。与之形成对比的是中国与捷克的双边贸易额占比，虽然其占比不及中国与波兰的双边贸易额占比，但是中国与捷克双边贸易额占比的上升趋势强于波兰，前者的上升趋势系数为0.44，后者的上升趋势系数为0.13，同时也显示出强劲的上升态势。与波兰和捷克不同，中国与匈牙利双边贸易额占比总体呈现出明显的下降趋势，下降趋势系数为-0.33，且波动幅度也较大。

---

① 上升或下降趋势系数为下式中的待估参数β：双边贸易总额＝常数项＋β年份＋ε_{it}，后文的上升或下降趋势以此类推。

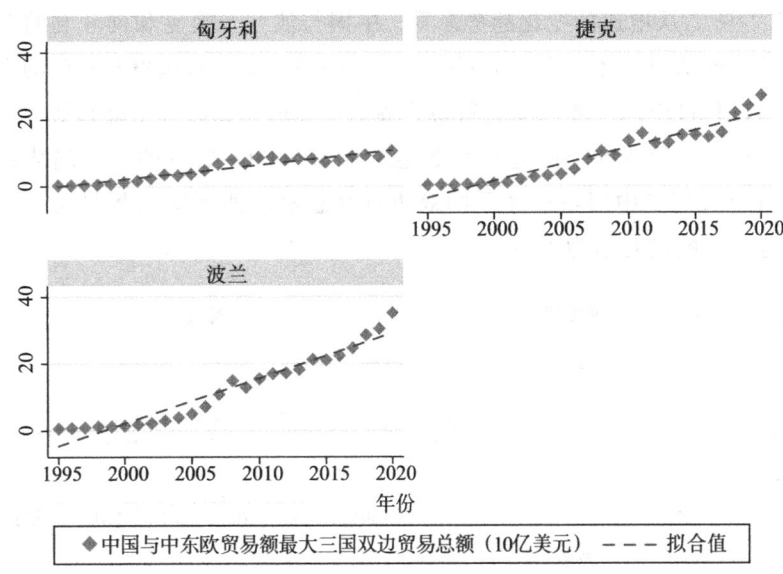

图 3.5　中国与中东欧最大三国双边贸易总额差异

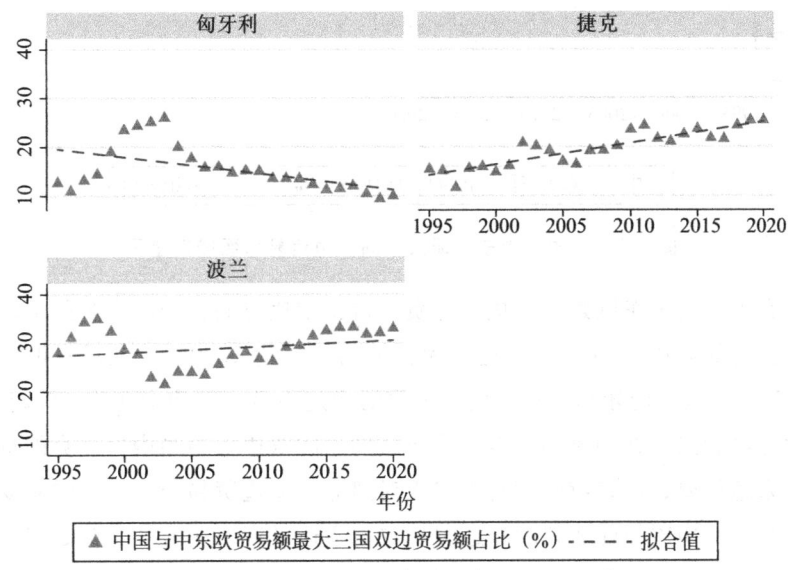

图 3.6　中国与中东欧最大三国双边贸易占比差异

进一步地，从增速来看，如图 3.7 所示，中国与捷克双边贸易总额的增速最快，平均增速是 21.46%，其次是中国与波兰双边贸易总额增速，平均增速为 18.19%，最后是中国与匈牙利双边贸易总额增速，平均增速为17.27%。从增速的变化趋势来看，中国与波兰、捷克和匈牙利的双边贸易总额的增速总体上都呈下降的态势。中国与捷克双边贸易总额的平均增速不仅超过中国与波兰双边贸易总额的平均增速，而且下降趋势的幅度也强于后者，前者的下降趋势系数绝对值为1.00，后者的下降趋势系数绝对值为0.77。中国与匈牙利的双边贸易总额增速下降趋势最明显，下降趋势系数的绝对值为1.60。

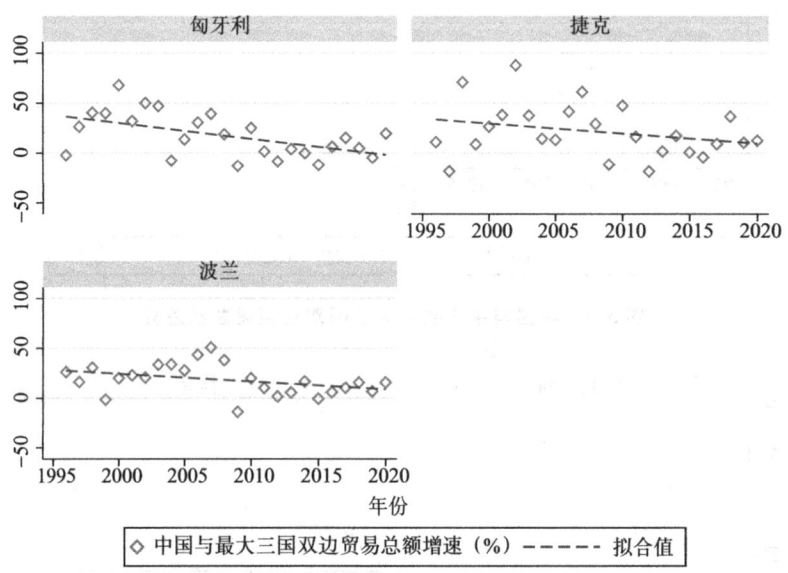

图3.7　中国与中东欧最大三国双边贸易总额增速差异

在中国与中东欧最大三国双边贸易占比增速方面，如图3.8所示，中国与捷克的双边贸易占比增速最大，平均增速为2.70%；然后是波兰的0.94%；中国与匈牙利的双边贸易占比的增速为负，平均增速为-0.24%。由此可以看出，在中国与十四个中东欧国家的双边贸易当中，捷克的重要性越来越重要，应该继续保持并扩大对捷克的双边贸易规模。从时间变化趋势来看，中国与匈牙利的双边贸易占比增速呈现出明显的下降趋势，下降趋势系数为-0.61。中国与捷克的双边贸易占比增速保持在相对平稳的高位，且呈现出一定的下降趋势，下降趋势系数为-0.02。与捷克和匈牙利不同，中国与波兰的双边贸易占比增速的均值虽然低于与捷克的双边贸易占比增速均值，但是前者体现出微弱的上升势头，上升趋势系数为0.09，依旧体现出波兰在中国与中东欧国家进行双边贸易时的核心地位。

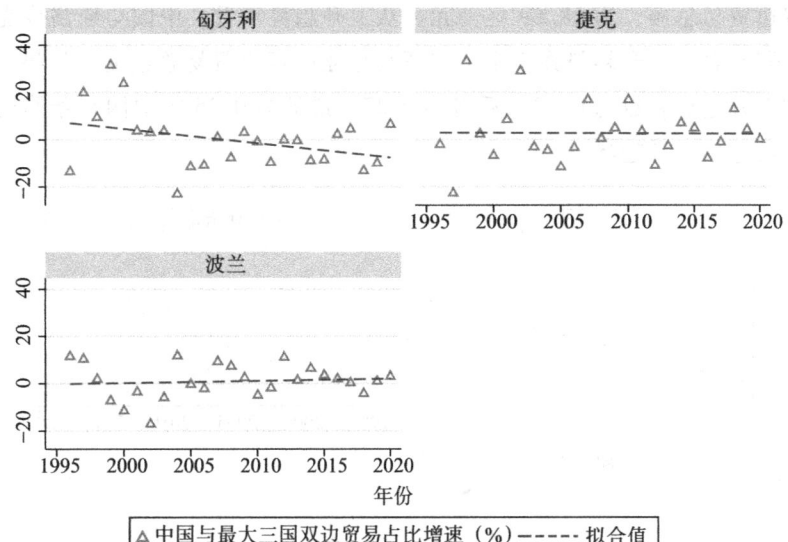

图3.8 中国与中东欧最大三国双边贸易占比增速差异

综上所述，中国在与中东欧贸易额最大三个国家进行双边贸易时，需要重点扩大对波兰和捷克两国的双边贸易规模，保持波兰在中国与中东欧国家进行双边贸易时的核心地位，并且警惕中国与这三个国家贸易增速的下滑事实，尤其是警惕中国与匈牙利这一重点市场的双边贸易的下滑现象。

（2）中国与中东欧贸易额最大六国之第四、五、六国双边贸易的差异

和中国与中东欧最大三国的分类标准一样，以样本期间平均的双边贸易总额进行测算，中国与中东欧双边贸易总额最大六个国家分别为波兰、捷克、匈牙利、希腊、斯洛伐克和罗马尼亚，中国与该六国的平均双边贸易总额分别为122.87亿美元、91.28亿美元、53.67亿美元、31.30亿美元、30.04亿美元和28.69亿美元。中国与该六国的双边贸易总额占中国与十四个中东欧国家双边贸易总额的平均比重分别为28.94%、19.65%、15.42%、10.40%、6.00%和7.84%。为了避免重复，本小节只关注第四、五、六国（即希腊、斯洛伐克和罗马尼亚）的情形。

从图3.9可以看出，中国与希腊、斯洛伐克和罗马尼亚这第四、五、六大国家的双边贸易总额总体都呈上升势头。从样本期间的双边贸易额均值来看，中国与希腊的双边贸易总额最多，高达31.30亿美元；其次是中国与斯洛伐克的双边贸易总额，为30.04亿美元；然后是中国与罗马尼亚

的双边贸易总额，为 28.69 亿美元。从上升趋势来看，中国与斯洛伐克的双边贸易总额上升趋势强于中国与罗马尼亚的双边贸易总额上升趋势，前者的上升趋势系数为 0.32，后者为 0.27，最低为 0.25 的中国与希腊的双边贸易总额上升趋势。

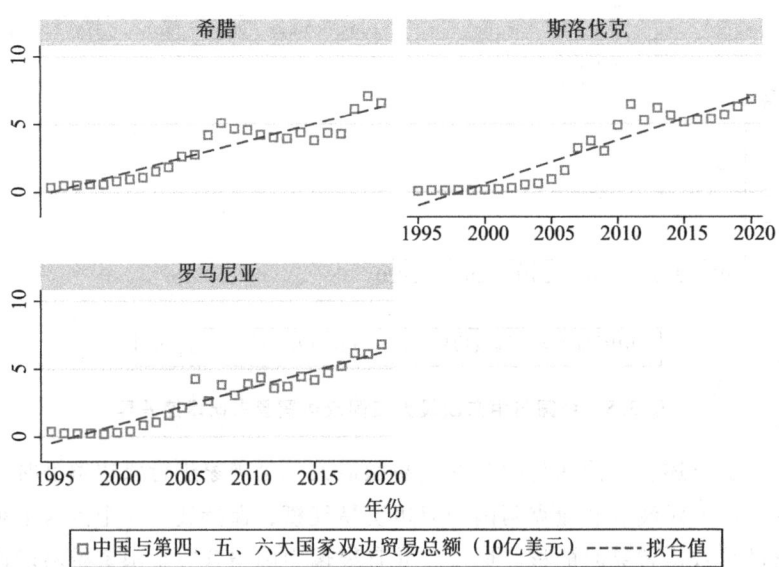

图 3.9 中国与中东欧第四、五、六大国家双边贸易总额差异

进一步地，可以观察中国与中东欧第四、五、六大双边贸易总额国家占中国与十四个中东欧国家双边贸易总额的比重，即双边贸易占比。从图 3.10 可以看出，中国与希腊的双边贸易占比最高，均值达到 10.40%。其次是中国与罗马尼亚的双边贸易占比，均值为 7.84%。最后是中国与斯洛伐克的双边贸易占比，均值为 6.00%。从时间变化趋势来看，中国与希腊和罗马尼亚的双边贸易占比显示出下降趋势，且前者的下降幅度大于后者，下降趋势系数绝对值分别为 0.50 和 0.16。与希腊和罗马尼亚不同，中国与斯洛伐克的双边贸易占比呈现明显的上升势头，上升趋势系数为 0.21。这说明中国扩大与中东欧第四、五、六大国家的双边贸易时，斯洛伐克是一个有待开发的经济体。

在增速方面，中国与中东欧第四、五、六大双边贸易总额国家无论是在贸易额还是双边贸易占比方面，都存在明显的差异。先看一下中国与中东欧第四、五、六大双边贸易总额国家贸易额增速，如图 3.11 所示。

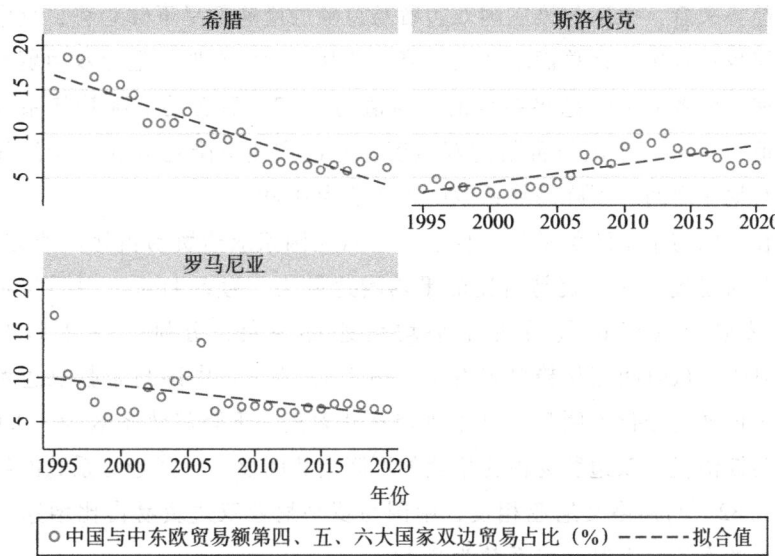

图 3.10　中国与中东欧第四、五、六大国家双边贸易占比差异

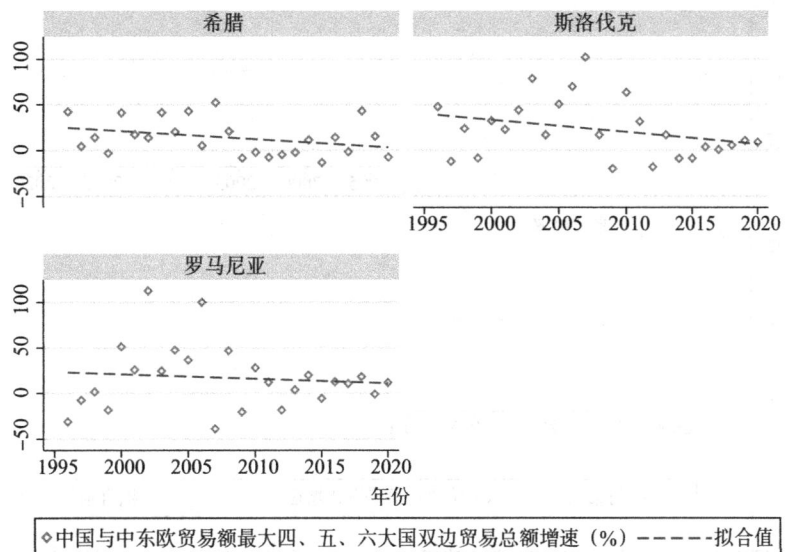

图 3.11　中国与中东欧贸易额第四、五、六大国家双边贸易总额增速差异

中国与斯洛伐克双边贸易总额的平均增速高出中国与罗马尼亚双边贸易总额平均增速 5.95 个百分点，前者平均增速为 22.77%，后者平均增速为 16.82%。中国与希腊双边贸易总额的平均增速为 13.99%。从时间

变化趋势来看，中国与该三国双边贸易总额的增速都呈下降趋势，且中国与斯洛伐克双边贸易总额增速的下降趋势强于中国与罗马尼亚双边贸易总额增速，前者的下降趋势系数的绝对值为 1.32，后者的下降趋势系数的绝对值为 0.49。中国与希腊的双边贸易总额增速下降趋势介于斯洛伐克和罗马尼亚之间，下降趋势系数的绝对值为 0.89。

在中国与中东欧贸易额第四、五、六大国家双边贸易占比增速方面，中国与斯洛伐克双边贸易占比的平均增速最快，为 3.41%。中国与希腊和罗马尼亚的双边贸易占比平均增速都为负，分别为 -2.57% 和 -1.41%。从时间变化趋势来看，如图 3.12 所示。中国与希腊双边贸易总额占比增速变化不明显，基本维持在 0 附近，下降趋势系数为 -0.03。中国与斯洛伐克双边贸易占比增速的下降趋势明显，下降趋势系数的绝对值为 0.32。与斯洛文尼亚相反，中国与罗马尼亚双边贸易占比增速呈现出上升的态势，上升趋势系数为 0.43。

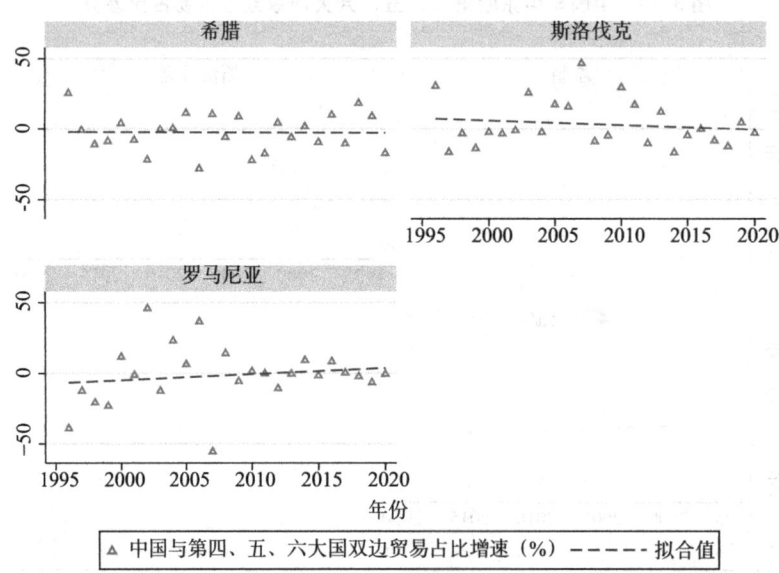

图 3.12 中国与中东欧贸易额第四、五、六大国家双边贸易占比增速差异

综上所述，在中国与中东欧贸易额第四、五、六大国家进行双边贸易时，需要重点扩大对希腊和斯洛伐克等两国的双边贸易规模，并且进一步提高开拓斯洛伐克和罗马尼亚市场的力度。同时，警惕中国与希腊和罗马尼亚双边贸易平均增速的下滑现象。

(3) 中国与中东欧其余八国双边贸易的差异

可以从总量、占比以及增速等三个维度来剖析中国与中东欧其余八国的差异。在总量方面，如图3.13所示，平均来看，在样本期间，第一是中国与斯洛文尼亚的双边贸易总额，为13.99亿美元；第二是中国与保加利亚的双边贸易总额，为12.32亿美元；第三是中国与塞尔维亚的双边贸易总额，为12.12亿美元；第四是中国与克罗地亚的双边贸易总额，为9.82亿美元；第五是中国与波黑的双边贸易总额，为3.46亿美元；第六是中国与阿尔巴尼亚的双边贸易总额，为3.06亿美元；第七是中国与北马其顿的双边贸易总额，为2.60亿美元；第八是中国与黑山的双边贸易总额，为2.09亿美元。值得注意的是，与黑山一样，中国与塞尔维亚的双边贸易时间起点较其他六国晚，双边贸易的起点都是2006年。然而，中国与塞尔维亚的平均双边贸易总额较其余七国都高，这也在一定程度上说明中国与塞尔维亚的双边贸易潜力不小。

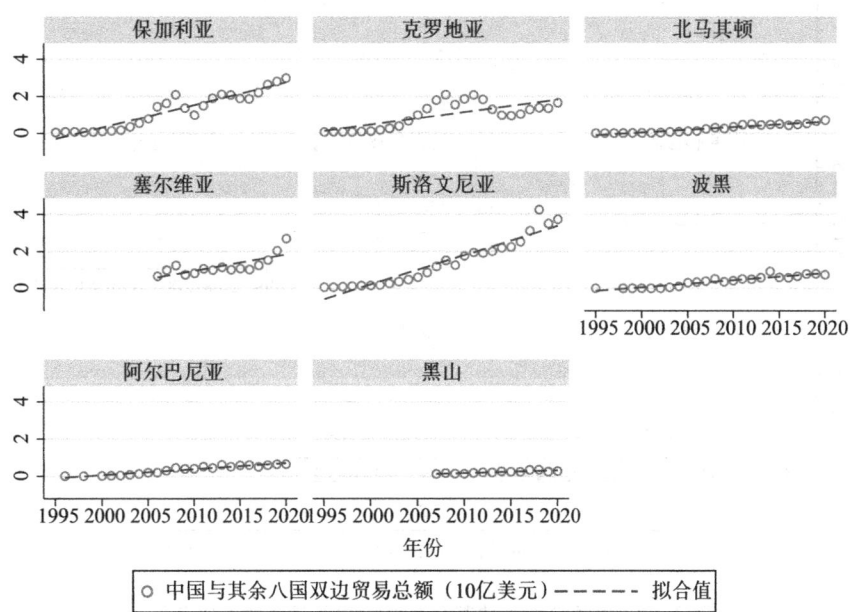

图 3.13　中国与中东欧其余八国双边贸易总额差异

从变化趋势来看，除了中国与黑山双边贸易总额变化不明显之外，中国与其余七国的双边贸易总额都体现出上升趋势。从上升趋势系数来看，中国与斯洛文尼亚的双边贸易总额上升趋势最强，上升趋势系数为0.16，其次是与保加利亚,系数为0.12,最低是与黑山,系数为0.01。

在占比方面,如图3.14所示,从样本期间的均值来看,中国与斯洛文尼亚双边贸易总额占比最高,为3.14%。第二位是中国与保加利亚双边贸易总额占比,为2.86%。第三位是中国与克罗地亚双边贸易总额占比,为2.72%;第四位是中国与塞尔维亚双边贸易总额占比,为1.84%;第五位是中国与阿尔巴尼亚双边贸易总额占比,为0.66%。第六位是中国与波黑双边贸易总额占比,为0.61%;第七位是中国与北马其顿双边贸易总额占比,为0.51%;最后一位是中国与黑山双边贸易总额占比,为0.32%。从时间变化趋势来看,除了中国与黑山双边贸易总额占比保持相对稳定,以及中国与克罗地亚的双边贸易总额占比呈现下降趋势之外,中国与保加利亚、北马其顿、斯洛文尼亚、波黑和阿尔巴尼亚等五国双边贸易总额总体显示出上涨的趋势。

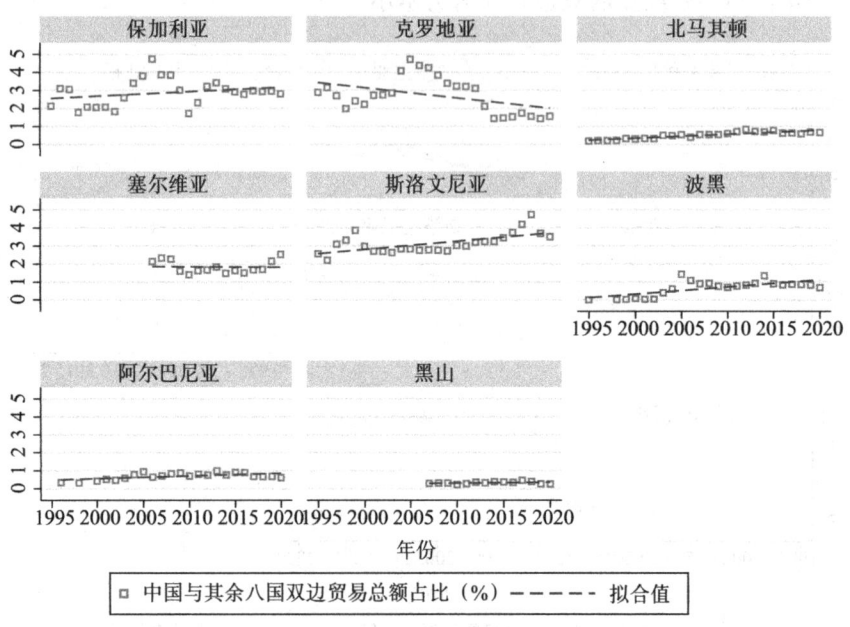

图3.14 中国与中东欧其余八国双边贸易总额占比差异

从上升趋势来看,中国与波黑双边贸易总额占比的上升最明显,其上升趋势系数为0.04,上升趋势最小的是中国与黑山双边贸易总额占比,其上升趋势系数为0.0004。从下降趋势来看,中国与克罗地亚双边贸易总额的下降幅度较为明显,下降趋势系数的绝对值为0.06。

在增速方面，如图 3.15 所示，从 1995—2020 年间的均值来看①，中国与波黑的双边贸易额增速最快，平均增速高达 105.47%。这说明中国与波黑的双边贸易总额占比虽然不高，但是其增速最快，中国与波黑的双边贸易总额也需要得到应有的关注。第二位是中国与北马其顿的双边贸易总额增速，增速为 25.48%。第三位是中国与保加利亚的双边贸易总额增速，增速为 21.92%。第四位是中国与阿尔巴尼亚双边贸易总额增速，增速为 21.67%。第五位是中国与斯洛文尼亚双边贸易总额增速，增速为 19.49%。第六位中国与克罗地亚双边贸易总额增速，增速为 16.66%。第七名为中国与黑山双边贸易总额增速，增速为 13.37%。最后一位是中国与塞尔维亚双边贸易总额增速，增速为 13.20%。

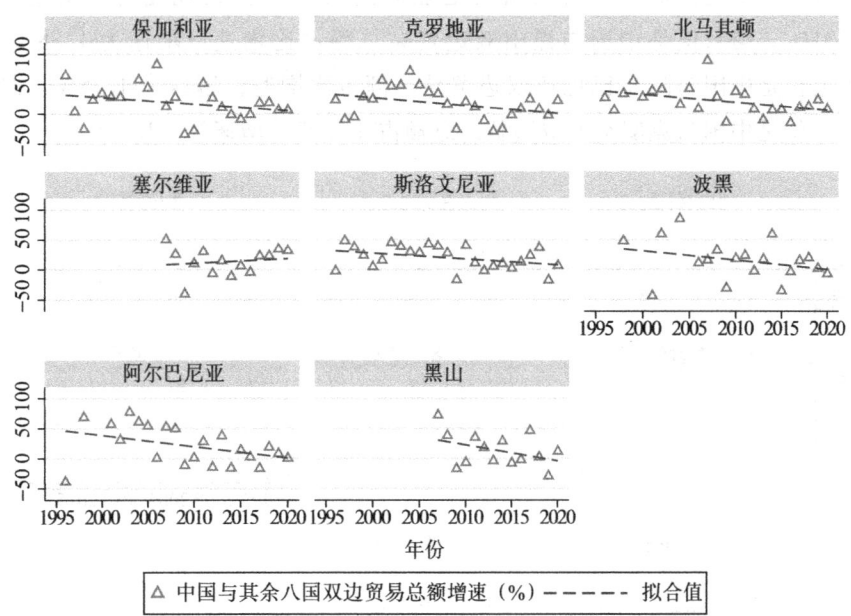

图 3.15　中国与中东欧其余八国双边贸易总额增速差异

从增速的变化趋势来看，下降趋势最明显的是中国与黑山的双边贸易总额增速，下降趋势系数为 -2.66。其次是中国与北马其顿的双边贸易总

---

①　由于个别年份的数据过大，如中国与波黑双边贸易总额的增速，其最大值达到 1482.62，均值达到 105.47%。总共有 8 条观察值数值超过 100%。为了直观绘图，在不影响变化趋势的前提下，图 3.15 和图 3.16 剔除了增速大于 100% 的观察值。

额增速,下降趋势系数为 -1.33。下降趋势相对最小的是中国与波黑的双边贸易总额增速,下降趋势系数为 -0.66。然而,中国与塞尔维亚的双边贸易总额增速呈现出较为明显的上升态势,上升趋势系数为 0.77。

再来看双边贸易总额占比的增速情况。从 1995—2020 年的双边贸易总额占比增速的均值来看,如图 3.16 所示,中国与波黑的双边贸易总额占比增速最快,平均增速高达 64.82%。这说明中国与波黑的双边贸易总额占比虽然不高,但是其增速最快,中国与波黑的双边贸易总额也需要得到应有的关注。第二位是中国与北马其顿的双边贸易总额占比增速,增速为 6.59%。第三位是中国与保加利亚的双边贸易总额占比增速,增速为 3.76%。第四位是中国与塞尔维亚双边贸易总额占比增速,增速为 2.37%。第五位是中国与斯洛文尼亚双边贸易总额占比增速,增速为 2.01%。第六位是中国与黑山双边贸易总额占比增速,增速为 1.88%。第七位是中国与阿尔巴尼亚双边贸易总额占比增速,增速为 1.75%。最后一位是中国与克罗地亚双边贸易总额占比增速,增速为 -1.03%。

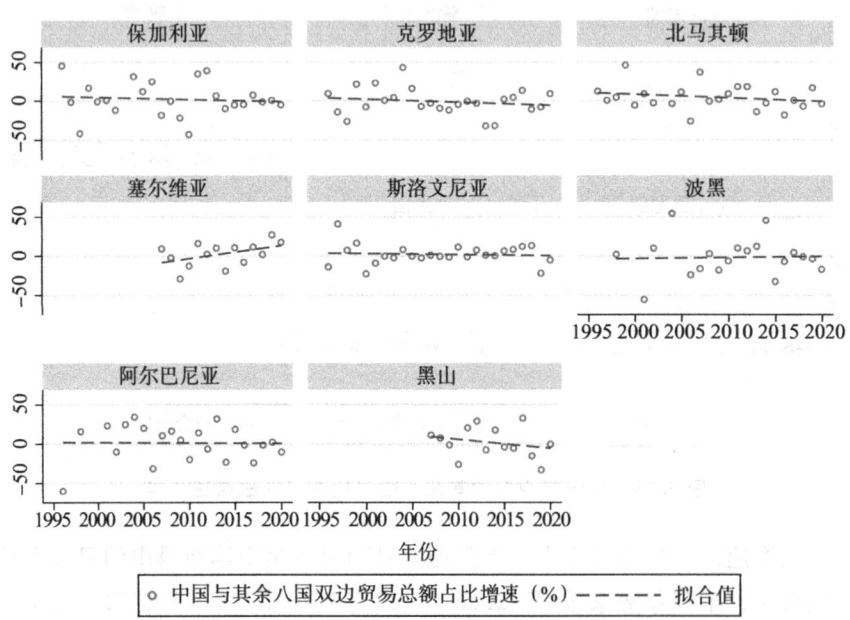

图 3.16 中国与中东欧其余八国双边贸易总额占比增速差异

从增速的变化趋势来看,下降趋势最明显的是中国与黑山的双边贸易总额占比增速,下降趋势系数为 -1.13。其次是中国与北马其顿的双边贸易总额占比增速,下降趋势系数为 -0.45。下降趋势相对最小的是中国与斯洛文尼亚的双边贸易总额占比增速,下降趋势系数为 -0.13。然而,中国与阿尔巴尼亚、波黑和塞尔维亚的双边贸易总额占比增速为正,呈现上升的态势。其中,中国与塞尔维亚的双边贸易总额占比增速的上升幅度最快,其上升趋势系数为 1.65,这说明虽然中国与塞尔维亚进行双边贸易的时间较晚,但是与其双边贸易总额的占比增速却呈上升态势,也是今后需要开发的目的市场之一。其次是中国与波黑的双边贸易总额占比增速的上升幅度,其上升趋势系数为 0.29。最低是中国与阿尔巴尼的双边贸易总额占比增速的上升幅度,其上升趋势系数为 0.20。

由此可见,中国在与中东欧其余八个国家进行双边贸易时,继续扩大与斯洛文尼亚和保加利亚的双边贸易规模,维持其在其余八个国家中的核心地位。同时,继续充分挖掘与塞尔维亚和波黑的双边贸易潜力。

总而言之,中国与中东欧国家的双边贸易总额呈现上升的态势,波兰是中国与中东欧最大的贸易伙伴,其次是捷克,再次是匈牙利。中国在与十四个中东欧国家进行双边贸易时,除了继续保持与各个国家的双边贸易规模之外,还需要有所取舍。比如,重点扩大对波兰、捷克、希腊、斯洛伐克等国的双边贸易规模,进一步挖掘斯洛伐克、罗马尼亚等市场的潜力。除此之外,警惕中国与波兰、匈牙利、捷克、希腊、罗马尼亚等国双边贸易总额下滑的现象。在保持波兰、捷克、匈牙利等国在中国与中东欧国家进行双边贸易时的核心地位的基础上,进一步提高中国与中东欧国家的双边贸易总额及其增速。

3.1.3 中国—中东欧国家双边贸易的产品类型差异

(1) 按照 Basu (2011) 的产品技术分类

Basu (2011) 在联合国贸易发展会议 (UNCTAD)《国际贸易和产品的政策问题研究系列》上发表的题为"调整发展中国家的贸易政策:出口技术强度对人均 GDP 有影响吗?"的一文中,将产品按技术和技能含量分为六大类(如表 3.2 所示),分别是非燃料初级产品 (A)、资源密集型产品 (B)、低技能和技术密集型制成品 (C)、中技能和技术密集型制成品 (D)、高技能和技术密集型制成品 (E) 以及矿物燃料 (F)。该分类方法是基于国际产品协调系统 (HS) 2002 产品分类目录。在 Basu (2011) 的分类方法中,产品组有 HS - 4 分位和 HS - 6 分位。为了尽可能地反映中国与中东欧国家双边贸易在产品层面的概况以及差异,本书采用 HS-6 分位的产品,再将其与 HS92 的 6 位码产品代码进行对照,得到 BACI 中 6 位码产品按照 Basu(2011)的具体分类下的不同产品。

表 3.2　　　　　　　Basu（2011）的产品技术分类

产品类别	代码	产品细目
非燃料初级产品	A	活的禽畜、冷冻禽畜肉、鱼类、牛奶、可可、谷物等
资源密集型产品	B	生石灰、木粉、水泥、纸类品、加工过的棉织品等
低技能和技术密集型制成品	C	陶瓷、合金钢、软木塞、贱金属制品、机车部件等
中技能和技术密集型制成品	D	人造肠子、蒸汽和蒸汽涡轮机的零件、燃气热水器等
高技能和技术密集型制成品	E	氟化氢、恒温器、制药、航空设备、烟雾分析仪器等
矿物燃料	F	人造花、树叶等物品、钢琴零件和配件、墨盒、猎枪等

1) 六种不同类型产品的双边贸易总额与增长率

表 3.3 简单描述了六种不同类型产品的双边贸易总额及其平均增长率情况。从总体来看,对于六种不同技术和技能含量的产品,中国与中东欧国家大部分年份的双边贸易额都在 10 亿美元以上。其中,高技能和技术密集型制成品的双边贸易额均值最高,高达 157 亿美元。其次是资源密集型产品的双边贸易额,其均值为 79.7 亿美元。第三是低技能和技术密集型制成品的双边贸易额,其均值为 32.5 亿美元。第四是非燃料初级产品的双边贸易额,其均值为 23.8 亿美元。第五位是中技能和技术密集型制成品的双边贸易额,其均值为 17.2 亿美元。第六位是矿物燃料的双边贸易额,其均值为 7.1 亿美元。从中可以看出,在 1995—2020 年,中国与中东欧的双边贸易标的最多的是高技能和技术密集型制成品,其均值是排在第二位的资源密集型产品的近双倍,为 1.97 倍,是排在第三位的低技能和技术密集型制成品的 4.83 倍。从这一点可以得到启示,中国需要进一步发展与中东欧国家的高技能和技术密集型制成品的双边贸易,以提高双边贸易额。

表 3.3　　　　　　　六类产品的双边贸易总额与增长率　　单位：10 亿美元，%

年份	非燃料初级产品	资源密集型产品	低技能和技术密集型制成品	中技能和技术密集型制成品	高技能和技术密集型制成品	矿物燃料
1995	0.21	0.98	0.22	0.43	0.41	0.07
1996	0.22	1.09	0.27	0.41	0.54	0.09
1997	0.27	1.23	0.27	0.33	0.59	0.09
1998	0.36	1.41	0.36	0.44	0.88	0.12
1999	0.43	1.40	0.27	0.57	1.02	0.11
2000	0.46	1.95	0.43	0.85	1.33	0.13
2001	0.54	2.23	0.55	1.17	1.92	0.15
2002	0.56	2.80	0.81	1.69	3.51	0.19
2003	0.78	3.72	1.40	2.33	5.08	0.27
2004	0.89	4.20	1.66	3.24	5.90	0.33
2005	1.20	5.19	2.10	4.12	7.81	0.43
2006	1.70	8.53	2.22	6.23	11.19	0.69
2007	2.17	8.47	3.95	10.42	16.06	1.00
2008	2.61	10.64	5.26	12.95	21.08	1.47
2009	2.29	8.68	3.95	10.73	18.68	1.15
2010	2.94	9.64	4.42	13.09	26.12	1.00
2011	4.00	11.54	4.67	15.98	27.17	0.92
2012	3.91	10.77	4.68	15.18	23.34	0.88
2013	4.84	10.93	4.62	16.89	22.93	0.91
2014	4.68	11.70	5.40	18.45	25.80	1.00
2015	4.01	10.88	4.99	17.40	26.03	1.08
2016	3.52	11.92	5.05	19.49	25.71	1.08
2017	4.07	14.07	5.59	22.34	26.16	1.25
2018	4.84	17.24	6.68	25.92	32.19	1.37
2019	5.20	17.92	7.17	26.85	35.03	1.34
2020	5.11	18.20	7.64	31.08	41.69	1.27
均值	2.38	7.97	3.25	1.72	15.70	0.71
平均增速	14.77	13.54	17.83	20.58	22.24	14.25

从双边贸易额的增长率来看,中国与十四个中东欧国家关于六类不同产品的双边贸易额都呈增长的趋势,平均增长率都在13%以上。其中,中国与中东欧十四个国家关于高技能和技术密集型制成品的双边贸易额增长率排在首位,平均增长率为22.24%。第二位是中技能和技术密集型制成品的双贸易额增长率,其均值为20.58%。第三位是低技能和技术密集型制成品的双边贸易额增长率,其均值为17.83%。第四位是非燃料初级产品的双边贸易额增长率,其均值为14.77%。第五位是矿物燃料的双边贸易额增长率,其均值为14.25%。第六位是资源密集型产品的双边贸易额增长率,其均值为13.54%。从中可以看出,无论是双边贸易总额还是其增长率,中国与中东欧国家在高技能和技术密集型制成品的双边贸易上都居于六类不同产品的首位。由此可见,中国仍需继续保持与扩大与中东欧国家在高技能和技术密集型制成品的双边贸易。双边贸易额排在第二位的资源密集型产品的双边增长率偏低,其均值仅为13.54%,需要得到重点关注。

为了进一步细化六大类产品双边贸易额及其增长率的时间变化趋势,本小节还逐一对此进行图形刻画,如图3.17和图3.18所示。

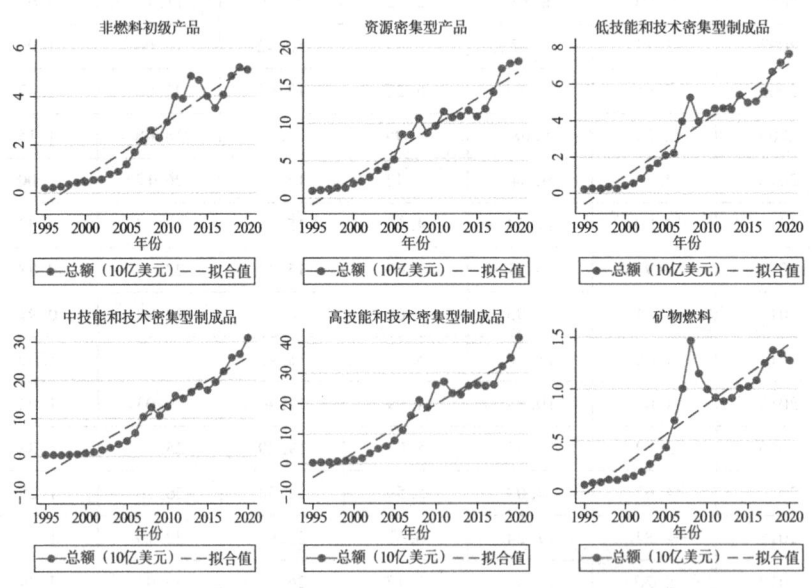

图3.17 六大类产品的双边贸易总额演化趋势

从图3.17可以发现,中国与十四个中东欧国家在六种不同技术和技能含量的产品上,其双边贸易额都呈非常明显的上升趋势,且其上升趋势

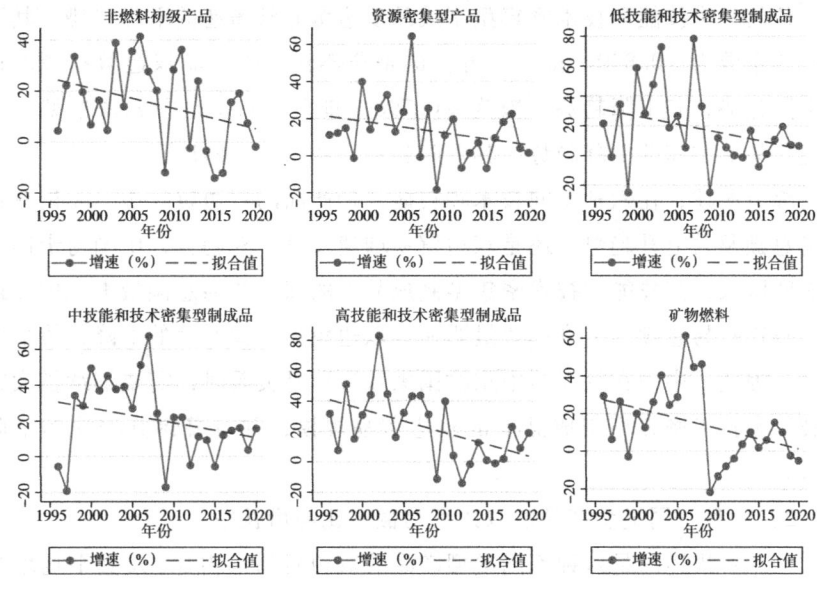

图 3.18　六大类产品的双边贸易增速演化趋势

依不同技术和技能含量产品存在显著差异。从上升趋势系数来看，高技能和技术密集型制成品双边贸易总额的上升趋势最明显，其上升趋势系数高达 1.612。紧随其后的是中技能和技术密集型制成品双边贸易总额的上升趋势，其上升趋势系数为 1.215。排在第三位的是资源密集型产品双边贸易总额的上升趋势，其上升趋势系数为 0.704。排在第四位的是低技能和技术密集型制成品双边贸易总额的上升趋势，其上升趋势系数为 0.308。排在第五位的是非燃料初级产品的双边贸易总额上升趋势，其上升趋势系数为 0.229。排在第六位的是矿物燃料的双边贸易总额上升趋势，其上升趋势系数为 0.058。

再来看六种不同技术和技能含量产品的双边贸易额增速的变化趋势，如图 3.18 所示。从图 3.18 可以看出，中国与十四个中东欧国家在六种不同技术和技能含量产品的双边贸易额增速都呈现出非常明显的下降趋势，且其下降趋势依不同技术和技能含量产品存在显著差异。从下降趋势系数来看，高技能和技术密集型制成品双边贸易额增速的下降趋势最明显，其下降趋势系数为 -1.554。紧随其后的是矿物燃料的双边贸易额增速的下降趋势，其下降趋势系数为 -1.089。排在第三位的是低技能和技术密集型制成品双边贸易额增速的下降趋势，其下降趋势系数为 -1.085。排在第四位的是中技能和技术密集型制成品双边贸易额增速的下降趋势，其下降趋势系数为 -0.830。排在第五位的是非燃料初级产品双边贸易额增速的下降趋势，其下降趋势系数为 -0.798。排在第六位是资源密集型产品双边贸易额增速的下降趋势，其下降趋势系数为 -0.641。

综上所述，在六种不同技术和技能含量产品的双边贸易中，无论双边贸易总额及其上升趋势，还是双边贸易增速及其下降趋势，中国与十四个中东欧国家在高技能和技术密集型制成品上的双边贸易总额最大，增速最快，双边贸易总额的上升趋势最明显，双边贸易总额增速的下降趋势最为显著。因此，中国在发展与中东欧国家双边贸易关系时，需要继续扩大在高技能和技术密集型制成品上的双边贸易规模，并且警惕其增速的下降趋势。

2）六种不同类型产品的双边贸易额占比与增长率

表3.4描述的是六种不同类型产品的双边贸易额占比[①]及其平均增长率情况。总体来看，六种不同技术和技能含量产品的双边贸易额占比的均值为 16.67%，标准差为 12.85%。其中，高技能和技术密集型制成品的双边贸易额占比均值最高，占比三成有余，达到 34.66%。其次是资源密集型产品的双边贸易占比，其均值为 25.73%。第三位是中技能和技术密集型制成品的双边贸易额占比，其均值为 22.25%。第四是低技能和技术密集型制成品的双边贸易额占比，其均值为 8.51%。第五位是非燃料初级产品的双边贸易占比，其均值为 6.73%。第六位是矿物燃料的双边贸易占比，其均值为 2.12%。与不同产品的双边贸易总额的差异类似，在 1995—2020 年，中国与中东欧国家的双边贸易占比最高的也是高技能和技术密集型制成品，其均值是排在第二位的资源密集型产品的 1.35 倍，是排在第三位的中技能和技术密集型制成品的 1.56 倍。由此可见，中国与中东欧国家的中技能和技术密集型制成品的双边贸易额虽然很低，但是其在中国双边贸易总额中的占比举足轻重。双边贸易额最多的高技能和技术密集型制成品的双边贸易额占比也最高。因此，中国在发展与中东欧国家双边贸易关系时，提高高技能和技术密集型制成品的双边贸易额占比是需要重点关注的议题。

---

① 本小节的双边贸易占比指的是中国与十四个中东欧国家在六种产品的某一种产品的双边贸易额占同期中国与十四个中东欧国家在所有六种产品的双边贸易额的比重。

表 3.4　　　　　　六类产品的双边贸易额占比与增长率　　　　　　单位:%

年份	非燃料初级产品	资源密集型产品	低技能和技术密集型制成品	中技能和技术密集型制成品	高技能和技术密集型制成品	矿物燃料
1995	9.08	42.2	9.51	18.62	17.74	2.85
1996	8.42	41.69	10.25	15.6	20.76	3.27
1997	9.73	44.31	9.62	11.94	21.12	3.29
1998	10.07	39.51	10.02	12.42	24.75	3.23
1999	11.34	36.77	7.09	15.03	26.82	2.95
2000	8.92	37.83	8.29	16.53	25.84	2.6
2001	8.17	34.02	8.36	17.82	29.32	2.31
2002	5.85	29.27	8.45	17.71	36.71	2
2003	5.73	27.39	10.29	17.18	37.42	1.97
2004	5.46	25.88	10.23	19.99	36.38	2.06
2005	5.76	24.88	10.08	19.76	37.46	2.06
2006	5.56	27.9	7.26	20.39	36.62	2.27
2007	5.15	20.13	9.39	24.77	38.17	2.38
2008	4.82	19.7	9.73	23.98	39.04	2.72
2009	5.04	19.09	8.68	23.59	41.08	2.52
2010	5.14	16.86	7.72	22.89	45.66	1.74
2011	6.23	17.96	7.26	24.86	42.27	1.42
2012	6.65	18.33	7.96	25.84	39.72	1.5
2013	7.92	17.89	7.56	27.64	37.5	1.49
2014	6.98	17.45	8.05	27.53	38.49	1.5
2015	6.24	16.91	7.75	27.05	40.46	1.59
2016	5.27	17.85	7.56	29.2	38.5	1.62
2017	5.54	19.15	7.61	30.4	35.61	1.7
2018	5.49	19.53	7.57	29.37	36.48	1.56
2019	5.56	19.16	7.66	28.71	37.46	1.43
2020	4.86	17.33	7.28	29.6	39.71	1.21
均值	6.73	25.73	8.51	22.25	34.66	2.12
平均增速	-1.75	-3.13	-0.26	2.34	3.58	-2.77

从双边贸易额占比的增长率来看，中国与十四个中东欧国家关于六类不同产品的双边贸易额占比大部分呈现出负增长的趋势。平均而言，中国与中东欧关于高技能和技术密集型制成品的双边贸易额占比增长率排在首位，平均增长率为3.58%。第二位是中技能和技术密集型制成品的双边贸易额占比增长率，其均值为2.34%。第三位是低技能和技术密集型制成品的双边贸易额占比增长率，其均值为-0.26%。第四位是非燃料初级产品的双边贸易占比增长率，其均值为-1.75%。第五位是矿物燃料的双边贸易占比增长率，其均值为-2.77%。第六位是资源密集型产品的双边贸易占比增长率，其均值为-3.13%。

从中可以看出，在双边贸易占比及其增长率方面，中国与中东欧国家在高技能和技术密集型制成品的双边贸易额占比上不仅占据优势，其双边贸易额占比增速还最快，都居六类不同产品的首位。这也进一步揭示了中国与中东欧国家在高技能和技术密集型制成品双边贸易的巨大潜力，需要继续扩展。双边贸易额排在第二位的资源密集型产品的双边贸易额占比增长率最低，其均值仅为-3.13%，也需要得到重点关注。

为了进一步细化六大类产品双边贸易额占比及其增长率的时间变化趋势，本小节还逐一对此进行图形刻画，如图3.19和图3.20所示。

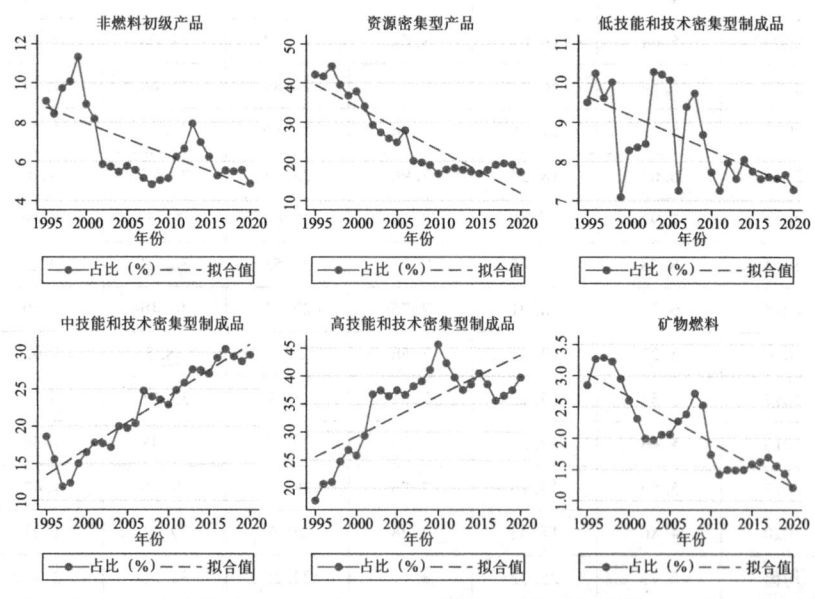

图 3.19　六大类产品的双边贸易占比演化趋势

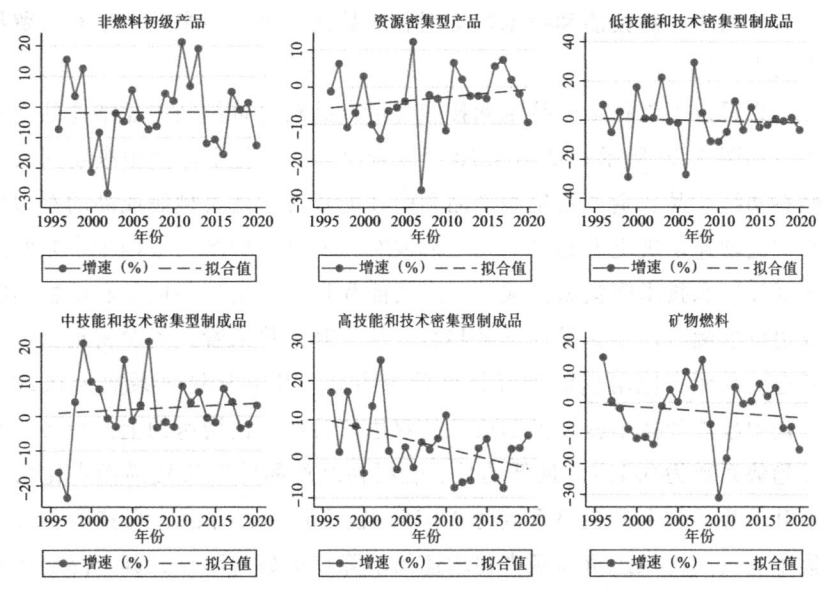

图 3.20　六大类产品的双边贸易额占比增速演化趋势

从图 3.19 可以发现：中国与十四个中东欧国家在六种不同技术和技能产品中，除了高、中技能和技术密集型制成品双边贸易额占比呈明显的上升趋势以外，其余四种产品的双边贸易占比都呈非常明显的下降趋势，六种产品双边贸易占比的变化趋势也依不同技术和技能含量产品存在明显差异。从上升趋势系数来看，高技能和技术密集型制成品双边贸易额占比的上升趋势最为明显，其上升趋势系数为 0.727。其次是中技能和技术密集型制成品双边贸易额占比的上升趋势，其上升趋势系数为 0.702。在下降趋势系数方面，资源密集型产品双边贸易额占比的下降趋势最大，其下降趋势系数的绝对值为 1.103。其次是非燃料初级产品双边贸易额占比的下降趋势，其下降趋势系数的绝对值为 0.162。再次是低技能和技术密集型制成品双边贸易额占比的下降趋势，其下降趋势系数的绝对值为 0.091。最后是矿物燃料双边贸易额占比的下降趋势，其下降趋势系数的绝对值为 0.072。可以发现，资源密集型产品虽然其双边贸易额占比较高，但是其双边贸易额占比的下降趋势最为明显。而中技能和技术密集型制成品双边贸易额占比虽然低于资源密集型产品，但是前者的双边贸易额占比呈上升趋势。对于高技能和技术密集型制成品来说，无论是其双边贸易额占比，还是其双边贸易额占比的上升趋势，都具有绝对的优势，也进一步反映出中、高技能和技术密集型制成品在中国与中东欧国家双边贸易额中的重要性。

再来看以上六种不同技术和技能含量产品双边贸易额占比增速的变化趋势,如图 3.20 所示。从图 3.20 可以看出,中国与十四个中东欧国家在非燃料初级产品、资源密集型产品和中技能和技术密集型制成品的双边贸易额占比增速呈现上升趋势。与之形成对比的是,中国与十四个中东欧国家在低技能和技术密集型制成品、高技能和技术密集型制成品和矿物燃料的双边贸易额占比增速呈现下降趋势。从上升趋势来看,资源密集型产品的双边贸易额占比增速的上升趋势最为明显,其上升趋势系数为 0.203。其次是中技能和技术密集型制成品的双边贸易额占比增速的上升趋势,其上升趋势系数为 0.117。最低的是非燃料初级产品的双边贸易额占比增速的上升趋势,其上升趋势系数为 0.015。在下降趋势方面,高技能和技术密集型制成品的双边贸易额占比增速的下降趋势最为明显,其下降趋势系数为 -0.515。紧随其后的是矿物燃料双边贸易额占比增速的下降趋势,其下降趋势系数为 -0.174。排在第三位的是低技能和技术密集型制成品的双边贸易额占比增速的下降趋势,其下降趋势系数为 -0.091。

由此可见,高技能和技术密集型制成品的双边贸易额占比最大,其上升趋势也最强,但是其双边贸易额占比增速的下降趋势最明显。对于资源密集型产品来说,其双边贸易额占比仅次于居第一位的高技能和技术密集型制成品,其双边贸易额占比的下降趋势最大,而其双边贸易占比增速的上升趋势最为明显。

总而言之,按照 Basu(2011)的产品分类方法,中国在发展与中东欧国家双边贸易关系时,在继续扩大在高技能和技术密集型制成品上的双边贸易规模的同时,警惕其双边贸易总额和占比等两个方面增速的下降趋势。此外,还需要重点关注中技能和技术密集型制成品和资源密集型产品的双边贸易。

(2)BEC Rev.4 的产品分类[①]

联合国经济和社会事务部统计司于 2002 年在系列 M 第 53 号第四版《统计文件》中发布了题为"广义经济类别分类"(即 BEC Rev.4)的文件。BEC Rev.4 是一个三分位的分类方法,该方法将可运输的产品按照其

---

① 下载地址为:https://ec.europa.eu/eurostat/ramon/other_documents/bec/BEC_Rev_4.pdf。

主要最终用途分为三组：消费品、资本品和中间品。BEC Rev.4 是根据标准国际贸易分类体系（SITC Rev.3）来定义的。为了尽可能地反映中国与中东欧国家双边贸易在 BEC 分类层面的概况以及差异，本章采用的数据是 HS92 的 6 位码产品，再将其与 SITC Rev.3 的产品代码进行对照，得到 BACI 中 HS92 的 6 位码产品后再按照 BEC Rev.4 具体分类下的三种不同类型产品。如表 3.5 所示。

表 3.5　　　　　　　　　　BEC Rev.4 的产品分类

类别	代码	产品名称
资本品	41	资本产品（运输设备除外）
	521	工业运输设备
中间产品	111	主要用于工业的食品和饮料
	121	主要用于工业的加工过的食品和饮料
	21	其他未指明的用于工业的初级产品
	22	其他未指明的用于工业的加工过的产品
	31	初级燃料和润滑剂
	322	加工过的燃料和润滑剂（发动机汽油除外）
	42	资本产品零配件（运输设备除外）
	53	运输设备零配件
最终产品	112	主要供家庭消费的初级食品和饮料
	122	主要供家庭消费的加工过的食品和饮料
	522	非工业运输设备
	61	其他未指明的耐用消费品
	62	其他未指明的半耐用消费品
	63	其他未指明的非耐用消费品

1）三种不同类型产品的双边贸易总额与增长率

表 3.6 汇报的是三种不同类型产品的双边贸易总额及其平均增长率情况。总体来看，对于这三种不同类型的产品，中国与中东欧国家样本期间的双边贸易总额都在 80 亿美元以上，样本期间双边贸易总额的均值为 80.62 亿美元。其中，中间产品的双边贸易额均值最高，高达 113.8 亿美元。其次是最终产品的双边贸易额，其均值为 69.2 亿美元。最后是资本品的双边贸易额，其均值为 58.8 亿美元。从中可以看出，1995—2020 年期间，中国与十四个中东欧国家双边贸易标的最多的是中间产品，其均值

为最终产品均值的 1.62 倍，是资本品均值的 1.94 倍。从这一点可以看出，在当前国际生产分工日益细化的背景下，中国与十四个中东欧国家双边贸易的对象依旧是中间产品，符合国际发展的大趋势。因此，中国需要进一步发展与中东欧国家的中间产品的双边贸易，以提高双边贸易总额。

表 3.6　　BEC Rev.4 下三类产品的双边贸易额与增长率

单位：10 亿美元，%

年份	资本品	中间产品	最终产品
1995	0.11	0.65	0.97
1996	0.11	0.71	1.09
1997	0.09	0.75	1.24
1998	0.22	0.94	1.44
1999	0.15	1.16	1.42
2000	0.38	1.36	1.95
2001	0.42	1.73	2.24
2002	0.77	2.31	2.83
2003	1.6	3.25	3.72
2004	2.07	4.33	4.09
2005	2.5	5.63	4.84
2006	3.19	8.2	7.96
2007	6.67	11.95	7.22
2008	9.29	14.51	9
2009	7.91	12.02	7.47
2010	8.51	14.19	8.44
2011	8.09	17.17	10.01
2012	6.37	16.56	9.21
2013	7.67	17.26	9.48
2014	8.48	18.84	9.88
2015	9.13	17.8	9.3
2016	9.28	17.56	9.96
2017	10.98	22.15	11.43
2018	14.87	26.49	14.3
2019	16.04	27.43	14.77
2020	17.97	30.88	15.71
均值	5.88	11.38	6.92
平均增速	30.54	11.78	12.94

从双边贸易额的增长率来看，中国与十四个中东欧国家关于三类不同

产品的双边贸易额都呈增长的趋势,平均增长率都在 11% 以上。首先是资本品,与双边贸易额的均值不同,虽然资本品的双边贸易额均值最低,但是其平均增速最高,数值高达 30.54%,是最终产品平均增速的 2.36 倍,是中间产品平均增速的 2.59 倍。其次是最终产品,其双边贸易额平均增速高达 12.94%。最后是中间产品,其双边贸易额平均增速为 11.78%。从中可以看出,中国与中东欧国家在中间产品的双边贸易额上保持了较快的增长。资本品的双边贸易额虽然最低,但是其平均增速最高。最终消费品的双边贸易额也表现出强劲的增长势头。

为了进一步细化三大类产品双边贸易额及其增长率的时间变化趋势,本小节还逐一对此进行图形刻画,如图 3.21 和图 3.22 所示。从图 3.21 可以看出,中国与十四个中东欧国家在资本品、中间品和最终品的双边贸易总额上都呈现非常明显的上升趋势。首先是中间产品,从波动幅度来看,中间产品双边贸易额变化的波动幅度最高,其标准差为 94.25 亿美元。其次是资本品,双边贸易额变化的波动幅度标准差为 53.64 亿美元。最后是最终产品,其双边贸易波动幅度标准差为 45.37 亿美元。从上升趋势来看,中间产品双边贸易额的增长趋势最为明显,其上升趋势系数高达 1.194。其次是资本品双边贸易额的增长趋势,其上升趋势系数为 0.659。最后是最终产品双边贸易总额的增长趋势,其上升趋势系数为 0.576。

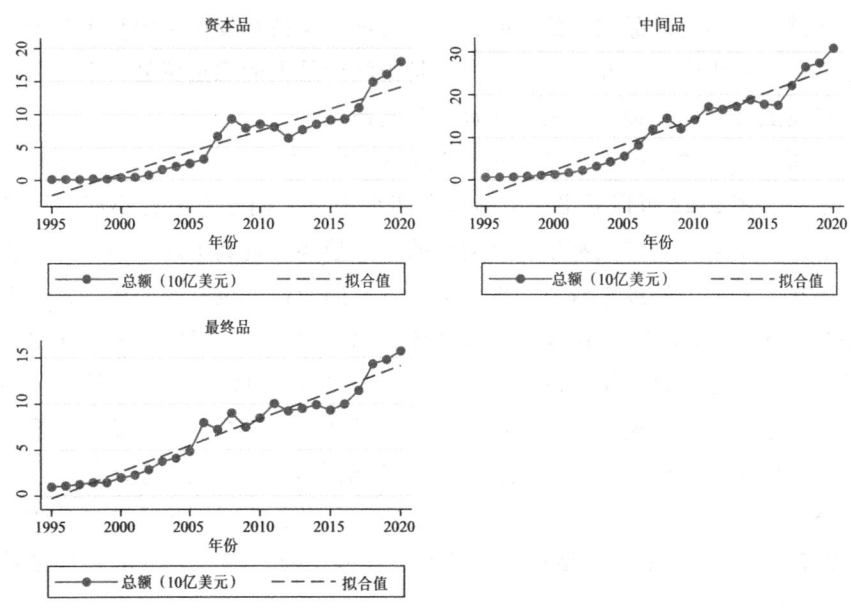

图 3.21　BEC Rev. 4 下三大类产品上的双边贸易额演化趋势

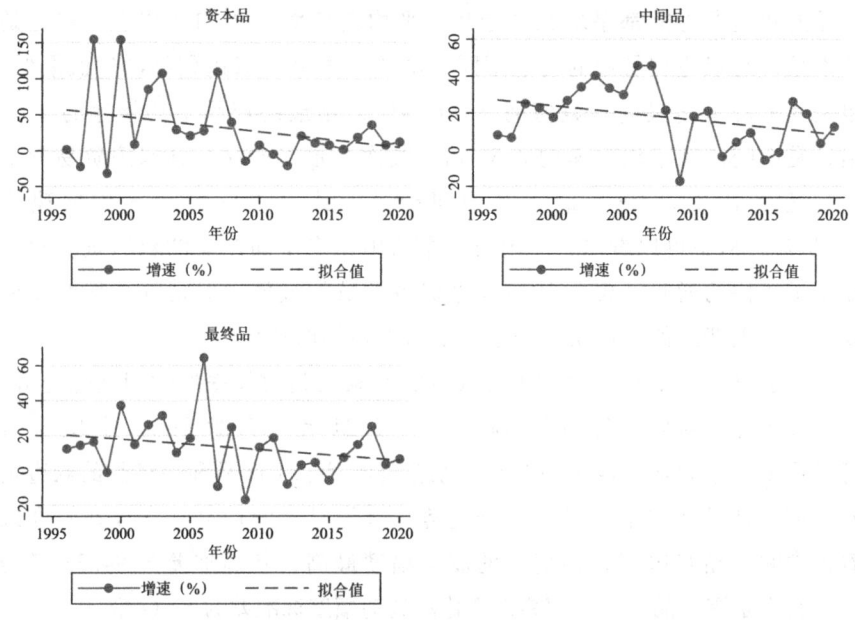

图 3.22　BEC Rev.4 下三大类产品双边贸易额增速的演化趋势

从中可以发现，无论是从上升趋势还是变化波动幅度来看，中间品和资本品依旧体现出了较大的波动幅度和上升趋势，依旧是中国与十四个中东欧国家的主要贸易标的，其次是最终产品。因此，在扩大中国与十四个中东欧国家最终产品贸易的同时，还需要继续保持和发展中国与十四个中东欧国家在中间产品和资本品，尤其是中间产品上的双边贸易关系，为高质量发展我国经济提供中间品和资本品支撑。

再来看三种不同类型产品的双边贸易额增速的变化趋势，如图 3.22 所示。从图 3.22 可以看出，中国与十四个中东欧国家在三种不同类型产品的双边贸易额增速也都呈非常明显的下降趋势，且其下降趋势存在显著的差异。从波动幅度来看，资本品双边贸易额增速的波动幅度最大，标准差高达 51.38%，最高值达到 154.80%，最低值达到 -31.96%。其次是最终产品双边贸易额增速的波动幅度，其标准差为 16.91%。最后是中间产品双边贸易额增速的波动幅度，其标准差为 16.17%。从下降趋势系数来看，资本品双边贸易额增速的下降趋势最明显，其下降趋势系数为 -2.180。其次是中间产品双边贸易额增速的下降趋势，其下降趋势系数为 -0.775。最后是最终产品双边贸易额增速的下降趋势，其下降趋势系数为 -0.614。

由此可见，无论是双边贸易额增速的波动幅度还是下降趋势，变化最为明显的都是资本品。中间产品与最终产品双边贸易额增速的波动幅度相差不大，其下降趋势也相对较小。因此，在发展中国与十四个中东欧国家关于资本品双边贸易关系时，仍需警惕资本品双边贸易关系的下降趋势及其下降时的波动幅度。

综上所述，在三种不同类型产品的双边贸易中，论其双边贸易额、上升趋势以及上升变动的波动幅度，中国与十四个中东欧国家在中间产品上的表现最为明显。虽然资本品在双边贸易额上最低，但是其增长的平均增速最高，增速的波动幅度最大，且其下降的趋势最明显。因此，中国在发展与中东欧国家双边贸易关系时，不仅需要继续扩大中间产品、资本品以及最终产品双边贸易规模，尤其是中间产品和资本品的双边贸易规模，还需要警惕三种不同类型产品双边贸易增速的下降趋势。

2）三种不同类型产品的双边贸易额占比与增长率

表3.7显示了三种不同类型产品的双边贸易额占比及其平均增长率情况。总体来看，对于每一种类型的产品，中国与中东欧国家大部分年份的双边贸易额占当期中国与中东欧国家双边贸易总额的比重都在4%以上，样本期间总样本的双边贸易额占比均值为33.33%，标准差为13.91%。分产品来看，平均而言，中间产品的双边贸易额占比最高，其均值为43.83%。其次是最终产品双边贸易额占比，其均值为37.18%。最低的是资本品的双边贸易占比，其均值为18.99%。从中可以看出，1995—2020年，中国与十四个中东欧国家双边贸易额占比最多的是中间产品，其均值为最终产品双边贸易额占比均值的1.18倍，是资本品双边贸易占比均值的2.31倍。从这一点可以看出，在当前国际生产分工日益细化的背景下，中国与十四个中东欧国家双边贸易总额最多的依然是中间产品，且中间产品双边贸易额占比也最高，亦即中间产品贸易额在中国与十四个中东欧国家双边贸易额当中扮演了非常重要的角色。

表3.7　BEC Rev.4下三类产品的双边贸易额占比与增长率　　单位:%

年份	资本品	中间产品	最终产品
1995	6.38	37.8	55.82
1996	5.9	37.04	57.06
1997	4.19	36.18	59.63

续表

年份	资本品	中间产品	最终产品
1998	8.52	36.14	55.34
1999	5.55	42.33	52.11
2000	10.38	36.79	52.83
2001	9.53	39.35	51.11
2002	13.08	39.12	47.8
2003	18.7	37.92	43.37
2004	20.45	40.94	38.62
2005	19.27	43.42	37.31
2006	16.48	42.39	41.13
2007	25.8	46.26	27.94
2008	28.33	44.23	27.43
2009	28.86	43.87	27.27
2010	27.33	45.57	27.11
2011	22.93	48.68	28.39
2012	19.83	51.52	28.65
2013	22.29	50.16	27.54
2014	22.8	50.64	26.55
2015	25.2	49.13	25.66
2016	25.21	47.71	27.08
2017	24.64	49.71	25.65
2018	26.72	47.58	25.7
2019	27.53	47.11	25.36
2020	27.83	47.84	24.33
均值	18.99	43.82	37.18
平均增速	9.96	1.12	-2.93

从双边贸易额占比的增长率来看，中国与十四个中东欧国家在资本品和中间产品的双边贸易额占比都呈现出增长的趋势，在最终产品的双边贸易额占比则为下降趋势。其中，在资本品上的双边贸易额占比的平均增速最高，数值高达9.96%，是中间产品平均增速的8.89倍，后者的平均增速为1.12%。然而，在最终产品上的双边贸易额占比的平均增速为负，

为 -2.93%。从中可以看出，中国与中东欧国家在资本产品上的双边贸易额占比上保持了较快的增长。虽然资本品的双边贸易额和双边贸易额占比最低，但是资本品的双边贸易额占比的平均增速最快。中间产品的双边贸易额占比增速也呈强劲的发展势头。

为了进一步细化三大类产品双边贸易额占比及其增长率的时间变化趋势，本小节还逐一对此进行图形刻画，如图 3.23 和图 3.24 所示。从图 3.23 可以看出，中国与十四个中东欧国家在资本品和中间产品上的双边贸易额占比都呈强劲的上升态势，在最终产品上的双边贸易额占比则呈明显的下降态势。从双边贸易额占比上升的波动幅度来看，最终产品的双边贸易额占比的波动幅度最大，其标准差为 12.57%。资本品的双边贸易额占比次之，其上升波动幅度的标准差为 8.27%。最低的是中间产品的上升波动幅度，其标准差为 5.05%。从双边贸易额占比的上升趋势来看，与双边贸易额占比上升波动幅度类似，最终产品的双边贸易额占比的下降趋势最明显，其下降趋势系数为 -1.53。其次为资本品的双边贸易额占比的上升趋势，其上升趋势系数为 0.94。最后是中间产品双边贸易额占比的上升趋势，其上升趋势系数为 0.59。

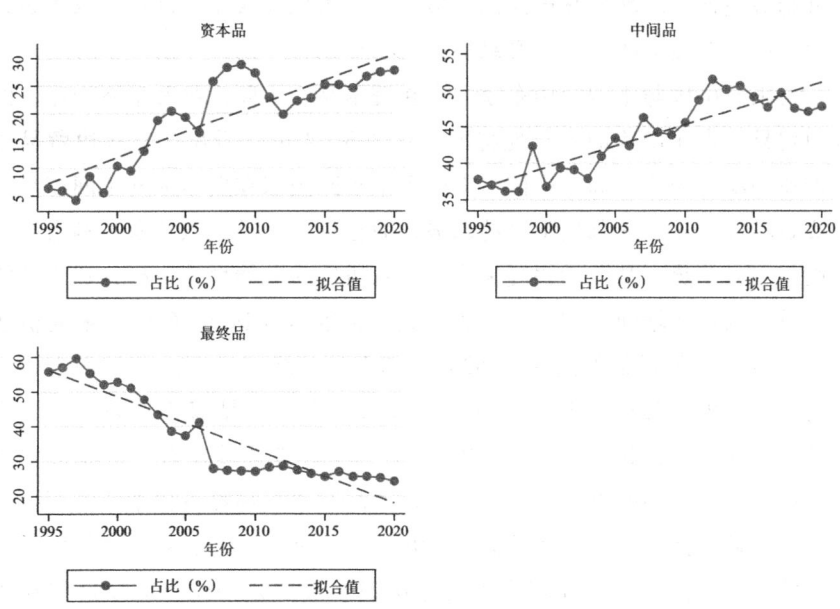

图 3.23　BEC Rev. 4 下三大类产品上的双边贸易额占比演化趋势

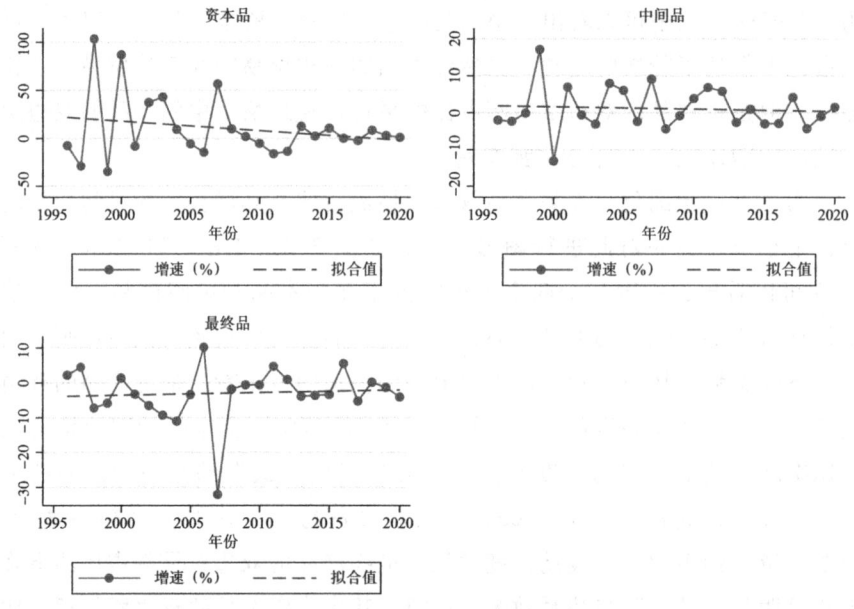

图 3.24　BEC Rev. 4 下三大类产品上的双边贸易额占比增速演化趋势

由此可见，中间产品的双边贸易额占比最高，但是其上升波动幅度和上升趋势最低。虽然最终产品的双边贸易额占比仅次于中间产品双边贸易占比，但是其波动幅度和上升趋势最为明显。

再来看中国与十四个中东欧国家在资本品、中间产品和最终产品上的双边贸易额占比增速的差异性特征。从图 3.24 可以看出，与双边贸易总额增速的演变趋势不同，中国与十四个中东欧国家在资本品和中间产品的双边贸易额占比增速都呈下降的趋势，而在最终产品的双边贸易额占比增速则为上升趋势。从波动幅度来看，与双边贸易总额增速一样，资本品的双边贸易额占比增速的波动幅度也最大，标准差高达 32.69%，最高值达到 103.50%，最低值低到 -34.82%。其次是最终产品双边贸易额占比增速的波动幅度，其标准差为 7.76%。最后是中间产品双边贸易额占比增速的波动幅度，其标准差为 6.02%。从下降趋势系数来看，与双边贸易额占比增速的波动幅度的位次一样，资本品双边贸易额占比增速的下降趋势最为明显，其下降趋势系数为 -0.99。其次是最终产品双边贸易额占比增速的上升趋势，其上升趋势系数为 0.08。最后是中间产品双边贸易额占比增速的下降趋势，其下降趋势系数为 -0.06。

由此可以看出，无论是双边贸易额占比增速的波动幅度还是下降趋势,资本品都显示出最大的波动幅度和最强的下降趋势。双边贸易额占比增速最低的最终产品,其波动幅度和下降趋势仅次于资本品。而双边贸易额占比增速仅次于资本品的中间产品,其波动幅度和下降趋势则最低,也反映出中国与十四个中东欧国家在中间产品双边贸易关系上的相对稳定性和依赖性。

综上所述,在三种不同类型产品的双边贸易额占比中,无论双边贸易额占比的上升趋势及其波动幅度,还是双边贸易占比增速的下降趋势及其波动幅度,中国与十四个中东欧国家在资本品上都表现出最显著的特征,资本品双边贸易额占比及其上升趋势和波动幅度最明显,占比增速的下降趋势及其波动幅度也最为明显。双边贸易额占比最高的中间产品,其双边贸易额占比的上升波动幅度和上升趋势最低,其双边贸易额占比增速的波动幅度和双边贸易额占比增速的下降趋势最低。

总而言之,在 BEC Rev.4 下的资本品、中间产品和最终产品上,中国与十四个中东欧国家的双边贸易额最多的是中间产品,然后依次是最终产品和资本品。但是,虽然资本品的双边贸易额最低,但是在双边贸易总额增长的平均增速、双边贸易额增速的波动幅度、双边贸易额增速的下降趋势、双边贸易额占比及其增长的平均增速、双边贸易额占比增速的波动幅度、双边贸易额占比增速的下降趋势等方面,都表现出最为明显的特征。中间产品双边贸易额占比增速的波动幅度和下降趋势最低。中国与十四个中东欧国家中间产品双边贸易关系相对稳定。

(3) Rauch(1999)的产品分类

进一步地,本书探讨中国与十四个中东欧国家双边贸易产品的差异化状况。在产品差异化测度方面,Rauch(1999)是典型代表。Rauch 根据三位数或四位数 SITC 行业中大多数五位数产品的销售情况,将产品分为同质化产品、参考价格产品以及差异化产品。同质化产品指的是那些在有组织的交易所(如商品市场)出售的产品。参考价格产品指的是那些价格刊登在国际贸易期刊(如化学营销报告)上的产品。差异化产品指的是所有其他产品。Rauch(1999)的产品分类方法被广泛应用在国际贸易实证分析当中(Feenstra 和 Hanson,2004)。

Rauch 使用两种方案将五位码的产品归并到三位码或四位码的水平,这两种方案分别为:"保守"加总(Conservative aggregation)和"自由"加总(Liberal aggregation),进而形成两种产品分类方法,即"保守"分类法和"自由"分类法。"保守"分类法尽量减少归类为有组织交易所或参考定价的三位码和四位码产品的数量,而"自由"分类法则尽量增加归类为有组织交易所或参考定价的三位码和四位码产品的数量。选取Rauch(1999)的产品分类方法中的 SITC 四位码产品,再将 hs92 六位码产品代码与 Rauch(1999)的 SITC 四位码产品代码进行对照,可得到本小节的产品代码,具体分类如表 3.8 所示。

表 3.8　　　　　　　　　Rauch(1999)的产品分类

类型	代码	名称
"保守"分类法	w	在有组织的交易所交易的产品(同质化产品)
	r	参考价格产品
	n	产异化产品
"自由"分类法	w	在有组织的交易所交易的产品(同质化产品)
	r	参考价格产品
	n	产异化产品

1)三种不同类型产品的双边贸易总额与增长率

表 3.9 显示了 Rauch(1999)的"保守"分类法和"自由"分类法下三种不同类型产品的双边贸易总额及其平均增长率情况。从两种分类法下的各自总样本来看,无论是"保守"分类法还是"自由"分类法,中国与中东欧国家在三种不同类型产品双边贸易额均值都在 51.33 亿美元以上。在"保守"分类法下,差异化产品双边贸易额均值最高,高达 145.6 亿美元,是参考价格产品双边贸易额均值的 21.10 倍,是同质化产品双边贸易额均值的 97.07 倍。其次是参考价格产品,其双边贸易额均值为 6.9 亿美元。最低是同质化产品,其双边贸易额均值为 1.5 亿美元。与"保守"分类法类似,"自由"分类法下的三种产品双边贸易额均值由高到低的位次依旧为差异化产品、参考价格产品和同质化产品,其双边贸易额均值分别为 141.9 亿美元、9.2 亿美元和 2.9 亿美元。其中,差异化产品双边贸易额均值是参考价格产品双边贸易额均值的 15.42 倍,是同质化产品双边贸易额均值的 48.93 倍。由此可见,中国与十四个中东欧国家的双边贸易标的物以差异化产品为主。

表 3.9　　Rauch（1999）下三类产品的双边贸易额与增长率

单位：10 亿美元，%

年份	"保守"分类法			"自由"分类法		
	同质化产品	参考价格产品	差异化产品	同质化产品	参考价格产品	差异化产品
1995	0.03	0.08	0.61	0.06	0.05	0.6
1996	0.04	0.1	0.69	0.06	0.08	0.68
1997	0.04	0.1	0.68	0.06	0.09	0.67
1998	0.04	0.13	0.91	0.05	0.12	0.9
1999	0.04	0.16	1.07	0.11	0.11	1.05
2000	0.03	0.17	1.6	0.08	0.17	1.56
2001	0.04	0.22	2.16	0.1	0.23	2.09
2002	0.04	0.2	3.51	0.09	0.25	3.42
2003	0.06	0.27	5.26	0.13	0.38	5.08
2004	0.06	0.34	6.17	0.14	0.48	5.94
2005	0.07	0.4	7.01	0.18	0.61	6.68
2006	0.11	0.54	11.36	0.26	0.94	10.81
2007	0.14	0.76	14.68	0.4	1.12	14.06
2008	0.11	0.93	18.67	0.39	1.24	18.08
2009	0.07	0.67	15.94	0.28	0.82	15.59
2010	0.09	0.82	20.12	0.31	0.95	19.77
2011	0.22	1	22.13	0.48	1.02	21.85
2012	0.26	0.9	22.03	0.5	1.02	21.67
2013	0.53	1	22.96	0.76	1.11	22.62
2014	0.36	1.13	25.4	0.61	1.4	24.88
2015	0.22	1.16	23.75	0.38	1.51	23.24
2016	0.29	1.12	25.17	0.43	1.58	24.56
2017	0.26	1.24	24.75	0.43	1.71	24.1
2018	0.31	1.42	31.62	0.5	2.13	30.72
2019	0.24	1.49	33.71	0.46	2.02	32.97
2020	0.2	1.58	36.65	0.37	2.71	35.35
均值	0.15	0.69	14.56	0.29	0.92	14.19
平均增速	13.42	14.07	19.49	11.90	19.05	19.32

从平均增速来看，无论是"保守"分类法还是"自由"分类法，差异化产品双边贸易额的平均增速最高。其次是参考价格产品双边贸易额的平均增速，最低是同质化产品双边贸易额的平均增速。在"保守"分类

法下,差异化产品双边贸易额平均增速与参考价格产品双边贸易额平均增速的差距较大,差距达到 5.42%。而参考价格产品双边贸易额平均增速与同质化产品双边贸易额平均增速的差距较小,差距仅为 0.65%。与"保守"分类法下的产品不同,在"自由"分类法下,差异化产品双边贸易额平均增速与参考价格产品双边贸易额平均增速的差距较小,差距仅为 0.27%。而参考价格产品双边贸易额平均增速与同质化产品双边贸易额平均增速的差距较大,差距高达 7.15%。

由此可见,中国与十四个中东欧国家在差异化产品上的双边贸易额更加体现为集约边际上的扩张,即双边贸易集中于少数 SITC 四位码种类产品数量增加,且其增长的速度也更快。而对于参考价格产品和同质化产品来说,双边贸易额更多体现为扩展边际上的扩张。即这两种产品双边贸易集中于更多 SITC 四位码种类的增加。其中,"自由"分类下参考价格产品的平均增速快于"保守"分类下的同种产品。而"保守"分类下的同质化产品的平均增速高于"自由"分类下的同种产品。

为了进一步细化"保守"分类法和"自由"分类法下三大类产品双边贸易额及其增长率的时间变化趋势,本小结还逐一对此进行图形刻画,如图 3.25 至图 3.28 所示。

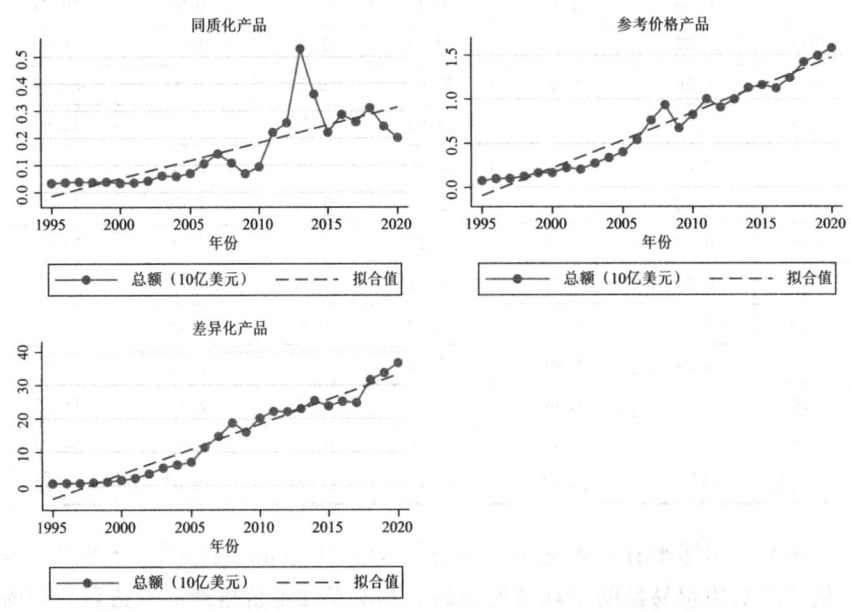

图 3.25 "保守"分类法下三类产品的双边贸易总额演化趋势

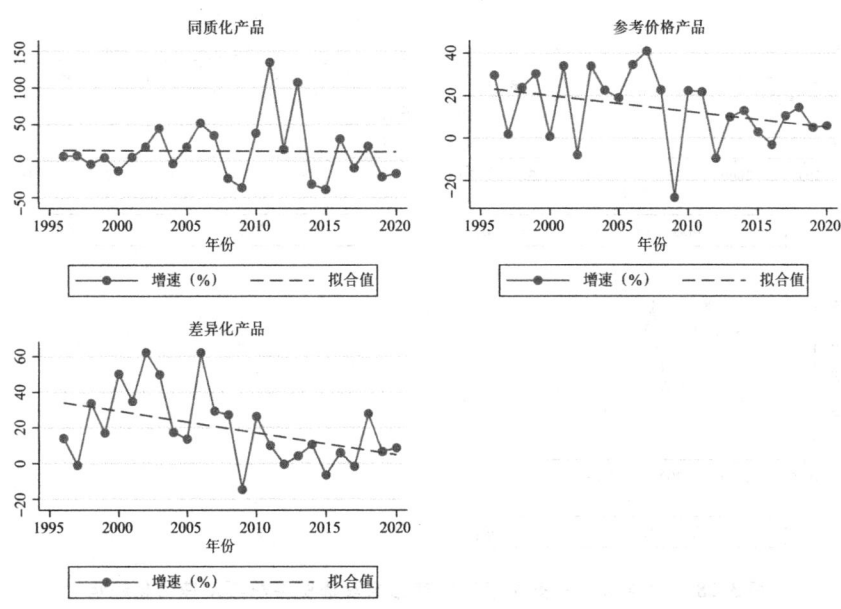

图 3.26 "保守"分类法下三类产品的双边贸易总额增速演化趋势

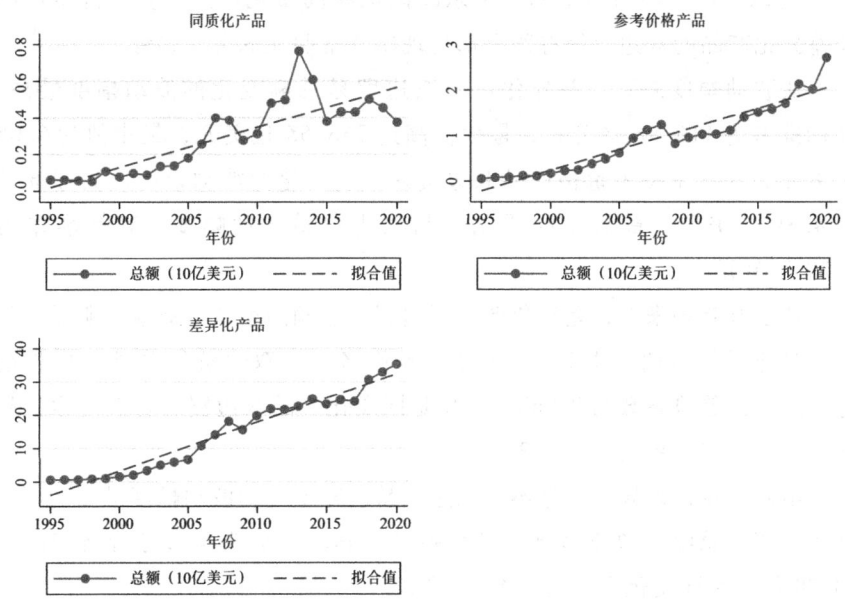

图 3.27 "自由"分类法下三类产品的双边贸易总额演化趋势

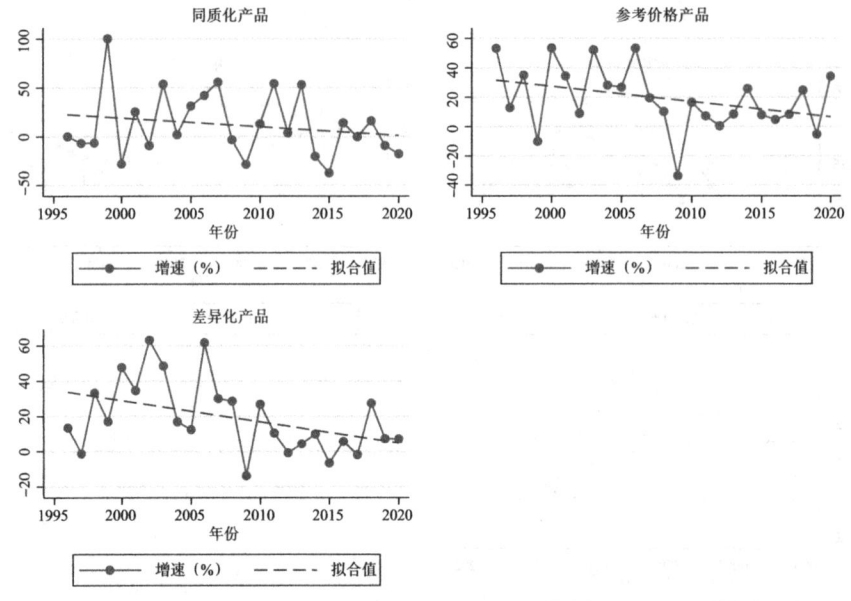

图 3.28 "自由"分类法下三类产品的双边贸易总额增速演化趋势

先看"保守"分类法下的三种产品双边贸易总额的演化趋势。从图 3.25 可以看出,中国与十四个中东欧国家在同质化产品、参考价格产品和差异化产品的双边贸易总额上都呈现出非常明显的上升趋势。

从波动幅度来看,差异化产品双边贸易总额变化的波动幅度最高,其标准差为 116.86 亿美元,最大值高达 366.55 亿美元,最小值为 6.05 亿美元。其次是参考价格产品双边贸易总额变化的波动幅度,其标准差为 4.89 亿美元。最后是同质化产品双边贸易波动幅度,其标准差为 1.29 亿美元。

从上升趋势来看,差异化产品双边贸易总额的增长趋势最为明显,其上升趋势系数高达 1.493。其次是参考价格产品双边贸易总额的增长趋势,其上升趋势系数为 0.063。最后是同质化产品双边贸易总额的增长趋势,其上升趋势系数为 0.013。

由此可见,差异化产品不但双边贸易总额变化的波动幅度最大,而且其双边贸易总额的增长趋势也最为强劲,其增长势头是参考价格产品的 23.70 倍,是同质化产品的 114.85 倍。

再看"保守"分类法下同质化产品、参考价格产品和差异化产品的双边贸易总额增速的演化趋势。从图 3.26 可以看出,三种不同类型产品双边贸易总额增速都呈现出下降的态势，且存在明显差异。

从波动幅度来看，同质化产品双边贸易总额增速的波动幅度最大，标准差高达41.00%，最高值达到134.61%，最低值也低为-38.92%。其次是差异化产品双边贸易总额增速的波动幅度，其标准差为20.68%。最后是参考价格产品双边贸易总额增速的波动幅度，其标准差为16.56%。

从下降趋势系数来看，差异化产品双边贸易总额增速的下降趋势最为明显，其下降趋势系数为-1.219。紧随其后的是参考价格产品双边贸易总额增速的下降趋势，其下降趋势系数为-0.753。最后是同质化产品双边贸易总额增速的下降趋势，其下降趋势系数为-0.084。

由此可见，在"保守"分类法下，同质化产品双边贸易总额增速的波动幅度虽然最大，但是其下降趋势最为平缓，下降趋势系数仅为差异化产品的0.069倍。差异化产品双边贸易总额增速的波动幅度虽然仅次于同质化产品，但是其下降趋势最为明显。

然后，再来看"自由"分类法下的三种不同类型产品双边贸易总额的演化趋势。从图3.27可以看出，中国与十四个中东欧国家在同质化产品、参考价格产品和差异化产品的双边贸易总额上都显示出较为明显的上升趋势。

从波动幅度来看，与"保守"分类法下的产品一样，差异化产品双边贸易总额变化的波动幅度最高，其标准差为114.01亿美元，最大值高达353.49亿美元，最小值为6.02亿美元。其次是参考价格产品双边贸易总额变化的波动幅度，其标准差为7.27亿美元。最后是最终产品双边贸易波动幅度，其标准差为1.99亿美元。

从上升趋势来看，差异化产品双边贸易总额的增长趋势依旧最为明显，其上升趋势系数高达1.456。其次是参考价格产品双边贸易总额的增长趋势，其上升趋势系数为0.090。最后是同质化产品双边贸易总额的增长趋势，其上升趋势系数为0.022。

由此可见，与"保守"分类法下的产品一样，在"自由"分类法下，差异化产品不但双边贸易总额变化的波动幅度最大，而且其双边贸易总额的增长趋势也最强劲，其增长势头是参考价格产品的16.18倍，是同质化产品的66.18倍。

对于"自由"分类法下的同质化产品、参考价格产品和差异化产品的双边贸易总额增速来说，从图3.28可以看出，三种不同类型产品双边贸易总额增速都呈现出非常明显的下降态势，且存在显著差异。

从波动幅度来看，同质化产品双边贸易总额增速的波动幅度最大，标准差高达33.12%，最高值达到100.28%，最低值也低为-37.58%。其次是参考价格产品双边贸易总额增速的波动幅度，其标准差为21.47%。最后是差异化产品双边贸易总额增速的波动幅度，其标准差为20.56%。

从下降趋势系数来看，差异化产品双边贸易总额增速的下降趋势最为明显，其下降趋势系数为-1.204。紧随其后的是参考价格产品双边贸易总额增速的下降趋势，其下降趋势系数为-1.041。最后是同质化产品双边贸易总额增速的下降趋势，其下降趋势系数为-0.892。

由此可见，在"自由"分类法下，同质化产品双边贸易总额增速的波动幅度虽然最大，但是其下降趋势最为平缓，下降趋势系数仅为差异化产品的0.741倍。差异化产品双边贸易总额增速的波动幅度虽然仅次于同质化产品，但是其下降趋势最为明显。

总而言之，无论是"保守"分类法还是"自由"分类法，差异化产品的双边贸易总额均值及平均增速，总额上升的波动幅度，以及增速的下降趋势等都位居第一位。而同质化产品双边贸易总额均值及平均增速，以及总额增速的下降趋势等虽然最低或最平缓，但是其总额增速的波动幅度最大。因此，中国与十四个中东欧国家在Rauch（1999）分类法下的三种不同类型产品的双边贸易上，需要警惕双边贸易总额最多的差异化产品的增速下降幅度。

2）三种不同类型产品的双边贸易额占比与增长率

表3.10显示了在"保守"分类法和"自由"分类法下三种不同类型产品的双边贸易额占比及其平均增长率情况。从两种分类法下的各自总样本的双边贸易额占比来看，无论是"保守"分类法还是"自由"分类法，中国与中东欧国家在三种不同类型产品双边贸易额占比均值都在33%以上。在"保守"分类法下，差异化产品双边贸易额占比均值最高，高达92.11%，是参考价格产品双边贸易额占比均值的14.64倍，是同质化产品双边贸易额均值的57.57倍。其次是参考价格产品，其双边贸易额占比均值为6.29%。最低是同质化产品，其双边贸易额占比均值为1.60%。与"保守"分类法类似，"自由"分类法下的三种产品双边贸易额占比均值由高到低的位次也为差异化产品、参考价格产品和同质化产品，其双边

贸易额占比均值分别为 89.83%、7.03% 和 3.14%。其中，差异化产品双边贸易额占比均值是参考价格产品双边贸易额占比均值的 12.78 倍，是同质化产品双边贸易额占比均值的 28.61 倍。由此可见，在"保守"分类法下，中国与十四个中东欧国家的双边贸易标的物更加依赖于差异化产品，其次为参考价格产品，最低为同质化产品。

表 3.10 Rauch（1999）下三类产品的双边贸易额占比与增长率　　　单位:%

年份	"保守"分类法			"自由"分类法		
	同质化产品	参考价格产品	差异化产品	同质化产品	参考价格产品	差异化产品
1995	4.75	10.77	84.48	8.54	7.35	84.11
1996	4.38	12.1	83.51	7.41	9.77	82.82
1997	4.71	12.37	82.92	6.94	11.06	82
1998	3.44	11.72	84.83	4.97	11.42	83.61
1999	3.05	12.94	84.02	8.43	8.69	82.88
2000	1.86	9.19	88.96	4.26	9.41	86.33
2001	1.45	9.18	89.37	3.98	9.41	86.61
2002	1.11	5.45	93.44	2.33	6.6	91.06
2003	1.08	4.9	94.02	2.41	6.75	90.85
2004	0.89	5.12	94	2.09	7.37	90.54
2005	0.93	5.35	93.73	2.41	8.19	89.39
2006	0.88	4.48	94.64	2.14	7.82	90.04
2007	0.91	4.87	94.23	2.56	7.2	90.24
2008	0.55	4.72	94.73	1.96	6.27	91.77
2009	0.41	4.02	95.57	1.65	4.9	93.44
2010	0.45	3.9	95.65	1.48	4.53	93.99
2011	0.94	4.28	94.77	2.06	4.37	93.57
2012	1.1	3.9	95	2.15	4.42	93.43
2013	2.16	4.07	93.77	3.12	4.54	92.35
2014	1.34	4.19	94.47	2.26	5.2	92.54
2015	0.88	4.61	94.52	1.51	6	92.49
2016	1.08	4.22	94.71	1.63	5.94	92.44
2017	0.99	4.72	94.29	1.65	6.51	91.85

续表

年份	"保守"分类法			"自由"分类法		
	同质化产品	参考价格产品	差异化产品	同质化产品	参考价格产品	差异化产品
2018	0.93	4.25	94.82	1.5	6.39	92.11
2019	0.69	4.2	95.11	1.28	5.69	93.02
2020	0.52	4.1	95.38	0.98	7.05	91.98
均值	1.60	6.29	92.11	3.14	7.03	89.83
平均增速	-3.46	-2.86	0.50	-4.89	0.86	0.37

在平均增速方面,"保守"分类法和"自由"分类法下的三种不同类型产品的双边贸易额占比平均增速存在明显差异。在"保守"分类法下,差异化产品双边贸易额占比的平均增速最高,其次是参考价格产品双边贸易额占比的平均增速,最低是同质化产品双边贸易额占比的平均增速。在"保守"分类法下,差异化产品双边贸易额占比平均增速与参考价格产品双边贸易额占比平均增速的差距较大,差距为3.36%。而参考价格产品双边贸易额平均增速与同质化产品双边贸易额平均增速的差距较小,差距仅为0.6%。与"保守"分类法下的情形不同,在"自由"分类法下,参考价格产品双边贸易额占比平均增速最高,随后依次为差异化产品和同质化产品双边贸易额占比平均增速。其中,差异化产品双边贸易额占比平均增速与参考价格产品双边贸易额占比平均增速的差距相对较小,差距为0.49%。而参考价格产品双边贸易占比平均增速与同质化产品双边贸易额占比平均增速的差距较大,差距高达5.75%。

由此可见,中国与十四个中东欧国家的双边贸易更加依赖于差异化产品,差异化产品双边贸易额占比主要来源于少量SITC四位码种类产品数量的增加,即体现为集约边际上的扩张。对于参考价格产品和同质化产品来说,其双边贸易额占比主要来源于更多SITC四位码种类产品数量的增加,即体现为扩展边际的扩张。此外,总体来看,同质化产品双边贸易额占比的平均增速最低,差异化产品双边贸易额占比的平均增速相对较高,参考价格产品双边贸易占比的平均增速在两种产品分类法中体现出差异性。

为了进一步细化"保守"分类法和"自由"分类法下三大类产品双边贸易占比及其增长率的时间变化趋势,本小结还逐一对此进行图形刻画,如图3.29至图3.32所示。

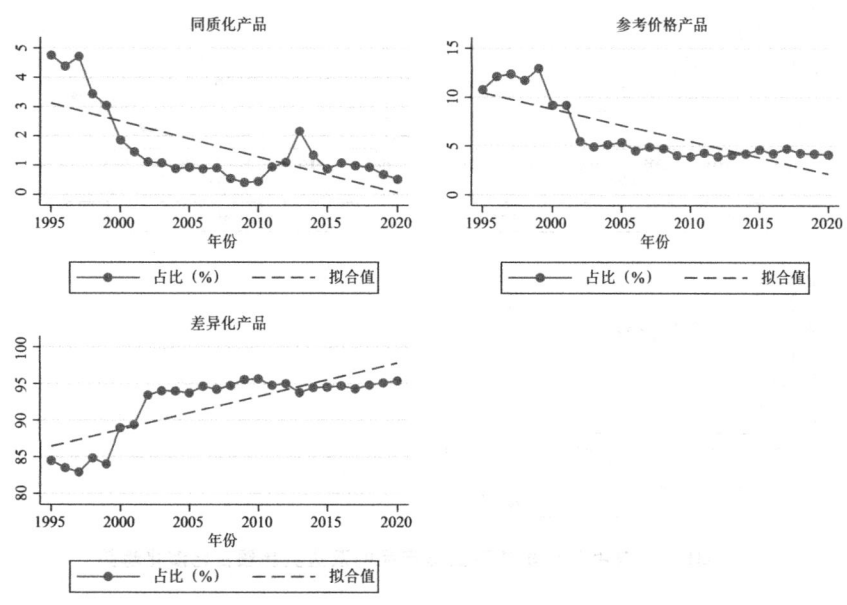

图 3.29 "保守"分类法下三类产品的双边贸易额占比演化趋势

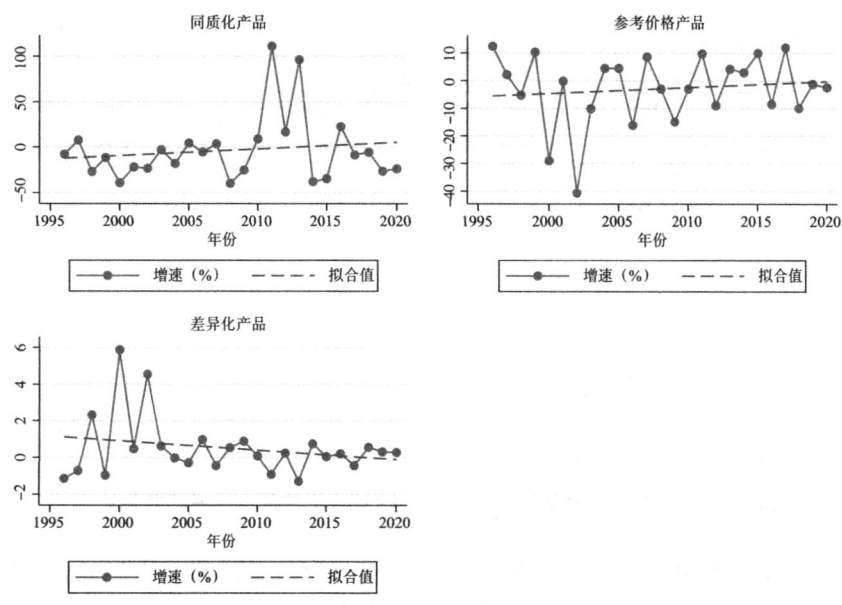

图 3.30 "保守"分类法下三类产品的双边贸易额占比增速演化趋势

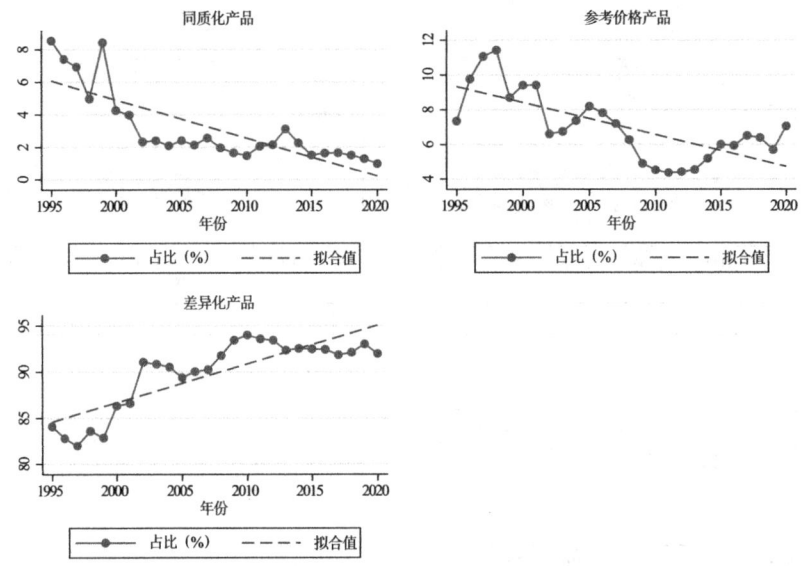

图 3.31 "自由"分类法下三类产品的双边贸易额占比演化趋势

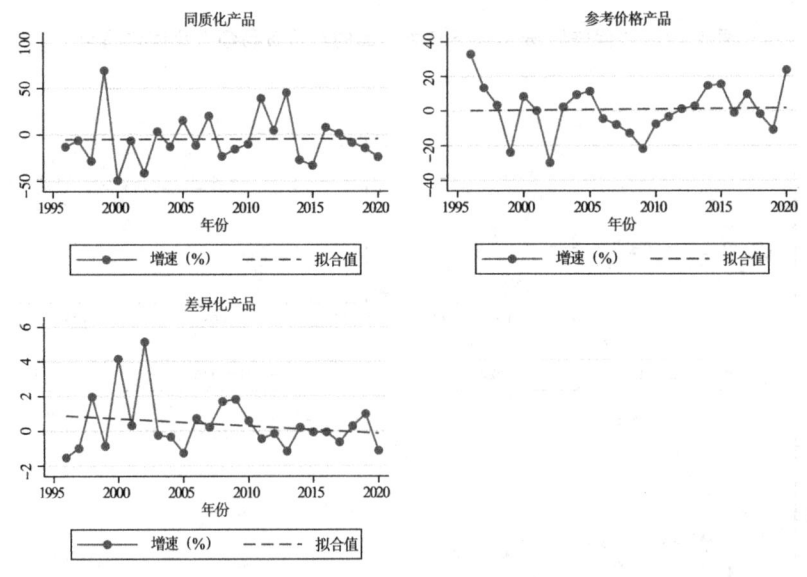

图 3.32 "自由"分类法下三类产品的双边贸易额占比增速演化趋势

先看"保守"分类法下的三种产品双边贸易占比的演化趋势。从图 3.29 可以看出，中国与十四个中东欧国家在同质化产品和参考价格产品的双边贸易额占比上呈现的是下降的趋势，而在差异化产品的双边贸易额占比上呈现出非常明显的上升趋势。

从波动幅度来看，差异化产品双边贸易占比变化的波动幅度最高，其标准差为4.36%，最大值高达95.65%，最小值为82.92%。其次是参考价格产品双边贸易额占比变化的波动幅度，其标准差为3.14%。最后是同质化产品双边贸易额占比的波动幅度，其标准差为1.33%。

从变化趋势来看，差异化产品双边贸易额占比的增长趋势最为明显，其上升趋势系数高达0.455。其次是参考价格产品双边贸易额占比的下降趋势，其下降趋势系数为-0.332。最后是同质化产品双边贸易额占比的下降趋势，其下降趋势系数为-0.123。

由此可见，在"保守"分类法下，差异化产品不但双边贸易额占比变化的波动幅度最大，而且其双边贸易额占比的增长趋势也最为强劲。虽然同质化产品双边贸易额占比最低，但是其双边贸易额占比的波动幅度最低，其双边贸易占比的下降趋势也最平缓。

再来看"保守"分类法下同质化产品、参考价格产品和差异化产品的双边贸易额占比增速的演化趋势。从图3.30可以看出，与双边贸易占比相反，中国与十四个中东欧国家在同质化产品和参考价格产品双边贸易额占比增速上体现的是上升的总体趋势，而在差异化产品的双边贸易额占比增速上呈现出明显的下降趋势。

从波动幅度来看，同质化产品双边贸易额占比增速变化的波动幅度最大，其标准差为36.73%，最大值高达111.32%，最小值为-39.79%。其次是参考价格产品双边贸易额占比增速变化的波动幅度，其标准差为12.77%。最后是差异化产品双边贸易额占比增速的波动幅度，其标准差为1.63%。

从变化趋势来看，同质化产品双边贸易额占比增速的上升趋势最为明显，其上升趋势系数为0.73。紧随其后的是参考价格产品双边贸易额占比增速的上升趋势，其上升趋势系数为0.22。与之相反，差异化产品双边贸易额占比增速呈下降趋势，其下降趋势系数为-0.05。

由此可见，在"保守"分类法下，同质化产品双边贸易额占比增速不仅波动幅度最大，其上升趋势还最明显。差异化产品双边贸易额占比增速的波动幅度最低，其下降趋势也最小。

接着来考察"自由"分类法下的同质化产品、参考价格产品和差异化产品的双边贸易额占比及其增速。先考察三种不同类型产品在双边贸易额占比上的差异。图3.31显示，与"保守"分类法下的情形一样，中国与十四个中东欧国家在同质化产品和参考价格产品的双边贸易额占比上呈现的是下降的趋势，而在差异化产品的双边贸易额占比上呈现出强劲的上升趋势。

从波动幅度来看，与"保守"分类法下的情形不同，差异化产品双边贸易额占比变化的波动幅度最高，其标准差为 3.84%，最大值高达 93.99%，最小值为 82.00%。其次是同质化产品双边贸易额占比变化的波动幅度，其标准差为 2.25%。最后是参考价格产品双边贸易额占比的波动幅度，其标准差为 1.99%。

从变化趋势来看，与"保守"分类法下的情形不同，差异化产品双边贸易额占比的增长趋势最为明显，其上升趋势系数高达 0.419。其次是同质化产品双边贸易额占比的增长趋势，其下降趋势系数为 -0.235。最后是参考价格产品双边贸易额占比的下降趋势，其下降趋势系数为 -0.184。

由此可见，与"保守"分类法下的情形不同，在"自由"分类法下，差异化产品不但双边贸易额占比变化的波动幅度最大，而且其双边贸易额占比的增长趋势也最为强劲。虽然同质化产品双边贸易额占比最低，但是其双边贸易额占比的波动幅度和下降趋势都强于参考价格产品。

在三种不同类型产品的双边贸易额占比增速的差异方面，从图 3.32 可以看出，与双边贸易额占比相反，中国与十四个中东欧国家在同质化产品和参考价格产品双边贸易额占比增速上体现的是微弱的上升趋势，而在差异化产品的双边贸易额占比增速上呈现出较为明显的下降趋势。

从波动幅度来看，同质化产品双边贸易额占比增速的波动幅度最大，标准差高达 27.12%，最高值达到 69.56%，最低值为 -49.39%。其次是参考价格产品双边贸易额占比增速的波动幅度，其标准差为 14.47%。最后是差异化产品双边贸易额占比增速的波动幅度，其标准差为 1.60%。

从变化趋势来看，参考价格产品双边贸易额占比增速的增长趋势最为明显，其上升趋势系数为 0.063。其次是差异化产品双边贸易额占比增速的下降趋势，其下降趋势系数为 -0.042。最后是同质化产品双边贸易额占比增速的上升趋势，其上升趋势系数为 0.025。

由此可见，在"自由"分类法下，同质化产品双边贸易额占比增速的波动幅度虽然最大，但是其上升趋势最平缓。参考价格产品双边贸易额占比增速的波动幅度虽然仅次于同质化产品，但是其上升趋势最为明显。

总而言之，在 Rauch（1999）的产品分类法下，中国与十四个中东欧国家的双边贸易额更加依赖于差异化产品，差异化产品上的双边贸易额的增加更加体现为集约边际上的扩张，即双边贸易集中于少数 SITC 四位码种类产品数量增加。对于参考价格产品和同质化产品来说，双边贸易额的增加和双边贸易占比的提升则主要来源于更多 SITC 四位码种类产品的增加，即体现为扩展边际上的扩张。此外，差异化产品双边贸易额及其占比的平均增速最高，波动幅度最大。而同质化产品双边贸易总额均值及平均增速，以及总额增速的下降趋势等虽然最低或最平缓，但是其总额增速的波动幅度最大。

3.2 中国从中东欧国家进口贸易现状

3.2.1 中国从中东欧国家整体的进口现状

（1）中国从中东欧国家进口贸易总额与增长率

图 3.33 显示中国从中东欧国家进口贸易的总体现状。在 1995—2020 年期间，中国从十四个中东欧国家进口贸易总额总体上呈现上升的态势，年均进口贸易总额为 59.80 亿美元。2011 年是一个重要时间节点，2011 年中国从十四个中东欧国家进口贸易的总额首次突破一百亿美元，达到 100.13 亿美元。到 2020 年，尽管全球贸易受到新冠疫情所带来的负面影响，但是中国从十四个中东欧国家进口贸易总额达到历史性的最高值，进口贸易总额达到 152.91 亿美元，较上一年度增长 13.76%。在 2011—2020 年期间，进口贸易总额在 2015 年落入最低点，为 96.90 亿美元，较上一年下降 16.66%。2015 年之后，中国从十四个中东欧国家进口贸易总额总体呈现上升趋势，仅在 2019 年有所下降，降幅为 1.28%。

再来看进口贸易总额的增长率，以 1995 年为基期，样本期间，年均增长率为 16.62%，标准差为 26.81%。增速最快的年份为 2002 年，增长率高达 84.23%，其次是 1999 年的 64.28%。增速最低的是 1997 年的 −39.27%。总体来看，1995—2020 年间，中国从中东欧国家进口贸易总

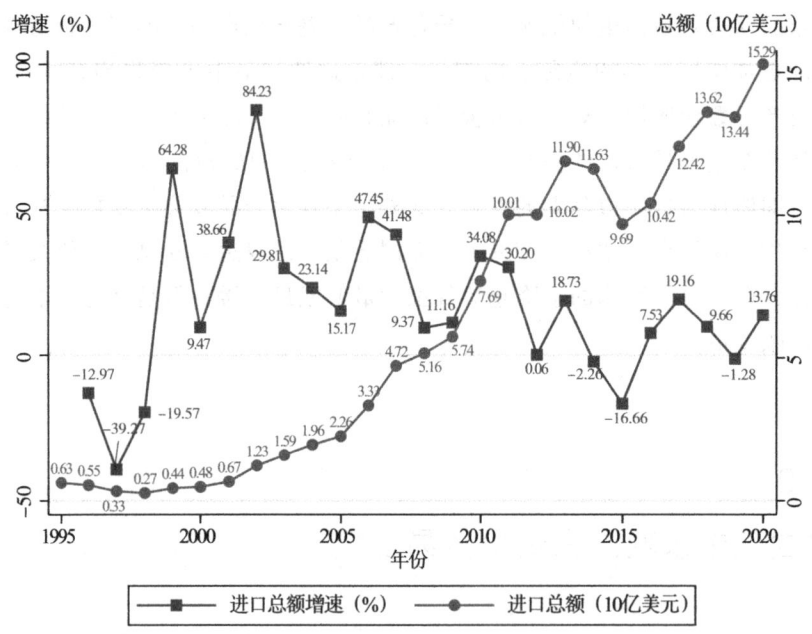

图 3.33 中国从中东欧国家进口贸易总额与增长率

额增速呈现下降的趋势,其下降趋势系数为 -0.351。然而,自从 2012 年中国—中东欧国家合作机制运行以来,中国从中东欧国家进口贸易总额增速总体呈现出增长的势头,年均增速为 6.08%,标准差为 12.22%,上升趋势系数为 0.722。按照"林德假说",随着中国人均收入的增加,居民对高质量产品的需求也将得到较大幅度提升。在国内产品难以满足消费者追求高质量产品需求的情况下,进口更多高质量的产品将是一个可选方案。由此可预见,中国从十四个中东欧国家的进口贸易总额将会继续呈现上升的态势。

(2) 中国从中东欧国家进口总额占比与增长率

图 3.34 刻画的是中国从十四个中东欧国家进口贸易总额占中国当期进口贸易总额的比重及其增速情况,即进口占比及其增长率。从图 3.34 可以看出,在样本期间,中国从中东欧国家进口总额占中国总进口额的比重总体呈现螺旋上升趋势,但是其各年的数值远低于同期中国向中东欧国家出口额占总出口额的比重,进口额占比的均值仅为 0.62%,标准差为 0.22%。最低的进口额占比出现在 1998 年的 0.23%,最高点依旧为 2020 年的 0.99%。

从分时间段来看,进口额占比降幅最大的时期是 1995—1998 年,平

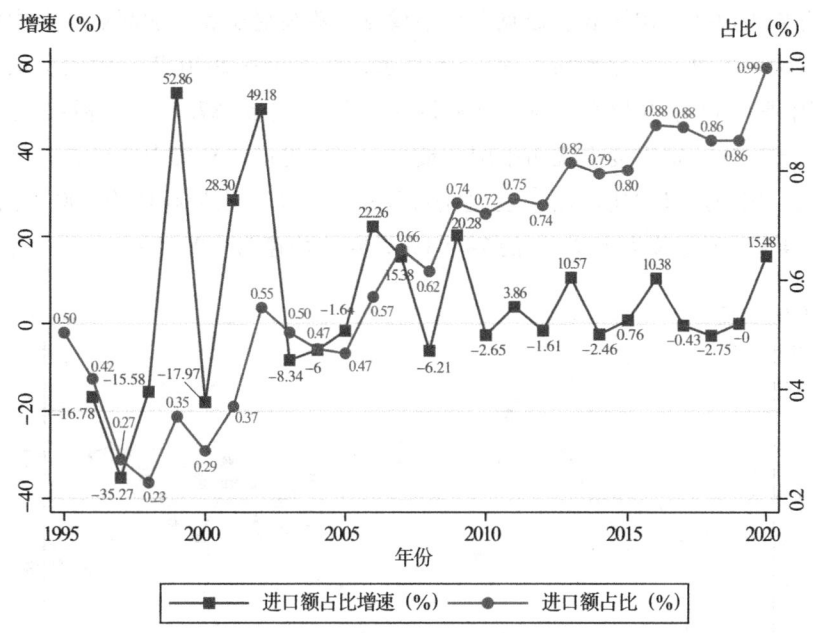

图 3.34　中国从中东欧国家进口额占比与增长率

均降幅高达 22.18%，平均进口占比为 0.36%，低于总样本的均值 0.62%。进口占比增长最快的时期是 2000—2002 年，平均增长率高达 38.12%，平均进口占比为 0.40%，低于总样本的均值 0.62%。在中国—中东欧国家合作机制的影响下，中国从中东欧国家进口额占中国同期总进口额的比重实现了较快增长，从 2012 年的 0.74% 增长到 2020 年的 0.99%，年平均增长 3.91%，增速虽慢，但均值不低，为 0.85%，高出总样本均值 0.23%。总之，中国从十四个中东欧过国家进口额占比增速呈现出上升趋势，上升趋势系数为 0.178。其中，2012 年以来，中国从十四个中东欧过国家进口额占比增速的上升趋势强于总样本，其上升趋势系数为 0.302，超出总样本 0.124。

（3）中国从中东欧国家进口贸易的市场集中度

中国从十四个中东欧国家进口贸易的市场集中度可以从两个视角展开分析，第一是中国从最大六国的进口贸易总额及其占比层面。第二是中国从最大三国的进口贸易总额及其占比层面。

1）中国从最大六国进口贸易总额及其占比

样本期间，中国从十四个中东欧国家年均进口贸易总额最多的六个国家分别为波兰、匈牙利、捷克、斯洛伐克、罗马尼亚和保加利亚。在中国从最大六国进口占比方面，图 3.35 显示，在 1995—2020 年，中国从最大六国进口贸易占比保持在 74% 以上，均值达到 87.49%，标准差为 3.58%，这一定程度上说明中国从最大六国的进口贸易集中度很高，且从最大六国的进口占比波动幅度也相对较小。进口占比最高位为 2004 年的 94.94%，最低位为 1997 年的 74.64%，年均增速为 -0.17%。

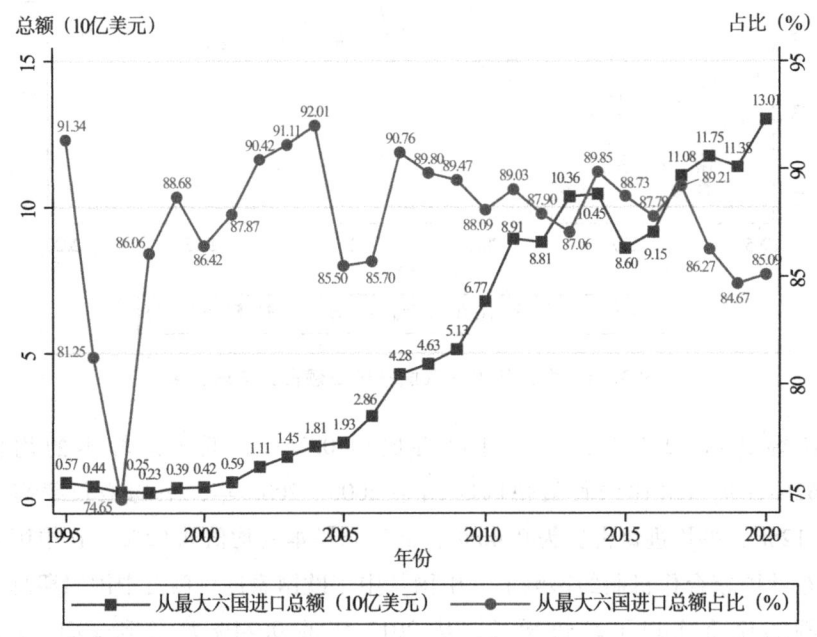

图 3.35　中国从中东欧最大六国进口贸易集中度

从时间变化趋势来看，图 3.36 左图显示，中国从最大六国进口总额占比显示出上升的态势，其上升趋势系数为 0.071。分时间段来看，下降幅度最大的时间段当属 1995—1996 年，降幅为 11.05%。其次是 2004—2005 年，降幅为 7.07%。中国—中东欧合作机制正式运行后，中国从最大六国进口总额占比则呈现下降趋势，年均降幅达到 0.48%，也高出样本年均降幅 0.31%。

从图 3.36 可以看出，与进口总额占比的总体上升趋势一样，中国从最大六国的进口贸易总额在样本期间也呈上升的态势，且上升态势依旧比较强劲。如图 3.36 右图所示。中国从最大六国的进口贸易总额的上升趋势系数为 0.567，高出进口占比上升趋势系数 0.496。在样本期间，中国从最大六国的进口贸易总额的年均增速高达 16.77%，从 1995 年的 5.75 亿美元涨至 2020 年的 130.11 亿美元，平均进口额为 52.44 亿美元，标准差为 45.04 亿美元。其中，增速最高的期间是 1999—2011 年，年均增速高达 34.53%，超出样本平均增速 17.76%。2012 以后，中国从最大六国进口贸易总额年均增长 4.92%，并继续表现出增长的势头。

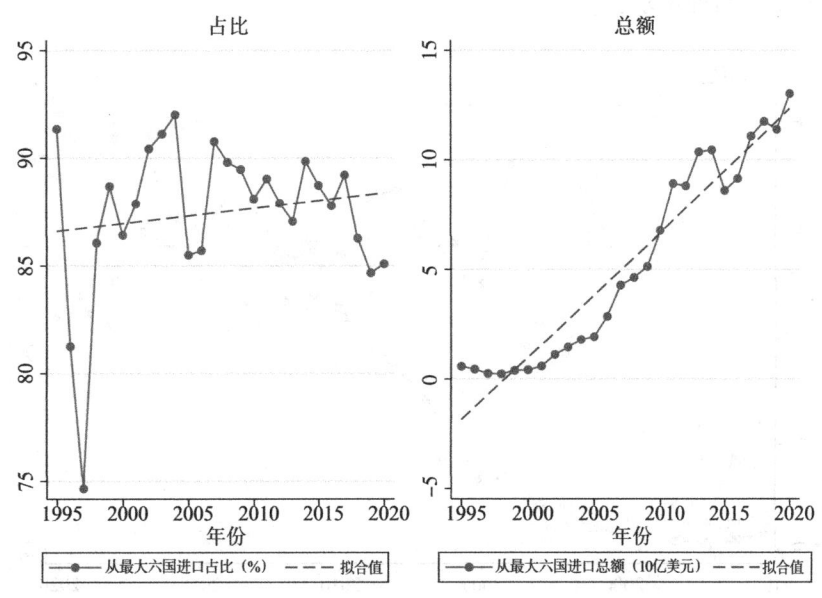

图 3.36　中国从中东欧最大六国进口贸易集中度的演化趋势

2）中国从最大三国进口贸易总额及其占比

进一步地，再来看中国从最大三国进口贸易总额与占比的情形。最大三国分别为：波兰、匈牙利和捷克。在进口额占比方面，如图 3.37 所示，样本期间，中国从最大三国进口额占比的均值为 57.51%，标准差为 9.18%，这说明中国从最大三国的进口贸易集中度较高，且从最大三国的进口额占比波动幅度相对较小。进口额占比最高位为 1999 年的 74.27%，最低位为 1997 年的 32.66%，年均增速为 3.07%。从时间变化趋势来看，图 3.38 左图显示，中国从最大三国进口额占比显示出上升的趋势，其上升趋势系数为 0.251。分时间段来看，下降幅度最大的时间段的是 2001—2002 年，降幅为 24.18%。其次是 2000—2001 年，降幅为 23.26%。

中国—中东欧合作机制正式运行后，中国从最大三国进口额占比则呈现下降趋势，年均降幅达到 0.25%，下降趋势系数为 -0.023。虽然受到新冠疫情的影响，但是中国从中东欧最大三国的进口额占比还是保持增长的势头，2020年的进口额占比较2019年增加0.024%，增速为0.04%。这意味着中国从中东欧国家进行进口商品时，除了要保持与波兰、捷克和匈牙利等最大三国的进口贸易，还需要多元化中东欧国家的进口来源地，进一步挖掘其他中东欧国家的进口潜力，以满足消费者对高质量产品的需求。

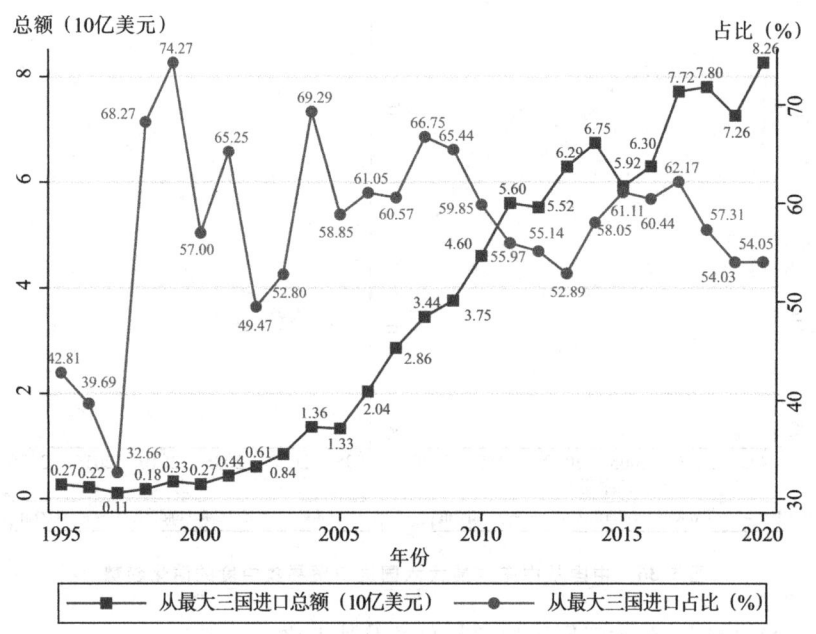

图 3.37　中国从中东欧最大三国进口贸易集中度

与中国从中东欧最大三国的进口额占比一样，中国从中东欧最大三国的进口总额也呈明显的上升趋势，上升态势也比较强劲。如图 3.38 右图所示。中国从最大三国进口贸易总额的上升趋势系数为 0.373，高出从最大三国进口额占比 0.122。样本期间，中国从最大三国的进口贸易总额的平均增速高达 18.78%，从 1995 年的 2.69 亿美元增加至 2020 年的 82.65 亿美元，平均进口额为 34.64 亿美元，标准差为 29.38 亿美元。其中，增速最高的时期是 2001—2004 年，平均增速高达 49.64%，超出样本平均增速 30.86%。2012 以后，中国从最大三国进口总额年均增长 4.93%，并继续表现出良好的势头。

第 3 章 中国—中东欧国家进出口贸易现状 | 119

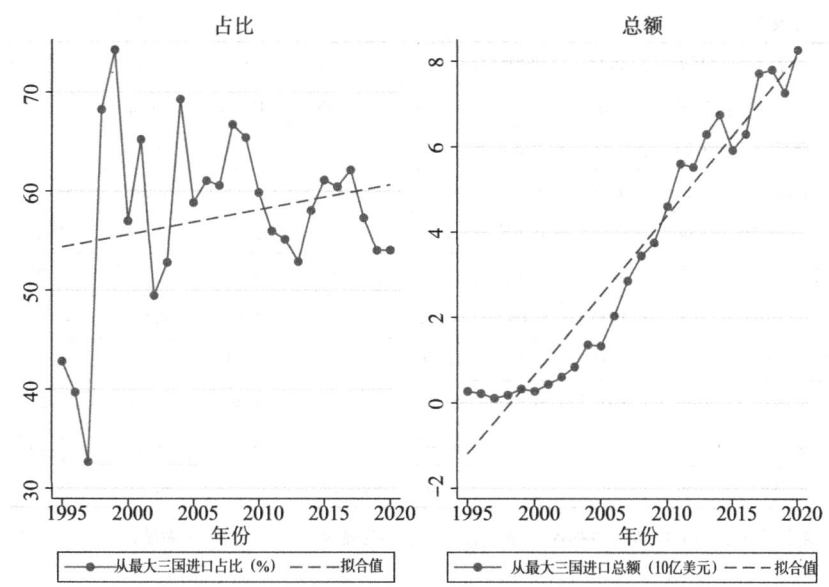

图 3.38 中国从中东欧最大三国进口贸易集中度的演化趋势

3.2.2 中国从中东欧国家分国别的进口现状

（1）中国从中东欧各个国家进口贸易总额及其均值

从表 3.11 可以看出，1995 年，中国从中东欧国家进口贸易额排在前六位的国家分别为罗马尼亚、捷克、波兰、匈牙利、克罗地亚和斯洛伐克。2000 年，前六大进口来源国发生变化，希腊替代 1995 年的克罗地亚，位居第五位，波兰替代 1995 年首位的罗马尼亚，位居第一位，罗马尼亚退居第二位，捷克退居第三位，匈牙利和斯洛伐克保持不变，分别居第四位和第六位，前六位国家分别为波兰、罗马尼亚、捷克、匈牙利、希腊和斯洛伐克。

表 3.11 中国从中东欧十四个国家进口的贸易总额 单位：亿美元

国家	1995	2000	2005	2010	2015	2019	2020	样本均值
波兰	0.94[3]	1.24[1]	6.52[1]	16.88[1]	20.89[1]	29.18[1]	33.75[1]	12.59[1]
捷克	1.37[2]	0.82[3]	3.41[2]	12.79[4]	19.01[3]	25.61[2]	27.34[2]	10.79[3]
匈牙利	0.39[4]	0.68[4]	3.38[3]	16.36[2]	19.31[2]	17.83[4]	21.55[4]	11.27[2]
斯洛伐克	0.22[6]	0.21[6]	2.21[5]	13.50[3]	11.76[4]	20.53[3]	25.12[3]	9.11[4]

续表

国家	1995	2000	2005	2010	2015	2019	2020	样本均值
罗马尼亚	2.65[1]	1.07[2]	3.00[4]	5.21[5]	7.36[6]	10.02[6]	10.25[6]	4.76[5]
希腊	0.21[7]	0.39[5]	1.09[6]	4.49[6]	3.19[7]	8.14[7]	9.97[7]	3.00[7]
克罗地亚	0.27[5]	0.06[9]	0.45[10]	0.70[11]	1.04[12]	1.47[11]	1.38[11]	0.70[10]
斯洛文尼亚	0.06[9]	1.55[7]	0.62[9]	1.51[8]	2.09[8]	3.61[9]	3.61[9]	1.48[8]
保加利亚	0.18[8]	0.13[8]	0.82[8]	3.01[7]	7.63[5]	10.64[5]	12.08[5]	3.92[6]
阿尔巴尼亚	—	0.00[12]	0.04[12]	0.92[10]	1.25[11]	0.78[12]	0.60[12]	0.59[11]
北马其顿	0.00[10]	0.01[11]	0.12[11]	0.93[9]	1.52[9]	1.83[10]	1.89[10]	0.56[12]
波黑	0.00[11]	0.02[10]	0.96[7]	0.17[13]	0.46[13]	0.56[13]	0.46[13]	0.26[13]
塞尔维亚	—	—	—	0.42[12]	1.27[10]	4.00[8]	4.26[8]	1.31[9]
黑山	—	—	—	0.03[14]	0.10[14]	0.21[14]	0.27[14]	0.16[14]

数据来源：CEPII BACI 数据库。注：右上角数字为排名，"－"表示未做统计。

2005 年，波兰依旧保持第一位，捷克、匈牙利和斯洛伐克位次都较 2000 年上升一位，分别从 2000 年的第三位上升至第二位、从 2000 年的第四位上升至第三位、从 2000 年的第六位上升至第五位。而罗马尼亚从 2000 年的第二位下降到第四位，希腊从 2000 年的第五位下降至第六位，前六位国家分别为波兰、捷克、匈牙利、罗马尼亚、斯洛伐克和希腊。2010 年，波兰保持首位，希腊保持末位，匈牙利从 2005 年的第三位上升至第二位，斯洛伐克从 2005 年的第五位上升至第三位，捷克从 2005 年的第二位跌至第四位，罗马尼亚从 2005 年的第四位降至第五位，前六位分别为波兰、匈牙利、斯洛伐克、捷克、罗马尼亚和希腊。

2015 年，第一位和第二位的位次维持与 2010 年一样，分别是波兰和匈牙利。2010 年的第三位和第四位在 2015 年的位次对调，捷克从 2010 的第四位升为 2015 年的第三位，斯洛伐克从 2010 年的第三位降为 2015 年的第四位，在 2010 年位居第七位的保加利亚，跃居到 2015 年的第五位，罗马尼亚也从 2010 年的第五位降为 2015 的第六位，前六大进口来源国分别为波兰、匈牙利、捷克、斯洛伐克、保加利亚和罗马尼亚。2019 年，第一名、第五名和第六名与 2015 年一样，分别为波兰、保加利亚和罗马尼亚，捷克从 2015 年的第三位升为 2019 年的第二位，斯洛伐克从 2015 年的第四位升为 2019 年的第三位，而 2015 年排在第二位的匈牙利则降为 2019 年的第四位，前六大进口来源国依次为波兰、捷克、斯洛伐克、匈牙利、保加利亚和罗马尼亚。

虽然受到新冠疫情的影响，2020年的前六大进口来源国的位次与2019年保持一致，但是其进口总额都有明显增加。从样本期间1995—2020年的中国从十四个中东欧国家进口贸易总额的均值来看，最大六个进口来源国总体还是波兰、匈牙利、捷克、斯洛伐克、罗马尼亚和保加利亚。值得一提的是，斯洛文尼亚与北马其顿的排名相对稳定，分别保持在第八位和第十位。

（2）中国从中东欧国家进口总额与占比层面

进口层面的国别差异，可从中东欧最大三国、第四、五和六国以及其余八国等三个视角来展开分析。

1）中国与中东欧最大三国的差异

在进口总额方面，以样本期间1995—2020年平均的进口商品总额作为测算依据，中国从中东欧最大三个国家进口的商品总额位次从高到低依次为：波兰、匈牙利和捷克，中国从这三个国家进口的平均商品总额分别为12.59亿美元、11.27亿美元和10.79亿美元。从进口总额的时间变化趋势来看，如图3.39所示，中国从波兰、匈牙利和捷克进口的商品总额都呈明显的上升势头。

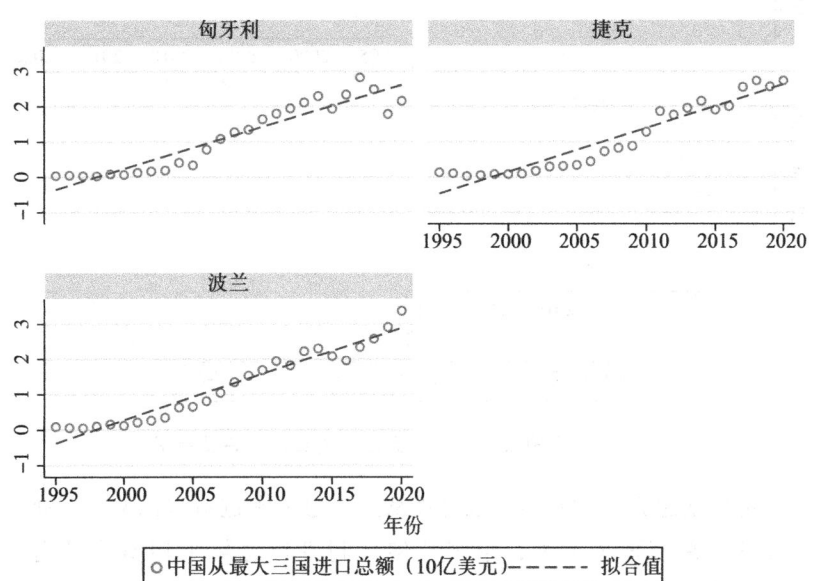

图3.39 中国从中东欧最大三国进口总额差异

中国从波兰进口的总额无论是从总量还是从上升趋势来看，都表现出强劲的上涨势头，上升趋势系数为 0.131。紧随其后的是中国从捷克的进口总额的上升趋势，其上升趋势也非常明显，上升趋势系数为 0.124。最后是中国从匈牙利进口总额的上升趋势，其上升趋势系数为 0.119。因此，需要继续扩大从波兰的进口规模。

在进口占比方面，1995—2020 年，中国从中东欧最大三个国家进口总额的占比位次从高到低依次为：波兰、匈牙利和捷克。中国从这三个国家进口总额的平均占比分别为 23.03%、17.28% 和 17.20%。从进口额占比的时间变化趋势来看，如图 3.40 所示，中国从匈牙利和捷克进口额的占比都为上升趋势，且前者的上升趋势强于后者，上升趋势系数分别为 0.344 和 0.104。值得注意的是，与从匈牙利和捷克进口占比的上升趋势不同，也与中国从波兰进口总额的上升趋势不同，中国从波兰的进口总额占比呈现出较为明显的下降趋势，下降趋势系数为 -0.197。

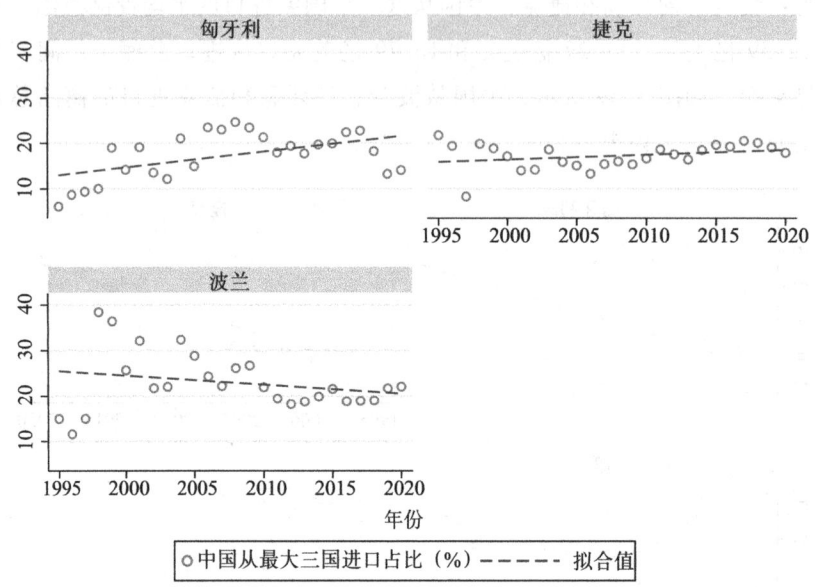

图 3.40　中国从中东欧最大三国进口总额占比差异

在进口增速方面的差异，也可以从进口总额和进口占比两方面展开分析。在进口总额增速方面，中国从匈牙利进口总额平均增速最高，为 26.16%。其次是中国从捷克进口总额平均增速，为 19.42%。最低是中国从波兰进口总额平均增速，为 19.27%。这意味着，中国从匈牙利进口平均总额虽然比从波兰进口的平均总额少 1.32 亿美元，但是中国从匈牙利进口总额平均增速高出从波兰进口总额平均增速 0.15%，即从匈牙利进口的潜力不低。从进口总额增速的时间变化趋势来看，如图 3.41 所示，中国从中东欧最大三国进口总额增速总体都呈现出下降的态势。其中，中国从匈牙利进口总额增速的下降趋势最明显，下降趋势系数为 -2.172。其次是中国从波兰进口总额增速的下降趋势，下降趋势系数为 -1.002。最低是中国从捷克进口总额总额增速的下降趋势，下降趋势系数为 -0.661。

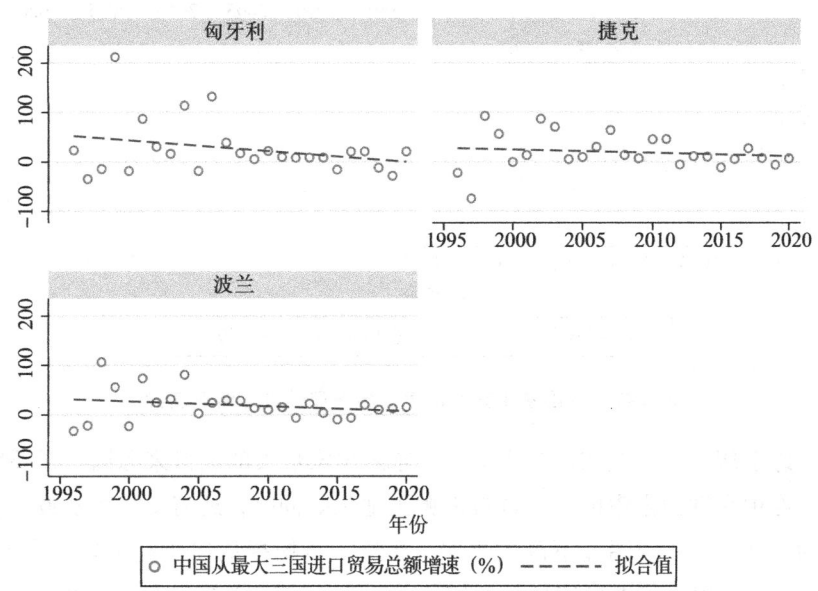

图 3.41 中国从中东欧最大三国进口贸易总额增速差异

在进口额占比增速方面，与进口总额增速一样，中国从匈牙利进口的贸易额占比平均增速最快，为 7.12%。第二位是中国从波兰进口的贸易占比平均增速，为 5.61%。第三位是中国从捷克进口的贸易占比平均增速，为 2.94%。从中可以看出，中国从波兰进口总额平均增速虽然不及从捷克进口总额平均增速，但是中国从波兰进口占比的平均增速高出从捷克进口贸易占比平均增速 2.67%，亦即波兰在中国从中东欧十四个国家进口产品中的重要性，应该继续保持并扩大从波兰的进口规模。从进口占比的时间变化趋势来看，图 3.42 显示，中国从最大三国进口的贸易额占比增速都呈现出下降的趋势。其中，中国从捷克进口的占比增速下降最不明显，上升趋势系数仅为 -0.357。中国从匈牙利进口额占比增速下降趋势最明显，下降趋势系数为 -1.472。而中国从波兰进口额占比增速介于前两者之间，下降趋势系数为 -1.027。

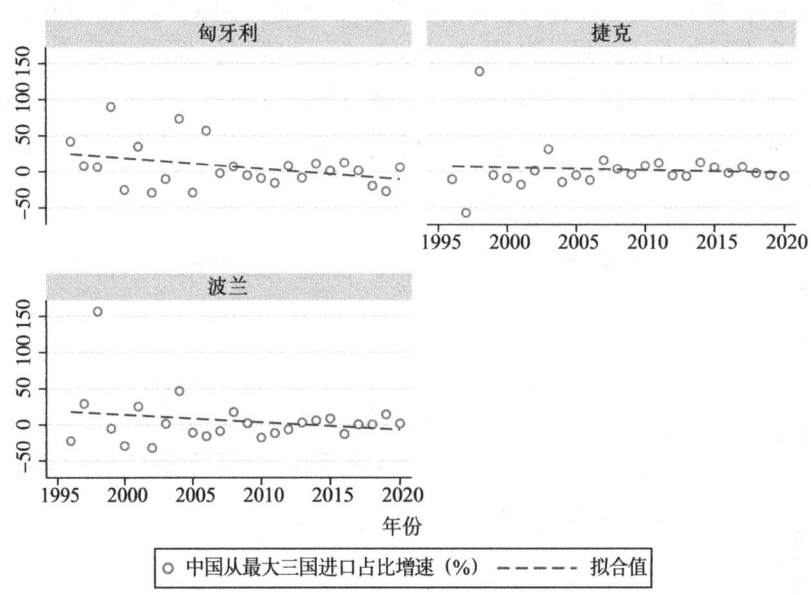

图 3.42　中国从中东欧最大三国进口额占比增速差异

综上所述，波兰依旧是中国从中东欧国家最大的进口来源国，需要维持其在中东欧国家中的核心进口来源国地位。同时，还需要警惕从波兰进口的贸易占比呈现明显下降的事实。在进一步挖掘从匈牙利进口潜力时，还需警惕从匈牙利进口贸易总额增速的明显下降趋势的事实。此外，保持从捷克的进口规模，也是扩大从中东欧最大三国进口规模的一个重要途径。

2）中国与中东欧最大六国之第四、五和六国的差异

中国从中东欧第四、五和六大国在进口方面的差异，依旧可以从进口总额、进口占比以及前两者的增速等三个方面来展开分析。

在进口总额方面，在 1995—2020 年，从均值来看，如图 3.43 所示，中国从第四、五和六大国家进口贸易总额的位次由高到低依次为：斯洛伐克、罗马尼亚和保加利亚。中国从这三国进口的贸易总额均值分别为 9.11 亿美元、4.76 亿美元和 3.92 亿美元。其中，中国从斯洛伐克进口总额的平均值是从罗马尼亚进口总额均值的 1.91 倍，是从保加利亚进口总额均值的 2.32 倍。

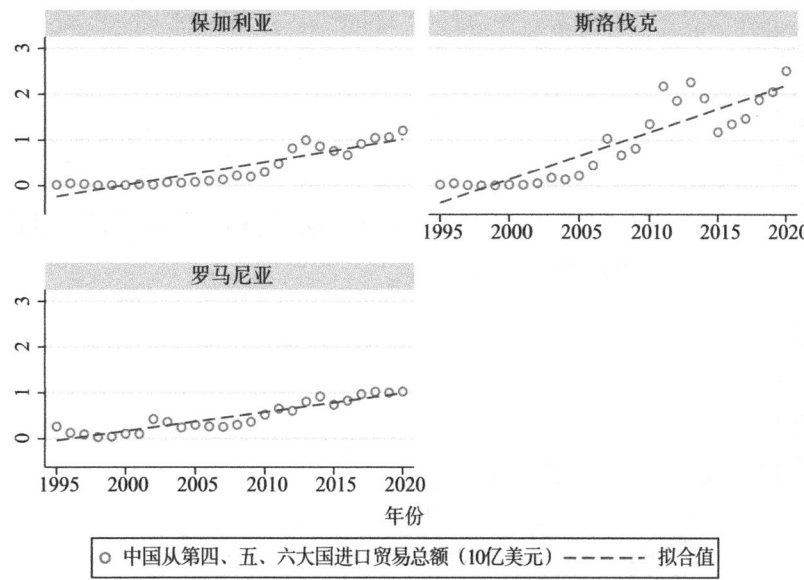

图 3.43　中国从中东欧最四、五、六大国进口贸易总额差异

从进口总额的时间变化趋势来看，中国从保加利亚、斯洛伐克和罗马尼亚进口贸易总额都呈现出平稳的上升势头。其中，中国从斯洛伐克进口贸易总额上升势头最强劲，上升趋势系数为 0.103。其次是中国从保加利亚进口贸易总额的上升趋势，其上升趋势系统为 0.050。最后是中国从罗马尼亚进口贸易总额上升趋势，其上升趋势系数为 0.041。可以看出，无论是总额还是上升趋势，中国从斯洛伐克进口都具有较为明显的优势。

在进口占比方面，如图 3.44 所示，样本期间，中国从中东欧第四、五和六大国家平均的进口占比从高到低的位次依次为：罗马尼亚、斯洛伐克和保加利亚。中国从这三个国家平均的进口占比分别为：13.16%、11.47% 和 5.36%。从时间趋势来看，与进口总额变化趋势不同，中国从斯洛伐克和保加利亚进口占比在样本期间都呈现出上升的势头，且上升势头强劲，其上升趋势系数分别为 0.583 和 0.149。而中国从罗马尼亚进口占比在样本期间呈现出下降的态势，其下降趋势系数为 -0.912。

中国从中东欧第四、五和六大国在进口增速方面的差异，也可以从进口总额和进口占比两方面展开分析。图 3.45 显示的是进口总额增速差异。

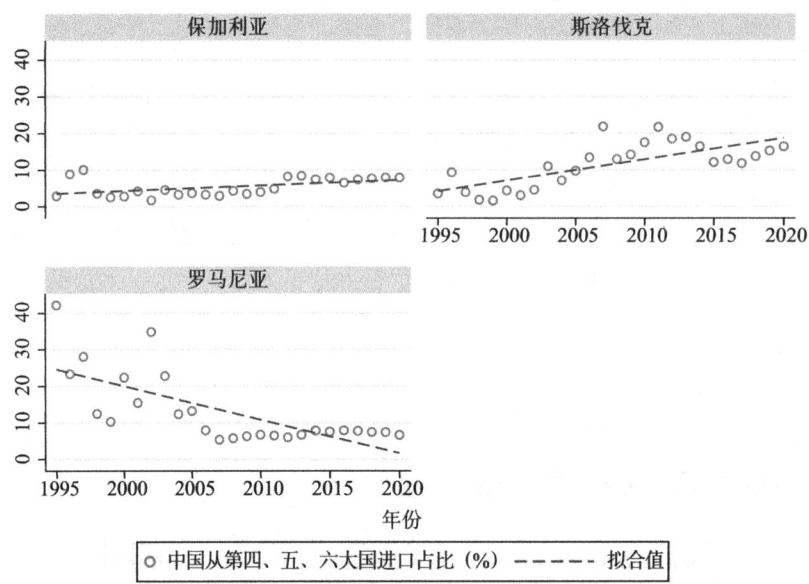

图 3.44　中国从中东欧最四、五、六大国进口占比差异

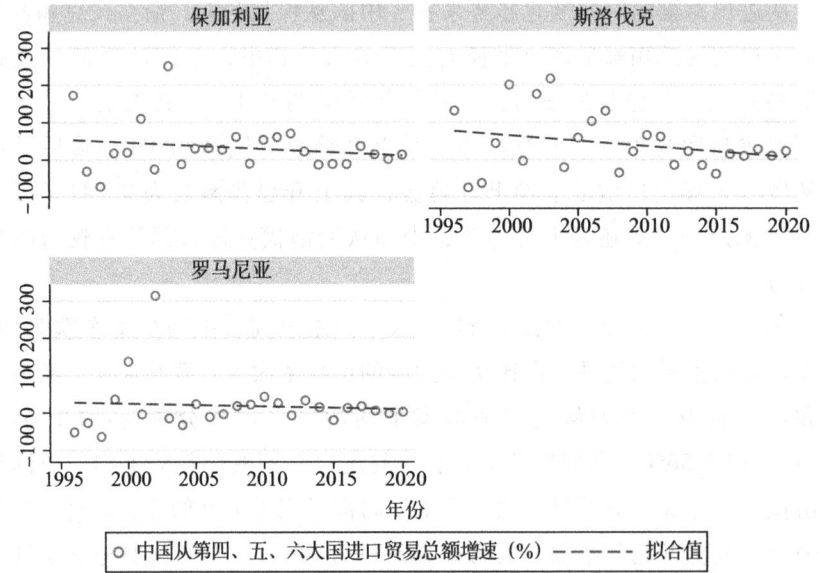

图 3.45　中国从中东欧最四、五、六大国进口总额增速差异

平均而言，中国从中东欧第四、五和六大国进口总额增速从高到低的位次依次为：斯洛伐克、保加利亚和罗马尼亚。中国从这三个国家进口总

额增速的均值分别为：41.91%、32.02% 和 18.49%。可以看出，中国从斯洛伐克进口贸易不仅总额最多，其进口总额的增速还最高，突出了斯洛伐克在中国从中东欧第四、五、六大国进口中的地位。

从进口总额增速的变化趋势来看，中国从保加利亚、斯洛伐克和罗马尼亚进口总额增速无一例外地显示出下降的趋势。其中，中国从斯洛伐克进口总额增速的下降趋势最明显，下降趋势系数为 -2.921。其次是中国从保加利亚进口总额增速的下降趋势，其系数为 -1.734。最后的是中国从罗马尼亚进口总额增速的下降趋势，其系数为 -0.747。从中可以看出，虽然中国从斯洛伐克平均进口总额及其增速具有领先优势，但是进口总额增速的下降趋势非常明显。

在进口占比增速方面，如图 3.46 所示，中国从中东欧第四、五和六大国进口占比的平均增速从高到低的位次依次为：斯洛伐克、保加利亚和罗马尼亚。中国从这三个国家进口占比平均增速分别为 19.14%、16.05% 和 -0.26%。可以看出，进口占比平均增速的位次分布与进口总额平均增速一样，进一步突出了斯洛伐克在中国从中东欧第四、五、六大国中进口的重要性。

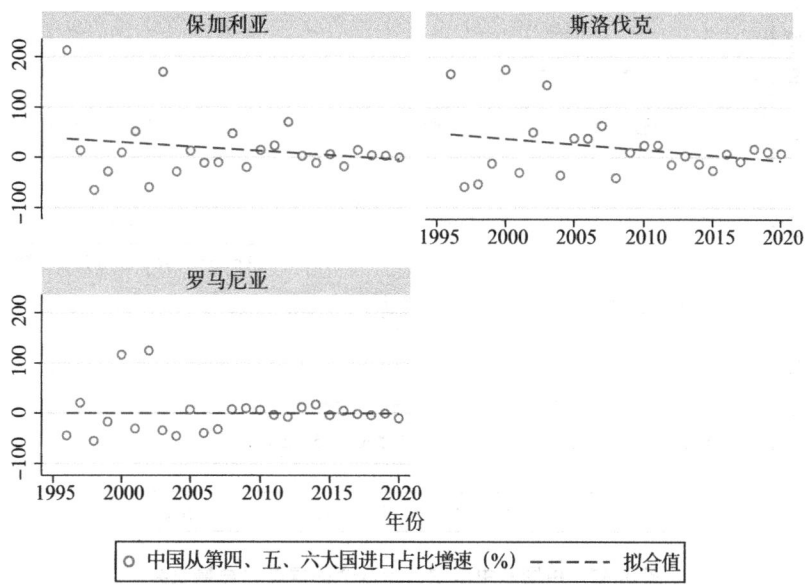

图 3.46　中国从中东欧最四、五、六大国进口占比增速差异

从进口占比增速的变化趋势来看，与中国从中东欧第四、五和六大国

进口总额增速的变化趋势以及下降幅度的位次类似，中国从中东欧第四、五和六大国进口占比增速也呈现出下降的趋势。其中，中国从斯洛伐克进口占比增速的下降趋势最为明显，下降趋势系数为 -2.185。紧随其后的是中国从保加利亚进口占比增速的下降趋势，其下降趋势系数为 -1.696。下降趋势系数最低的是中国从罗马尼亚进口占比增速，为 -0.020。

综述所述，中国从保加利亚、斯洛伐克和罗马尼亚进口贸易总额增速和进口占比增速都呈明显的下降趋势。无论是总额及其上升趋势和增速，还是占比及其上升趋势和增速，中国从斯洛伐克进口都具有最明显的优势。然而，中国从斯洛伐克进口总额和进口占比增速的下降趋势最为明显。因此，在扩展中国与斯洛伐克、保加利亚和罗马尼亚的进口贸易潜力时，还需警惕进口总额增速和进口占比增速的下降趋势。

3）中国与中东欧其余八国的差异

中国从中东欧其余八个国家在进口方面的差异，依旧可以从进口总额、进口占比以及前两者的增速等三个方面来展开分析。

图 3.47 显示的是进口总额方面的差异。

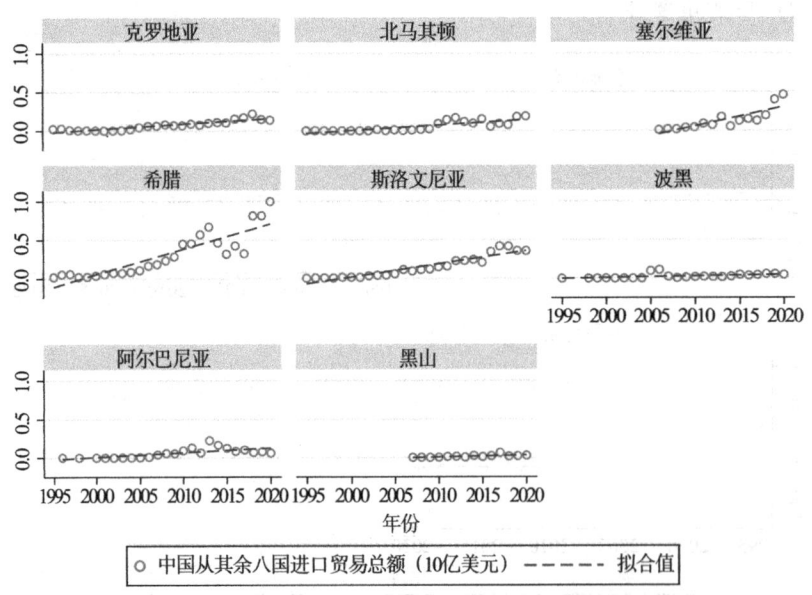

图 3.47　中国从中东欧其余八个国家进口总额差异

在 1995—2020 年，从均值来看，中国从中东欧其余八个国家进口贸易总额均值的位次由高到低依次为：希腊、斯洛文尼亚、塞尔维亚、克罗地亚、北马其顿、阿尔巴尼亚、波黑、黑山。中国从这八个国家进口的平均贸易总额分别为：3.00亿美元、1.48亿美元、1.31亿美元、0.70亿美元、0.56亿美元、0.52亿美元、0.24亿美元、0.15亿美元。从中可以看出，中国从希腊进口的平均贸易总额最多，是从排在第二位的斯洛文尼亚进口总额的2.03倍，是从排在第三位的塞尔维亚进口总额的2.29倍，是从排在第八位的黑山进口总额的20倍。在中东欧其余八个进口来源国家中，需要重点关注希腊。

从进口总额的变化趋势来看，中国从中东欧其余八国进口贸易总额无一例外地呈现上升势头。其中，中国从希腊进口贸易总额的上升势头最强，上升趋势系数为0.033。排在第二位的是中国从塞尔维亚进口贸易总额的上升趋势，其上升趋势系数为0.025。排在第三位的是中国从斯洛文尼亚进口贸易总额上升趋势，其上升趋势系数为0.017。排在第四位的是中国从北马其顿进口贸易总额上升趋势，其上升趋势系数为0.0071。紧随其后的是中国从克罗地亚进口贸易总额上升趋势，其上升趋势系数是0.0070。排在第六位的是中国从阿尔巴尼亚进口贸易总额的上升趋势，其上升趋势系数为0.0057。排在第七位的是中国从黑山进口贸易总额上升趋势，其上升趋势系数为0.0025。最后一位是中国从波黑进口贸易总额上升趋势，其上升趋势系数为0.0020。由此可以看出，中国从希腊的进口贸易不但在总额上有优势，而且其进口总额上升趋势也最明显。

在进口占比上，按照样本期间的均值作为测度标准，如图3.48所示，中国从中东欧八个国家平均的进口额占比从高到低的位次与平均进口总额的位次一样，依次为：希腊、斯洛文尼亚、塞尔维亚、克罗地亚、北马其顿、阿尔巴尼亚、波黑、黑山。中国从这八个中东欧国家进口额的平均占比分别为：6.01%、2.53%、1.13%、1.61%、0.60%、0.56%、0.47%和0.13%。其中，中国从希腊进口额占比的均值是从斯洛文尼亚进口额占比均值的2.38倍，是从塞尔维亚进口占比均值的5.32倍，是从黑山进口额占比均值的46.23倍。进一步体现出希腊在中国从中东欧八个国家进口额中的主导地位。

从进口额占比来看，除了中国从克罗地亚和希腊进口占比呈现下降趋势之外，中国从其余六个国家进口额占比都呈现出不同幅度的上升势头。中国从希腊进口额占比的下降趋势高出从克罗地亚进口额占比下降趋势0.097个百分点，下降趋势系数的绝对值分别为0.188和0.091。在中国

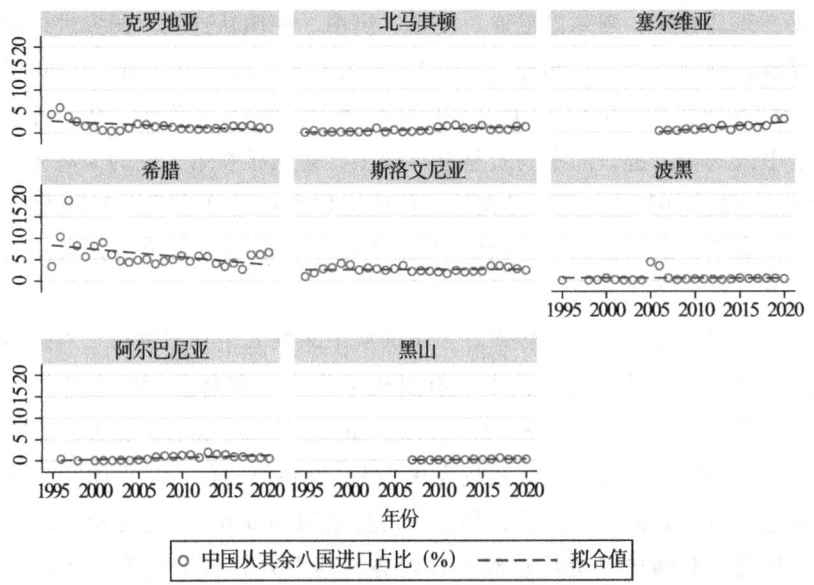

图 3.48 中国从中东欧八个国家进口占比差异

从六个国家进口占比的上升趋势中,从塞尔维亚进口占比的上升趋势最为明显,其上升趋势系数为 0.1611。排在第二位的是中国从北马其顿进口占比的上升趋势,其上升趋势系数为 0.0502。排在第三位的是中国从阿尔巴尼亚进口占比的上升趋势,其上升趋势为 0.0455。第四位是中国从黑山进口占比的上升趋势,其上升趋势系数为 0.0176。第五位是中国从波黑进口占比的上升趋势,其上升趋势系数为 0.0040。最后一位是中国从斯洛文尼亚进口占比的上升趋势,其上升趋势仅为 0.0029。

在进口增速方面的差异,依旧可以从进口总额和进口占比两个方面展开分析。在进口总额增速方面,以样本期间的平均增速为测度标准,如图 3.49 所示①,中国从中东欧八个国家进口总额的平均增速由高到低的位次依次为:波黑、北马其顿、阿尔巴尼亚、黑山、塞尔维亚、希腊、斯洛文尼亚和克罗地亚。中国从这八个国家进口总额的平均增速分别为:710.48%、419.09%、388.82%、87.36%、50.45%、25.44%、23.08% 和 15.74%。其中,中国从波黑、北马其顿和阿尔巴尼亚等三国进口总额平均增速都在 300% 以上。这与中国从这三个国家进口总额少有关系,也

---

① 图 3.88 和图 3.89 同样都删除了出口总额增速和出口占比增速超过 100% 的观察值。

说明这三个国家的进口贸易潜力有待挖掘。

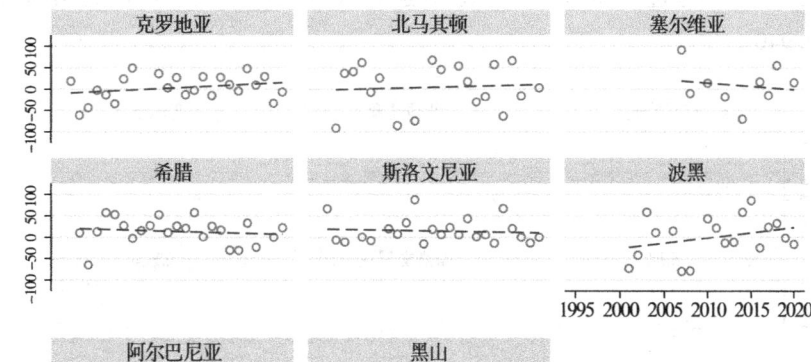

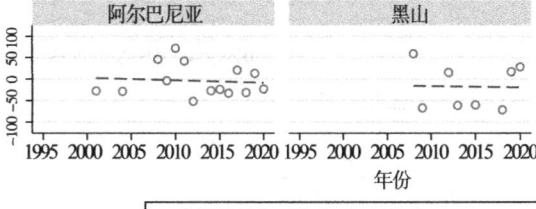

图 3.49　中国从中东欧八个国家进口总额增速差异

从进口总额增速的变化趋势来看，中国从塞尔维亚、希腊、斯洛文尼亚、阿尔巴尼亚和黑山等国家进口总额增速呈现下降趋势。其中，中国从塞尔维亚进口总额增速的下降趋势最明显，下降趋势系数为 -1.564。其次是中国从斯洛文尼亚进口总额增速的下降趋势，其下降趋势系数为 -0.364。最低为中国从黑山进口总额增速的下降趋势，其下降趋势系数为 -0.306。然而，中国从克罗地亚、北马其顿和波黑等三国进口总额的增速总体呈现上升态势。其中，中国从波黑进口总额增速的上升趋势最为明显，其上升趋势系数高达 3.545。其次是中国从克罗地亚进口总额增速的上升趋势，其上升趋势系数为 1.007。最后是中国从北马其顿进口总额增速的上升趋势，其上升趋势系数为 0.508。

在进口占比增速方面，如图 3.50 所示。中国从斯洛文尼亚和希腊进口额占比增速呈现明显下降的态势，其上升趋势系数分别为 -1.185 和 -0.386。中国从塞尔维亚、黑山与阿尔巴尼亚等国进口额占比增速的变化趋势不明显。然而，中国从克罗地亚、北马其顿以及波黑等三国进口额占比增速呈现出幅度不同的上升趋势。其中，中国从波黑进口额占比增速的上升趋势最明显，其上升趋势系数高达 4.293。其次是中国从克罗地亚的进口贸易额占比增速的上升趋势,其上升趋势系数为 1.043。最低是中国从北马其顿的进口贸易额占比增速的上升趋势,其上升趋势系数为 0.940。

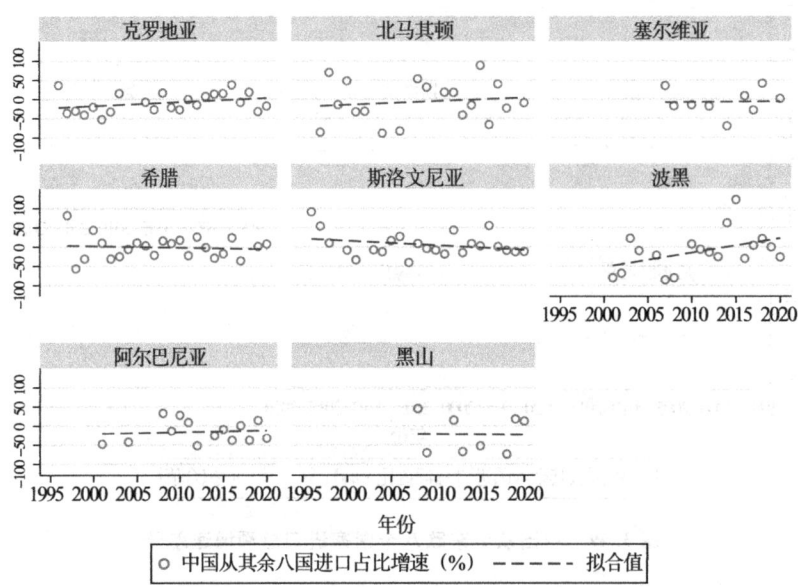

图 3.50　中国从中东欧八个国家进口占比增速差异

综上所述,样本期间,中国从中东欧八国进口总额都上升趋势。中国从希腊的进口贸易不但在总额上有优势,而且其进口总额上升趋势也最明显。在进口占比方面,除了中国从克罗地亚和希腊进口额占比呈现下降趋势之外,中国从其余六个国家进口占比都呈现出不同幅度的上升势头。因此,在继续扩大从希腊、斯洛文尼亚、塞尔维亚、克罗地亚、北马其顿、阿尔巴尼亚、波黑和黑山等国进口规模的同时,还需要进一步挖掘从波黑、北马其顿和阿尔巴尼亚等三国的进口潜力。同时,还需要警惕从希腊进口占比明显下降趋势的问题。

3.2.3　中国从中东欧国家进口不同类型产品的现状

(1) 按照 Basu (2011) 的产品技术分类

1) 六种不同类型产品的进口贸易总额与增长率

表 3.12 简单描述了六种不同类型产品的进口总额及其平均增长率情况。总体来看,对于六种不同技术和技能含量的产品,中国与中东欧国家

的进口贸易额均值为 9.69 亿美元。其中，中技能和技术密集型制成品的进口额均值最高，高达 27.9 亿美元。其次是非燃料初级产品的进口额，其均值为 13.6 亿美元。第三是高技能和技术密集型制成品的进口额，其均值为 9 亿美元。第四是资源密集型产品的进口额，其均值为 3.8 亿美元。第五位是低技能和技术密集型制成品的进口额，其均值为 3.6 亿美元。第六是矿物燃料的进口额，其均值为 0.3 亿美元。从中可以看出，在 1995—2020 年，中国从中东欧国家进口最多的是中技能和技术密集型制成品，其均值是排在第二位的非燃料初级产品的 2.05 倍，是排在第三位的高技能和技术密集型制成品的 3.1 倍。从这一点可以得到启示，中国需要进一步扩大从中东欧国家进口中技能和技术密集型制成品的总额，以提高进口贸易额。

表 3.12　六类产品的进口贸易总额与平均增速（增长率）

单位：10 亿美元，%

年份	非燃料初级产品	资源密集型产品	低技能和技术密集型制成品	中技能和技术密集型制成品	高技能和技术密集型制成品	矿物燃料
1995	0.05	0.02	0.11	0.3	0.15	0
1996	0.03	0.02	0.12	0.21	0.16	0
1997	0.04	0.02	0.04	0.1	0.13	0
1998	0.08	0.02	0.02	0.09	0.05	0
1999	0.16	0.03	0.02	0.15	0.08	0
2000	0.17	0.03	0.02	0.15	0.11	0
2001	0.19	0.04	0.05	0.24	0.14	0.01
2002	0.19	0.05	0.2	0.36	0.41	0.01
2003	0.23	0.1	0.45	0.49	0.31	0.01
2004	0.32	0.11	0.4	0.73	0.38	0.01
2005	0.56	0.14	0.31	0.75	0.48	0.01
2006	0.89	0.16	0.12	1.53	0.56	0.06
2007	0.89	0.22	0.16	2.55	0.84	0.02
2008	1.15	0.32	0.23	2.51	0.84	0.03
2009	1.3	0.29	0.3	2.79	0.96	0.03
2010	1.65	0.36	0.5	3.68	1.26	0.02

续表

年份	非燃料初级产品	资源密集型产品	低技能和技术密集型制成品	中技能和技术密集型制成品	高技能和技术密集型制成品	矿物燃料
2011	2.36	0.51	0.64	5.03	1.31	0.02
2012	2.5	0.59	0.63	4.78	1.29	0.03
2013	3.32	0.66	0.59	5.69	1.31	0.02
2014	2.99	0.72	0.68	5.58	1.44	0.04
2015	2.47	0.75	0.62	4.31	1.38	0.03
2016	2.1	0.75	0.53	5.23	1.53	0.05
2017	2.52	0.92	0.59	6.11	1.91	0.05
2018	2.7	1.06	0.54	6.47	2.02	0.08
2019	3.23	1	0.66	5.68	2.09	0.08
2020	3.31	1.09	0.74	6.96	2.28	0.06
均值	1.36	0.38	0.36	2.79	0.90	0.03
平均增速	22.86	19.5	23.79	18.53	17.73	37.18

从进口贸易额的增长率来看，中国与十四个中东欧国家关于六种不同产品的进口额都呈现出增长的趋势，总样本进口额的平均增长率为23.26%。其中，中国与中东欧关于矿物燃料的进口额增长率排在首位，平均增长率为37.18%。其次是低技能和技术密集型制成品的进口额增长率，其均值为23.79%。第三是非燃料初级产品的进口额增长率，其均值为22.86%。第四是资源密集型产品的进口额增长率，其均值为19.5%。第五是中技能和技术密集型制成品的进口额增长率，其均值为18.53%。最后是高技能和技术密集型制成品的进口额增长率，其均值为17.73%。从中可以看出，中国与中东欧国家在中技能和技术密集型制成品上的进口总额虽然居于六类不同产品的首位，但是进口总额的平均增速偏低。进口额排在第二位的非燃料初级产品的进口额增长率居第三位，需要继续扩大非燃料初级产品的进口。

为了进一步细化六大类产品进口额及其增长率的时间变化趋势，本小节还逐一对此进行图形刻画，如图3.51、图3.52所示。

从图3.51可以发现：中国与十四个中东欧国家在六种不同技术和技能含量的产品上，其进口额都呈非常明显的上升趋势，且其上升趋势依不

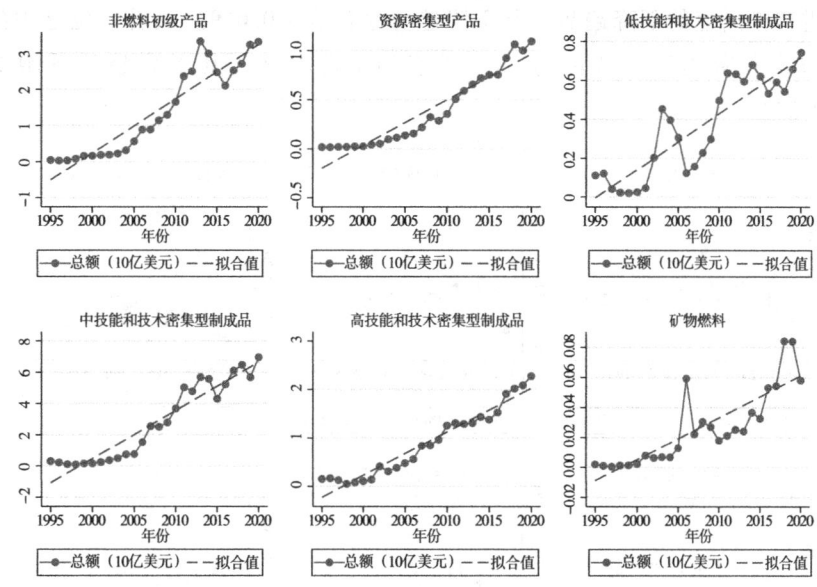

图 3.51　六大类产品的进口贸易总额演化趋势

同技术和技能含量产品存在显著差异。从上升趋势系数来看，中技能和技术密集型制成品进口总额的上升趋势最明显，其上升趋势系数高达 0.309。紧随其后的是非燃料初级产品进口总额的上升趋势，其上升趋势系数为 0.150。排在第三位的是高技能和技术密集型制成品进口总额的上升趋势，其上升趋势系数为 0.090。排在第四位的是资源密集型产品的进口总额上升趋势，其上升趋势系数为 0.047。排在第五位的是低技能和技术密集型制成品的进口总额上升趋势，其上升趋势系数为 0.029。排在第六位的是矿物燃料进口总额的上升趋势，其上升趋势系数为 0.003。

再来看六种不同技术和技能含量产品的进口额增速的变化趋势。从图 3.52 可以看出，中国与十四个中东欧国家在六种不同技术和技能含量产品的进口额增速都呈现出非常明显的下降趋势，且其下降趋势依不同技术和技能含量产品存在显著差异。从下降趋势系数来看，矿物燃料进口额增速的下降趋势最明显，其下降趋势系数为 -2.186。紧随其后的是非燃料初级产品的进口额增速的下降趋势，其下降趋势系数为 -1.560。排在第三位的是低技能和技术密集型制成品进口额增速的下降趋势，其下降趋势系数为 -1.226。排在第四位的是高技能和技术密集型制成品进口额增速的下降趋势，其下降趋势系数为 -0.710。排在第五位的是资源密集型产品进口额增速的下降趋势,其下降趋势系数为 -0.619。最后一位是中技能和技术密集型制成品进口额增速的下降趋势,其下降趋势系数为 -0.253。

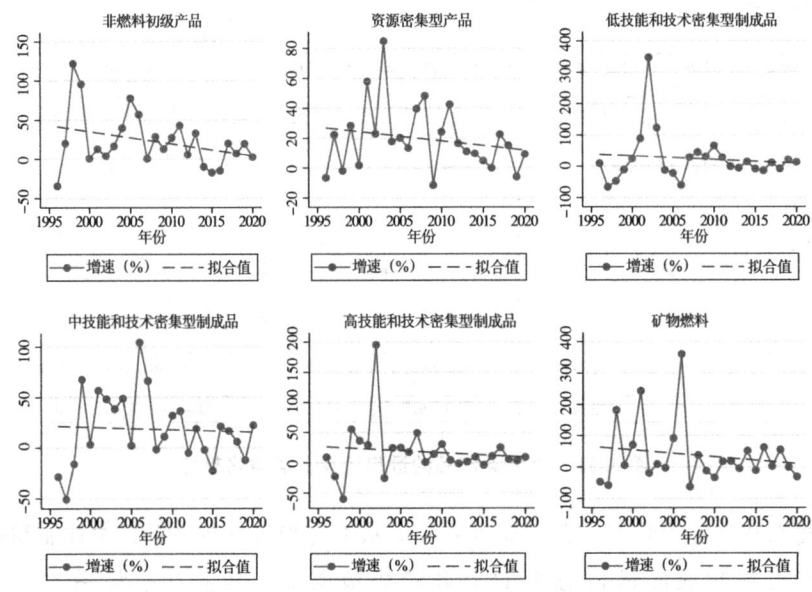

图 3.52 六大类产品的进口总额增速演化趋势

综上所述,在六种不同技术和技能含量产品的进口贸易中,无论进口总额及其上升趋势,还是进口贸易增速及其下降趋势,中国与十四个中东欧国家在中技能和技术密集型制成品上的进口总额最大,进口总额的上升趋势最明显,进口总额增速的下降趋势最为平缓。因此,中国在发展与中东欧国家双边贸易关系时,需要继续扩大在中技能和技术密集型制成品上的进口规模,并且警惕其增速的下降趋势。

2)六种不同类型产品的进口占比与增长率

表 3.13 简单描述了六种不同类型产品的进口额占比[①]及其平均增长率情况。总体来看,六种不同技术和技能含量产品的进口额占比的均值为 16.67%,标准差为 15.16%。其中,中技能和技术密集型制成品的双边贸易额占比均值最高,占比四成有余,达到 43.09%。其次是非燃料初级

---

① 本小节的进口占比指的是中国从十四个中东欧国家进口六类产品的某一类产品的贸易额占同期中国从十四个中东欧国家进口所有六类产品的贸易额的比重。

产品的双边贸易额占比，其均值为22.38%。第三是高技能和技术密集型制成品的双边贸易额占比，其均值为19.04%。第四是低技能和技术密集型制成品的双边贸易额占比，其均值为9.00%。第五位是资源密集型产品的双边贸易额占比，其均值为6.00%。最后一位是矿物燃料的双边贸易额占比，其均值为0.48%。与不同类型产品的进口总额的差异基本类似，在1995—2020年，中国与中东欧国家的进口贸易额占比最高的是中技能和技术密集型制成品，其均值是排在第二位的非燃料初级产品的1.93倍，也是排在第三位的高技能和技术密集型制成品的2.26倍。

表3.13　　　　六类产品的进口贸易占比与平均增速（增长率）　　　　单位:%

年份	非燃料初级产品	资源密集型产品	低技能和技术密集型制成品	中技能和技术密集型制成品	高技能和技术密集型制成品	矿物燃料
1995	7.61	2.95	17.54	47.63	23.96	0.32
1996	5.73	3.16	22	38.99	29.92	0.19
1997	11.37	6.37	12.38	31.6	38.14	0.13
1998	31.45	7.78	8.14	33.09	19.06	0.47
1999	37.43	6.07	4.41	33.74	18.04	0.3
2000	34.5	5.65	5.02	31.88	22.48	0.48
2001	28.26	6.45	6.86	36.2	21.04	1.18
2002	15.91	4.29	16.61	29.06	33.61	0.52
2003	14.35	6.13	28.62	31.12	19.35	0.44
2004	16.28	5.87	20.3	37.64	19.56	0.34
2005	25.08	6.12	13.65	33.39	21.19	0.57
2006	26.69	4.71	3.69	46.24	16.88	1.79
2007	19.03	4.67	3.36	54.57	17.9	0.47
2008	22.53	6.36	4.5	49.4	16.61	0.6
2009	22.88	5.06	5.28	49.27	17.03	0.48
2010	22.11	4.76	6.66	49.38	16.85	0.24
2011	23.91	5.13	6.47	51	13.28	0.22
2012	25.45	6.02	6.44	48.69	13.15	0.26
2013	28.65	5.66	5.13	49.06	11.29	0.21
2014	26.12	6.3	5.95	48.76	12.56	0.32

续表

年份	非燃料初级产品	资源密集型产品	低技能和技术密集型制成品	中技能和技术密集型制成品	高技能和技术密集型制成品	矿物燃料
2015	25.82	7.88	6.49	45.06	14.41	0.34
2016	20.61	7.39	5.22	51.27	14.98	0.52
2017	20.84	7.63	4.88	50.42	15.78	0.45
2018	20.97	8.25	4.22	50.23	15.68	0.65
2019	25.34	7.85	5.17	44.59	16.39	0.66
2020	22.93	7.57	5.15	48.18	15.77	0.4
均值	22.38	6.00	9.00	43.09	19.04	0.48
平均增速	10.47	6.55	3.37	0.86	0.84	20.65

由此可见，中技能和技术密集型制成品在中国从十四个中东欧国家进口额中的占比举足轻重。而进口额总额与占比分别位于第二和第三的非燃料初级产品和高技能和技术密集型制成品，依旧是中国在发展与中东欧国家进口贸易关系时需要重点关注的议题。

从进口额占比的增长率来看，中国与十四个中东欧国家关于六类不同产品的进口额占比都呈现出增长的趋势，平均增长率为7.12%。其中，中国从中东欧进口矿物燃料的贸易额占比增长率排在首位，平均增长率为20.65%。其次是非燃料初级产品的进口额占比增长率，其均值为10.47%。第三是资源密集型产品的进口额占比增长率，其均值为6.55%。第四是低技能和技术密集型制成品的进口额占比增长率，其均值为3.37%。第五是中技能和技术密集型制成品的进口额占比增长率，其均值为0.86%。最后是高技能和技术密集型制成品的进口额占比增长率，其均值为0.84%。从中可以看出，在进口额占比及其增长率方面，虽然中国与中东欧国家在中技能和技术密集型制成品的进口额占比上占据优势，但是其进口额占比增速仅高于高技能和技术密集型制成品。对于非燃料初级产品来说，其进口额占比及其增速都排在第二位。而对于进口额占比排在第三位的高技能和技术密集型制成品来说，其进口贸易额占比增速最低。因此，中国在发展与十四个中东欧国家的进口贸易关系时，需要重点关注在高技能和技术密集型制成品、非燃料初级产品和中技能和技术密集型产品的进口。

为了进一步细化六大类产品进口额占比及其增长率的时间变化趋势，本小节还逐一对此进行图形刻画，如图 3.53 和图 3.54 所示。

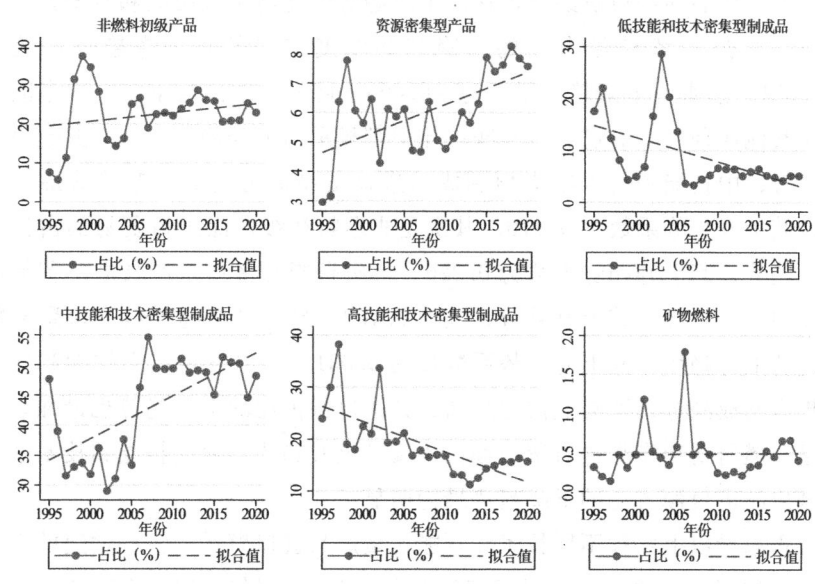

图 3.53　六大类产品的进口贸易占比演化趋势

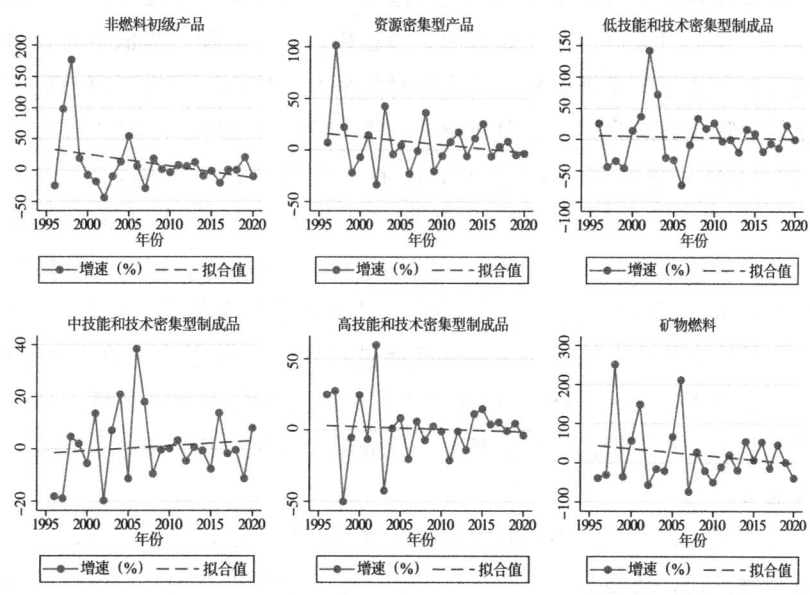

图 3.54　六大类产品的进口额占比增速演化趋势

从图 3.53 可以发现：中国与十四个中东欧国家在低、高技能和技术密集型制成品的进口贸易额占比上呈现出明显的下降趋势。高技能和技术密集型制成品的进口贸易额占比的下降趋势幅度高于低技能和技术密集型制成品的进口贸易额占比的下降趋势幅度，前者的下降趋势系数为 -0.581，后者的下降趋势系数为 -0.464。此外，中国与十四个中东欧国家在其他四种产品的进口贸易额占比上都显示出上升趋势。从上升趋势系数来看，中技能和技术密集型制成品进口贸易额占比的上升趋势最为明显，其上升趋势系数为 0.710。其次是非燃料初级产品进口贸易额占比的上升趋势，其上升趋势系数为 0.226。再次是资源密集型产品进口贸易额占比的上升趋势，其上升趋势系数为 0.109。最后是矿物燃料进口贸易额占比的上升趋势，其上升趋势系数仅为 0.001。可以发现，中技能和技术密集型制成品进口贸易额占比最高，其进口额占比的上升趋势也最强。其次是非燃料初级产品进口贸易额占比及其上升趋势。而高技能和技术密集型制成品进口额占比的下降趋势最为明显。

再来看以上六种不同技术和技能含量产品进口贸易额占比增速的变化趋势，如图 3.54 所示。从图 3.54 可以看出，中国与十四个中东欧国家除了在中技能和技术密集型制成品上的进口占比增速呈上升趋势之外，在其余五种产品上的进口占比增速都为下降趋势，且其下降趋势依不同技术和技能含量产品存在显著差异。从下降趋势来看，矿物燃料进口贸易额占比增速的下降趋势最为明显，其下降趋势系数为 -1.875。紧随其后的是非燃料初级产品进口贸易额占比增速的下降趋势，其下降趋势系数为 -1.851。排在第三位的是资源密集型产品进口贸易额占比增速的下降趋势，其下降趋势系数为 -0.764。排在第四位的是低技能和技术密集型制成品进口贸易额占比增速的下降趋势，其下降趋势系数为 -0.209。排在第五位的是高技能和技术密集型制成品进口贸易额占比增速的下降趋势，其下降趋势系数为 -0.180。由此可见，中技能和技术密集型制成品的进口贸易额占比不但最高，而且其上升趋势最为明显，其增速的上升趋势也最为显著。

综上所述，在六种不同技术和技能含量产品的进口贸易额中，无论进口贸易额占比，还是其上升趋势，中国与十四个中东欧国家在中技能和技术密集型制成品上的进口贸易额占比最高，上升趋势最为明显，其进口贸易额占比增速的上升趋势也最显著。

总而言之，按照 Basu（2011）的产品分类方法，中国在发展与中东欧国家双边贸易关系时，在继续扩大在中技能和技术密集型制成品上的进口贸易额的同时，警惕其进口贸易总额增速的下降趋势。此外，还需要重点关注非燃料初级产品和高技能和技术密集型制成品的进口贸易。

（2）BEC Rev.4 的产品分类

1）三种不同类型产品的进口贸易总额与增长率

表 3.14 显示了 BEC Rev.4 产品分类法下三种不同类型产品的进口贸易总额及其平均增长率情况。总体来看，对于这三种不同类型的产品，中国与中东欧国家样本期间的进口贸易额均值都在 3 亿美元以上，样本期间进口贸易额的均值为 11.43 亿美元。其中，中间产品的进口贸易额均值最高，高达 26.3 亿美元。其次是资本品的进口贸易额，其均值为 4.7 亿美元。最后是最终产品的进口贸易额，其均值为 3.3 亿美元。从中可以看出，在 1995—2020 年，中国从十四个中东欧国家进口最多的产品是中间产品，其均值为资本品进口总额均值的 5.60 倍，是最终产品进口总额均值的 7.97 倍。从这一点可以看出，在当前国际生产分工日益细化的全球化背景下，中国从十四个中东欧国家进口的对象依旧是中间产品，符合国际发展的大趋势。因此，中国需要进一步发展与中东欧国家的中间产品进口贸易，以提高进口贸易额。

表 3.14　BEC Rev.4 下三类产品的进口贸易额与平均增速（增长率）

单位：10 亿美元，%

年份	资本品	中间产品	最终产品
1995	0.06	0.29	0.01
1996	0.04	0.25	0.01
1997	0.01	0.18	0.01
1998	0.02	0.15	0.02
1999	0.03	0.25	0.01
2000	0.03	0.27	0.02
2001	0.06	0.36	0.03
2002	0.1	0.47	0.04
2003	0.08	0.72	0.04
2004	0.28	0.97	0.06
2005	0.21	1.12	0.08

续表

年份	资本品	中间产品	最终产品
2006	0.21	1.76	0.15
2007	0.27	2.19	0.13
2008	0.43	2.7	0.19
2009	0.43	3.05	0.17
2010	0.79	3.74	0.23
2011	0.77	4.7	0.37
2012	0.72	4.76	0.45
2013	0.83	5.25	0.66
2014	0.96	5.06	0.64
2015	0.73	4.2	0.78
2016	0.69	3.91	0.77
2017	1.09	4.96	0.85
2018	1.19	5.2	0.98
2019	0.99	5.57	0.95
2020	1.11	6.23	1.04
均值	0.47	2.63	0.33
平均增速	23.70	15.50	24.82

从进口贸易额的增长率来看，中国与十四个中东欧国家关于三种不同产品的进口贸易都呈现出增长的趋势，平均增速都在15%以上。其中，与进口贸易额的均值不同，虽然最终产品的进口贸易额均值最低，但是其平均增速最高，高达24.82%，是资本品进口贸易总额平均增速的1.05倍，是中间产品进口贸易总额平均增速的1.60倍。其次是资本品，其进口贸易额平均增速高达23.70%。最后是中间产品，其进口贸易额平均增速为15.50%。可以看出，中国从十四个中东欧国家进口总额最多的中间产品，其进口总额的平均增速最低。而进口总额最低的最终产品，其进口贸易总额的平均增速最高。

为了进一步细化三大类产品进口贸易额及其增速的时间变化趋势，本小节还逐一对此进行图形刻画，如图3.55和图3.56所示。从图3.55可以看出，中国与十四个中东欧国家在资本品、中间品和最终品的进口贸易总额上都呈现出非常明显的上升趋势。

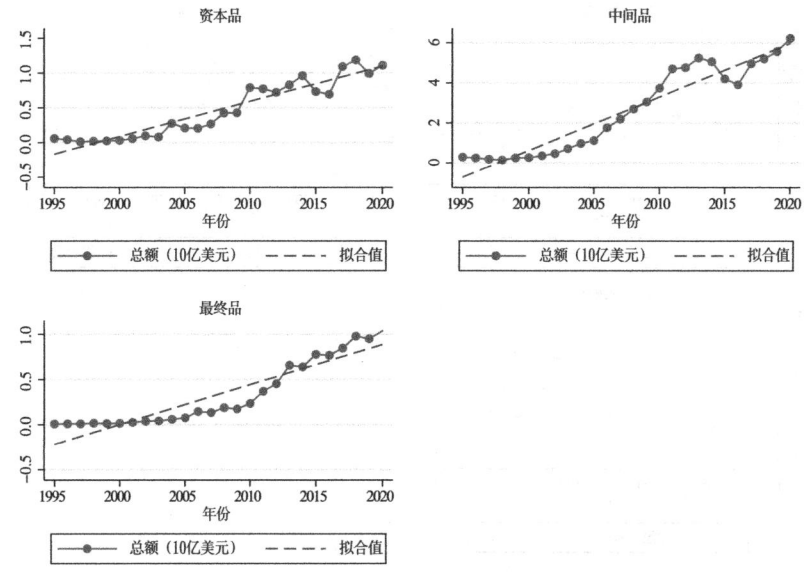

图 3.55　BEC Rev. 4 下三大类产品上的进口贸易总额演化趋势

从波动幅度来看，中间品进口贸易总额变化的波动幅度最高，标准差为 21.43 亿美元。其次是资本品进口贸易总额变化的波动幅度，标准差为 4.09 亿美元。最后是最终产品进口贸易波动幅度，其标准差为 3.64 亿美元。从上升趋势来看，中间品进口贸易总额的增长趋势最明显，上升趋势系数高达 0.268。其次是资本品进口贸易总额的增长趋势，上升趋势系数为 0.051。最后是最终产品进口贸易总额的增长趋势，上升趋势系数为 0.044。

从中可以发现，无论是从上升趋势还是变化波动幅度来看，中间品和资本品依旧体现出了较大的波动幅度和上升趋势，依旧是中国从十四个中东欧国家进口的主要产品，其次是最终产品。因此，在扩大中国从十四个中东欧国家进口最终产品的同时，还需要继续保持和发展中国与十四个中东欧国家在中间产品和资本品，尤其是中间产品上的进口贸易关系，为高质量发展我国经济提供中间品和资本品支撑。

再来看三种不同类型产品的进口贸易额增速的变化趋势，如图 3.56 所示。从图 3.56 可以看出，中国与十四个中东欧国家在三种不同类型产品的进口贸易额增速也都呈现出比较明显的下降趋势，且其下降趋势也存在显著的差异。从波动幅度来看，资本品进口贸易总额增速的波动幅度

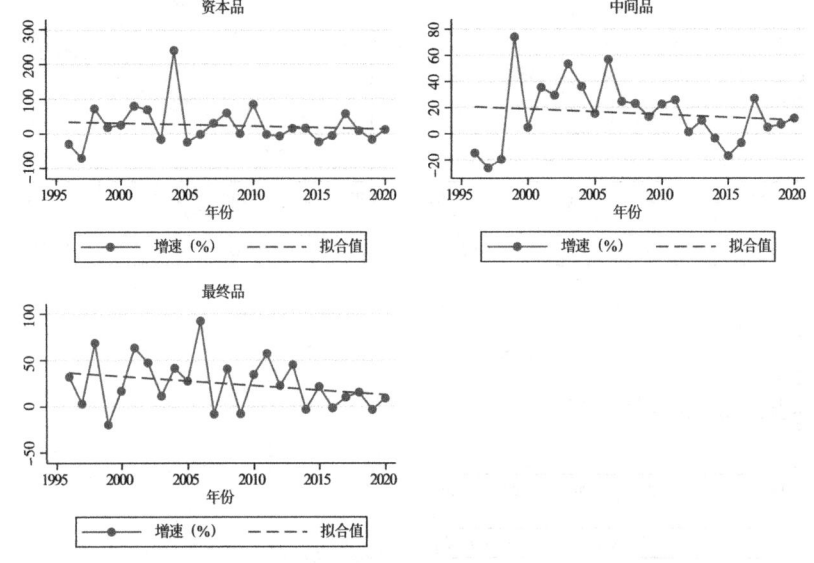

图 3.56　BEC Rev. 4 下三大类产品进口贸易总额增速的演化趋势

最大,标准差高达 59.06%,最高达到 239.33%,最低也到 -69.93%。其次是最终产品进口贸易总额增速的波动幅度,其标准差为 27.55%。最后是中间产品进口贸易总额增速的波动幅度,其标准差为 24.47%。从下降趋势系数来看,最终产品进口贸易额增速的下降趋势最明显,其下降趋势系数为 -0.981。其次是资本品进口贸易额增速的下降趋势,其下降趋势系数为 -0.854。最后是中间产品进口贸易额增速的下降趋势,其下降趋势系数为 -0.424。

由此可见,资本品进口贸易总额增速的波动幅度最大,最终产品进口贸易额增速的下降趋势最明显。中间产品与最终产品进口贸易总额增速之间的波动幅度相差不大,其下降趋势也相对较小。因此,中国在发展与十四个中东欧国家关于资本品进口贸易关系时,仍需警惕资本品进口贸易总额增速的下降趋势。

综上所述,在三种不同类型产品的进口贸易中,论其进口贸易总额、上升趋势以及上升变动的波动幅度,中国与十四个中东欧国家在中间产品上的表现最为明显。最终产品虽然在进口贸易总额上最低,但是总额增长的平均增速最高,总额增速的下降趋势也最明显。因此,中国在发展与中东欧国家进口贸易关系时,不仅需要继续扩大中间产品、资本品以及最终产品进口贸易规模,尤其是中间产品和资本品的进口贸易规模,还需要警惕三种不同类型产品进口贸易增速的下降趋势。

2）三种不同类型产品的进口贸易额占比与增长率

表3.15显示了三种不同类型产品的进口贸易额占比及其平均增长率情况。总体来看，对于这三种类型的产品，中国与中东欧国家大部分年份的进口贸易额占当期中国进口贸易总额的比重都在7%以上，样本期间总样本的进口贸易额占比均值为33.33%，标准差为33.15%。分产品来看，平均而言，中间产品进口贸易额占比最高，其均值为79.49%。其次是资本品进口贸易额占比，其进口贸易额占比均值为13.04%。最低的是最终产品的进口贸易额占比，其均值为7.47%。从中可以看出，在1995—2020年，中国与十四个中东欧国家进口贸易额占比最多的是中间产品，其均值为资本品进口占比均值的6.10倍，是最终产品进口占比均值的10.64倍。从这一点可以看出，在当前国际生产分工日益细化的全球化背景下，中国更加依赖于从十四个中东欧国家进口中间产品，其次是资本品和最终产品。

表3.15 BEC Rev.4下三类产品的进口贸易占比与平均增速（增长率） 单位:%

年份	资本品	中间产品	最终产品
1995	16.42	81.57	2.01
1996	13.89	82.93	3.17
1997	6.1	89.12	4.78
1998	11.68	79.37	8.95
1999	8.68	86.79	4.53
2000	10.15	84.9	4.95
2001	12.91	81.36	5.73
2002	16.11	77.66	6.23
2003	9.67	85.35	4.98
2004	21.04	74.44	4.52
2005	14.84	79.8	5.36
2006	9.71	83.41	6.88
2007	10.3	84.56	5.15
2008	12.86	81.47	5.68

续表

年份	资本品	中间产品	最终产品
2009	11.72	83.51	4.76
2010	16.58	78.5	4.92
2011	13.23	80.47	6.3
2012	12.15	80.23	7.62
2013	12.34	77.9	9.76
2014	14.45	75.97	9.58
2015	12.83	73.57	13.6
2016	12.92	72.8	14.28
2017	15.84	71.89	12.27
2018	16.11	70.6	13.29
2019	13.22	74.14	12.64
2020	13.27	74.34	12.39
均值	13.04	79.49	7.47
平均增速	5.07	-0.22	11.17

从进口贸易额占比的增速来看，中国从十四个中东欧国家进口中间产品的贸易额占比呈现出下降趋势，其余两种产品的进口贸易额占比则为显著的增长趋势。样本期间，总样本的进口贸易额占比的增速均值为5.34%。其中，与进口贸易额占比的均值不同，最终产品的进口贸易额占比均值虽然最低，但是其平均增速最高，数值高达11.17%。其次是资本品，其进口贸易额占比平均增速为5.07%。最后是中间产品，其进口贸易占比平均增速为-0.22%。从中可以看出，中国与中东欧国家在最终产品上的进口贸易占比上保持了较快的增长。中间产品的进口贸易占比均值虽然最高，但是其增速为负增长。

为了进一步细化三大类产品进口贸易占比及其增速的时间变化趋势，本小节还逐一对此进行图形刻画，如图3.57和图3.58所示。从图3.57可以看出，中国与十四个中东欧国家在资本品和最终产品上的进口贸易占比都呈现出强劲的上升态势，在中间产品的进口占比上则体现出下降趋势。从进口贸易额占比变化的波动幅度来看，中间产品进口贸易额占比的波动幅度最高,其标准差为4.933%。最终产品进口贸易额占比次之,其标准差为3.590%。最低的是资本品的上升波动幅度,其标准差为3.042。从进口贸易额占比的上升趋势来看,与进口贸易额占比波动幅度一样,中间产品的进口贸易额占比的下降趋势最明显,其下降趋势系数为-0.479。其次为最终产品的进口贸易额占比的上升趋势系数,其上升趋势系数为0.387,高于资本品进口贸易额占比的上升趋势,后者的上升趋势系数为0.093。

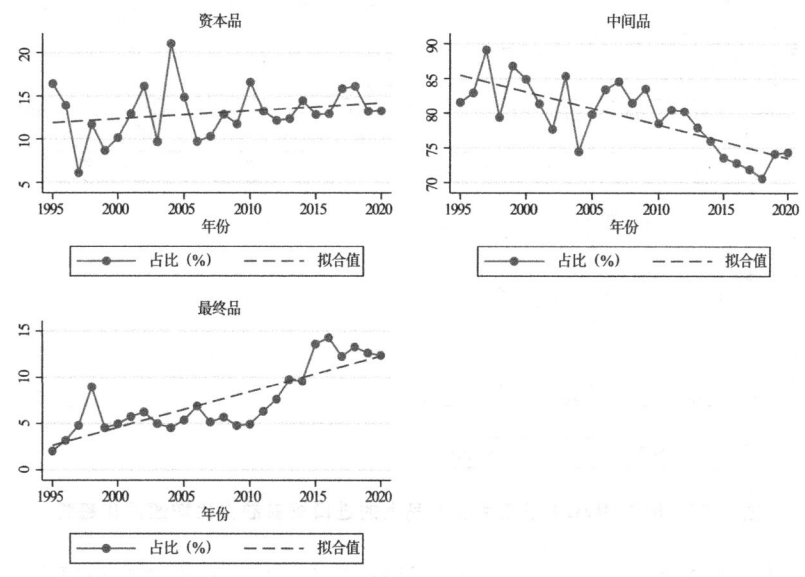

图 3.57　BEC Rev. 4 下三大类产品上的进口贸易额占比演化趋势

由此可见,无论是进口贸易额占比还是进口贸易占比的波动幅度和上升趋势,中间产品都表现出明显的特征,其次为最终产品和资本品的进口占比、进口占比波动幅度和上升趋势。

再来看中国与十四个中东欧国家在资本品、中间产品和最终产品上的进口贸易额占比增速的差异性特征。从图 3.58 可以看出,与进口贸易总额增速一样,三种不同类型产品的进口贸易额占比增速都呈现出显著的下降态势。从波动幅度来看,与进口贸易总额增速一样,资本品的进口贸易额占比增速的波动幅度也最大,标准差高达38.22%,最高值达到117.53%,最低值也低到-56.09%。其次是最终产品进口贸易额占比增速的波动幅度,其标准差为28.83%。最后是中间产品进口贸易额占比增速的波动幅度,其标准差为5.63%。从下降趋势系数来看,与进口贸易额占比增速的波动幅度的位次不一样,最终产品进口贸易额占比增速的下降趋势最为明显,其下降趋势系数为-1.047。其次是资本品进口贸易占比增速的下降趋势,其下降趋势系数为-0.330。最后是中间产品进口贸易占比增速的下降趋势,其下降趋势系数为-0.052。

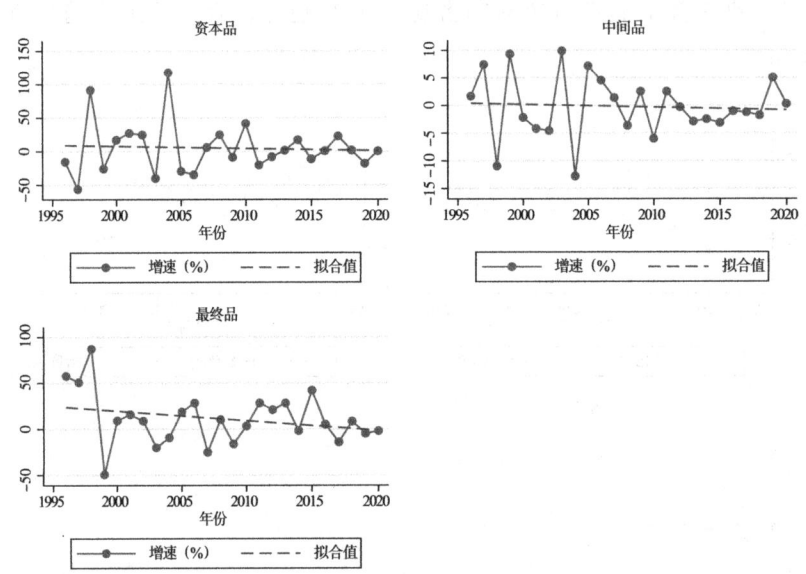

图3.58 BEC Rev.4下三大类产品上的进口贸易额占比增速演化趋势

从图3.58中还可以看出,无论是进口贸易占比增速的波动幅度还是下降趋势,中间产品的波动幅度和下降趋势都最不明显。进口贸易占比增速最高的最终产品,其波动幅度仅次于资本品,但是其下降趋势最为明显。而进口贸易占比增速仅次于最终产品的资本品,其进口贸易额占比增速的波动幅度最明显。以上特征反映出中国与十四个中东欧国家在中间产品进口贸易额关系上的相对稳定性和依赖性。

综上所述,在三种不同类型产品的进口贸易额占比中,无论进口贸易占比的上升趋势及其波动幅度,还是进口贸易占比增速的下降趋势,中国与十四个中东欧国家在中间产品上表现出最显著的特征,中间产品进口贸易额占比及其下降趋势和波动幅度最明显,占比增速的下降趋势及其波动幅度最不明显。进口贸易额占比最低的最终产品,其进口贸易额占比增速的下降趋势都最明显。

总而言之，在 BEC Rev. 4 下的资本品、中间产品和最终产品上，中国与十四个中东欧国家的进口贸易总额最多的是中间产品，然后依次是资本品和最终产品。虽然最终产品的进口贸易总额最低，但是在进口贸易总额增长的平均增速和进口贸易占比增速的下降趋势等方面，表现出最为明显的特征。资本品进口贸易占比增速的波动幅度和下降趋势最低。中国与十四个中东欧国家在中间产品进口贸易方面的关系相对稳定。

（3）Rauch（1999）的产品分类

1）三种不同类型产品的进口贸易总额与增长率

表 3.16 显示了在 Rauch（1999）下"保守"分类法和"自由"分类法下三种不同类型产品的进口贸易总额及其平均增长率情况。从两种分类法下的各自总样本来看，无论是"保守"分类法还是"自由"分类法，中国与中东欧国家在三种不同类型产品方面的进口贸易额均值都在 5000 万美元以上。在"保守"分类法下，差异化产品进口贸易额均值最高，高达 22.9 亿美元，是参考价格产品进口贸易额均值的 14.31 倍，是同质化产品进口贸易额均值的 45.8 倍。其次是参考价格产品，其进口贸易额均值为 1.6 亿美元。最低是同质化产品，其进口贸易额均值为 5000 万美元。与"保守"分类法类似，"自由"分类法下的三种产品进口贸易额均值由高到低的位次依旧为差异化产品、参考价格产品和同质化产品，其进口贸易额均值分别为 22.5 亿美元、1.4 亿美元和 1.1 亿美元。其中，差异化产品进口贸易额均值是参考价格产品进口贸易额均值的 16.07 倍，是同质化产品进口贸易额均值的 20.45 倍。由此可见，中国从十四个中东欧国家进口差异化产品为主。

表 3.16　Rauch（1999）下三类产品的进口贸易额与平均增速（增长率）

单位：10 亿美元,%

年份	"保守"分类法			"自由"分类法		
	同质化产品	参考价格产品	差异化产品	同质化产品	参考价格产品	差异化产品
1995	0.01	0	0.17	0.01	0	0.17
1996	0.01	0	0.14	0.01	0	0.14
1997	0	0	0.06	0	0	0.06
1998	0	0.01	0.05	0	0.01	0.05

续表

年份	"保守"分类法			"自由"分类法		
	同质化产品	参考价格产品	差异化产品	同质化产品	参考价格产品	差异化产品
1999	0.01	0.05	0.11	0.05	0.01	0.11
2000	0	0.02	0.1	0.01	0.01	0.1
2001	0	0.03	0.15	0.02	0.03	0.13
2002	0	0.01	0.24	0	0.02	0.23
2003	0.02	0.02	0.31	0.02	0.03	0.29
2004	0.01	0.03	0.5	0.01	0.04	0.48
2005	0.01	0.04	0.5	0.03	0.04	0.49
2006	0.02	0.05	1.11	0.04	0.05	1.08
2007	0.01	0.14	1.97	0.11	0.07	1.94
2008	0	0.12	2.03	0.08	0.06	2.01
2009	0.01	0.16	2.3	0.12	0.07	2.28
2010	0.01	0.16	3.14	0.12	0.08	3.12
2011	0.1	0.2	4.28	0.24	0.1	4.25
2012	0.14	0.21	4.05	0.27	0.14	4
2013	0.35	0.27	4.78	0.46	0.18	4.75
2014	0.16	0.31	4.57	0.28	0.24	4.52
2015	0.07	0.33	3.49	0.13	0.32	3.44
2016	0.13	0.33	4.39	0.19	0.32	4.34
2017	0.09	0.32	5.28	0.17	0.29	5.23
2018	0.08	0.39	5.3	0.15	0.41	5.21
2019	0.08	0.45	4.79	0.19	0.54	4.59
2020	0.05	0.48	5.7	0.13	0.55	5.55
均值	0.05	0.16	2.29	0.11	0.14	2.25
平均增速	282.14	60.38	21.75	1405.05	34.73	21.80

从平均增速来看，无论是"保守"分类法还是"自由"分类法，同质化产品进口贸易额的平均增速最高，其次是参考价格产品进口贸易额的

平均增速，最低是差异化产品进口贸易额的平均增速。在"保守"分类法下，同质化产品进口贸易额平均增速与差异化产品进口贸易额平均增速的差距大，差距达到 260.39 个百分点。而参考价格产品进口贸易额平均增速与差异化产品进口贸易额平均增速的差距较小，差距为 38.63 个百分点。与"保守"分类法下的产品类似，在"自由"分类法下，同质化产品进口贸易额平均增速与差异化产品进口贸易额平均增速的差距大，差距高达 1383.25 个百分点。而参考价格产品进口贸易额平均增速与差异化产品进口贸易额平均增速的差距较小，差距为 12.93 百分点。

由此可见，中国与十四个中东欧国家在同质化产品上的进口贸易额体现为扩展边际上的扩张，即进口贸易集中于更多 SITC 四位码种类产品数量增加。而对于差异化产品和参考价格产品来说，进口贸易额更多地体现为集约边际上的扩张，即进口贸易集中于少数 SITC 四位码种类的增加。在 Rauch（1999）的产品分类法下，同质化产品的进口贸易总额的平均增速最高，差异化产品的进口贸易总额的平均增速最低。

为了进一步细化"保守"分类法和"自由"分类法下三大类产品进口贸易额及其增长率的时间变化趋势，本小结还逐一对此进行图形刻画，如图 3.59 至图 3.62 所示。

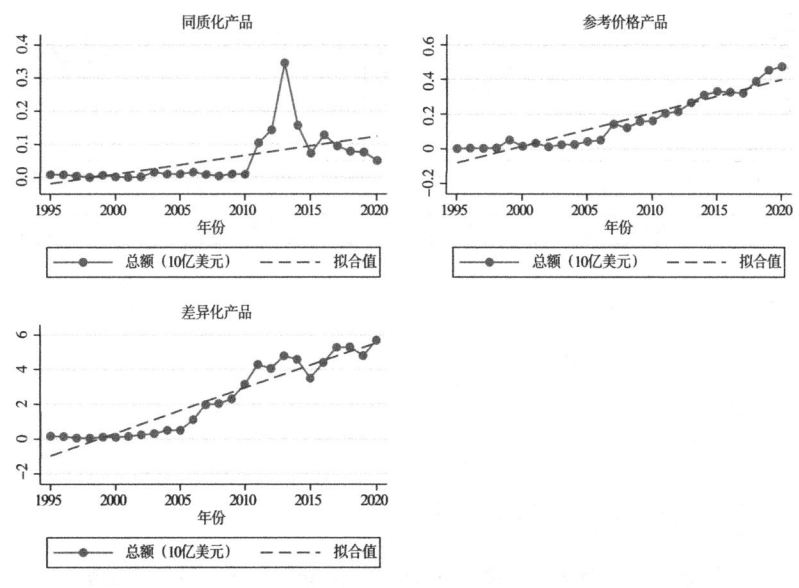

图 3.59　"保守"分类法下三类产品的进口贸易总额演化趋势

152　中国—中东欧国家进出口商品贸易潜力研究

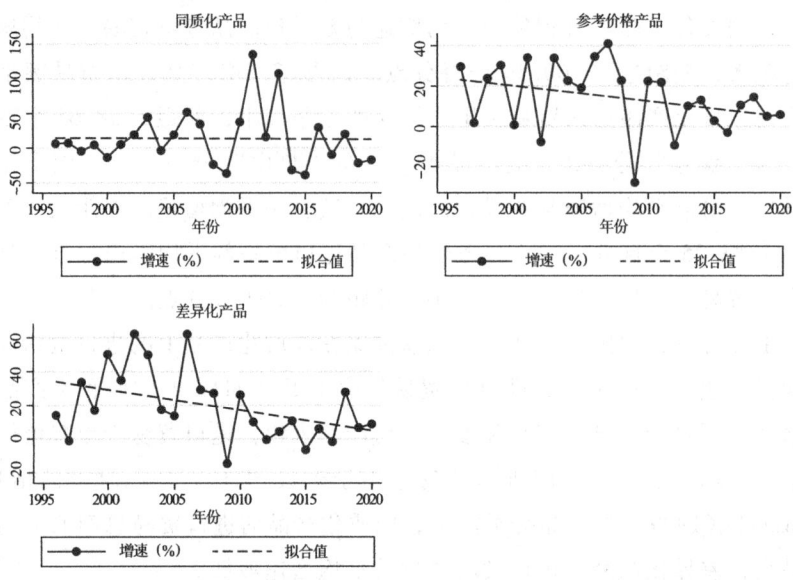

图 3.60　"保守"分类法下三类产品的进口贸易总额增速演化趋势

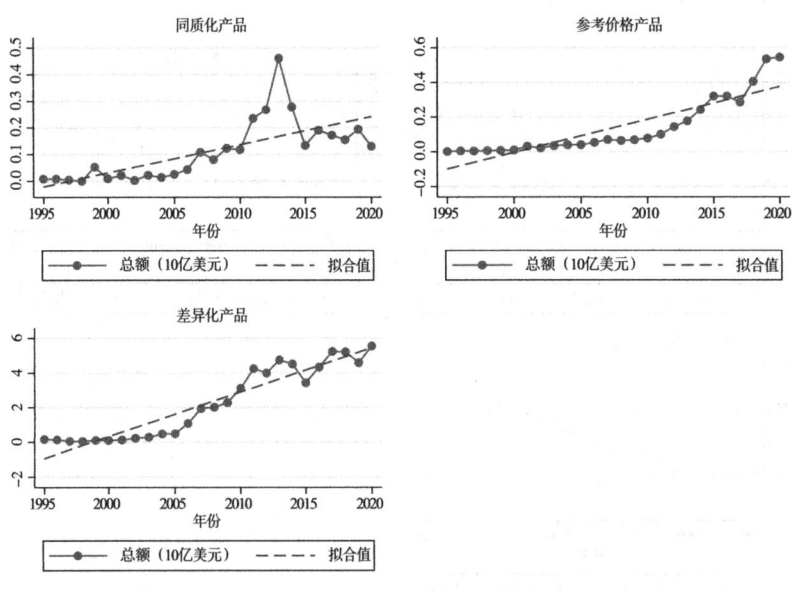

图 3.61　"自由"分类法下三类产品的进口贸易总额演化趋势

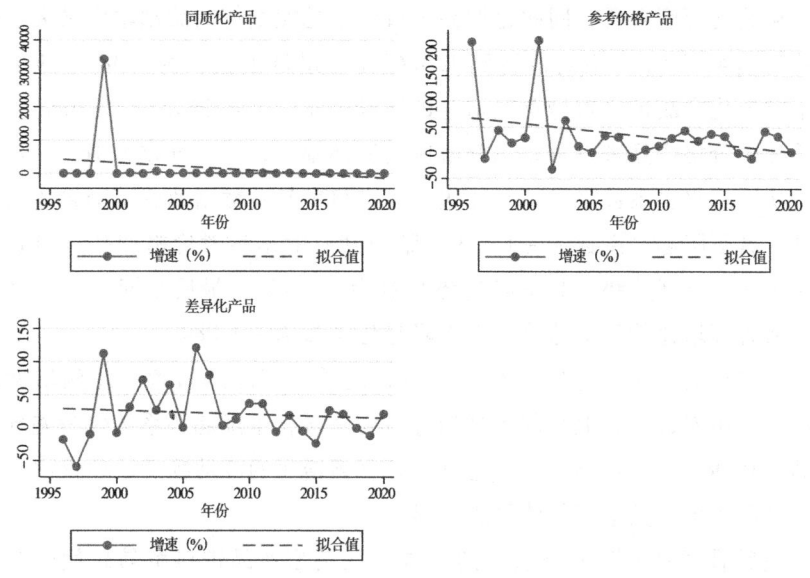

图 3.62　"自由"分类法下三类产品的进口贸易总额增速演化趋势

先看"保守"分类法下的三种产品进口贸易总额的演化趋势。从图 3.59 可以看出,中国与十四个中东欧国家在同质化产品、参考价格产品和差异化产品的进口贸易总额上都呈现出非常明显的上升趋势。

从波动幅度来看,差异化产品进口贸易总额变化的波动幅度最高,其标准差为 20.99 亿美元,最大值高达 56.96 亿美元,最小值为 0.53 亿美元。其次是参考价格产品进口贸易总额变化的波动幅度,其标准差为 1.54 亿美元。最后是同质化产品进口贸易波动幅度,其标准差为 0.77 亿美元。

从上升趋势来看,差异化产品进口贸易总额的增长趋势最为明显,其上升趋势系数高达 0.261。其次是参考价格产品进口贸易总额的增长趋势,其上升趋势系数为 0.019。最后是同质化产品进口贸易总额的增长趋势,其上升趋势系数为 0.006。

由此可见,差异化产品不但进口贸易总额变化的波动幅度最大,而且其进口贸易总额的增长趋势也最为强劲,其增长势头是参考价格产品的 13.74 倍,是同质化产品的 43.5 倍。

再看"保守"分类法下同质化产品、参考价格产品和差异化产品的进口贸易总额增速的演化趋势。从图 3.60 可以看出,三种不同类型产品进口贸易总额增速都呈现出下降的态势,且存在明显差异。

从波动幅度来看，同质化产品进口贸易总额增速的波动幅度最大，标准差高达41.00%，最高值达到134.61%，最低值也低为-38.92%。其次是差异化产品进口贸易总额增速的波动幅度，其标准差为20.68%。最后是参考价格产品进口贸易总额增速的波动幅度，其标准差为16.56%。

从下降趋势系数来看，差异化产品进口贸易总额增速的下降趋势最为明显，其下降趋势系数为-1.219。紧随其后的是参考价格产品进口贸易总额增速的下降趋势，其下降趋势系数为-0.753。最后是同质化产品进口贸易总额增速的下降趋势，其下降趋势系数为-0.084。

由此可见，在"保守"分类法下，同质化产品进口贸易总额增速的波动幅度虽然最大，但是其下降趋势最为平缓，下降趋势系数仅为差异化产品的0.069倍。差异化产品进口贸易总额增速的波动幅度虽然仅次于同质化产品，但是其下降趋势最为明显。

最后看"自由"分类法下的三种不同类型产品进口贸易总额的演化趋势。从图3.61可以看出，中国与十四个中东欧国家在同质化产品、参考价格产品和差异化产品的进口贸易总额上都显示出较为明显的上升趋势。

从波动幅度来看，与"保守"分类法下的产品一样，差异化产品进口贸易总额变化的波动幅度最高，其标准差为20.66亿美元，最大值高达55.47亿美元，最小值为0.52亿美元。其次是参考价格产品进口贸易总额变化的波动幅度，其标准差为1.65亿美元。最后是同质化产品进口贸易波动幅度，其标准差为1.13亿美元。

从上升趋势来看，差异化产品进口贸易总额的增长趋势依旧最为明显，其上升趋势系数高达0.256。其次是参考价格产品进口贸易总额的增长趋势，其上升趋势系数为0.019。最后是同质化产品进口贸易总额的增长趋势，其上升趋势系数为0.010。

由此可见，与"保守"分类法下的产品一样，在"自由"分类法下，差异化产品不但进口贸易总额变化的波动幅度最大，而且其进口贸易总额的增长趋势也最强劲，其增长势头是参考价格产品的13.47倍，是同质化产品的25.6倍。

对于"自由"分类法下的同质化产品、参考价格产品和差异化产品的进口贸易总额增速来说，从图3.62可以看出，三种不同类型产品进口贸易总额增速都呈现出非常明显的下降态势，且存在显著差异。

从波动幅度来看,同质化产品进口贸易总额增速的波动幅度最大,标准差高达 6849.2%,最高值达到 34274.19%,最低值为 -96.64%。其次是参考价格产品进口贸易总额增速的波动幅度,其标准差为 58.91%。最后是差异化产品进口贸易总额增速的波动幅度,其标准差为 42.06%。

从下降趋势系数来看,同质化产品进口贸易总额增速的下降趋势最为明显,其下降趋势系数为 -238.53。其次是参考价格产品进口贸易总额增速的下降趋势,其下降趋势系数为 -2.746。最后是差异化产品进口贸易总额增速的下降趋势,其下降趋势系数为 -0.603。

由此可见,在"自由"分类法下,同质化产品进口贸易总额增速的波动幅度最大,其下降趋势也最明显,下降趋势系数为参考价格的 86.86 倍。差异化产品进口贸易总额增速的波动幅度最小,其下降趋势最平缓。

总而言之,无论是在"保守"分类法下,还是在"自由"分类法下,同质化产品进口贸易总额增速的波动幅度最大。在"保守"分类法下,同质化产品进口贸易总额增速的下降趋势最为平缓,差异化产品进口贸易总额增速的下降趋势最为明显。而在"自由"分类法下,同质化产品进口贸易总额增速的下降趋势最为明显,差异化产品进口贸易总额增速的波动幅度最小,其下降趋势最平缓。

因此,中国与十四个中东欧国家在 Rauch(1999)分类法下的三种不同类型产品的进口贸易上,需要警惕进口贸易总额最多的差异化产品的增速的波动幅度和下降趋势。

2. 三种不同类型产品的进口贸易额占比与增长率

表 3.17 显示了在"保守"分类法和"自由"分类法下三种不同类型产品的进口贸易额占比及其平均增长率情况。从两种分类法下的各自总样本的进口贸易额占比来看,无论是"保守"分类法还是"自由"分类法,中国与中东欧国家在三种不同类型产品进口贸易额占比均值都在 2% 以上。在"保守"分类法下,差异化产品进口贸易额占比均值最高,高达 90.15%,是参考价格产品进口贸易额占比均值的 11.92 倍,是同质化产品进口贸易占比均值的 39.37 倍。其次是参考价格产品,其进口贸易额占比均值为 7.56%。最低是同质化产品,其进口贸易额占比均值为 2.29%。与"保守"分类法类似,"自由"分类法下的三种产品进口贸易额占比均值由高到低的位次也为差异化产品、参考价格产品和同质化产品,其进口贸易额占比均值分别为 88.23%、6.10% 和 5.67%。其中,差异化产品进

口贸易额占比均值是参考价格产品进口贸易额占比均值的 14.46 倍，是同质化产品进口贸易额占比均值的 15.56 倍。由此可见，无论在"保守"分类法下，还是在"自由"分类法下，中国与十四个中东欧国家的进口贸易标的物更加依赖于差异化产品，其次为参考价格产品，最低为同质化产品。

表 3.17 在 Rauch（1999）下三类产品的进口贸易额占比与增长率　　单位:%

年份	"保守"分类法			"自由"分类法		
	同质化产品	参考价格产品	差异化产品	同质化产品	参考价格产品	差异化产品
1995	4.79	0.89	94.32	4.82	0.86	94.32
1996	5.5	3.13	91.37	5.5	3.19	91.31
1997	6.56	5.33	88.12	6.84	6.61	86.55
1998	0.23	9.74	90.03	0.26	10.83	88.91
1999	4.11	29.92	65.97	30.83	4.44	64.73
2000	1.48	13.22	85.3	7.67	8.11	84.22
2001	0.21	17.74	82.05	11.61	16.71	71.68
2002	0.73	4.8	94.47	1.19	8.33	90.48
2003	4.57	7.03	88.4	6.38	9.91	83.71
2004	1.9	4.8	93.3	2.62	7.31	90.07
2005	1.89	7.73	90.38	4.62	7.17	88.21
2006	1.37	4.34	94.29	3.67	4.51	91.82
2007	0.44	6.71	92.86	5.1	3.28	91.62
2008	0.21	5.67	94.12	3.73	2.96	93.3
2009	0.42	6.39	93.19	4.97	2.76	92.27
2010	0.29	4.88	94.83	3.56	2.34	94.1
2011	2.28	4.47	93.26	5.12	2.18	92.7
2012	3.26	4.87	91.87	6.08	3.25	90.68
2013	6.42	4.93	88.65	8.56	3.28	88.15
2014	3.12	6.14	90.74	5.52	4.81	89.67
2015	1.89	8.49	89.62	3.43	8.25	88.32
2016	2.64	6.73	90.62	3.92	6.63	89.45

续表

年份	"保守"分类法			"自由"分类法		
	同质化产品	参考价格产品	差异化产品	同质化产品	参考价格产品	差异化产品
2017	1.67	5.63	92.7	3.02	5.03	91.95
2018	1.37	6.74	91.89	2.68	7.03	90.29
2019	1.44	8.55	90.02	3.64	10.06	86.29
2020	0.82	7.64	91.54	2.09	8.76	89.15
均值	2.29	7.56	90.15	5.67	6.1	88.23
平均增速	111.60	25.66	0.28	478.79	24.16	0.33

在平均增速方面，无论是"保守"分类法还是"自由"分类法，同质化产品进口额贸易占比的平均增速最高，其次是参考价格产品进口贸易额占比的平均增速，最低是差异化产品进口贸易占比的平均增速。在"保守"分类法下，差异化产品进口贸易额占比平均增速与参考价格产品进口贸易额占比平均增速的差距较小，差距为25.38%。而参考价格产品进口贸易占比平均增速与同质化产品进口贸易占比平均增速的差距较大，差距高达85.94%。与"保守"分类法下的产品类似，差异化产品进口贸易占比平均增速与参考价格产品进口贸易额占比平均增速的差距相对较小，差距为23.83%。而参考价格产品进口贸易额占比平均增速与同质化产品进口贸易额占比平均增速的差距较大，差距高达454.63%。

由此可见，中国与十四个中东欧国家的进口贸易额更加依赖于差异化产品，差异化产品进口贸易额占比主要来源于少数 SITC 四位码种类产品数量的增加，即体现为集约边际上的扩张。同理，参考价格产品进口贸易额占比也更加体现为集约边际上的扩张。对于同质化产品来说，其进口贸易占比主要体现为 SITC 四位码种类的增加，即体现为扩展边际的扩张。此外，无论在"保守"分类法下，还是在"自由"分类法下，同质化产品进口贸易额占比的平均增速最高，参考价格产品进口贸易额占比的平均增速其次，最低的是差异化产品进口贸易额占比的平均增速。

为了进一步细化"保守"分类法和"自由"分类法下三大类产品进口贸易额占比及其增长率的时间变化趋势，本小结还逐一对此进行图形刻画，如图 3.63 至图 3.66 所示。

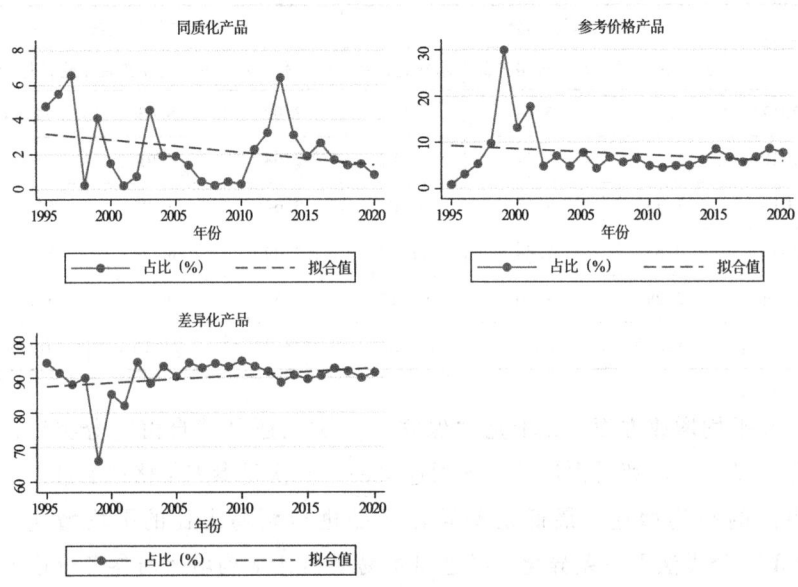

图 3.63 "保守"分类法下三类产品的进口贸易额占比演化趋势

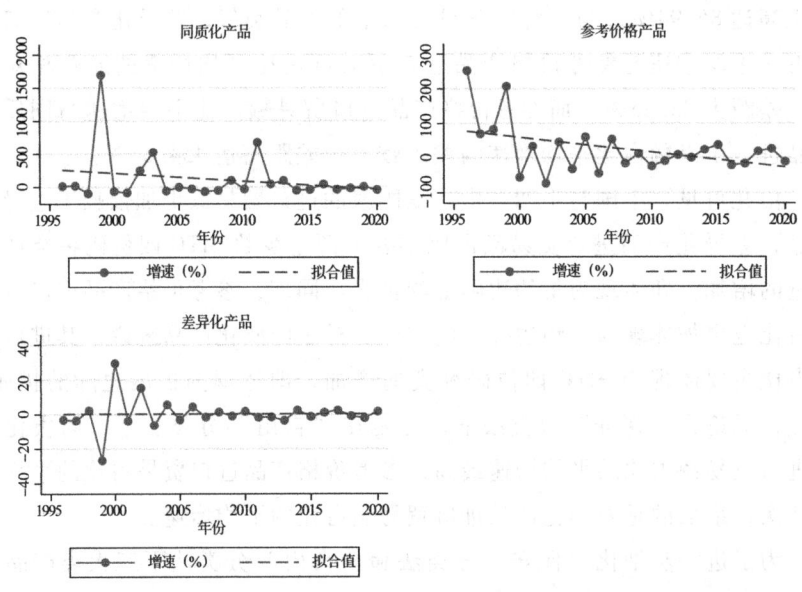

图 3.64 "保守"分类法下三类产品的进口贸易额占比增速演化趋势

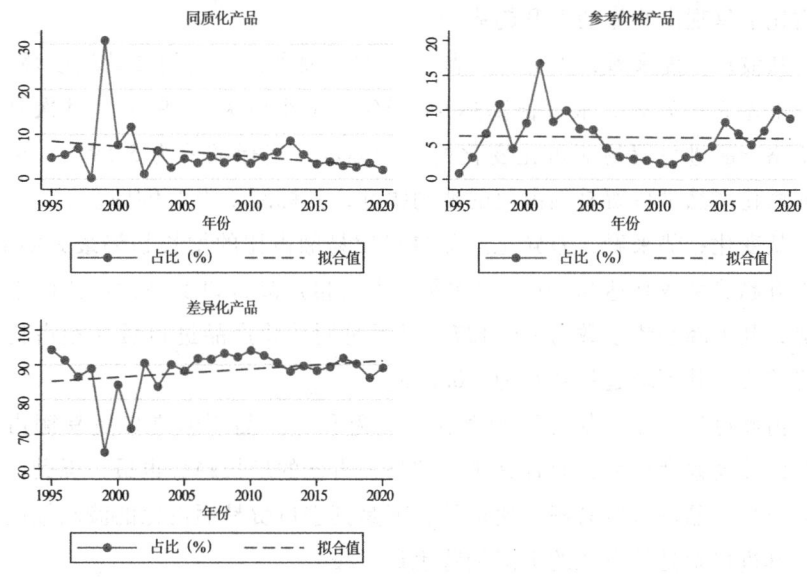

图 3.65 "自由"分类法下三类产品的进口贸易额占比演化趋势

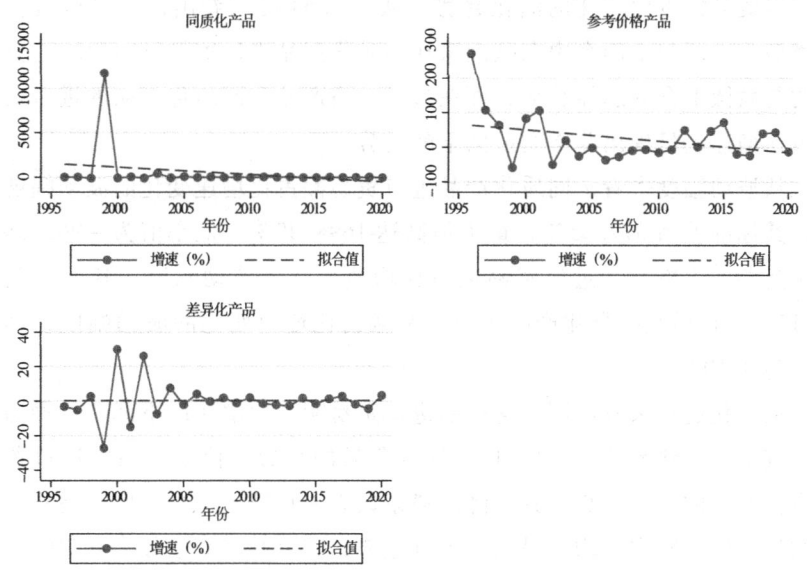

图 3.66 "自由"分类法下三类产品的进口贸易额占比增速演化趋势

先看在"保守"分类法下的三种产品进口贸易额占比的演化趋势。从图 3.63 可以看出，中国与十四个中东欧国家在参考价格产品和同质化产品进口贸易额占比上呈现的是下降的趋势，而在差异化产品的进口贸易额占比上呈现出明显的上升趋势。

从波动幅度来看，差异化产品进口贸易额占比变化的波动幅度最高，其标准差为5.75%，最大值高达94.83%，最小值为65.97%。其次是参考价格产品进口贸易额占比变化的波动幅度，其标准差为5.59%。最后是同质化产品进口贸易额占比的波动幅度，其标准差为1.94%。

从变化趋势来看，差异化产品进口贸易额占比的增长趋势最为明显，其上升趋势系数高达0.210。其次是参考价格产品进口贸易额占比的下降趋势，其下降趋势系数为-0.137。最后是同质化产品进口贸易额占比的下降趋势，其下降趋势系数为-0.073。

由此可见，在"保守"分类法下，差异化产品不但进口贸易额占比变化的波动幅度最大，而且其进口贸易额占比的增长趋势也最为强劲。虽然同质化产品进口贸易额占比最低，但是其进口贸易额占比的波动幅度最低，其进口贸易额占比的下降趋势也最平缓。

再看在"保守"分类法下同质化产品、参考价格产品和差异化产品的进口贸易额占比增速的演化趋势。从图3.64可以看出，与进口贸易占比类似，中国与十四个中东欧国家在差异化产品进口贸易额占比增速上体现的是微微上升的总体趋势，而在参考价格产品和同质化产品的进口贸易额占比增速上呈现出非常明显的下降趋势。

从波动幅度来看，同质化产品进口贸易额占比增速变化的波动幅度最大，其标准差为377.35%，最大值高达1694.05%，最小值为-96.50%。其次是参考价格产品进口贸易额占比增速变化的波动幅度，其标准差为73.12%。最后是差异化产品进口贸易额占比增速变化的波动幅度，其标准差为9.10%。

从变化趋势来看，同质化产品进口贸易额占比增速的下降趋势最为明显，其下降趋势系数为-12.17。紧随其后的是参考价格产品的进口贸易额占比增速的下降趋势，其下降趋势系数为-4.35。与之相反，差异化产品的进口贸易额占比增速呈微微上升趋势，其上升趋势系数为0.006。

由此可见，在"保守"分类法下，同质化产品进口贸易额占比增速的波动幅度最大，其下降趋势也最明显。差异化产品在进口贸易额占比增速波动幅度最小，其上升趋势也最小。

接着来考察在"自由"分类法下的同质化产品、参考价格产品和差异化产品的进口贸易额占比及其增速。先考察三种不同类型产品在进口贸易额占比上的差异。图 3.65 显示，与"保守"分类法下的情形一样，中国与十四个中东欧国家在同质化产品和参考价格产品的进口贸易额占比上呈现的是下降的趋势，而在差异化产品的进口贸易额占比上呈现出上升趋势。

从波动幅度来看，与"保守"分类法下的情形不同，差异化产品进口贸易额占比变化的波动幅度最高，其标准差为 6.55%，最大值高达 94.32%，最小值为 64.73%。其次是同质化产品进口贸易额占比变化的波动幅度，其标准差为 5.65%。最后是参考价格产品进口贸易额占比的波动幅度，其标准差为 3.51%。

从变化趋势来看，与"保守"分类法下的情形不同，差异化产品进口贸易额占比的增长趋势最为明显，其上升趋势系数高达 0.238。其次是同质化产品进口贸易额占比的增长趋势，其下降趋势系数为 -0.223。最后是参考价格产品进口贸易额占比的下降趋势，其下降趋势系数为 -0.014。

由此可见，与"保守"分类法下的情形不同，在"自由"分类法下，差异化产品不但进口贸易额占比变化的波动幅度最大，而且其进口贸易额占比的增长趋势也最为强劲。虽然同质化产品进口贸易额占比最低，但是其进口贸易额占比的波动幅度和下降趋势都强于参考价格产品。

在三种不同类型产品的进口贸易额占比增速的差异方面，从图 3.66 可以看出，中国与十四个中东欧国家在参考价格产品和同质化产品的进口贸易额占比增速上呈现非常明显的下降趋势，而在差异化产品进口贸易占比增速上体现的是微微上升的总体趋势。

从波动幅度来看，同质化产品进口贸易额占比增速的波动幅度最大，标准差高达 2336.98%，最高值达到 11686.08%，最低值为 -96.18%。其次是参考价格产品进口贸易额占比增速的波动幅度，其标准差为 69.64%。最后是差异化产品进口贸易额占比增速的波动幅度，其标准差为 10.81%。

从下降趋势系数来看，同质化产品进口贸易额占比增速的下降趋势最为明显，其下降趋势系数为 -81.89。其次是参考价格产品进口贸易额占比增速的下降趋势，其下降趋势系数为 -3.27。最后是差异化产品进口贸易占比增速的上升趋势，其上升趋势系数为 0.007。

由此可见，在"自由"分类法下，同质化产品进口贸易额占比增速的波动幅度最大，其下降趋势也最为明显，下降趋势系数为参考价格产品的 25.04 倍。差异化产品进口贸易额占比增速的波动幅度最低，其上升趋势也很小。

总而言之，在 Rauch（1999）的产品分类法下，中国与十四个中东欧国家的进口贸易更加依赖于差异化产品，差异化产品上的进口贸易额的增加更加体现为集约边际上的扩张，即进口贸易集中于少数 SITC 四位码种类产品数量增加。参考价格产品的进口贸易占比的提升也主要体现为集约边际的扩张。对于同质化产品来说，进口贸易额的增加和进口贸易占比的提升都主要来源于更多 SITC 四位码种类产品的增加，即体现为扩展边际上的扩张。此外，差异化产品进口贸易总额及其占比的平均增速最慢，其进口贸易占比的波动幅度最大。而同质化产品进口贸易总额均值虽然最低，但是其进口贸易占比的平均增速最高，进口占比增速的波动幅度最大，其下降趋势也最明显。

3.2.4 中国从中东欧国家的进口三元边际现状

本小节借鉴 Hummels and Klenow（2005）的三元边际分解框架，从多边层次和双边层次两个方面来剖析中国从十四个中东欧国家的进口三元边际状况，具体测算如下：

先定义某一年进口国 j 的种类扩展边际，假设 j 国从进口来源国 m 进口的产品种类集合 I_{jm} 是参照国 k 从进口来源国 m 进口产品种类集合 I 的一个子集，则进口扩展边际可表示为下式：

$$EM_{jm} = \frac{\sum_{i \in I_{jm}} p_{kmi} x_{kmi}}{\sum_{i \in I} p_{kmi} x_{kmi}} \tag{3.1}$$

式（3.1）中，参照国 k 指的是除 j 国之外的全世界其他国家，I 代表全部进口产品集合。扩展边际反映参照国 k 从进口来源国 m 进口那些 j 国从进口来源国 m 进口的所有产品种类集合 I_{jm} 总额占参照国 k 从进口来源国 m 进口所有产品种类集合 I 总额的比值。该比值越大，反映进口国 j 进口更多种类的产品。

进口国 j 的集约边际可定义为：

$$IM_{jm} = \frac{\sum_{i \in I_{jm}} p_{jmi} x_{jmi}}{\sum_{i \in I_{jm}} p_{kmi} x_{kmi}} \tag{3.2}$$

式（3.2）中，分子表示的是进口国 j 从进口来源国 m 进口所有产品种类集 I_{jm} 总额，分母表示参照国 k 与 j 国具有重叠产品的进口额。集约边际反映的是在重叠产品的进口中，j 国进口占参照国 k 进口总额的比重。比重越大，说明在重叠产品的进口上，j 国有更多的进口。

价格边际可定义为：

$$P_{jm} = \prod_{i \in I_{jm}} \left(\frac{p_{jmi}}{p_{kmi}}\right)^{w_{jmi}} \tag{3.3}$$

其中，权重 w_{jmi} 是 s_{jmi}（产品 i 占 j 国从进口来源国 m 的进口份额）和 s_{kmi}（产品 i 占参考国 k 国从进口来源国 m 的进口份额）的对数平均数。

$$s_{jmi} = \frac{p_{jmi} x_{jmi}}{\sum_{i \in I_{jm}} p_{jmi} x_{jmi}}, \; s_{kmi} = \frac{p_{kmi} x_{kmi}}{\sum_{i \in I_{jm}} p_{kmi} x_{kmi}}, \; w_{jmi} = \frac{\frac{s_{jmi} - s_{kmi}}{ln s_{jmi} - ln s_{kmi}}}{\sum_{i \in I_{jm}} \frac{s_{jmi} - s_{kmi}}{ln s_{jmi} - ln s_{kmi}}}$$

因此，集约边际可分解为价格边际和数量边际，其中数量边际为：

$$X_{jm} = IM_{jm} / P_{jm} \tag{3.4}$$

以上是双边层次的产品进口三元边际测算公式，多边层次的产品进口三元边际计算公式，可以经加权加总求得，如式（3.5）所示：

$$IM_j = \prod_{m \in M_{-j}} (IM_{jm})^{\alpha_{jm}}, \; EM_j = \prod_{m \in M_{-j}} (EM_{jm})^{\alpha_{jm}},$$
$$P_j = \prod_{m \in M_{-j}} (P)^{\alpha_{jm}}, \; X_j = \prod_{m \in M_{-j}} (X_{jm})^{\alpha_{jm}} \tag{3.5}$$

式（3.5）中，权重 α_{jm} 是从进口来源国 m 的产品进口额占 j 国总进口额比重与占参考国 k 总进口额比重的对数平均数，M_{-j} 表示除 j 国以外的其他国家。

（1）多边层次

表 3.18 展示的是 1995—2020 年在多边层次上中国从十四个中东欧国家进口产品的三元边际情况，可以得到如下三个典型特征：

第一，平均而言，在集约边际和扩展边际方面，中国从十四个中东欧国家进口的扩展边际更强，均值为 0.622，而同期的集约边际的均值为 0.014，接近于 0。换言之，中国从十四个中东欧国家的进口更多依赖于进口更多种类的产品，而非进口更多数量的某一种产品。

第二，在分解集约边际之后，价格边际的均值远大于数量边际，前者是后者的 147.4 倍。价格边际一直保持在 1.0 以上，说明中国从十四个中东欧国家进口的产品质量高于世界的平均质量水平，也是集约边际的主要贡献者。

第三，如图 3.67 所示，中国从十四个中东欧国家进口的扩展边际、集约边际、价格边际和数量边际都呈现上升趋势，且对进口增长的贡献都为正。从平均增速来看，扩展边际的平均增速最高，这说明中国从十四个

表 3.18　　　　多边层次上中国从中东欧国家进口三元边际

年份	扩展边际	集约边际	价格边际	数量边际
1995	0.226	0.028	1.403	0.020
1996	0.229	0.020	1.245	0.016
1997	0.226	0.011	1.259	0.009
1998	0.297	0.007	1.414	0.005
1999	0.335	0.010	1.406	0.007
2000	0.439	0.007	1.501	0.005
2001	0.510	0.008	1.681	0.005
2002	0.587	0.010	1.649	0.006
2003	0.620	0.010	1.381	0.007
2004	0.679	0.010	1.323	0.007
2005	0.675	0.009	1.355	0.007
2006	0.665	0.011	1.383	0.008
2007	0.695	0.012	1.359	0.009
2008	0.712	0.011	1.386	0.008
2009	0.708	0.016	1.370	0.011
2010	0.724	0.017	1.463	0.012
2011	0.736	0.018	1.444	0.012
2012	0.769	0.017	1.561	0.011
2013	0.775	0.019	1.473	0.013
2014	0.780	0.018	1.481	0.012
2015	0.787	0.017	1.565	0.011
2016	0.801	0.017	1.581	0.011
2017	0.812	0.018	1.546	0.012
2018	0.811	0.017	1.655	0.011
2019	0.802	0.018	1.754	0.010
2020	0.785	0.021	1.690	0.012
均值	0.622	0.014	1.474	0.010
平均增速（%）	5.469	1.400	0.958	1.112

中东欧国家进口增长主要来源于扩展边际的增长。从波动幅度来看，扩展边际的波动幅度最大，标准差为0.202，其次是价格边际的波动幅度，其标准差为0.136。再次是集约边际的波动幅度，标准差为0.005。最后是数量边际的波动幅度，其标准差为0.004。从变化趋势来看，与波动幅度的位次类似，扩展边际的上升趋势最为明显，其上升趋势系数为0.024。

其次是价格边际的上升趋势，其上升趋势系数为 0.011。第三是集约边际的上升趋势，其上升趋势系数为 0.0003。最后是数量边际的上升趋势，其上升趋势系数为 0.00009。

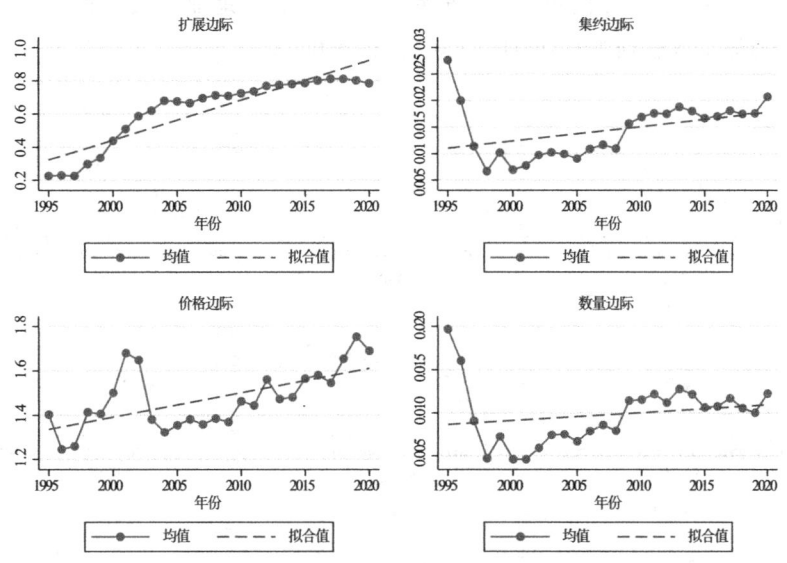

图 3.67　多边层次上中国从中东欧国家进口三元边际演化趋势

由此可见，在多边层面上，中国从十四个中东欧国家的进口增长主要体现为更多进口产品种类的增长，且进口的产品质量高于世界的平均质量。在进口增长贡献方面，扩展边际对中国从十四个中东欧国家的进口增长贡献最大，扩展边际的上升趋势也最为明显。

（2）双边层次

图 3.68 至图 3.71 是 1995—2020 年在双边层次上中国从十四个中东欧国家进口的三元边际情况，依旧可以看到它们具有如下特征：第一，在图 3.68 中，中国在样本期间从捷克、匈牙利和波兰等三国进口的扩展边际的均值在 0.6 以上，且呈倒"V"形增长趋势，说明中国在样本期间从这些国家进口了不少种类的产品。在中国与中东欧国家合作机制建立以来，中国从十四个中东欧国家进口的扩展边际都在 2015—2020 年达到峰值。其中，中国从捷克、匈牙利和波兰等三国进口的扩展边际分别在 2017、2016 和 2017 年达到峰值，分别为 0.889、0.825 和 0.843。即便如此，中国从十四个中东欧国家进口的扩展边际还未达到世界的平均水平

1,这表明中国从十四个中东欧国家进口更多种类产品的空间较大。从上升趋势来看,排在前三位的分别是中国从波兰、斯洛文尼亚和斯洛伐克等国进口扩展边际的上升趋势,其上升趋势系数分别为 0.0296、0.0288846 和 0.0288358,排在倒数三位的分别是中国从克罗地亚、波黑和黑山,其上升趋势系数分别为 0.0204、0.0202 和 0.0078。

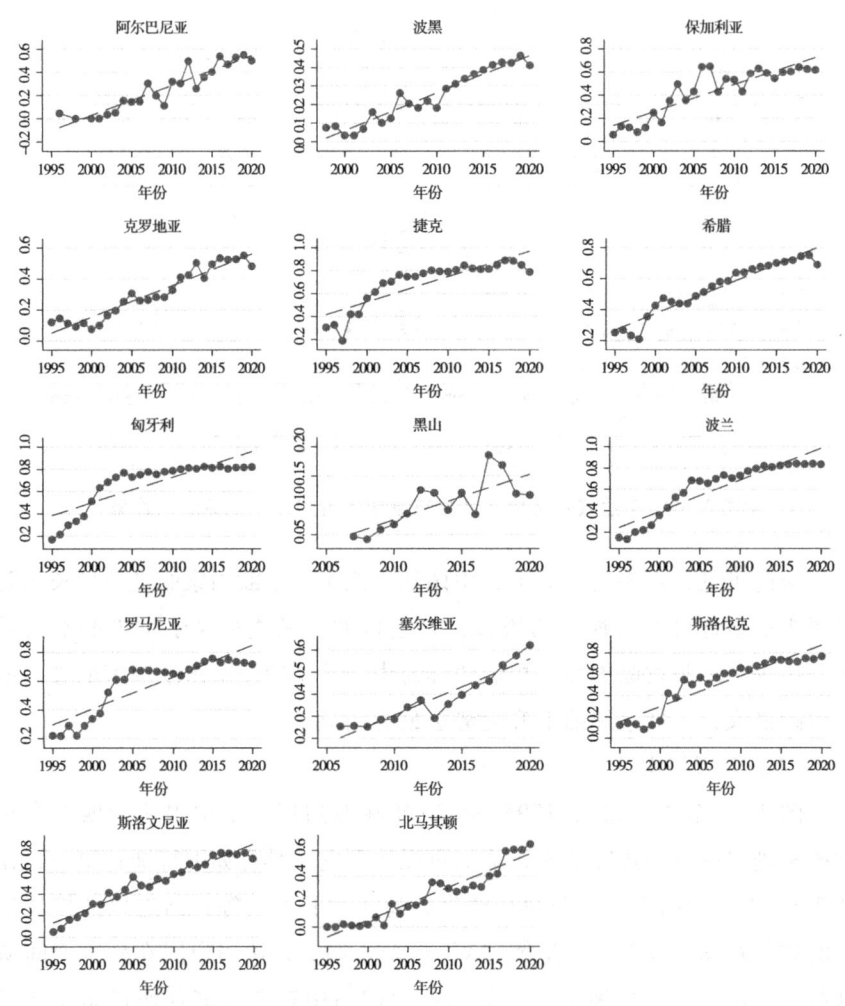

图 3.68　中国从十四个中东欧国家进口的扩展边际

第二,在图 3.69 中,中国在样本期间从黑山、阿尔巴尼亚和北马其顿等三国进口的集约边际分别位列前三,且各自的均值在 0.12 以上,呈倒"V"形变化,说明中国在样本期间从这三个国家的进口增长更多依赖于进口了更多数量的产品。此外，除阿尔巴尼亚、波黑、克罗地亚、波兰、罗马尼亚和北马其顿等样本之外，中国从其余八个中东欧国家进口产品的集约边际总体呈上升趋势。从变化趋势来看，中国从黑山进口的集约边际的上升趋势最为明显，其上升趋势系数为 0.041。其次是中国从阿尔巴尼亚进口的集约边际的下降趋势，其下降趋势系数为 -0.018。最后是中国从波兰进口的集约边际的下降趋势，其下降趋势系数为 -0.001。

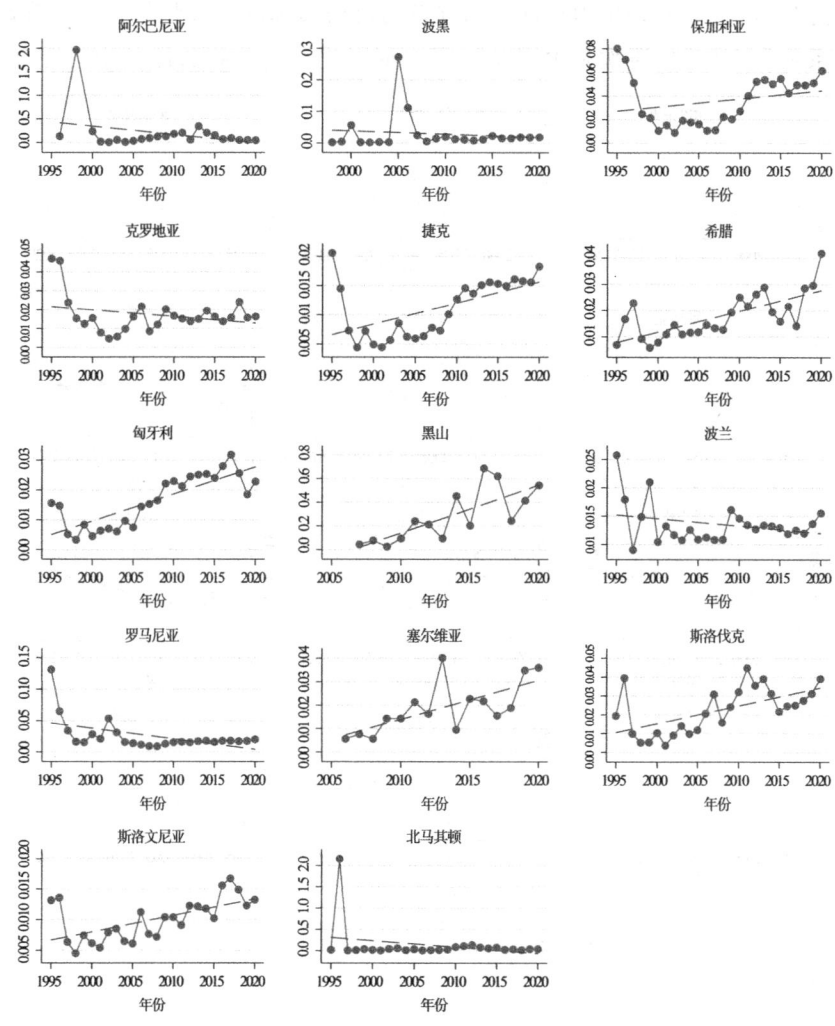

图 3.69　中国从十四个中东欧国家进口的集约边际

第三，在价格边际上，如图 3.70 所示，样本期间，中国从十四个中东欧国家进口的价格边际均值都在 1.13 以上，高出全世界的平均值 1，并且总体呈现出上升的趋势。进口价格边际呈下降变化趋势的样本包括保加利亚、捷克和黑山等三国。从下降趋势来看,中国从黑山进口的价格边际下降趋势最明显,其下降趋势系数为-0.070。其次是中国从保加利亚进口的价格边际下降趋势,其下降趋势系数为-0.006。最后是中国从捷克进口的价格边际下降趋势,其下降趋势系统为-0.002。在上升趋势方面,中国从阿尔巴尼亚进口的价格边际的上升趋势最明显,其上升趋势系数为0.065。其次是中国从匈牙利进口的价格边际的上升趋势,其上升趋势系数为0.026。再次是中国从斯洛文尼亚进口的价格边际的上升趋势,

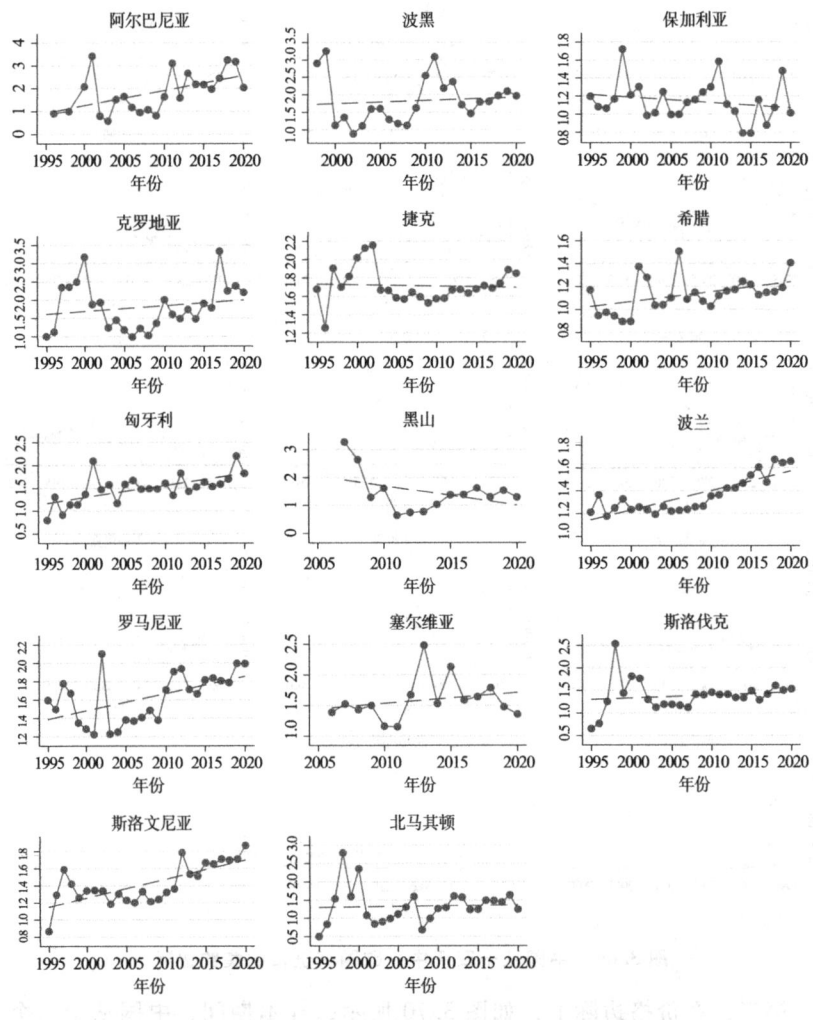

图3.70　中国从十四个中东欧国家进口的价格边际

其上升趋势系数为 0.022，排在最后的中国从北马其顿进口的价格边际的上升趋势，其上升趋势系数仅为 0.003。

第四，在数量边际方面，如图 3.71 所示，总体来看，中国从十四个中东欧国家进口的数量边际小于集约边际，数量边际排在前三位的进口来源地也是黑山、阿尔巴尼亚和北马其顿等国，其数量边际的均值都在 0.13 以上。其中，中国从这三国进口的数量边际分别为 0.233、0.149 和 0.130。从变化趋势来看，中国除了从保加利亚、捷克、希腊、匈牙利、黑山、塞尔维亚、斯洛文尼亚和斯洛伐克等八国进口的数量边际呈上升趋势之外，中国从其余六国进口的数量边际为下降的趋势。其中，中国从黑

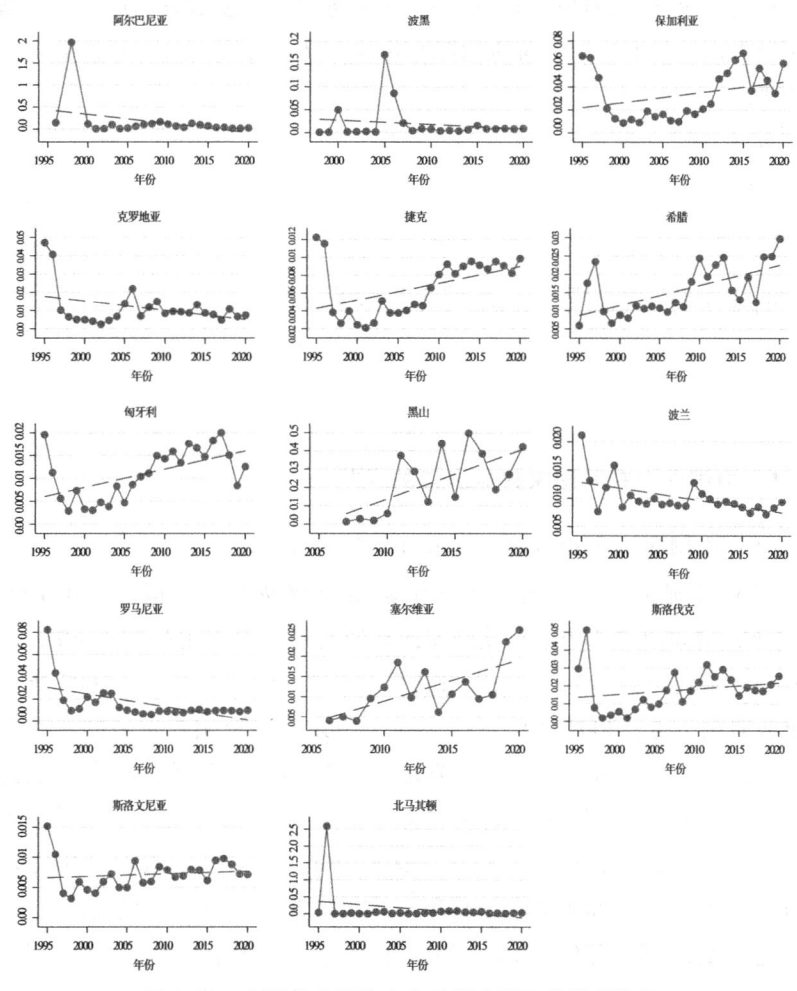

图 3.71　中国从十四个中东欧国家进口的数量边际

山进口的数量边际上升趋势最明显,其上升趋势系数为 0.027。其次是中国从塞尔维亚进口的数量边际上升趋势,其上升趋势系数为 0.001。最低的是中国从斯洛文尼亚进口的数量边际上升趋势,其上升趋势系数接近 0,为 0.0000426。在下降趋势方面,中国从阿尔巴尼亚进口的数量边际下降趋势最显著,其下降趋势系数为 -0.021。其次是中国从北马其顿进口的数量边际下降趋势,其下降趋势系数为 -0.019。最低的是中国从波兰进口的数量边际下降趋势,其下降趋势系数为 -0.0002148。

由此可见,在双边层面,中国从捷克、匈牙利和波兰等三国进口的产品种类最多,并且产品种类有更大的提升空间。中国从黑山、阿尔巴尼亚和北马其顿等三国的进口增长更多依赖于进口了更多数量的产品。中国从十四个中东欧国家进口的价格边际高出全世界的平均值 1,并且呈现上升的趋势。

3.3
中国向中东欧国家出口贸易现状

3.3.1 中国向中东欧国家整体出口的现状

(1) 中国向中东欧国家整体出口的总额与增长率

图 3.72 显示了中国向中东欧国家出口贸易的总体情况。在 1995—2020 年,中国向十四个中东欧国家出口贸易总额总体上呈现上升的态势,上升趋势系数为 3.525,年均出口贸易总额为 351.5 亿美元。2003 年是一个重要时间节点,2003 年中国向十四个中东欧国家出口贸易的总额首次突破一百亿美元,达到 120.7 亿美元。到 2020 年,尽管全球贸易受到新冠疫情所带来的负面影响,但是中国向十四个中东欧国家出口贸易总额达到历史性的最高值,出口贸易总额达到 911.1 亿美元,较上一年度增长 11.99%。在 2011—2020 年,出口贸易总额在 2012 年落入最低点,为 492.2 亿美元,较上一年下降 10.2%。2012 年之后,中国向十四个中东欧国家出口贸易总额总体呈现上升趋势,仅在 2015 年有所下降,降幅为 1.4%。

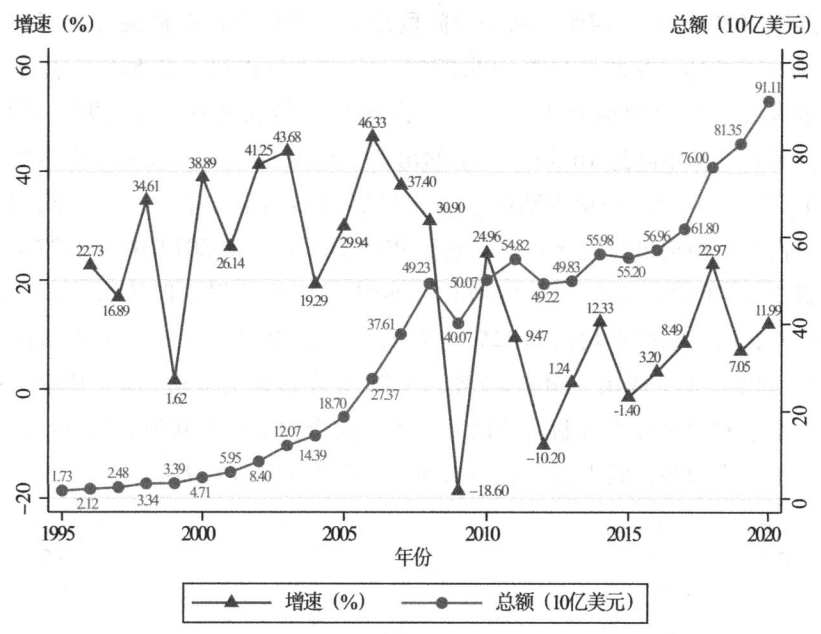

图 3.72 中国向中东欧国家出口贸易总额与增长率

再看出口贸易总额增长率,以 1995 年为基期,样本期间,年均增长率为 18.45%,标准差为 17.31%。增速最快的年份为 2006 年,增长率高达 46.33%,其次是 2003 年的 43.68%。增速最低的是 2009 年的 -18.6%,其中的原因可能是 2008 年美国次贷危机所引发的全球金融危机所导致的。总体来看,与进口贸易总额增速类似,在 1995—2020 年,中国向中东欧国家出口贸易总额增速呈现下降的趋势,其下降趋势系数为 -1.103。然而,自从 2012 年中国—中东欧国家合作机制运行以来,中国从中东欧国家进口贸易总额增速总体呈现出增长的势头,年均增速为 8.23%,标准差为 7.72%,上升趋势系数为 1.514。

(2) 中国向中东欧国家出口占比与增长率

图 3.73 刻画的是中国向十四个中东欧国家出口贸易总额占中国当期出口贸易总额的比重及其增速情况,即出口占比及其增长率。从图 3.73 可以看出,样本期间,中国向中东欧国家出口占中国总出口的比重总体呈现上升趋势,但是其各年的数值远高于同期中国从中东欧国家进口占总进口的比重,出口占比的均值为 2.21%,标准差为 0.70%,相对于该部分进口占比的波动幅度更大。最低的出口占比出现在 1995 年的 0.90%,最

高点为 2020 年的 3.44%。从分时间段来看，出口占比降幅最大的区间是 2009—2013 年，平均降幅高达 6.27%，平均进口占比为 2.59%，高于总样本进口占比的均值 0.38%。出口占比增长最快的区间是 1996—1998 年，平均增长率高达 16.73%，平均出口占比为 1.16%，低于总样本的均值 1.05%。在中国—中东欧国家合作机制的影响下，中国向中东欧国家出口占中国同期出口的比重也实现了较快的增长，从 2012 年的 2.27% 增长到 2020 年的 3.44%，平均增长 5.50%，增速虽慢，但均值不低，为 2.63%，高出总样本均值 0.42%。总而言之，中国向十四个中东欧国家出口占比增速呈现出下降的趋势，下降趋势系数为 -0.393。其中，中国—中东欧国家合作机制运行以来，中国向十四个中东欧国家出口占比增速的呈上升趋势，其上升趋势为 1.581，超出总样本 1.974。

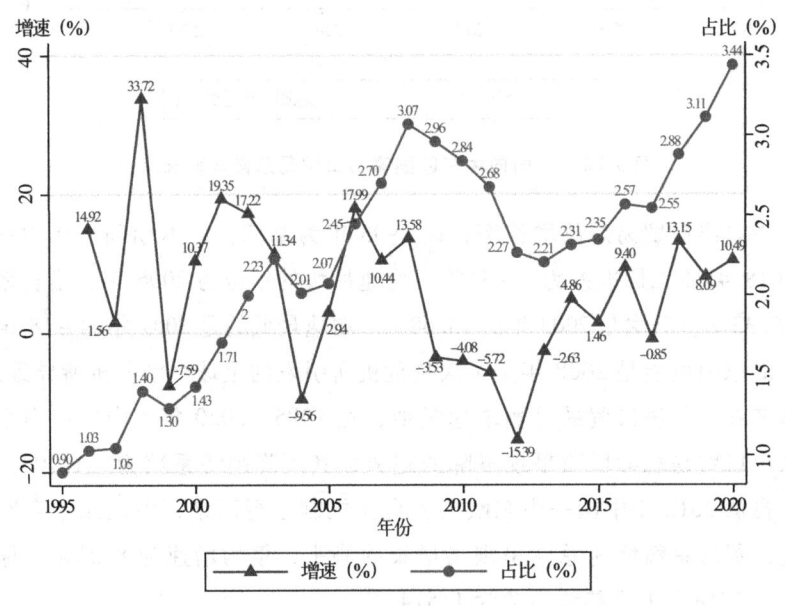

图 3.73　中国向中东欧国家出口占比与增长率

（3）中国向中东欧国家出口贸易的市场集中度

中国向十四个中东欧国家出口贸易的市场集中度可以从两个视角展开分析，第一是中国向最大六国的出口贸易总额及其占比层面。第二是中国向最大三国的出口贸易总额及其占比层面。

1）中国向最大六国出口贸易总额及其占比

样本期间，中国向十四个中东欧国家年均出口贸易总额最多的六个国家分别为波兰、捷克、匈牙利、希腊、罗马尼亚和斯洛伐克。在中国向最大六国出口占比方面,图 3.74 显示,在 1995—2020 年,中国向最大六国出口贸易占比保持在 83% 以上,均值达到 88.36%,标准差为 2.82%,这一定程度上说明中国向最大六国的出口贸易集中度很高,且向最大六国的出口占比波动幅度相对较小。出口占比最高位为 1996 年的 93.13%,最低位为 2006 年的 83.18%。从时间变化趋势来看,图 3.75 左图显示,中国向最大六国出口占比显示出下降的趋势,其下降趋势系数为 -0.212。分时间段来看,下降幅度最大的当属 2001—2006 年,平均降幅为 1.65%。其次是 2010—2012 年,平均降幅为 1.12%。中国—中东欧合作机制正式运行后,中国向最大六国出口占比则呈现出上升的势头,年均增速达到 0.12%,上升趋势系数为 0.044。

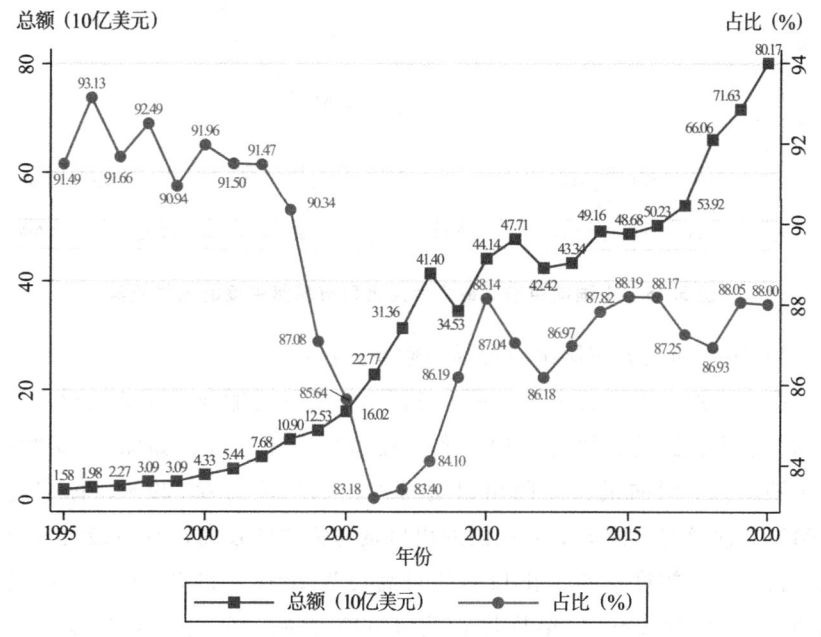

图 3.74 中国向中东欧最大六国出口贸易集中度

从图 3.75 右图可以看出,与出口占比的总体上升趋势一样,中国向最大六国的出口贸易总额在样本期间也呈现出上升的势头,且上升态势依旧比较强劲。中国向最大六国出口的贸易总额上升趋势系数为 3.082,低出总样本出口占比上升趋势系数 0.443。样本期间,中国向最大六国出口的贸易总额年均增速高达 18.23%,从 1995 年的 15.82 亿美元涨至 2020

年的 801.75 亿美元，平均进口额为 306.33 亿美元，标准差为 242.68 亿美元。其中，增速最高的期间是 2000—2008 年，年均增速高达 33.75%，超出样本平均增速为 15.52%。2012 年以后，中国向最大六国出口贸易总额年均增速为 8.50%，并继续表现出增长的势头。

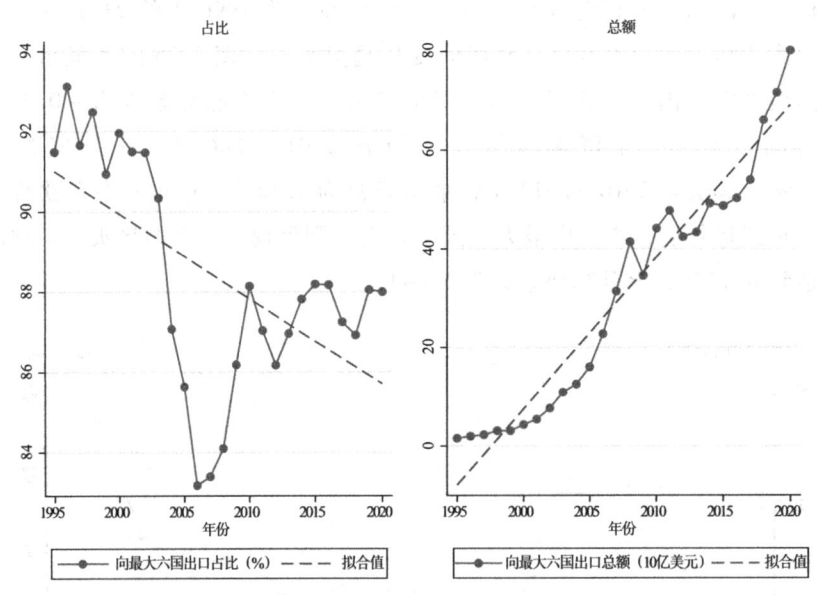

图 3.75　中国向中东欧最大六国出口贸易集中度的演化趋势

2）中国向最大三国出口贸易总额及其占比

进一步地，再来看中国向最大三国出口贸易总额与占比的情形。最大三国分别为：波兰、捷克、匈牙利。在出口占比方面，如图 3.76 所示，样本期间，中国向最大三国出口贸易占比的均值为 65.29%，标准差为 4.04%，这说明中国向最大三国的出口贸易集中度较高，且向最大三国的出口占比波动幅度较小。出口占比最高位为 2002 年的 71.51%，最低位为 2006 年的 54.55%，年均增速为 0.69%。从时间变化趋势来看，图 3.77 左图显示，中国向最大三国的出口占比显示出上升的趋势，其上升趋势系数为 0.211。分时间段来看，下降幅度最大的在 2002—2006 年，平均增速为 -6.37%。增长幅度最大的区间在 1995—2002 年，平均增速为 2.35%。

中国—中东欧合作机制正式运行后，中国向最大三国出口占比也呈现出良好的上升势头，年均增长率达到 0.86%，上升趋势系数为 0.398。虽

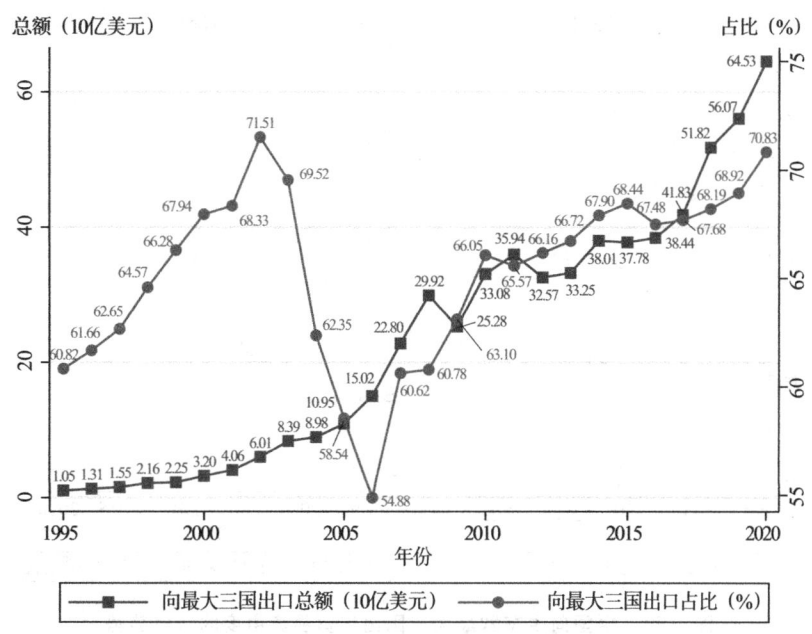

图 3.76　中国向中东欧最大三国出口贸易额集中度

然受到新冠疫情的影响，但是中国向中东欧最大三国的出口占比还是保持增长的势头，2020 年的出口占比较 2019 年增加了 1.70 个百分点，增速为 2.77%。这意味着中国向中东欧国家进行出口贸易时，除了要保持与波兰、捷克和匈牙利等最大三国的出口贸易，还需要多元化中东欧国家的出口目的地，进一步挖掘出口到其他中东欧国家的潜力，以提升中国的出口贸易总额。

与中国向中东欧最大三国出口占比一样，中国向中东欧最大三国出口总额呈现的也是上升趋势，且上升态势也非常强劲，如图 3.37 右图所示。

中国向最大三国出口贸易总额的上升趋势系数为 2.422，上升趋势系数高出中国向最大三国出口占比 2.211。样本期间，中国向最大三国的出口贸易总额的平均增速高达 19.21%，而绝对量从 1995 年的 10.52 亿美元增加至 2020 年的 645.33 亿美元，平均出口额为 233.17 亿美元，标准差为 191.18 亿美元。其中，增速最高的期间是 2000—2004 年，平均增速高达 32.74%，超出样本平均增速 13.53%。2012 以后，中国向最大三国出口贸易总额年均增长 9.20%，并继续表现出增长势头。

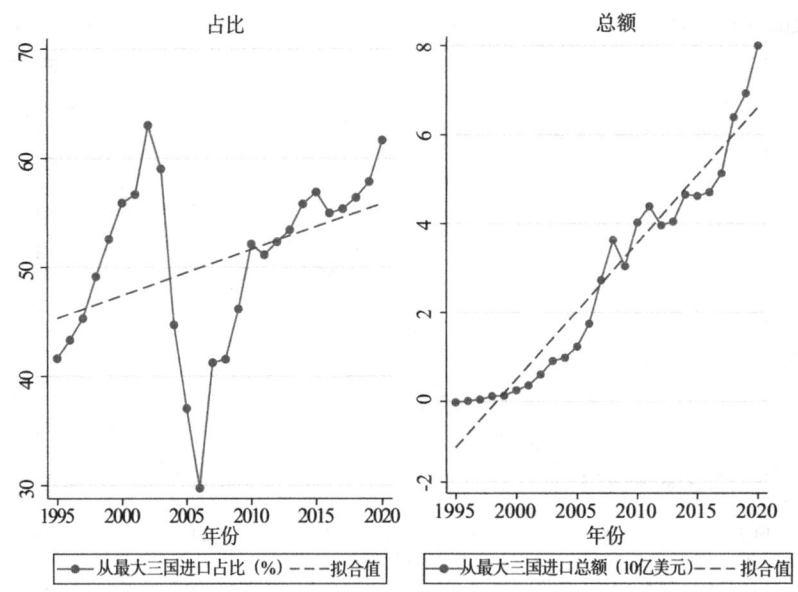

图 3.77　中国向中东欧最大三国出口贸易集中度的演化趋势

3.3.2　中国向中东欧国家分国别的出口现状

(1) 中国向中东欧各个国家出口贸易总额及其均值

从表 3.19 可以看出,1995 年,中国向中东欧国家出口贸易额排在前六位的国家分别为波兰、希腊、匈牙利、捷克、罗马尼亚和斯洛伐克。2000 年,除了第二、三名有微变之外,其余位次国家保持不变。匈牙利和希腊位次较 1995 年对调,匈牙利从 1995 年的第三位升为 2000 年的第二位,希腊从 1995 年的第二位降为 2000 年的第三位,最大六个出口目的地的位次依次为:波兰、匈牙利、希腊、捷克、罗马尼亚和斯洛伐克。到 2005 年,第一、二和五名维持与 2000 年不变,捷克从 2000 年的第四位升为 2005 年的第三位,希腊从 2000 年的第三位降为 2005 年的第四位,2000 年排名第六位的斯洛伐克降为 2005 年的第七位,2005 年的第六位被克罗地亚替代,最大六个出口目的地的位次从高到低依次为波兰、匈牙利、捷克、希腊、罗马尼亚和克罗地亚。到 2010 年,第一和第四名的位次保持与 2005 年一致,相较于 2005 年,第二和第三位位次对调,即捷克从 2005 年的第三位上升到 2010 年的第二位,匈牙利从 2005 年的第二位跌至 2010 年的第三位,斯洛伐克替代 1995、2000 和 2005 年排名第五位的罗马尼亚，位居第五位，斯洛伐克位居第六位，最大六个出口目的地位次依次为：波兰、捷克、匈牙利、希腊、斯洛伐克和罗马尼亚。到2015年，位次总体与2010年保持一致，相较2010年，第四和第五位位次对调，即斯洛伐克从2010年的第五位升居为2015年的第四位，而希腊从2010年的第四位降为2015年的第五位，最大六个出口目的地位次依次为：波兰、捷克、匈牙利、斯洛伐克、希腊和罗马尼亚。2019年，前三名的位次国家与2015年一样，斯洛伐克从2015年的第四位降为2019年的第六位，罗马尼亚从2015年的第六位上升至2019年的第五位，希腊上升一位，从2015年的第五位升至2019年的第四位，最大六个出口目的地位次依次为：波兰、捷克、匈牙利、希腊、罗马尼亚和斯洛伐克。

表 3.19　　中国向中东欧十四个国家出口的贸易总额　　单位：亿美元

国家	1995	2000	2005	2010	2015	2019	2020	样本均值
波兰	5.64[1]	13.64[1]	43.69[1]	137.50[1]	190.02[1]	274.84[1]	317.74[1]	110.28[1]
捷克	2.27[4]	6.88[4]	32.09[3]	122.83[2]	134.06[2]	214.67[2]	242.75[2]	80.49[2]
匈牙利	2.61[3]	11.50[2]	33.72[2]	70.42[3]	53.70[3]	71.19[3]	84.84[3]	42.40[3]
斯洛伐克	0.65[6]	1.49[6]	7.19[7]	35.68[5]	39.69[4]	42.25[6]	43.20[6]	20.93[6]
罗马尼亚	1.36[5]	2.13[5]	18.36[5]	33.77[6]	34.47[6]	50.80[5]	57.63[4]	23.92[5]
希腊	3.29[2]	7.71[3]	25.14[4]	41.15[4]	34.85[5]	62.56[4]	55.59[5]	28.30[4]
克罗地亚	0.41[8]	1.09[8]	9.44[6]	17.96[7]	8.49[10]	12.10[10]	15.22[10]	9.12[9]
斯洛文尼亚	0.55[7]	1.37[7]	5.32[9]	15.96[8]	20.30[7]	31.35[7]	33.64[7]	12.50[7]
保加利亚	0.32[9]	0.94[9]	7.14[8]	6.92[10]	11.29[8]	17.38[8]	17.77[9]	8.40[10]
阿尔巴尼亚	0.15[10]	0.22[10]	1.93[11]	3.11[12]	4.59[12]	5.66[12]	5.88[12]	2.54[12]
北马其顿	0.04[11]	0.15[11]	1.01[12]	2.54[13]	3.51[13]	4.70[13]	5.16[13]	2.05[13]
波黑	0.00[12]	0.02[12]	2.03[10]	3.92[11]	5.40[11]	7.31[11]	6.84[11]	3.22[11]
塞尔维亚	—	—	—	7.70[9]	9.35[9]	16.45[9]	22.31[8]	10.80[8]
黑山	—	—	—	1.27[14]	2.27[14]	2.25[14]	2.49[14]	1.94[14]

数据来源：CEPII BACI 数据库。注：右上角数字为排名，"—"表示未做统计。

与进口贸易类似，出口贸易虽然也受到新冠疫情的影响，2020年的前六大出口目的地的位次与2019年基本保持一致，但是其出口总额都有明显增加。2020年，相较于2019年，变化的是第四和第五位，罗马尼亚从2019年的第五位升至2020年的第四位，希腊从2019年的第四位退居到2020年的第五位，前六位的位次从高到低排名依次为：波兰、捷克、匈牙利、罗马尼亚、希腊和斯洛伐克。从样本期间 1995—2020 年的中国向十四个中东欧国家出口贸易总额的均值来看，最大六个出口目的地总体还是波兰、捷克、匈牙利、希腊、罗马尼亚和斯洛伐克。值得一提的是，该六国在样本期间 1995—2020 年的排名相对稳定，位次变化较小。此外，其余八个出口目的地的位次变化也较小。

（2）中国向中东欧国家出口总额与占比层面

与双边贸易一样，本小节依旧从中东欧最大三国、第四、五和六国以及其余八国等三个视角来探讨中国向中东欧国家出口总额和占比方面的国别差异现状。

1）中国与中东欧最大三国的差异

在出口总额方面，按照 1995—2020 年的平均出口额为测算依据，如图 3.78 所示，中国向中东欧国家出口总额最大的三个国家分别为波兰、捷克和匈牙利，中国向该三国的平均出口总额分别为 110.28 亿美元、80.49 亿美元和 43.40 亿美元。中国向该三国的出口总额占中国向十四个中东欧国家出口总额的平均比重分别为 30.20%、20.01% 和 15.07%。

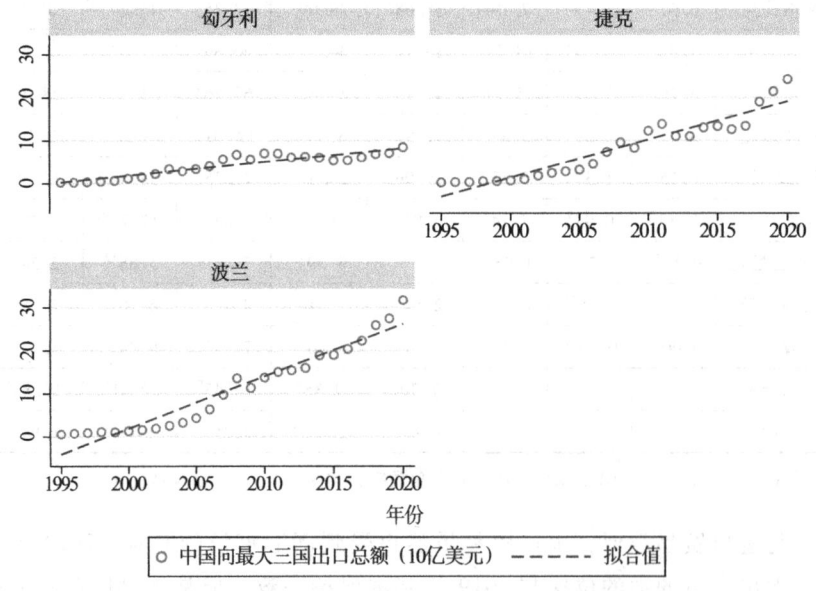

图 3.78　中国向中东欧最大三国出口总额差异

从出口量的时间变化趋势来看，与双边贸易总额变化趋势类似，中国向波兰的出口总额无论是从总量还是从上升趋势来看，都依旧表现出强有力的上涨势头，上升趋势系数高达 1.22。紧随其后的是中国向捷克的出口总额，其上升趋势也非常明显，且出口总额也较大，上升趋势系数为 0.89。最后是中国向匈牙利的出口总额上升趋势，其上升趋势系数仅为 0.32。

在出口占比方面，图 3.79 显示，作为中国在中东欧国家的第一出口贸易伙伴的波兰，中国向波兰的出口贸易占比表现出较大幅度的波动，其上升趋也势趋于缓慢。与之形成对比的是中国向捷克的出口贸易占比，虽然其出口贸易占比低出中国向波兰出口贸易占比 10.19%，但是中国向捷克出口的贸易占比的上升趋势明显强于波兰，前者的上升趋势系数为 0.51，后者的上升趋势系数为 0.16，同时也显示出强劲的上升态势。与波兰和捷克不同，中国向匈牙利的出口贸易占比总体呈现出显著的下降趋势，下降趋势系数为 -0.46，且波动幅度较大。因此，匈牙利在中国对中东欧国家出口中的地位还需要重点关注。

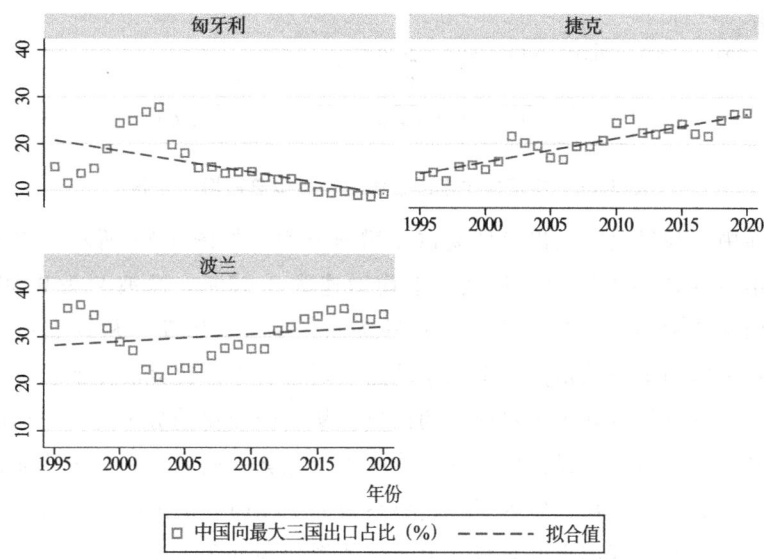

图 3.79 中国向中东欧最大三国出口总额占比差异

在出口增速方面，如图 3.80 所示，中国向捷克的出口贸易总额的增速最快，平均增速是 23.10%，其次是中国向波兰的出口贸易总额增速，平均增速为 18.60%，最后是中国向匈牙利的出口贸易总额增速，平均增速为 17.24%。从出口总额增速的变化趋势来看，中国向捷克、波兰和匈牙利出口的贸易总额增速总体上都呈现出下降的态势。从下降趋势来看，虽然中国向捷克出口的贸易总额平均增速低于中国向波兰出口的贸易总额平均增速，但是其下降趋势的幅度小于后者，前者的下降趋势系数绝对值为 1.30，后者的下降趋势系数绝对值为 0.83。中国向匈牙利出口的贸易总额增速的下降幅度最大，下降趋势系数绝对值为 1.64。

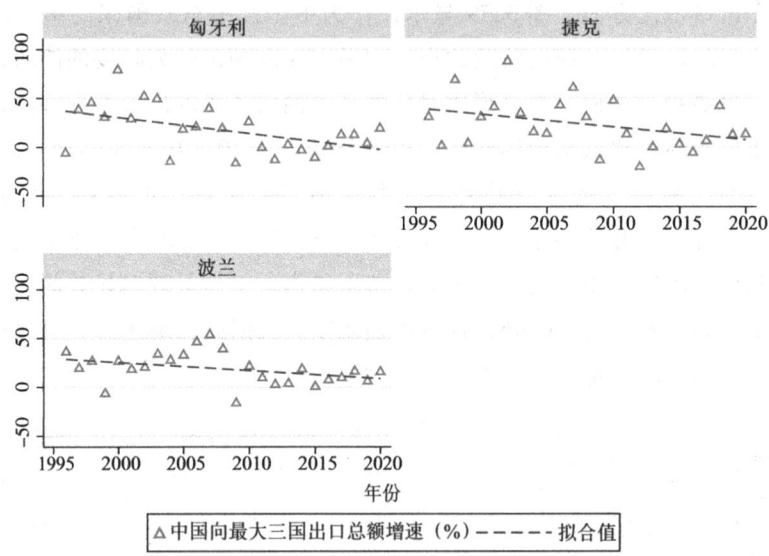

图 3.80　中国向中东欧最大三国出口总额增速差异

在中国与最大三国出口贸易占比增速方面，如图 3.81 所示，中国向捷克出口的贸易占比增速最大，平均增速为 3.48%。而波兰为 0.50%。中国向匈牙利出口的贸易占比的增速为负，为 -1.02%。从这点可以看出，在中国与中东欧最大三个国家的出口贸易当中，捷克的重要性越来越大，应该继续保持并扩大对捷克的出口。从时间变化趋势来看，中国向匈牙利和捷克出口的贸易占比增速总体为下降趋势，前者下降更为明显，下降趋势系数为 -0.46，后者下降趋势系数为 -0.13。中国向波兰出口的贸易占比增速则呈现出上升态势，上升趋势系数为 0.23。

综上所述，波兰是中国向中东欧国家出口的最大目的地。同时，还需重点关注匈牙利和捷克等两个出口目的国，继续保持并扩大对捷克和匈牙利的出口贸易，以弥补其出口占比增速下降的不足。

2）中国与中东欧最大六国之第四、五和六国的差异

具体可以从出口总额、出口占比和出口增速等三个视角展开，以探讨中国向中东欧第四、五、六大国家出口的差异。在出口总额方面，以样本期间平均的出口贸易总额进行测算，中国向中东欧出口贸易总额位居第

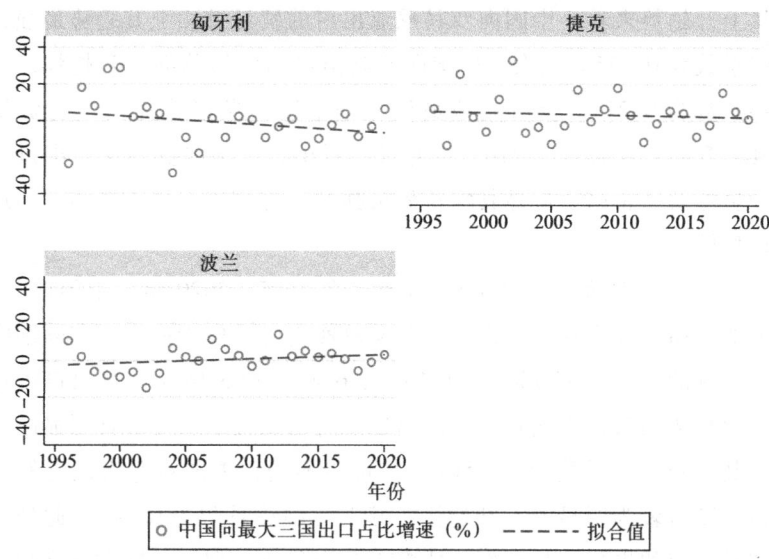

图 3.81　中国向中东欧最大三国出口占比增速差异

四、五、六大的国家分别为希腊、罗马尼亚和斯洛伐克，中国向这三国出口的平均贸易总额分别为 28.30 亿美元、23.92 亿美元和 20.93 亿美元。

从图 3.82 可以看出，中国向希腊、罗马尼亚和斯洛伐克等第四、五、六大国家出口的贸易总额总体皆呈现出强劲的上升势头。

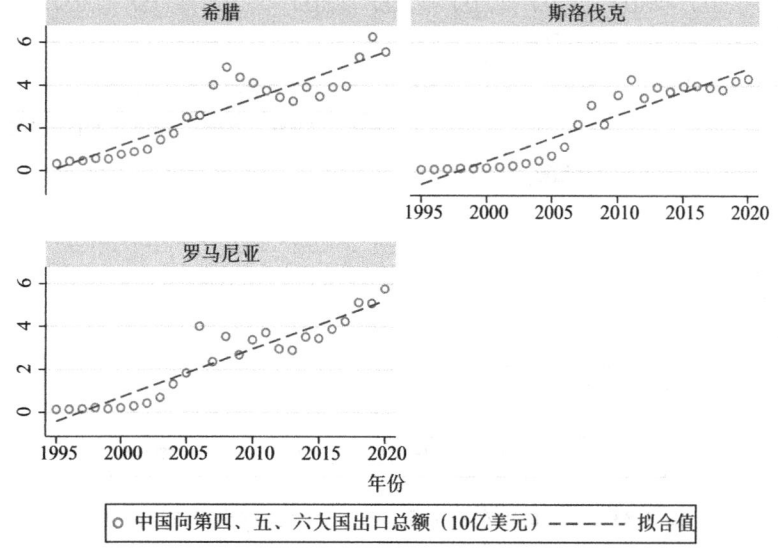

图 3.82　中国向中东欧第四、五、六大国家出口总额差异

从上升趋势来看，中国向罗马尼亚出口的贸易总额上升趋势最强，上升趋势系数为0.225。其次是中国向希腊出口的贸易总额上升趋势，其上升趋势系数为0.219。上升趋势最低的是中国向斯洛伐克出口的贸易总额，其上升趋势系数为0.216。由此可以看出，中国向罗马尼亚出口的贸易总额虽然低于希腊，但是其增长势头强劲，应该进一步扩展与罗马尼亚的出口规模。

在出口占比方面，如图3.83所示，在1995—2020年，中国向希腊、罗马尼亚和斯洛伐克这三国出口的贸易总额占中国向十四个中东欧国家出口贸易总额的平均比重分别为11.13%、6.85%和5.09%。从出口占比的时间变化趋势来看，中国对希腊的出口贸易占比显示一个非常明显的下降趋势，其下降趋势系数为-0.562。与希腊不同，中国对斯洛伐克的出口贸易占比则有较为明显的上升趋势，其上升趋势系数为0.147。此外，中国对罗马尼亚的出口贸易总额虽然多于斯洛伐克，但是中国对罗马尼亚的出口贸易占比变化相对缓慢，并且呈现一个幅度很小的下降态势，其下降趋势系数仅为-0.007。由此可以发现，斯洛伐克是中国接下来需要重点关注的一个出口目的市场。

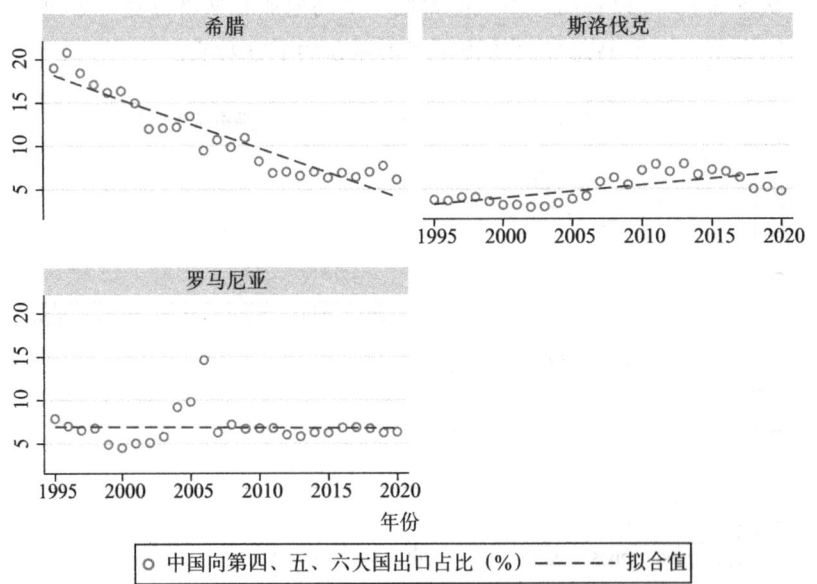

图3.83 中国向中东欧第四、五、六大国家出口占比差异

在增速方面，可从出口总额和出口占比两个层面进行对比分析。在出

口总额增速上，如图 3.84 所示，中国向斯洛伐克出口的贸易总额增速最快，平均增速是 21.30%。其次是中国向罗马尼亚的出口贸易总额增速，平均增速为 21.00%。最后是中国向希腊的出口贸易总额增速，平均增速为 13.61%。从出口总额增速的变化趋势来看，中国向希腊、罗马尼亚和斯洛伐克出口的贸易总额增速总体上都呈现出下降的趋势。从下降趋势来看，中国向斯洛伐克出口的贸易总额增速下降趋势的幅度最快，其下降趋势系数的绝对值为 1.39。其次是中国向罗马尼亚出口的贸易总额增速的下降趋势，其下降趋势系数的绝对值为 1.15。中国向希腊出口的贸易总额增速的下降幅度最低，下降趋势系数绝对值为 0.94。

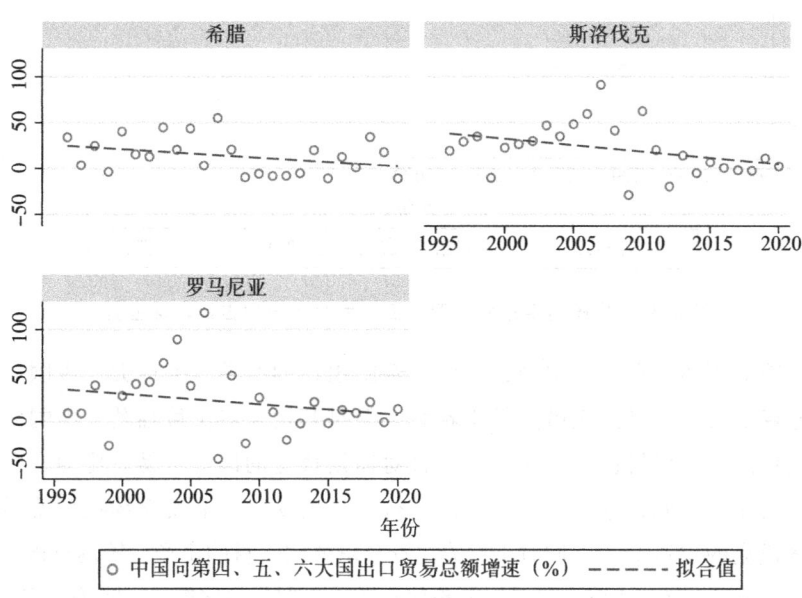

图 3.84　中国向中东欧第四、五、六大国家出口总额增速差异

在中国向中东欧第四、五、六大国家的出口总额占比增速方面，如图 3.85 所示。中国向斯洛伐克出口的贸易占比增速最大，平均增速为 1.83%。其次是中国向罗马尼亚出口的贸易占比增速，平均增速为 1.52%。中国向希腊出口的贸易占比增速为负，平均增速为 -3.67%。由此可以看出，在中国向中东欧第四、五、六大国家的出口贸易当中，斯洛伐克的重要性越来越强，应该继续保持并扩大对斯洛伐克的出口。从时间变化趋势来看，中国向希腊和罗马尼亚出口的贸易占比增速总体为上升趋势，前者上升趋势较为明显，上升趋势系数为 0.104，后者上升趋势系数

仅为 0.005。然而，中国向斯洛伐克的出口贸易占比增速总体为下降的趋势，其下降趋势系数为 -0.246。

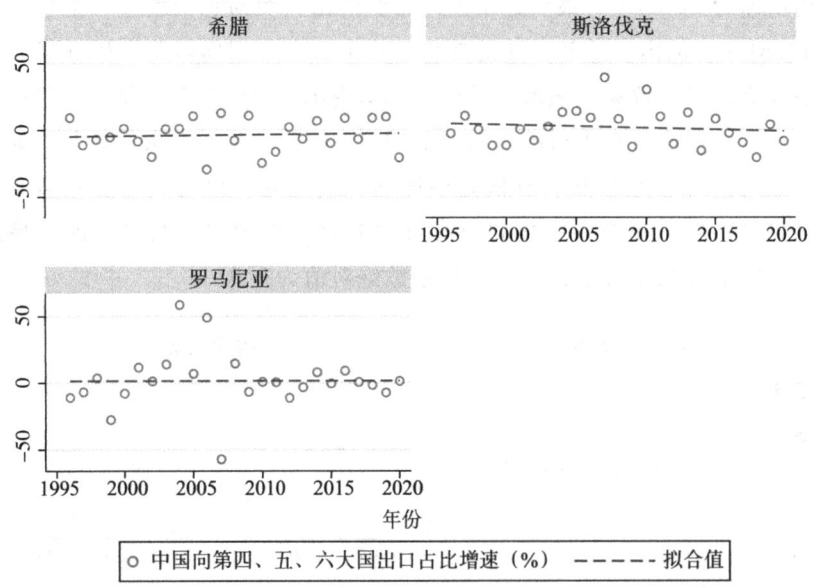

图 3.85　中国向中东欧第四、五、六大国出口占比增速差异

综上所述，在该三国中，中国向希腊出口的贸易规模最大。中国向罗马尼亚出口的贸易总额虽然低于希腊，但是其增长势头最强劲。中国向斯洛伐克出口的贸易占比增速最大，且对斯洛伐克的出口贸易占比的上升趋势最明显。因此，中国在向该三国进行出口贸易时，需要继续挖掘希腊和斯洛伐克的出口潜力，同时重点关注罗马尼亚这一目的市场，警惕对该三国出口贸易总额增速下降，以及对斯洛伐克的出口贸易占比增速下降等现实。

3）中国与中东欧其余八国的差异。

同样可以从出口总额、出口占比和出口增速等三个视角展开，以探讨中国向中东欧其余八个国家出口的差异。在出口总额方面，以样本期间平均的出口贸易总额进行测算，中国向中东欧其余八个国家出口的贸易总额位次从高到低依次为：斯洛文尼亚、塞尔维亚、克罗地亚、保加利亚、波黑、阿尔巴尼亚、北马其顿和黑山，中国向该八个国家出口的平均贸易总额分别为 12.50 亿美元、10.80 亿美元、9.12 亿美元、8.40 亿美元、3.22 亿美元、2.54 亿美元、2.05 亿美元和 1.94 亿美元。

从出口总额的时间变化趋势来看，由图 3.86 可以看出，中国向斯洛文尼亚、塞尔维亚、克罗地亚、保加利亚、波黑、阿尔巴尼亚、北马其顿和黑山等八大国家出口的贸易总额都呈现上升趋势。中国向出口总额排第一位的斯洛文尼亚出口的贸易总额上升趋势最强，上升趋势系数为0.141。第二位是中国向保加利亚出口的贸易总额上升趋势，其上升趋势系数为0.071。第三位是中国向塞尔维亚出口的贸易总额上升趋势，其上升趋势系数为0.063。第四位是中国向克罗地亚出口的贸易总额上升趋势，其上升趋势系数为0.061。第五位是中国向波黑出口的贸易总额上升趋势，其上升趋势系数为0.035。第六位是中国向阿尔巴尼亚出口的贸易总额上升趋势，其上升趋势系数为0.025。第七位是中国向北马其顿出口的贸易总额上升趋势，其上升趋势系数为0.022。第八位是中国向黑山出口的贸易总额上升趋势，其上升趋势系数为0.013。由此可以看出，中国向斯洛文尼亚出口的贸易总额不仅在出口总额上具有明显的优势，还在上升趋势上面具有显著的优势，其增长势头强劲，应该进一步扩展与斯洛文尼亚的出口规模。

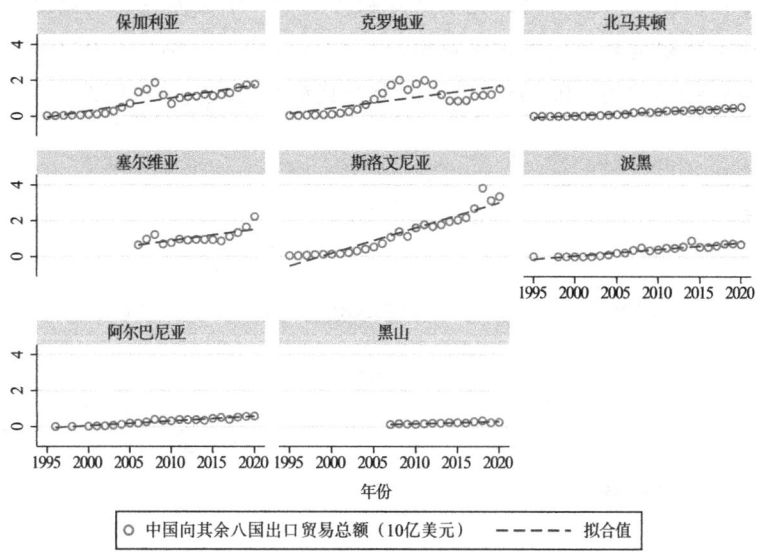

图 3.86　中国向中东欧其余八个国家的出口贸易总额差异

在出口占比方面，从样本期间的 1995—2020 年来看，中国向中东欧其余八个国家出口的平均贸易占比的位次从高到低依次为：斯洛文尼亚、克罗地亚、保加利亚、塞尔维亚、阿尔巴尼亚、波黑、北马其顿和黑山。中国向这八个中东欧国家出口的贸易占比分别为：3.27%、2.86%、2.40%、

1.94%、0.66%、0.65%、0.49%和0.35%。可以发现，中国向斯洛文尼亚出口，不仅在总额上排名第一，还在出口占比上排名第一，进一步说明斯洛文尼亚在中国出口到中东欧国家中的重要性，需要得到重点关注。

从出口占比的时间变化趋势来看，图3.87显示，中国向斯洛文尼亚、保加利亚、阿尔巴尼亚、波黑、北马其顿和黑山等六个国家的出口贸易占比总体都呈现幅度不大的上升趋势，而中国向克罗地亚和塞尔维亚等两个国家的出口贸易占比则显示了下降的势头。在中国向六个目的国出口的贸易占比呈上升趋势当中，中国向斯洛文尼亚的出口贸易占比上升趋势最为明显，上升趋势系数为0.051。紧随其后的是中国向波黑的出口贸易占比上升趋势，其上升趋势系数为0.049。第三位是中国向北马其顿的出口贸易占比上升趋势，其上升趋势系数为0.017。第四位是中国向阿尔巴尼亚的出口贸易占比上升趋势，其上升趋势系数为0.012。第五位是中国向黑山出口的贸易占比上升趋势，其上升趋势系数为0.005。第六位是中国向保加利亚出口的贸易占比上升趋势，其上升趋势系数仅为0.001。在中国向两个目的国出口的贸易占比呈下降趋势当中，中国向克罗地亚出口的贸易占比下降幅度高出向塞尔维亚出口的贸易占比下降幅度0.022%，前者的下降趋势系数为-0.045，后者的上升趋势系数仅为-0.023。

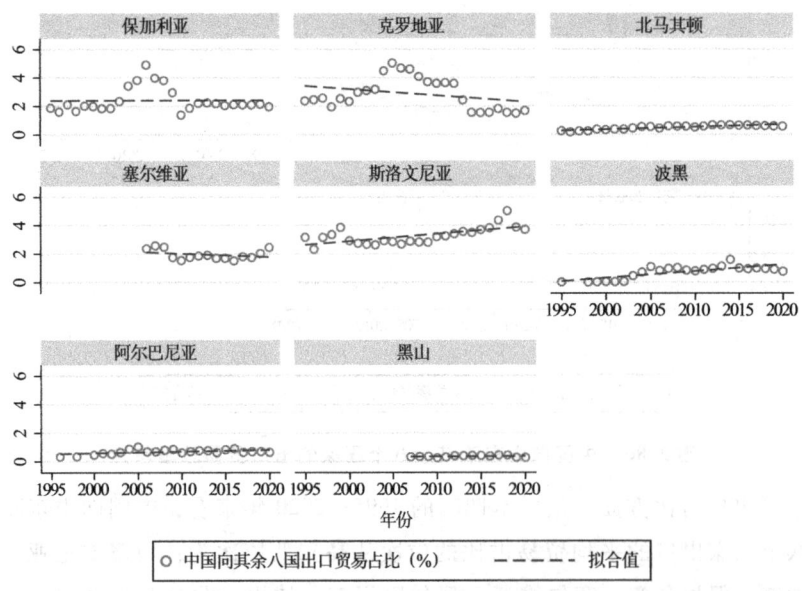

图3.87 中国向中东欧其余八个国家的出口贸易占比差异

在出口增速上的对比分析,同样可以从出口总额平均增速和出口占比增速等两个层面来阐述。在出口总额的增速上,在1995—2020年,中国向中东欧其余八个国家出口的贸易总额平均增速位次从高到低依次为波黑、北马其顿、保加利亚、阿尔巴尼亚、斯洛文尼亚、克罗地亚、黑山和塞尔维亚。中国向该八个国家出口的贸易总额平均增速依次为104.72%、23.56%、21.55%、21.41%、19.82%、18.65%、12.20%和11.82%。从这可以看出,中国向波黑无论是从出口总额还是从出口占比上来看,其位次都比较靠后。但是从出口总额的增速来看,中国向波黑的出口贸易总额平均增速最快,也说明了中国与波黑之间的出口贸易潜在增速不低。

从出口总额增速的时间变化趋势来看,如图3.88所示①,除了中国向塞尔维亚出口的贸易总额增速为上升趋势之外,中国与其余七国出口的贸易总额的增速都为下降趋势。

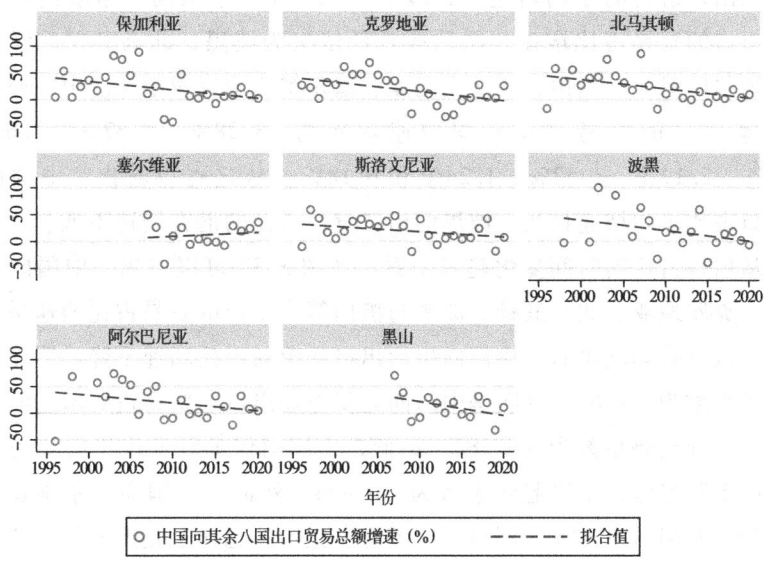

图 3.88 中国向中东欧其余八个国家的出口贸易总额增速差异

其中,中国向塞尔维亚出口贸易总额增速的上升趋势明显,其上升趋势系数为0.712。在中国向其余七个目的国出口贸易总额增速下降趋势的

---

① 与该小节中中国与中东欧其余八个国家的双边贸易总额和占比的增速一样,在不改变变化趋势的情形下,为了更直观地绘制变化趋势图,图3.49和图3.50都删除了进口总额增速和进口占比增速超过100%的观察值。

样本中，中国向黑山出口贸易总额增速下降的趋势最明显，下降趋势系数为 -2.571。第二位是中国向克罗地亚出口贸易总额增速的下降趋势，其下降趋势系数为 -1.724。第三位是中国向北马其顿出口贸易总额增速的下降趋势，其下降趋势系数为 -1.718。第四位是中国向保加利亚出口贸易总额增速的下降趋势，其下降趋势系数为 -1.592。第五位是中国向斯洛文尼亚出口贸易总额增速的下降趋势，其下降趋势系数为 -0.976。第六位是中国向波黑出口贸易总额增速的下降趋势，其下降趋势系数为 -0.958。第七位是中国向阿尔巴尼亚出口贸易总额增速的下降趋势，其下降趋势系数为 -0.739。

从出口贸易总额的增速来看，中国向波黑的出口贸易总额平均增速最快，下降趋势不明显，再次说明了中国与波黑之间不低的出口贸易潜力。此外，中国还需要继续扩大向塞尔维亚的出口规模。

在出口占比的平均增速上，1995—2020 年，中国向中东欧其余八个国家出口的贸易占比增速位次从高到低依次为波黑、北马其顿、保加利亚、阿尔巴尼亚、黑山、斯洛文尼亚、塞尔维亚和克罗地亚。中国向该八个国家出口的贸易占比平均增速依次为 63.28%、4.67%、2.60%、2.38%、2.17%、1.52%、1.24% 和 0.18%。从这可以看出，中国向波黑出口占比平均增速最快，波黑的出口贸易占比的潜在增速不低。

从出口占比的时间变化趋势来看，从图 3.89 可以看出，中国向保加利亚、克罗地亚、北马其顿、波黑与黑山等国出口的贸易占比增速呈下降趋势。从下降幅度来看，中国向黑山出口的贸易占比增速下降最明显，下降趋势系数为 -1.62，其次是中国向克罗地亚出口的贸易占比增速的下降趋势，下降趋势系数为 -0.582。最低是中国向保加利亚出口的贸易占比增速的下降趋势，下降趋势系数为 -0.424。然而，中国向塞尔维亚、斯洛文尼亚和阿尔巴尼亚等国出口的贸易占比增速总体上是上升的态势。其中，中国向塞尔维亚出口的贸易占比增速的上升趋势最明显，上升趋势系数为 1.471。其次是中国向阿尔巴尼亚出口的贸易占比增速的上升趋势，其上升趋势系数为 0.298。上升趋势最不明显的是中国向斯洛文尼亚出口的贸易占比增速，其上升趋势仅为 0.048。

综上所述，中国在扩大对中东欧其余八个国家的出口规模时，还需要对目的市场进行区别对待。比如，继续维持斯洛文尼亚在这八个中东欧国家中的优势地位。进一步挖掘中国与波黑、塞尔维亚等国之间的出口贸易潜力。同时，还需要警惕中国对除塞尔维亚之外的七个国家出口贸易总额增速下降的问题。

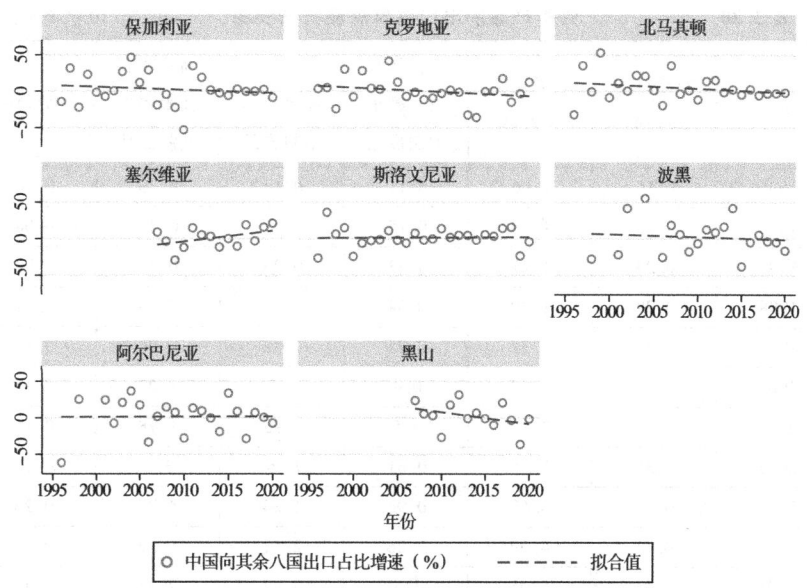

图 3.89　中国向中东欧其余八个国家的出口贸易占比增速差异

3.3.3　中国向中东欧国家出口不同类型产品的现状

（1）按照 Basu（2011）的产品分类

1）六种不同类型产品的出口贸易总额与增长率

表 3.20 显示了六种不同类型产品的出口贸易总额及其平均增长率情况。总体来看，对于六种不同技术和技能含量的产品，中国与中东欧国家大部分年份的出口贸易额都在 6 亿美元以上。其中，高技能和技术密集型制成品的出口贸易均值最高，高达 148 亿美元。其次是中技能和技术密集型制成品的出口贸易额，其均值为 79.3 亿美元。第三是资源密集型产品的出口贸易额，其均值为 75.9 亿美元。第四是低技能和技术密集型制成品的出口贸易额，其均值为 29 亿美元。第五位是非燃料初级产品的出口贸易额，其均值为 10.2 亿美元。第六是矿物燃料的出口贸易额，其均值为 6.8 亿美元。从中可以看出，在 1995—2020 年，中国与中东欧的出口贸易标的最多的是高技能和技术密集型制成品，其均值是排在第二位的中技能和技术密集型制成品的近双倍，为 1.87 倍，是排在第三位的低资源密集

型产品的 1.95 倍。从这一点可以得到启示，中国需要进一步发展与中东欧国家的高技能和技术密集型制成品的出口贸易，以增加出口贸易额。

表 3.20 六类产品的出口贸易总额与增长率 单位：10 亿美元,%

年份	非燃料初级产品	资源密集型产品	低技能和技术密集型制成品	中技能和技术密集型制成品	高技能和技术密集型制成品	矿物燃料
1995	0.16	0.96	0.11	0.14	0.26	0.06
1996	0.19	1.08	0.15	0.2	0.38	0.08
1997	0.23	1.21	0.23	0.23	0.46	0.09
1998	0.28	1.39	0.34	0.36	0.83	0.11
1999	0.27	1.37	0.25	0.42	0.94	0.11
2000	0.29	1.92	0.4	0.7	1.22	0.13
2001	0.35	2.19	0.5	0.93	1.78	0.14
2002	0.37	2.75	0.61	1.34	3.1	0.18
2003	0.55	3.62	0.94	1.84	4.77	0.26
2004	0.57	4.09	1.26	2.51	5.52	0.33
2005	0.64	5.05	1.8	3.37	7.34	0.42
2006	0.81	8.37	2.1	4.7	10.63	0.63
2007	1.28	8.26	3.8	7.87	15.23	0.98
2008	1.46	10.32	5.03	10.44	20.24	1.44
2009	1	8.4	3.65	7.94	17.72	1.12
2010	1.29	9.29	3.92	9.41	24.86	0.98
2011	1.65	11.04	4.03	10.94	25.86	0.89
2012	1.41	10.18	4.05	10.4	22.05	0.85
2013	1.52	10.28	4.03	11.21	21.62	0.89
2014	1.69	10.98	4.72	12.88	24.37	0.97
2015	1.54	10.12	4.36	13.09	24.65	0.99
2016	1.42	11.16	4.51	14.26	24.18	1.03
2017	1.54	13.15	5	16.23	24.25	1.19
2018	2.14	16.17	6.14	19.45	30.17	1.29
2019	1.97	16.92	6.51	21.17	32.94	1.26
2020	1.8	17.1	6.9	24.12	39.41	1.22
均值	1.02	7.59	2.90	7.93	14.80	0.68
平均增速	22.86	19.50	23.79	18.53	17.73	37.18

从出口贸易额的增长率来看，中国与十四个中东欧国家关于六类不同产品的出口贸易都呈现出增长的趋势，平均增长率都在17%以上。其中，中国与中东欧关于矿物燃料的出口贸易额增长率排在首位，平均增长率为37.18%。其次是低技能和技术密集型制成品的出口贸易额增长率，其均值为23.79%。第三是非燃料初级产品的出口贸易额增长率，其均值为22.86%。第四是资源密集型产品的出口贸易额增长率，其均值为19.50%。第五是中技能和技术密集型制成品的出口贸易额增长率，其均值为18.53%。最后是高技能和技术密集型制成品的出口贸易额增长率，其均值为17.73%。从中可以看出，在出口贸易总额增长率方面，中国与中东欧国家在矿物燃料的出口贸易上位居六类不同产品的首位。由此可见，中国向中东欧国家出口的矿物燃料虽然最少，但是其增速最高。出口贸易额排在第一位的高技能和技术密集型制成品的出口增长率最低，其平均增速仅为17.73%，需要得到重点关注。

为了进一步细化六大类产品出口贸易额及其增长率的时间变化趋势，本小节还逐一对此进行图形刻画，如图3.90和图3.91所示。

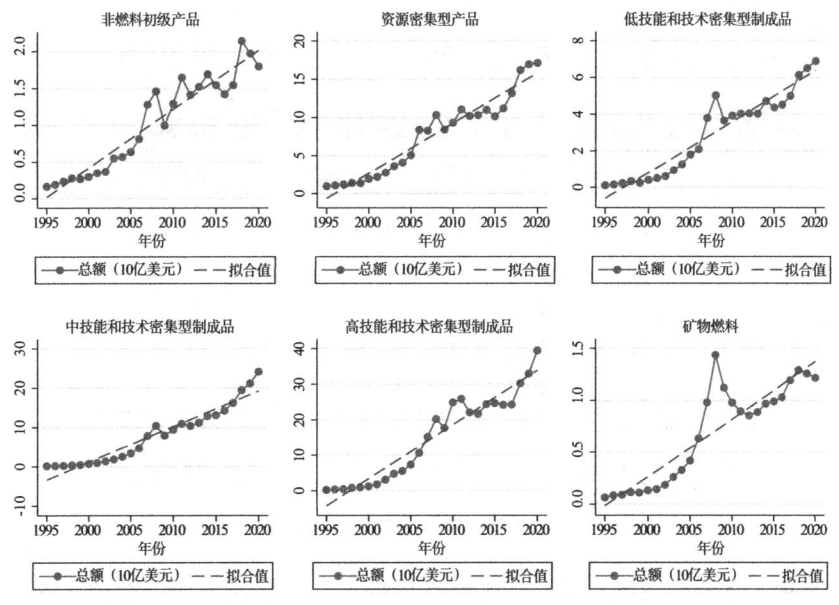

图3.90 六大类产品的出口贸易总额演化趋势

从图3.90可以发现：中国与十四个中东欧国家在六种不同技术和技能含量的产品上，其出口贸易额都呈现出非常明显的上升趋势，且其上升趋势依不同技术和技能含量产品存在显著差异。

从上升趋势系数来看,高技能和技术密集型制成品出口贸易总额的上升趋势最明显,其上升趋势系数高达1.522。紧随其后的是中技能和技术密集型制成品出口贸易总额的上升趋势,其上升趋势系数为0.906。排在第三位的是资源密集型产品出口贸易总额的上升趋势,其上升趋势系数为0.657。排在第四位的是低技能和技术密集型制成品出口贸易总额的上升趋势,其上升趋势系数为0.279。排在第五位的是非燃料初级产品的出口贸易总额上升趋势,其上升趋势系数为0.080。排在第六位的是矿物燃料的出口贸易总额上升趋势,其上升趋势系数为0.056。

再来看六种不同技术和技能含量产品的出口贸易额增速的变化趋势,如图3.91所示。从图3.91可以看出,中国与十四个中东欧国家在六种不同技术和技能含量产品的出口贸易额增速都呈现出非常明显的下降趋势,且其下降趋势依不同技术和技能含量产品存在显著差异。

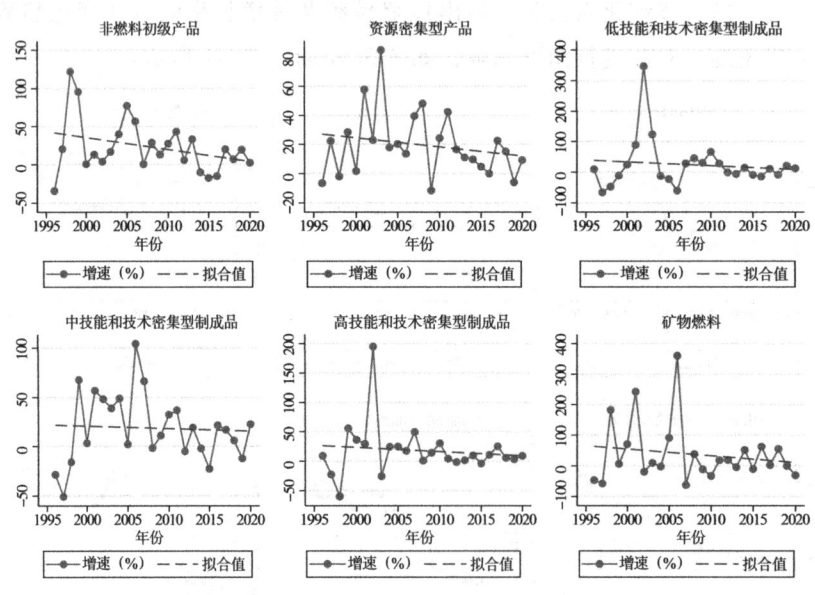

图3.91 六大类产品的出口贸易增速演化趋势

从下降趋势系数来看,矿物燃料出口贸易额增速的下降趋势最明显,其下降趋势系数为－2.186。紧随其后的是非燃料初级产品的出口贸易额增速的下降趋势,其下降趋势系数为－1.560。排在第三位的是低技能和技术密集型制成品出口贸易额增速的下降趋势,其下降趋势系数为

-1.226。排在第四位的是高技能和技术密集型制成品出口贸易额增速的下降趋势，其下降趋势系数为-0.710。排在第五位的是资源密集型产品出口贸易额增速的下降趋势，其下降趋势系数为-0.619。最后一位是中技能和技术密集型制成品出口贸易额增速的下降趋势，其下降趋势系数为-0.253。

综上所述，在六种不同技术和技能含量产品的出口贸易中，无论出口贸易总额，还是出口贸易总额的上升趋势，中国与十四个中东欧国家在高技能和技术密集型制成品上的出口贸易总额最大，出口贸易总额的上升趋势最明显。因此，中国在发展与中东欧国家双边贸易关系时，需要继续扩大在高技能和技术密集型制成品上的出口贸易规模，并且警惕其增速的下降趋势。

2）六种不同类型产品的出口贸易额占比与增长率

表3.21简单描述了六种不同类型产品的出口贸易额占比及其平均增长率情况。总体来看，对于六种不同技术和技能含量的产品，中国与中东欧国家大部分年份的出口贸易额占当期中国出口贸易总额的平均比重16.67%。其中，高技能和技术密集型制成品的出口贸易额占比均值最高，占比接近四成，为37.105%。其次是资源密集型产品的出口贸易额占比，其均值为29.00%。第三是中技能和技术密集型制成品的出口贸易额占比，其均值为18.76%。第四是低技能和技术密集型制成品的出口贸易额占比，其均值为8.34%。第五位是非燃料初级产品的出口贸易占比，其均值为4.41%。最后一位是矿物燃料的出口贸易占比，其均值为2.40%。与不同产品的出口总额的差异主要在于第二、三位产品。在1995—2020年，中国向中东欧出口贸易额占比排在第二、三位分别是资源密集型产品和中技能和技术密集型制成品，而对应的中国向中东欧国家出口总额排在第二、三位分别是中技能和技术密集型制成品和资源密集型产品。由此可见，中国向中东欧国家出口的高技能和技术密集型制成品的出口贸易总额不仅最高，而且其出口占比也最高。因此，中国在发展与中东欧国家出口贸易关系时，继续提高高技能和技术密集型制成品的出口贸易额占比是常规议题。

从出口贸易额占比的增长率来看，中国与十四个中东欧国家关于六类不同产品的出口贸易额占比的平均增长率为7.12%。其中，中国与中东欧关于矿物燃料的出口贸易占比增长率排在首位，平均增长率为20.65%。其次是非燃料初级产品的出口贸易占比增长率，其均值为

表 3.21　六类产品的出口贸易额占比与平均增速（增长率）　　单位:%

年份	非燃料初级产品	资源密集型产品	低技能和技术密集型制成品	中技能和技术密集型制成品	高技能和技术密集型制成品	矿物燃料
1995	9.62	56.64	6.55	7.95	15.46	3.78
1996	9.12	51.84	7.16	9.44	18.35	4.08
1997	9.5	49.47	9.24	9.26	18.8	3.72
1998	8.35	42.06	10.18	10.76	25.2	3.45
1999	7.94	40.77	7.44	12.59	27.96	3.29
2000	6.3	41.12	8.62	14.96	26.18	2.82
2001	5.91	37.12	8.53	15.75	30.25	2.44
2002	4.38	32.94	7.26	16.05	37.17	2.21
2003	4.59	30.2	7.87	15.34	39.81	2.18
2004	3.98	28.62	8.85	17.58	38.68	2.29
2005	3.43	27.15	9.65	18.11	39.42	2.24
2006	2.99	30.73	7.7	17.24	39.02	2.33
2007	3.42	22.07	10.15	21.05	40.7	2.62
2008	2.99	21.09	10.28	21.33	41.38	2.93
2009	2.5	21.08	9.17	19.94	44.49	2.82
2010	2.59	18.67	7.88	18.91	49.98	1.97
2011	3.02	20.28	7.4	20.12	47.53	1.64
2012	2.89	20.8	8.27	21.26	45.04	1.74
2013	3.07	20.75	8.13	22.62	43.64	1.79
2014	3.04	19.75	8.48	23.16	43.83	1.74
2015	2.82	18.49	7.97	23.91	45.01	1.81
2016	2.51	19.73	7.98	25.22	42.75	1.82
2017	2.51	21.43	8.14	26.45	39.52	1.95
2018	2.84	21.46	8.14	25.81	40.04	1.71
2019	2.44	20.95	8.06	26.2	40.79	1.56
2020	1.98	18.89	7.62	26.64	43.53	1.34
均值	4.41	29.00	8.34	18.76	37.10	2.40
平均增速	10.47	6.55	3.37	0.86	0.84	20.65

10.47%。第三是资源密集型产品的出口贸易占比增长率,其均值为6.55%。第四是低技能和技术密集型制成品的出口贸易占比增长率,其均值为3.37%。第五是中技能和技术密集型制成品的出口贸易占比增长率,其均值为0.86%。最后是高技能和技术密集型制成品的出口贸易占比增长率,其均值为0.86%。从中可以看出,在出口贸易占比及其增长率方面,虽然中国与中东欧国家在高技能和技术密集型制成品的出口贸易占比上占优势,但其出口贸易占比增速最慢。这也说明,虽然中国与中东欧国家在高技能和技术密集型制成品的出口贸易额与占比最高,但还需关注其较慢增长率。出口贸易额最低的矿物燃料出口贸易占比增长率最高,需得到重点关注。

为了进一步细化六大类产品出口贸易额占比及其增长率的时间变化趋势,本小节还逐一对此进行图形刻画,如图 3.92 和图 3.93 所示。

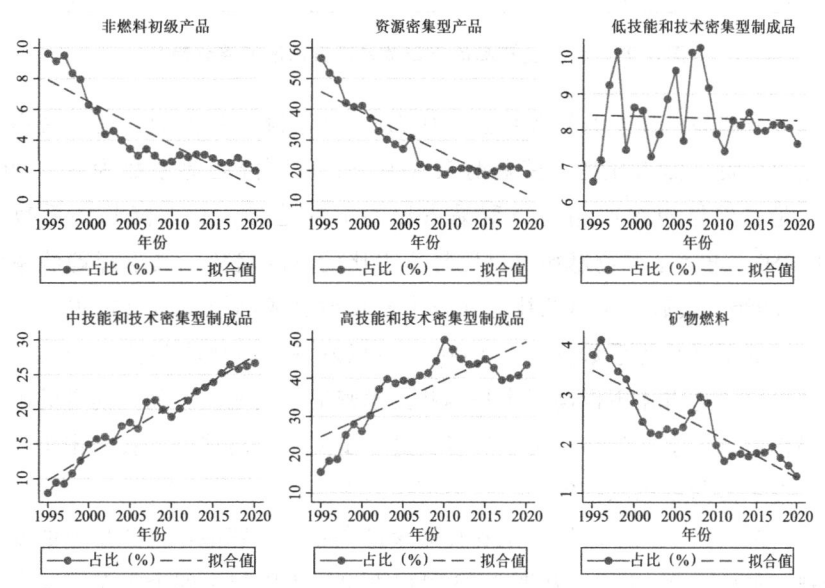

图 3.92　六大类产品的出口贸易额占比演化趋势

从图 3.92 可以发现,中国与十四个中东欧国家在六种不同技术和技能产品中,除了中、高技能和技术密集型制成品出口贸易额占比呈上升趋势以外,其余四种产品的出口贸易额占比都呈下降趋势。在上升趋势方面,高技能和技术密集型制成品出口贸易额占比的上升趋势最为明显,其上升趋势系数为 0.990。其次是中技能和技术密集型制成品双边贸易额占

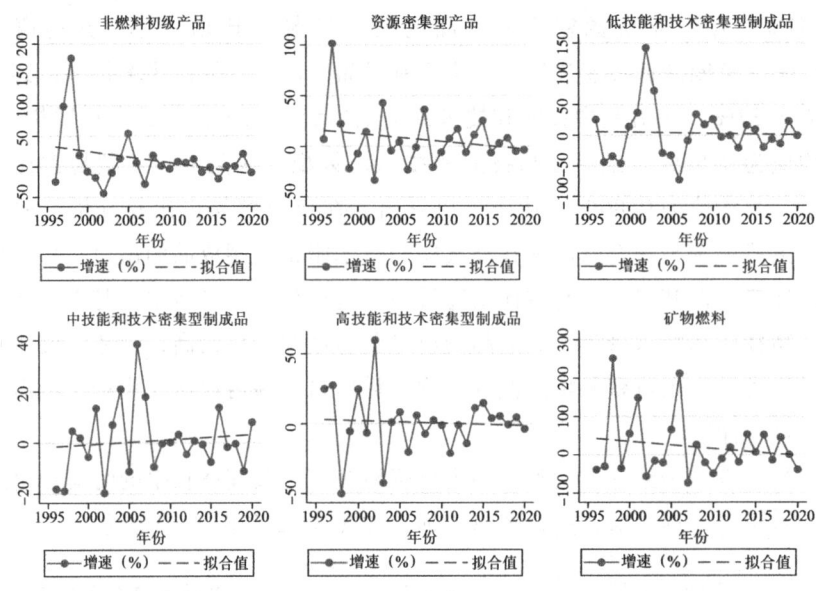

图 3.93 六大类产品的出口贸易额占比增速演化趋势

比的上升趋势,其上升趋势系数为 0.718。在下降趋势方面,资源密集型产品出口贸易额占比的下降趋势最为明显,其下降趋势系数为 -1.336。其次是非燃料初级产品出口贸易占比的下降趋势,其下降趋势系数为 -0.280。再次是矿物燃料出口贸易占比的下降趋势,其下降趋势系数为 -0.086。最后一位是低技能和技术密集型制成品出口贸易额占比的下降势,其下降趋势系数仅为 -0.006。可以发现,高技能和技术密集型制成品出口贸易占比不但高于中技能和技术密集型制成品,而且前者的出口贸易额占比的上升趋势也强于后者,进一步反映出高技能和技术密集型制成品在中国与中东欧国家出口贸易额中的重要性。

再来看以上六种不同技术和技能含量产品出口贸易额占比增速的变化趋势,如图 3.93 所示。从图 3.93 可以看出,中国与十四个中东欧国家在六种不同技术和技能含量产品中,除了中技能和技术密集型制成品出口贸易额占比增速呈上升趋势以外,其余五种产品的出口贸易占比增速都呈现出下降趋势,且其下降趋势依不同技术和技能含量产品存在显著差异。从下降趋势来看,矿物燃料出口贸易占比增速的下降趋势最为明显,其下降趋势系数为 -1.875。紧随其后的是非燃料初级产品出口贸易额占比增速的下降趋势,其下降趋势系数为 -1.851。排在第三位是资源密集型产品出口贸易额占比增速的下降趋势，其下降趋势系数为 -0.764。排在第四位的是低技能和技术密集型制成品出口贸易额占比增速的下降趋势，其下降趋势系数为 -0.209。排在第五位的是高技能和技术密集型制成品出口贸易额占比增速的下降趋势，其下降趋势系数为 -0.180。

由此可见，高技能和技术密集型制成品的出口贸易额占比不但最高，而且其下降趋势也最缓。而对于中技能和技术密集型制成品来说，其出口贸易额占比仅低于高技能和技术密集型制成品和资源密集型产品，但是其出口贸易额占比增速呈上升趋势。矿物燃料的出口贸易额占比增速最高，其下降的趋势也最为明显。

综上所述，在六种不同技术和技能含量产品的出口贸易额中，中国与十四个中东欧国家在高技能和技术密集型制成品上的出口贸易总额与占比最高，其上升趋势最为明显，但是其出口贸易占比增速的下降趋势最缓慢。

总而言之，按照 Basu（2011）的产品分类方法，中国在发展与中东欧国家出口贸易关系时，在继续扩大在高技能和技术密集型制成品上的出口贸易规模的同时，警惕其出口贸易总额和占比等两个方面增速的下降趋势。此外，还需要重点关注资源密集型产品和中技能和技术密集型制成品的出口贸易。

（2）BEC Rev. 4 的产品分类

1）三种不同类型产品的出口贸易总额与增长率

表 3.22 显示了三种不同类型产品的出口贸易总额及其平均增长率情况。总体来看，在样本期间，对于这三种不同类型的产品，中国向中东欧国家样本的出口贸易额都在 50 亿美元以上，样本期间出口贸易额的均值为 69.20 亿美元。其中，中间产品的出口贸易额均值最高，高达 87.5 亿美元。其次是最终产品的出口贸易额，其均值为 65.9 亿美元。最后是资本品的出口贸易额，其均值为 54.2 亿美元。从中可以看出，1995—2020 年，中国向十四个中东欧国家出口最多的产品是中间产品，其均值为最终产品均值的 1.33 倍，是资本品均值的 1.61 倍。从这一点可以看出，在当前国际生产分工日益细化的全球化背景下，中国向十四个中东欧国家出口最多的产品依旧是中间产品，符合国际发展的大趋势。因此，中国需要进一步发展与中东欧国家的中间产品的出口贸易，以提高出口贸易额。

从出口贸易额的增长率来看，中国与十四个中东欧国家关于三类不同产品的出口贸易都呈现出增长的趋势，平均增长率都在 12% 以上。其中，与出口贸易额的均值不同，虽然资本品的出口贸易额均值最低，但是其平

表 3.22　在 BEC Rev.4 下三类产品的出口贸易额与增长率

单位：10 亿美元，%

年份	资本品	中间产品	最终产品
1995	0.05	0.37	0.96
1996	0.07	0.46	1.08
1997	0.07	0.57	1.23
1998	0.2	0.8	1.43
1999	0.13	0.9	1.41
2000	0.35	1.09	1.94
2001	0.36	1.36	2.22
2002	0.68	1.85	2.79
2003	1.52	2.53	3.68
2004	1.89	3.36	4.03
2005	2.29	4.51	4.76
2006	2.98	6.44	7.81
2007	6.4	9.76	7.09
2008	8.87	11.81	8.81
2009	7.48	8.97	7.3
2010	7.72	10.46	8.21
2011	7.32	12.47	9.65
2012	5.65	11.8	8.76
2013	6.84	12.01	8.82
2014	7.52	13.78	9.24
2015	8.4	13.59	8.52
2016	8.58	13.65	9.2
2017	9.88	17.19	10.59
2018	13.69	21.29	13.33
2019	15.04	21.87	13.82
2020	16.86	24.66	14.67
均值	5.42	8.75	6.59
平均增速	35.01	19.63	12.70

均增速最高，数值高达 35.01%，是中间产品平均增速的 1.78 倍，是最终产品平均增速的 2.76 倍。其次是中间产品，其出口贸易额平均增速为

19.63%。最后是最终产品,其出口贸易额平均增速为12.70%。

从中可以看出,中国向中东欧国家出口的中间产品的贸易额保持了较快的增长速度。资本品的出口贸易额的均值虽然最低,但是其平均增速最快。最终产品的出口贸易也表现出较快的增长速度。

为了进一步细化三大类产品出口贸易额及其增长率的时间变化趋势,本小节还逐一对此进行图形刻画,如图3.94和图3.95所示。从图3.94可以看出,中国与十四个中东欧国家在资本品、中间品和最终品的出口贸易总额上都呈现出非常明显的上升趋势。从波动幅度来看,中间产品出口贸易总额变化的波动幅度最高,其标准差为73.66亿美元。其次是资本品出口贸易总额变化的波动幅度,其标准差为49.86亿美元。最后是最终产品出口贸易波动幅度,其标准差为42.10亿美元。从上升趋势来看,中间产品出口贸易总额的增长趋势最为明显,其上升趋势系数高达0.927。其次是资本品出口贸易总额的增长趋势,其上升趋势系数为0.608。最后是最终产品出口贸易总额的增长趋势,其上升趋势系数为0.532。

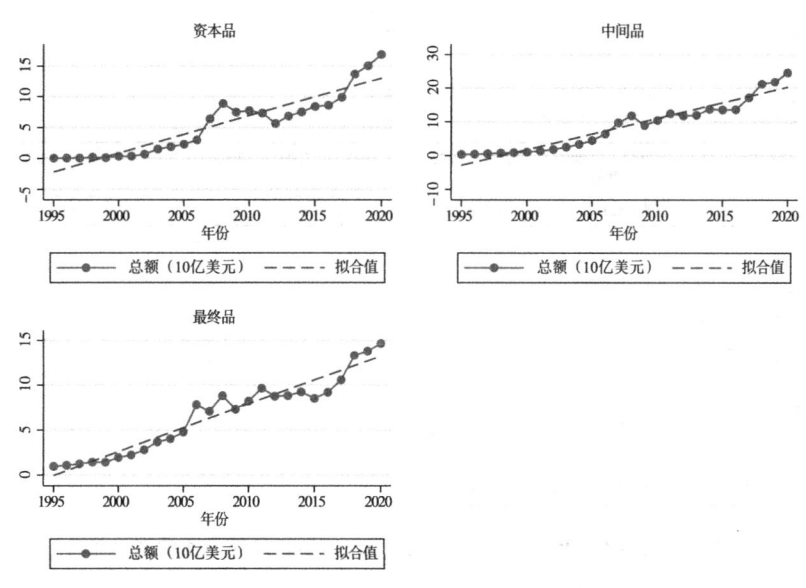

图 3.94　在 BEC Rev. 4 下三大类产品出口贸易总额演化趋势

从中可以发现,无论是从上升趋势还是变化波动幅度来看,中间品和资本品依旧体现出了较大的波动幅度和上升趋势,依旧是中国向十四个中东欧国家的出口的主要贸易标的,其次是最终产品。因此,在扩大中国与十四个中东欧国家最终产品出口贸易的同时,还需要继续保持和发展中国与十四个中东欧国家在中间产品和资本品,尤其是中间产品上的出口贸易关系。

再来看三种不同类型产品的出口贸易额增速的变化趋势,如图3.95所示。从图3.95可以看出,中国与十四个中东欧国家在三种不同类型产品的出口贸易额增速也都呈现出非常明显的下降趋势,且其下降趋势也存在显著的差异。从波动幅度来看,资本品出口贸易总额增速的波动幅度最大,标准差高达56.14%,最高值达到178.63%,最低值也低到-37.00%。其次是中间产品出口贸易总额增速的波动幅度,其标准差为17.19%。最后是最终产品出口贸易总额增速的波动幅度,其标准差为17.07%。从下降趋势系数来看,资本品出口贸易额增速的下降趋势最明显,其下降趋势系数为-2.963。其次是中间产品出口贸易额增速的下降趋势,其下降趋势系数为-1.085。最后是最终产品出口贸易额增速的下降趋势,其下降趋势系数为-0.617。

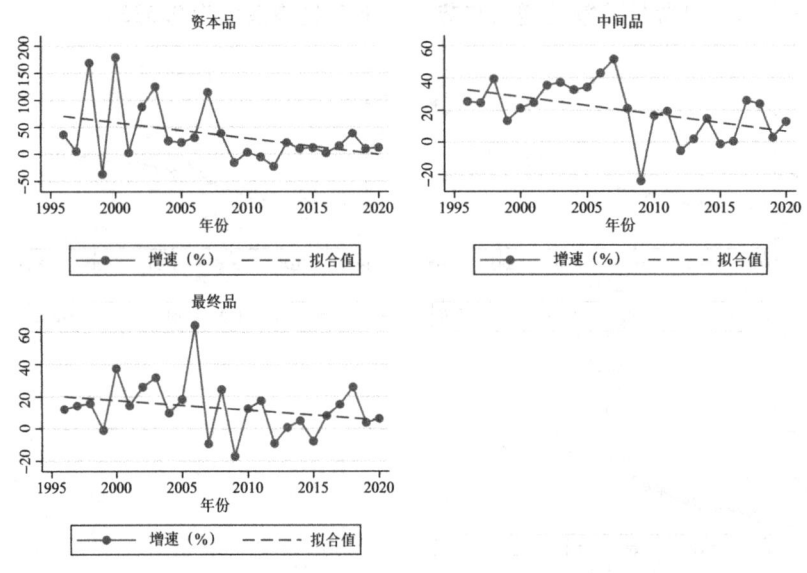

图3.95 在BEC Rev.4下三大类产品出口贸易总额增速的演化趋势

由此可见,无论是出口贸易总额增速的波动幅度还是下降趋势,变化最为明显的都是资本品。中间产品与最终产品出口贸易总额增速的波动幅度相差不大,其下降趋势也相对较小。因此,在中国发展与十四个中东欧国家关于资本品出口贸易时,仍需要警惕资本品出口贸易总额增速的下降趋势及其下降时的波动幅度。

综上所述，在三种不同类型产品的出口贸易额中，论其出口贸易总额、上升趋势以及上升变动的波动幅度，中国与十四个中东欧国家在中间产品上的表现最为明显。虽然资本品在出口贸易总额上最低，但是总额增长的平均增速最高，总额增速的波动幅度最大，且其下降的趋势最明显。因此，中国在发展与中东欧国家出口贸易关系时，不仅需要继续扩大中间产品、资本品以及最终产品出口贸易额，尤其是中间产品和资本品的出口贸易规模，还需要警惕三种不同类型产品出口贸易额增速的下降趋势。

2）三种不同类型产品的出口贸易额占比与增长率

表3.23简单描述了三种不同类型产品的出口贸易额占比及其平均增长率情况。总体来看，对于这三种类型的产品，中国与中东欧国家大部分年份的出口贸易额占当期中国出口贸易总额的比重都在19%以上，样本期间总样本的出口贸易占比均值为33.33%，标准差为14.13%。

表 3.23　在 BEC Rev.4 下三类产品的出口贸易额占比与增长率　　单位:%

年份	资本品	中间产品	最终产品
1995	3.78	26.48	69.74
1996	4.42	28.51	67.08
1997	3.98	30.41	65.61
1998	8.28	32.85	58.87
1999	5.18	36.99	57.84
2000	10.4	32.33	57.28
2001	9.15	34.62	56.23
2002	12.74	34.76	52.5
2003	19.69	32.77	47.54
2004	20.36	36.21	43.42
2005	19.81	38.99	41.2
2006	17.31	37.37	45.32
2007	27.53	41.98	30.48
2008	30.07	40.05	29.88
2009	31.49	37.77	30.74
2010	29.27	39.62	31.11
2011	24.86	42.37	32.77
2012	21.57	45.01	33.42

续表

年份	资本品	中间产品	最终产品
2013	24.72	43.41	31.87
2014	24.62	45.12	30.26
2015	27.52	44.56	27.92
2016	27.31	43.43	29.26
2017	26.25	45.65	28.11
2018	28.34	44.07	27.59
2019	29.65	43.11	27.24
2020	30	43.89	26.11
均值	19.93	38.55	41.52
平均增速	12.84	2.24	-3.51

分产品来看，平均而言，最终产品的出口贸易额占比最高，其均值为41.52%。其次是中间产品的出口贸易占比，其出口贸易占比均值为38.55%。最低的是资本品的出口贸易占比，其均值为19.93%。从中可以看出，在1995—2020年，中国向十四个中东欧国家出口贸易额占比最多的是最终产品，其均值为中间产品出口贸易占比均值的1.08倍，是资本品出口贸易额占比均值的2.08倍。从这一点可以看出，在当前国际生产分工日益细化的全球化背景下，中国向十四个中东欧国家出口贸易总额最多的虽然为中间产品，但是中间产品出口贸易额占比低于最终产品。对于最终产品来说，虽然其出口贸易总额低于中间产品，但是最终产品的出口贸易额占比最高，最终产品在中国向十四个中东欧国家的出口贸易额当中扮演了更为重要的角色。

从出口贸易额占比的增长率来看，中国向十四个中东欧国家出口的三类不同产品的贸易额占比变化趋势呈现不一的特点。其中，资本品的出口贸易占比均值虽然最低，但是其平均增速最高，数值高达12.81%，是中间产品平均增速的5.73倍。其次是中间产品的出口贸易额占比平均增速，其数值为2.24%。最后是最终产品，其出口贸易额平均增速为-3.51%。从中可以看出，中国向中东欧国家出口的资本品贸易额占比保持了较快的增长。此外，中间产品的出口贸易额占比增速也表现出上升的发展势头。

为细化三大类产品出口贸易额占比及其增长率的时间变化趋势，本节逐一对此进行图形刻画，如图3.96和图3.97所示。从图3.96可以看出，中国与十四个中东欧国家在资本品和中间产品上的出口贸易额占比都呈现出强劲的上升态势，在最终产品上的出口贸易额占比则呈现明显的下降势头。

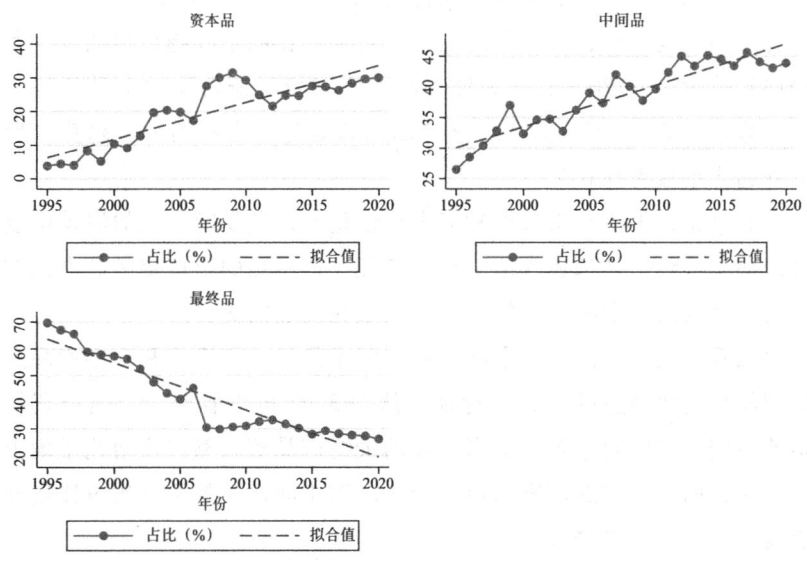

图 3.96　在 BEC Rev.4 下三大类产品出口贸易额占比演化趋势

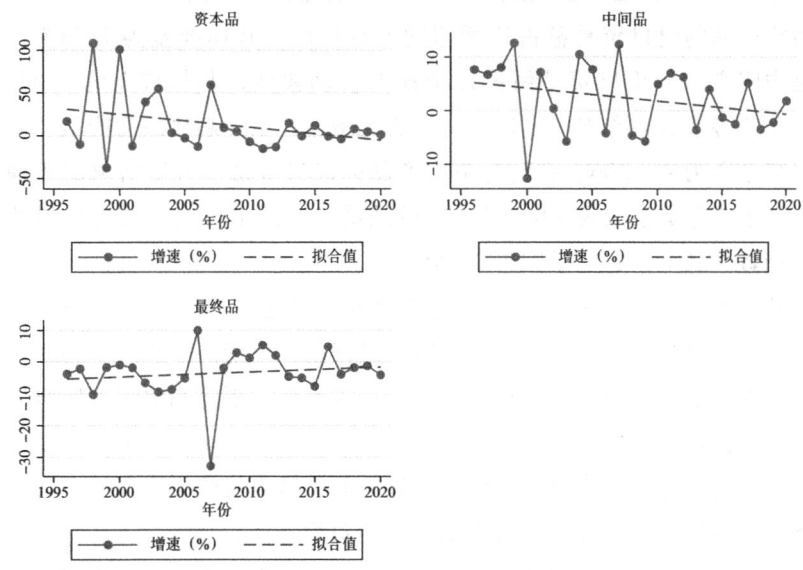

图 3.97　在 BEC Rev.4 下三大类产品出口贸易额占比增速演化趋势

从出口贸易额占比的波动幅度来看，最终产品的出口贸易额占比的下降波动幅度最大，标准差为 14.47%。资本品的出口贸易额占比的上升波动幅度次之，其标准差为 9.48%。最低的是中间产品的上升波动幅度，其标准差为 5.61%。从出口贸易额占比的变化趋势来看，与出口贸易占比上升波动幅度一样，最终产品的出口贸易占比的下降趋势最明显，其下降趋势系数为 -1.770。其次为资本品的出口贸易额占比的上升趋势，其上升趋势系数为 1.093，高于中间产品出口贸易占比的上升趋势，后者的上升趋势系数为 0.677。

由此可见，无论是出口贸易额占比还是出口贸易额占比的波动幅度和上升趋势，最终产品都表现出明显的特征。资本品的出口贸易额占比的上升波动幅度仅次于中间品，依旧显示出较为明显的优势。

再来看中国与十四个中东欧国家在资本品、中间产品和最终产品上的出口贸易额占比增速的差异性特征。从图 3.97 可以看出，与出口贸易总额增速不同，中国向中东欧国家出口的最终产品贸易额占比增速呈现上升演化势头，而向中东欧国家出口的资本品和中间产品的贸易额占比增速上则表现出明显的下降趋势。

从波动幅度来看，资本品的出口贸易占比增速的波动幅度最大，标准差高达 34.68%，最高值达到 108.13%，最低值也低到 -37.46%。其次是最终产品的出口贸易额占比增速的波动幅度，其标准差为 7.76%。最后是中间产品的出口贸易额占比增速的波动幅度，其标准差为 6.54%。从变化趋势来看，资本品出口贸易额占比增速的下降趋势最为明显，其下降趋势系数为 -1.506。其次是中间产品的出口贸易额占比增速的下降趋势，其下降趋势系数为 -0.242。最后是最终产品出口贸易额占比增速的上升趋势，其上升趋势系数为 0.155。

从中可以看出，无论是出口贸易额占比增速的波动幅度还是变化趋势，资本品都显示出最大的波动幅度和最强的下降趋势。出口贸易额占比增速最低的最终产品，其波动幅度仅次于资本品，下降趋势最不明显。而出口贸易额占比增速仅次于最终产品的中间产品，其出口贸易额占比增速的波动幅度最低，其下降趋势仅次于资本品，这也反映出中国与十四个中东欧国家在中间产品出口贸易关系上的相对稳定性和依赖性。

综上所述，在三种不同类型产品的出口贸易额占比中，无论出口贸易额占比的上升趋势及其波动幅度，中国与十四个中东欧国家在最终产品上的出口贸易额占比最高,上升趋势最强,波动幅度最大,而在资本品上的出口贸易占比增速则体现出下降趋势最强且波动幅度最大的特征。

总而言之,在 BEC Rev. 4 下的资本品、中间产品和最终产品上,中国与十四个中东欧国家的出口贸易总额最多的是中间产品,然后依次是最终产品和资本品。但是,虽然资本品的出口贸易总额最低,但是在出口贸易总额增长的平均增速、出口贸易总额增速的波动幅度、出口贸易总额增速的下降趋势、出口贸易占比增速的波动幅度、出口贸易占比增速的下降趋势等方面,都表现出最为明显的特征。中间产品出口贸易占比增速的波动幅度最低。中国与十四个中东欧国家在中间产品上的出口贸易关系相对稳定。

(3) Rauch (1999) 的产品分类

1) 三种不同类型产品的出口贸易总额与增长率

表 3.24 汇报的是 Rauch (1999) 下"保守"分类法和"自由"分类法下三种不同类型产品的出口贸易总额及其平均增长率情况。从两种分类法下的各自总样本来看,无论是"保守"分类法还是"自由"分类法,中国与中东欧国家在三种不同类型产品出口贸易额均值都在 40 亿美元以上。在"保守"分类法下,差异化产品出口贸易额均值最高,高达 122.7 亿美元,是参考价格产品出口贸易额均值的 23.15 倍,是同质化产品出口贸易额均值的 122.7 倍。其次是参考价格产品,其出口贸易额均值为 5.3 亿美元。最低是同质化产品,其出口贸易额均值为 1 亿美元。

表 3.24　在 Rauch (1999) 下三类产品的双边贸易额与增长率

单位:10 亿美元,%

年份	"保守"分类法			"自由"分类法		
	同质化产品	参考价格产品	差异化产品	同质化产品	参考价格产品	差异化产品
1995	0.03	0.08	0.43	0.05	0.05	0.43
1996	0.03	0.1	0.55	0.05	0.08	0.54
1997	0.03	0.1	0.62	0.05	0.09	0.62
1998	0.04	0.12	0.86	0.05	0.12	0.85
1999	0.03	0.11	0.95	0.05	0.1	0.94
2000	0.03	0.15	1.5	0.07	0.16	1.45
2001	0.03	0.19	2.01	0.07	0.2	1.96
2002	0.04	0.19	3.27	0.08	0.23	3.19
2003	0.04	0.25	4.95	0.11	0.34	4.78

续表

年份	"保守"分类法			"自由"分类法		
	同质化产品	参考价格产品	差异化产品	同质化产品	参考价格产品	差异化产品
2004	0.05	0.31	5.66	0.12	0.44	5.45
2005	0.06	0.36	6.51	0.15	0.57	6.19
2006	0.09	0.49	10.25	0.21	0.89	9.73
2007	0.13	0.62	12.71	0.29	1.05	12.12
2008	0.1	0.81	16.63	0.31	1.17	16.07
2009	0.06	0.51	13.64	0.15	0.75	13.31
2010	0.08	0.66	16.98	0.19	0.87	16.66
2011	0.12	0.8	17.86	0.24	0.92	17.6
2012	0.11	0.69	17.98	0.23	0.88	17.67
2013	0.18	0.73	18.19	0.3	0.93	17.87
2014	0.2	0.82	20.82	0.33	1.15	20.36
2015	0.15	0.83	20.26	0.25	1.19	19.8
2016	0.16	0.79	20.77	0.24	1.26	20.23
2017	0.16	0.92	19.47	0.26	1.42	18.87
2018	0.23	1.03	26.32	0.35	1.72	25.51
2019	0.17	1.03	28.92	0.26	1.48	28.38
2020	0.15	1.1	30.96	0.24	2.16	29.8
均值	0.10	0.53	12.27	0.18	0.78	11.94
平均增速	10.75	12.73	20.39	8.77	18.39	20.2

与"保守"分类法类似,"自由"分类法下的三种产品出口贸易额均值由高到低的位次依旧为差异化产品、参考价格产品和同质化产品,其出口贸易额均值分别为119.4亿美元、7.8亿美元和1.8亿美元。其中,差异化产品出口贸易额均值是参考价格产品出口贸易额均值的15.31倍,是同质化产品出口贸易额均值的66.33倍。由此可见,中国向十四个中东欧国家的出口产品类型是以差异化产品为主。

从平均增速来看,无论是"保守"分类法还是"自由"分类法,差异化产品出口贸易额的平均增速最高,其次是参考价格产品出口贸易额的平均增速,最低是同质化产品出口贸易额的平均增速。在"保守"分类法下,差异化产品出口贸易额平均增速与参考价格产品出口贸易额平均增速的差距较大,差距达到7.66%。而参考价格产品出口贸易额平均增速与同质化产品出口贸易额平均增速的差距较小,差距仅为1.98%。与在

"保守"分类法下的产品不同,在"自由"分类法下的差异化产品出口贸易额平均增速与参考价格产品出口贸易额平均增速的差距较小,差距仅为1.81%。而参考价格产品出口贸易额平均增速与同质化产品出口贸易额平均增速的差距较大,差距高达9.62%。

由此可见,中国与十四个中东欧国家在差异化产品上的出口贸易额更加体现为集约边际上的扩张,即出口贸易集中于少数 SITC 四位码种类产品数量增加,且其增长的速度也更快。而对于参考价格产品和同质化产品来说,出口贸易额的扩张更多体现为扩展边际上的扩张,即这两种产品出口贸易集中于更多 SITC 四位码种类的增加。其中,在"保守"分类下参考价格产品的平均增速快于在"自由"分类下的同种产品。同样,在"保守"分类下的同质化产品的平均增速高于在"自由"分类下的同种产品。

为了进一步细化在"保守"分类法下和"自由"分类法下三大类产品出口贸易额及其增长率的时间变化趋势,本小结还逐一对此进行图形刻画,如图 3.98 至图 3.101 所示。

先看在"保守"分类法下的三种产品出口贸易总额的演化趋势。从图 3.98 可以看出,中国与十四个中东欧国家在同质化产品、参考价格产品和差异化产品的出口贸易总额上也都呈现出非常明显的上升趋势。

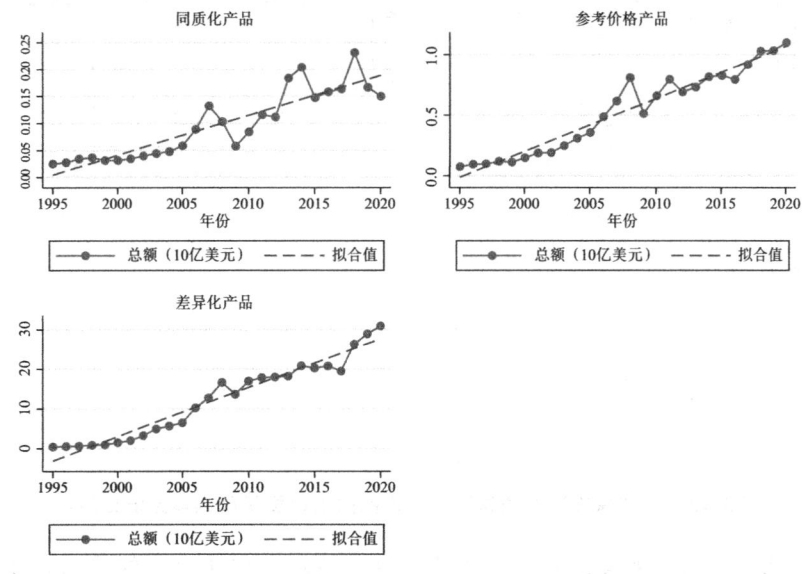

图 3.98　在"保守"分类法下三类产品的出口贸易总额演化趋势

从波动幅度来看，差异化产品出口贸易总额变化的波动幅度最高，其标准差为96.66亿美元，最大值高达309.59亿美元，最小值为4.04亿美元。其次是参考价格产品出口贸易总额变化的波动幅度，其标准差为3.42亿美元。最后是同质化产品出口贸易波动幅度，其标准差为0.63亿美元。

从上升趋势来看，差异化产品出口贸易总额的增长趋势最为明显，其上升趋势系数高达1.233。其次是参考价格产品出口贸易总额的增长趋势，其上升趋势系数为0.043。最后是同质化产品出口贸易总额的增长趋势，其上升趋势系数为0.007。

由此可见，差异化产品不但出口贸易总额变化的波动幅度最大，而且其出口贸易总额的增长趋势也最为强劲，其增长势头是参考价格产品的28.67倍，是同质化产品的176.14倍。

再来看在"保守"分类法下同质化产品、参考价格产品和差异化产品的出口贸易总额增速的演化趋势。从图3.99可以看出，三种不同类型产品出口贸易总额增速都呈现出下降的态势，且存在明显差异。

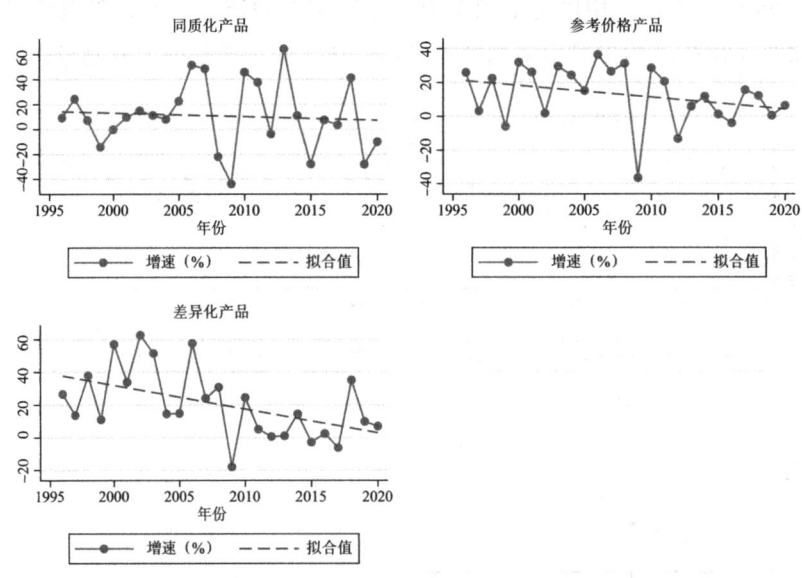

图3.99　在"保守"分类法下三类产品的出口贸易总额增速演化趋势

从波动幅度来看，同质化产品出口贸易总额增速变化的波动幅度最大，标准差高达27.16%，最高值达到64.39%，最低值也低为-43.94%。

其次是差异化产品出口贸易总额增速变化的波动幅度,其标准差为21.31%。最后是参考价格产品出口贸易总额增速变化的波动幅度,其标准差为17.05%。

从下降趋势系数来看,差异化产品出口贸易总额增速的下降趋势最为明显,其下降趋势系数为-1.449。紧随其后的是参考价格产品出口贸易总额增速的下降趋势,其下降趋势系数为-0.700。最后是同质化产品出口贸易总额增速的下降趋势,其下降趋势系数为-0.286。

由此可见,在"保守"分类法下,同质化产品出口贸易总额增速的波动幅度虽然最大,但是其下降趋势最为平缓,下降趋势系数仅为差异化产品的0.20倍。差异化产品出口贸易总额增速的下降趋势最为明显。

最后看在"自由"分类法下的三种不同类型产品出口贸易总额的演化趋势。从图3.100可以看出,中国与十四个中东欧国家在同质化产品、参考价格产品和差异化产品的出口贸易总额上都显示出较为明显的上升趋势。

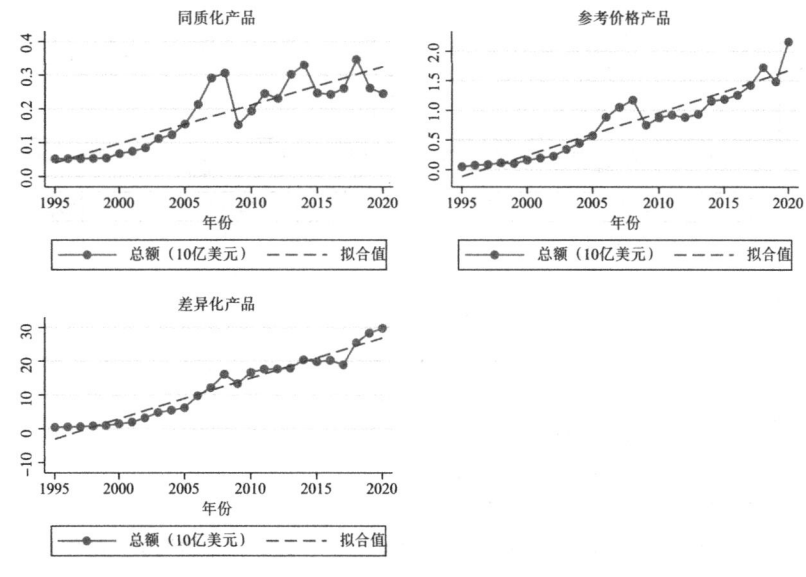

图3.100 "自由"分类法下三类产品的出口贸易总额演化趋势

从波动幅度来看,与在"保守"分类法下的产品一样,差异化产品出口贸易总额变化的波动幅度最高,其标准差为94.15亿美元,最大值高达298.02亿美元,最小值为4.31亿美元。其次是参考价格产品出口贸易总额变化的波动幅度,其标准差为5.77亿美元。最后是同质化产品出口贸易波动幅度,其标准差为1亿美元。

从上升趋势来看,差异化产品出口贸易总额的增长趋势依旧最为明显,其上升趋势系数高达1.201。其次是参考价格产品出口贸易总额的增长趋势,其上升趋势系数为0.071。最后是同质化产品出口贸易总额的增长趋势,其上升趋势系数为0.011。

由此可见,与在"保守"分类法下的产品一样,在"自由"分类法下,差异化产品不但出口贸易总额变化的波动幅度最大,而且其出口贸易总额的增长趋势也最强劲,其增长势头是参考价格产品的16.92倍,是同质化产品的109.18倍。

对于在"自由"分类法下的同质化产品、参考价格产品和差异化产品的出口贸易总额增速来说,从图3.101可以看出,三种不同类型产品出口贸易总额增速都呈现出非常明显的下降态势,且存在显著差异。

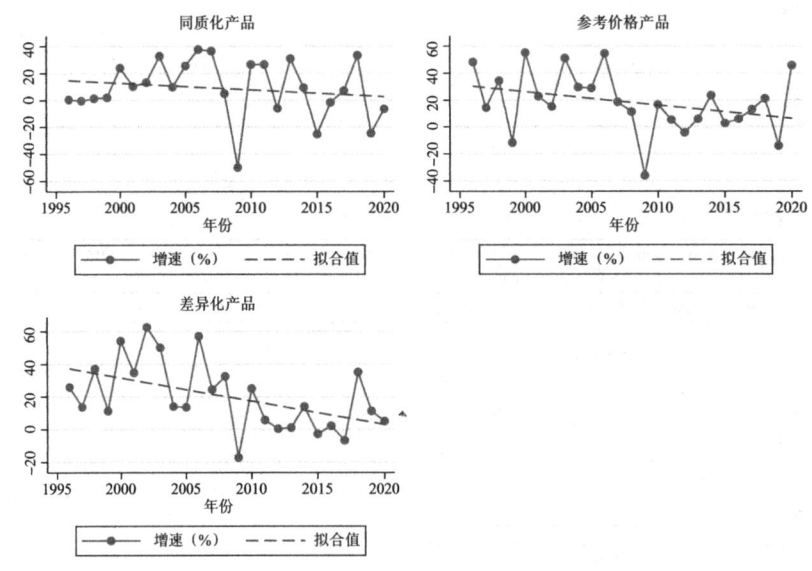

图3.101 "自由"分类法下三类产品的出口贸易总额增速演化趋势

从波动幅度来看,参考价格产品出口贸易总额增速变化的波动幅度最大,标准差高达22.55%,最高值达到55.16%,最低值也低为-35.99%。其次是同质化产品出口贸易总额增速变化的波动幅度,其标准差为21.40%。最后是差异化产品出口贸易总额增速变化的波动幅度,其标准差为 21.08%。

从下降趋势系数来看,差异化产品出口贸易总额增速的下降趋势最为明显,其下降趋势系数为 -1.432。紧随其后的是参考价格产品出口贸易总额增速的下降趋势,其下降趋势系数为 -0.999。最后是同质化产品出口贸易总额增速的下降趋势,其下降趋势系数为 -0.495。

由此可见,在"自由"分类法下,参考价格产品出口贸易总额增速的波动幅度虽然最大,但是其下降趋势较为平缓,下降趋势系数仅为差异化产品的 0.698 倍。差异化产品出口贸易总额增速的波动幅度虽然最小,但是其下降趋势最为明显。

总而言之,无论是在"保守"分类法下还是在"自由"分类法下,差异化产品的出口贸易总额均值及平均增速,总额上升的波动幅度,以及增速的下降趋势等都位居第一位。而同质化产品出口贸易总额均值及平均增速,以及总额增速的下降趋势等表现为最低或最平缓,但是其总额增速的波动幅度最大。因此,中国与十四个中东欧国家在 Rauch(1999)分类法下的三种不同类型产品的出口贸易上,需要警惕出口贸易总额最多的差异化产品的增速下降幅度。

2)三种不同类型产品的出口贸易额占比与增长率

表 3.25 显示了在"保守"分类法下和在"自由"分类法下三种不同类型产品的出口贸易额占比及其平均增长率情况。从两种分类法下的各自总样本的出口贸易额占比来看,无论是"保守"分类法还是"自由"分类法,中国与中东欧国家在三种不同类型产品出口贸易额占比均值都在 33% 以上。在"保守"分类法下,差异化产品出口贸易额占比均值最高,高达 92.39%,是参考价格产品出口贸易额占比均值的 14.97 倍,是同质化产品出口贸易额均值的 64.16 倍。其次是参考价格产品,其出口贸易额占比均值为 6.17%。最低是同质化产品,其出口贸易额占比均值为 1.44%。

表 3.25 在 Rauch(1999)下三类产品的出口贸易额占比与增长率　　　　单位:%

年份	"保守"分类法			"自由"分类法		
	同质化产品	参考价格产品	差异化产品	同质化产品	参考价格产品	差异化产品
1995	4.74	14.13	81.13	9.81	9.56	80.63
1996	4.12	14.17	81.71	7.85	11.28	80.87
1997	4.55	12.99	82.46	6.95	11.46	81.6

续表

年份	"保守"分类法			"自由"分类法		
	同质化产品	参考价格产品	差异化产品	同质化产品	参考价格产品	差异化产品
1998	3.63	11.84	84.53	5.24	11.46	83.3
1999	2.88	10.3	86.82	4.95	9.35	85.7
2000	1.88	8.9	89.22	4.02	9.5	86.48
2001	1.56	8.46	89.99	3.34	8.8	87.86
2002	1.14	5.49	93.36	2.42	6.48	91.11
2003	0.85	4.75	94.4	2.14	6.54	91.32
2004	0.8	5.14	94.06	2.05	7.37	90.58
2005	0.85	5.16	94	2.24	8.28	89.49
2006	0.82	4.5	94.68	1.97	8.18	89.85
2007	0.98	4.58	94.44	2.16	7.81	90.02
2008	0.59	4.61	94.8	1.74	6.68	91.58
2009	0.41	3.61	95.98	1.08	5.28	93.65
2010	0.48	3.72	95.8	1.09	4.94	93.97
2011	0.62	4.24	95.14	1.31	4.91	93.79
2012	0.59	3.67	95.73	1.23	4.69	94.08
2013	0.96	3.82	95.22	1.58	4.89	93.53
2014	0.93	3.74	95.33	1.51	5.29	93.2
2015	0.69	3.89	95.41	1.16	5.59	93.25
2016	0.73	3.65	95.62	1.12	5.78	93.1
2017	0.8	4.47	94.74	1.27	6.92	91.82
2018	0.84	3.73	95.43	1.26	6.25	92.49
2019	0.55	3.44	96.01	0.87	4.92	94.21
2020	0.47	3.42	96.12	0.76	6.72	92.52
均值	1.44	6.17	92.39	2.74	7.27	90.00
平均增速	-6.24	-4.79	0.69	-8.38	-0.44	0.56

与在"保守"分类法下类似,在"自由"分类法下的三种产品出口贸易额占比均值由高到低的位次也为差异化产品、参考价格产品和同质化产品,其出口贸易额占比均值分别为90.00%、7.27%和2.73%。其中,差异化产品出口贸易额占比均值是参考价格产品出口贸易额占比均值的12.38倍,是同质化产品出口贸易额占比均值的32.97倍。由此可见,在

"自由"分类法下，中国与十四个中东欧国家的出口贸易标的物更加依赖于差异化产品，其次为参考价格产品，最低为同质化产品。

在平均增速方面，无论是在"保守"分类法下还是在"自由"分类法下，差异化产品出口贸易占比的平均增速最高，其次是参考价格产品出口贸易占比的平均增速，最低是同质化产品出口贸易占比的平均增速。在"保守"分类法下，差异化产品出口贸易占比平均增速与参考价格产品出口贸易占比平均增速的差距较大，差距为 5.48%。而参考价格产品出口贸易占比平均增速与同质化产品出口贸易占比平均增速的差距较小，差距为 1.45%。与在"保守"分类法下的产品不同，在"自由"分类法下，差异化产品出口贸易占比平均增速与参考价格产品出口贸易占比平均增速的差距相对较小，差距为 1%。而参考价格产品出口贸易占比平均增速与同质化产品出口贸易占比平均增速的差距较大，差距高达 7.94%。

由此可见，中国与十四个中东欧国家的出口贸易更加依赖于差异化产品，差异化产品出口贸易占比主要来源于少数 SITC 四位码种类产品数量的增加，即体现为集约边际上的扩张。对于参考价格产品和同质化产品来说，其出口贸易占比主要体现为 SITC 四位码种类的增加，即体现为扩张边际的扩张。此外，无论在"保守"分类法下，还是在"自由"分类法下，差异化产品出口贸易占比的平均增速最高，参考价格产品出口贸易占比的平均增速其次，最后是同质化产品出口贸易占比的平均增速。

为了进一步细化在"保守"分类法下和"自由"分类法下三大类产品出口贸易占比及其增长率的时间变化趋势，本小结还逐一对此进行图形刻画，如图 3.102 至图 3.105 所示。

先看在"保守"分类法下的三种产品出口贸易占比的演化趋势。从图 3.102 可以看出，中国与十四个中东欧国家在同质化产品和参考价格产品的出口贸易占比上呈现的是下降的趋势，而在差异化产品的出口贸易占比上则呈现出非常明显的上升趋势。

从波动幅度来看，差异化产品出口贸易占比变化的波动幅度最高，其标准差为 4.88%，最大值高达 96.12%，最小值为 81.13%。其次是参考价格产品出口贸易占比变化的波动幅度，其标准差为 3.56%。最后是同质化产品出口贸易占比的波动幅度，其标准差为 1.34%。

从变化趋势来看，差异化产品出口贸易占比的增长趋势最为明显，其上升趋势系数高达 0.525。其次是参考价格产品出口贸易占比的下降趋

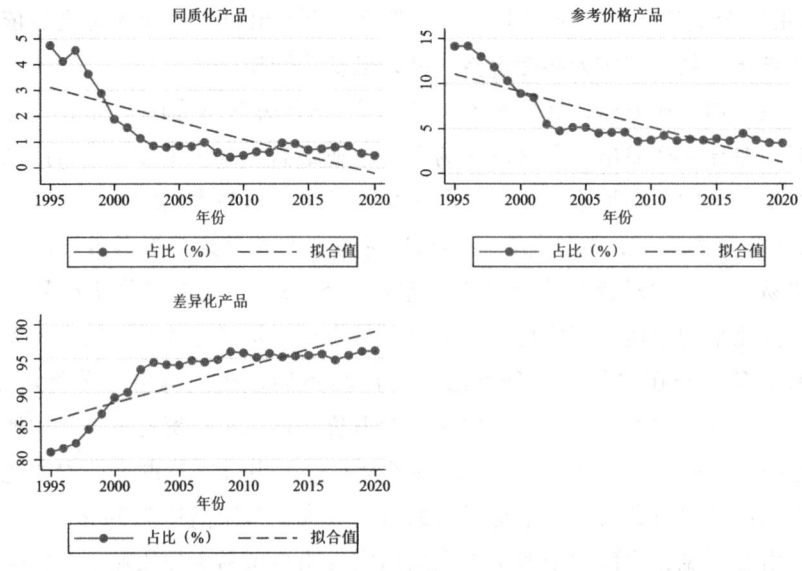

图 3.102 "保守"分类法下三类产品的出口贸易额占比演化趋势

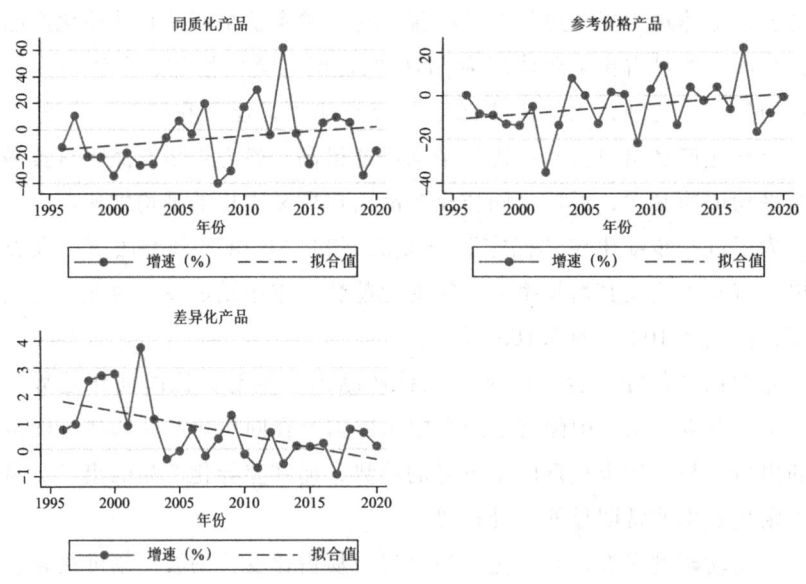

图 3.103 在"保守"分类法下三类产品的出口贸易额占比增速演化趋势

势,其下降趋势系数为 -0.391。最后是同质化产品出口贸易占比的下降趋势,其下降趋势系数为 -0.134。

由此可见,在"保守"分类法下,差异化产品不但出口贸易占比变化的波动幅度最大,而且其出口贸易占比的增长趋势也最为强劲。同质化产品出口贸易占比最低,其出口贸易占比的波动幅度最低,其出口贸易占比的下降趋势也最平缓。

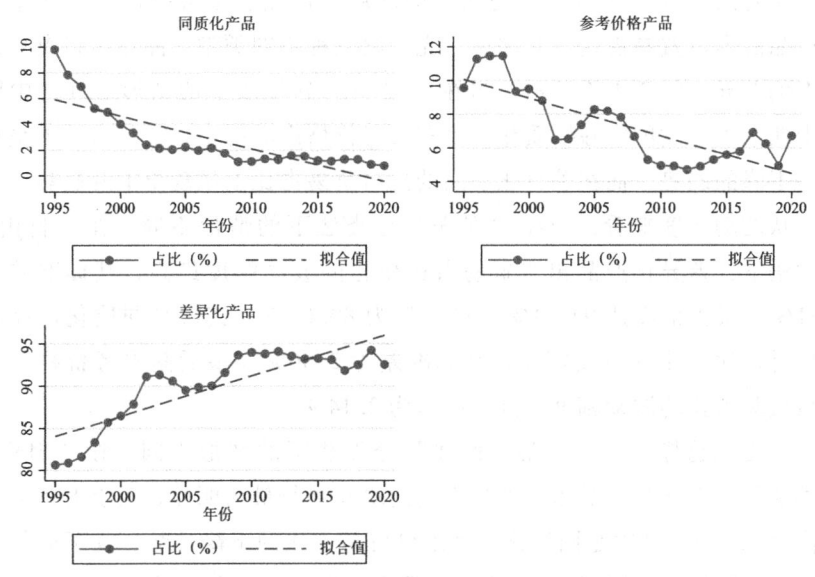

图 3.104　在"自由"分类法下三类产品的出口贸易额占比演化趋势

再来看在"保守"分类法下同质化产品、参考价格产品和差异化产品的出口贸易占比增速的演化趋势。从图 3.103 可以看出,与出口贸易占比相反,中国与十四个中东欧国家在同质化产品和参考价格产品的出口贸易占比增速上体现的是上升的总体趋势,而在差异化产品的出口贸易占比增速上呈现出非常明显的下降趋势。

从波动幅度来看,同质化产品出口贸易占比增速变化的波动幅度最大,其标准差为 23.51%,最大值高达 61.66%,最小值为 -40.14%。其次是参考价格产品出口贸易占比增速变化的波动幅度,其标准差为 11.82%。最后是差异化产品出口贸易占比增速变化的波动幅度,其标准差为 1.16%。

从变化趋势来看,同质化产品出口贸易占比增速的上升趋势最为明显,其上升趋势系数为 0.700。紧随其后的是参考价格产品出口贸易占比增速的上升趋势,其上升趋势系数为 0.467。最后是差异化产品出口贸易占比增速的下降趋势,其下降趋势系数为 -0.089。

由此可见，在"保守"分类法下，同质化产品出口贸易占比增速的波动幅度不仅最大，其上升趋势还最明显。差异化产品的出口贸易占比增速波动幅度最小，其出口贸易占比增速的下降趋势也最平缓。

接着来考察"自由"分类法下的同质化产品、参考价格产品和差异化产品的出口贸易占比及其增速。先考察三种不同类型产品在出口贸易占比上的差异。图 3.104 显示，与在"保守"分类法下的情形一样，中国与十四个中东欧国家在同质化产品和参考价格产品的出口贸易占比上呈现的是下降的趋势，而在差异化产品的出口贸易占比上呈现出上升趋势。

从波动幅度来看，与在"保守"分类法下的情形不同，在"自由"分类法下，差异化产品出口贸易占比变化的波动幅度最高，其标准差为 4.31%，最大值高达 94.21%，最小值为 80.63%。其次是同质化产品出口贸易占比变化的波动幅度，其标准差为 2.36%。最后是参考价格产品出口贸易占比的波动幅度，其标准差为 2.14%。

从变化趋势来看，与在"保守"分类法下的情形不同，在"自由"分类法下，差异化产品出口贸易占比的增长趋势最为明显，其上升趋势系数高达 0.479。其次是同质化产品出口贸易占比的下降趋势，其下降趋势系数为 -0.255。最后是参考价格产品出口贸易占比的下降趋势，其下降趋势系数为 -0.224。

由此可见，与"保守"分类法下的情形类似，在"自由"分类法下，差异化产品不但出口贸易占比变化的波动幅度最大，而且其出口贸易占比的增长趋势也最为强劲。同质化产品出口贸易占比最低，其出口贸易占比的波动幅度和下降趋势也最小和最平缓。

在三种不同类型产品的出口贸易占比增速的差异方面，从图 3.105 可以看出，中国与十四个中东欧国家在参考价格产品和同质化产品的出口贸易占比增速上呈现非常明显的上升趋势，而在差异化产品进口贸易占比增速上体现的是下降的总体趋势。

从波动幅度来看，同质化产品出口贸易占比增速的波动幅度最大，标准差高达 16.12%，最高值达到 28.71%，最低值也低为 -38.22%。其次是参考价格产品出口贸易占比增速的波动幅度，其标准差为 14.21%。最后是差异化产品出口贸易占比增速的波动幅度，其标准差为 1.34%。

从变化趋势系数来看，同质化产品出口贸易占比增速的增长趋势最为明显，其上升趋势系数为 0.542。紧随其后的是参考价格产品出口贸易占

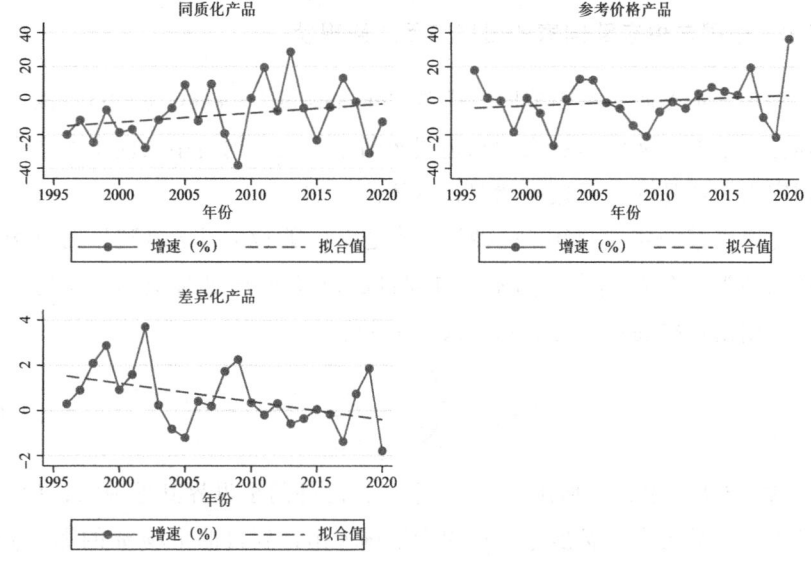

图 3.105 在"自由"分类法下三类产品的出口贸易占比增速演化趋势

比增速的增长趋势，其上升趋势系数为 0.317。最后是差异化产品出口贸易占比增速的下降趋势，其下降趋势系数为 -0.080。

由此可见，在"自由"分类法下，同质化产品出口贸易占比增速的波动幅度不仅最大，其上升趋势还最为明显，上升趋势系数为差异化产品的 1.71 倍。差异化产品出口贸易占比增速的波动幅度最小，其下降趋势也最为平缓。

总而言之，在 Rauch（1999）的产品分类法下，中国与十四个中东欧国家的出口贸易更加依赖于差异化产品，差异化产品上的出口贸易额的增加更加体现为集约边际上的扩张，即出口贸易集中于少数 SITC 四位码种类产品数量增加。对于参考价格产品和同质化产品来说，出口贸易额的增加更多体现为扩展边际上的扩张。参考价格产品和同质化产品的出口贸易占比的提升主要来源于更多 SITC 四位码种类的增加，即体现为扩展边际上的扩张。而差异化产品出口贸易占比的提升体现为集约边际的扩张。此外，差异化产品出口贸易额及其占比的平均增速最高，波动幅度最大。而同质化产品出口贸易总额均值及平均增速，以及总额增速的下降趋势等虽然最低或最平缓，但是其出口贸易占比增速的波动幅度不仅最大，其出口贸易占比增速的上升趋势还最为明显。

3.3.4 中国向中东欧国家的出口三元边际现状

与3.2.4类似,本小节同样借鉴Hummels and Klenow (2005) 的三元边际分解框架,从多边层次和双边层次两个方面来剖析中国向十四个中东欧国家出口产品的三元边际状况,具体测算如下:

先定义某一年出口国 j 的种类扩展边际,假设 j 国出口到目的市场 m 的产品种类集合 I_{jm} 是参照国 k 出口到目的市场 m 产品种类集合 I 的一个子集,则出口扩展边际可表示为式(3.6):

$$EM_{jm} = \frac{\sum_{i \in I_{jm}} p_{kmi} x_{kmi}}{\sum_{i \in I} p_{kmi} x_{kmi}} \qquad (3.6)$$

式(3.6)中,参照国 k 指的是除 j 国之外的全世界其他国家,I 代表全部出口产品集合。扩展边际反映参照国 k 出口到目的市场 m 的那些 j 国出口到目的市场 m 的所有产品种类集合 I_{jm} 总额占参照国 k 出口到目的市场 m 的所有产品种类集合 I 总额的比值。该比值越大,反映出口国 j 出口更多种类的产品。

出口国 j 的集约边际可定义为:

$$IM_{jm} = \frac{\sum_{i \in I_{jm}} p_{jmi} x_{jmi}}{\sum_{i \in I_{jm}} p_{kmi} x_{kmi}} \qquad (3.7)$$

式(3.7)中,分子表示的是出口国 j 向目的市场 m 出口的所有产品种类集 I_{jm} 总额,分母表示参照国 k 与 j 国具有重叠产品的出口额。集约边际反映的是在重叠产品的出口中,j 国出口占参照国 k 出口总额的比重。比重越大,说明在重叠产品的出口上,j 国有更多的出口。

价格边际可定义为:

$$P_{jm} = \prod_{i \in I_{jm}} \left(\frac{p_{jmi}}{p_{kmi}} \right)^{w_{jmi}} \qquad (3.8)$$

其中,权重 w_{jmi} 是 s_{jmi} (产品 i 占 j 国向目的市场 m 出口的份额)和 s_{kmi} (产品 i 占参考国 k 国向目的市场 m 出口的份额)的对数平均数。

$$s_{jmi} = \frac{p_{jmi} x_{jmi}}{\sum_{i \in I_{jm}} p_{jmi} x_{jmi}}, \quad s_{kmi} = \frac{p_{kmi} x_{kmi}}{\sum_{i \in I_{jm}} p_{kmi} x_{kmi}}, \quad w_{jmi} = \frac{\frac{s_{jmi} - s_{kmi}}{ln s_{jmi} - ln s_{kmi}}}{\sum_{i \in I_{jm}} \frac{s_{jmi} - s_{kmi}}{ln s_{jmi} - ln s_{kmi}}}$$

因此,集约边际可分解为价格边际和数量边际,其中数量边际为:
$$X_{jm} = IM_{jm}/P_{jm} \quad (3.9)$$

以上是双边层次的产品出口三元边际测算公式,多边层次的产品出口三元边际计算公式,可以经加权加总求得,如式(3.10)所示:

$$IM_j = \prod_{m \in M_{-j}}(IM_{jm})^{\alpha_{jm}}, EM_j = \prod_{m \in M_{-j}}(EM_{jm})^{\alpha_{jm}},$$
$$P_j = \prod_{m \in M_{-j}}(P)^{\alpha_{jm}}, X_j = \prod_{m \in M_{-j}}(X_{jm})^{\alpha_{jm}} \quad (3.10)$$

式(3.10)中,权重 α_{jm} 是向目的市场 m 出口的产品额占 j 国总出口额比重与占参考国 k 总出口额比重的对数平均数, M_{-j} 表示除 j 国以外的其他国家。

(1)多边层次

表 3.26 展示的是 1995—2020 年间在多边层次上中国向十四个中东欧国家出口产品的三元边际情况,可以得到如下三个典型特征:

首先,平均而言,在集约边际和扩展边际方面,中国向十四个中东欧国家出口的扩展边际更强,均值为 0.964,而同期的集约边际的均值为 0.825。换言之,中国向十四个中东欧国家的出口增长更多依赖于出口更多种类的产品,而非出口更多数量的某些种类的产品。

其次,在分解集约边际之后可以发现,价格边际的均值大于数量边际,前者是后者的 1.18 倍。价格边际除了在 2015 和 2016 年超过 1,其余年份均小于 1,样本期间的均值为 0.987,说明中国出口至十四个中东欧国家的产品质量低于世界的平均质量水平,也是集约边际的主要贡献者。

最后,如图 3.106 所示,中国向十四个中东欧国家出口的扩展边际和价格边际呈现出上升趋势,且对出口增长的贡献分别为正与负。中国向十四个中东欧国家出口的集约边际和数量边际则表现为下降的趋势,且对出口增长的贡献都为负。

表 3.26　　多边层次上中国从中东欧国家进口三元边际

年份	扩展边际	集约边际	价格边际	数量边际
1995	0.924	0.850	0.976	0.871
1996	0.949	0.861	0.979	0.879
1997	0.949	0.853	0.982	0.868
1998	0.959	0.861	0.985	0.874

续表

年份	扩展边际	集约边际	价格边际	数量边际
1999	0.961	0.848	0.977	0.868
2000	0.967	0.856	0.995	0.860
2001	0.966	0.848	0.996	0.851
2002	0.970	0.860	0.993	0.866
2003	0.974	0.862	0.989	0.871
2004	0.966	0.816	0.981	0.833
2005	0.970	0.834	0.985	0.846
2006	0.968	0.815	0.986	0.827
2007	0.969	0.810	0.984	0.824
2008	0.969	0.817	0.986	0.829
2009	0.970	0.809	0.992	0.816
2010	0.966	0.815	0.987	0.826
2011	0.965	0.803	0.986	0.815
2012	0.967	0.810	0.982	0.825
2013	0.968	0.810	0.989	0.820
2014	0.968	0.804	0.994	0.809
2015	0.968	0.813	1.002	0.812
2016	0.970	0.812	1.005	0.808
2017	0.962	0.785	0.987	0.796
2018	0.968	0.796	0.988	0.805
2019	0.965	0.797	0.986	0.808
2020	0.971	0.810	0.973	0.833
均值	0.964	0.825	0.987	0.836
平均增速	0.200	-0.178	-0.009	-0.169

从平均增速来看,扩展边际的平均增速最高,这说明中国向十四个中东欧国家的出口增长主要来源于扩展边际的增长。从波动幅度来看,数量边际的波动幅度最大,标准差为 0.026,其次是集约边际的波动幅度,其标准差为 0.024。再次是扩展边际的波动幅度,标准差为 0.010。最后是价格边际的波动幅度,其标准差为 0.007。

从变化趋势来看,与波动幅度的位次类似,数量边际的下降趋势最为明显,其下降趋势系数为 -0.0030。其次是集约边际的下降趋势,其下降

趋势系数为 -0.0028。第三是扩展边际的上升趋势，其上升趋势系数为 0.0007。最后是价格边际的上升趋势，其上升趋势系数为 0.0003。

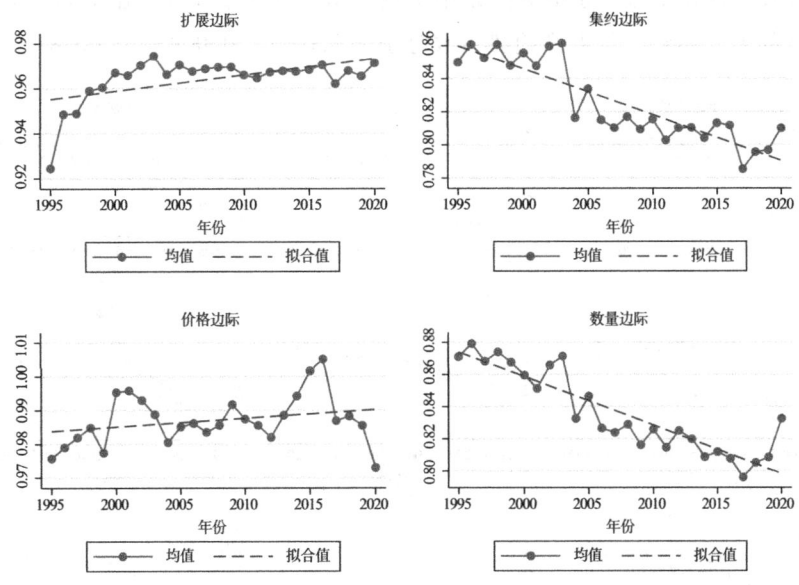

图 3.106　多边层次上中国从中东欧国家进口三元边际演化趋势

由此可见，在多边层面上来看中国向十四个中东欧国家的出口三元边际，中国向十四个中东欧国家的出口主要体现为出口扩展边际，且出口的产品质量低于世界的平均质量水平。在出口增长贡献方面，扩展边际对中国向十四个中东欧国家出口的增长贡献最大。

（2）双边层次

图 3.107 至图 3.110 是 1995—2020 年在双边层次上中国向十四个中东欧国家出口的三元边际情况，依旧可以得到如下特征：第一，在图 3.107 中，中国在样本期间向捷克、塞尔维亚、匈牙利三国出口的扩展边际的均值在 0.69 以上，且总体也呈倒"V"形增长趋势，说明中国在样本期间向这些国家出口了不少种类的产品，且呈增长态势。在中国与中东欧国家合作机制建立以来，中国向十四个中东欧国家出口的扩展边际基本都在 2020 年达到峰值。其中，中国向捷克、塞尔维亚、匈牙利三国出口的扩展边际在 2020 年的峰值分别为 0.898、0.797 和 0.847。即便如此，中国向十四个中东欧国家出口的扩展边际还未达到世界的平均水平 1，这表明中国有更大的空间向十四个中东欧国家出口更多种类的产品。从上升

趋势来看，排在前三位的分别是中国向波黑、北马其顿和斯洛伐克等国的出口扩展边际的上升趋势，其上升趋势系数分别为 0.0347、0.0255、0.0232，排在倒数三位的分别是中国向黑山、塞尔维亚和希腊的出口扩展边际的上升趋势，其上升趋势系数分别为 0.0114、0.0093、0.0058。

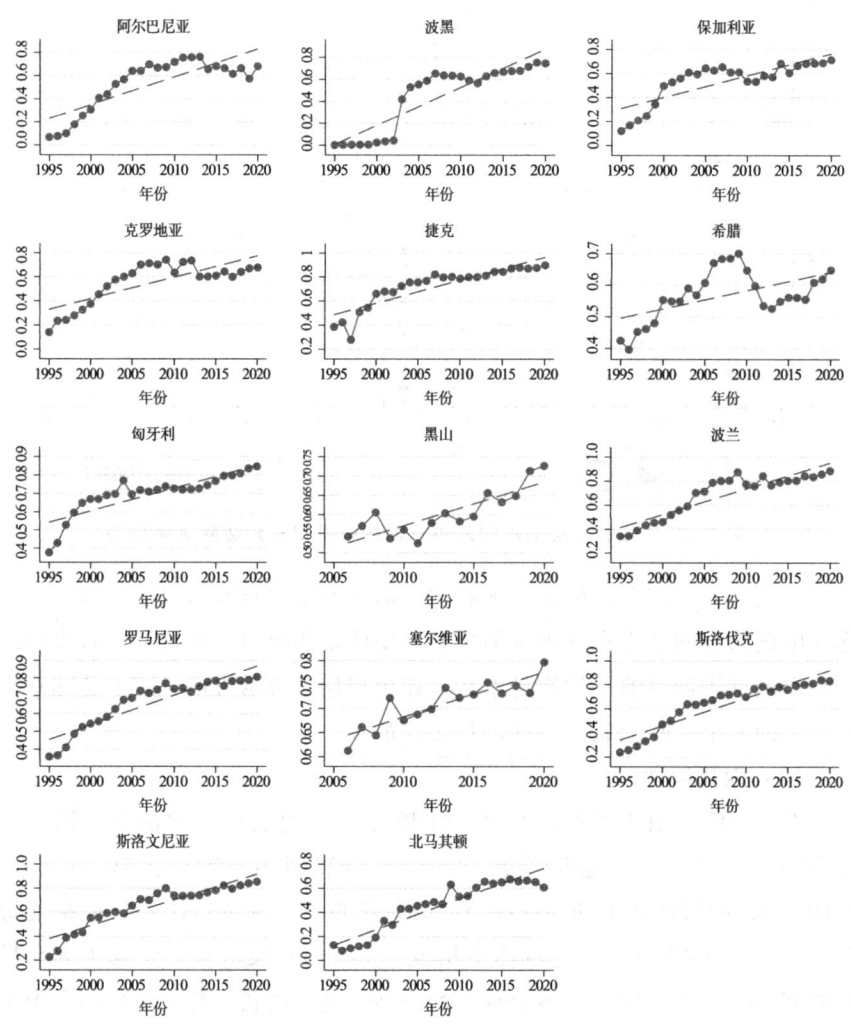

图 3.107　中国向十四个中东欧国家出口的扩展边际

第二，在图 3.108 中，中国向黑山、阿尔巴尼亚和希腊等三国出口的集约边际分别位列前三，且各自的均值在 0.09 以上，说明中国在样本期间向这三个国家的出口增长更多依赖于出口了更多数量的产品。

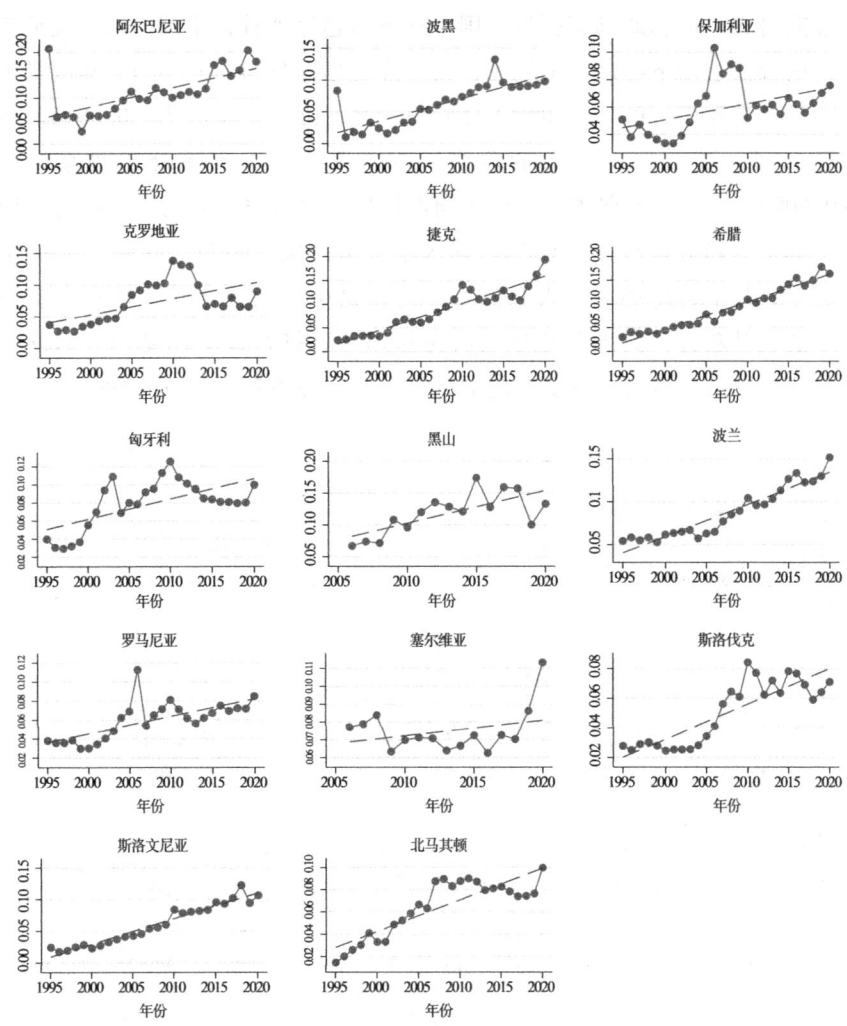

图 3.108　中国向十四个中东欧国家出口的集约边际

此外，中国向十四个中东欧国家出口产品的集约边际总体呈上升趋势。从变化趋势来看，中国向希腊出口的集约边际的上升趋势最为明显，其上升趋势系数为 0.0058。其次是中国向捷克出口的集约边际的上升趋势，其上升趋势系数为 0.0057。最后是中国向塞尔维亚出口的集约边际的上升趋势，其上升趋势系数仅为 0.0009。

第三，在价格边际上，如图 3.109 所示，样本期间，中国向十四个中东欧国家出口的价格边际均值都在 0.69 以上，低于全世界的平均值 1，并且大多呈现上升的趋势。出口价格边际呈下降变化趋势的样本有克罗地亚、斯洛文尼亚和北马其顿等三国。从下降趋势来看,中国向斯洛文尼亚出口的价格边际下降趋势最明显,其下降趋势系数为 -0.0025。其次是中国向北马其顿出口的价格边际下降趋势,其下降趋势系数为 -0.0016。最后是中国向克罗地亚出口的价格边际下降趋势,其下降趋势系统为 -0.0006。在上升趋势方面,中国向波黑出口的价格边际的上升趋势最明显,其上升趋势系数为 0.0264。其次是中国向黑山出口的价格边际的上升趋势,其上升趋势系数为 0.0249。再次是中国向斯洛伐克出口的价格边际的上升趋势,其上升趋势系数为 0.0158,排在最后的是中国向阿尔巴尼亚出口的价格边际的上升趋势,其上升趋势系数仅为 0.0005。

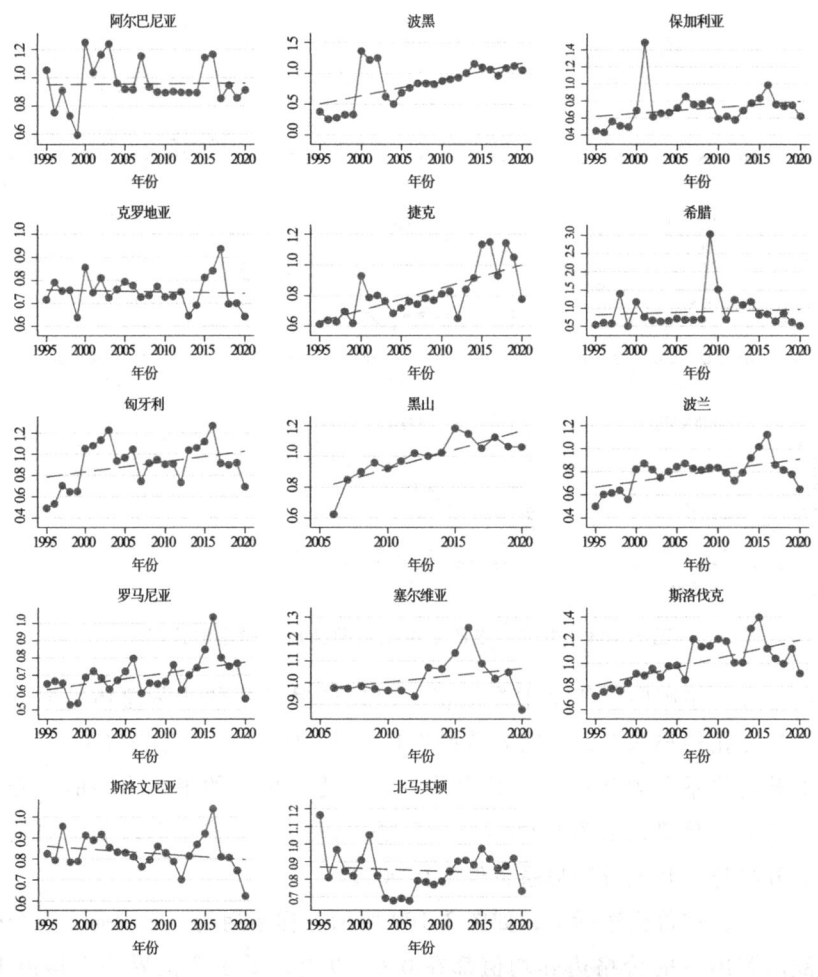

图 3.109　中国向十四个中东欧国家出口的价格边际

第四，在数量边际方面，如图3.110所示，总体来看，中国向十四个中东欧国家出口的数量边际大于集约边际，数量边际排在前三位的出口目的地是阿尔巴尼亚、黑山和希腊等国，其数量边际的均值都在0.116以上。其中，中国向这三个国家出口的数量边际均值分别为0.1179、0.1175和0.1163。从变化趋势来看，中国向十四个中东欧国家出口的数量边际都是上升的变化态势。其中，中国向希腊出口的数量边际上升趋势最明显，其上升趋势系数为0.0077。其次是中国向捷克出口的数量边际上升趋势，其上升趋势系数为0.0054。最低的是中国向保加利亚出口的数量边际上升趋势，其上升趋势系数接近0，为0.0006。

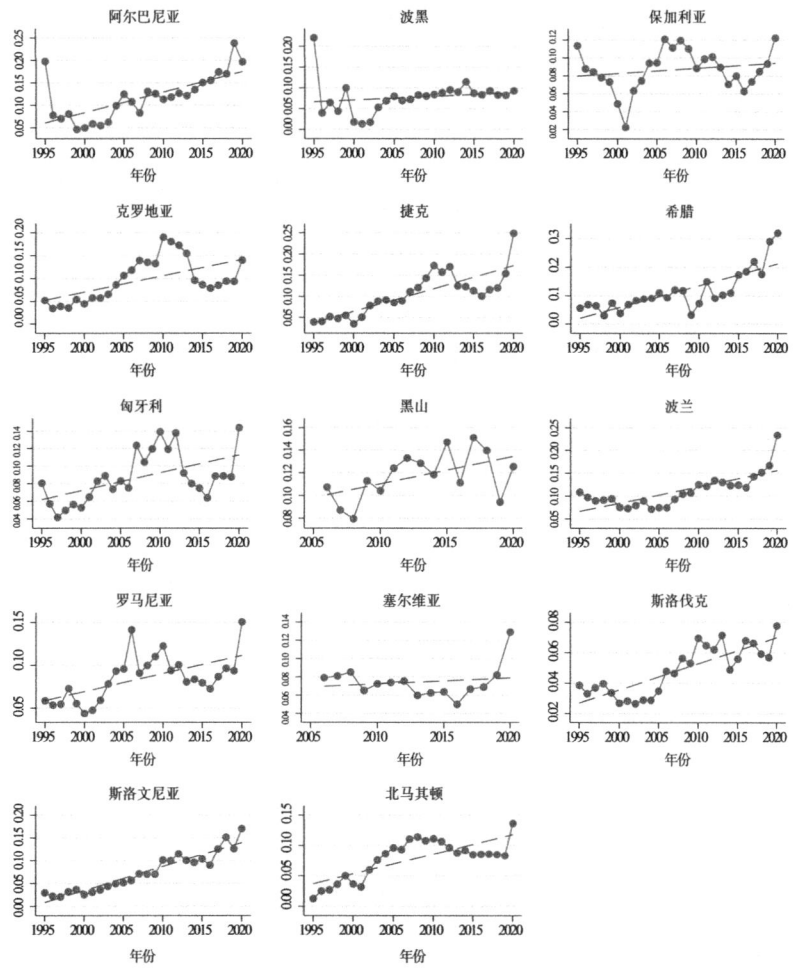

图3.110　中国向十四个中东欧国家出口的数量边际

由此可见，在双边层面，中国向捷克、塞尔维亚、匈牙利三国出口的产品种类最多，并且产品种类有更大的提升空间。中国向黑山、阿尔巴尼亚和希腊等三国的出口增长更多依赖于进口了更多数量的产品。中国向十四个中东欧国家出口的价格边际低于全世界的平均值1，有较大的提升空间。中国向十四个中东欧国家出口的数量边际大于集约边际，中国向阿尔巴尼亚、黑山和希腊等三国出口的数量边际较大。

第 4 章

浙江省—中东欧国家进出口贸易现状

4.1 浙江省—中东欧国家进出口贸易规模分析

4.1.1 浙江省—中东欧国家双边贸易总额现状

本小节采用横向和纵向两个层面来分析浙江省与中东欧国家双边贸易总额的现状。本章数据来源于国研网"国际贸易研究及决策支持系统"。该数据库涵盖了 22 类、99 章、1200 个四位码商品、7800 多个八位码商品的海关统计数据，涉及 250 个区域和国家，包含全国和 31 个省、自治区、直辖市以及 21 种贸易方式，可以通过对商品、伙伴国、地区、贸易方式、贸易流向、指标、时间七个维度交叉查询到所需要的庞大月度数据，可以为本章提供全方位立体化的贸易数据。因西藏和青海等地区的双边贸易数据小，且在有些年份没有做统计，本章删除这两个地区的数据。为了做横向和纵向两个维度的年度数据对比，本章选取 2009 年 1 月到 2021 年 12 月的数据，并加总到年度数据。因此，本小节所采用的数据为 2009 年 1 月到 2021 年 12 月，全国和 29 省、自治区、直辖市与十四个中东欧国家在 22 类产品的进口、出口和进出口总额的贸易数据，22 类产品如表 4.1 所示。在横向方面，本小节以表和图的形式对比分析出浙江省相对于其他 28 个省、自治区、直辖市与十四个中东欧国家在双边贸易贸易额、占比和排名等三个维度上差异。具体如表 4.2 和图 4.1 所示。

表 4.1　　　　　　　T01-22 类产品名称

代码	名称
T01	第一类 活动物；动物产品
T02	第二类 植物产品
T03	第三类 动、植物油、脂及其分解产品；精制的食用油脂；动、植物蜡
T04	第四类 食品；饮料、酒及醋；烟草、烟草及烟草代用品的制品
T05	第五类 矿产品
T06	第六类 化学工业及其相关工业的产品
T07	第七类 塑料及其制品；橡胶及其制品
T08	第八类 生皮、皮革、毛皮及其制品；鞍具及挽具；旅行用品、手提包及类似容器；动物肠线（蚕胶丝除外）制品
T09	第九类 木及木制品；木炭；软木及软木制品；稻草、秸秆、针茅或其他编结材料制品；篮筐及柳条编结品
T10	第十类 木浆及其他纤维状纤维素浆；回收（废碎）纸或纸板；纸、纸板及其制品
T11	第十一类 纺织原料及纺织制品
T12	第十二类 鞋、帽、伞、杖、鞭及其零件；已加工的羽毛及其制品；人造花；人发制品
T13	第十三类 石料、石膏、水泥、石棉、云母或类似材料的制品；陶瓷产品；玻璃及其制品
T14	第十四类 天然或养殖珍珠、宝石或半宝石、贵金属、包贵金属及其制品；仿首饰；硬币
T15	第十五类 贱金属及其制品
T16	第十六类 机器、机械器具、电气设备及其零件；录音机及放声机、电视图像、声音的录制和重放设备及其零件、附件
T17	第十七类 车辆、航空器、船舶及有关运输设备
T18	第十八类 光学、照相、电影、计量、检验、医疗或外科用仪器及设备、精密仪器及设备；钟表；乐器；上述物品的零件、附件
T19	第十九类 武器、弹药及其零件、附件
T20	第二十类 杂项制品
T21	第二十一类 艺术品、收藏品及古物
T22	第二十二类 特殊交易品及未分类商品

从表 4.2 可以看出，广东省、江苏省、浙江省和上海市等四个地区与中东欧国家的双边贸易总额较高，这四个地区与中东欧国家的双边贸易总额占全国与中东欧国家双边贸易总额的比重在样本期间就达到 58%－71%，年均双边贸易占比达到了 64.40%。这足以看出广东省、江苏省、浙江省和上海市等四个地区在与中东欧国家双边贸易上的重要性。从双边贸易总额来看，浙江省与中东欧国家的双边贸易总额与其他三个地区与中东欧国家之间的双边贸易总额的差距有限。2009 年，浙江省与中东欧国家之间的双边贸易总额仅为 44.2 亿美元，仅仅是同期广东省与中东欧国家双边贸易总额的 61%，后者双边贸易总额高达 72.5 亿美元。此外，浙江省与中东欧国家之间的双边贸易总额与同期排在第二名的江苏省与中东欧国家双边贸易总额的差距为 17.4 亿美元，后者达到 61.6 亿美元。然而，浙江省与中东欧国家之间的双边贸易总额与同期排在第三位的上海市与中东欧国家双边贸易总额的差距较小，后者较前者仅多 0.4 亿美元。

在中国—中东欧国家合作机制的带动下，浙江省与中东欧国家的双边贸易总额有了较快的发展，但是与排名第一位的广东省与中东欧国家双边贸易总额的差距依旧非常明显，并且呈扩大趋势。2020 年，浙江省与中东欧国家的双边贸易总额为 135.6 亿美元，低出同期广东省和江苏省与中东欧国家双边贸易总额 46.3 亿美元和 2.8 亿美元，高出同期上海市与中东欧国家双边贸易总额 12.8 亿美元。到 2021 年，浙江省与中东欧国家的双边贸易发展迅猛，双边贸易总额达到 153.8 亿美元，较 2020 年增加 18.2 亿美元，增长 13.42%。此外，浙江省与中东欧国家的双边贸易总额的占比也从之前的第 4 和第 3 名，上升至第 2 名，仅次于广东省，双边贸易占比也保持在 14% 左右，为 14.5%。

在四个地区与中东欧国家在 2021 年的双边贸易总额的对比上，浙江省与中东欧国家的双边贸易总额仅低于广东省与中东欧国家双边贸易总额，前者低出后者 47.4 亿美元，但是分别高出占比位列第三和第四的江苏省与上海市与中东欧国家双边贸易总额 5.3 亿美元和 38 亿美元。浙江省在与中东欧国家的双边贸易上，与江苏省和上海市的正向差距呈拉大态势，这反映出以民营经济为主体的浙江省在与中东欧国家双边贸易上的优势逐步显现，也给民营经济的发展提供了广阔的原材料供应来源，最终产品销售市场，以及跨境电商发展的优势窗口。

表 4.2　　中国 29 个地区与中东欧国家进出口总额与占比

省份	2009 年			2012 年			2015 年		
	贸易额（亿美元）	占比（%）	排名	贸易额（亿美元）	占比（%）	排名	贸易额（亿美元）	占比（%）	排名
北京	2.34	7.49	5	3.49	7.59	5	2.24	4.47	6
天津	0.96	3.07	9	0.99	2.16	11	1.43	2.85	9
河北	0.54	1.72	10	0.54	1.17	13	0.59	1.17	14
山西	0.07	0.21	19	0.23	0.5	18	0.29	0.58	18
内蒙古	0.01	0.03	26	0.02	0.03	26	0.02	0.03	26
辽宁	0.48	1.54	11	1	2.17	10	1.13	2.25	10
吉林	1.06	3.4	8	2.77	6.03	6	2.08	4.15	8
黑龙江	0.05	0.17	21	0.07	0.14	23	0.05	0.09	22
上海	4.46	14.23	3	5.43	11.81	4	5.82	11.59	4
江苏	6.16	19.67	2	8.44	18.35	2	9.16	18.25	2
浙江	4.42	14.12	4	6.08	13.22	3	7.02	13.99	3
安徽	0.11	0.36	14	0.41	0.88	14	0.71	1.42	13
福建	1.42	4.53	6	1.92	4.19	7	2.44	4.86	5
江西	0.1	0.31	16	0.25	0.54	17	0.31	0.61	16
山东	1.08	3.45	7	1.89	4.12	8	2.18	4.35	7
河南	0.1	0.33	15	0.35	0.75	15	0.41	0.82	15
湖北	0.25	0.79	12	1.14	2.49	9	0.99	1.97	11
湖南	0.07	0.21	20	0.12	0.26	20	0.18	0.37	20
广东	7.25	23.15	1	9.45	20.55	1	11.41	22.74	1
广西	0.03	0.08	23	0.11	0.23	21	0.09	0.19	21
海南	0.01	0.02	27	0.01	0.02	29	0.03	0.05	24
重庆	0.1	0.31	17	0.62	1.35	12	0.95	1.9	12
四川	0.12	0.4	13	0.32	0.69	16	0.29	0.59	17
贵州	0	0.01	30	0.12	0.27	19	0.03	0.05	23
云南	0.01	0.04	24	0.01	0.02	30	0.02	0.04	25
陕西	0.07	0.22	18	0.1	0.21	22	0.26	0.52	19
甘肃	0	0.02	28	0.01	0.03	27	0.01	0.03	28
宁夏	0.03	0.09	22	0.01	0.02	28	0.01	0.02	29
新疆	0.01	0.03	25	0.04	0.09	24	0.02	0.03	27

续表

省份	2018年 贸易额(亿美元)	2018年 占比(%)	2018年 排名	2020年 贸易额(亿美元)	2020年 占比(%)	2020年 排名	2021年 贸易额(亿美元)	2021年 占比(%)	2021年 排名
北京	4.59	5.43	5	5.74	5.81	5	5.71	5.38	6
天津	2.54	3.01	9	2.98	3.02	10	3.13	2.95	11
河北	0.7	0.83	18	0.88	0.89	19	0.83	0.78	19
山西	0.38	0.45	20	0.52	0.53	20	0.43	0.41	20
内蒙古	0.05	0.06	29	0.08	0.08	27	0.05	0.05	28
辽宁	2.43	2.87	10	2.85	2.88	11	3.23	3.05	9
吉林	2.88	3.41	8	3.06	3.1	9	3.46	3.26	8
黑龙江	0.18	0.21	22	0.21	0.21	22	0.21	0.2	23
上海	10.75	12.72	4	12.28	12.44	4	11.58	10.92	4
江苏	13.34	15.78	2	13.84	14.02	2	14.85	13.99	3
浙江	12.59	14.9	3	13.56	13.73	3	15.38	14.5	2
安徽	1.14	1.35	15	1.48	1.5	15	1.89	1.78	13
福建	4.26	5.03	6	4.7	4.77	7	5.4	5.09	7
江西	0.72	0.86	17	1.28	1.3	16	1.25	1.18	17
山东	3.81	4.5	7	4.97	5.04	6	5.8	5.46	5
河南	1.29	1.53	12	1.77	1.8	13	1.66	1.57	15
湖北	1.28	1.51	13	1.49	1.51	14	1.71	1.61	14
湖南	0.78	0.92	16	1.1	1.11	17	1.18	1.11	18
广东	16.7	19.76	1	18.19	18.43	1	20.12	18.96	1
广西	0.26	0.31	21	0.37	0.37	21	0.28	0.27	21
海南	0.06	0.07	27	0.1	0.1	25	0.09	0.09	25
重庆	1.73	2.05	11	2.79	2.82	12	3.22	3.03	10
四川	1.23	1.45	14	3.09	3.13	8	2.82	2.66	12
贵州	0.08	0.09	25	0.08	0.08	26	0.04	0.03	29
云南	0.1	0.12	23	0.19	0.19	23	0.22	0.21	22
陕西	0.46	0.54	19	0.94	0.95	18	1.26	1.19	16
甘肃	0.05	0.06	28	0.05	0.05	28	0.05	0.05	26
宁夏	0.06	0.08	26	0.04	0.04	29	0.05	0.05	27
新疆	0.08	0.1	24	0.11	0.11	24	0.18	0.17	24

注：数据来源于国研网"国际贸易研究及决策支持系统"。为简化排版，本表只列出了2009，2012，2015，2018，2020和2021年6年的数据。

再来进行纵向对比分析浙江省与中东欧国家双边贸易状况，如图4.1所示。先看双边贸易总额，样本期间，浙江省与中东欧国家之间的双边贸易总额由2009年的44.2亿美元，上升到2012年的60.8亿美元，再增加至2021年的新高153.8亿美元，年均增长10.95%。虽然受到新型冠状病毒疫情的影响，浙江省与中东欧国家之间的双边贸易依旧保持了较快的增长势头，双边贸易额由2020年的135.6亿美元增长到2021年的153.8亿美元，增长13.42%。

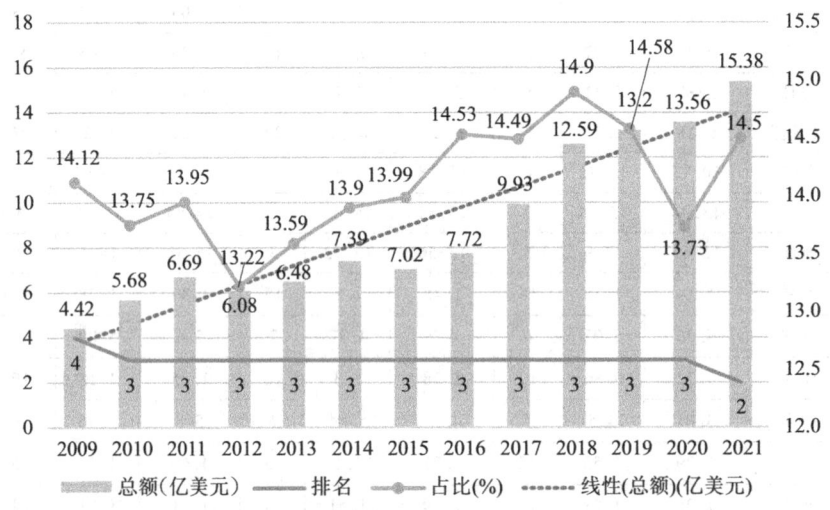

图4.1 浙江省与中东欧国家双边贸易现状

在双边贸易占比方面，浙江省与中东欧国家之间的双边贸易占比基本都保持在14%。在2018年，双边贸易占比达到峰值，为14.9%。双边贸易占比的谷底发生2012年的13.22%。从2012年到2018年，浙江省与中东欧国家之间的双边贸易占比总体保持逐年增长的趋势，双边贸易占比均值为14.09%，平均增速为2.83%。2009年到2012年间，以及2018年到2021年间，浙江省与中东欧国家之间的双边贸易占比总体表现为下降的趋势，其下降的平均速度分别为2.13%和0.79%。

最后来看双边贸易占比的排名，样本期间，浙江省与中东欧国家之间的双边贸易占比在29个地区中保持在第三位。在全球经济充满不确定性，新型冠状病毒疫情蔓延，全球供应链中断风险加大，跨国公司生产经营活动转移等大背景下，浙江省与中东欧国家之间的双边贸易占比在2021年跃升至第二位。这足以看出浙江省在发展中东欧国家双边贸易方面的潜在优势，贸易潜力巨大，需要进一步挖掘双边贸易潜力。

4.1.2 浙江省从中东欧国家进口贸易总额现状

从表 4.3 可以看出，上海市、吉林省、北京市、江苏省、广东省、辽宁省、天津市、浙江省、山东省和福建省等 10 个省市从中东欧国家进口了更多的产品。在 2009—2021 年，这 10 个省市从中东欧国家的平均进口额分别为 37.5 亿美元、25.7 亿美元、23.9 亿美元、14.9 亿美元、12.1 亿美元、10.4 亿美元、6.5 亿美元、5.9 亿美元、5.5 亿美元和 3.5 亿美元。这 10 个省市分别从中东欧国家的进口总额占同期全国从中东欧国家进口总额的比重，即进口占比分别为 22.82%、18.35%、15.49%、9.65%、8.14%、5.72%、3.47%、3.69%、3.41% 和 1.90%。这 10 个省市从中东欧国家进口的累计占比均值达到 92.94%，这反映出上海市、吉林省、北京市、江苏省、广东省、辽宁省、天津市、浙江省、山东省和福建省等 10 个省市在与中东欧国家进口贸易上的重要性。

表 4.3　中国 29 个地区从中东欧国家进口总额与占比

省份	2009 年			2012 年			2015 年		
	进口额（亿美元）	占比（%）	排名	进口额（亿美元）	占比（%）	排名	进口额（亿美元）	占比（%）	排名
北京	0.73	14.16	3	2.32	20.26	3	1.6	13.8	3
天津	0.12	2.26	9	0.18	1.55	9	0.24	2.08	9
河北	0.03	0.51	17	0.06	0.49	15	0.1	0.86	14
山西	0.01	0.13	24	0.11	0.99	11	0.11	0.98	13
内蒙古	0	0.08	26	0.01	0.06	24	0	0.03	27
辽宁	0.25	4.76	6	0.23	2	8	0.74	6.37	6
吉林	1.06	20.44	2	2.74	23.93	1	2.05	17.64	2
黑龙江	0.04	0.71	14	0.04	0.37	19	0.04	0.31	19
上海	1.09	21.05	1	2.36	20.57	2	2.84	24.42	1
江苏	0.48	9.28	5	1.02	8.88	4	1.35	11.62	4
浙江	0.21	4.15	7	0.4	3.45	7	0.32	2.71	8
安徽	0.02	0.37	20	0.04	0.38	18	0.11	0.98	12
福建	0.07	1.35	10	0.1	0.87	12	0.12	1.07	10
江西	0.03	0.62	16	0.05	0.42	17	0.06	0.5	17

续表

省份	2009年			2012年			2015年		
	进口额（亿美元）	占比（%）	排名	进口额（亿美元）	占比（%）	排名	进口额（亿美元）	占比（%）	排名
山东	0.13	2.6	8	0.4	3.47	6	0.53	4.57	7
河南	0.02	0.34	21	0.04	0.31	21	0.02	0.19	21
湖北	0.06	1.14	12	0.08	0.73	13	0.1	0.83	16
湖南	0.02	0.38	19	0.05	0.42	16	0.06	0.5	18
广东	0.6	11.61	4	0.86	7.48	5	0.92	7.88	5
广西	0	0.06	27	0.04	0.35	20	0.01	0.07	24
海南	0	0.04	29	0	0.03	27	0.02	0.14	22
重庆	0.03	0.65	15	0.18	1.53	10	0.1	0.84	15
四川	0.07	1.33	11	0.08	0.72	14	0.12	1.06	11
贵州	0	0	30	0	0.02	29	0.01	0.05	26
云南	0.01	0.19	22	0.01	0.06	25	0.01	0.07	25
陕西	0.05	0.96	13	0.03	0.27	23	0.03	0.28	20
甘肃	0	0.08	25	0	0.02	28	0	0.01	29
宁夏	0.03	0.49	18	0	0.01	30	0	0.02	28
新疆	0.01	0.19	23	0.03	0.3	22	0.01	0.1	23

省份	2018年			2020年			2021年		
	进口额（亿美元）	占比（%）	排名	进口额（亿美元）	占比（%）	排名	进口额（亿美元）	占比（%）	排名
北京	3.61	15.82	2	3.97	14.98	2	3.72	13.36	2
天津	1.11	4.85	7	1.34	5.04	7	1.47	5.29	8
河北	0.15	0.66	14	0.16	0.61	15	0.13	0.48	18
山西	0.02	0.09	24	0.04	0.16	23	0.16	0.56	15
内蒙古	0.01	0.03	26	0.02	0.07	26	0.01	0.02	27
辽宁	1.79	7.83	5	2.23	8.39	4	2.64	9.48	4
吉林	2.8	12.28	3	2.98	11.22	3	3.36	12.06	3
黑龙江	0.09	0.42	18	0.12	0.44	18	0.11	0.39	20
上海	6.22	27.28	1	7.44	28.05	1	6.52	23.38	1
江苏	2.18	9.58	4	2.22	8.37	5	2.32	8.32	5
浙江	0.79	3.44	8	0.94	3.55	8	1.55	5.56	7

续表

省份	2018年 进口额（亿美元）	2018年 占比（%）	2018年 排名	2020年 进口额（亿美元）	2020年 占比（%）	2020年 排名	2021年 进口额（亿美元）	2021年 占比（%）	2021年 排名
安徽	0.21	0.93	12	0.25	0.94	13	0.21	0.75	14
福建	0.48	2.12	10	0.77	2.9	10	0.92	3.31	10
江西	0.11	0.48	17	0.08	0.31	19	0.09	0.32	21
山东	0.71	3.12	9	0.79	2.99	9	1.07	3.84	9
河南	0.04	0.18	20	0.06	0.24	20	0.13	0.45	19
湖北	0.11	0.49	16	0.14	0.53	17	0.15	0.55	16
湖南	0.12	0.51	15	0.16	0.6	16	0.14	0.51	17
广东	1.59	6.99	6	1.88	7.09	6	1.98	7.09	6
广西	0.03	0.14	22	0.05	0.18	22	0.08	0.28	22
海南	0.03	0.12	23	0.05	0.19	21	0.06	0.22	23
重庆	0.19	0.85	13	0.26	0.97	12	0.38	1.36	11
四川	0.27	1.18	11	0.34	1.27	11	0.28	0.99	13
贵州	0	0.01	28	0	0.01	30	0	0.01	29
云南	0	0.02	27	0.01	0.04	27	0.01	0.03	26
陕西	0.08	0.35	19	0.17	0.63	14	0.33	1.18	12
甘肃	0	0.01	29	0.04	0.14	24	0.04	0.14	24
宁夏	0.01	0.06	25	0	0.01	28	0	0.01	28
新疆	0.03	0.15	21	0.03	0.11	25	0.02	0.07	25

从进口总额来看，浙江省从中东欧国家进口的贸易总额与其他九个地区从中东欧国家进口的贸易总额存在明显差距。在2009年，浙江省从中东欧国家进口的贸易总额为2.1亿美元，位列29个地区的第7位，仅仅是同期排在第一位的上海市从中东欧国家进口贸易总额的19.27%，后者从中东欧国家进口的贸易总额为10.9亿美元。此外，浙江省从中东欧国家进口的贸易总额与同期排在第二位的吉林省从中东欧国家进口的贸易总额的差距为8.5亿美元，后者达到10.6亿美元。北京市从中东欧国家进口的贸易总额排在第三位，比浙江省从中东欧国家进口的贸易总额高出5.2亿美元。分别排在第四、五、六位的广东省、江苏省和辽宁省的从中东欧国家进口的贸易总额比浙江省从中东欧国家进口的贸易总额高出3.9

亿美元、2.7亿美元和0.4亿美元。这说明浙江省从中东欧国家进口贸易总额与其他六个地区的差距在逐步缩小，并且分别比山东省、天津市和福建省从中东欧国家进口贸易总额高出0.8亿美元、0.9亿美元和1.4亿美元。

自2012年以来，在中国—中东欧国家合作机制的带动下，29个省市区直辖市从中东欧国家进口贸易有了较快的发展。其中，浙江省从中东欧国家进口贸易规模依旧不及北京市、上海市、吉林省、辽宁省、江苏省、广东省等地区，与这些地区从中东欧国家进口贸易规模的差距也呈现拉大的态势。在2020年，浙江省从中东欧国家进口贸易总额为9.4亿美元，位列第八位，与排在第一、二、三、四位的上海市、北京市、吉林省和辽宁省从中东欧国家进口贸易额的差距分别高达65亿美元、30.3亿美元、20.4亿美元和12.9亿美元。此外，浙江省从中东欧国家进口贸易总额与排在第五、六、七位的江苏省、广东省和天津市从中东欧国家进口贸易总额的差距有所下降，分别为12.8亿美元、9.4亿美元和4亿美元。

截至2021年，浙江省从中东欧国家进口贸易规模的排名与天津市从中东欧国家进口贸易规模的排名对调，分别位居第七和第八，前十位中的其他八位的地区排名与2020年保持不变。2021年，浙江省从中东欧国际进口贸易总额比天津市从中东欧国家进口贸易总额高出0.8亿美元，与前六位地区从中东欧国家进口贸易总额的差距虽然比较大，但是差距呈下降趋势。浙江省从中东欧国家进口贸易总额与排名第一位的上海市从中东欧国家进口贸易总额的差距从2020年的65亿美元降到2021年的49.7亿美元，降幅达到23.54%。此外，浙江省从中东欧国家进口贸易总额与排在为第五和第六位的江苏省与广东省从中东欧国家进口贸易总额的差距也分别从2020年的12.8亿美元、9.4亿美元降到2021年的7.7亿美元、4.2亿美元。以上表明，浙江省从中东欧国家进口贸易的潜力还很大，有待进一步挖掘。

再来进行纵向对比分析浙江省从中东欧国家的进口贸易状况，如图4.2所示。先看进口贸易总额，浙江省从中东欧国家进口的贸易总额由2009年的2.1亿美元，上升到2014年的5亿美元，再增加至2021年的新高15.5亿美元，年均增速为18.13%。虽然受到新型冠状病毒疫情的影响，浙江省从中东欧国家进口贸易规模依旧保持了较快的增长势头，进口贸易额由2020年的9.4亿美元增长到2021年的15.5亿美元，增长

64.89%，足见其巨大的进口增长潜力。

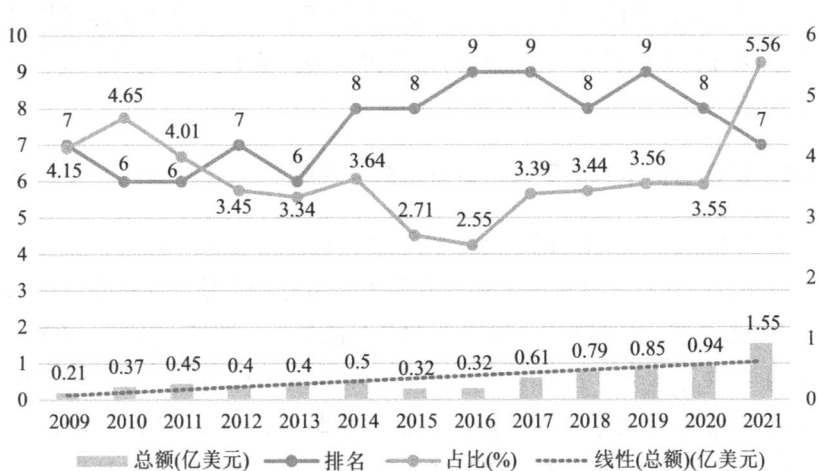

图 4.2　浙江省从中东欧国家进口贸易现状

在进口贸易占比方面，浙江省从中东欧国家进口的贸易占比基本在 2.5%—5.6%。在中国—中东欧国家合作机制启动之前，浙江省从中东欧国家进口贸易占比在 2010 年达到峰值，为 4.65%，之后降至 2012 年的 3.45%。中国—中东欧国家合作机制运行以后，浙江省从中东欧国家进口贸易占比从 2013 年的 3.34% 升至 2014 年的 3.64%，随后又降至 2016 年的谷底 2.55%，之后总体呈现出上升趋势。2019 年到 2020 年，浙江省从中东欧国家进口贸易占比虽有所下降，降幅为 2.74%。然而，浙江省从中东欧国家进口的贸易占比在 2021 年达到峰值，为 5.56%，较 2020 年增长 56.62%，为样本期间的最高增幅。

最后来看进口贸易占比的排名情况。样本期间，浙江省从中东欧国家进口的贸易占比在 29 个地区中在第六到第九位变化。2012 年以前，浙江省从中东欧国家进口的贸易占比维持在第六和第七位。然而，中国—中东欧国家合作机制运作以后，浙江省从中东欧国家进口贸易的优势被其他省市区所弱化，在 2016 年、2017 和 2019 年跌入样本期间的谷底，占比排在第九位。然而，构成浙江省经济主体的民营企业具有制度、经营方式和商业模式灵活的特点，在将危化为机方面具有自身的优势。在全球经济充满不确定性，新型冠状病毒疫情蔓延，全球供应链中断风险加大等大背景下，浙江省从中东欧国家进口的贸易占比在 2021 年上升至第七位。这说明,在面临着全国在发展与中东欧国家进口贸易上,浙江省具有压力反弹,内生动力强劲的特点,可以深入挖掘浙江省从中东欧国家进口贸易的潜力,以满足浙江省企业与居民对高质量产品的内在需求,助推浙江省高质量发展。

4.1.3 浙江省向中东欧国家出口贸易总额现状

表4.4展示的是中国29个地区向中东欧国家的出口贸易现状。从中可以看出,广东省、江苏省、浙江省和上海市等四个地区向中东欧国家出口贸易总额的平均值较高,分别为118.1亿美元、88.7亿美元、83.4亿美元和37.7亿美元,这四个地区向中东欧国家出口的贸易总额占全国向中东欧国家出口贸易总额的比重在样本期间的均值就有七成,达到70.69%。这反映出广东省、江苏省、浙江省和上海市等四个地区在向中东欧国家出口贸易上的重要性,也是这四个地区与中东欧国家出口贸易总额的主要贡献者。

表4.4　　　　中国29个地区向中东欧国家出口总额与占比

省份	2009年			2012年			2015年		
	出口额(亿美元)	占比(%)	排名	出口额(亿美元)	占比(%)	排名	出口额(亿美元)	占比(%)	排名
北京	1.61	6.17	5	1.17	3.38	7	0.64	1.65	10
天津	0.85	3.23	8	0.82	2.36	9	1.19	3.09	7
河北	0.51	1.96	9	0.48	1.4	11	0.49	1.26	12
山西	0.06	0.23	16	0.12	0.34	18	0.18	0.46	17
内蒙古	0	0.02	23	0.01	0.02	27	0.01	0.04	23
辽宁	0.24	0.9	10	0.77	2.22	10	0.39	1.01	13
吉林	0.01	0.03	22	0.03	0.09	22	0.03	0.08	21
黑龙江	0.02	0.06	21	0.02	0.07	24	0.01	0.03	26
上海	3.37	12.88	4	3.07	8.9	4	2.98	7.72	4
江苏	5.68	21.72	2	7.42	21.5	2	7.81	20.25	2
浙江	4.21	16.09	3	5.68	16.47	3	6.7	17.39	3
安徽	0.09	0.35	12	0.36	1.05	13	0.6	1.55	11
福建	1.35	5.16	6	1.82	5.29	5	2.32	6.01	5
江西	0.07	0.25	14	0.2	0.59	16	0.25	0.64	15

续表

省份	2009年			2012年			2015年		
	出口额（亿美元）	占比（%）	排名	出口额（亿美元）	占比（%）	排名	出口额（亿美元）	占比（%）	排名
山东	0.95	3.62	7	1.5	4.34	6	1.65	4.28	6
河南	0.09	0.33	13	0.31	0.9	14	0.39	1.01	14
湖北	0.19	0.72	11	1.06	3.07	8	0.89	2.32	8
湖南	0.05	0.18	18	0.07	0.21	19	0.13	0.33	19
广东	6.65	25.42	1	8.59	24.89	1	10.49	27.22	1
广西	0.02	0.09	19	0.07	0.19	20	0.09	0.22	20
海南	0	0.02	24	0.01	0.02	29	0.01	0.03	27
重庆	0.06	0.24	15	0.45	1.29	12	0.86	2.22	9
四川	0.06	0.21	17	0.24	0.68	15	0.17	0.44	18
贵州	0	0.01	27	0.12	0.36	17	0.02	0.05	22
云南	0	0.01	26	0	0.01	30	0.01	0.04	24
陕西	0.02	0.08	20	0.06	0.19	21	0.23	0.59	16
甘肃	0	0	28	0.01	0.03	25	0.01	0.03	25
宁夏	0	0.02	25	0.01	0.03	26	0.01	0.02	28
新疆	0	0	29	0.01	0.02	28	0	0.01	29

省份	2018年			2020年			2021年		
	出口额（亿美元）	占比（%）	排名	出口额（亿美元）	占比（%）	排名	出口额（亿美元）	占比（%）	排名
北京	0.98	1.58	11	1.76	2.44	9	1.99	2.54	9
天津	1.44	2.33	8	1.64	2.27	11	1.66	2.12	11
河北	0.55	0.89	17	0.71	0.99	17	0.7	0.89	17
山西	0.36	0.58	19	0.48	0.67	19	0.28	0.35	19
内蒙古	0.04	0.07	28	0.06	0.08	26	0.05	0.06	26
辽宁	0.64	1.04	15	0.62	0.86	18	0.59	0.75	18
吉林	0.08	0.13	23	0.08	0.11	24	0.09	0.12	24
黑龙江	0.09	0.14	22	0.09	0.13	22	0.1	0.13	23
上海	4.53	7.33	4	4.84	6.7	4	5.07	6.48	4
江苏	11.16	18.08	3	11.62	16.09	3	12.53	16.01	3
浙江	11.81	19.13	2	12.62	17.48	2	13.83	17.68	2
安徽	0.93	1.51	13	1.23	1.71	13	1.68	2.15	10

续表

省份	2018 年			2020 年			2021 年		
	出口额（亿美元）	占比（%）	排名	出口额（亿美元）	占比（%）	排名	出口额（亿美元）	占比（%）	排名
福建	3.77	6.11	5	3.93	5.45	6	4.48	5.72	6
江西	0.61	1	16	1.2	1.66	14	1.16	1.48	14
山东	3.1	5.02	6	4.18	5.79	5	4.73	6.04	5
河南	1.25	2.02	9	1.71	2.37	10	1.54	1.97	13
湖北	1.17	1.89	10	1.36	1.88	12	1.56	1.99	12
湖南	0.66	1.07	14	0.94	1.3	15	1.04	1.33	15
广东	15.11	24.48	1	16.31	22.59	1	18.14	23.19	1
广西	0.23	0.37	20	0.32	0.44	20	0.21	0.26	21
海南	0.03	0.05	29	0.05	0.07	27	0.03	0.04	28
重庆	1.54	2.49	7	2.53	3.51	8	2.84	3.63	7
四川	0.96	1.56	12	2.76	3.82	7	2.54	3.25	8
贵州	0.07	0.12	24	0.08	0.11	25	0.03	0.04	27
云南	0.1	0.16	21	0.18	0.24	21	0.21	0.27	20
陕西	0.38	0.61	18	0.77	1.07	16	0.93	1.19	16
甘肃	0.05	0.09	25	0.01	0.02	29	0.02	0.02	29
宁夏	0.05	0.08	26	0.03	0.05	28	0.05	0.07	25
新疆	0.05	0.08	27	0.08	0.11	23	0.16	0.21	22

从出口贸易总额来看，浙江省向中东欧国家出口的贸易总额与其他三个地区向中东欧国家出口的贸易总额的差距不是太大。2009 年，浙江省向中东欧国家出口的贸易总额仅为 42.1 亿美元，仅仅是同期广东省向中东欧国家出口贸易总额的 63.31%，后者出口贸易总额高达 66.5 亿美元。此外，浙江省向中东欧国家出口的贸易总额与同期排在第二名的江苏省向中东欧国家出口贸易总额的差距为 14.7 亿美元，后者达到 56.8 亿美元。然而，浙江省向中东欧国家出口的贸易总额比同期排在第三位的上海市向中东欧国家出口贸易总额高出 8.4 亿美元。

在中国—中东欧国家合作机制的带动下，浙江省向中东欧国家出口贸易总额发展迅猛，从 2017 年开始，该省首次超越江苏省向中东欧国家出口贸易总额，达到 93.2 亿美元。但是，与排在第一位的广东省的差距依旧明显，两省向中东欧国家出口贸易总额在 2017—2021 年的差额分别为

40.1亿美元、33亿美元、38亿美元、36.9亿美元和43.1亿美元,总体呈现出扩大的趋势。尽管如此,2020年,浙江省向中东欧国家出口贸易总额达到126.2亿美元,仅低同期广东省向中东欧国家出口贸易总额36.9亿美元。到2021年,浙江省向中东欧国家出口的贸易发展迅猛,出口贸易总额达到138.3亿美元,较2020年增加12.1亿美元,增长9.59%。

四个地区在2021年向中东欧国家出口贸易总额的对比上,浙江省向中东欧国家出口贸易总额仅低于广东省向中东欧国家的出口贸易总额,前者低出后者43.1亿美元,但是分别高出占比位居第三和第四的江苏省与上海市与中东欧国家出口贸易总额13亿美元和87.6亿美元。浙江省在向中东欧国家的出口贸易上,与江苏省和上海市的正向差距表现为扩大的态势,这也反映出以民营经济为主体的浙江省在向中东欧国家出口贸易上的优势已显现,也给民营经济的发展提供了广阔的产品销售市场。

再来进行纵向对比分析浙江省向中东欧国家出口的贸易状况,如图4.3所示。同样,先看出口贸易总额,样本期间,浙江省向中东欧国家出口的贸易总额由2009年的42.1亿美元,上升到2011年的62.5亿美元,再增加至2021年的新高138.3亿美元,年均增长10.42%。虽然受到新型冠状病毒疫情的影响,浙江省向中东欧国家出口贸易依旧保持了较快的增长势头,出口贸易额由2020年的126.2亿美元增长到2021年的138.3亿美元,增长9.58%。

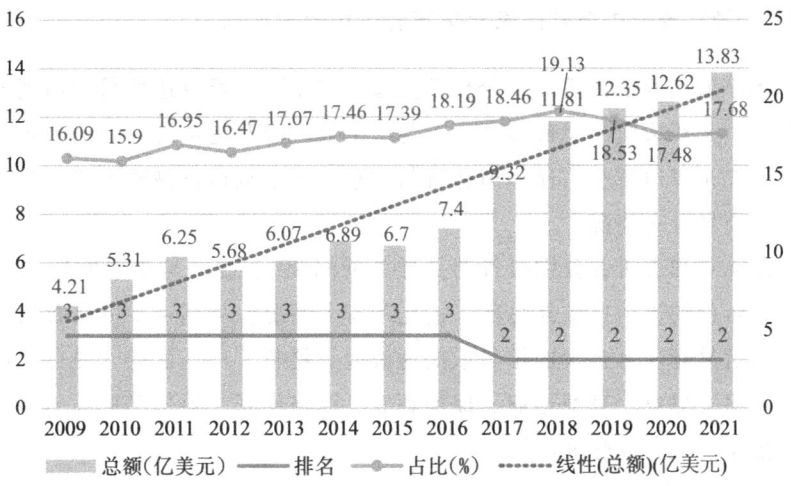

图 4.3　浙江省向中东欧国家出口贸易现状

在出口贸易占比方面，浙江省向中东欧国家的出口贸易占比在17%左右变化。在2018年，出口贸易占比达到峰值，为19.13%。出口贸易占比的谷底发生2010年的15.9%。从2010年到2018年，浙江省向中东欧国家出口的贸易占比总体保持上升的趋势，出口贸易占比均值为17.74%，平均增速为2.53%。2018年到2021年，浙江省向中东欧国家出口的贸易占比总体表现为下降的趋势，其下降的平均速度为2.55%。

最后来看出口贸易占比的排名，样本期间，浙江省与中东欧国家之间的出口贸易占比在2016年之前都是保持在第三位，2016年以后位列第二位。这也说明，十四个中东欧国家是浙江省的重要出口目的地，浙江省在发展与中东欧国家的出口贸易方面的优势也非常明显。

4.2 浙江省—中东欧国家进口贸易市场分布分析

4.2.1 浙江省—中东欧国家双边贸易市场分布状况

本小节从两个视角展开分析浙江省与中东欧国家双边贸易的市场分布状况。一是双边贸易总额即浙江省与中东欧国家双边贸易总额的市场分布情况。二是双边贸易占比即浙江省与中东欧国家双边贸易额占总贸易额的比重的市场分布情况。

图4.4和表4.5分别报告的是样本期间29个地区与中东欧国家的平均和分年份的进出口贸易总额、占比与排名情况。从图4.4可以看出，平均双边贸易额从多到少的排名依次为波兰、希腊、罗马尼亚、捷克、匈牙利、斯洛文尼亚、克罗地亚、保加利亚、斯洛伐克、阿尔巴尼亚、塞尔维亚、黑山、北马其顿和波黑。

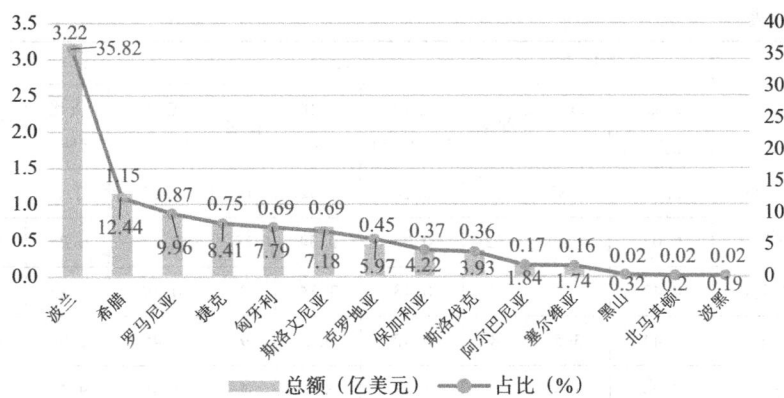

图 4.4　样本期间浙江省与中东欧国家的双边贸易市场分布总体现状

表 4.5　　　　　浙江省与中东欧国家进出口总额与占比

国家	2009 年			2012 年			2015 年		
	总额（亿美元）	占比（%）	排名	总额（亿美元）	占比（%）	排名	总额（亿美元）	占比（%）	排名
阿尔巴尼亚	0.05	1.23	11	0.1	1.64	11	0.16	2.31	10
波黑	0.01	0.14	14	0.01	0.11	14	0.01	0.12	14
保加利亚	0.16	3.62	9	0.32	5.25	8	0.33	4.68	7
克罗地亚	0.45	10.07	4	0.56	9.15	4	0.3	4.34	8
捷克	0.38	8.67	6	0.49	8.13	5	0.58	8.24	4
希腊	0.6	13.66	2	0.6	9.88	3	0.83	11.84	2
匈牙利	0.41	9.31	5	0.46	7.49	6	0.45	6.38	6
黑山	0.02	0.56	12	0.03	0.42	12	0.02	0.35	12
波兰	1.41	31.84	1	2.13	35.11	1	2.71	38.58	1
罗马尼亚	0.46	10.34	3	0.65	10.74	2	0.75	10.74	3
塞尔维亚	0.09	2.09	10	0.12	2.01	10	0.1	1.42	11
斯洛伐克	0.19	4.21	7	0.22	3.58	9	0.25	3.53	9
斯洛文尼亚	0.18	4.11	8	0.39	6.36	7	0.51	7.23	5
北马其顿	0.01	0.17	13	0.01	0.12	13	0.02	0.24	13

续表

国家	2018年			2020年			2021年		
	总额（亿美元）	占比（%）	排名	总额（亿美元）	占比（%）	排名	总额（亿美元）	占比（%）	排名
阿尔巴尼亚	0.24	1.87	10	0.26	1.92	11	0.25	1.6	11
波黑	0.04	0.29	12	0.05	0.34	13	0.04	0.25	13
保加利亚	0.47	3.77	7	0.48	3.54	8	0.59	3.85	8
克罗地亚	0.44	3.5	8	0.42	3.1	9	0.46	2.96	9
捷克	0.93	7.4	6	1.19	8.8	4	1.45	9.43	3
希腊	1.58	12.56	3	1.8	13.3	2	2.32	15.07	2
匈牙利	1	7.98	5	1.07	7.88	5	1.2	7.79	5
黑山	0.03	0.23	13	0.02	0.17	14	0.01	0.09	14
波兰	4.42	35.12	1	5.1	37.58	1	5.44	35.39	1
罗马尼亚	1.2	9.5	4	1.28	9.43	3	1.3	8.43	4
塞尔维亚	0.17	1.36	11	0.28	2.05	10	0.34	2.18	10
斯洛伐克	0.42	3.32	9	0.53	3.93	7	1.01	6.55	6
斯洛文尼亚	1.63	12.93	2	1.02	7.49	6	0.93	6.06	7
北马其顿	0.03	0.2	14	0.06	0.46	12	0.05	0.35	12

其中，波兰一直是浙江省在中东欧国家最大的双边贸易对象国。浙江省与希腊的双边贸易总额在2009年排在第二位，到2012年，降至第三位，到2015年又升到第二位，2018年下降到第三位，在2020和2021年，又都上升到第二位。平均而言，浙江省与希腊的双边贸易总额排第二位。对于罗马尼亚来说，浙江省与其双边贸易额在2009年居第三位，到2012年上升到第二位，2015年又降至第三位，之后继续下降，下降到2018年的第四位，2020年居第三位，到2021年又降到第四位。

总体来讲，浙江省与罗马尼亚的双边贸易总额位居第三位。浙江省与中东欧的双边贸易总额总体位于第四的国家是捷克，二者之间的双边贸易总额排名变化分别为2009年的第六位、2012年的第五位、2015年的第四位、2018年的第六位、2020年的第四位和2021年的第三位。作为与浙江省的双边贸易额居第五位的匈牙利来说，二者之间的双边贸易总额排名在 2009 年为第五位，在 2012 和 2015 年都居第六位，在 2018，2020 和 2021 年都居第五位。斯洛文尼亚是浙江省与中东欧国家双边贸易总额排名第六的国家，两者之间的双边贸易总额在 2009 年居第 8 位，之后继续上升，分别上升到 2012 年第七位、2015 年的第五位和 2018 年的第二位，然而在 2020 年和 2021 年的排名下降幅度较大，分别降至第六和第七位。

平均而言，在样本期间，浙江省与波兰、希腊、罗马尼亚、捷克、匈牙利、斯洛文尼亚等六国的双边贸易占比的均值累计达到了 81.6%。浙江省与其余八国的双边贸易占比均值仅为 18.4%。浙江省与其余八国的双边贸易总额的变化趋势如下：

在总样本中，排名第七位的是克罗地亚。浙江省与克罗地亚的双边贸易总额的均值为 4.5 亿美元，二者之间的双边贸易总额的排名在 2009 年和 2012 年都为第四位，之后呈现下降趋势，分别降至 2015 年和 2018 年的第八位、2020 年和 2021 年的第九位。总样本中居第八位的是保加利亚，浙江省与保加利亚的双边贸易总额的均值为 3.7 亿美元，二者之间的双边贸易总额排名在 2009 年为第九位，之后分别上升到 2012 年的第八位、2015 年和 2018 年的第七位，之后维持在 2020 年和 2021 年的第八位。总样本中排名第九位的是斯洛伐克，浙江省与斯洛伐克的双边贸易占比和总额的均值分别为 3.93% 和 3.6 亿美元，二者之间的双边贸易总额在 2009 年居第七位，之后下降到 2012 年、2015 年和 2018 年的第九位，到 2020 年和 2021 年分别居第七和第六位。排名第十位的是阿尔巴尼亚，浙江省与阿尔巴尼亚的双边贸易总额在 2009 年和 2012 年都居第十一位，之后上升到 2015 年和 2018 年的第十位，2020 年和 2021 年又降到第十一位。

居第十一位的是塞尔维亚，浙江省与塞尔维亚的双边贸易总额在 2009 年和 2012 年都居第十位，之后降至 2015 年和 2018 年的第十一位，在 2020 年和 2021 年又回到之前的第十位。居第十二位的是黑山，浙江省与黑山的双边贸易总额在 2009 年，2012 年和 2015 年都居第十二位，之后分别下降至 2018 年的第十三位、2020 年和 2021 年的第十四位。居第十三位的是北马其顿，浙江省与北马其顿的双边贸易总额在 2009 年、2012 年和 2015 年都居第十三位，到 2018 年降至第十四位，之后上升到 2020 年和 2021 年的第十二位。最后一位是波黑，浙江省与波黑的双边贸易总额除了在 2018 年居第十三位，在表 4.5 中的其他年份都列最后一位。

接下来，本小节从最大六国和其余八个国家等两个层面探讨浙江省与中东欧国家的双边贸易市场分布情况。

（1）浙江省与中东欧最大六国双边贸易的差异

前已述，以样本期间平均的双边贸易总额来测算，浙江省与中东欧国家双边贸易总额最大六个国家分别是波兰、希腊、罗马尼亚、捷克、匈牙利、斯洛文尼亚，浙江省与这六个国家的平均双边贸易总额分别为32.2亿美元、11.5亿美元、8.7亿美元、7.5亿美元、6.9亿美元和6.9亿美元。中国与该六国的双边贸易总额占浙江省与十四个中东欧国家双边贸易总额的平均比重分别为35.82%、12.44%、9.96%、8.41%、7.79%和7.18%，双边贸易占比均值累计达到81.6%。

如图4.5所示，浙江省与这六国的双边贸易总额呈现出来的都是明显的上升趋势。从双边贸易总额的波动幅度来看，浙江省与波兰的双边贸易总额的波动幅度最大，标准差为13.31亿美元，最大值高达54.44亿美元，最小值也有14.08亿美元。其次是浙江省与希腊的双边贸易总额的波动幅度，其标准差为6.08亿美元。再次是浙江省与斯洛文尼亚的双边贸易总额的波动幅度，其标准差为4.31亿美元。浙江省与捷克的双边贸易总额的波动幅度排在第四位，其标准差为3.10亿美元。排在第五位的是浙江省与罗马尼亚的双边贸易总额波动幅度，其标准差为2.86亿美元。最后是浙江省与匈牙利的双边贸易总额波动幅度，其标准差为2.81亿美元。

从双边贸易总额的时间变化趋势来看，如图4.5所示，浙江省与这六个国家的双边贸易总额都呈现出明显的增长态势。其中，浙江省与波兰的双边贸易无论是从总额还是从上升趋势来看，都表现出强有力的上涨势头，其上升趋势系数为0.333。紧随其后的是浙江省与希腊的双边贸易总额的上升趋势，其上升趋势也非常明显，上升趋势系数为0.141。上升趋势排在第三位的是浙江省与斯洛文尼亚的双边贸易总额的上升趋势，二者之间的双边贸易总额虽然低，但是其上升趋势不弱，上升趋势系数为0.092。浙江省与罗马尼亚的双边贸易总额上升趋势列第四位，其上升趋势系数为0.0714，略高于排在第五位的浙江省与捷克的双边贸易总额上升趋势，后者的上升趋势系数为0.0706。最后是浙江省与匈牙利的双边贸易总额上升趋势，其上升趋势系数仅为0.062。

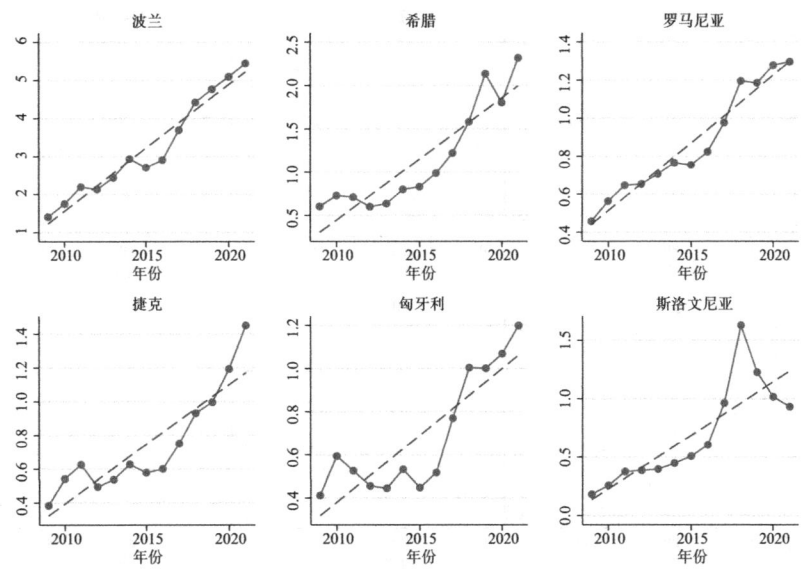

图 4.5 浙江省与中东欧最大六国双边贸易总额差异

注：横坐标是年份，纵坐标是双边贸易总额，即图中圆圈中各个点的值，虚线是拟合值，图 4.6 至图 4.12 类似。

从双边贸易占比来看，从图 4.6 可以发现，浙江省与波兰、希腊和斯洛文尼亚等三国的双边贸易占比呈明显的上升趋势，而浙江省与罗马尼亚、捷克和匈牙利的双边贸易占比呈显著的下降趋势。从双边贸易占比的波动幅度来看，浙江省与波兰的双边贸易占比波动幅度最大，其标准差高达 2.67%，最大值为 39.75%，最小值为 30.85%。其次是浙江省与斯洛文尼亚的双边贸易占比的波动幅度，其标准差为 2.37%。再次是浙江省与希腊的双边贸易占比的波动幅度，其标准差为 1.89%。浙江省与匈牙利的双边贸易占比的波动幅度排在第四位，其标准差为 1.08%。居第五位的是浙江省与罗马尼亚的双边贸易占比的波动幅度，其标准差为 0.76%。最后是浙江省与捷克的双边贸易占比的波动幅度，其标准差为 0.73%。

从双边贸易占比的时间变化趋势来看，浙江省与斯洛文尼亚的双边贸易占比在六个中东欧国家中最低，但是其上升趋势最为强劲，其上升趋势系数达到 0.384。其次是浙江省与波兰的双边贸易占比的上升趋势，其上升趋势系数为 0.358。再次是浙江省与希腊的双边贸易占比的上升趋势，其上升趋势系数为 0.263。排在第四位的是浙江省与罗马尼亚的双边贸易占比的下降趋势，其下降趋势系数为 -0.122。浙江省与匈牙利的双边贸

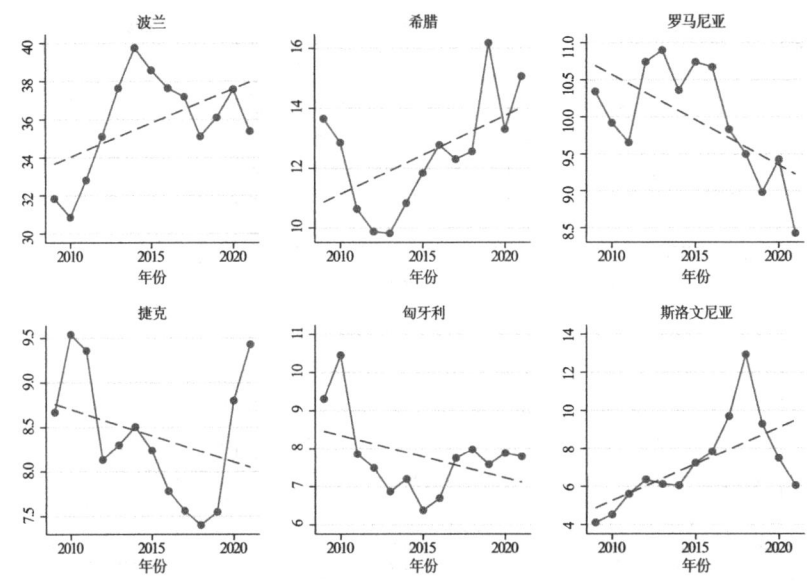

图 4.6　浙江省与中东欧最大六国双边贸易占比差异

易占比的下降趋势位列第五，其下降趋势系数为 -0.112。最后是浙江省与捷克的双边贸易占比的下降趋势，其下降趋势系数为 -0.059。

进一步地，从增速来看，如图 4.7 所示，浙江省与斯洛伐克的双边贸易总额的增速最快，平均增速是 18.05%，其次是浙江省与希腊的双边贸易总额增速，平均增速为 13.19%，再次是浙江省与捷克的双边贸易总额增速，平均增速为 12.90%。浙江省与波兰的双边贸易总额增速位居第四，平均增速为 12.46%。第五位为浙江省与匈牙利的双边贸易总额增速，其平均增速为 11.19%。最后是浙江省与罗马尼亚的双边贸易总额增速，其平均增速为 9.38%。

从增速的波动幅度来看，浙江省与斯洛伐克的双边贸易总额增速的波动幅度最大，标准差为 30.00%，最大值为 69.06%，最小值为 -24.66%。其次是浙江省与匈牙利的双边贸易总额增速的波动幅度，其标准差为 21.65%。再次是浙江省与希腊的双边贸易总额增速的波动幅度，其标准差为 17.53%。浙江省与捷克的双边贸易总额增速的波动幅度居第四位，其标准差为 16.37%。排在第五位的是浙江省与波兰的双边贸易总额增速的波动幅度，其标准差为 11.27%。最后是浙江省与罗马尼亚的双边贸易总额增速的波动幅度，其标准差为 8.71%。

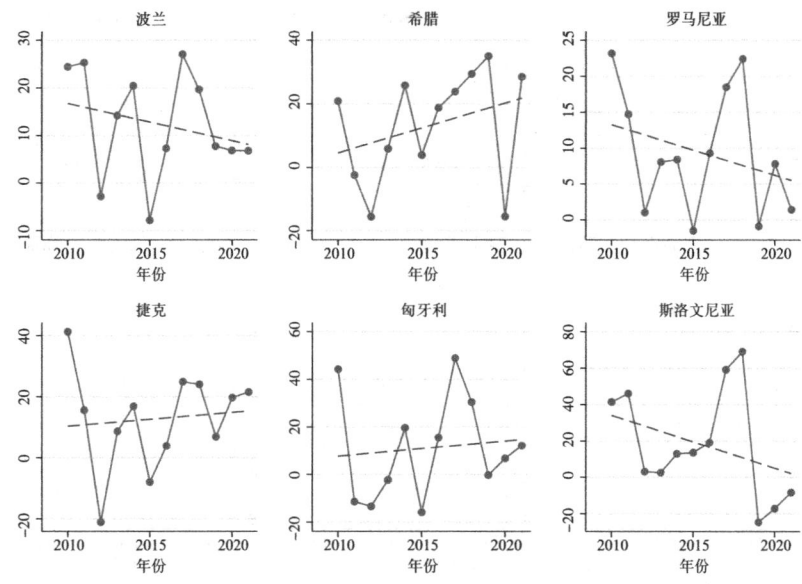

图 4.7 浙江省与中东欧最大六国双边贸易总额增速差异

从增速的时间变化趋势幅度来看，浙江省与希腊、捷克和匈牙利等三国的双边贸易总额的增速呈现上升趋势，而浙江省与波兰、罗马尼亚和斯洛文尼亚等三国的双边贸易总额增速呈现的是下降趋势。浙江省与斯洛文尼亚的双边贸易总额增速的下降趋势最为明显，其下降趋势系数为 -2.91。其次是浙江省与希腊的双边贸易总额增速的上升趋势，其上升趋势系数为 1.57。再次是浙江省与波兰的双边贸易总额增速的下降趋势，其下降趋势系数为 -0.78。浙江省与罗马尼亚的双边贸易总额增速的下降趋势排在第四位，其下降趋势系数为 -0.71。位居第五的是浙江省与匈牙利的双边贸易总额增速的上升趋势，其上升趋势系数为 0.65。最后是浙江省与捷克的双边贸易总额增速的上升趋势，其上升趋势系数为 0.45。

在浙江省与最大六国双边贸易占比增速方面，如图 4.8 所示，浙江省与斯洛文尼亚的双边贸易占比的增速最快，平均增速为 5.07%，第二是浙江省与希腊的双边贸易占比的增速，其平均增速为 1.61%。第三是浙江省与波兰的双边贸易占比的增速，平均增速为 1.00%。第四是浙江省与捷克的双边贸易占比增速，平均增速为 0.97%。位居第五的是浙江省与匈牙利的双边贸易占比增速，平均增速为 -0.88%。最低是浙江省与罗马尼亚的双边贸易占比增速，平均增速为 -1.52%。

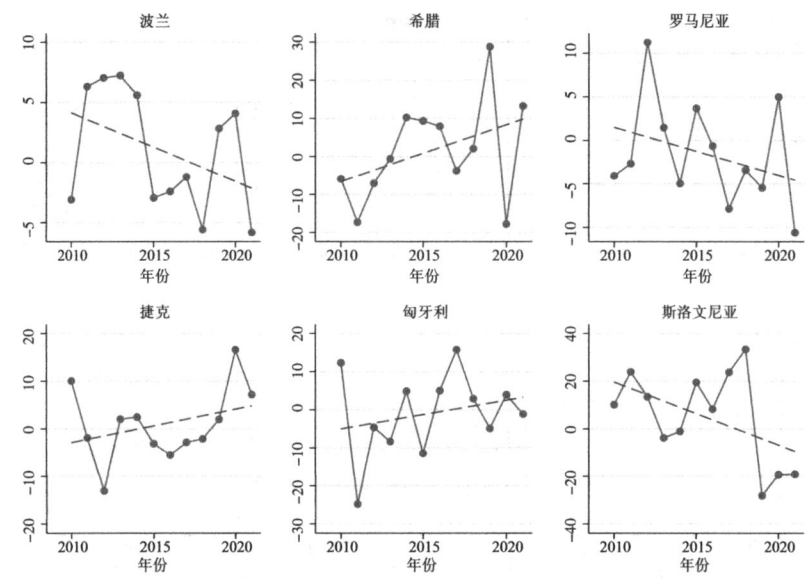

图 4.8 浙江省与中东欧最大六国双边贸易总额占比增速差异

从双边贸易占比增速的波动幅度来看，浙江省与斯洛文尼亚的双边贸易占比增速的波动幅度最大，标准差为19.59%，最大值为33.37%，最小值为-28.14%。第二是浙江省与希腊的双边贸易占比增速的波动幅度，标准差为13.31%。第三是浙江省与匈牙利的双边贸易占比增速的波动幅度，其标准差为10.98%。浙江省与捷克的双边贸易占比增速的波动幅度列第四位，其标准差为7.73%。第五是浙江省与罗马尼亚的双边贸易占比增速的波动幅度，其标准差为6.06%。第六是浙江省与波兰的双边贸易占比增速的波动幅度，其标准差为5.01%。

从时间变化趋势幅度来看，依旧是浙江省与斯洛文尼亚的双边贸易占比增速的变化趋势最为明显，下降趋势系数为-2.64。第二是浙江省与罗马尼亚的双边贸易占比增速的变化趋势，其上升趋势系数为1.49。第三是浙江省与匈牙利的双边贸易占比增速的变化趋势，其上升趋势系数为0.75。第四是浙江省与捷克的双边贸易占比增速的变化趋势，其上升趋势系数为0.70。浙江省与波兰的双边贸易占比增速的变化趋势幅度列第五，其下降趋势系数为-0.57。第六是浙江省与罗马尼亚的双边贸易占比增速的下降趋势幅度，其下降趋势系数为-0.55。

综上所述，浙江省在与中东欧最大六个国家进行双边贸易时，需要重点扩大对波兰和希腊两国的双边贸易规模,保持波兰在浙江省与中东欧国家进行双边贸易时的核心地位,并且警惕浙江省与波兰、罗马尼亚与斯洛文尼亚等三个国家贸易增速的下降事实,尤其是警惕中国与波兰这一重点市场的双边贸易增速的下降现象。

(2)浙江省与中东欧其余八国双边贸易的差异

同样可以从总额、占比以及增速等三个维度来剖析浙江省与中东欧其余八个国家在双边贸易方面的差异。

在双边贸易总额方面,如图 4.9 所示,按照平均双边贸易总额来测算,浙江省与其余八个中东欧国家的双边贸易总额由高到低依次为克罗地亚、保加利亚、斯洛伐克、阿尔巴尼亚、塞尔维亚、黑山、北马其顿和波黑,浙江省与这八个国家的双边贸易总额均值分别为 4.5 亿美元、3.7 亿美元、3.6 亿美元、1.7 亿美元、1.6 亿美元、0.25 亿美元、0.21 和 0.19 亿美元。

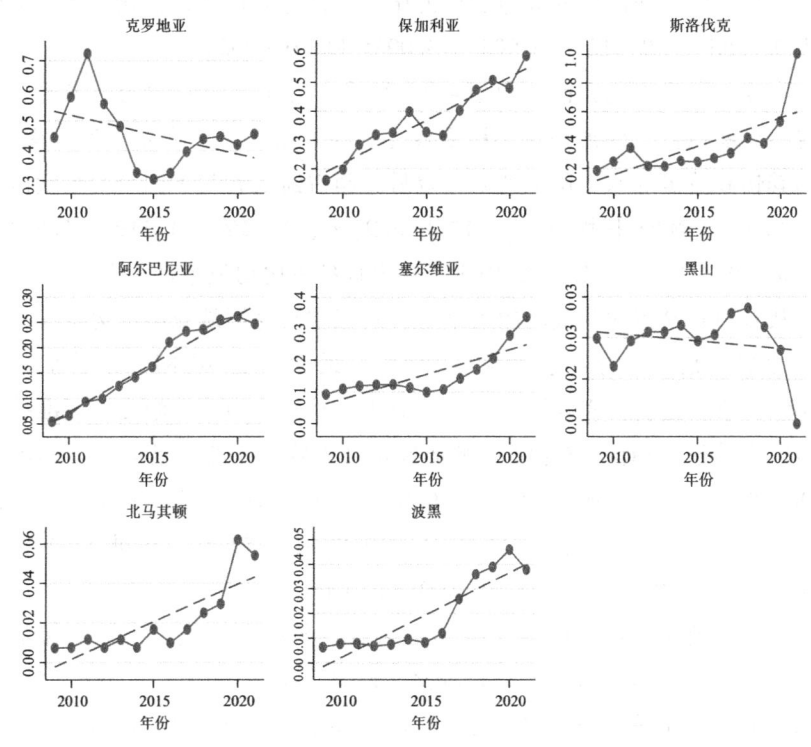

图 4.9　浙江省与中东欧其余八国双边贸易总额差异

从双边贸易总额波动幅度来看,浙江省与斯洛伐克的双边贸易总额的波动幅度最大,标准差为 2.17 亿美元,最大值为 10.08 亿美元,最小值为

1.86 亿美元。第二是浙江省与保加利亚的双边贸易总额的波动幅度，标准差为 1.23 亿美元。第三是浙江省与克罗地亚的双边贸易总额的波动幅度，标准差为 1.15 亿美元。第四到第八位分别为浙江省与阿尔巴尼亚、塞尔维亚、北马其顿、波黑和黑山的双边贸易总额的波动幅度，标准差分别为 0.756 亿美元、0.748 亿美元、0.181 亿美元、0.152 亿美元和 0.035 亿美元。

从双边贸易总额的变化趋势来看，浙江省除了与克罗地亚和黑山的双边贸易总额总体呈下降趋势之外，浙江省与其他六个国家的双边贸易总额总体都呈现出不同幅度的上升趋势。从变化趋势的幅度来看，浙江省与斯洛伐克的双边贸易总额的上升趋势幅度最大，其上升趋势系数为 0.04。第二是浙江省与保加利亚的双边贸易总额的上升趋势，其上升趋势系数为 0.0298。第三是浙江省与阿尔巴尼亚的双边贸易总额的上升趋势，上升趋势系数为 0.019。第四位到第八位分别是浙江省与塞尔维亚、克罗地亚、北马其顿、波黑和黑山的双边贸易占比的变化趋势幅度，变化趋势系数分别为 0.0155、-0.0129、0.0038、0.0035 和 -0.0002。

在双边贸易占比方面，如图 4.10 所示，从样本期间的均值来看，浙江省与克罗地亚、保加利亚、斯洛伐克、阿尔巴尼亚、塞尔维亚、黑山、北马其顿和波黑等八个国家的双边贸易总额占浙江省与十四个中东欧国家双边贸易总额的平均比重分别为 5.97%、4.22%、3.93%、1.84%、1.74%、0.32%、0.2% 和 0.19%，双边贸易占比均值累计为 18.4%。

从双边贸易占比的波动幅度来看，浙江省与克罗地亚的双边贸易占比的波动幅度最大，标准差达到 3.061%，最大值为 10.81%，最小值为 2.96%。第二是浙江省与斯洛伐克的双边贸易占比的波动幅度，标准差为 0.996%。第三是浙江省与保加利亚的双边贸易占比的波动幅度，标准差为 0.658%。第四位到第八位依次为浙江省与阿尔巴尼亚、塞尔维亚、黑山、北马其顿和波黑的双边贸易占比的波动幅度，标准差分别为 0.446%、0.300%、0.122%、0.100% 和 0.083%。

从双边贸易占比的时间变化趋势来看，浙江省与克罗地亚、保加利亚、塞尔维亚和黑山的双边贸易占比体现出下降的趋势，而与斯洛伐克、阿尔巴尼亚、北马其顿和波黑的双边贸易占比呈上升趋势。从双边贸易占比的变化趋势幅度来看，浙江省与克罗地亚的双边贸易占比的下降趋势幅度最大，其下降趋势系数为 -0.724。第二是浙江省与阿尔巴尼亚的双边贸易占比的上升趋势幅度，上升趋势系数为 0.057。第三是浙江省与保加

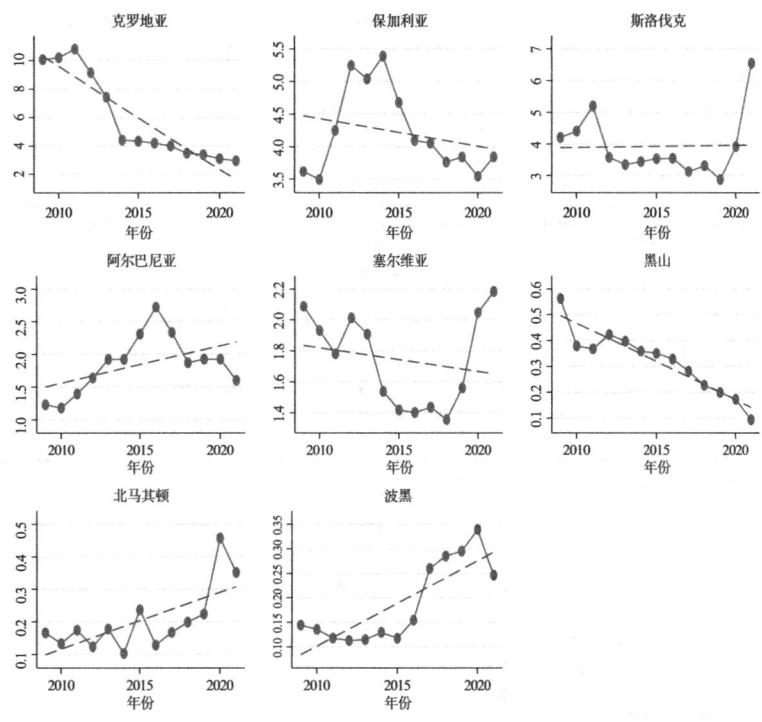

图 4.10 浙江省与中东欧其余八国双边贸易总额占比差异

利亚的双边贸易占比的下降趋势幅度,下降趋势系数为 -0.042。第四到第八依次是浙江省与黑山、波黑、北马其顿、塞尔维亚和斯洛伐克的双边贸易占比的变化趋势幅度,变化趋势系数分别为 -0.029、-0.01743、0.01741、-0.0152 和 0.007。

在双边贸易增速方面,先看双边贸易总额的增速差异,如图 4.11 所示。从图 4.11 可以看出,平均而言,浙江省与北马其顿的双边贸易总额增速最快,平均增速高达 29.47%。这说明浙江省与北马其顿的双边贸易占比虽然不高,但是其增速最快,浙江省与北马其顿的双边贸易也需要得到应有的关注。第二位是浙江省与波黑的双边贸易总额增速,增速为 20.21%。第三位是浙江省与斯洛伐克的双边贸易总额增速,增速为 19.112%。第四位是浙江省与阿尔巴尼亚双边贸易总额增速,增速为 14.09%。第五位是浙江省与塞尔维亚的双边贸易总额增速,增速为 19.49%。第六位中国与克罗地亚双边贸易总额增速,增速为 12.27%。第七位是浙江省与克罗地亚的双边贸易总额增速,增速为 1.94%。最后一位是浙江省与黑山的双边贸易总额增速,增速为 -3.33%。

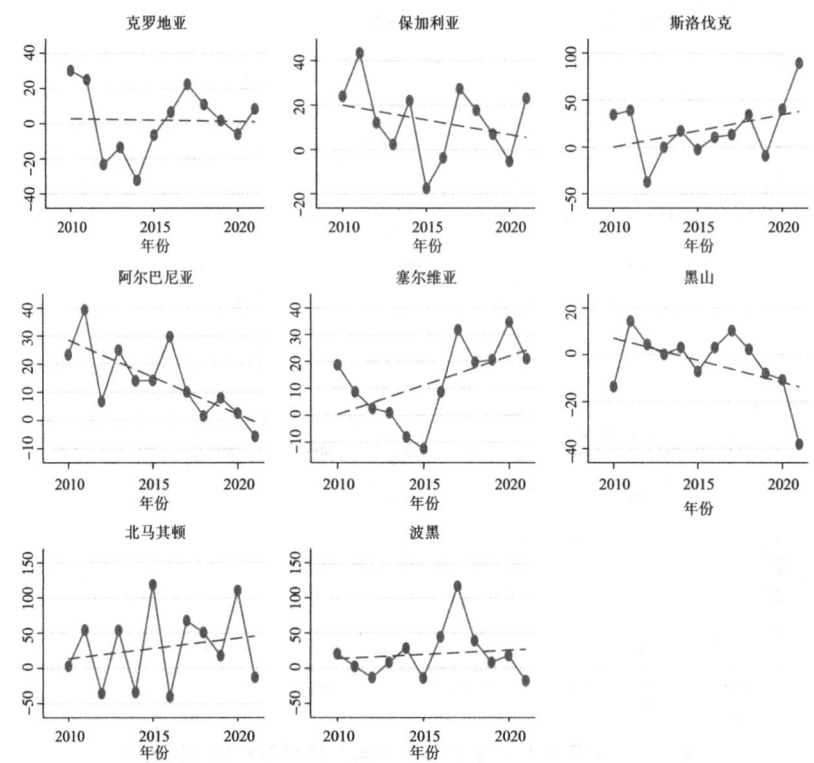

图 4.11 浙江省与中东欧其余八国双边贸易总额增速差异

从双边贸易总额增速的波动幅度来看,浙江省与北马其顿的双边贸易总额增速波动幅度最大,标准差高达 55.18%,最大值为 119.01%,最小值为 -40.31%。第二位是浙江省与波黑的双边贸易总额增速的波动幅度,标准差为 36.46%。第三位是浙江省与斯洛伐克的双边贸易总额增速的波动幅度,标准差为 31.92%。第四位到第八位依次是浙江省与克罗地亚、保加利亚、塞尔维亚、黑山和阿尔巴尼亚的双边贸易总额增速的波动幅度,标准差分别为 19.19%、16.93%、14.75%、13.77% 和 13.04%。

从双边贸易总额增速的变化趋势来看,浙江省与克罗地亚、保加利亚、阿尔巴尼亚和黑山的双边贸易总额增速呈现的都是下降的势头,而浙江省与斯洛伐克、塞尔维亚、北马其顿和波黑的双边贸易总额增速体现出上升的势头。从增速的变化趋势幅度来看,浙江省与斯洛伐克的双边贸易总额增速的上升趋势幅度最大,上升趋势系数为 3.451。第二位是浙江省与北马其顿的双边贸易总额增速的上升趋势幅度,上升趋势系数为

2.928。第三位是浙江省与阿尔巴尼亚的双边贸易总额增速的下降趋势幅度，下降趋势系数为 -2.635。第四到第八位分别是浙江省与塞尔维亚、黑山、保加利亚、波黑和克罗地亚的双边贸易总额增速的变化趋势幅度，其变化趋势系数分别为 2.167、-1.883、-1.318、1.207 和 0.162。

再来看双边贸易占比的增速情况。从双边贸易占比增速的均值来看，如图 4.12 所示，浙江省与北马其顿的双边贸易占比增速的均值最高，高达 17.68%。这进一步从双边贸易占比增速上说明浙江省与北马其顿的双边贸易占比虽然不高，但是其增速最快，浙江省与北马其顿的双边贸易需要得到应有的关注。第二位是浙江省与波黑的双边贸易占比增速，其均值为 6.87%。第三位是浙江省与斯洛伐克的双边贸易占比增速，其均值为 6.28%。第四到第八位分别是浙江省与阿尔巴尼亚、塞尔维亚、保加利亚、克罗地亚和黑山的双边贸易占比增速，其均值分别为 3.25%、1.16%、1.14%、-8.81% 和 -12.44%。

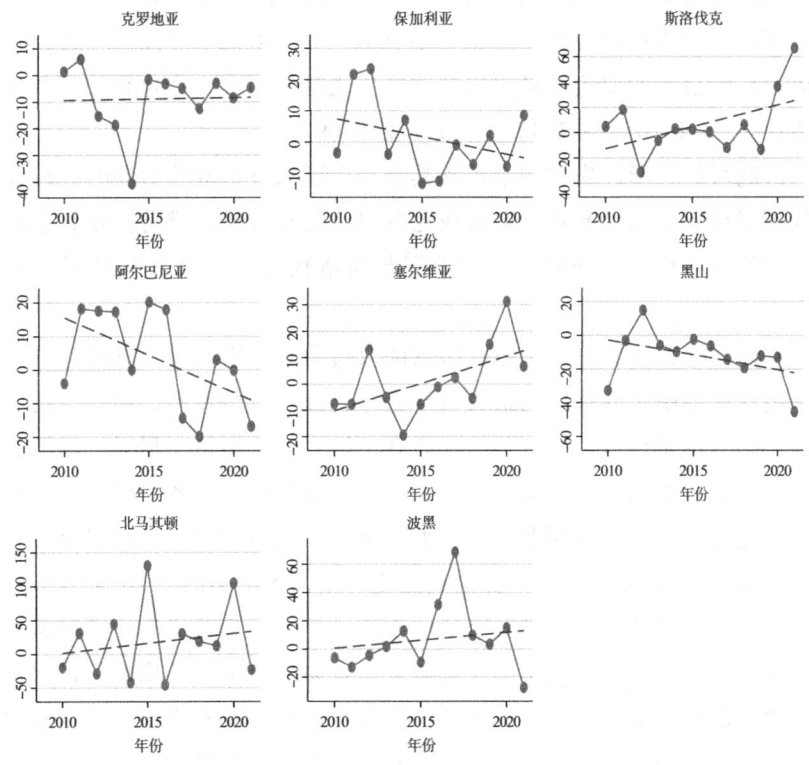

图 4.12　浙江省与中东欧其余八国双边贸易总额占比增速差异

从增速的波动幅度来看，浙江省与北马其顿的双边贸易占比增速的波动幅度最大，标准差达到55.86%，最大值为130.54%，最小值为-45.75%。第二位是浙江省与斯洛伐克的双边贸易占比增速的波动幅度，标准差为25.35%。第三位是浙江省与波黑的双边贸易占比增速的波动幅度，标准差为24.61%。第四到第五位分别为浙江省与黑山、阿尔巴尼亚、塞尔维亚、克罗地亚和保加利亚的双边贸易占比增速的波动幅度，标准差分别为15.31%、14.93%、13.53%、12.22%和12.05%。

从增速的变化趋势来看，浙江省除了与保加利亚、阿尔巴尼亚和黑山的双边贸易占比增速呈现的是下降趋势之外，浙江省与克罗地亚、斯洛伐克、塞尔维亚、北马其顿和波黑的双边贸易占比增速呈上升趋势。从变化趋势的幅度来看，浙江省与斯洛伐克的双边贸易占比增速的上升趋势幅度最大，上升趋势系数为3.467。第二位是浙江省与北马其顿的双边贸易占比增速的上升趋势幅度，上升趋势系数为2.919。第三位是浙江省与阿尔巴尼亚的双边贸易占比增速的下降趋势幅度，下降趋势系数为-2.235。第四到第八位变化趋势幅度分别为浙江省与塞尔维亚、黑山、保加利亚、波黑和克罗地亚的双边贸易占比增速的变化趋势幅度，变化趋势系数分别为2.069、-1.765、-1.127、1.114和0.099。

由此可见，浙江省在与中东欧其余八个国家进行双边贸易时，继续扩大从克罗地亚、保加利亚和斯洛伐克的双边贸易规模，维持其在其余八个国家中的核心地位。同时，继续挖掘与斯洛伐克和北马其顿的双边贸易潜力。

总而言之，浙江省与中东欧国家的双边贸易总额呈现上升的态势，波兰是浙江省在中东欧地区的最大贸易伙伴，第二位是希腊，第三位是罗马尼亚，第四位是捷克，第五位是匈牙利，第六位是斯洛文尼亚。浙江省在与十四个中东欧国家进行双边贸易时，除了继续保持与各个国家的双边贸易规模之外，还需要有所取舍。比如，重点扩大对波兰、罗马尼亚与希腊等国的双边贸易规模，进一步挖掘捷克、匈牙利、斯洛文尼亚、克罗地亚、保加利亚以及斯洛伐克等市场双边贸易潜力。除此之外，警惕浙江省与波兰、罗马尼亚与斯洛文尼亚等国双边贸易增速下降的现象。在保持波兰、罗马尼亚和罗马尼亚等国在浙江省与中东欧国家双边贸易的核心地位的基础上，进一步提高浙江省与中东欧国家的双边贸易额及其增速。

4.2.2 浙江省从中东欧国家进口贸易市场分布现状

本小节仍然可以从两个视角展开分析浙江省从中东欧国家进口贸易的市场分布状况。一是进口总额,即浙江省从中东欧国家进口总额的市场分布情况。二是进口贸易占比,即浙江省从中东欧国家进口额占总进口额的比重的市场分布情况。

图 4.13 和表 4.6 分别报告的是样本期间浙江省从中东欧国家进口商品的按平均和分年份的总额、占比与排名情况。从图 4.13 可以看出,平均进口贸易额从多到少的国家依次为波兰、捷克、罗马尼亚、匈牙利、斯洛伐克、保加利亚、希腊、斯洛文尼亚、克罗地亚、塞尔维亚、北马其顿、波黑、阿尔巴尼亚和黑山。其中,浙江省从波兰的进口总额的位次相对平稳,在 2021 年之前都是第一位,在 2021 年位居第二,仅次于从斯洛伐克进口的总额。浙江省从捷克的进口总额在 2009 年排在第三位,之后升至 2012 年和 2015 年的第二位,2018 年下降到第三位,2020 又上升到第二位,到 2021 年又降至第三位。平均而言,浙江省从捷克的进口总额列第二位。对于罗马尼亚来说,浙江省从罗马尼亚的进口总额在 2009 年列第二位,之后降至 2012 年的第三位和 2015 年的第四位,到 2018 年恢复到第二位,之后则分别下降至 2020 年的第三位和 2021 年的第四位。总体来讲,浙江省从罗马尼亚的进口总额位居第三位。浙江省从匈牙利的进口总额总体位于第四位,浙江省从匈牙利的进口总额排名变化分别为 2009 年的第四位、2012 年的第五位、2015 年的第三位、2018 年的第四位、2020 年的第三位和 2021 年的第四位。浙江省从斯洛伐克的进口总额 2009 年排在第七位,2012 年排第八位,2015 年和 2018 年排第六位,2020 和 2021 年排第四位。保加利亚是浙江省在中东欧国家的第六大进口来源国,进口总额在 2009 年居第五位,之后继续上升,分别上升到 2012 年的第四位、2015 年和 2018 的第五位以及 2020 年和 2021 年的第六位。

平均而言,在样本期间,浙江省从波兰、捷克、罗马尼亚、匈牙利、斯洛伐克和保加利亚等六国进口的贸易占比的均值累计达到了 87.9%。浙江省从其余八个国家进口的贸易占比均值累计值仅为 12.1%。浙江省从其余八个国家的进口总额的变化趋势如下:

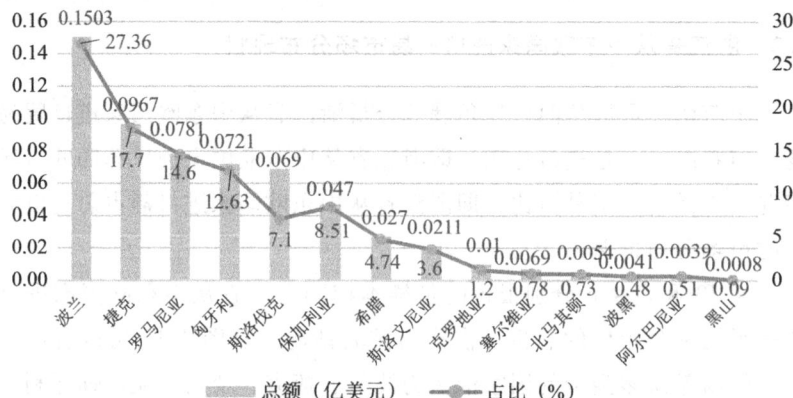

图 4.13 样本期间浙江省从中东欧国家的进口贸易市场分布总体现状

表 4.6 浙江省从中东欧国家进口总额与占比

国家	2009 年			2012 年			2015 年		
	总额(亿美元)	占比(%)	排名	总额(亿美元)	占比(%)	排名	总额(亿美元)	占比(%)	排名
阿尔巴尼亚	0.0001	0.06	13	0.0008	0.21	10	0.0008	0.27	11
波黑	0.0001	0.06	12	0.0002	0.05	13	0.0003	0.1	13
保加利亚	0.0131	6.1	5	0.05	12.66	4	0.0297	9.42	5
克罗地亚	0.0004	0.21	10	0.0015	0.38	9	0.0015	0.48	10
捷克	0.0391	18.24	3	0.0775	19.62	2	0.07	22.2	2
希腊	0.0106	4.96	6	0.0288	7.3	6	0.0119	3.76	7
匈牙利	0.0155	7.21	4	0.0357	9.05	5	0.0614	19.48	3
黑山	0	0	14	0	0	14	0	0	14
波兰	0.0838	39.09	1	0.1004	25.41	1	0.0704	22.32	1
罗马尼亚	0.0442	20.61	2	0.0718	18.17	3	0.036	11.4	4
塞尔维亚	0.0001	0.07	11	0.0006	0.14	11	0.0005	0.16	12
斯洛伐克	0.0045	2.08	7	0.0101	2.54	8	0.0146	4.64	6
斯洛文尼亚	0.0022	1.03	8	0.0171	4.34	7	0.0111	3.53	8
北马其顿	0.0006	0.28	9	0.0005	0.12	12	0.0071	2.25	9

续表

国家	2018年 总额（亿美元）	2018年 占比（%）	2018年 排名	2020年 总额（亿美元）	2020年 占比（%）	2020年 排名	2021年 总额（亿美元）	2021年 占比（%）	2021年 排名
阿尔巴尼亚	0.0026	0.33	13	0.0061	0.65	13	0.0162	1.05	12
波黑	0.011	1.4	11	0.0111	1.18	12	0.0115	0.74	13
保加利亚	0.0669	8.52	5	0.0532	5.66	6	0.0927	5.98	6
克罗地亚	0.0255	3.24	9	0.0183	1.95	10	0.0429	2.77	8
捷克	0.1368	17.42	3	0.1553	16.51	2	0.1523	9.83	3
希腊	0.0335	4.27	8	0.0395	4.2	7	0.0533	3.44	7
匈牙利	0.0923	11.76	4	0.1402	14.9	3	0.1348	8.7	4
黑山	0.0015	0.19	14	0.0007	0.07	14	0.0011	0.07	14
波兰	0.1553	19.78	1	0.1931	20.53	1	0.3007	19.4	2
罗马尼亚	0.1496	19.05	2	0.1078	11.46	5	0.1114	7.19	5
塞尔维亚	0.013	1.66	10	0.0175	1.86	11	0.0273	1.76	10
斯洛伐克	0.0524	6.67	6	0.1374	14.61	4	0.5539	35.74	1
斯洛文尼亚	0.0422	5.38	7	0.029	3.08	8	0.035	2.26	9
北马其顿	0.0027	0.34	12	0.0314	3.33	8	0.0166	1.07	11

在总样本中，排名第七位的是希腊。浙江省从希腊的进口总额均值为 0.27 亿美元，进口总额的排名在 2009 年和 2012 年都为第六位，之后呈现下降趋势，分别降至 2015 年的第七位、2018 年的第八位，在 2020 年和 2021 年上升至第七位。总样本中排名第八位的是斯洛文尼亚，浙江省从斯洛文尼亚的进口总额均值为 0.211 亿美元，进口总额的排名在 2009 年为第八位、2012 年为第七位、2015 年为第八位，2018 年又恢复到第七位，之后下降到 2020 年和 2021 年的第九位。在总样本中排名第九位的是克罗地亚，浙江省从克罗地亚进口总额的均值为 0.1 亿美元，进口总额在 2009 年列第十位，在 2012 年上升到第九位，2015 年又下降至第十位，2018 年为第九位，2020 年和 2021 年分别居第十和第八位。居第十位的是塞尔维亚，浙江省从塞尔维亚进口的贸易总额在 2009 年和 2012 年都居第十一位，到 2015 年居第十二位，2018 年为第十位，2020 年和 2021 年分别居第十一位和第十位。

居第十一位的是北马其顿，浙江省从北马其顿的进口总额在 2009 年居第九位,到 2012 年降至第十二位,2015 年又恢复到第九位,到 2018 年又跌到第十二位,2020 年和 2021 年分别居第八和第十一位。居第十二位的是波黑,浙江省从波黑的进口总额在 2009 年居第十二位,2012 年和 2015 年都排在第十三位,2018 年、2020 年和 2021 年分别居第十一、第十二和第十三位。居第十三位的是阿尔巴尼亚,浙江省从阿尔巴尼亚的进口总额在 2009 年、2012 年、2015 年、2018 年、2020 年和 2021 年分别居第十三、第十、第十一、第十三、第十三和第十二位。最后一位是黑山,浙江省从黑山的进口总额在表 4.6 中的所有年份都居最后一位。

接下来,本小节继续从最大六国和其余八个国家两个层面探讨浙江省从中东欧国家进口贸易的市场分布情况。

(1)浙江省从中东欧最大六国进口贸易差异

前文已述,以样本期间平均的进口贸易总额来测算,浙江省从中东欧国家进口总额最大六个国家分别是波兰、捷克、罗马尼亚、匈牙利、斯洛伐克、保加利亚,浙江省从这六个国家进口的平均总额分别为 1.503 亿美元、0.967 亿美元、0.781 亿美元、0.721 亿美元、0.69 亿美元和 0.47 亿美元。浙江省从该六国的进口总额占浙江省从十四个中东欧国家的进口总额的平均比重分别为 27.36%、17.7%、14.6%、12.63%、7.1% 和 8.51%,进口总额占比均值累计达到 87.9%。

如图 4.14 所示,浙江省从这六国的进口总额都呈明显的上扬趋势。从进口总额的波动幅度来看,浙江省从斯洛伐克的进口总额的波动幅度最大,标准差为 1.499 亿美元,最大值高达 5.539 亿美元,最小值也有 0.045 亿美元。第二位是浙江省从波兰的进口总额的波动幅度,其标准差为 0.705 亿美元。第三位是浙江省从匈牙利的进口总额的波动幅度,其标准差为 0.398 亿美元。浙江省从捷克的进口总额的波动幅度排在第四位,其标准差为 0.394 亿美元。排在第五位的是浙江省从罗马尼亚的进口总额波动幅度,其标准差为 0.336 亿美元。第六位是浙江省从保加利亚的进口总额波动幅度,其标准差为 0.222 亿美元。

从进口总额的时间变化趋势幅度来看,如图 4.14 所示,浙江省从这六个国家的进口总额都呈明显的增长态势。其中,浙江省从斯洛伐克的进口总额的上升趋势最为强劲,其上升趋势系数为 0.0229。排第二位的是浙江省从波兰的进口总额的上升趋势,其上升趋势明显,上升趋势系数为 0.0126。排在第三位的是浙江省从匈牙利的进口总额的上升趋势,其上升

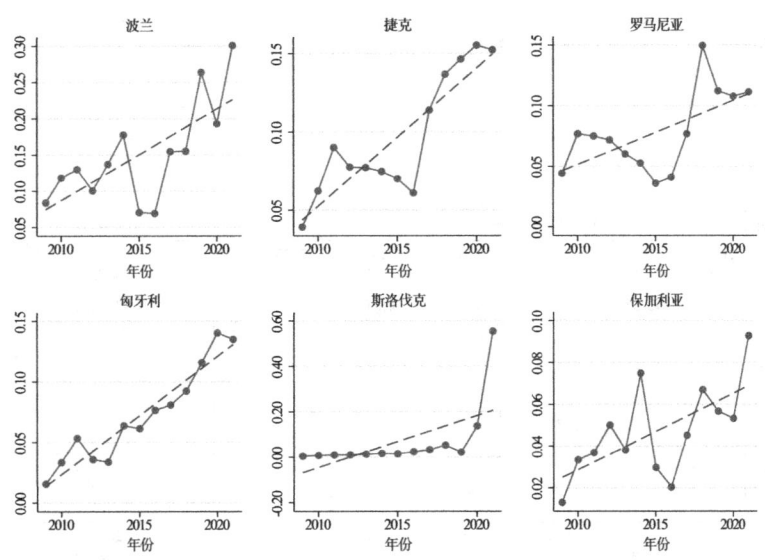

图 4.14 浙江省从中东欧最大六国的进口贸易总额差异

注:横坐标是年份,纵坐标是进口贸易总额,即图中圆圈中各个点的值,虚线是拟合值,图 4.15 至图 4.21 类似。

趋势系数为 0.0098。浙江省从捷克的进口总额上升趋势位居第四,其上升趋势系数为 0.0088。排在第五位的是浙江省从罗马尼亚的进口总额上升趋势,其上升趋势系数为 0.0053。排在第六位的是浙江省从保加利亚的进口贸易总额上升趋势,其上升趋势系数仅为 0.0037。

从进口贸易占比来看,从图 4.15 可以发现,浙江省除了从匈牙利和斯洛伐克两个国家的进口贸易占比呈上升趋势之外,浙江省从波兰、捷克、罗马尼亚和保加利亚等四国的进口贸易占比都呈明显的下降趋势。从进口贸易占比的波动幅度来看,浙江省从斯洛伐克的进口贸易占比波动幅度最大,其标准差高达 9.27%,最大值为 35.74%,最小值为 2.08%。第二位是浙江省从波兰的进口贸易占比的波动幅度,其标准差为 6.61%。第三位是浙江省从匈牙利的进口贸易占比波动幅度,其标准差为 4.77%。浙江省从罗马尼亚的进口贸易占比波动幅度排在第四位,其标准差为 4.23%。第五位是浙江省从捷克的进口贸易占比波动幅度,其标准差为 2.98%。第六位是浙江省从保加利亚的进口贸易占比的波动幅度,其标准差为 2.76%。

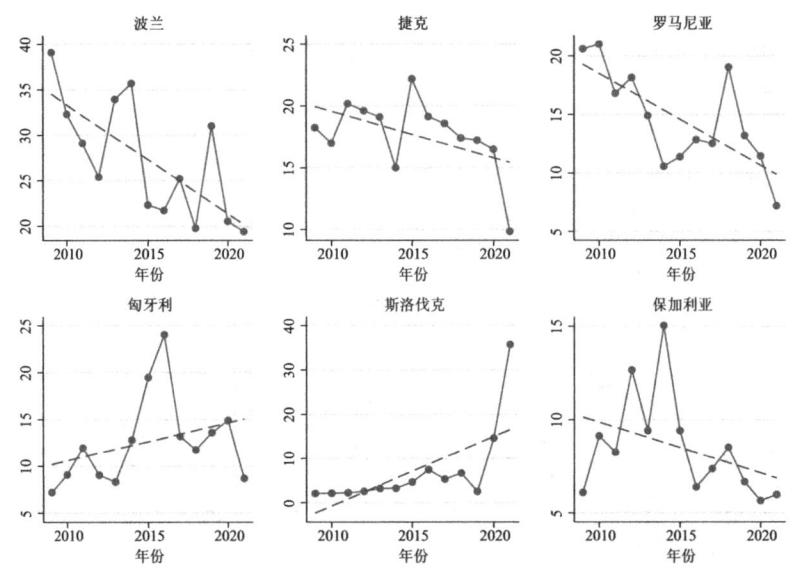

图 4.15 浙江省从中东欧最大六国进口的贸易占比差异

从进口贸易占比的时间变化趋势幅度来看,浙江省从斯洛伐克进口的贸易占比在六个中东欧国家中虽然较低,但是其上升趋势最为强劲,其上升趋势系数达到 1.573。第二位是浙江省从波兰的进口贸易占比的下降趋势,其下降趋势系数为 -1.197。第三位是浙江省从罗马尼亚的进口贸易占比的下降趋势,其下降趋势系数为 -0.783。排在第四位的是浙江省从匈牙利的进口贸易占比的上升趋势,其上升趋势系数为 0.405。浙江省从捷克的进口贸易占比的下降趋势位列第五,其下降趋势系数为 -0.376。第六位是浙江省从保加利亚的进口贸易占比的下降趋势,其下降趋势系数为 -0.272。

从进口贸易总额的增速来看,如图 4.16 所示,浙江省从斯洛伐克的进口总额的增速最快,平均增速高达 91.20%。第二位是浙江省从保加利亚的进口总额增速,平均增速为 33.80%,第三位是浙江省从匈牙利的进口总额增速,平均增速为 25.80%。浙江省从波兰的进口总额增速位列第四,平均增速为 21.26%。第五位为浙江省从捷克的进口总额增速,其平均增速为 15.44%。第六是浙江省从罗马尼亚的进口总额增速,其平均增速为 14.79%。

从进口贸易总额增速的波动幅度来看,浙江省从斯洛伐克的进口总额增速的波动幅度最大,标准差高达 167.02%,最大值为 542.64%,最小

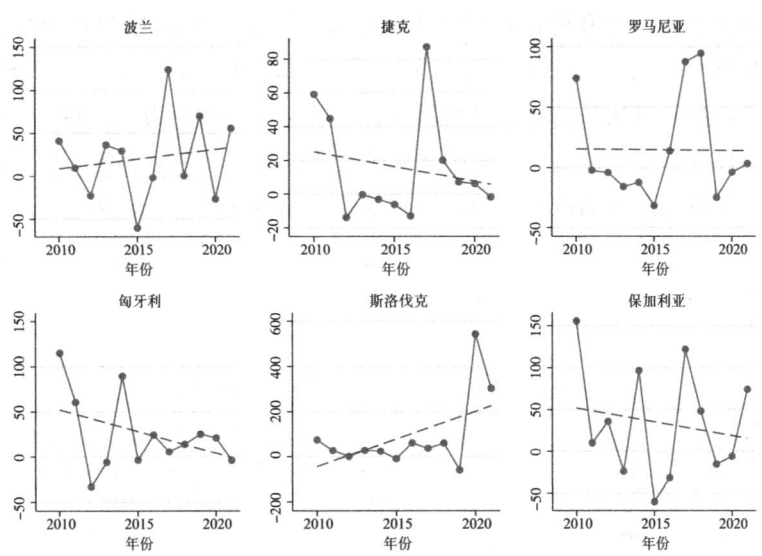

图 4.16　浙江省从中东欧最大六国进口的贸易总额增速差异

值为 -59.17%。第二位是浙江省从保加利亚的进口总额增速的波动幅度，其标准差为 67.05%。第三位是浙江省从波兰的进口总额增速的波动幅度，其标准差为 49.32%。浙江省从罗马尼亚的进口总额增速的波动幅度居第四位，其标准差为 44.51%。排在第五位的是浙江省从匈牙利的进口总额增速的波动幅度，其标准差为 42.64%。第六位是浙江省从捷克的进口贸易总额增速的波动幅度，其标准差为 31.79%。

从进口贸易总额增速的时间变化趋势幅度来看，浙江省除了从波兰和斯洛伐克两国的进口总额的增速呈上升趋势之外，从捷克、罗马尼亚、匈牙利和保加利亚四国的进口总额增速呈下降趋势。从增速的变化趋势幅度来看，浙江省从斯洛文尼亚的进口总额增速的上升趋势最为明显，其上升趋势系数高达 24.46。第二位是浙江省从匈牙利的进口总额增速的下降趋势，其下降趋势系数为 -4.81。第三位是浙江省从保加利亚的进口总额增速的下降趋势，其下降趋势系数为 -3.27。浙江省从波兰的进口总额增速的上升趋势排在第四位，其上升趋势系数为 3.23。位居第五的是浙江省从捷克的进口总额增速的下降趋势，其下降趋势系数为 -1.77。第六位是浙江省从罗马尼亚的进口总额增速的下降趋势，其下降趋势系数为 -0.13。

在浙江省从最大六国进口的贸易占比增速方面，如图 4.17 所示，浙江省从斯洛伐克的进口贸易占比的增速最快，平均增速为 59.32%，第二位是浙江省从匈牙利的进口贸易占比的增速,其平均增速为 6.86%。第三位是浙江省从保加利亚的进口贸易占比的增速,平均增速为 4.83%。第四位是浙江省从波兰的进口贸易占比增速,平均增速为 -2.44%。第五位是浙江省从捷克的进口贸易占比增速,平均增速为 -2.98%。第六位是浙江省从罗马尼亚的进口贸易占比增速,平均增速为 -5.68%。

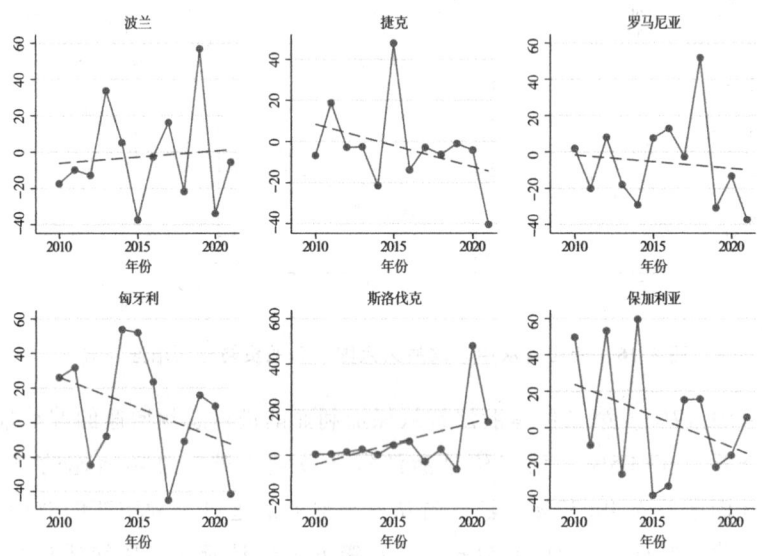

图 4.17　浙江省从中东欧最大六国进口的贸易总额占比增速差异

从进口贸易占比增速的波动幅度来看,浙江省从斯洛伐克的进口贸易占比增速的波动幅度最大,标准差高达 141.89%,最大值为 480.64%,最小值为 -62.27%。第二位是浙江省从保加利亚的进口贸易占比增速的波动幅度,标准差为 34.39%。第三位是浙江省从匈牙利的进口贸易占比增速的波动幅度,其标准差为 33.25%。浙江省从波兰的进口贸易占比增速的波动幅度列第四位,其标准差为 27.30%。第五位是浙江省从罗马尼亚的进口贸易占比增速的波动幅度,其标准差为 24.64%。第六位是浙江省从捷克的进口贸易占比增速的波动幅度,其标准差为 21.21%。

从进口贸易占比增速的时间变化趋势来看,浙江省除了从波兰和斯洛伐克等两国进口的贸易占比增速呈上升趋势之外,从捷克、罗马尼亚、匈牙利和保加利亚四国的进口贸易占比增速则是下降趋势。从进口贸易占比增速的变化趋势幅度来看,浙江省从斯洛伐克的进口贸易占比增速的变化趋势幅度最大,其上升趋势系数为 18.32。第二位是浙江省从匈牙利的进口贸易占比增速的下降趋势，其下降趋势系数为-3.51。第三位是浙江省从保加利亚的进口贸易占比增速的下降趋势，其下降趋势系数为-3.44。第四位是浙江省从捷克的进口贸易占比增速的上升趋势，其上升趋势系数为2.06。浙江省从罗马尼亚的进口贸易占比增速的变化趋势幅度位列第五，其下降趋势系数为-0.73。第六位是浙江省从波兰的进口贸易占比增速的上升趋势幅度，其上升趋势系数为0.68。

综上所述，浙江省在从中东欧最大六个国家进口产品时，需要重点扩大从匈牙利和斯洛伐克两国的进口贸易规模，保持波兰在浙江省从中东欧国家进口贸易的核心地位，并且警惕浙江省从捷克、罗马尼亚、匈牙利和保加利亚四个国家贸易增速的下降现象，尤其是警惕浙江省从波兰这一重点市场的进口贸易占比的下降现象。

（2）浙江省从中东欧其余八国进口贸易的差异

同样可以从进口总额、占比以及增速等三个维度来剖析浙江省与中东欧其余八个国家在双边贸易方面的差异。

在进口总额方面，如图4.18所示，按照平均进口总额来测算，浙江省从其余八个中东欧国家的进口总额由高到低依次为希腊、斯洛文尼亚、克罗地亚、塞尔维亚、北马其顿、波黑、阿尔巴尼亚和黑山，浙江省从这八个国家的进口总额均值分别为0.27亿美元、0.21亿美元、0.1亿美元、0.069亿美元、0.054亿美元、0.041亿美元、0.039亿美元和0.008亿美元。

从进口贸易总额的波动幅度来看，浙江省从希腊的进口总额的波动幅度最大，标准差为0.148亿美元，最大值为0.545亿美元，最小值为0.087亿美元。第二位是浙江省从克罗地亚的进口总额的波动幅度，标准差为0.130亿美元。第三位是浙江省从斯洛文尼亚的进口总额的波动幅度，标准差为0.119亿美元。第四到第八位分别为浙江省从塞尔维亚、北马其顿、阿尔巴尼亚、波黑和黑山的进口总额的波动幅度，标准差分别为0.091亿美元、0.090亿美元、0.061亿美元、0.052亿美元和0.006亿美元。

从进口总额的变化趋势来看，浙江省从其余八个国家的进口总额总体都呈现出不同幅度的上升趋势。从变化趋势的幅度来看，浙江省从克罗地亚的进口总额的上升趋势幅度最大，其上升趋势系数为0.0028。第二位是浙江省从希腊的进口总额的上升趋势，其上升趋势系数为0.0026。第三位是浙江省从斯洛文尼亚的进口总额的上升趋势，上升趋势系数为0.0025。

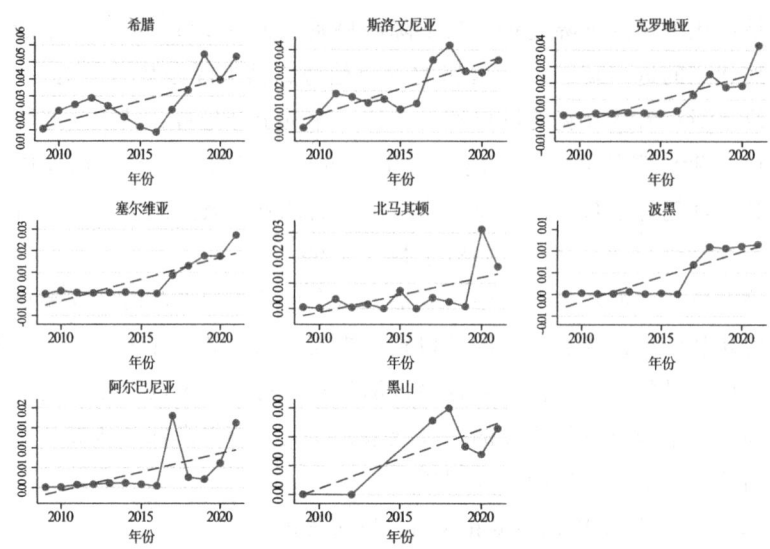

图 4.18　浙江省从中东欧其余八国进口的贸易总额差异

第四位到第八位分别是浙江省从塞尔维亚、北马其顿、波黑、阿尔巴尼亚和黑山的进口贸易总额的变化趋势幅度，上升趋势系数分别为 0.0020、0.0014、0.0011、0.0009 和 0.0001。

在进口总额占比方面，如图 4.19 所示，从样本期间的均值来看，浙江省从希腊、斯洛文尼亚、克罗地亚、塞尔维亚、北马其顿、波黑、阿尔巴尼亚和黑山等八个国家的进口总额占浙江省从十四个中东欧国家进口总额的平均比重分别为 4.74%、3.6%、1.2%、0.78%、0.73%、0.48%、0.51% 和 0.09%，进口总额占比均值累计为 12.1%。

从进口总额占比的波动幅度来看，浙江省从希腊的进口总额占比的波动幅度最大，标准差达到 1.38%，最大值为 7.30%，最小值为 2.74%。第二位是浙江省从斯洛文尼亚的进口总额占比的波动幅度，标准差为 1.25%。第三位是浙江省从克罗地亚的进口总额占比的波动幅度，标准差为 1.07%。第四位至第八位依次为浙江省从北马其顿、塞尔维亚、阿尔巴尼亚、波黑和黑山的进口总额占比的波动幅度，标准差分别为 1.00%、0.81%、0.78%、0.56% 和 0.08%。

从进口贸易占比的时间变化趋势来看，浙江省除了从希腊的进口总额占比呈下降的趋势之外，从斯洛文尼亚、克罗地亚、塞尔维亚、北马其顿、波黑、阿尔巴尼亚和黑山等七国的进口总额占比呈上升趋势。从进口

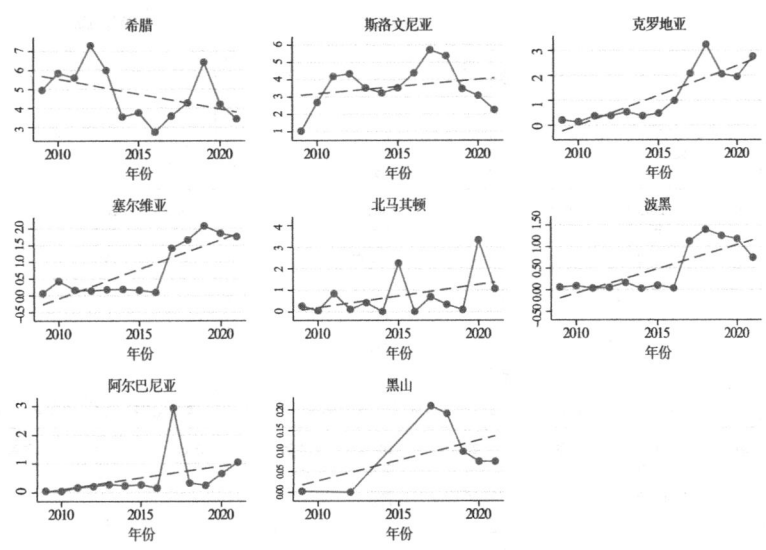

图 4.19 浙江省从中东欧其余八国进口贸易占比差异

贸易占比的变化趋势幅度来看，浙江省从克罗地亚的进口总额占比的上升趋势幅度最大，其上升趋势系数为 0.238。第二位是浙江省从塞尔维亚的进口总额占比的上升趋势幅度，上升趋势系数为 0.175。第三位是浙江省从希腊的进口总额占比的下降趋势幅度，下降趋势系数为 -0.158。第四到第八位依次是浙江省从波黑、北马其顿、斯洛文尼亚、阿尔巴尼亚和黑山的进口总额占比的上升趋势幅度，变化趋势系数分别为 0.112、0.106、0.083、0.082 和 0.010。

在进口贸易增速方面，先看进口总额的增速差异。从图 4.20 可以看出，平均而言，浙江省从北马其顿的进口总额增速最快，平均增速高达 2937.11%。这说明浙江省从北马其顿的进口总额占比虽然不高，但是其增速最快，浙江省从北马其顿的进口总额也需要得到应有的关注。第二位是浙江省从波黑的进口总额增速，平均增速为 510.62%。第三位是浙江省从阿尔巴尼亚的进口总额增速，平均增速为 346.35%。第四位是浙江省从塞尔维亚的进口总额增速，平均增速为 313.91%。第五位是浙江省从克罗地亚进口贸易总额增速，平均增速为 71.46%。第六位是浙江省从斯洛文尼亚的进口总额增速，平均增速为 48.10%。第七位是浙江省从希腊的进口总额增速，其平均增速为 25.44%。第八位是浙江省从黑山的进口总额增速，平均增速为 5.10%。

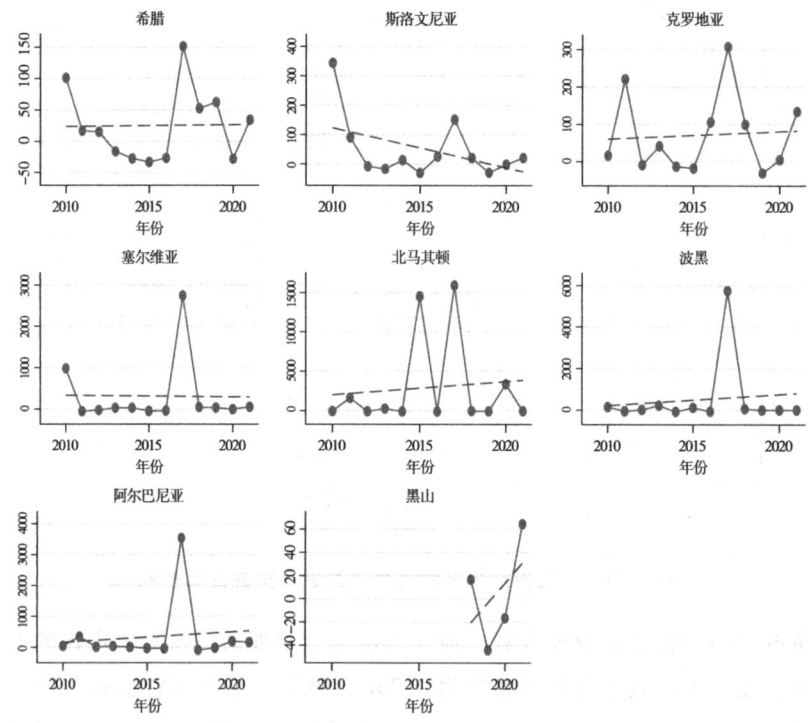

图 4.20 浙江省从中东欧其余八国进口贸易总额增速差异

从进口总额增速的波动幅度来看,浙江省从北马其顿的进口总额增速波动幅度最大,标准差高达 5850.04%,最大值为 15943.36%,最小值为 -99.63%。第二位是浙江省从波黑的进口总额增速的波动幅度,标准差为 1650.11%。第三位是浙江省从阿尔巴尼亚的进口总额增速的波动幅度,标准差为 1013.64%。第四位到第八位依次是浙江省从塞尔维亚、斯洛文尼亚、克罗地亚、希腊和黑山的进口总额增速的波动幅度,标准差分别为 817.61%、106.80%、106.35%、58.31% 和 46.74%。

从进口总额增速的变化趋势来看,浙江省除了从斯洛文尼亚和塞尔维亚两国的进口总额增速呈现出下降趋势之外,从希腊、克罗地亚、北马其顿、波黑、阿尔巴尼亚和黑山六国的进口总额增速表现上升的势头。从增速的变化趋势幅度来看,浙江省从北马其顿的进口总额增速的上升趋势幅度最大,上升趋势系数为 168.27。第二位是浙江省从波黑的进口总额增速的上升趋势幅度,上升趋势系数为 53.04。第三位是浙江省从阿尔巴尼亚的进口总额增速的上升趋势幅度,上升趋势系数为 34.27。第四到第八位分别是浙江省从黑山、斯洛文尼亚、塞尔维亚、克罗地亚和希腊的进口总额增速的变化趋势幅度，其变化趋势系数分别为 17.10、-13.55、3.50、1.99 和 0.30。

再来看进口贸易占比的增速情况。从进口贸易占比增速的均值来看，如图 4.21 所示，浙江省从北马其顿的进口贸易占比增速的均值最高，高达 2941.07%。这进一步从进口贸易占比增速上说明浙江省从北马其顿的进口贸易占比虽然不高，但是其增速最快，浙江省从北马其顿的进口贸易需要得到应有的关注。第二位是浙江省从波黑的进口贸易占比增速，其均值为 270.18%。第三位是浙江省从阿尔巴尼亚的进口贸易占比增速，其均值为 179.74%。第四到第八位分别是浙江省从塞尔维亚、克罗地亚、斯洛文尼亚、希腊和黑山的进口贸易占比增速，其均值分别为 153.27%、36.89%、14.77%、0.97% 和 -20.54%。

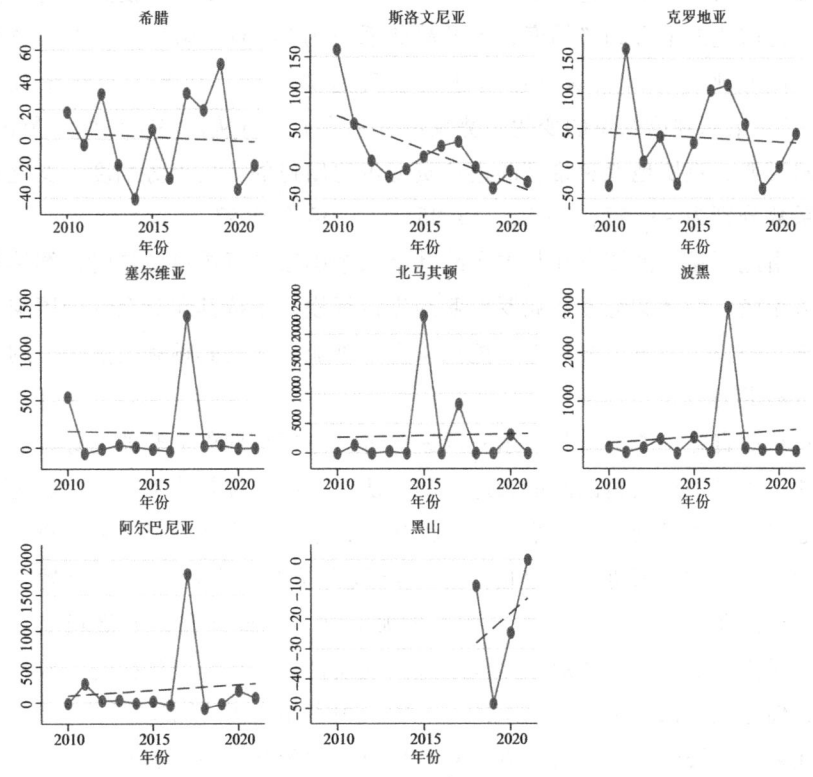

图 4.21　浙江省从中东欧其余八国进口贸易占比增速差异

从进口贸易占比增速的波动幅度来看,浙江省从北马其顿的进口贸易占比增速的波动幅度最大,标准差达到6773.12%,最大值为23014.65%,最小值为-99.63%。第二位是浙江省从波黑的进口贸易占比增速的波动幅度,标准差为844.94%。第三位是浙江省从阿尔巴尼亚的进口贸易占比增速的波动幅度,标准差为516.12%。第四到第五位分别为浙江省从塞尔维亚、克罗地亚、斯洛文尼亚、希腊和黑山的进口贸易占比增速的波动幅度,标准差分别为416.90%、63.18%、52.50%、29.15%和21.14%。

从进口贸易占比增速的变化趋势来看,浙江省从希腊、斯洛文尼亚、克罗地亚和塞尔维亚四国的进口贸易占比增速呈现的是下降趋势,而从北马其顿、波黑、阿尔巴尼亚和黑山四国的进口贸易占比增速呈上升趋势。从变化趋势的幅度来看,浙江省从北马其顿的进口贸易占比增速的上升趋势幅度最大,其上升趋势系数为56.49。第二位是浙江省从波黑的进口贸易占比增速的上升趋势幅度,上升趋势系数为24.54。第三位是浙江省从阿尔巴尼亚的进口贸易占比增速的上升趋势幅度,其上升趋势系数为15.35。第四到第八位的变化趋势幅度分别为浙江省从斯洛文尼亚、黑山、塞尔维亚、克罗地亚和希腊的进口贸易占比增速的变化趋势幅度,变化趋势系数分别为-9.57、5.01、-3.95、-1.38和0.57。

由此可见,浙江省在与中东欧其余八个国家进行进口贸易时,继续扩大从希腊、斯洛文尼亚和克罗地亚的进口规模,维持其在其余八个国家中的核心地位。同时,继续充分挖掘从塞尔维亚、北马其顿和波黑等国的进口贸易潜力。

总而言之,浙江省与中东欧国家的进口总额呈现出上升的态势,波兰是浙江省在中东欧地区的最大进口贸易伙伴,第二位是捷克,第三位是罗马尼亚,第四是匈牙利,第五是斯洛伐克,第六是保加利亚。浙江省在从十四个中东欧国家进口产品时,除了继续保持与各个国家的进口规模之外,还需要有所取舍。比如,重点扩大对波兰、匈牙利、斯洛伐克、希腊、斯洛文尼亚和克罗地亚等国的进口规模,进一步挖掘从捷克、罗马尼亚、匈牙利、保加利亚、塞尔维亚、北马其顿和波黑等市场的进口潜力。除此之外,警惕浙江省从捷克、罗马尼亚、匈牙利、保加利亚四国进口规模增速下降的问题。

4.2.3 浙江省向中东欧国家出口贸易市场分布现状

本小节从两个方面分析浙江省向中东欧国家出口贸易的市场分布状况：一是出口贸易总额，即浙江省向中东欧国家出口贸易总额的市场分布情况。二是出口贸易占比，即浙江省向东欧国家出口贸易额占总出口贸易额的比重的市场分布情况。

图 4.22 和表 4.7 分别显示了在样本期间浙江省向中东欧国家的平均和分年份的出口总额、占比与排名情况。从图 4.22 可以看出，平均出口额从多到少的位次依次为波兰、希腊、罗马尼亚、斯洛文尼亚、捷克、匈牙利、克罗地亚、保加利亚、斯洛伐克、阿尔巴尼亚、塞尔维亚、黑山、北马其顿和波黑。其中，波兰一直是浙江省在中东欧国家最大的出口目的市场。浙江省向希腊的出口总额在 2009 年排在第二位，到 2012 年，降至第三位，到 2015 年又升到第二位，2018 年下降到第三位，在 2020 和 2021 年，又都上升到第二位。

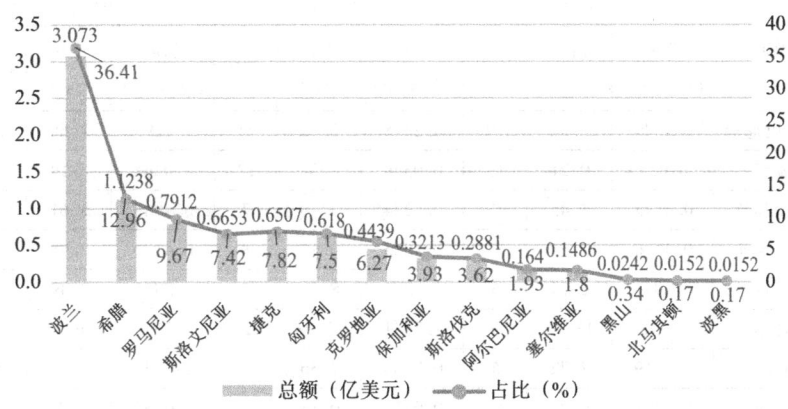

图 4.22　样本期间浙江省向中东欧国家的平均出口贸易状况

表 4.7　浙江省向中东欧国家出口总额与占比

国家	2009 年			2012 年			2015 年		
	总额（亿美元）	占比（%）	排名	总额（亿美元）	占比（%）	排名	总额（亿美元）	占比（%）	排名
阿尔巴尼亚	0.0542	1.29	11	0.0988	1.74	11	0.1614	2.41	10
波黑	0.0062	0.15	14	0.0067	0.12	14	0.0079	0.12	14
保加利亚	0.147	3.49	9	0.2689	4.73	8	0.2987	4.46	8

续表

国家	2009 年			2012 年			2015 年		
	总额（亿美元）	占比（%）	排名	总额（亿美元）	占比（%）	排名	总额（亿美元）	占比（%）	排名
克罗地亚	0.4447	10.57	3	0.5545	9.76	4	0.3031	4.52	7
捷克	0.3443	8.18	6	0.4169	7.34	6	0.5083	7.58	4
希腊	0.5933	14.1	2	0.5716	10.06	3	0.8191	12.22	2
匈牙利	0.3961	9.41	5	0.4198	7.39	5	0.3862	5.76	6
黑山	0.0249	0.59	12	0.0257	0.45	12	0.0246	0.37	12
波兰	1.3242	31.47	1	2.0337	35.78	1	2.6376	39.35	1
罗马尼亚	0.4132	9.82	4	0.5812	10.23	2	0.7179	10.71	3
塞尔维亚	0.0922	2.19	10	0.1218	2.14	10	0.0991	1.48	11
斯洛伐克	0.1816	4.32	7	0.2075	3.65	9	0.2335	3.48	9
斯洛文尼亚	0.1795	4.27	8	0.3696	6.5	7	0.4967	7.41	5
北马其顿	0.0067	0.16	13	0.007	0.12	13	0.0095	0.14	13

国家	2018 年			2020 年			2021 年		
	总额（亿美元）	占比（%）	排名	总额（亿美元）	占比（%）	排名	总额（亿美元）	占比（%）	排名
阿尔巴尼亚	0.2329	1.97	10	0.2548	2.02	11	0.2299	1.66	11
波黑	0.025	0.21	13	0.0349	0.28	12	0.0264	0.19	13
保加利亚	0.4073	3.45	8	0.4274	3.39	7	0.4988	3.61	7
克罗地亚	0.4146	3.51	7	0.4023	3.19	8	0.4126	2.98	9
捷克	0.7953	6.74	6	1.0379	8.23	4	1.2985	9.39	3
希腊	1.548	13.11	3	1.7641	13.98	2	2.2644	16.37	2
匈牙利	0.9119	7.72	5	0.9284	7.36	6	1.0637	7.69	5
黑山	0.0271	0.23	12	0.0228	0.18	14	0.0134	0.1	14
波兰	4.2665	36.14	1	4.9024	38.85	1	5.1434	37.18	1
罗马尼亚	1.0461	8.86	4	1.1702	9.27	3	1.1849	8.57	4
塞尔维亚	0.1578	1.34	11	0.2601	2.06	10	0.3087	2.23	10
斯洛伐克	0.3652	3.09	9	0.3948	3.13	9	0.4538	3.28	8
斯洛文尼亚	1.5861	13.43	2	0.9872	7.82	5	0.8968	6.48	6
北马其顿	0.0223	0.19	14	0.0307	0.24	13	0.0376	0.27	12

平均而言，浙江省向希腊的出口贸易总额列第二位。对于罗马尼亚来说，浙江省向其出口贸易额在 2009 年列第四位，到 2012 年，上升到第二

位,2015 年又降至第三位,之后继续下降,下降到 2018 年的第四位,2020 年列第三位,到 2021 年又降到第四位。总体来讲,浙江省向罗马尼亚的出口总额居第三位。斯洛文尼亚是浙江省向中东欧国家出口总额位居第四的国家,出口总额在 2009 年为第八位,之后继续上升,分别上升到 2012 年的第七位、2015 年的第五位和 2018 年的第二位,然而在 2020 年和 2021 年的排名下降幅度较大,分别为第四和第六位。

浙江省向中东欧的出口总额总体居第五位的国家是捷克,出口总额排名变化分别为 2009 年和 2012 年的第六位、2015 年的第四位、2018 年的第六位、2020 年的第四位和 2021 年的第三位。作为浙江省向中东欧国家出口总额居第六位的匈牙利,出口总额在 2009 年和 2012 年都为第五位,2015 年为第六位,在 2018 年列第五位,2020 和 2021 年分别居第六位和第五位。

平均而言,在样本期间,浙江省向波兰、希腊、罗马尼亚、斯洛文尼亚、捷克和匈牙利六国的出口占比的均值累计值达到了 81.78%。浙江省向中东欧其余八国的出口占比均值累计值仅为 18.22%。浙江省向中东欧其余八国的出口总额的变化趋势如下:

在总样本中,排名第七位的是克罗地亚。浙江省向克罗地亚的出口总额的均值为 4.439 亿美元,出口总额的排名在 2009 年居第三位,在 2012 年为第四位,之后呈现下降趋势,分别降至 2015 年的第七位、2018 年的第八位以及 2020 年和 2021 年的第七位。总样本中排名第八位的是保加利亚,浙江省向保加利亚的出口总额的均值为 3.213 亿美元,出口贸易总额排名在 2009 年为第九位,之后分别上升到 2012 年、2015 年和 2018 年的第八位,之后进一步上升到 2020 年和 2021 年的第七位。总样本中排名第九位的是斯洛伐克,浙江省向斯洛伐克的出口占比和总额的均值分别为 3.62% 和 2.881 亿美元,出口总额在 2009 年位列第七位,之后下降到 2012 年、2015 年、2018 年和 2020 年的第九位,到 2021 年上升至第八位。居第十位的是阿尔巴尼亚,浙江省向阿尔巴尼亚的出口总额在 2009 年和 2012 年都居第十一位,之后上升到 2015 年和 2018 年的第十位,2020 年和 2021 年又降到第十一位。

排第十一位的是塞尔维亚,浙江省向塞尔维亚的出口总额在 2009 年和 2012 年都排在第十位,之后降至 2015 年和 2018 年的第十一位,在 2020 年和 2021 年又回到之前的第十位。排名第十二位的是黑山,浙江省向黑山的出口总额在2009年,2012年、2015年和2018年都排在第十二位,之后分别下降至2020年和2021年的第十四位。排在第十三位的是北马其顿,浙江省向北马其顿的出口总额在2009年,2012年和2015年都居第十三位,到2018年降至第十四位,之后上升到2020年的第十三位和2021年的第十二位。最后一位是波黑,浙江省向波黑的出口总额在2009年、2012年和2015年都居最后一位,之后上升至2018年的第十三位、2020年的十二位和2021年的第十三位。

接下来,本小节从最大六国和其余八个国家两个方面探讨浙江省向中东欧国家出口贸易市场分布情况。

(1) 浙江省向中东欧最大六国出口总额的差异

以样本期间平均的出口总额来测算,浙江省向中东欧国家出口总额最大的六个国家分别是波兰、希腊、罗马尼亚、斯洛文尼亚、捷克、匈牙利,浙江省与这六个国家的平均出口总额分别为30.73亿美元、11.238亿美元、7.912亿美元、6.653亿美元、6.507亿美元、6.18亿美元。浙江省向这六个国家的出口总额占浙江省向十四个中东欧国家出口总额的平均比重分别为36.41%、12.96%、9.67%、7.42%、7.82%、7.5%,出口总额占比均值累计达到81.78%。

如图4.23所示,浙江省向中东欧最大六个国家的出口总额都呈明显的上升趋势。从出口总额的波动幅度来看,浙江省向波兰的出口总额的波动幅度最大,标准差为12.74亿美元,最大值高达51.43亿美元,最小值也有13.24亿美元。第二位是浙江省向希腊的出口总额的波动幅度,其标准差为5.96亿美元。第三位是浙江省向斯洛文尼亚的出口总额的波动幅度,其标准差为4.20亿美元。浙江省向捷克的出口总额的波动幅度排在第四位,其标准差为2.74亿美元。排在第五位的是浙江省向罗马尼亚的出口总额波动幅度,其标准差为2.61亿美元。第六位是浙江省向匈牙利的出口总额波动幅度,其标准差为2.45亿美元。

从出口总额的时间变化趋势来看,如图4.23所示,浙江省向这六个国家出口的贸易总额都呈明显的增长态势。其中,浙江省向波兰的出口贸易无论是从总额还是从上升趋势来看,都表现出强有力的上涨势头,其上升趋势系数为0.320。第二位是浙江省向希腊的出口总额的上升趋势,其上升趋势也非常明显,上升趋势系数为0.138。排在第三位的是浙江省向斯洛文尼亚的出口总额上升趋势,二者之间出口的贸易总额虽然低,但是

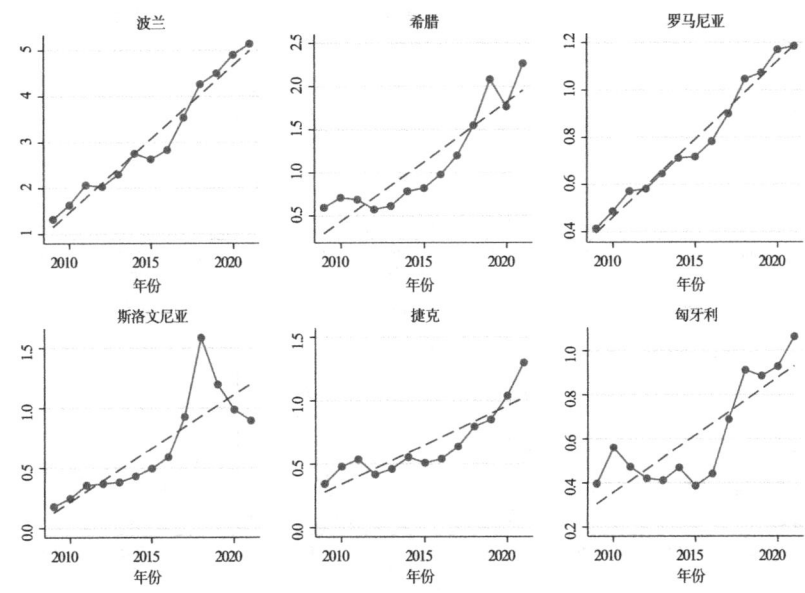

图 4.23　浙江省向中东欧最大六国出口贸易总额差异

注：横坐标是年份，纵坐标是出口贸易总额，即图中圆圈中各个点的值，虚线是拟合值，图 4.24 至图 4.30 类似。

其上升趋势不弱，上升趋势系数为 0.089。浙江省向罗马尼亚的出口总额上升趋势位列第四，其上升趋势系数为 0.066，略高于排在第五位的浙江省向捷克的出口总额上升趋势，后者的上升趋势系数为 0.062。第六位是浙江省向匈牙利的出口总额上升趋势，其上升趋势系数仅为 0.052。

从出口贸易占比来看，从图 4.24 可以发现，浙江省向波兰、希腊和斯洛文尼亚等三国的出口贸易占比呈明显的上升趋势，而浙江省向罗马尼亚、捷克和匈牙利的出口贸易占比呈显著的下降趋势。从出口贸易占比的波动幅度来看，浙江省向波兰的出口贸易占比波动幅度最大，其标准差高达 2.96%，最大值为 40.05%，最小值为 30.75%。第二位是浙江省向斯洛文尼亚的出口贸易占比的波动幅度，其标准差为 2.47%。第三位是浙江省向希腊的出口贸易占比的波动幅度，其标准差为 2.10%。浙江省向匈牙利的出口贸易占比的波动幅度排在第四位，其标准差为 1.28%。第五位的是浙江省向捷克的出口贸易占比的波动幅度，其标准差为 0.84%。第六位是浙江省向罗马尼亚出口的贸易占比的波动幅度，其标准差为 0.77%。

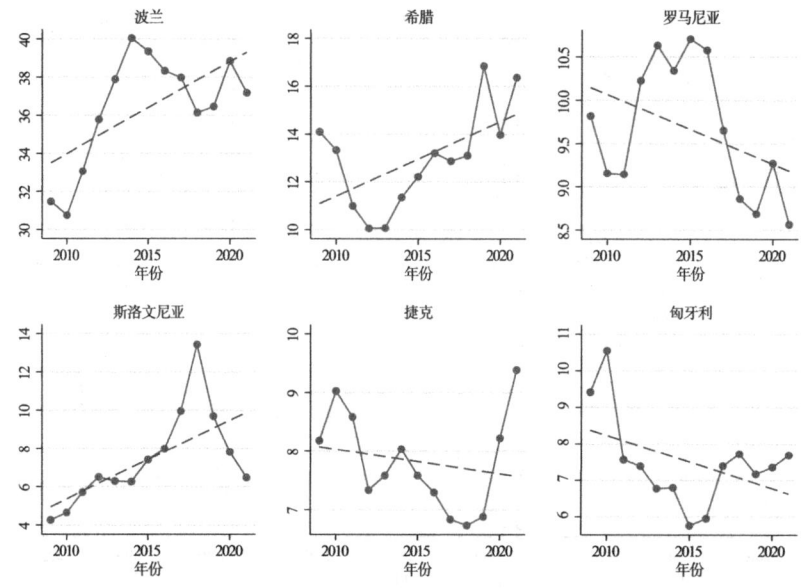

图 4.24　浙江省向中东欧最大六国出口贸易占比差异

从出口贸易占比的时间变化趋势幅度来看，浙江省向波兰的出口贸易占比在六个中东欧国家中最高，且其上升趋势最为强劲，其上升趋势系数达到 0.483。第二位是浙江省向斯洛文尼亚的出口贸易占比的上升趋势，其上升趋势系数为 0.412。第三位是浙江省向希腊的出口贸易占比的上升趋势，其上升趋势系数为 0.313。排在第四位的是浙江省向匈牙利的出口贸易占比的下降趋势，其下降趋势系数为 -0.145。浙江省向罗马尼亚的出口贸易占比的下降趋势列第五位，其下降趋势系数为 -0.080。第六位是浙江省向捷克的出口贸易占比的下降趋势，其下降趋势系数为 -0.042。

进一步地，从出口总额的增速来看，如图 4.25 所示，浙江省向斯洛文尼亚的出口贸易总额的增速最快，平均增速是 17.13%，第二位是浙江省向希腊的出口贸易总额增速，平均增速为 13.15%，第三位是浙江省向捷克的出口贸易总额增速，平均增速为 12.88%。浙江省向波兰的出口贸易总额增速居第四位，平均增速为 12.43%。第五位为浙江省向匈牙利的出口贸易总额增速，其平均增速为 10.69%。第六位是浙江省向罗马尼亚的出口贸易总额增速，其平均增速为 9.35%。

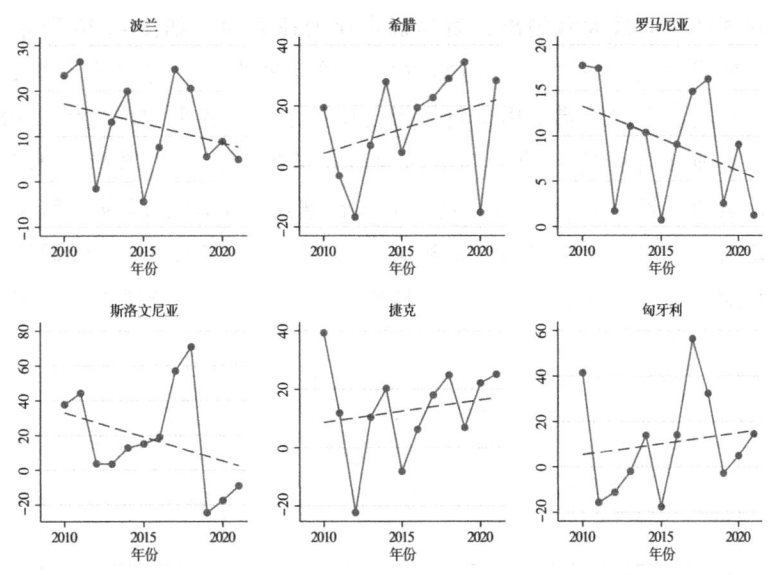

图 4.25 浙江省向中东欧最大六国出口总额增速差异

从出口总额增速的波动幅度来看，浙江省向斯洛文尼亚的出口总额增速的波动幅度最大，标准差为 29.64%，最大值为 70.90%，最小值为 -24.52%。第二位是浙江省向匈牙利的出口总额增速的波动幅度，其标准差为 23.14%。第三位是浙江省向希腊的出口总额增速的波动幅度，其标准差为 17.57%。浙江省向捷克的出口总额增速的波动幅度列第四位，其标准差为 16.30%。排在第五位的是浙江省向波兰的出口总额增速的波动幅度，其标准差为 10.48%。第六位是浙江省向罗马尼亚的出口总额增速的波动幅度，其标准差为 6.49%。

从出口贸易总额增速的时间变化趋势幅度来看，浙江省向希腊、捷克和匈牙利三国的出口总额的增速呈上升趋势，而浙江省向波兰、罗马尼亚和斯洛文尼亚三国的出口总额增速呈现下降趋势。浙江省向斯洛文尼亚的出口总额增速的下降趋势最为明显，其下降趋势系数为 -2.78。第二位是浙江省向希腊的出口总额增速的上升趋势，其上升趋势系数为 1.60。第三位是浙江省向匈牙利的出口总额增速的上升趋势，其上升趋势系数为 0.97。浙江省向波兰的出口总额增速的下降趋势排在第四位，其下降趋势系数为 -0.87。位列第五的是浙江省向捷克的出口总额增速的上升趋势，其上升趋势系数为 0.77。第六位是浙江省向罗马尼亚的出口贸易总额增速的下降趋势，其下降趋势系数为 -0.71。

在浙江省向最大六国出口贸易额占比增速方面，如图4.26所示，浙江省向斯洛文尼亚的出口贸易额占比的增速最快，平均增速为5.28%。第二位是浙江省向希腊的出口贸易额占比的增速，其平均增速为2.08%。第三位是浙江省向捷克的出口贸易额占比的增速，平均增速为1.57%。第四位是浙江省向波兰的出口贸易额占比增速，平均增速为1.51%。第五位是浙江省向匈牙利的出口贸易额占比增速，平均增速为-0.82%。第六位是浙江省向罗马尼亚的出口贸易额占比增速，平均增速为-0.94%。

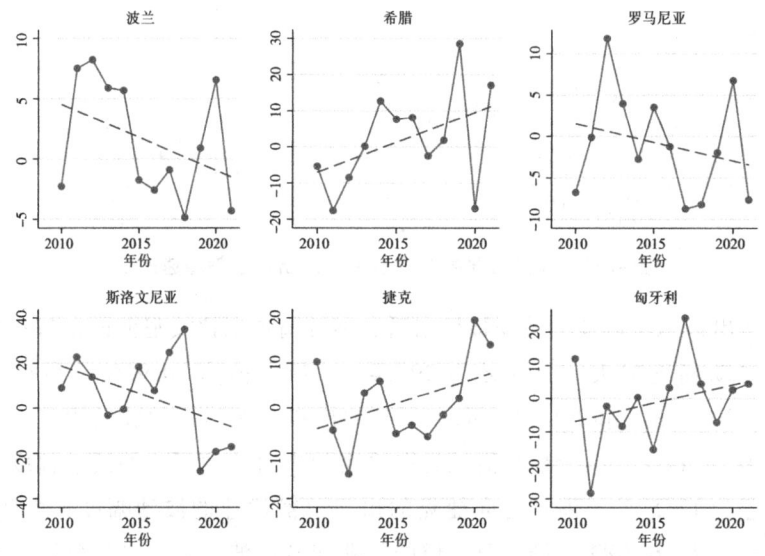

图4.26　浙江省向中东欧最大六国出口贸易额占比增速差异

从出口贸易额占比增速的波动幅度来看，浙江省向斯洛文尼亚的出口贸易额占比增速的波动幅度最大，标准差为19.39%，最大值为34.92%，最小值为-27.84%。第二位是浙江省向希腊的出口贸易额占比增速的波动幅度，标准差为13.64%。第三位是浙江省向匈牙利的出口贸易额占比增速的波动幅度，其标准差为13.28%。浙江省向捷克的出口贸易额占比增速的波动幅度列第四位，其标准差为9.69%。第五位是浙江省向罗马尼亚的出口贸易额占比增速的波动幅度，其标准差为6.49%。第六位是浙江省向波兰的出口贸易额占比增速的波动幅度，其标准差为4.91%。

从出口贸易额占比增速的时间变化趋势幅度来看，浙江省向斯洛文尼亚的出口贸易额占比增速的变化趋势最为明显，下降趋势系数为-2.46。第二位是浙江省向希腊的出口贸易额占比增速的变化趋势，其上升趋势系数为 1.66。第三位是浙江省向捷克的出口贸易额占比增速的变化趋势，其上升趋势系数为 1.12。第四位是浙江省向匈牙利的出口贸易额占比增速的变化趋势，其上升趋势系数为 1.10。浙江省向波兰的出口贸易额占比增速的变化趋势幅度列第五位，其下降趋势系数为 -0.55。第六位是浙江省向罗马尼亚的出口贸易额占比增速的下降趋势幅度，其下降趋势系数为 -0.45。

综上所述，浙江省在向中东欧最大六个国家出口产品时，需要重点扩大对波兰、希腊以及罗马尼亚国的出口贸易规模，保持波兰作为浙江省向中东欧国家出口最大的目的市场的地位，并且警惕浙江省向波兰、罗马尼亚与斯洛文尼亚三个国家出口增速的下降问题，尤其是警惕浙江省向波兰这一重点市场的出口增速的下降问题。

（2）浙江省向中东欧其余八国出口贸易的差异

同样可以从总额、占比以及增速等三个维度来剖析浙江省向中东欧其余八个国家在出口贸易方面的差异。

在出口总额方面，如图 4.27 所示，按照平均出口总额来测算，浙江省向其余八个中东欧国家的出口总额由高到低依次为克罗地亚、保加利亚、斯洛伐克、阿尔巴尼亚、塞尔维亚、黑山、北马其顿和波黑，浙江省向这八个国家的出口总额均值分别为 4.439 亿美元、3.213 亿美元、2.881 亿美元、1.640 亿美元、1.486 亿美元、0.242 亿美元、0.15185 亿美元和 0.15184 亿美元。

从出口总额的波动幅度来看，浙江省向克罗地亚的出口总额的波动幅度最大，标准差为 1.174 亿美元，最大值为 7.218 亿美元，最小值为 3.031 亿美元。第二位是浙江省向保加利亚的出口总额的波动幅度，标准差为 1.05 亿美元。第三位是浙江省向斯洛伐克的出口总额的波动幅度，标准差为 0.847 亿美元。第四到第八位分别为浙江省向阿尔巴尼亚、塞尔维亚、北马其顿、波黑和黑山出口的贸易总额的波动幅度，标准差分别为 0.723 亿美元、0.661 亿美元、0.107 亿美元、0.101 亿美元和 0.036 亿美元。

从出口总额的变化趋势来看，浙江省除了向克罗地亚和黑山的出口总额总体呈下降趋势之外，浙江省向其他六国出口的贸易总额总体都呈不同幅度的上升趋势。从变化趋势的幅度来看，浙江省向保加利亚的出口总额的上升趋势幅度最大，其上升趋势系数为 0.0262。第二位是浙江省向阿尔巴尼亚的出口总额的上升趋势，其上升趋势系数为 0.0180。第三位

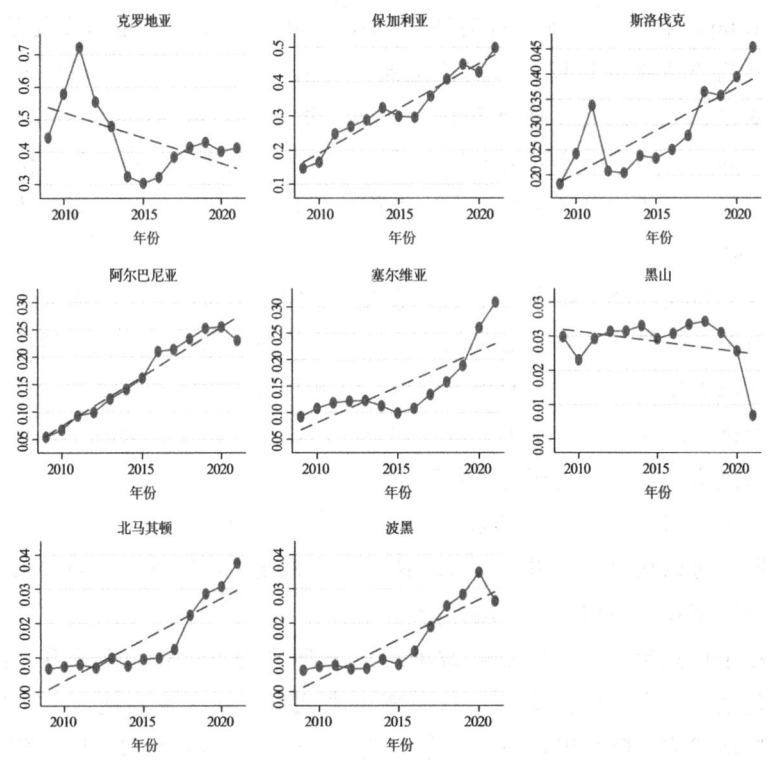

图 4.27 浙江省向中东欧其余八国出口总额差异

是浙江省向斯洛伐克的出口总额的上升趋势,上升趋势系数为 0.0171。第四位到第八位分别是浙江省向克罗地亚、塞尔维亚、北马其顿、波黑和黑山的出口占比的变化趋势幅度,变化趋势系数分别为 -0.0157、0.0135、0.0024、0.0023 和 -0.0003。

在出口贸易额占比方面,如图 4.28 所示,从样本期间的均值来看,浙江省向克罗地亚、保加利亚、斯洛伐克、阿尔巴尼亚、塞尔维亚、黑山、北马其顿和波黑八个国家的出口总额占浙江省向十四个个中东欧国家出口总额的平均比重分别为 6.27%、3.93%、3.62%、1.93%、1.80%、0.34%、0.17% 和 0.17%,出口贸易占比均值累计为 18.22%。

从出口贸易额占比的波动幅度来看,浙江省向克罗地亚的出口贸易额占比的波动幅度最大,标准差达到 3.317%,最大值为 11.551%,最小值为 2.983%。第二位是浙江省向斯洛伐克的出口贸易额占比的波动幅度,标准差为 0.725%。第三位是浙江省向保加利亚的出口贸易额占比的波动

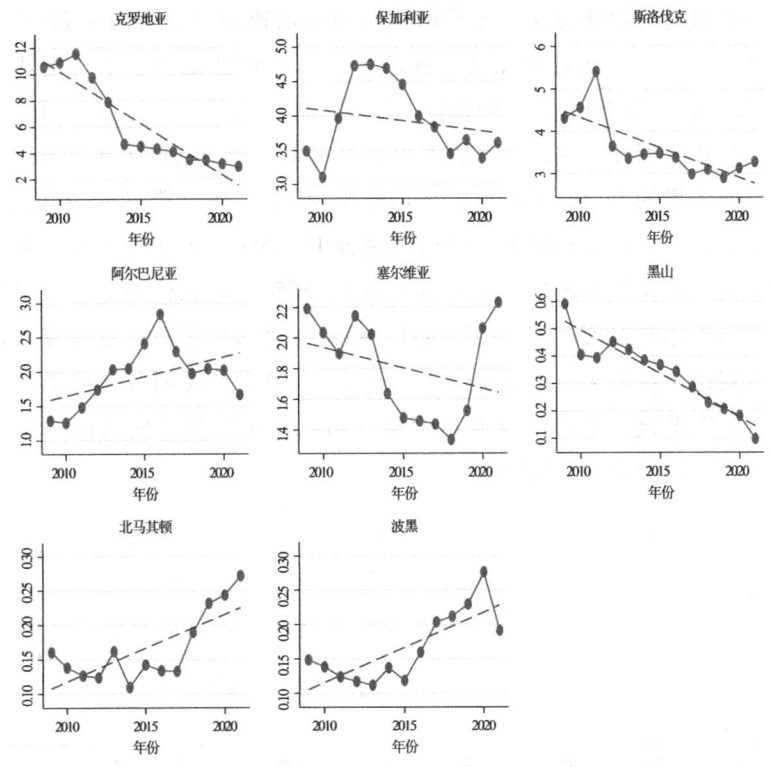

图 4.28 浙江省向中东欧其余八国出口贸易额占比差异

幅度，标准差为 0.560%。第四到第八位依次为浙江省向阿尔巴尼亚、塞尔维亚、黑山、北马其顿和波黑出口的贸易额占比的波动幅度，标准差分别为 0.447%、0.330%、0.132%、0.052% 和 0.051%。

从出口贸易额占比的时间变化趋势来看，浙江省向克罗地亚、保加利亚、斯洛伐克、塞尔维亚和黑山的出口贸易额占比体现出下降的趋势，而向阿尔巴尼亚、北马其顿和波黑的出口贸易额占比呈上升趋势。从出口贸易占比的变化趋势幅度来看，浙江省向克罗地亚的出口贸易额占比的下降趋势幅度最大，其下降趋势系数为 -0.785。第二位是浙江省向斯洛伐克的出口贸易额占比的下降趋势幅度，下降趋势系数为 -0.143。第三位是浙江省向阿尔巴尼亚的出口贸易额占比的上升趋势幅度，上升趋势系数为 0.057。第四到第八位依次是浙江省向黑山、保加利亚、塞尔维亚、波黑和北马其顿出口贸易额占比的变化趋势幅度，变化趋势系数分别为 -0.032、-0.030、-0.027、0.0102 和 0.0097。

在出口贸易增速方面,先看出口总额的增速差异。从图4.29可以看出,平均而言,浙江省向北马其顿的出口总额增速最快,平均增速高达17.97%。这说明浙江省虽然向北马其顿的出口总额占比不高,但是其平均增速最快,浙江省向北马其顿的出口也需要得到应有的关注。第二位是浙江省向波黑的出口总额增速,平均增速为15.62%。第三位是浙江省向阿尔巴尼亚的出口总额增速,平均增速为13.55%。第四位是浙江省向保加利亚出口贸易总额增速,平均增速为11.56%。第五位是浙江省向塞尔维亚的出口总额增速,平均增速为11.43%。第六位是浙江省向克罗地亚的出口贸易总额增速,平均增速为10.02%。第七位是浙江省向斯洛伐克的出口总额增速,平均增速为1.05%。第八位是浙江省向黑山的出口总额增速,平均增速为-3.89%。

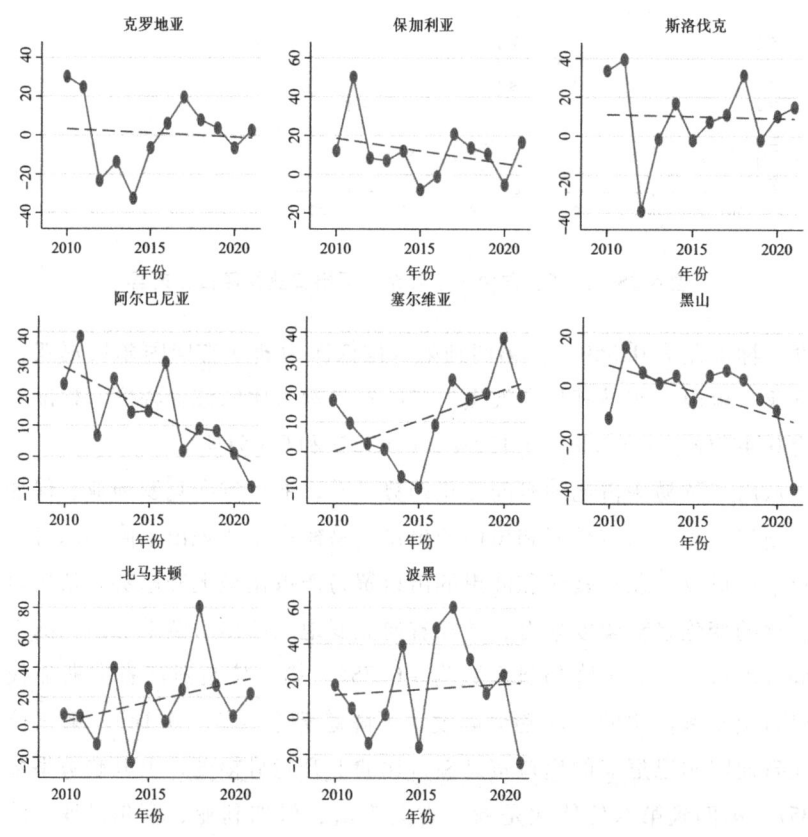

图4.29 浙江省向中东欧其余八国出口总额增速差异

从出口总额增速的波动幅度来看，浙江省向北马其顿的出口总额增速波动幅度最大，标准差高达 26.44%，最大值为 80.71%，最小值为 -23.21%。第二位是浙江省向波黑的出口总额增速的波动幅度，标准差为 26.58%。第三位是浙江省向斯洛伐克的出口总额增速的波动幅度，标准差为 20.75%。列第四位到第八位的依次是浙江省向克罗地亚、保加利亚、塞尔维亚、黑山和阿尔巴尼亚的出口总额增速的波动幅度，标准差分别为 18.74%、14.90%、14.13%、14.05% 和 13.67%。

从出口贸易总额增速的变化趋势来看，浙江省向克罗地亚、保加利亚、斯洛伐克、阿尔巴尼亚和黑山的出口总额增速呈现的都是下降的势头，而浙江省向塞尔维亚、北马其顿和波黑的出口总额增速体现出上升的势头。从增速的变化趋势幅度来看，浙江省向阿尔巴尼亚的出口总额增速的下降趋势幅度最大，下降趋势系数为 -2.767。其次是浙江省向北马其顿的出口总额增速的上升趋势幅度，上升趋势系数为 2.617。再次是浙江省向塞尔维亚的出口总额增速的上升趋势幅度，上升趋势系数为 2.067。列第四到第八位的分别是浙江省向黑山、保加利亚、波黑、克罗地亚和斯洛伐克的出口总额增速的变化趋势幅度，其变化趋势系数分别为 -2.014、-1.287、0.595、-0.419 和 -0.187。

再来看出口贸易总额占比的增速情况。从出口贸易总额占比增速的均值来看，如图 4.30 所示，浙江省向北马其顿的出口贸易总额占比增速的均值最高，高达 6.58%。这进一步说明浙江省虽然向北马其顿的出口贸易总额占比不高，但是其增速最快，浙江省向北马其顿的出口贸易总额需要得到应有的关注。第二位是浙江省向波黑的出口贸易总额占比增速，其均值为 3.83%。第三位是浙江省向阿尔巴尼亚的出口贸易占比增速，其均值为 3.12%。列第四到第八位的分别是浙江省向塞尔维亚、保加利亚、斯洛伐克、克罗地亚和黑山的出口贸易总额占比增速，其均值分别为 1.04%、0.90%、-1.42%、-9.11% 和 -12.62%。

从出口贸易总额占比增速的波动幅度来看，浙江省向北马其顿的出口贸易总额占比增速的波动幅度最大，标准差达到 21.62%，最大值为 42.66%，最小值为 -32.34%。第二位是浙江省向波黑的出口贸易总额占比增速的波动幅度，标准差为 19.48%。第三位是浙江省向黑山的出口贸易总额占比增速的波动幅度，标准差为 15.28%。第四到第八位分别为浙江省向阿尔巴尼亚、塞尔维亚、斯洛伐克、克罗地亚和保加利亚的出口贸

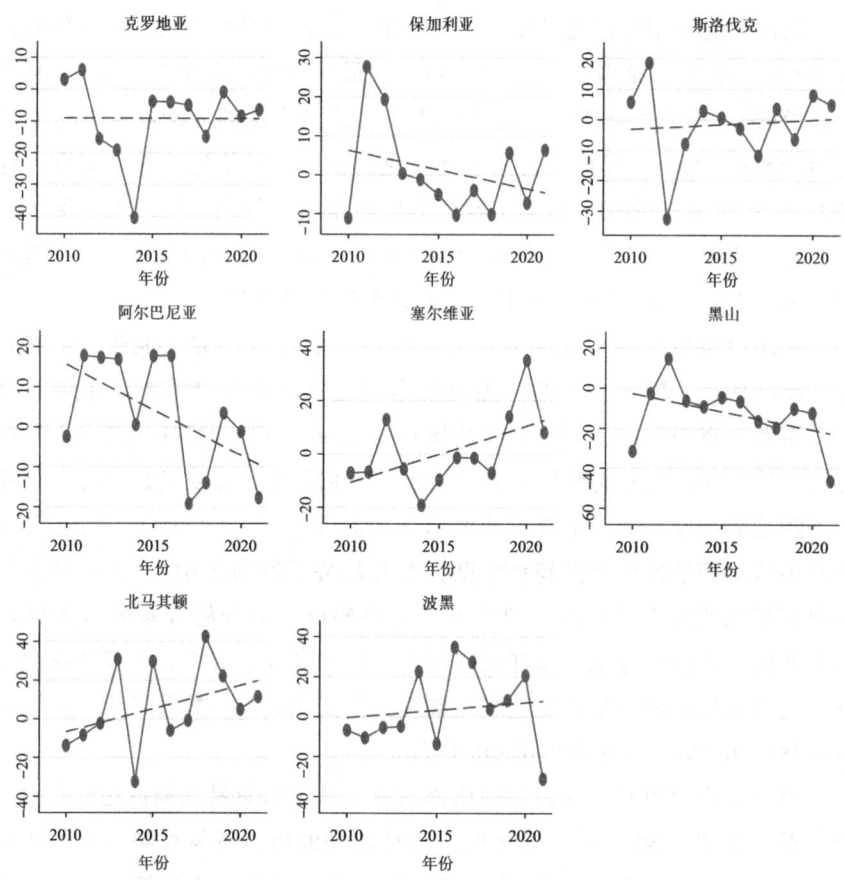

图 4.30　浙江省向中东欧其余八国出口贸易占比增速差异

易总额占比增速的波动幅度,标准差分别为 14.50%、14.46%、12.68%、12.36% 和 12.19%。

从出口贸易额占比增速的变化趋势来看,浙江省除了向克罗地亚、保加利亚、阿尔巴尼亚和黑山的出口贸易额占比增速呈下降趋势之外,浙江省向斯洛伐克、塞尔维亚、北马其顿和波黑的出口贸易总额占比增速呈上升趋势。从变化趋势的幅度来看,浙江省向北马其顿的出口贸易额占比增速的上升趋势幅度最大,上升趋势系数为 2.426。第二位是浙江省向阿尔巴尼亚的出口贸易额占比增速的下降趋势幅度,下降趋势系数为 -2.270。第三位是浙江省向塞尔维亚的出口贸易额占比增速的上升趋势幅度,上升趋势系数为 2.131。列第四到第八位的分别为浙江省向黑山、保加利亚、波黑、斯洛伐克和克罗地亚的出口贸易额占比增速的变化趋势幅度,变化

趋势系数分别为 -1.802、-0.985、0.761、0.309 和 -0.017。

由此可见，浙江省在向中东欧其余八个国家出口产品时，继续扩大向克罗地亚、保加利亚和斯洛伐克出口的规模，维持其在其余八个国家中的核心地位。同时，继续挖掘向保加利亚、阿尔巴尼亚、斯洛伐克和北马其顿的出口贸易潜力。

总而言之，浙江省向中东欧国家的出口总额呈现出上升的态势，波兰是浙江省在中东欧地区的最大出口贸易伙伴，第二位是希腊，第三位是罗马尼亚，第四位是斯洛文尼亚，第五位是捷克，第六位是匈牙利。浙江省在向十四个中东欧国家做出口贸易时，除了继续保持向各个国家出口规模之外，还需要有所取舍。比如，重点扩大向波兰、罗马尼亚、希腊等国出口的贸易规模，进一步挖掘向捷克、匈牙利、斯洛文尼亚、克罗地亚、保加利亚、阿尔巴尼亚、斯洛伐克以及北马其顿等市场的出口潜力。除此之外，警惕浙江省向波兰、罗马尼亚、斯洛文尼亚、保加利亚、阿尔巴尼亚、黑山等国出口贸易增速下降的问题。

4.3 浙江省—中东欧国家出口贸易商品结构分析

4.3.1 浙江省—中东欧国家双边贸易商品结构

本小节用国研网"国际贸易研究及决策支持系统"中所记载的浙江省与中东欧国家在 T01-T22 等 22 个大类商品上的进出口贸易数据，从双边贸易额均值、各类产品贸易额占浙江省与中东欧国家在 22 个大类总贸易额的比重（以下简称双边贸易占比）以及双边贸易额的平均增速三个方面来剖析浙江省与中东欧国家进出口贸易商品结构。

在双边贸易额均值方面，浙江省与中东欧国家在二十二类产品的双边贸易额均值为 5.837 亿美元，标准差为 8.199 亿美元，这说明在二十二类商品的双边贸易额上，浙江省与中东欧国家的双边贸易额存在很大的差异。其中，最小值为 2012 年的第二十二类产品的双边贸易额，其值仅为

955 美元。最大值为 2021 年的第十六类产品的双边贸易额, 其值高达 49.076 亿美元。分大类产品来看, 如表 4.8 所示, 对于第一到第九类产品、第十九类产品, 浙江省仅从 2017 年开始才与中东欧国家有贸易往来, 且双边贸易额总体偏低。对于第二十一类产品来说, 浙江省与中东欧国家的双边贸易额的均值最低, 其值仅为 0.0013 亿美元。对于第二十二类产品来说, 浙江省于 2010 年和 2011 年未与中东欧国家有贸易往来, 其余年份的双边贸易额也偏低, 双边贸易额的均值为 0.134 亿美元。对于其余十类产品来说, 浙江省在样本期间都与中东欧国家有贸易往来。

表 4.8　二十二类产品的双边贸易总额与增长率　　单位: 10 亿美元, %

年份	T01	T02	T03	T04	T05	T06	T07	T08	T09	T10	T11
2009	—	—	—	—	—	—	—	—	—	0.04	0.992
2010	—	—	—	—	—	—	—	—	—	0.056	1.05
2011	—	—	—	—	—	—	—	—	—	0.083	1.315
2012	—	—	—	—	—	—	—	—	—	0.072	1.274
2013	—	—	—	—	—	—	—	—	—	0.082	1.365
2014	—	—	—	—	—	—	—	—	—	0.096	1.491
2015	—	—	—	—	—	—	—	—	—	0.1	1.441
2016	—	—	—	—	—	—	—	—	—	0.106	1.555
2017	0.052	0.015	0.001	0.017	0.046	0.49	0.444	0.175	0.126	0.121	1.875
2018	0.051	0.015	0.002	0.02	0.108	0.628	0.55	0.223	0.151	0.137	2.636
2019	0.073	0.018	0.001	0.023	0.067	0.617	0.593	0.242	0.185	0.158	2.583
2020	0.061	0.019	0.001	0.028	0.051	0.655	0.648	0.167	0.201	0.146	2.271
2021	0.056	0.016	0.001	0.026	0.044	0.681	0.711	0.165	0.214	0.142	2.353
均值	0.059	0.017	0.001	0.023	0.063	0.614	0.589	0.194	0.175	0.103	1.708
平均增速	4.24	2.87	-16.59	11.96	14.31	9.12	12.70	0.91	14.31	12.34	8.29
年份	T12	T13	T14	T15	T16	T17	T18	T19	T20	T21	T22
2009	0.5	0.106	0.01	0.514	1.258	0.178	0.353	—	0.472	—	0
2010	0.628	0.156	0.013	0.761	1.622	0.319	0.516	—	0.558	—	—
2011	0.824	0.141	0.005	1.01	1.877	0.269	0.503	—	0.668	—	—
2012	0.599	0.139	0.003	0.853	1.924	0.195	0.368	—	0.653	—	0
2013	0.616	0.131	0.007	0.899	2.104	0.233	0.278	—	0.76	—	0

续表

年份	T12	T13	T14	T15	T16	T17	T18	T19	T20	T21	T22
2014	0.644	0.168	0.019	1.074	2.406	0.277	0.284	—	0.93	0	0.001
2015	0.516	0.165	0.023	0.846	2.417	0.28	0.259	—	0.971	0	0.001
2016	0.551	0.167	0.021	0.877	2.663	0.335	0.249	—	1.198	0	0.001
2017	0.565	0.172	0.015	1.01	2.979	0.364	0.283	0.002	1.167	0	0.013
2018	0.846	0.196	0.018	1.218	3.517	0.46	0.409	0.002	1.377	0	0.028
2019	0.819	0.196	0.017	1.337	3.731	0.512	0.444	0.002	1.571	0	0.013
2020	0.612	0.227	0.015	1.324	4.203	0.715	0.436	0.002	1.732	0	0.046
2021	0.637	0.179	0.022	1.679	4.908	1.229	0.41	0.002	1.863	0	0.044
均值	0.643	0.165	0.014	1.031	2.739	0.413	0.369	0.002	1.071	0	0.013
平均增速	4.30	5.81	22.51	12.00	12.24	21.07	3.42	7.13	12.46	45.14	5774.71

进一步地，从双边贸易额均值的大小排序来看，如表4.8和图4.31所示，浙江省与中东欧国家在第十六类产品双边贸易额的均值最高，双边贸易额均值高达27.4亿美元，超出位列第二位的第十一类产品的双边贸易额均值10.4亿美元，浙江省与中东欧国家在第十一类产品的双边贸易额的均值为17.1亿美元。第二十类产品十四个中东欧国家在双边贸易方面的第三个贸易标的物，双边贸易额均值为10.7亿美元。第四个贸易标的物是第十五类产品，浙江省与十四个中东欧国家的双边贸易额均值为10.3亿美元，低于第二十类产品双边贸易额0.4亿美元。第五个贸易标的物是第十二类产品，浙江省与十四个中东欧国家的双边贸易额均值为6.4亿美元，高出排在第六位的第六类产品双边贸易额0.3亿美元，浙江省与中东欧国家在"第六类化学工业及其相关工业的产品"上的双边贸易额均值为6.1亿美元。

浙江省与十四个中东欧国家的第七大到第十一大贸易标的物分别是第七类产品，第十七类产品，第十八类产品，第八类产品，以及第九类产品，双边贸易额均值分别为5.9亿美元、4.1亿美元、3.7亿美元、1.9亿美元和1.8亿美元。

此外，浙江省与十四个中东欧国家的第十二大到第二十二大贸易标的物分别是第十三类产品，第十类产品，第五类产品，第一类产品，第二类

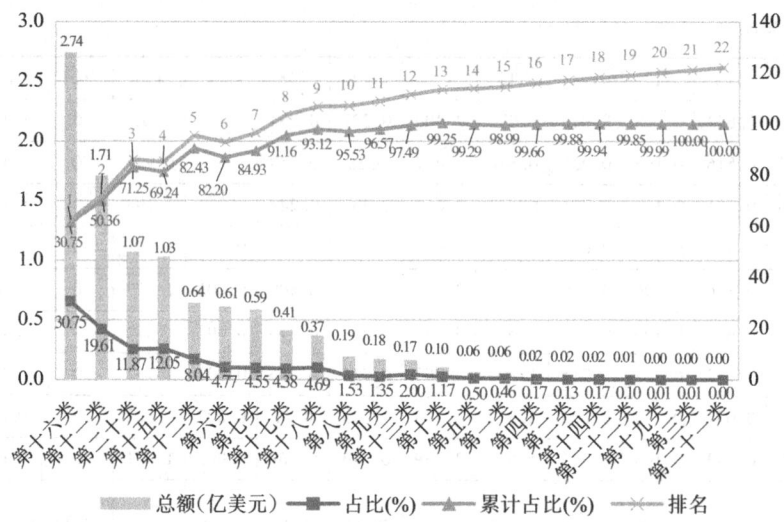

图 4.31 样本期浙江省与中东欧国家的进出口产品结构总体现状

产品，第二十二类产品，第十九类产品，第三类产品，以及第二十一类产品，双边贸易额均值分别为 1.65 亿美元，1.03 亿美元，0.63 亿美元，0.58 亿美元，0.23 亿美元，0.17 亿美元，0.15 亿美元，0.13 亿美元，0.02 亿美元，0.01 亿美元和 0.0013 亿美元。

在双边贸易额占比方面，浙江省与中东欧国家在第十六类产品的双边贸易额占比最高，其值为 30.75%。其次是 19.61% 的第十一类产品，低出第十六类产品 11.14%。浙江省与中东欧国家在第二十类产品的双边贸易额占比位列第三，其值为 11.87%。

与双边贸易总额均值的位次相对应，其双边贸易占比依次为第十五类产品（12.05%），第十二类产品（8.04%），第六类产品（4.77%），第七类产品（4.55%），第十七类产品（4.38%），第十八类产品（4.69%），第八类产品（1.53%）、第九类产品（1.35%），第十三类产品（2.00%），第十类产品（1.17%），第五类产品（0.50%），第一类产品（0.46%），第四类产品（0.17%），第二类产品（0.13%），第十四类产品（0.17%），第二十二类产品（0.102%），第十九类产品（0.014%），第三类产品（0.009%）和第二十一类产品（0.001%）。

从图 4.31 可以看出，前十一大类产品的双边贸易占比的累计占比高达 96.57%，其余十一大类产品的双边贸易占比只占 3.43%。从双边贸易占比的现实可以看出，后十一大类产品是浙江省在中东欧国家市场可以进一步开拓的产品大类，尤其是农产品。为了进一步扩大浙江省与中东欧国家的双边贸易规模，在开拓后十一大类产品的同时，还需巩固前十一大类产品的双边贸易规模，维持其在浙江省与中东欧国家双边贸易占比中的支柱地位。

此外，从双边贸易额的平均增速来看，由表4.8可知，除了第三类产品，浙江省与中东欧国家在其余二十一类产品上的双边贸易平均增速都为正。其中，浙江省与中东欧国家在第二十二类产品上的双边贸易额偏低，且存在部分年份无贸易往来的情形，但是其平均增速异常，平均增速高达5774.71%。其次，浙江省与中东欧国家在第二十一类产品上的双边贸易额最低，但是其平均增速不低，仅次于第二十二类产品，平均增速达到了45.14%。再次是第十四类产品，浙江省与中东欧国家在该类产品上的双边贸易额的平均增速为22.51%。第四位是第十七类产品，浙江省与中东欧国家在该类产品上的双边贸易额平均增速为21.07%。

第五位到第二十二位依次为第九类产品（14.31%）、第五类产品（14.31%）、第七类产品（12.70%）、第二十类产品（12.46%）、第十类产品（12.34%）、第十六类产品（12.24%）、第十五类产品（12.00%）、第四类产品（11.96%）、第六类产品（9.12%）、第十一类产品（8.29%）、第十九类产品（7.13%）、第十三类产品（5.81%）、第十二类产品（4.30%）、第一类产品（4.24%）、第十八类产品（3.42%）、第二类产品（2.87%）、第八类产品（0.91%）以及第三类产品（-16.59%）。

从中可以看出，平均增速高的基本集中在双边贸易额少的产品，而对于双边贸易总额多的产品，其平均增速往往偏慢，如双边贸易总额最多的第十六类产品，浙江省与中东欧国家在该类产品上的双边贸易总额平均增速仅为12.24%，位居平均增速排行榜第十位。双边贸易总额排名第二的第十一类产品，浙江省与中东欧国家在该类产品上的双边贸易总额平均增速也仅为8.29%，位列平均增速排行榜第十四位。同样，双边贸易总额排名第三的第二十类产品，浙江省与中东欧国家在该类产品上的双边贸易额平均增速为12.46%，位居平均增速排行榜第八位。

4.3.2 浙江省从中东欧国家进口商品结构现状

同样，可以从进口贸易额均值、各类产品进口贸易额占浙江省从中东欧国家在22个大类总进口贸易额的比重（以下简称进口贸易占比）以及进口贸易额的平均增速等三个角度来剖析浙江省从中东欧国家进口贸易商品结构现状。

在进口贸易额均值方面,浙江省从中东欧国家进口所有二十二类产品的贸易额均值为0.407亿美元,标准差为0.766亿美元,这说明在二十二类商品的进口贸易额上,浙江省从中东欧国家进口的贸易额存在非常大的差异。其中,最小值为2019年的第二十一类产品的进口贸易额,其值仅为75美元。最大值为2021年的第十七类产品的进口贸易额,其值高达5.918亿美元。分大类产品来看,如表4.9所示,与双边贸易产品一样,对于第一到第九类产品、第十九类产品和二十二类产品,浙江省仅从2017年开始才从中东欧国家进口,且进口贸易额总体偏低。对于第二十一类产品来说,浙江省从2016年开始才从中东欧国家进口,且进口贸易额的均值也很低,均值仅为7809.8美元。对于其余十类产品来说,浙江省在样本期间都从中东欧国家进口。

表4.9　　　　二十二类产品的进口贸易总额与增长率　　单位:10亿美元,%

年份	T01	T02	T03	T04	T05	T06	T07	T08	T09	T10	T11
2009	—	—	—	—	—	—	—	—	—	0.008	0.007
2010	—	—	—	—	—	—	—	—	—	0.008	0.008
2011	—	—	—	—	—	—	—	—	—	0.013	0.016
2012	—	—	—	—	—	—	—	—	—	0.013	0.021
2013	—	—	—	—	—	—	—	—	—	0.01	0.015
2014	—	—	—	—	—	—	—	—	—	0.007	0.013
2015	—	—	—	—	—	—	—	—	—	0.007	0.011
2016	—	—	—	—	—	—	—	—	—	0.008	0.011
2017	0.009	0.002	0.001	0.01	0.02	0.046	0.053	0.007	0.053	0.02	0.014
2018	0.012	0.003	0.001	0.012	0.054	0.05	0.055	0.01	0.071	0.017	0.021
2019	0.017	0.004	0	0.014	0.018	0.063	0.048	0.008	0.098	0.007	0.023
2020	0.018	0.005	0	0.019	0.016	0.051	0.061	0.007	0.125	0.008	0.02
2021	0.018	0.002	0	0.016	0.016	0.077	0.062	0.007	0.138	0.008	0.017
均值	0.015	0.003	0.001	0.014	0.025	0.057	0.056	0.008	0.097	0.010	0.015
平均增速	19.92	17.42	-6.17	13.96	22.68	16.47	5.23	3.16	27.69	9.21	12.25

续表

年份	T12	T13	T14	T15	T16	T17	T18	T19	T20	T21	T22
2009	0	0.009	0	0.136	0.042	0.006	0.005	—	0	—	—
2010	0	0.01	0	0.266	0.055	0.008	0.009	—	0	—	—
2011	0	0.01	0	0.318	0.071	0.007	0.009	—	0.001	—	—
2012	0	0.025	0	0.266	0.051	0.012	0.005	—	0.002	—	—
2013	0	0.021	0	0.256	0.074	0.014	0.006	—	0.008	—	—
2014	0.001	0.014	0	0.323	0.104	0.024	0.01	—	0.001	—	—
2015	0	0.013	0	0.15	0.079	0.034	0.013	—	0.008	—	—
2016	0.001	0.007	0	0.104	0.12	0.026	0.013	—	0.029	0	—
2017	0.001	0.011	0	0.192	0.121	0.012	0.012	0	0.029	0	0
2018	0.003	0.012	0	0.211	0.166	0.034	0.022	0	0.033	0	0
2019	0.003	0.008	0	0.246	0.166	0.042	0.032	0	0.054	0	0
2020	0.002	0.005	0	0.134	0.186	0.18	0.031	0	0.075	—	0
2021	0.001	0.004	0	0.321	0.173	0.592	0.034	0	0.064	0	0
均值	0.001	0.012	0	0.225	0.108	0.076	0.015	0	0.023	0	0
平均增速	34.92	2.28	81.61	20.26	15.71	74.76	22.22	140.12	103.89	-31.31	34.73

进一步地，从进口贸易额均值的大小排序来看，如表4.9和图4.32所示，样本期间，浙江省从中东欧国家进口第十五类产品上的贸易额的均值最高，进口贸易额均值高达2.25亿美元，超出位列第二位的第十六类产品的进口贸易额均值1.17亿美元，浙江省从中东欧国家进口第十六类产品的贸易额的均值为1.08亿美元。第九类产品是浙江省从十四个中东欧国家进口的第三大贸易标的物，进口贸易额均值为0.97亿美元。第四大进口贸易标的物是第十七类产品，浙江省从十四个中东欧国家进口的贸易额均值为0.76亿美元，低出第九类产品进口贸易额0.21亿美元。第五大进口贸易标的物是第六类产品，浙江省从十四个中东欧国家进口的贸易额均值为0.57亿美元，高出排在第六位的第七类产品进口贸易额额0.001亿美元，浙江省从中东欧国家进口第七类产品的贸易额均值为0.56亿美元。

浙江省从十四个中东欧国家进口的第七大到第十一大贸易标的物分别是第五类产品，第二十类产品，第十八类产品，第十一类产品，以及第一类产品，进口贸易额均值分别为0.25亿美元、0.23亿美元、0.155亿美元、0.150亿美元和0.148亿美元。

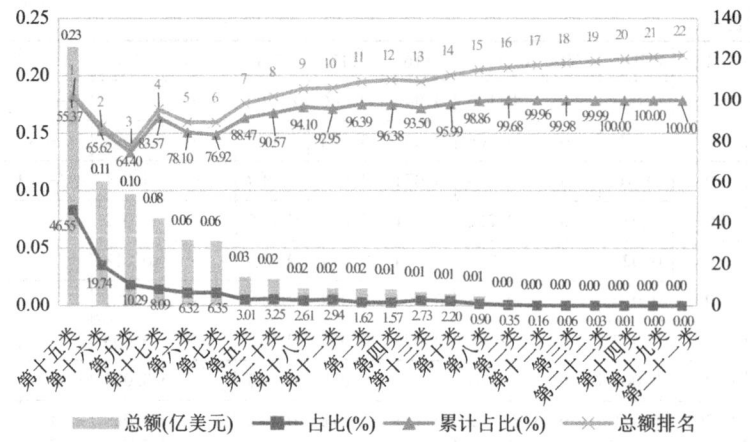

图 4.32　样本期浙江省从中东欧国家进口的产品结构总体现状

此外，浙江省从十四个中东欧国家进口的第十二大到第二十二大贸易标的物分别是第四类产品，第十三类产品，第十类产品，第八类产品，第二类产品，第十二类产品，第三类产品，第二十二类产品，第十四类产品，第十九类产品，第二十一类产品，进口贸易额均值分别为 0.14 亿美元，0.12 亿美元，0.10 亿美元，0.08 亿美元，0.03 亿美元，978824.1 美元，500906.2 美元，230243.8 美元，45842.6 美元，14870.3 美元和 7809.8 美元。

在进口贸易占比方面，浙江省从中东欧国家进口第十五类产品上的贸易额占比最高，其值为 46.55%。其次是 19.74% 的第十六类产品的进口贸易额占比，低出第十五类产品的进口贸易占比 26.81%。浙江省从中东欧国家进口第九类产品的贸易额占比位列第三，其进口贸易额占比为 10.29%。

与进口贸易额均值的位次相对应，其进口贸易额占比依次为第十七类产品（8.09%），第六类产品（6.31%），第七类产品（6.35%），第五类产品（3.01%），第二十类产品（3.25%），第十八类产品（2.61%），第十一类产品产品（2.94%），第一类产品（1.62%），第四类产品（1.57%），第十三类产品（2.73%），第十类产品（2.20%），第八类产品（0.90%），第二类产品（0.34%），第十二类产品（0.15%），第三类产品（0.06%），第二十二类产品（0.03%），第十四类产品（0.01%），第十九类产品（0.002%）和第二十一类产品（0.0006%）。

从图 4.32 可以看出，前十一大类产品的进口贸易占比的累计占比高达 96.39%，其余十一大类产品的进口贸易占比只占 3.61%。从进口贸易占比的现实可以看出,后十一大类产品是浙江省从中东欧国家进口市场可以进一步开拓的产品大类,尤其是扩展农产品的进口规模。为了进一步扩大浙江省从中东欧国家的进口贸易规模,在开拓后十一大类产品的同时,还需巩固前十一大类产品的进口贸易规模,维持其在浙江省从中东欧国家进口贸易占比中的支柱地位。

此外,从进口贸易额的平均增速来看,由表4.9可知,除了第三类产品和第二十一类产品,浙江省从十四个中东欧国家进口其余二十类产品的贸易额平均增速都为正。其中,浙江省从十四个中东欧国家进口第十九类产品的贸易额偏低,且存在部分年份无贸易往来的情形,但是其平均增速最高,平均增速高达140.12%。其次,浙江省从中东欧国家进口第二十类产品的贸易额偏低,但是其平均增速仅次于第二十一类产品,平均增速达到了103.89%。再次是第十四类产品,浙江省从中东欧国家进口该类产品的贸易额的平均增速为81.61%。第四位是第十七类产品,浙江省从中东欧国家进口该类产品的贸易额平均增速为74.76%。

第五位到第二十二位依次为第十二类产品(34.92%),第二十二类产品(34.73%),第九类产品(27.69%),第五类产品(22.68%),第十八类产品(22.22%),第十五类产品(20.26%),第一类产品(19.92%),第二类产品(17.42%),第六类产品(16.47%),第十六类产品(15.71%),第四类产品(13.96%),第十一类产品(12.25%),第十类产品(9.21%),第七类产品(5.23%),第八类产品(3.16%),第十三类产品(2.28%),第三类产品(-6.17%)以及第二十一类产品(-31.31%)。

从中可以看出,与双边贸易额平均增速类似,进口贸易额平均增速高的大多集中在进口贸易额少的产品,而对于进口贸易总额多的产品,其平均增速往往偏慢,如进口贸易总额最多的第十五类产品,浙江省从中东欧国家进口该类产品的贸易总额平均增速仅为20.26%,位居平均增速排行榜第十位。进口贸易总额排名第二的第十六类产品,浙江省从中东欧国家进口该类产品的贸易总额平均增速也仅为15.71%,位列平均增速排行榜第十四位。同样,进口贸易总额排名第三的第九类产品,浙江省从中东欧国家进口该类产品的贸易额平均增速为27.69%,位居平均增速排行榜第七位。

4.3.3 浙江省向中东欧国家出口贸易结构现状

本小节从出口贸易额均值、各类产品贸易额占浙江省与中东欧国家在

22个大类总贸易额的比重（以下简称出口贸易占比）以及出口贸易额的平均增速等三个方面来剖析浙江省向中东欧国家出口贸易商品结构现状。

在出口贸易额均值方面，浙江省向中东欧国家在二十二类产品的出口贸易额均值为5.450亿美元，标准差为7.892亿美元，这说明在二十二类商品的出口贸易额上，浙江省向中东欧国家出口的贸易总额同样存在很大差异。其中，最小值为2012年的第二十二类产品的出口贸易额，其值仅为955美元。最大值为2021年的第十六类产品的出口贸易额，其值高达47.349亿美元。分大类产品来看，如表4.10所示，对于第一到第九类产品、第十九类产品，浙江省仅从2017年开始才向中东欧国家出口，且出口贸易总额总体偏低。对于第二十一类产品来说，浙江省向中东欧国家出口的贸易额的均值最低，其值仅为0.00126亿美元。对于第二十二类产品来说，浙江省在2010年和2011年未向中东欧国家出口，其余年份的出口贸易额也偏低，出口贸易额的均值也仅为0.133亿美元。对于其余十类产品来说，浙江省在样本期间都向中东欧国家出口。

表4.10　　　　二十二类产品的出口贸易总额与增长率　　　单位：10亿美元，%

年份	T01	T02	T03	T04	T05	T06	T07	T08	T09	T10	T11
2009	—	—	—	—	—	—	—	—	—	0.04	0.992
2010	—	—	—	—	—	—	—	—	—	0.056	1.05
2011	—	—	—	—	—	—	—	—	—	0.083	1.315
2012	—	—	—	—	—	—	—	—	—	0.072	1.274
2013	—	—	—	—	—	—	—	—	—	0.082	1.365
2014	—	—	—	—	—	—	—	—	—	0.096	1.491
2015	—	—	—	—	—	—	—	—	—	0.1	1.441
2016	—	—	—	—	—	—	—	—	—	0.106	1.555
2017	0.052	0.015	0.001	0.017	0.046	0.49	0.444	0.175	0.126	0.121	1.875
2018	0.051	0.015	0.002	0.02	0.108	0.628	0.55	0.223	0.151	0.137	2.636
2019	0.073	0.018	0.001	0.023	0.067	0.617	0.593	0.242	0.185	0.158	2.583
2020	0.061	0.019	0.001	0.028	0.051	0.655	0.648	0.167	0.201	0.146	2.271
2021	0.056	0.016	0.001	0.026	0.044	0.681	0.711	0.165	0.214	0.142	2.353
均值	0.043	0.014	0.001	0.008	0.039	0.557	0.533	0.187	0.078	0.093	1.693
平均增速	-0.08	2.44	-22.17	9.30	12.21	8.76	13.74	0.90	1.16	14.33	8.29

续表

年份	T12	T13	T14	T15	T16	T17	T18	T19	T20	T21	T22
2009	0.5	0.106	0.01	0.514	1.258	0.178	0.353	—	0.472	—	0
2010	0.628	0.156	0.013	0.761	1.622	0.319	0.516	—	0.558	—	—
2011	0.824	0.141	0.005	1.01	1.877	0.269	0.503	—	0.668	—	—
2012	0.599	0.139	0.003	0.853	1.924	0.195	0.368	—	0.653	—	0
2013	0.616	0.131	0.007	0.899	2.104	0.233	0.278	—	0.76	—	0
2014	0.644	0.168	0.019	1.074	2.406	0.277	0.284	—	0.93	0	0.001
2015	0.516	0.165	0.023	0.846	2.417	0.28	0.259	—	0.971	0	0.001
2016	0.551	0.167	0.021	0.877	2.663	0.335	0.249	—	1.198	0	0.001
2017	0.565	0.172	0.015	1.01	2.979	0.364	0.283	0.002	1.167	0	0.013
2018	0.846	0.196	0.018	1.218	3.517	0.46	0.409	0.002	1.377	0	0.028
2019	0.819	0.196	0.017	1.337	3.731	0.512	0.444	0.002	1.571	0	0.013
2020	0.612	0.227	0.015	1.324	4.203	0.715	0.436	0.002	1.732	0	0.046
2021	0.637	0.179	0.022	1.679	4.908	1.229	0.41	0.002	1.863	0	0.044
均值	0.642	0.153	0.015	0.806	2.631	0.337	0.353	0.002	1.047	0	0.013
平均增速	4.29	6.89	22.59	12.18	12.21	14.27	2.80	7.15	12.14	12.58	5770.49

进一步地，从出口贸易额均值的大小排序来看，如表4.10和图4.33所示，浙江省向中东欧国家出口第十六类产品的贸易额的均值最高，出口贸易额均值高达26.31亿美元，超出位列第二位的第十一类产品的出口贸易额均值9.38亿美元，浙江省向中东欧国家在第十一类产品的出口贸易额的均值为16.93亿美元。第二十类产品是浙江省向十四个中东欧国家出口的第三大贸易标的物，出口贸易额均值为10.47亿美元。第四大出口贸易标的物是第十五类产品，浙江省向十四个中东欧国家出口的贸易额均值为8.06亿美元，低出第二十类产品出口贸易额均值2.41亿美元。第五大出口贸易标的物是第十二类产品，浙江省向十四个中东欧国家出口的贸易额均值为6.42亿美元，高出排在第六位的第六类产品0.85亿美元，浙江省向中东欧国家出口第六类产品的贸易额均值为5.57亿美元。

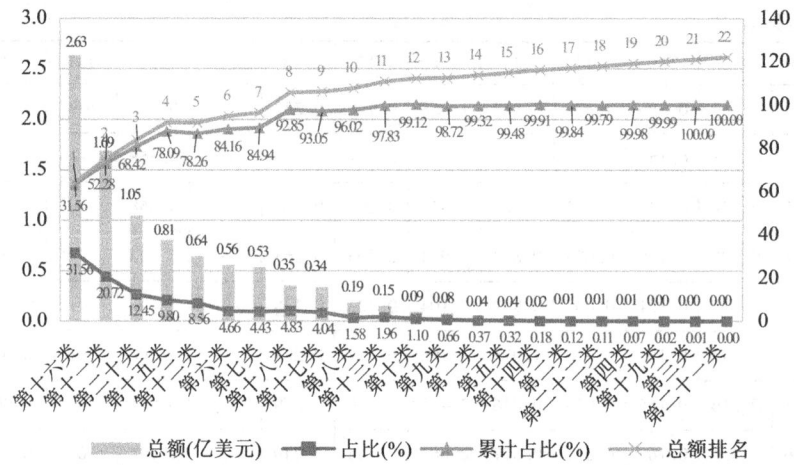

图 4.33　样本期浙江省向中东欧国家出口的产品结构总体现状

浙江省向十四个中东欧国家出口的第七大到第十一大贸易标的物分别是第七类产品，第十八类产品，第十七类产品，第八类产品，以及第十三类产品，出口贸易额均值分别为 5.33 亿美元、3.53 亿美元、3.37 亿美元、1.87 亿美元和 1.53 亿美元。

此外，浙江省向十四个中东欧国家出口的第十二大到第二十二大贸易标的物分别是第十类产品，第九类产品，第一类产品，第五类产品，第十四类产品，第二类产品，第二十二类产品，第四类产品，第十九类产品，第三类产品，以及第二十一类产品，出口贸易额均值分别为 0.93 亿美元，0.78 亿美元、0.43 亿美元、0.39 亿美元、0.15 亿美元、0.14 亿美元、0.13 亿美元、0.08 亿美元、0.002 亿美元、0.001 亿美元和 0.0001 亿美元。

在出口贸易占比方面，浙江省向中东欧国家出口第十六类产品的贸易占比最高，其值高达 31.56%。其次是 20.72% 的第十一类产品的出口贸易占比，低出第十六类产品出口贸易占比 10.84%。浙江省向中东欧国家出口第二十类杂项制品的贸易占比位列第三，其值为 12.45%。

与出口贸易总额均值的位次相对应，其出口贸易占比依次为第十五类产品（9.80%），第十二类产品（8.56%），第六类产品（4.66%），第七类产品（4.43%），第十八类产品（4.83%），第十七类产品（4.04%），第八类产品（1.58%），第十三类产品（1.96%），第十类产品（1.10%），第九类产品（0.66%），第一类产品（0.37%），第五类产品（0.32%），第十四类产品（0.18%），第二类产品（0.12%），第二十二类产品（0.11%），第四类产品（0.07%），第十九类产品（0.02%），第三类产品（0.005%）和第二十一类产品（0.001%）。

从图4.33可以看出，前十一大类产品的出口贸易占比的累计占比高达97.83%，其余十一大类产品的出口贸易占比只占2.17%。从出口贸易占比的现实可以看出，后十一大类产品也是浙江省向中东欧国家出口时可以进一步开拓的产品大类。

此外，从出口贸易额的平均增速来看，由表4.10可知，除了第一类产品和第三类产品，浙江省向中东欧国家出口其余二十类产品的贸易总额的平均增速都为正。其中，浙江省向中东欧国家出口第二十二类产品的平均增速异常，数值高达5770.49%。其次是浙江省向中东欧国家出口第二十一类产品的贸易总额的平均增速，仅次于第二十二类产品，平均增速达到了42.58%。再次是第十四类产品，浙江省向中东欧国家出口该类产品的贸易总额的平均增速为22.59%。第四位是第十类产品，浙江省向中东欧国家出口该类产品的贸易总额平均增速为14.33%。

第五位到第二十二位依次为第十七类产品（14.27%），第七类产品（13.74%），第五类产品（12.207%），第十六类产品（12.205%），第十五类产品（12.18%），第二十类产品（12.14%），第四类产品（9.30%），第六类产品（8.76%），第十一类产品（8.29%），第十九类产品（7.15%），第十三类产品（6.89%），第十二类产品（4.29%），第十八类产品（2.80%），第二类产品（2.44%），第九类产品（1.16%），第八类产品（0.90%），第一类产品（-0.08%）以及第三类产品（-22.17%）。

从中可以看出，与双边贸易和进口贸易类似，出口贸易总额平均增速高的产品类别也较多集中在出口贸易总额少的产品，而对于出口贸易总额多的产品，其平均增速也往往偏慢，如出口贸易总额最多的第十六类产品，浙江省向中东欧国家在该类产品上的出口贸易总额平均增速仅为12.21%，位居平均增速排行榜第八位。出口贸易总额排名第二的第十一类产品，浙江省向中东欧国家在该类产品上的出口贸易总额平均增速也仅为8.29%，位列平均增速排行榜第十三位。同样，出口贸易总额排名第三的第二十类产品，浙江省向中东欧国家在该类产品上的出口贸易额平均增速为12.14%，位居平均增速排行榜第十位。

第 5 章

中国—中东欧国家贸易潜力估算

5.1 总体贸易潜力估算

5.1.1 模型设定

本小节采用扩展的引力模型来估算中国与中东欧国家的总体贸易潜力。在估计基于理论的经典引力模型时,容易犯三种错误。Baldwin 和 Taglioni(2007)将这三种错误称为金牌错误、银牌错误和铜牌错误。具体如下:如果直接用式(2.61)来估计引力模型中的核心参数,则可能得出有偏或不一致的参数估计结果,甚至是错误的政策启示。究其原因在于没有控制多边阻力项,Baldwin 和 Taglioni(2007)将其做法称为"金牌错误"。如果引力模型中左侧的被解释变量为贸易流量或贸易额的平均值的话,则又会犯"银牌错误"。如果用类似美国总体价格指数去平减贸易流,以得到真实贸易流,这就容易犯"铜牌错误"。因为引力是一个将名义 GDP 纳入到名义进口的支出函数,不恰当的平减可能会因虚假相关而产生偏差。

为了规避以上三种容易犯的错误，综合 Yotov（2022）所列出的 11 条估计引力模型的最佳建议，本小节从以下四个方面估计引力模型。首先，本书所使用的数据是 1995—2020 年中国与十四个中东欧国家的连续年份的面板数据。其次，在引力模型中控制国家对固定效应①。再次，采用 Baier and Bergstrand（2009）的"绝佳的传统最小二乘估计方法"（Bonus Vetus OLS），在控制多边贸易阻力的情形下，纳入常规的引力变量进行引力模型的参数估计。最后，引力回归的标准误差聚类在双边层面，如贸易双边之间的地理距离。其中，控制多边贸易阻力是估计引力模型的关键。

关于多边贸易阻力的控制方法，大致有以下四种：一是在控制国家对固定效应，比如 Anderson 和 van Wincoop（2004）在估算距离和其他变量对双边贸易流量的影响时，就用进口商和出口商虚拟变量或者说是国家固定效应来代理多边阻力项。出口商和进口商虚拟变量可以捕捉到所有国家特定的特征，并且可以控制一个国家的总体出口或进口水平。前已述，在估计引力模型中的参数时，面板数据具有降低由国家间异质性所带来的估计偏差的优势。因此，在面板数据中，国家对异质性可以通过国家对固定效应加以控制。二是在短面板中控制时间不变的出口商固定效应和进口商固定效应，以探讨诸如制度质量和基础设施质量等对双边贸易的影响。三是用"偏远度"指标来控制出口商和进口商的多边贸易阻力。"偏远度"实际衡量的是一个国家距离贸易伙伴的平均加权距离，其中权重为贸易伙伴 GDP 在全球 GDP 中所占的份额（Head，2003）。四是 Baier and Bergstrand（2009）的"绝佳的传统最小二乘估计方法"（Bonus Vetus OLS）。Baier and Bergstrand（2009）对多边贸易阻力项进行一阶泰勒展开，估计多边贸易阻力项的线性近似值，以代理双边贸易成本。OLS 简化后的引力方程为：

$$lnx_{ijt} = \beta_0 + ln\,y_{it} + ln\,y_{jt} - (\sigma - 1)ln\,t_{ij}$$
$$+ (\sigma - 1)\Big[\sum_{k=1}^{N} \theta_{kt} ln\,t_{ikt} - \frac{1}{2}\sum_{k=1}^{N}\sum_{m=1}^{N} \theta_{kt}\theta_{mt} ln\,t_{kmt}\Big]$$
$$+ (\sigma - 1)\Big[\sum_{k=1}^{N} \theta_{kt} ln\,t_{kjt} - \frac{1}{2}\sum_{k=1}^{N}\sum_{m=1}^{N} \theta_{kt}\theta_{mt} ln\,t_{kmt}\Big] \quad (5.1)$$

式（5.1）中，θ 表示进出口国 GDP 在全世界中的份额，t 表示贸易成

---

① 国家对固定效应（country – pair fixed effect），用于控制所有可能不随时间变化的国家对之间的贸易成本所带来的多边贸易阻力，以降低国家对异质性所带来的估计偏差。

本。方括号内为多边贸易阻力的线性近似 MRTs。右边第一个方括号内的式子是"偏远度"的一种扩展形式（不仅仅是地理距离，该式子还反映了总体贸易成本），第二个方括号内的式子衡量的是世界贸易成本。多边贸易阻力的这种线性近似说明，国家 i 和 j 之间的双边贸易取决于双边相对于多边的贸易成本以及多边相对于全世界的贸易成本。在 Baier and Bergstrand（2009）中，作者用地理距离和边界来代理贸易成本。Baier and Bergstrand（2009）建议在估算引力模型时，θ 用简单平均，即 $1/N$（N 为国家的数量）来量化，而不是用 GDP 占比来量化。

具体到本书的多边贸易阻力，可以参照 Baldwin 和 Taglioni（2007）的方法，将国家 i 和国家 j 之间的多边贸易阻力（t_{ij}）分解为地理距离和政治距离，即：

$$t_{ijt} = gdis_{ij}^{\rho} \, pdis_{ijt}^{\alpha} \, free_{ijt}^{\gamma} \, e^{\delta bwto_{ijt}} \tag{5.2}$$

式（5.2）中，$gdis_{ij}$ 表示国家 i 与国家 j 之间的地理距离。$pdis_{ijt}$ 表示政治距离，衡量 t 期国家 i 和国家 j 之间的外交分歧度。$free_{ijt}$ 表示经济自由度指数，衡量 t 期国家 i 相对于国家 j 的经济自由化水平。$bwto_{ijt}$ 表示虚拟变量，如果 t 期国家 i 和国家 j 都是 WTO 成员，则 $bwto_{ijt}$ 等于 1，否则为 0。

基于 Yotov（2022）所提出的用于进行计量经济学分析的基准引力模型，本章用于测度中国—中东欧国家总体贸易潜力的结构引力模型初步为：

$$lnx_{ijt} = \beta_0 + lny_{it} + lny_{jt} - \rho(\sigma-1)lngdis_{ij} - \alpha(\sigma-1)lnpdis_{ijt} - \gamma(\sigma-1)lnfree_{ijt} - \delta(\sigma-1)bwto_{ijt} + \rho(\sigma-1)MRGDIS_{ijt} + \alpha(\sigma-1)MRPDIS_{ijt} + \gamma(\sigma-1)MRFREE_{ijt} + \delta(\sigma-1)MRBWTO_{ijt} + \varepsilon_{ijt} \tag{5.3}$$

其中，

$$MRGDIS_{ij} = \left[\sum_{k=1}^{N} \theta_{kt} ln\,gdis_{ik} + \sum_{m=1}^{N} \theta_{mt} ln\,gdis_{mjt} - \sum_{k=1}^{N} \sum_{m=1}^{N} \theta_{kt}\theta_{mt} ln\,gdist_{kmt} \right]$$

$$MRPDIS_{ijt} = \left[\sum_{k=1}^{N} \theta_{kt} ln\,pdis_{ikt} + \sum_{m=1}^{N} \theta_{mt} ln\,pdis_{mjt} - \sum_{k=1}^{N} \sum_{m=1}^{N} \theta_{kt}\theta_{mt} ln\,pdis_{kmt} \right]$$

$$MRFREE_{ijt} = \left[\sum_{k=1}^{N} \theta_{kt} ln\,free_{ikt} + \sum_{m=1}^{N} \theta_{mt} ln\,free_{mjt} - \sum_{k=1}^{N} \sum_{m=1}^{N} \theta_{kt}\theta_{mt} ln\,free_{kmt} \right]$$

$$MRBWTO_{ijt} = \left[\sum_{k=1}^{N} \theta_{kt} bwto_{ikt} + \sum_{m=1}^{N} \theta_{mt} bwto_{mjt} - \sum_{k=1}^{N} \sum_{m=1}^{N} \theta_{kt}\theta_{mt} bwto_{kmt} \right]$$

为了简化起见，本文用下式估算中国—中东欧国家之间的贸易潜力及其贸易效率。

$$lnx_{ijt} = \beta_0 + lny_{it} + lny_{jt} + MRGDIS_{ij}^* + MRPDIS_{ijt}^* + MRFREE_{ijt}^* +$$

$MRBWTO_{ijt}^{*} + \varepsilon_{ijt}$ (5.4)

式（5.4）中：

$MRGDIS_{ij}^{*} = -\rho(\sigma-1)\ln gdis_{ij} + \rho(\sigma-1)MRGDIS_{ij}$

$MRPDIS_{ijt}^{*} = -\alpha(\sigma-1)\ln pdis_{ijt} + \alpha(\sigma-1)MRPDIS_{ijt}$

$MRFREE_{ijt}^{*} = -\gamma(\sigma-1)\ln free_{ijt} + \gamma(\sigma-1)MRFREE_{ijt}$

$MRBWTO_{ijt}^{*} = -\delta(\sigma-1)bwto_{ijt} + \delta(\sigma-1)MRBWTO_{ijt}$

其中，x_{ijt} 表示 t 期从国家 i 出口到国家 j 的贸易量，y_{it} 表示 t 期国家 i 的经济规模（GDP），y_{jt} 表示 t 期国家 j 的经济规模（GDP），$MRGDIS_{ij}$、$MRPDIS_{ijt}$、$MRFREE_{ijt}$、$MRBWTO_{ijt}$ 分别表示地理距离、政治距离、经济自由化以及都是 WTO 成员的 Baier and Bergstrand（2009）型多边贸易阻力项。$MRGDIS_{ij}^{*}$、$MRPDIS_{ijt}^{*}$、$MRFREE_{ijt}^{*}$、$MRBWTO_{ijt}^{*}$ 分别表示广义地理距离多边贸易阻力、广义政治距离多边贸易阻力、广义经济自由化多边贸易阻力以及广义都是 WTO 成员多边贸易阻力。ε_{ijt} 表示传统的均值为零的随机干扰项，且假设其独立同分布。

在估计式（5.3）时，作者考虑了在估计引力模型时常关注的问题，并加以优化。首先，针对面板数据中心可能存在的异方差问题，估算了稳健标准误差，以修正违反最小二乘法 OLS 第二个假设的问题。其次，将标准误差聚类到国家对，以缓解因不能聚类到分组变量而带来低估标准误差的问题。在本章的引力模型数据中，标准误差可能与国家对相关。参照 Shepherd（2016）的做法，本章选取贸易伙伴之间的地理距离作为聚类变量，将标准误差聚类到地理距离。此外，将标准误差聚类到地理距离，一定程度也可以控制国家对固定效应。

5.1.2 数据说明

产品层面的双边贸易数据主要来源于 CEPII BACI 国际贸易数据库。[①] 该数据库涵盖了 200 个经济体 5000 多种产品的双边贸易数据，该数据库将产品单位统一转换成吨，可进行国际对比，使用范围广泛（Gaulier and Zignago，2010）。本章选取的数据是 1995—2020 年中国与十四个中东欧国家的双边贸易数据，是非平衡面板数据样本。地理距离，政治距离以及都是世

---

① 网址为：http://www.cepii.fr/CEPII/en/bdd_modele/bdd_modele_item.asp?id=37.

界贸易组织成员的数据来源于 CEPII Gravity 数据库（Conte et al., 2022）。①CEPII Gravity 数据库汇总了 1948—2020 年全世界国家或地区的双边数据，如双边贸易总额、地理距离、文化距离、贸易便利化变量以及宏观经济变量等。

此外，经济自由化指数（Index of Economic Freedom）的数据来源于美国传统基金会网站②，经济自由化指数是由《华尔街日报》和美国传统基金会于 1995 年开始发布的年度报告，衡量的是世界各个国家或地区的经济自由度，是目前全球权威的经济自由度评价指标。该指数的创建者声称，他们采用的方法受到了亚当·斯密《国富论》的启发，即"保护个人追求自身经济利益的自由的基本制度会为更大的社会带来更大的繁荣"。美国传统基金会网站指出，"经济自由是每个人控制自己的劳动和财产的基本权利。在一个经济自由的社会里，个人可以自由地工作、生产、消费和投资。在经济自由的社会中，政府允许劳动力、资本和商品自由流动，并且避免在保护和维护自由本身的必要范围之外对自由进行强制或约束。经济自由化指数是一个总得分指标，基于以下四大类十二个子指标，分别为：法治（财产权、政府廉正和司法效力）、政府规模（政府支出、税收负担和财政健康）、监管效率（经商自由、劳动自由和货币自由）、以及开放市场（贸易自由、投资自由和财务自由）。

5.1.3　模型估计与结果分析

（1）变量说明

①被解释变量，双边贸易额用中国与中东欧国家的双边贸易额来衡量，以 lntrade 的形式进入计量模型。

②核心解释变量，有五类：一是地理距离和地理距离的多边贸易阻力项。地理距离用 CEPII Gravity 数据库中人口密集城市之间人口加权处理的距离来量化，以 lngdis 的形式进入计量模型。地理距离的多边贸易阻力项，用 Baier and Bergstrand（2009）的方法估算得到，以 MRGDIS 的形式进入计量模型。二是政治距离和政治距离的多边贸易阻力项。政治距离用 CEPII Gravity 数据库中的联合国投票分歧得分（diplo_disagreement）来量

---

① 网址为：http://www.cepii.fr/CEPII/en/bdd_modele/bdd_modele_item.asp?id=8.
② 网址为：https://www.heritage.org/index/explore.

化,该指标经过标准化处理,其均值为 0,标准差为 1,以 lnpdis 的形式进入计量模型。政治距离的多边贸易阻力项,用 Baier and Bergstrand (2009) 的方法估算得到,以 MRPDIS 的形式进入计量模型。三是经济自由化和经济自由化的多边贸易阻力项。经济自由化的数据来源于美国传统基金会网站中经济自由化指数 (Index of Economic Freedom),具体是用出口国相对于进口国的经济自由化指数来量化,以 lnfree 的形式进入计量模型。经济自由化的多边贸易阻力项,用 Baier and Bergstrand (2009) 的方法估算得到,以 MRFREE 的形式进入计量模型。四是都是世界贸易组织成员,数据来源于 CEPII Gravity 数据库。如果出口国和进口国在某年都是世界贸易组织成员,则 bwto 等于 1,否则等于 0,以 bwto 的形式进入计量模型。Bwto 的多边贸易阻力项,同样是用 Baier and Bergstrand (2009) 的方法估算得到,以 MRBWTO 的形式进入计量模型。五是是出口国与进口国的国内生产总值。该数据同样来源于 CEPII Gravity 数据库,分别以 $lngdp_i$ 和 $lngdp_j$ 的形式进入计量模型。表 5.1 是本章的变量说明。

表 5.1 变量说明

变量类型	变量名称	变量形式	数据来源
被解释变量	双边贸易额	lntrade	CEPII BACI 数据库
解释变量	出口国 GDP	$lngdp_i$	CEPII Gravity 数据库
	进口国 GDP	$lngdp_j$	CEPII Gravity 数据库
	地理距离	lngdis	CEPII Gravity 数据库
	政治距离	lnpdis	CEPII Gravity 数据库
	经济自由化	lnfree	CEPII Gravity 数据库
	都是 WTO 成员	bwto	CEPII Gravity 数据库
	广义地理距离多边贸易阻力	MRGDIS*	B-V OLS 估算所得
	广义政治距离多边贸易阻力	MRPGIS*	B-V OLS 估算所得
	广义经济自由化多边贸易阻力	MRFREE*	B-V OLS 估算所得
	广义都是 WTO 成员多边贸易阻力	MRBWTO*	B-V OLS 估算所得

从表 5.2 的变量统计性描述可以看出,无论是标准差、最小值和最大值,地理距离多边贸易阻力项的数值都最低,这初步说明中国与中东欧国家之间的贸易量受地理距离的影响有限。另外,从均值来看,广义地理距离、政治距离、经济自由化和都是 WTO 成员多边贸易阻力的数据都偏

低,这些一定程度上表明中国与中东欧国家之间的贸易潜力有较大提升空间。

表 5.2 变量的统计性描述

变量名称	观察值	均值	标准差	最小值	最大值
lntrade	342	13.59	2.105	4.339	17.38
$lngdp_i$	342	22.08	1.014	20.41	23.41
$lngdp_j$	339	17.57	1.367	14.44	20.21
MRGDIS*	342	$5.13e^{-07}$	0.00240	−0.00607	0.00215
MRPGIS*	340	$1.16e^{-08}$	0.189	−1.136	0.652
MRFREE*	324	$2.75e^{-09}$	0.101	−0.189	0.553
MRBWTO*	342	$1.03e^{-08}$	0.403	−0.769	0.400

在计量分析之前,先进行各个变量之间的相关性分析。Spearman 秩相关系数相较于 Pearson 相关系数的一大优点是不需要变量服从正态分布,具有更大的使用范围。从表 5.3 可以看出,除了出口国 GDP 与广义地理距离多边贸易阻力项之间,出口国 GDP 与广义政治距离多边贸易阻力项之间,以及广义经济自由化多边贸易阻力项与广义地理距离多边贸易阻力项之间的秩相关系数接近 0.7 以外,其余变量之间的秩相关系数都在 0.6 以下。进一步地,从方差膨胀因子(VIF)可以看出,六个变量的 VIF 值都在 10 以内,最大值为广义地理距离多边贸易阻力 VIF 值,数值也仅为 4.34。总之,六个解释变量之间不存在严重的多重共线性问题,可以进行接来下的贸易潜力估计。

表 5.3 变量之间的 spearman 秩相关系数矩阵

	$lngdp_i$	$lngdp_j$	MRGDIS*	MRPGIS*	MRFREE*	MRBWTO*
$lngdp_i$	1					
$lngdp_j$	0.2576*	1				
MRGDIS*	0.6842*	0.4292*	1			
MRPGIS*	−0.6009*	−0.1960*	−0.3825*	1		
MRFREE*	−0.4597*	−0.1953*	−0.6166*	0.2507*	1	
MRBWTO*	0.5912*	0.1845*	0.5790*	−0.3593*	−0.3111*	1

注:*表示在1%的水平上显著。

在估计贸易潜力之前，先对结构引力模型（5.4）进行回归估计，结果如表 5.4 所示。列（1）是 Baier and Bergstrand（2009）的"绝佳的传统最小二乘估计方法"（Bonus Vetus OLS）的估计结果。从各个变量的系数来看，出口国 GDP 对双边贸易的影响显著为正，符合传统引力模型的基本观点，即出口国的规模越大，越有能力生产产品以供出口。进口国 GDP 对双边贸易的影响同样显著为正，说明进口国的规模越大，越有能力进口更多的产品，也符合传统引力模型的结论。广义地理距离多边贸易阻力的系数为负，但不具有统计学意义。广义政治距离多边贸易阻力对双边贸易的影响为正，但不具有统计学意义。广义经济自由化多边贸易阻力对双边贸易的影响为负，但不具有统计学意义。广义都是 WTO 成员多边贸易阻力对双边贸易的影响为正，但不具有统计学意义。

表 5.4 第（2）列是最小二乘估计方法（OLS）的估计结果。从各个变量的系数来看，出口国 GDP 和进口国 GDP 对双边贸易的影响都为正，且都在 1% 的显著性水平下显著，也证实了 Bonus Vetus OLS 估计结果的稳健性。地理距离对双边贸易距离的影响为负，但不具有统计学意义。政治距离对双边贸易额的影响为正，但不具有统计学意义。经济自由化对双边贸易的影响为负，且在 1% 的显著性水平下显著，即进口国相对于中国经济自由化程度越高，双边贸易额越多。都是 WTO 成员对双边贸易的影响为正，且在 1% 的显著性水平下显著，即都是 WTO 成员的确有助于提升双边贸易额。

表 5.4   回归结果

	(1)	(2)
	BVOLS	OLS
$lngdp_i$	0.5315***	0.6182***
	(0.0813)	(0.0553)
$lngdp_j$	1.0305***	0.9350***
	(0.0418)	(0.0350)
MRGDIS*	64.1811	
	(46.2833)	
MRPGIS*	0.2085	
	(0.2102)	

续表

	(1)	(2)
	BVOLS	OLS
MRFREE*	-1.6873	
	(1.1114)	
MRBWTO*	0.2481	
	(0.1770)	
lndist		-2.1100
		(2.1245)
lnpoldist		0.2221
		(0.1739)
lnfree		-2.7031***
		(0.6587)
bothin		0.3341***
		(0.1099)
常数项	-16.1892***	1.8459
	(2.0115)	(19.2106)
观察值	320	320
R^2	0.9141	0.9366
R^2_a	0.9124	0.9353
F 统计量	233.5575	280.9229

注：(1) ***、**、* 分别表示在 1%、5% 和 10% 的水平上显著；(2) 列 (1) 和 (2) 括号中的稳健标准误差聚类到地理距离，一定程度上控制国家对固定效应。

本小节采用的数据是非平衡面板数据，结合表 5.4 中的判定系数 R^2 和调整的判定系数 R^2_a，以及 Bonus Vetus OLS 估计方法的优势，可以采用表 5.4 中列 (1) 的模型预测潜在贸易额，并将真实贸易额除以预测的贸易得到贸易效率，得到中国与中东欧国家之间的双边贸易潜力现状和贸易效率。具体估算结果如图 5.1 所示。

从图 5.1 可以看出，中国与中东欧国家之间的潜在贸易额不小，从 1995 年的 23.18 亿美元上升到 2020 年的 866.37 亿美元，年均增长 15.59%。然而，中国与中东欧国家之间的贸易效率则呈下降趋势，下降趋势系数为 -0.0046。由 1995 年的 1.36 下降到 1997 年的 1.02，上升至 1999 年的 1.19，下跌到样本期间的最低点 2001 年的 0.89，之后逆势上

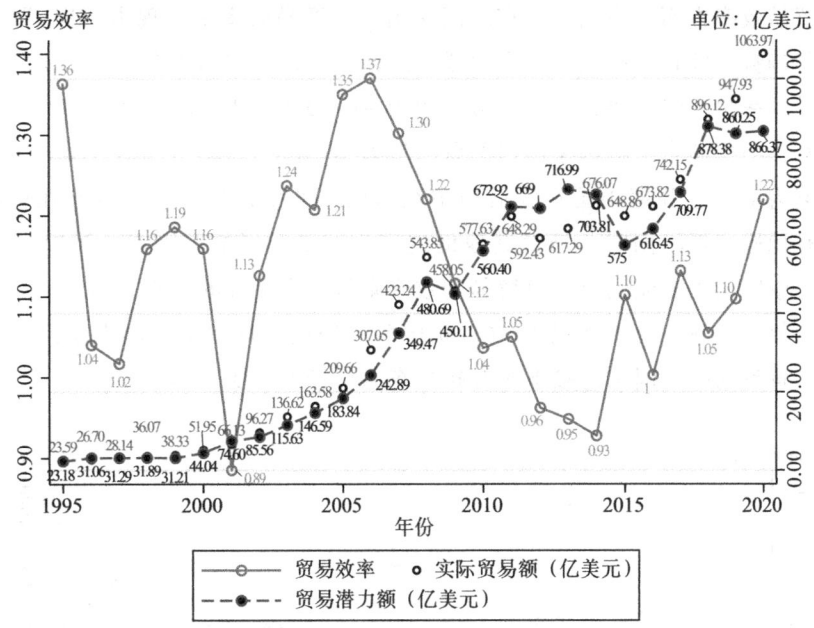

图 5.1　中国与中东欧国家总体的年均双边贸易潜力和贸易效率

注：图 5.1 中的贸易潜力额和实际贸易额是双边贸易的简单平均值，会低于单边贸易额的简单平均值。原因在于，总体贸易潜力的测算，其样本既包含了中国作为出口国的数据，又包含了中国作为进口国的数据。如果一个产品既有一条出口额又有一条进口额的记录，则在做简单平均运算时，总记录数为 2 条。

扬，剧增到样本期间的最高点 2006 年的 1.37。受 2007 年美国次贷危机的影响，中国与中东欧国家之间的双边贸易效率巨跌，跌至 2014 年的 0.93，之后则在波动中上涨，涨到 2020 年的 1.22。1995—2020 年，中国与中东欧国家间的双边贸易效率均值为 1.13。按照国内被引用次数较多的刘青峰和姜书竹（2002）的贸易潜力分类方法，中国与中东欧国家之间的贸易潜力属于潜力开拓型（贸易效率在 0.8 和 1.2 之间）和潜力再造型（贸易效率大于或等于 1.2）。2012 年以后，中国与中东欧国家之间的贸易潜力属于贸易开拓型，双边贸易效率均值为 1.06，贸易潜力的开拓空间很大。

在中国向中东欧国家出口的贸易潜力方面，中国向中东欧国家出口的潜在贸易额依旧很大（详见图 5.2）。潜在出口贸易额从 1995 年的 18.77 亿美元，剧增到 2020 年的 698.73 亿美元，年均增长 15.57%。受新冠肺炎疫情冲击，中国向中东欧国家出口的潜在贸易额有所下降，从 2019 年的 709.15 亿美元降低到 2020 年的 698.73 亿美元，降幅为 1.47%。在出口贸易效率方面,中国向中东欧国家出口的贸易效率则呈现出"WV"型演化趋势,并且目前处于上升阶段。总体来看,中国向中东欧国家出口的贸易效率呈下降趋势,下降趋势系数为 -0.0026。从出口贸易效率的均值来看,中国向中东欧国家出口的贸易潜力属于潜力开拓型,出口贸易效率均值为1.13。说明中国在发展向中东欧国家的出口贸易时,需要在保持现有积极因素的同时,培育其他促进出口贸易发展的新因素。2012年以来,中国向中东欧国家出口贸易的效率则呈现出上升的势头,出口贸易效率均值为1.06,上升趋势系数为0.0452。因此,排除中国向中东欧国家出口贸易的障碍因素是接下来开拓中东欧市场的主要工作。

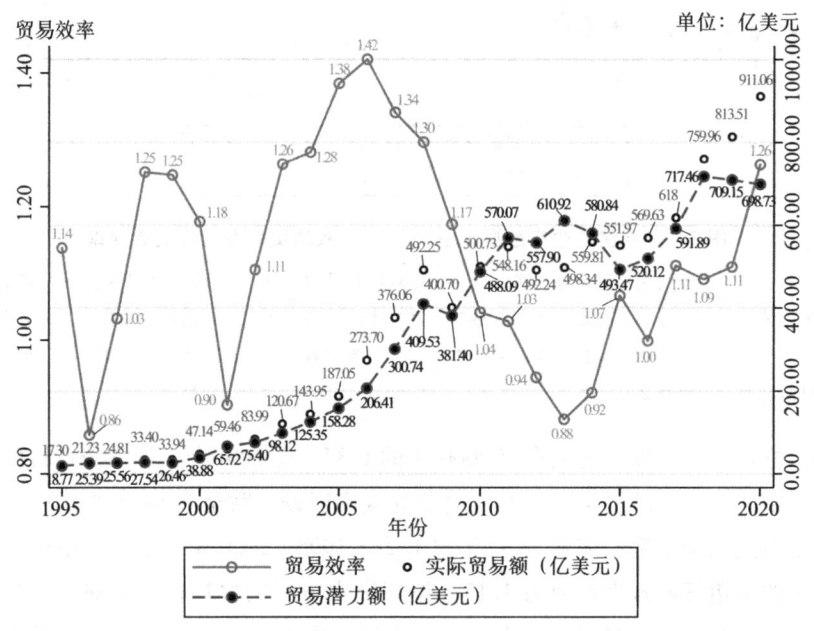

图 5.2 中国向中东欧国家总体出口的年均出口贸易潜力和贸易效率

此外,在中国从中东欧国家进口贸易潜力方面,潜在进口贸易额也呈现出快速的增长势头(详见图5.3)。潜在进口贸易额从1995年的2.85亿美元上升至2020年的180.86亿美元,年均增长18.06%。再来看进口贸易效率,样本期间,中国从中东欧国家进口的贸易效率呈现"L"形下降趋势,从1995年的4.71降至1998年的最低点0.9,之后则在波动中变化,总体下降趋势系数为 -0.0590。平均而言,中国从中东欧国家进口的贸易效率均值为潜力再造型,进口贸易效率均值高达1.74,高出出口贸易效率均值 0.61。2012 年中国与中东欧国家合作机制运行以来，中国从中东欧国家进口的贸易效率的均值下降到 1.40，仍然属于潜力再造型。因此，在发展与中东欧国家的进口贸易关系时，在保持以往促进进口贸易做法基础上，积极培育与发展新的促进进口贸易因素，进一步开拓中国从中东欧国家进口的贸易潜力。

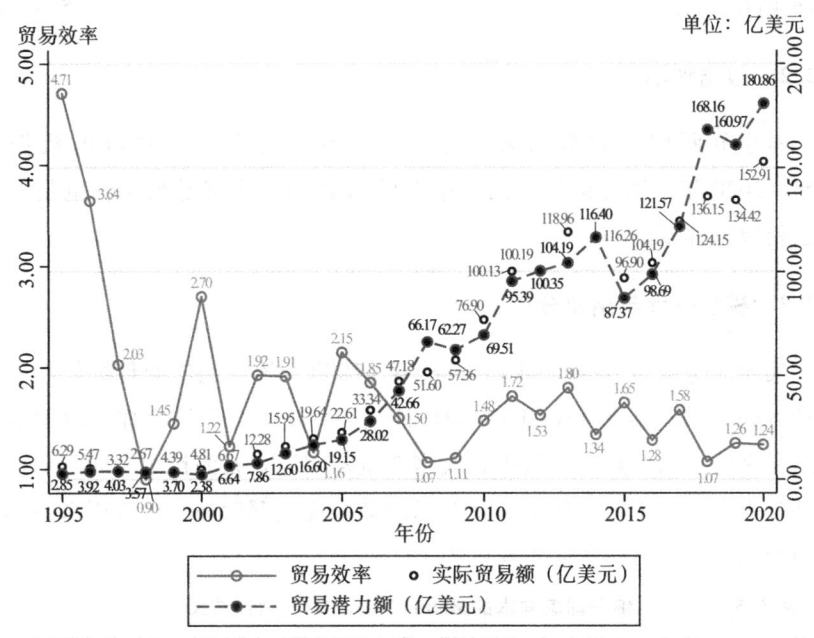

图 5.3　中国从中东欧国家总体进口的年均贸易潜力和贸易效率

5.2 分国别贸易潜力估算

前已述，中国与中东欧国家的总体贸易潜力属于潜力开拓型。然而，十四个中东欧国家本身存在国家规模、经济自由化水平等方面的差异，中国分别与十四个中东欧国家之间的双边贸易也就存在明显差异。因此，需要分国别来估算中国与十四个中东欧国家之间的贸易潜力状况。

5.2.1 模型设定

本小节采用由结构引力模型推导而来的模型（5.4）来估算中国分别与十四个中东欧国家之间的贸易潜力。

$$lnx_{ijt} = \beta_0 + lny_{it} + lny_{jt} + MRGDIS_{ij}^* + MRPDIS_{ijt}^* + MRFREE_{ijt}^* + MRBWTO_{ijt}^* + \varepsilon_{ijt} \quad (5.4-1)$$

5.2.2 数据说明

本小节所使用的数据来源于 5.1 节中的子样本。选取的数据是 1995—2020 年中国分别与十四个中东欧国家的双边贸易数据，也是非平衡面板数据样本。

5.2.3 模型估计与结果分析

表 5.5 是采用 Baier and Bergstrand（2009）的"绝佳的传统最小二乘估计方法"（Bonus Vetus OLS）的估计结果。从十四个国家样本数据的估计结果来看，六个解释变量中，大多变量对双边贸易的作用方向与总样本的结果类似，且十四个样本估计结果的拟合优度都较高，可以用来预测中国与十四个中东欧国家的贸易潜力。

表 5.5　细分国家样本的 Bonus Vetus OLS 估计结果

国家	$lngdp_i$	$lngdp_j$	MRGDIS*	MRPGIS*	MRFREE*	MRBWTO*	R^2_a
阿尔巴尼亚	0.2507 (0.1360)	1.5964*** (0.3640)	65.2312* (28.4407)	0.0343 (0.3366)	-0.8909 (1.0393)	0.3432 (0.1842)	0.9800
波黑	-0.3391 (0.2585)	3.6102** (1.0447)	-1.4*100 (143.779)	0.6990 (1.1543)	-4.7216*** (1.1219)	0.0000 (.)	0.9400
保加利亚	0.0536 (0.3652)	1.3986* (0.6039)	91.4604 (46.7698)	-0.0131 (0.5082)	-1.8703* (0.7378)	0.0320 (0.2607)	0.9611
克罗地亚	-0.1160 (0.0917)	2.2586*** (0.1181)	116.80*** (3.6058)	0.2558 (0.2102)	-0.2870 (0.6841)	0.3499*** (0.0940)	0.9783
捷克	0.5356*** (0.1089)	1.1395*** (0.1618)	57.372*** (14.1270)	-0.3003 (0.3022)	0.4218 (1.0968)	0.4012*** (0.0945)	0.9909
希腊	0.4415** (0.1097)	1.0480*** (0.2189)	61.9623 (34.9663)	-0.1314 (0.1483)	1.6484 (1.0007)	0.1951 (0.1242)	0.9752

续表

国家	lngdp$_i$	lngdp$_j$	MRGDIS*	MRPGIS*	MRFREE*	MRBWTO*	R^2_a
匈牙利	0.1824 (0.0919)	0.9996*** (0.1356)	148.51*** (19.5974)	-0.6864 (0.5646)	-0.7569 (0.4461)	0.1398 (0.0890)	0.9814
黑山	0.3505 (0.2446)	0.8432 (0.4006)	-2.0e*100 (67.0516)	0.0658 (0.1460)	-0.5948 (0.4503)	0.2577 (0.1113)	0.6786
波兰	0.5087*** (0.0613)	1.2803*** (0.1029)	18.9316** (6.8679)	-0.2433 (0.1809)	0.5172 (0.5888)	0.2162** (0.0679)	0.9955
罗马尼亚	0.0873 (0.1070)	1.4659*** (0.1936)	58.5798** (15.0669)	0.9486* (0.3795)	1.6513*** (0.3841)	0.4869*** (0.0666)	0.9758
塞尔维亚	0.4616 (0.2153)	1.8873** (0.3544)	-2.0e*100 (191.397)	-0.1584 (0.2800)	-1.7506 (1.0333)	0.0000 (.)	0.8333
斯洛伐克	0.6345*** (0.0515)	1.4510*** (0.1124)	72.578*** (11.3284)	-0.0381 (0.1253)	-1.9630*** (0.3714)	-0.2551* (0.0998)	0.9942
斯洛文尼亚	0.6698*** (0.0604)	1.1755*** (0.1226)	54.428*** (10.3303)	-0.5588 (0.4027)	-0.0060 (0.7376)	0.1614* (0.0684)	0.9878
北马其顿	0.4510 (0.2732)	1.1351* (0.5006)	163.1176 (128.309)	0.1174 (0.3435)	-0.5352 (0.7531)	0.4325** (0.1063)	0.9734

注：(1) ***、**、*分别表示在1%、5%、10%的水平上显著。(2) 括号中的稳健标准聚类到地理距离，在一定程度上控制国家对固定效应。

表5.6汇报的是2012年中国—中东欧国家合作机制运行以来，中国分别与十四个中东欧国家的双边贸易效率现状。平均而言，中国分别与十四个中东欧国家的双边贸易效率在0.97和1.2之间，都属于潜力开拓型。双边贸易效率值越高，其双边贸易潜力越小。其中，中国与克罗地亚的双边贸易效率最低，为0.971，双边贸易潜力最大。其次是中国与斯洛伐克的双边贸易潜力，其双边贸易效率均值为0.975。再次是中国与北马其顿的双边贸易潜力，其双边贸易效率均值为0.979。双边贸易潜力位于第四位到第十四位的国家依次为中国与匈牙利、塞尔维亚、捷克、波兰、黑山、斯洛文尼亚、希腊、罗马尼亚、阿尔巴尼亚、保加利亚和波黑。

表5.6 2012年以来中国分别与十四个中东欧国家的双边贸易效率

国家	2013年	2014年	2015年	2016年	2017年	2018年	2019年	2020年	均值
阿尔巴尼亚	1.13	0.87	1.31	1.22	0.96	0.87	0.9	0.958$^{13-2}$	1.028$^{3-12}$

续表

国家	2013 年	2014 年	2015 年	2016 年	2017 年	2018 年	2019 年	2020 年	均值
波黑	0.87	1.05	1.46	1.11	1.4	1.05	1.2	1.107^{10-5}	1.15^{1-14}
保加利亚	1.01	0.94	1.01	0.94	1.06	1.07	1.08	1.16^{7-8}	1.034^{2-13}
克罗地亚	0.89	0.67	1.05	1.01	1.05	0.88	0.9	1.32^{2-13}	0.971^{14-1}
捷克	0.87	1.01	1.05	1	0.85	0.97	0.99	1.20^{6-9}	0.992^{9-6}
希腊	0.81	0.89	0.84	0.97	0.81	1.1	1.29	1.36^{1-14}	1.0074^{5-10}
匈牙利	0.93	0.99	0.84	0.99	0.96	1.02	0.87	1.234^{3-12}	0.980^{11-4}
黑山	0.9	1.06	1.02	0.93	1.27	1.1	0.8	0.956^{14-1}	1.005^{7-8}
波兰	0.86	0.94	1.03	1.15	0.97	0.95	0.94	1.114^{8-7}	0.994^{8-7}
罗马尼亚	1.01	—	—	—	1.13	0.99	0.95	0.98^{12-3}	1.011^{4-11}
塞尔维亚	0.96	0.88	1.04	0.92	1.03	0.84	1.04	1.21^{5-10}	0.989^{10-5}
斯洛伐克	1	0.89	0.96	0.95	1.03	0.89	1	1.08^{11-4}	0.975^{13-2}
斯洛文尼亚	0.83	0.9	0.9	1.09	1.07	1.24	0.93	1.109^{9-6}	1.0073^{6-9}
北马其顿	0.97	0.84	1.15	0.86	0.9	0.83	1.03	1.229^{4-11}	0.979^{12-3}

注：个别国家因数据缺失，本表主要汇报 2012 年以来的双边贸易效率。右上角第一个数字代表双边贸易效率的位次，"-"后的数字代表双边贸易潜力的位次。

从近期来看，虽然受到新冠疫情的冲击，2020 年中国与十四个中东欧国家的双边贸易额依旧保持增长势头。2020 年，黑山是中国与十四个中东欧国家当中双边贸易潜力最大的国家，双边贸易效率仅为 0.956。其次是中国与阿尔巴尼亚的双边贸易潜力，中国与阿尔巴尼亚的双边贸易效率均值为 0.958。再次是中国与罗马尼亚的双边贸易潜力，中国与罗马尼亚的双边贸易效率均值为 0.98。之后依次是中国与斯洛伐克、波黑、斯洛文尼亚、波兰、保加利亚、捷克、塞尔维亚、北马其顿、匈牙利、克罗地亚和希腊，双边贸易效率均值分别为 1.08、1.107、1.109、1.114、1.16、1.20、1.21、1.229、1.234、1.32 和 1.36。因此，首先排除影响中国与黑山、阿尔巴尼亚和罗马尼亚等三国贸易发展的障碍，以充分挖掘中国与这三个国家的贸易潜力，进而增加中国与中东欧国家的双边贸易，是目前的一个着力点。

进一步地，本小节还图形刻画中国分别与十四个中东欧双边贸易效率演化趋势。如图 5.4 所示，中国与克罗地亚、捷克、希腊、波兰、塞尔维亚、斯洛文尼亚和北马其顿等七国的双边贸易效率呈上升趋势以外，而与阿尔巴尼亚、波黑、保加利亚、匈牙利、黑山、罗马尼亚、斯洛伐克七个国家的双边贸易效率都呈现出下降趋势。从双边贸易效率的变化趋势幅度来看，中国与波黑的双边贸易效率的下降幅度最大，下降趋势系数为 -0.0062。其次是中国与阿尔巴尼亚的双边贸易效率下降幅度，其下降趋势系数为 -0.0033。再次是中国与塞尔维亚的双边贸易上升幅度，其上升趋势系数为 0.0028。变化幅度最小的是中国与匈牙利的双边贸易效率下降趋势，其下降趋势系数仅为 -0.00002。

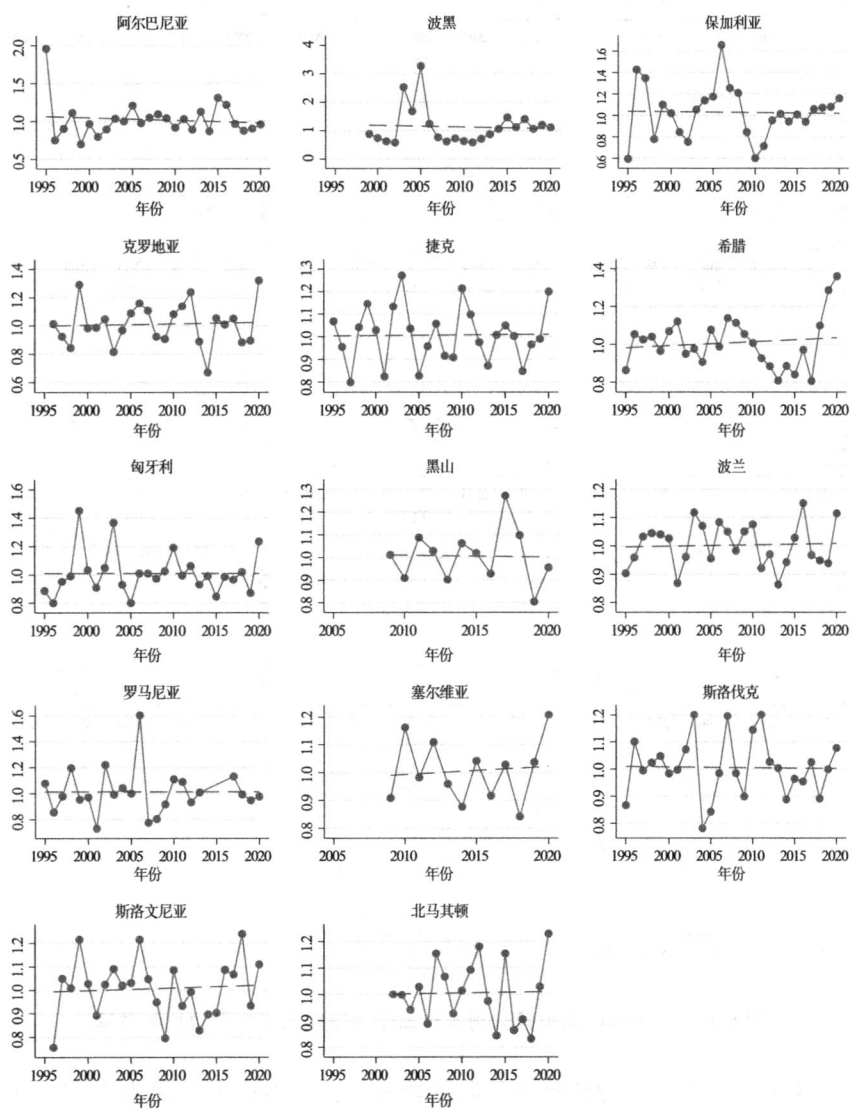

图 5.4　中国分别与十四个中东欧国家的双边贸易效率

2012 年以来，在中国—中东欧合作机制的带动下，中国与十四个中东欧国家的双边贸易效率有了较大变化，如图 5.5 所示。

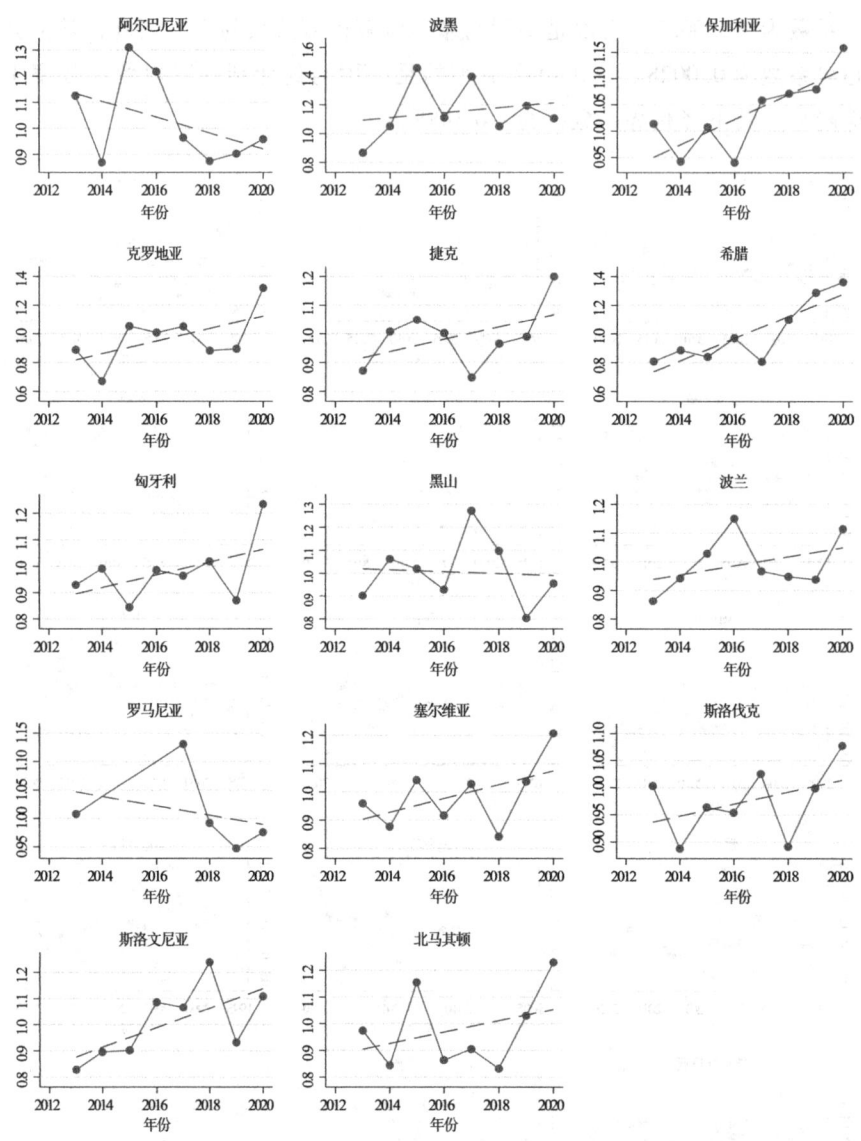

图 5.5　2012 年以来中国分别与十四个中东欧国家的双边贸易效率

双边贸易效率变化趋势为下降的国家由全样本的七个降为 2012 年以来样本的三个，分别是中国与阿尔巴尼亚、黑山和罗马尼亚等三国的双边贸易效率。双边贸易效率变化趋势为上升的国家由全样本的七个增加到 2012 年以来样本的十一个，分别是中国与波黑、保加利亚、克罗地亚、捷克、希腊、匈牙利、波兰、塞尔维亚、斯洛伐克、斯洛文尼亚和北马其顿等十一个国家。从变化趋势幅度来看，中国与希腊的双边贸易效率的上升趋势最为明显，上升趋势系数为 0.0772。其次是中国与克罗地亚的双边贸易效率的上升趋势，其上升趋势系数为 0.0438。再次是中国与斯洛文尼亚的双边贸易效率的上升趋势，其上升趋势系数为 0.0373。最低是中国与黑山的双边贸易效率的下降趋势，其下降趋势系数仅为 -0.0040。

接下来，以中国作为出口国家和进口国家，将双边贸易效率分解为出口贸易效率和进口贸易效率。首先来看出口贸易效率，如表 5.7 所示。

表 5.7　2012 年以来中国分别向十四个中东欧国家出口的贸易效率

国家	2013 年	2014 年	2015 年	2016 年	2017 年	2018 年	2019 年	2020 年	均值
阿尔巴尼亚	0.92	0.79	1.3	1.37	0.87	0.89	0.93	1.009^{13-2}	1.011^{3-12}
波黑	0.91	0.98	1.8	1.29	1.36	0.92	1.1	1.014^{12-3}	1.17^{1-14}
保加利亚	0.84	1.01	1.04	1.12	0.97	1.04	1.06	1.19^{6-9}	1.03^{2-13}
克罗地亚	0.87	0.67	0.99	0.97	1.02	0.86	0.89	1.46^{1-14}	0.965^{13-2}
捷克	0.83	1.02	1.01	0.99	0.8	0.97	0.98	1.27^{4-11}	0.985^{11-4}
希腊	0.76	0.91	0.86	0.99	0.82	1.08	1.29	1.34^{2-13}	1.007^{5-10}
匈牙利	0.93	0.98	0.83	0.95	0.86	1.01	0.91	1.32^{3-12}	0.974^{12-3}
黑山	0.93	1.05	1.03	0.91	1.15	1.12	0.82	1.00^{14-1}	1.000^{6-9}
波兰	0.84	0.93	1.03	1.16	0.98	0.96	0.95	1.13^{9-6}	0.996^{7-8}
罗马尼亚	0.82				1.05	1.02	0.95	1.10^{10-5}	0.988^{9-6}
塞尔维亚	0.92	0.9	1.07	0.91	1.01	0.87	1.02	1.20^{5-10}	0.986^{10-5}
斯洛伐克	0.88	0.93	0.95	1.02	0.9	0.9	0.96	1.07^{11-4}	0.964^{14-1}
斯洛文尼亚	0.81	0.9	0.91	1.06	1.06	1.26	0.94	1.14^{8-7}	1.009^{4-11}
北马其顿	0.98	0.94	1.07	0.99	0.93	0.9	0.94	1.16^{7-8}	0.990^{8-7}

注：右上角第一个数字代表出口贸易效率的位次，"-"后的数字代表出口贸易潜力的位次。

2012 年以来，中国向十四个中东欧国家出口的贸易潜力类型都属于潜力开拓型，中国向这十四个国家出口的平均贸易效率值为 1.01，位于 0.8 到 1.2 之间。因此，需要进一步排除阻碍促进中国向中东欧十四个国家出口贸易发展的因素,以挖掘中国向这十四个国家的出口贸易潜力。

2020年,受到新冠疫情、世界经济不稳定性等因素的影响,中国向十四个中东欧国家出口的贸易效率有所下降,出口贸易效率均值为1.17,高出2012年以来样本均值0.16。在国别差异上,中国向克罗地亚、希腊、匈牙利和捷克等四国出口的贸易潜力类型属于潜力再造型,中国向该四国出口的贸易效率都大于1.2。因此,需要在保持现有积极因素的同时,发展培育其他促进中国向这四个国家出口贸易发展的积极因素,强化中国与中东欧国家的出口贸易联系。与此同时,中国向塞尔维亚、保加利亚、北马其顿、斯洛文尼亚、波兰、罗马尼亚、斯洛伐克、波黑、阿尔巴尼亚和黑山等十个国家出口的贸易潜力类型属于潜力开拓型。其中,中国向黑山出口的贸易潜力最大,中国向黑山出口的贸易效率最低,仅为1.00,值得关注。

与双边贸易效率一样,图5.6刻画的是2012年以来中国分别向十四个中东欧国家出口的贸易效率演化趋势。图5.6揭示,中国向十四个中东欧国家出口的贸易效率呈现出显著的差异。与2012年以来双边贸易效率的样本类似,中国向中东欧国家出口贸易效率变化趋势为下降的国家数目也为三个,分别是中国向阿尔巴尼亚、波黑和黑山等三个国家。出口贸易效率变化趋势为上升的目的国家为十一个,分别为中国向保加利亚、克罗地亚、捷克、希腊、匈牙利、波兰、罗马尼亚、塞尔维亚、斯洛伐克、斯洛文尼亚和北马其顿等十一个国家。从变化趋势幅度来看,中国向希腊出口的贸易效率的上升趋势幅度最大,上升趋势系数为0.0771。其次是中国向克罗地亚出口的贸易效率的上升趋势,其上升趋势系数为0.0583。再次是中国向斯洛文尼亚出口的贸易效率的上升趋势,其上升趋势系数为0.0422。最低是中国向黑山出口的贸易效率的下降趋势,其下降趋势系数仅为-0.0016。

在进口贸易效率方面,表5.8显示,2012年以来,中国从中东欧国家进口的贸易效率总体高于向中东欧国家出口的贸易效率,进口贸易效率均值高达1.12,进口贸易潜力类型属于潜力开拓型。这意味着,中国在发展与中东欧国家的贸易关系时,开拓出口贸易潜力是先行着力点。

在进口贸易效率的国别差异上,中国从阿尔巴尼亚和波黑等两个国家进口的贸易效率大于1.20,进口贸易潜力类型属于潜力再造型。而中国

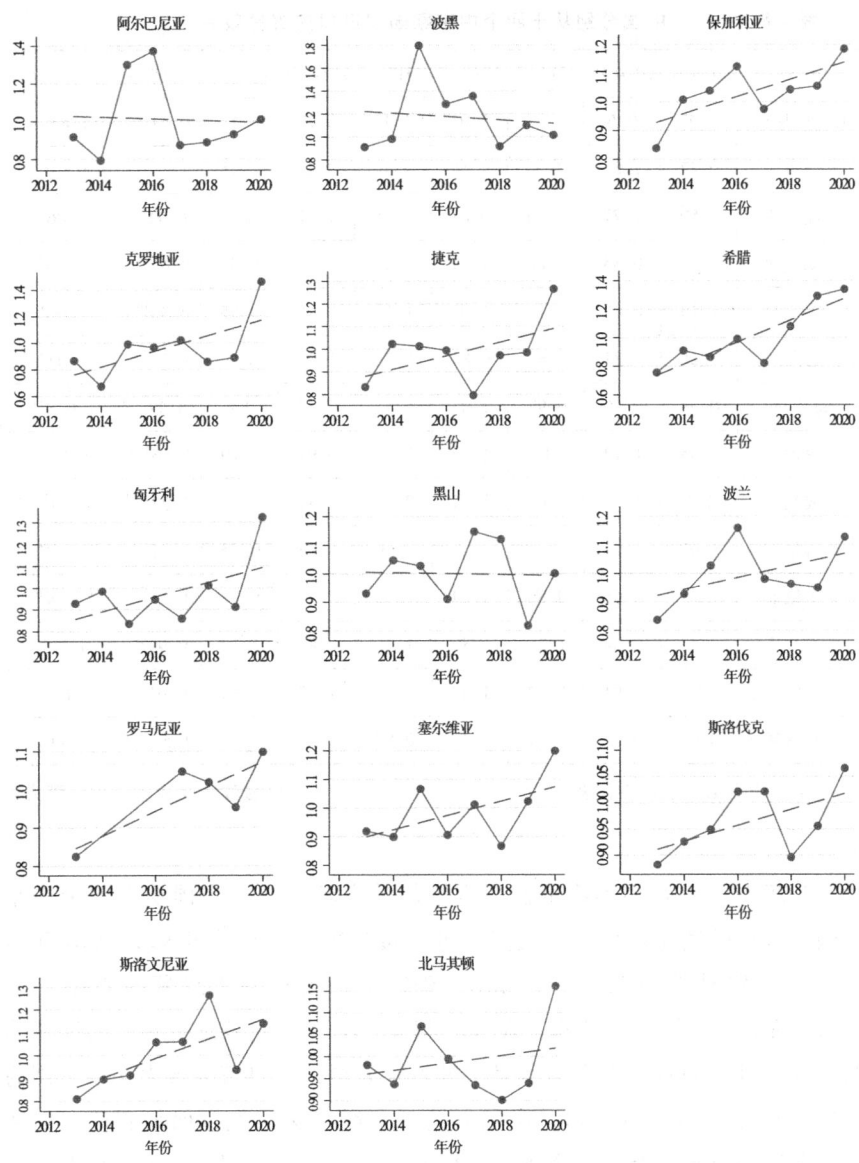

图 5.6　2012 年以来中国分别向十四个中东欧国家出口的贸易效率

从黑山、罗马尼亚、克罗地亚、斯洛伐克、保加利亚、捷克、希腊、塞尔维亚、匈牙利、斯洛文尼亚、北马其顿和波兰等十二个国家进口的贸易潜力类型属于潜力开拓型,中国从这十二个国家进口的贸易效率都在0.8到1.2之间。

表 5.8　　　　中国分别从十四个中东欧国家进口的贸易效率

国家	2013 年	2014 年	2015 年	2016 年	2017 年	2018 年	2019 年	2020 年	均值
阿尔巴尼亚	1.97	0.6	5	1.01	4.43	0.73	0.68	0.41^{14-1}	1.85^{1-14}
波黑	0.47	1.05	0.6	0.59	1.6	2.23	1.75	1.55^{1-14}	1.23^{2-13}
保加利亚	1.59	0.77	1.06	0.67	1.25	1.07	1.1	0.94^{8-7}	1.06^{7-8}
克罗地亚	1.13	0.85	1.66	1.59	1.22	1.04	0.81	0.63^{12-3}	1.11^{6-10}
捷克	1.13	0.99	1.16	1.03	1.19	0.95	0.95	0.88^{10-5}	1.04^{8-7}
希腊	1.28	0.71	0.68	0.84	0.75	1.33	1.3	1.37^{3-12}	1.03^{9-6}
匈牙利	0.94	0.89	0.97	1.07	1.53	0.97	0.8	0.97^{7-8}	1.01^{8-11-4}
黑山	0.55	1.12	1	1.15	3.04	0.91	0.79	0.56^{13-2}	1.14^{3-12}
波兰	1.1	1.11	1.04	1.07	0.86	0.84	0.85	1.02^{5-10}	0.99^{14-1}
罗马尼亚	1.67				1.3	0.93	0.95	0.74^{11-4}	1.11^{9-4-11}
塞尔维亚	1.4	0.65	0.86	1.04	1.22	0.72	0.97	1.33^{4-11}	1.02^{10-5}
斯洛伐克	1.43	0.64	1.31	0.82	1.26	0.88	1.29	0.99^{6-9}	1.08^{6-9}
斯洛文尼亚	1	0.91	0.82	1.32	1.12	1.07	0.92	0.91^{9-6}	1.01^{12-3}
北马其顿	0.95	0.58	1.41	0.47	0.87	0.64	1.51	1.54^{2-13}	1.00^{13-2}

注：右上角第一个数字代表进口贸易效率的位次，"－"后的数字代表进口贸易潜力的位次。

2020 年，在世界不确定性因素增加的大环境下，中国从十四个中东欧国家进口的贸易效率不增反降，进口贸易效率均值为 0.99，低出 2019 年的进口贸易效率 0.06，也低出 2012 年以来样本进口贸易效率均值 0.13。在国别差异上，中国从阿尔巴尼亚、黑山、克罗地亚和罗马尼亚等四个国家进口的贸易潜力类型属于潜力巨大型，进口贸易效率均值分别为 0.41、0.56、0.63 和 0.74。中国从捷克、斯洛文尼亚、保加利亚、匈牙利、斯洛伐克和波兰等六个国家进口的贸易潜力类型属于潜力开拓型，其进口贸易效率处于 0.8 和 1.2 之间。中国从塞尔维亚、希腊、北马其顿和波黑等四个国家进口的贸易效率都大于 1.2，进口贸易潜力类型属于潜力再造型。

进一步地，图 5.7 展示的是 2012 年以来中国分别从十四个中东欧国家进口的贸易效率演化趋势。

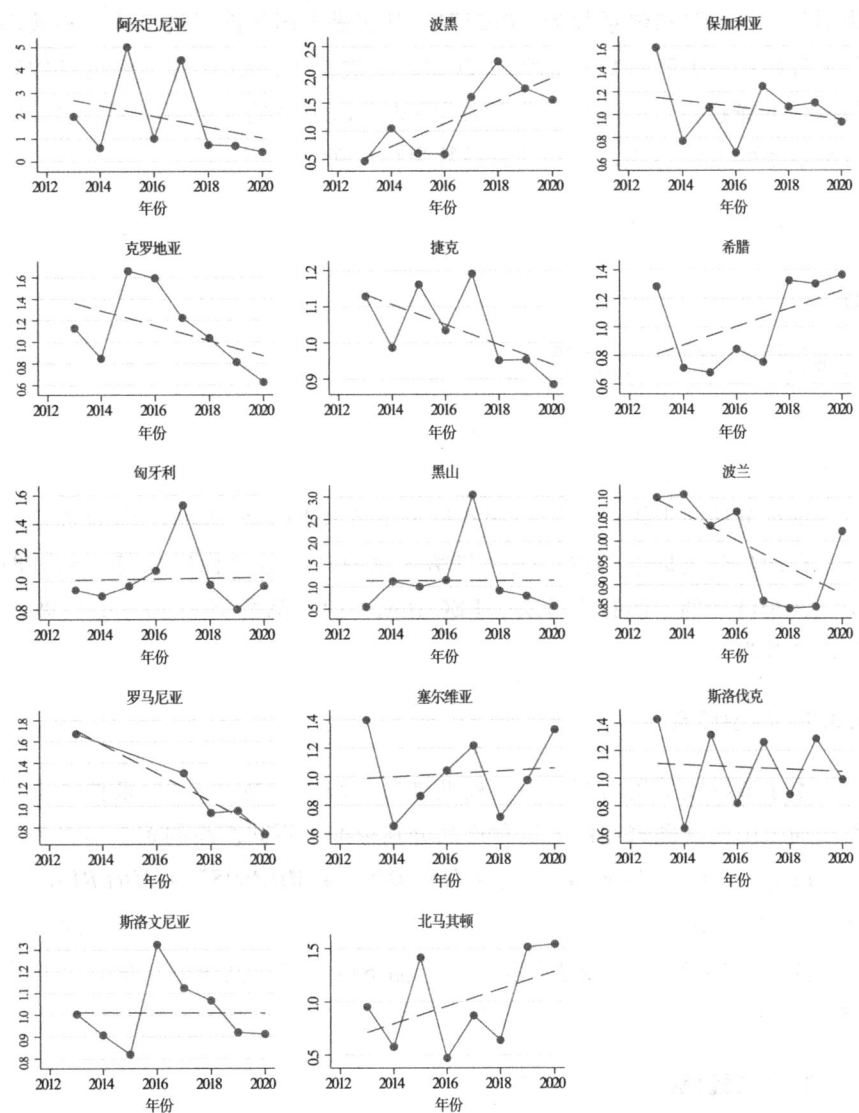

图 5.7　2012 年以来中国分别从十四个中东欧国家进口的贸易效率

与双边贸易效率和出口贸易效率不同，中国从阿尔巴尼亚、保加利亚、克罗地亚、捷克、波兰、罗马尼亚、斯洛伐克和斯洛文尼亚八个国家进口的贸易效率呈现出明显的下降趋势。中国从波黑、希腊、匈牙利、黑山、塞尔维亚和北马其顿六个国家进口的贸易效率总体体现出来的是上升趋势。从变化趋势来看，中国从阿尔巴尼亚进口的贸易效率的下降趋势最为明显，其下降趋势系数为 -0.2371。其次是中国从波黑进口的贸易效率的上升趋势，上升趋势系数为 0.2023。再次是中国从罗马尼亚进口的贸易效率下降趋势，下降升趋势系数为 -0.1327。最低为中国从黑山进口的贸易效率的上升趋势，上升趋势系数为 0.0003。

5.3
分商品贸易潜力估算

本小节进一步探讨中国与中东欧国家在不同类型产品层面的贸易潜力。在产品分类标准的选择上，与第 3 章的产品分类标准保持一致，即 Basu（2011）的产品技术分类，BEC Rev.4 的产品分类和 Rauch（1999）的产品分类。

5.3.1 模型设定

本小节继续采用由结构引力模型推导而来的模型（5.4）来估算中国与十四个中东欧国家在以上三种产品分别标准上不同产品的贸易潜力。

$$ln\ x_{ijgt} = \beta_0 + ln\ y_{it} + ln\ y_{jt} + MRGDIS_{ij}^* + MRPDIS_{ijt}^* + MRFREE_{ijt}^* + MRBWTO_{ijt}^* + \varepsilon_{ijt} \quad (5.4-2)$$

式（5.4-2）中，g 表示第 g 类产品下的产品。其余变量的含义与式（5.4）中一样。

5.3.2 数据说明

本小节所使用的数据同样来源于 5.1 节中的子样本。选取的数据是 1995—2020 年中国与十四个中东欧国家的双边贸易数据，也是非平衡面板数据样本。

5.3.3 模型估计与结果分析

（1）Basu（2011）的产品技术分类

表 5.9 是采用 Baier and Bergstrand（2009）的"绝佳的传统最小二乘

估计方法"（Bonus Vetus OLS）的估计结果。从 Basu（2011）下六类产品样本数据的估计结果来看，六个解释变量中，出口国 GDP 和进口国 GDP 对双边贸易的影响显著为正。广义地理距离多边贸易阻力对非燃料初级产品与低技能和技术密集型制成品的双边贸易的影响为负，对其余四种产品双边贸易的影响为正，但是都不具有统计学意义。广义政治距离多边贸易阻力对非燃料初级产品双边贸易的影响为负，对其余五种产品的双边贸易的影响为正，但是都不具有统计学意义。广义经济自由化多边贸易阻力对资源密集型产品、低技能和技术密集型制成品、中技能和技术密集性制成品和矿物燃料等产品的双边贸易具有显著的抑制作用，对非燃料初级产品和高技能和技术密集型制成品的双边贸易的影响为负，但不具有统计学意义，广义都是 WTO 成员多边贸易阻力对低技能和技术密集型制成品和高技能和技术密集型制成品双边贸易的影响显著为正，对非燃料初级产品、资源密集型产品、中技能和技术密集性制成品和矿物燃料等四种产品的双边贸易的影响虽然为正，但是都不具有统计学意义。此外，拟合优度相较于表5.9 和表 5.10 中的更低，但也具有较大预测能力，可以用来预测中国与十四个中东欧国家在六类产品上的贸易潜力。

表 5.9　Basu（2011）下六类产品的 Bonus Vetus OLS 估计结果

产品	lngdp$_i$	lngdp$_j$	MRGDIS*	MRPGIS*	MRFREE*	MRBWTO*	R^2_a
非燃料初级产品	0.542*** (0.096)	0.859*** (0.070)	-17.572 (59.624)	-0.088 (0.417)	-0.998 (1.148)	0.422 (0.268)	0.755
资源密集型产品	0.345*** (0.080)	0.919*** (0.041)	51.741 (46.490)	0.070 (0.173)	-2.051* (1.037)	0.068 (0.166)	0.874
低技能和技术密集型制成品	0.599*** (0.074)	0.946*** (0.050)	-4.376 (47.585)	0.372 (0.303)	-2.277** (1.112)	0.700*** (0.196)	0.887
中技能和技术密集型制成品	0.714*** (0.098)	1.081*** (0.050)	91.040 (56.674)	0.398 (0.299)	-2.260* (1.209)	0.287 (0.212)	0.894
高技能和技术密集型制成品	0.563*** (0.135)	1.147*** (0.078)	78.783 (55.835)	0.102 (0.345)	-0.808 (1.753)	0.422* (0.223)	0.823
矿物燃料	0.362*** (0.077)	1.021*** (0.048)	66.796 (46.580)	0.126 (0.173)	-2.211** (1.057)	0.018 (0.164)	0.875

注：（1）***、**、* 分别表示在1%、5%、10% 的水平上显著。（2）括号中的稳健标准误差聚类到地理距离，在一定程度上控制国家对固定效应。

表 5.10 显示的是 2012 年中国—中东欧国家合作机制运行以来，中国与十四个中东欧国家在 Basu（2011）产品分类标准下的六种产品的双边贸易效率现状。样本期间，中国与十四个中东欧国家在六种不同类型产品上的双边贸易效率均值高达 1.16，双边贸易潜力类型属于潜力开拓型。细分产品来看，中国与十四个中东欧国家在矿物燃料上的双边贸易潜力最大，双边贸易效率均值为 1.06，双边贸易潜力类型属于潜力开拓型。这也就意味着中国与中东欧国家在矿物燃料上的双边贸易潜力尚未充分发挥出来，还有一定的扩大双边贸易的空间。位居第二位的是中国与中东欧国家在资源密集型产品上的双边贸易潜力，其双边贸易效率均值为 1.089，双边贸易潜力类型属于潜力开拓型。这意味着中国与中东欧国家除了在矿物燃料上的双边贸易潜力尚未充分发挥出来以外，在资源密集型产品上双边贸易潜力已也未完全挖掘。再次是中国与中东欧国家在低技能和技术密集型制成品上的双边贸易潜力，其双边贸易效率均值为 1.09。中国与中东欧国家的双边贸易潜力位于第四位到第六位的产品依次为高技能和技术密集型制成品、中技能和技术密集型制成品以及非燃料初级产品，其双边贸易效率均值分别为 1.15、1.17 和 1.40。其中，中国与中东欧国家在非燃料初级产品上的双边贸易效率最高，为 1.40，是高技能和技术密集型制成品双边贸易效率的 1.22 倍，也是中技能和技术密集型制成品双边贸易效率的 1.20 倍。这意味着，中国与中东欧国家的贸易标的主要集中于非燃料初级产品，其余五种类型产品的双边贸易潜力尚未完全挖据出来。

表 5.10　2012 年以来中国与中东欧国家在六类产品上的双边贸易效率

产品	2013 年	2014 年	2015 年	2016 年	2017 年	2018 年	2019 年	2020 年	均值
非燃料初级产品	1.75	1.51	1.35	1.16	1.42	1.3	1.34	1.36^{2-5}	1.40^{1-6}
资源密集型产品	0.92	0.89	0.99	0.99	1.19	1.25	1.23	1.23^{4-3}	1.089^{5-2}
低技能和技术密集型制成品	1.04	1.04	1.23	0.99	1.11	0.95	1.15	1.21^{5-2}	1.09^{4-3}
中技能和技术密集型制成品	0.92	0.92	1.17	1.08	1.39	1.23	1.25	1.40^{1-6}	1.17^{2-5}
高技能和技术密集型制成品	1.09	1.06	1.32	1.2	1.12	1.02	1.07	1.32^{3-4}	1.15^{3-4}
矿物燃料	0.93	0.92	1.12	1.09	1.18	1.09	1.1	1.04^{6-1}	1.06^{6-1}

注：右上角第一个数字代表双边贸易效率的位次，"-"后的数字代表双边贸易潜力的位次。

2020年，中国与十四个中东欧国家在以上六种产品上的双边贸易潜力较2012年以来样本均值情形下的贸易潜力有明显差异。除了在矿物燃料和高技能和技术密集型制成品上的双边贸易潜力的位次依然分别为第一和第四以外，中国与中东欧国家在其余四种产品上的双边贸易潜力较2012年以来样本均值下的位次有明显差异。具体如下：首先，中国与中东欧国家在非燃料初级产品上的双边贸易潜力由2012年以来样本均值下的第六位上升到2020年的第五位，双边贸易效率均值为1.36。其次，中国与中东欧国家在资源密集型产品上的双边贸易潜力也由2012年以来样本均值下的第二位降低到2020年的第三位，双边贸易效率均值为1.23。再次，中国与中东欧国家在低技能和技术密集型制成品上的双边贸易潜力由2012年以来样本均值下的第三位上升到2020年的第二位，双边贸易效率均值为1.21。最后，中国与中东欧国家在中技能和技术密集性制成品上的双边贸易潜力由2012年以来样本均值下的第五位降至2020年的第六位，双边贸易效率均值为1.40。从贸易潜力类型来看，中国与中东欧国家在矿物燃料上的双边贸易潜力属于潜力开拓型，在低技能和技术密集型制成品、资源密集型产品、高技能和技术密集型制成品、非燃料初级产品和中技能和技术密集性制成品等五种类型产品上的双边贸易潜力属于潜力再造型。

进一步地，图5.8刻画的是2012年以来中国与十四个中东欧国家分别在Basu（2011）下六类产品上的双边贸易效率演化趋势。图5.8显示，2012年以来，中国与十四个中东欧国家在六类产品上的双边贸易效率有了显著变化。中国与十四个中东欧国家除了在非燃料初级产品上的双边贸易效率呈现下降趋势以外，在资源密集型产品、低技能和技术密集型制成品、中技能和技术密集型制成品，高技能和技术密集型制成品以及矿物燃料等五类产品上的双边贸易效率呈上升趋势。

从变化趋势幅度来看，中国与十四个中东欧国家在中技能和技术密集型制成品上的双边贸易效率的上升趋势最为明显，上升趋势系数为0.0652。其次是中国与十四个中东欧国家在资源密集型产品上的双边贸易效率的上升趋势，其上升趋势系数为0.0584。再次是中国与十四个中东欧国家在非燃料初级产品上的双边贸易效率的下降趋势，其下降趋势系数为-0.0407。居第四位的是中国与十四个中东欧国家在矿物燃料上的双边贸易效率的上升趋势，其上升趋势系数为0.0196。居第五位的是中国与

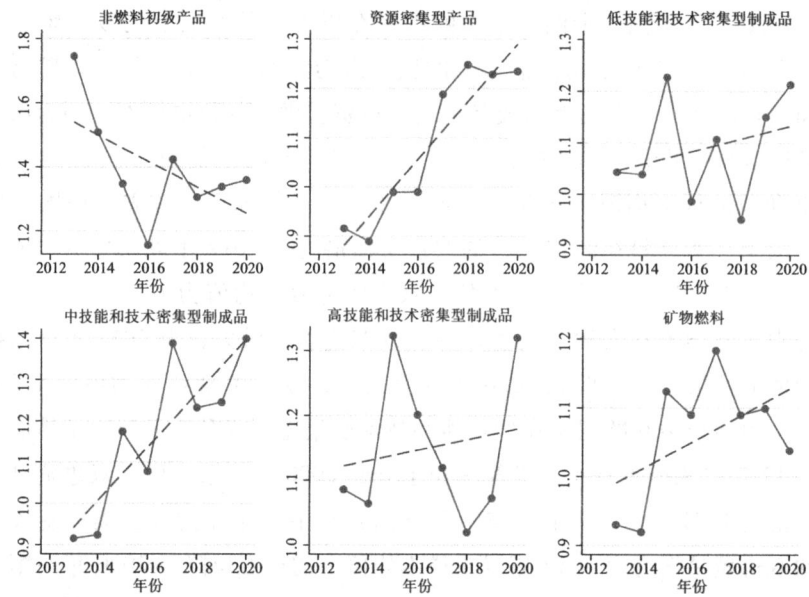

图 5.8　2012 年以来中国与中东欧国家分别在六类产品的双边贸易效率

十四个中东欧国家在低技能和技术密集型制成品上的双边贸易效率的上升趋势，其上升趋势系数为 0.0123。最低的是中国与十四个中东欧国家在高技能和技术密集型制成品上的双边贸易效率的上升趋势，其上升趋势系数为 0.0082。

接下来，以中国作为出口国家和进口国家，将双边贸易效率分解为出口贸易效率和进口贸易效率。首先来看出口贸易效率。2012 年以来，中国向十四个中东欧国家在六类产品上的出口贸易潜力类型都属于潜力开拓型，出口贸易效率均值都处在 0.8 与 1.2 之间。因此，需要进一步排除促进中国向中东欧国家出口这六类产品贸易发展的障碍，以充分挖掘中国向中东欧国家出口贸易潜力。详见表 5.11。

表 5.11　2012 年以来中国向中东欧国家分别出口六类产品的贸易效率

产品	2013 年	2014 年	2015 年	2016 年	2017 年	2018 年	2019 年	2020 年	均值
非燃料初级产品	1.07	1.2	1.1	0.96	0.98	1.36	1.02	0.96^{6-1}	1.08^{4-3}
资源密集型产品	0.92	0.9	0.99	1	1.19	1.27	1.25	1.25^{4-3}	1.10^{2-5}
低技能和技术密集型制成品	0.96	1.11	0.96	1.01	1.13	1.06	1.11	1.26^{3-4}	1.077^{5-2}

续表

产品	2013年	2014年	2015年	2016年	2017年	2018年	2019年	2020年	均值
中技能和技术密集型制成品	0.75	0.89	1.01	0.97	1.23	1.19	1.19	1.43^{1-6}	1.09^{3-4}
高技能和技术密集型制成品	1.05	1.08	1.25	1.17	1.12	1.05	1.09	1.39^{2-5}	1.15^{1-6}
矿物燃料	0.93	0.92	1.12	1.08	1.19	1.09	1.09	1.05^{5-2}	1.06^{6-1}

注：右上角第一个数字代表出口贸易效率的位次，"-"后的数字代表出口贸易潜力的位次。

2020年，受到新冠疫情、世界经济不稳定性等因素的影响，中国向十四个中东欧国家出口这六类产品的贸易效率较2012年以来样本的均值有所增加，出口贸易效率均值为1.22，高出2012年以来样本均值0.13。在出口产品差异上，中国向十四个中东欧国家出口中技能和技术密集型制成品的效率最高，出口贸易效率均值为1.43。其次是中国向十四个中东欧国家出口高技能和技术密集型制成品的效率，其出口贸易效率均值为1.39。之后依次是中国向中东欧国家出口低技能和技术密集型制成品、资源密集型产品、矿物燃料和非燃料初级产品，其出口贸易效率均值分别为1.26、1.25、1.05和0.96。从中可以看出，与2012年以来样本的出口贸易潜力类型不同，2020年中国向中东欧国家出口中技能和技术密集性制成品、高技能和技术密集型制成品、低技能和技术密集型制成品以及资源密集型产品等四类产品的贸易潜力类型为潜力再造型，出口矿物燃料和非燃料初级产品等两类产品的贸易潜力类型为潜力开拓型。这也说明，中国与中东欧国家合作机制运行以来，中国向十四个中东欧国家出口了大量的中技能和技术密集性制成品、高技能和技术密集型制成品、低技能和技术密集型制成品和资源密集型产品等四类产品，该四类产品的出口贸易潜力已经得到充分发挥，需要重新发展与培育其他促进出口贸易发展的积极因素。与此同时，中国向中东欧国家出口矿物燃料和非燃料初级产品等两类产品的贸易潜力尚未完全发挥，需要开拓促进出口贸易发展的因素。

与六类产品的双边贸易效率一样，本小节也通过图形来揭示2012年以来中国向十四个中东欧分别出口Basu（2011）下六类产品的贸易效率演化趋势，如图5.9所示。

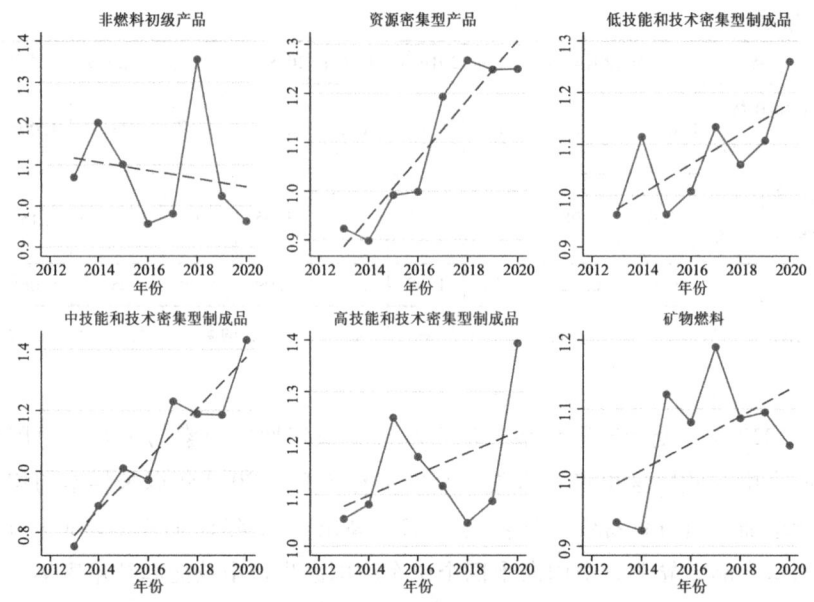

图 5.9 2012 年以来中国向中东欧国家分别出口六类产品的贸易效率

图 5.9 显示，与双边贸易效率的变化趋势类似，中国与十四个中东欧国家除了在非燃料初级产品上的双边贸易效率呈现下降趋势以外，在资源密集型产品、低技能和技术密集型制成品、中技能和技术密集型制成品，高技能和技术密集型制成品以及矿物燃料等五类产品上的出口贸易效率呈现的是上升趋势。从六类产品的出口贸易效率的变化趋势来看，中国向中东欧国家出口中技能和技术密集性制成品的贸易效率的上升趋势最明显，上升趋势系数为 0.0837。其次是中国向中东欧国家出口资源密集型产品的贸易效率的上升趋势，上升趋势系数为 0.0602。再次是中国向中东欧国家出口低技能和技术密集型制成品的贸易效率的上升趋势，其上升趋势系数为 0.0293。第四位是中国向中东欧国家出口高技能和技术密集型制成品的贸易效率的上升趋势，上升趋势系数为 0.0208。第五位是中国向中东欧国家出口矿物燃料的贸易效率上升趋势，其上升趋势系数为 0.0196。最低的是中国向中东欧国家出口非燃料初级产品的贸易效率的下降趋势，下降趋势系数仅为 -0.0102。

在进口贸易效率方面。如表 5.12 所示，2012 年以来，中国从中东欧国家进口 Basu (2011) 下六类产品的贸易效率总体高于向中东欧国家出口这六类产品的贸易效率，这六类产品的进口贸易效率均值高达 4.01，高出出口这六类产品贸易效率均值2.79，进口贸易潜力属于潜力再造型。这意味着中国从中东欧国家进口这六类产品的潜力已经挖掘完毕，需要重新培育新的促进进口的积极因素。在进口贸易效率的产品类别差异上，中国从中东欧国家进口非燃料初级产品的贸易潜力最强，其进口贸易效率均值为2.13。其次是进口资源密集型产品的贸易潜力，其进口贸易效率均值为2.19。最低的是进口低技能和技术密集型制成品的贸易潜力，进口贸易效率高达10.56。从中可以看出，2012年以来，中国从十四个中东欧国家进口的产品主要集中于低技能和技术密集型制成品。

表5.12　　2012年以来中国从中东欧国家进口六类产品的贸易效率

产品	2013年	2014年	2015年	2016年	2017年	2018年	2019年	2020年	均值
非燃料初级产品	3.4	2.46	2.29	1.91	2.17	1.43	1.68	1.75^{5-2}	2.13^{6-1}
资源密集型产品	1.68	1.8	2.35	2.21	2.61	2.29	2.18	2.36^{4-3}	2.19^{5-2}
低技能和技术密集型制成品	14.98	10.63	24.13	6.65	6.61	3.24	10.36	9.58^{1-6}	10.56^{1-6}
中技能和技术密集型制成品	3.44	3.05	3	4.31	4.06	3.12	2.81	3.35^{2-5}	3.39^{2-5}
高技能和技术密集型制成品	2.09	2.28	2.82	2.68	2.78	1.95	1.88	2.96^{3-4}	2.43^{4-3}
矿物燃料	2.44	1.83	3.67	8.16	2.01	3.23	2.27	1.56^{6-1}	3.12^{3-4}

注：右上角第一个数字代表进口贸易效率的位次，"-"后的数字代表进口贸易潜力的位次。

2020年，在世界不确定性因素增加的大环境下，中国从十四个中东欧国家进口以上六类产品的贸易效率有所下降，进口贸易效率均值为3.53，属于潜力再造型，高出2019年的进口贸易效率0.99，低出2012年以来样本进口贸易效率均值0.48。在产品类别差异上，与2012年以来样本均值一样，2020年中国从中东欧国家进口中技能和技术密集性制成品与低技能和技术密集型制成品的贸易潜力依旧分别为第五和第六，进口贸易效率均值分别为3.35和9.58。中国从中东欧国家进口非燃料初级产品的贸易潜力从2012年以来的样本均值下的第一位降低到2020年的第二位，2020年的进口贸易效率均值为1.75。中国从中东欧国家进口资源密集型产品的贸易潜力从2012年以来的样本均值下的第二位跌至2020年的第三位，2020年的进口贸易效率均值为2.36。中国从中东欧国家进口高技能和技术密集型制成品的贸易潜力从 2012 年以来样本均值下的第三位降低到 2020 年的第四位，2020 年的进口贸易效率均值为 2.96。中国从中东欧国家进口矿物燃料的贸易潜力从 2012 年以来样本均值下的第四位跃居到 2020 年的第一位，2020 年的进口贸易效率均值为 1.56。

进一步地，图 5.10 展示了 2012 年以来中国从十四个中东欧国家分别在进口 Basu（2011）下六类产品的贸易效率演化趋势。

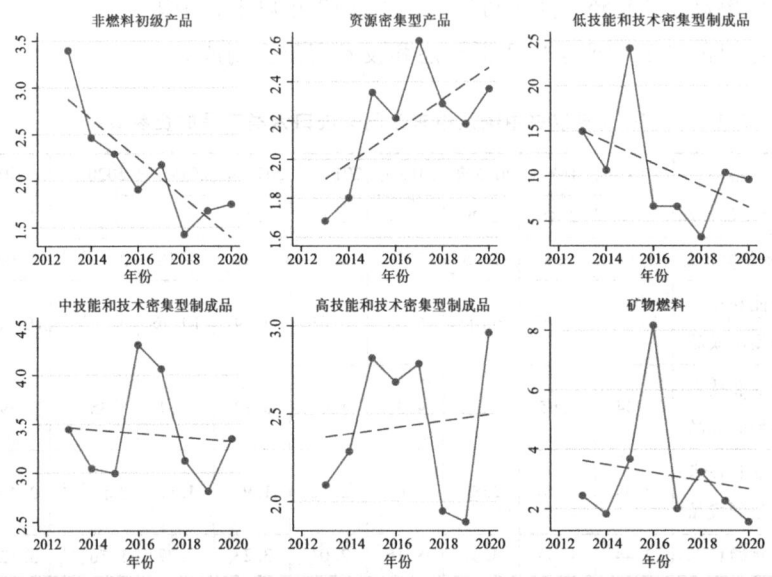

图 5.10　2012 年以来中国从中东欧国家分别进口六类产品的贸易效率

与双边贸易效率和出口贸易效率不同，中国除了从中东欧国家进口资源密集型产品与高技能和技术密集型制成品等两类产品的贸易效率呈现明显的上升趋势之外，进口非燃料初级产品、低技能和技术密集型制成品、中技能和技术密集型制成品，以及矿物燃料等四类产品的贸易效率都呈现出来的是明显的下降趋势。从进口贸易效率的变化趋势来看，中国从中东欧国家进口低技能和技术密集型制成品的贸易效率的下降趋势最为明显，其下降趋势系数为 -1.2125。其次是中国从中东欧国家进口非燃料初级产品的贸易效率下降趋势，下降趋势系数为 -0.2117。再次是中国从中东欧国家进口的矿物燃料的贸易效率的下降趋势，下降趋势系数为 -0.1359。最低为中国从中东欧国家进口高技能和技术密集型制成品的贸易效率的上升趋势，其上升趋势系数为 0.0185。

(2) BEC Rev.4 的产品分类

表 5.13 是采用 Baier and Bergstrand（2009）的"绝佳的传统最小二乘估计方法"（Bonus Vetus OLS）的估计结果。从 BEC Rev.4 下三类产品样本数据的估计结果来看，六个解释变量中，出口国 GDP 和进口国 GDP 对双边贸易的影响显著为正。广义地理距离多边贸易阻力对双边贸易的影响为正，但是不具有统计学意义。广义政治距离多边贸易阻力对资本品双边贸易的影响为负，对中间品和最终品双边贸易的影响为正，但都不具有统计学意义。广义经济自由化多边贸易阻力对最终品双边贸易具有显著的抑制作用，对资本品和中间品双边贸易的影响为负，但都不具有统计学意义。广义都是 WTO 成员多边贸易阻力对资本品的影响显著为正，对中间品和最终品双边贸易的影响为正，但都不具有统计学意义。此外，拟合优度也较高，具有良好的预测能力，可以用来预测中国与十四个中东欧国家在三类产品上的贸易潜力。

表 5.13　BEC Rev.4 下三类产品的 Bonus Vetus OLS 估计结果

产品	lngdp$_i$	lngdp$_j$	MRGDIS*	MRPGIS*	MRFREE*	MRBWTO*	R^2_a
资本品	0.712*** (0.137)	1.168*** (0.083)	97.286 (74.226)	−0.010 (0.316)	−2.748 (2.352)	0.564** (0.250)	0.828
中间品	0.631*** (0.084)	0.957*** (0.043)	51.126 (46.339)	0.129 (0.260)	−1.409 (1.195)	0.179 (0.183)	0.891
最终品	0.274*** (0.082)	0.957*** (0.043)	50.570 (46.819)	0.091 (0.190)	−1.744* (1.040)	0.075 (0.176)	0.871

注：(1) ***、**、* 分别表示在 1%、5% 和 10% 的水平上显著；(2) 括号中的稳健标准误差聚类到地理距离，一定程度上控制国家对固定效应。

表 5.14 显示了 2012 年中国—中东欧国家合作机制运行以来，中国与十四个中东欧国家在 BEC Rev.4 产品分类标准下的三类产品的双边贸易效率现状。样本期间，中国与十四个中东欧国家在三种不同类型产品上的双边贸易效率均值为 1.13，双边贸易潜力类型总体属于潜力开拓型。细分产品来看，中国与十四个中东欧国家在中间品上的双边贸易潜力最大，双边贸易潜力类型属于潜力开拓型，双边贸易效率均值为 1.091。其次是中国与中东欧国家在最终品上的双边贸易潜力，双边贸易效率均值为 1.10，双边贸易潜力属于潜力开拓型。最后是中国与中东欧国家在资本品

上的双边贸易潜力，双边贸易效率均值为 1.21，双边贸易潜力属于潜力再造型。这意味着 2012 年以来，中国与中东欧国家的双边贸易标的主要是资本品，中间品和最终品的双边贸易潜力还未完成发挥出来。

表 5.14　2012 年以来中国与中东欧国家在三类产品上的双边贸易效率

产品	2013 年	2014 年	2015 年	2016 年	2017 年	2018 年	2019 年	2020 年	均值
资本品	0.87	0.88	1.18	1.03	1.54	1.19	1.27	1.66^{1-3}	1.21^{1-3}
中间品	1.01	0.96	1.11	0.96	1.19	1.09	1.15	1.25^{3-1}	1.09^{3-1}
最终品	0.93	0.89	1.04	1.03	1.15	1.26	1.18	1.28^{2-2}	1.10^{2-2}

注：右上角第一个数字代表双边贸易效率的位次，"-"后的数字代表双边贸易潜力的位次。

到 2020 年，中国与十四个中东欧国家在以上三类产品上的双边贸易效率较 2012 年以来样本均值情形下的贸易潜力有所上升，双边贸易效率达到 1.40。中国与中东欧国家在这三类产品上的双边贸易潜力与 2012 年以来样本均值下的位次一样，依次分别是在中间品、最终品和资本品上的双边贸易潜力，与此相对应的双边贸易效率均值分别为 1.25、1.28 和 1.66。

进一步地，图 5.11 刻画的是 2012 年以来中国与十四个中东欧国家分别在 BEC Rev.4 产品分类标准下三类产品上的双边贸易效率演化趋势。

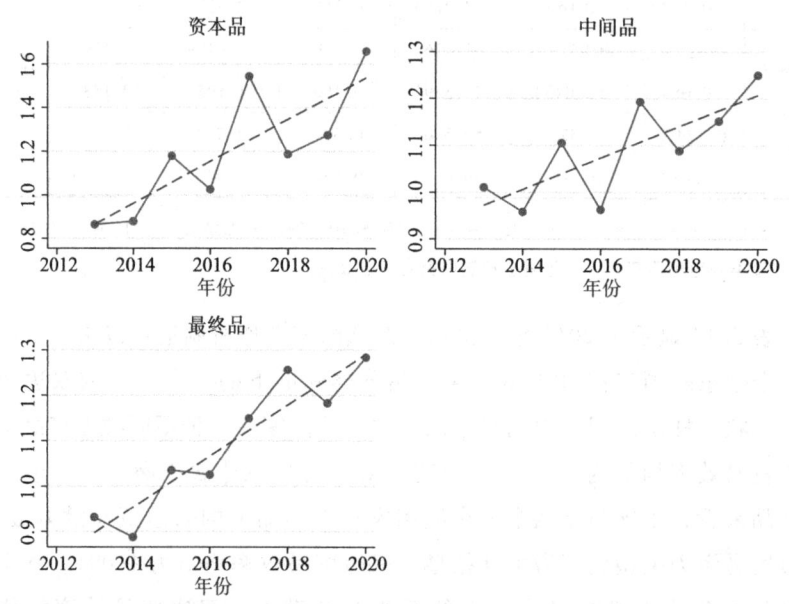

图 5.11　2012 年以来中国与中东欧国家分别在三类产品的双边贸易效率

图 5.11 显示，2012 年以来，中国与十四个中东欧国家在三类产品上的双边贸易效率呈现出来的都是显著的上升趋势。从变化趋势幅度来看，中国与十四个中东欧国家在资本品上的双边贸易效率的上升趋势最为明显，上升趋势系数为 0.0961。其次是中国与十四个中东欧国家在最终品上的双边贸易效率的上升趋势，其是趋势系数为 0.0563。最后是中国与十四个中东欧国家在中间品上的双边贸易效率的上升趋势，其上升趋势系数为 0.0336。

接下来，以中国作为出口国家和进口国家，将双边贸易效率分解为出口贸易效率和进口贸易效率。首先来看出口贸易效率。表 5.15 显示，2012 年以来，中国向十四个中东欧国家出口 BEC Rev.4 产品分类标准三类产品的贸易效率均值为 1.13，出口贸易潜力属于潜力开拓型。论及产品差异，中国向中东欧国家出口最终品和中间品的贸易潜力类型都属于潜力开拓型，出口贸易效率均值分别为 1.07 和 1.11。中国向中东欧国家出口资本品的贸易潜力类型属于潜力再造型，出口贸易效率均值为 1.203。因此，需要进一步排除促进中国向中东欧国家出口这三类产品，尤其是最终品贸易发展的障碍，以挖掘中国向中东欧国家出口贸易潜力。

表 5.15　　2012 年以来中国向中东欧国家分别出口三类产品的贸易效率

产品	2013 年	2014 年	2015 年	2016 年	2017 年	2018 年	2019 年	2020 年	均值
资本品	0.83	0.87	1.12	1.02	1.52	1.2	1.28	1.76^{1-3}	1.203^{1-3}
中间品	0.84	0.92	1.02	0.98	1.15	1.19	1.17	1.30^{3-1}	1.11^{2-2}
最终品	0.95	0.9	1.03	1.02	1.16	1.28	1.21	1.31^{2-2}	1.07^{3-1}

注：右上角第一个数字代表出口贸易效率的位次，"-"后的数字代表出口贸易潜力的位次。

2020 年，受到新冠疫情、世界经济不稳定性等因素的影响，中国向十四个中东欧国家出口这三类产品的贸易效率较 2019 年不降反增，出口贸易效率均值为 1.46，高出 2012 年以来样本均值 0.33，也高出 2019 年出口贸易效率均值 0.24。论及产品差异，中国向十四个中东欧国家出口资本品的贸易效率最高，出口贸易效率高达 1.76。其次是中国向十四个中东欧国家出口最终品的贸易效率，其出口贸易效率均值为 1.31。最低的是中国向中东欧国家出口中间品的贸易效率，出口贸易效率均值为 1.30。从中可以看出，2020 年中国向中东欧国家出口 BEC Rev.4 产品分类标准下三类产品的潜力已经完全发挥出来，需要重新培育新的促进出口贸易发展的积极因素。

与双边贸易效率一样，本小节也图形刻画出 2012 年以来中国向十四个中东欧分别出口 BEC Rev.4 产品分类标准下三类产品的贸易效率演化趋势，如图 5.12 所示。图 5.12 显示，三类产品的出口贸易效率都体现出较大幅度的上升趋势。从出口贸易效率的上升趋势幅度来看，首先是中国向中东欧国家出口资本品的贸易效率的上升趋势最明显，上升趋势系数为 0.1103。其次是中国向中东欧国家出口中间品的贸易效率的上升趋势，上升趋势系数为 0.0616。最后是中国向中东欧国家出口最终品的贸易效率的上升趋势，其上升趋势系数为 0.0582。从中可以看出，中国扩大对中东欧国家最终品的出口潜力有待充分挖掘，且其潜力的上升趋势最为明显。

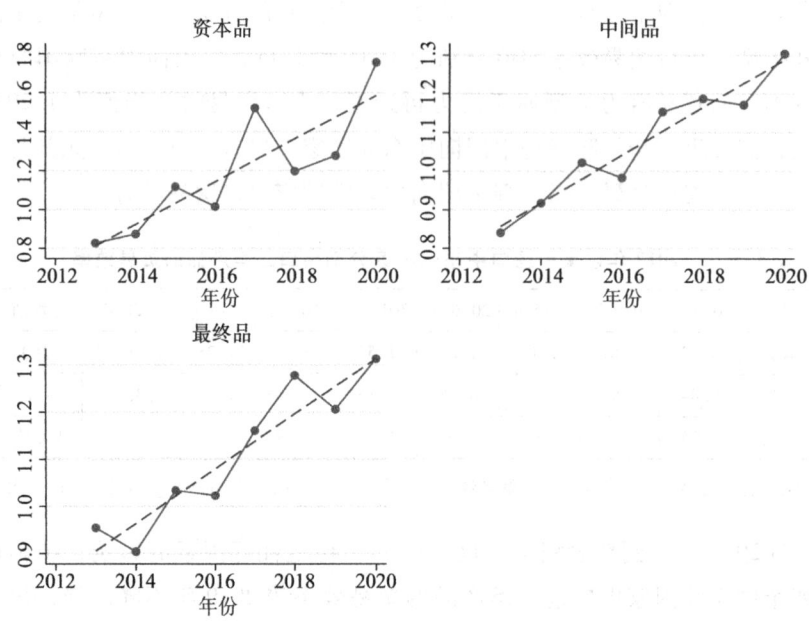

图 5.12　2012 年以来中国向中东欧国家分别出口三类产品的贸易效率

在进口贸易效率方面。表 5.16 显示，2012 年以来，中国从中东欧国家进口 BEC Rev.4 产品分类标准下三类产品的贸易效率总体高于向中东欧国家出口这三类产品的贸易效率，这三类产品的进口贸易效率均值高达 2.26，进口贸易潜力属于潜力再造型。这说明中国从中东欧国家进口这三类产品的潜力已经挖掘完毕，需要重新培育新的促进进口的积极因素。在产品类别差异上，中国从中东欧国家进口最终品的贸易潜力最强，其进口贸易效率均值为 1.30。其次是进口中间品的贸易潜力，其进口贸易效率均值为 1.65。最后是进口资本品的贸易潜力，进口贸易效率高达 3.82。

表 5.16　2012 年以来中国从中东欧国家进口三类产品的贸易效率

产品	2013 年	2014 年	2015 年	2016 年	2017 年	2018 年	2019 年	2020 年	均值
资本品	3.53	4.05	3.3	5.9	4.84	2.74	2.49	3.85^{1-3}	3.82^{1-3}
中间品	2.26	1.54	2.03	1.26	1.92	1.11	1.52	1.52^{2-2}	1.65^{2-2}
最终品	1.01	1.11	1.36	1.48	1.38	1.44	1.25	1.34^{3-1}	1.30^{3-1}

注：右上角第一个数字代表进口贸易效率的位次，"-"后的数字代表进口贸易潜力的位次。

2020 年，中国从十四个中东欧国家进口以上三类产品的贸易效率较 2019 年上涨，2020 年的进口贸易效率均值为 2.24，属于潜力再造型，高出 2019 年的进口贸易效率 0.49，但是低出 2012 年以来样本进口贸易效率均值 0.02。论及产品类别差异，与 2012 年以来样本均值一样，2020 年中国从中东欧国家进口最终品和资本品的贸易潜力依旧最大和最小，进口贸易效率均值分别为 1.34 和 3.85。中国从中东欧国家进口最终品的贸易潜力位居第二位，进口贸易效率均值为 1.52。

进一步地，图 5.13 展示了 2012 年以来中国从十四个中东欧国家分别进口 BEC Rev.4 产品分类标准下三类产品的贸易效率演化趋势。与双边贸易效率和出口贸易效率的变化趋势不同，中国从中东欧国家进口最终品的贸易效率呈现明显的上升趋势，而进口资本品和中间品的贸易效率呈下降趋势。从进口贸易效率的变化趋势来看，中国从中东欧国家进口资本品的贸易效率的下降趋势最为明显，其下降趋势系数为 -0.0991。其次是中国从中东欧国家进口中间品的贸易效率的下降趋势，下降趋势系数为 -0.0878。最后是中国从中东欧国家进口最终品的贸易效率的上升趋势，上升趋势系数为 0.0374。

（3）Rauch（1999）的产品分类

1）"保守"分类法下三类产品的贸易潜力

表 5.17 是采用 Baier and Bergstrand（2009）的"绝佳的传统最小二乘估计方法"（Bonus Vetus OLS）的估计结果。从 Rauch（1999）之"保守"分类法下三类产品样本数据的估计结果来看，六个解释变量中，出口国 GDP 和进口国 GDP 对双边贸易的影响显著为正。广义地理距离多边

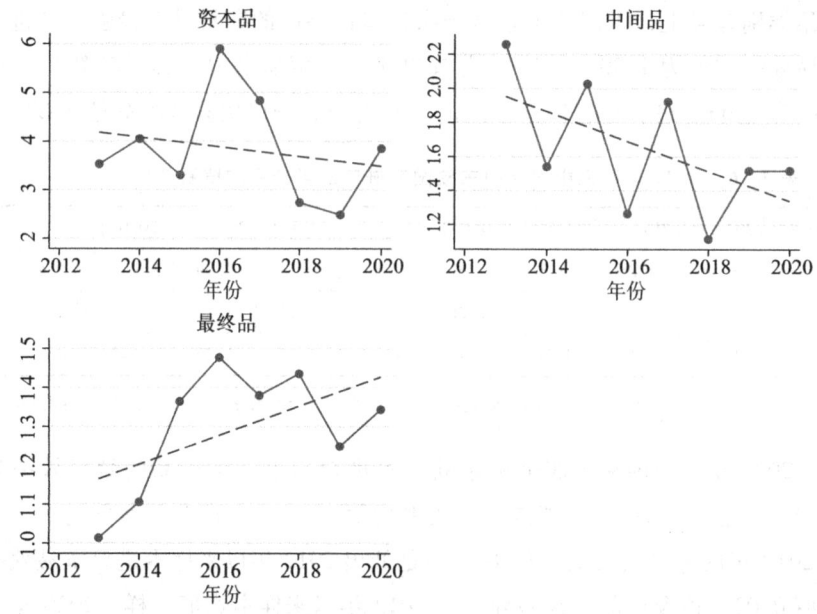

图 5.13　2012 年以来中国从中东欧国家分别进口三类产品的贸易效率

贸易阻力对双边贸易的影响显著为正。广义经济自由化多边贸易阻力反对差异化产品的双边贸易的影响显著为负。广义政治距离多边贸易阻力和广义都是 WTO 成员多边贸易阻力①对三种产品双边贸易的影响不明确。如表 5.17 所示。

表 5.17　"保守"分类法下三类产品的 Bonus Vetus OLS 估计结果

产品	lngdp$_i$	lngdp$_j$	MRGDIS*	MRPGIS*	MRFREE*	MRBWTO*	R^2_a
同质化产品	0.350**	0.997***	-21.894	0.099	0.717	-0.110	0.504
	(0.172)	(0.106)	(69.200)	(0.503)	(1.474)	(0.377)	
参考价格产品	0.456***	0.859***	21.073	-0.192	0.950	0.243	0.796
	(0.083)	(0.062)	(44.016)	(0.264)	(1.238)	(0.192)	
差异化产品	0.501***	1.027***	120.428**	0.200	-2.214*	0.243	0.883
	(0.100)	(0.049)	(48.420)	(0.275)	(1.232)	(0.214)	

注：(1) ***、**、*分别表示在 1%、5% 和 10% 的水平上显著；(2) 括号中的稳健标准误差聚类到地理距离，一定程度上控制国家对固定效应。

---

① "广义都是 WTO 成员多边贸易阻力"是一个变量名称。

表 5.18 显示了 2012 年中国—中东欧国家合作机制运行以来,中国与十四个中东欧国家在 Rauch（1999）之"保守"分类法下三种产品的双边贸易效率现状。样本期间,中国与十四个中东欧国家在三种不同类型产品上的双边贸易效率均值高达 1.64,双边贸易潜力属于潜力再造型。细分产品类别来看,中国与十四个中东欧国家在同质化产品上的双边贸易效率最高,双边贸易效率均值为高达 2.66,贸易潜力类型属于潜力再造型,双边贸易潜力最小。其次是中国与中东欧国家在差异化产品上的双边贸易效率,双边贸易效率均值为 1.128,双边贸易潜力类似属于潜力开拓型。最后是中国与中东欧国家在参考价格产品上的双边贸易效率,双边贸易效率均值为 1.127,双边贸易潜力类型也属于潜力开拓型。这意味着 2012 年以来,中国与中东欧国家在同质化产品上的双边贸易潜力已挖掘挖完毕,需要培育其他促进参考价格产品和差异化产品双边贸易发展的因素。

表 5.18　　"保守"分类法下三类产品上的双边贸易效率

产品	2013 年	2014 年	2015 年	2016 年	2017 年	2018 年	2019 年	2020 年	均值
同质化产品	5.7	4	2.4	2.39	1.79	2.06	1.56	1.47^{1-3}	2.66^{1-3}
参考价格产品	1.06	1.17	1.38	1.31	1.06	1.04	0.99	1.05^{3-1}	1.127^{3-1}
差异化产品	0.96	0.96	1.16	1.07	1.16	1.17	1.19	1.35^{2-2}	1.128^{2-2}

注：右上角第一个数字代表双边贸易效率的位次,"-"后的数字代表双边贸易潜力的位次。

到 2020 年,中国与十四个中东欧国家在以上三类产品上的双边贸易潜力较 2012 年以来样本均值情形下的贸易潜力有所提升,2020 年的双边贸易效率均值为 1.29,低出 2012 年以来样本均值 0.35。中国与中东欧国家在这三类产品上的双边贸易潜力与 2012 年以来样本均值下的位次一样,双边贸易潜力由高到低依次为参考价格产品、差异化产品和同质化产品,与此相对应的双边贸易效率均值分别为 1.05、1.35 和 1.47。

进一步地,图 5.14 刻画的是 2012 年以来中国与十四个中东欧国家分别在 Rauch（1999）之"保守"产品分类标准下三类产品上的双边贸易效率演化趋势。图 5.14 显示,2012 年以来,中国与十四个中东欧国家在同质化产品和参考价格产品等两类产品上的双边贸易效率呈现出来的是明显的下降趋势。中国与十四个中东欧国家在差异化产品上的双边贸易效率则呈现的是明显的上升趋势。从变化趋势幅度来看,中国与十四个中东欧国家在同质化产品上的双边贸易效率的下降趋势最为明显,下降趋势系数为 -0.5169。其次是中国与十四个中东欧国家在差异化产品上的双边贸易效率的上升趋势,其上升趋势系数为 0.0474。最后是中国与十四个中东欧国家在参考价格产品上的双边贸易效率的下降趋势,其下降趋势系数为 -0.0263。

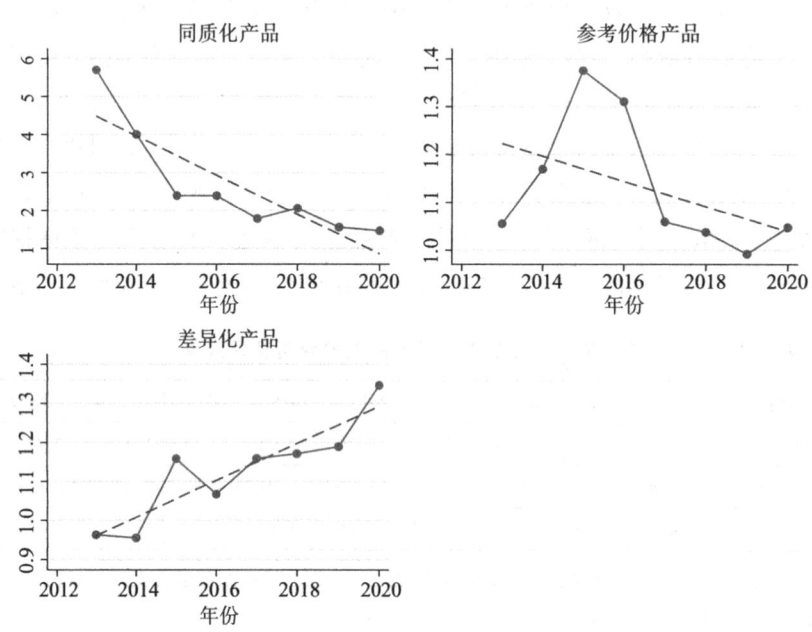

图 5.14　中国与中东欧国家分别在"保守"分类法下三类产品的双边贸易效率

接下来,以中国作为出口国家和进口国家,将双边贸易效率分解为出口贸易效率和进口贸易效率。首先来看出口贸易效率。表 5.19 显示,2012 年以来,中国向十四个中东欧国家出口 Rauch(1999)之"保守"产品分类标准下三类产品的贸易效率均值为 1.48,出口贸易潜力类型属于潜力再造型。论及产品差异,中国向中东欧国家出口同质化产品的贸易潜力最小,其出口贸易效率均值高达 2.26,属于潜力再造型。中国向中东欧国家出口差异化产品和参考价格产品的贸易潜力类型都属于潜力开拓型,出口贸易效率均值分别为 1.10 和 1.09。因此,需要进一步排除促进中国向中东欧国家出口这三类产品,尤其是促进差异化产品和参考价格产品贸易发展的障碍,以挖掘中国向中东欧国家出口贸易潜力。见表 5.19。

表 5.19 中国向中东欧国家分别出口"保守"分类法下三类产品的贸易效率

产品	2013 年	2014 年	2015 年	2016 年	2017 年	2018 年	2019 年	2020 年	均值
同质化产品	3.3	3.46	1.85	1.39	1.96	2.79	1.71	1.62^{1-3}	2.26^{1-3}
参考价格产品	1.03	1.11	1.28	1.11	1.02	1.07	1.05	1.10^{3-1}	1.09^{3-1}
差异化产品	0.9	0.95	1.12	1.02	1.07	1.16	1.18	1.35^{2-2}	1.10^{2-2}

注：右上角第一个数字代表出口贸易效率的位次，"-"后的数字代表出口贸易潜力的位次。

2020 年，虽然受世界经济不确定性等因素的影响，中国向十四个中东欧国家出口这三类产品的贸易效率较 2019 年不降反增，出口贸易效率均值为 1.36，高出 2019 年均值 0.05，但是低出 2012 年以来样本均值 0.12。在产品类别差异上，中国向十四个中东欧国家出口同质化产品的效率最高，出口贸易效率均值为 1.62。其次是中国向十四个中东欧国家出口差异化产品的效率，其出口贸易效率均值为 1.35。最低的是中国向中东欧国家出口参考价格产品的效率，出口贸易效率均值为 1.10。从中可以看出，2020 年中国向中东欧国家出口同质化产品和差异化产品的潜力都已充分挖掘，出口参考价格产品的潜力尚未充分发挥出来，出口贸易潜力为潜力开拓型。

与双边贸易效率一样，本小节也通过图形来揭示 2012 年以来中国向十四个中东欧分别出口 Rauch（1999）之"保守"产品分类标准下三类产品的贸易效率演化趋势，如图 5.15 所示。图 5.15 显示，中国向十四个中东欧国家出口同质化产品和参考价格产品的贸易效率呈现出来的是明显的下降趋势，而中国向十四个中东欧国家出口差异化产品的贸易效率呈上升趋势。从出口贸易效率的变化趋势来看，中国向中东欧国家出口同质化产品的贸易效率的下降趋势最明显，下降趋势系数为 -0.2028。其次是中国向中东欧国家出口差异化产品的贸易效率的上升趋势，上升趋势系数为 0.0530。最后是中国向中东欧国家出口参考价格产品的贸易效率的下降趋势，其下降趋势系数为 -0.0068。

在进口贸易效率方面，表 5.20 显示，2012 年以来，中国从中东欧国家在进口 Rauch（1999）之"保守"产品分类标准下三类产品的贸易效率总体高于向中东欧国家出口这三类产品的贸易效率，这三类产品的进口贸易效率均值高达 10.07，进口贸易潜力属于潜力再造型。这说明中国从中东欧国家进口这三类产品的潜力已经挖掘完毕，需要重新培育新的促进

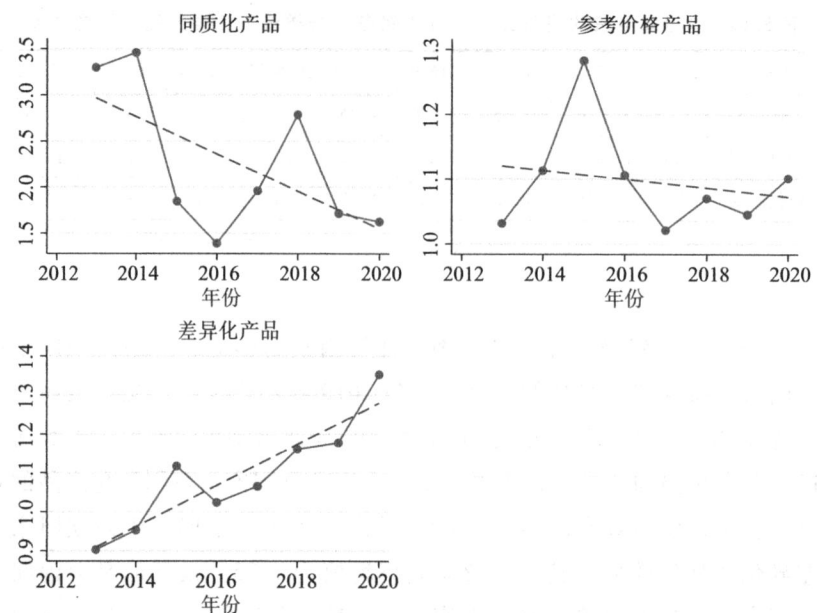

图 5.15 中国向中东欧国家分别出口在"保守"分类法下三类产品的贸易效率

进口的积极因素。在产品类别差异上,中国从中东欧国家进口参考价格产品的贸易潜力最强,其进口贸易效率均值为 2.53。其次是进口差异化产品的贸易潜力,其进口贸易效率均值为 2.47。最后是进口同质化产品的贸易潜力,进口贸易效率均值为 25.13。

表 5.20 中国从中东欧国家分别进口在"保守"分类法下三类产品的贸易效率

产品	2013 年	2014 年	2015 年	2016 年	2017 年	2018 年	2019 年	2020 年	均值
同质化产品	71.39	28.76	29.36	33.28	14.76	6.58	9.17	8.37^{1-3}	25.13^{1-3}
参考价格产品	2.82	4.3	2.17	3.86	2.41	1.43	1.03	1.92^{3-1}	2.53^{3-1}
差异化产品	2.8	2.33	2.4	2.78	3.14	2.22	2.2	2.35^{2-2}	2.47^{2-2}

注:右上角第一个数字代表进口贸易效率的位次,"-"后的数字代表进口贸易潜力的位次。

2020 年,中国从十四个中东欧国家进口以上三类产品的贸易效率较 2019 年微增,2020 年的进口贸易效率均值为 4.21,属于潜力再造型,高出 2019 年的进口贸易效率 0.08,低出 2012 年以来样本进口贸易效率均值 5.86。在产品类别差异上,与 2012 年以来样本均值一样,2020 年中国从中东欧国家进口参考价格产品和同质化产品的贸易潜力依旧最大和最小，进口贸易效率均值分别为 1.92 和 8.37。中国从中东欧国家进口差异化产品的贸易潜力居第二位，进口贸易效率均值为 2.35。

进一步地，图 5.16 展示了 2012 年以来中国分别从十四个中东欧国家分别进口 Rauch（1999）之"保守"产品分类标准下三类产品的贸易效率演化趋势。与双边贸易和出口贸易效率的变化趋势不同，中国从中东欧国家进口三类产品的贸易效率都呈下降趋势。从进口贸易效率的下降趋势来看，中国从中东欧国家进口同质化产品的贸易效率的下降趋势最为明显，其下降趋势系数为 -7.452。其次是中国从中东欧国家进口参考价格产品的贸易效率的下降趋势，下降趋势系数为 -0.3132。最后是中国从中东欧国家进口差异化产品的贸易效率的下降趋势，下降升趋势系数为 -0.0472。

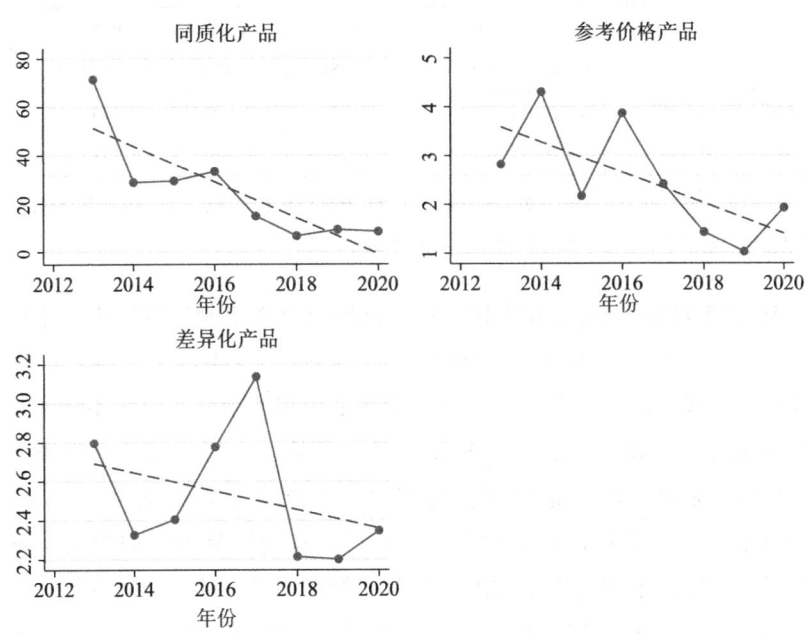

图 5.16　中国从中东欧国家分别进口在"保守"分类法下三类产品的贸易效率

（2）"自由"分类法下三类产品的贸易潜力

表 5.21 是采用 Baier and Bergstrand（2009）的"绝佳的传统最小二乘估计方法"（Bonus Vetus OLS）的估计结果。从 Rauch（1999）之"自由"分类法下三类产品样本数据的估计结果来看，六个解释变量中，出

口国 GDP 和进口国 GDP 对双边贸易具有显著的促进作用。广义地理距离多边贸易阻力对参考价格产品和差异化产品的双边贸易的影响显著为负,对同质化产品双边贸易的影响为负,但不具有统计学意义。广义政治距离多边贸易阻力对同质化产品和差异化产品双边贸易的影响为正,对参考价格产品双边贸易的影响为负,且都不具有统计学意义。广义经济自由化多边贸易阻力仅对差异化产品双边贸易具有显著的抑制作用。广义都是 WTO 成员多边贸易阻力仅对同质化产品双边贸易具有显著的促进作用。

表 5.21 在"自由"分类法下三类产品的 Bonus Vetus OLS 估计结果

产品	lngdp$_i$	lngdp$_j$	MRGDIS*	MRPGIS*	MRFREE*	MRBWTO*	R^2_a
同质化产品	0.414*** (0.135)	0.677*** (0.078)	-49.035 (62.722)	0.419 (0.404)	-0.231 (1.015)	0.606** (0.291)	0.530
参考价格产品	0.315*** (0.091)	1.003*** (0.046)	127.615*** (45.933)	-0.457 (0.288)	0.250 (1.053)	0.014 (0.218)	0.865
差异化产品	0.508*** (0.100)	1.032*** (0.050)	118.941** (51.323)	0.224 (0.277)	-2.325* (1.289)	0.219 (0.231)	0.879

注:(1) ***、**、* 分别表示在 1%、5% 和 10% 水平上显著;(2) 括号中的稳健标准误差聚类到地理距离,一定程度上控制国家对固定效应。

表 5.22 显示了 2012 年中国—中东欧国家合作机制运行以来,中国与十四个中东欧国家在 Rauch(1999)之"自由"分类法下三种产品的双边贸易效率现状。样本期间,中国与十四个中东欧国家在三种不同类型产品上的双边贸易效率均值高达 1.25,双边贸易潜力属于潜力再造型。细分产品类型来看,首先是中国与十四个中东欧国家在差异化产品上的双边贸易潜力最大,双边贸易效率均值为 1.13,双边贸易潜力类型属于潜力开拓型。其次是中国与中东欧国家在参考价格产品上的双边贸易潜力,双边贸易效率均值为 1.15,双边贸易潜力类型同样属于潜力开拓型。最后是中国与中东欧国家在同质化产品上的双边贸易潜力,双边贸易效率高达 1.46,双边贸易潜力属于潜力再造型。这意味着 2012 年以来,中国与中东欧国家在同质化产品上的双边贸易潜力已挖掘挖完毕,需培育其他促进双边贸易发展的因素,尤其是促进差异化产品和参考价格产品双边贸易发展的积极因素。

表 5.22　中国与中东欧国家在"自由"分类法下三类产品的双边贸易效率

产品类别	2013 年	2014 年	2015 年	2016 年	2017 年	2018 年	2019 年	2020 年	均值
同质化产品	2.49	1.76	1.36	1.24	1.38	1.27	1.2	0.99^{3-1}	1.46^{1-3}
参考价格产品	0.83	1.02	1.3	1.33	1.06	1.17	1.09	1.39^{1-3}	1.15^{2-2}
差异化产品	0.97	0.95	1.17	1.07	1.17	1.18	1.2	1.34^{2-2}	1.13^{3-1}

注：右上角第一个数字代表双边贸易效率的位次，"－"后的数字代表双边贸易潜力的位次。

2020 年，中国与十四个中东欧国家在以上三类产品上的双边贸易潜力较 2012 年以来样本均值情形下的贸易潜力有所提升，2020 年的双边贸易效率均值为 1.24，仅低出 2012 年以来样本均值 0.01。中国与中东欧国家在这三类产品上的双边贸易潜力与 2012 年以来样本均值下的位次发生变化，具体为：同质化产品的双边贸易潜力由 2012 年以来样本的第三位上升到 2020 年的第一位，参考价格产品的双边贸易潜力由 2012 年以来样本的第二位降到 2020 年的第三位，差异化产品的双边贸易潜力由 2012 年以来样本的第一位降为 2020 年的第二位，三者在 2020 年的双边贸易效率均值分别为 0.99、1.34 和 1.39。

进一步地，图 5.17 显示了自 2012 年以来中国与十四个中东欧国家分别在 Rauch（1999）之"自由"产品分类标准下三类产品上的双边贸易效率演化趋势。图 5.17 显示，2012 年以来，中国与十四个中东欧国家在同质化产品上的双边贸易效率呈现出明显的下降趋势，而在参考价格产品和差异化产品的双边贸易效率则是上升趋势。从变化趋势幅度来看，中国与十四个中东欧国家在同质化产品上的双边贸易效率的下降趋势最为明显，下降趋势系数为 -0.1598。其次是中国与十四个中东欧国家在差异化产品上的双边贸易效率的上升趋势，其上升趋势系数为 0.0472。最后是中国与十四个中东欧国家在参考价格产品上的双边贸易效率的下降趋势，其下降趋势系数为 0.0426。

接下来，以中国作为出口国家和进口国家，将双边贸易效率分解为出口贸易效率和进口贸易效率。首先来看出口贸易效率。表 5.23 显示，2012 年以来，中国向十四个中东欧国家出口 Rauch（1999）之"自由"产品分类标准下三类产品的贸易效率均值为 1.19，出口贸易潜力类型属于潜力开拓型。论及产品差异，中国向中东欧国家出口同质化产品的贸易潜力最小，其出口贸易效率均值为 1.37，属于潜力再造型。中国向中东

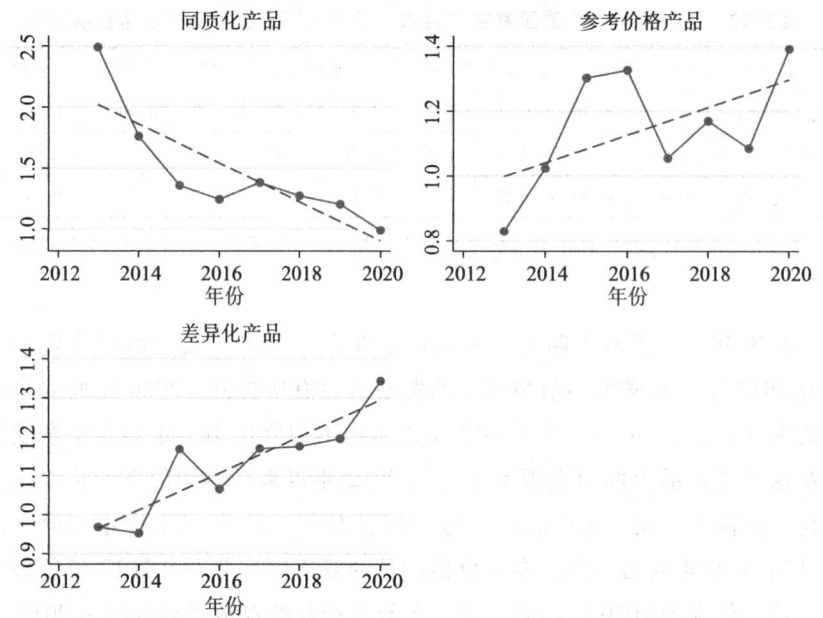

图 5.17　中国与中东欧分别在"自由"分类法下三类产品的双边贸易效率

欧国家出口参考价格产品的贸易潜力类型属于潜力开拓型,其出口贸易效率均值为 1.0996。中国向中东欧国家出口差异化产品的贸易潜力类型也属于潜力开拓型,出口贸易效率均值为 1.0992。因此,需要进一步排除中国向中东欧国家出口这三类产品尤其是参考价格产品和差异化产品的障碍,以挖掘中国向中东欧国家出口贸易潜力。详见表 5.23。

表 5.23　中国向中东欧分别出口在"自由"分类法下三类产品的贸易效率

产品类别	2013 年	2014 年	2015 年	2016 年	2017 年	2018 年	2019 年	2020 年	均值
同质化产品	1.75	1.62	1.35	0.97	1.35	1.67	1.2	1.04^{3-1}	1.37^{1-3}
参考价格产品	0.84	1.01	1.15	1.12	1.07	1.13	1.07	1.42^{1-3}	1.0996^{2-2}
差异化产品	0.91	0.95	1.13	1.02	1.07	1.16	1.19	1.35^{2-2}	1.0992^{3-1}

注:右上角第一个数字代表出口贸易效率的位次,"-"后的数字代表出口贸易潜力的位次。

2020 年,中国向十四个中东欧国家出口这三类产品的贸易效率不降反增,出口贸易效率均值为 1.27,高出 2012 年以来样本均值 0.08,也高出 2019 年均值 0.12。在产品差异上,中国向十四个中东欧国家出口参考价格产品的效率最高,出口贸易效率均值为 1.42。其次是中国向十四个中东欧国家出口差异化产品的效率,其出口贸易效率均值为 1.35。最低的是中国向中东欧国家出口同质化产品的效率,出口贸易效率均值为 1.04。从中可以看出,2020 年中国向中东欧国家出口差异化产品的潜力尚有挖掘空间,出口贸易潜力类型属于潜力开拓型。

与双边贸易效率一样,本小节也通过图形来揭示 2012 年以来中国向十四个中东欧分别出口在 Rauch（1999）之"自由"产品分类标准下三类产品的贸易效率演化趋势,如图 5.18 所示。图 5.18 揭示,中国向中东欧国家出口同质化产品的贸易效率都呈现下降趋势,而出口参考价格产品和差异化产品的贸易效率呈现上升趋势。从出口贸易效率的变化趋势来看,首先是中国向中东欧国家出口同质化产品的贸易效率的下降趋势最明显,下降趋势系数为 -0.0686。其次是中国向中东欧国家出口差异化产品的贸易效率的上升趋势,上升趋势系数为 0.0529。最后是中国向中东欧国家出口参考价格产品的贸易效率的上升趋势,其上升趋势系数为 0.0501。

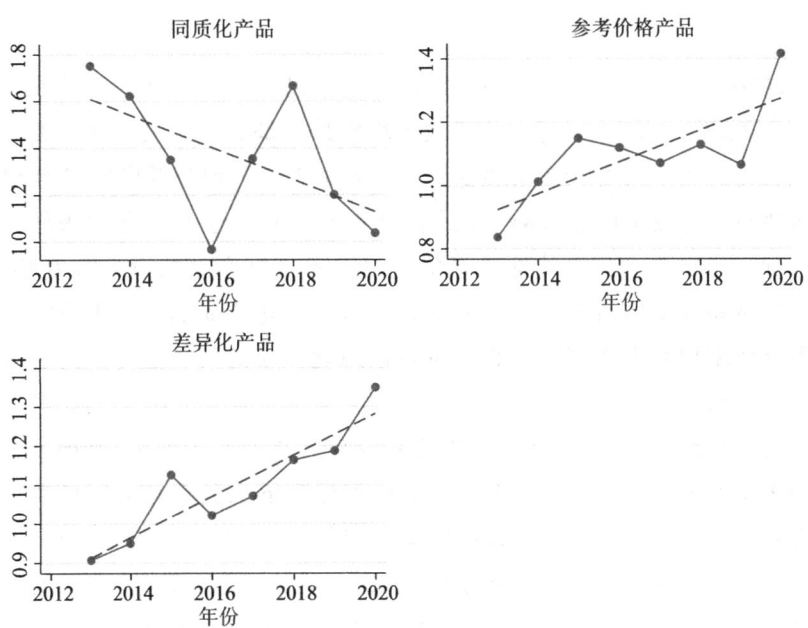

图 5.18　中国向中东欧分别出口在"自由"分类法下三类产品的贸易效率

在进口贸易效率方面,2012 年以来,中国从中东欧国家进口在 Rauch（1999）之"自由"产品分类标准下三类产品的贸易效率总体高于向中东欧国家出口这三类产品的贸易效率,这三类产品的进口贸易效率均值高达3.12,进口贸易潜力属于潜力再造型。这说明中国从中东欧国家进口这三类产品的潜力也已经挖掘完毕,也需要重新培育新的促进进口的积极因素。在产品类别差异上,中国从中东欧国家进口差异化产品的贸易潜力最强,其进口贸易效率均值为2.55。其次是进口参考价格产品的贸易潜力,其进口贸易效率均值为3.08。最后是进口同质化产品的贸易潜力,进口贸易效率均值为3.68。详见表5.24。

表5.24　中国从中东欧分别进口在"自由"分类法下三类产品的贸易效率

产品类别	2013年	2014年	2015年	2016年	2017年	2018年	2019年	2020年	均值
同质化产品	8.13	4.13	2.56	2.78	5.19	1.92	2.16	2.42^{1-3}	3.68^{1-3}
参考价格产品	1.44	2.34	5.41	7.67	1.75	2.93	1.55	2.11^{3-1}	3.08^{2-2}
差异化产品	2.9	2.4	2.44	2.84	3.14	2.21	2.15	2.32^{2-2}	2.55^{3-1}

注:右上角第一个数字代表进口贸易效率的位次,"-"后的数字代表进口贸易潜力的位次。

2020年,中国从十四个中东欧国家进口以上三类产品的贸易效率较2019年微增,2020年的进口贸易效率均值为2.28,进口贸易潜力类型属于潜力再造型,高出2019年的进口贸易效率0.33,但是低出2012年以来样本进口贸易效率均值0.84。在产品类别差异上,与2012年以来样本均值不同,2020年中国从中东欧国家进口参考价格产品的贸易潜力最大,其进口贸易效率均值为2.11,其次是进口差异化产品的贸易潜力,其进口贸易效率均值为2.32,最低是进口同质化产品的贸易潜力,其进口贸易效率均值为2.42。

进一步地,图5.19展示了2012年以来中国从十四个中东欧国家分别进口Rauch(1999)之"自由"产品分类标准下三类产品的贸易效率演化趋势。与双边贸易和出口贸易效率不一样,中国从中东欧国家进口三种类型产品的贸易效率都呈下降趋势。从进口贸易效率的变化趋势来看,中国从中东欧国家进口同质化产品的贸易效率的下降趋势最为明显,其下降趋势系数为-0.5874。其次是中国从中东欧国家进口参考价格产品的贸易效率的下降趋势,下降趋势系数为-0.1503。最后是中国从中东欧国家进口差异化产品的贸易效率的下降趋势,下降趋势系数为-0.0683。

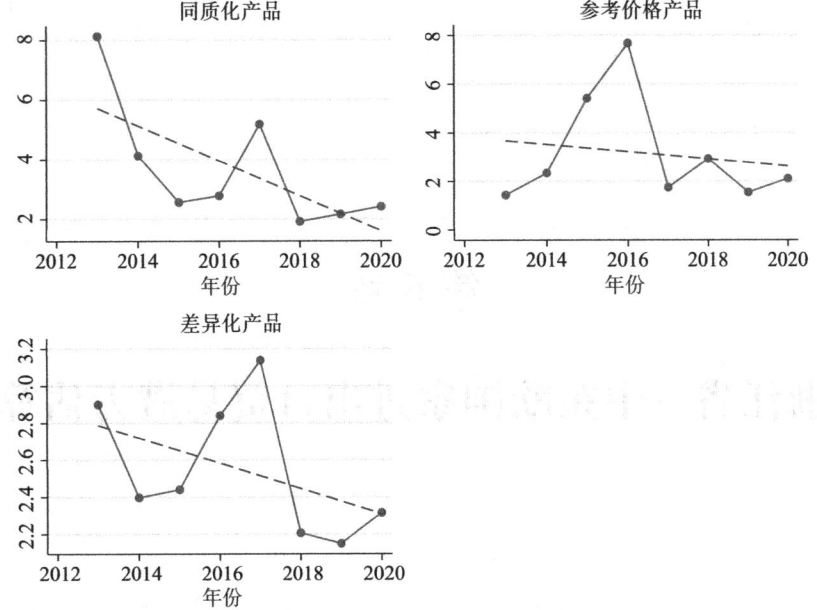

图 5.19　中国从中东欧国家分别进口在"自由"分类法下三类产品的贸易效率

第 6 章

浙江省—中东欧国家进出口贸易潜力估算

6.1 总体贸易潜力估算

6.1.1 模型设定

与第 5 章一样，本章也采用扩展的引力模型来估算浙江省与中东欧国家的总体贸易潜力。

$$lnx_{ijt} = \beta_0 + lny_{it} + lny_{jt} + MRGDIS^*_{ij} + MRPDIS^*_{ijt} + MRFREE^*_{ijt} + MRBWTO^*_{ijt} + \varepsilon_{ijt} \quad (6.1)$$

与式（5.4）不同的是，式（6.1）中，x_{ijt}，y_{it} 和 ε_{ijt} 的 i 表示浙江省，四个广义多边阻力项中的 i 表示的是中国，其表达式与式（5.4）中的一样，即：

$$MRGDIS^*_{ij} = -\rho(\sigma-1)\ln gdis_{ij} + \rho(\sigma-1)MRGDIS_{ij}$$

$$MRPDIS^*_{ijt} = -\alpha(\sigma-1)\ln pdis_{ijt} + \alpha(\sigma-1)MRPDIS_{ijt}$$

$$MRFREE^*_{ijt} = -\gamma(\sigma-1)\ln free_{ijt} + \gamma(\sigma-1)MRFREE_{ijt}$$

$$MRBWTO^*_{ijt} = -\delta(\sigma-1)bwto_{ijt} + \delta(\sigma-1)MRBWTO_{ijt}$$

式中，x_{ijt} 表示 t 期浙江省与国家 j 的贸易量。y_{it} 表示 t 期浙江省的经济规模（GDP）。y_{jt} 表示 t 期国家 j 的经济规模（GDP）。$MRGDIS^*$、$MRPDIS^*$、$MRFREE^*$、$MRBWTO^*$ 分别表示广义地理距离多边贸易阻力、广义政治距离多边贸易阻力、广义经济自由化和多边贸易阻力和广义都是 WTO 成员多边贸易阻力。ε_{ijt} 表示传统的均值为零的随机干扰项，且假设其独立同分布。参照 Shepherd（2016）的做法，本章将标准误差聚类到地理距离。

6.1.2 数据说明

本章数据来源于国研网"国际贸易研究及决策支持系统"。该数据库涵盖了 22 类、99 章、1200 个四位码商品、7800 多个八位码商品的海关统计数据，涉及 250 个区域和国家，包含中国全国和 31 个省、自治区、直辖市以及 21 种贸易方式，可以通过对商品、伙伴国、地区、贸易方式、贸易流向、指标、时间七个维度交叉查询到所需的庞大月度数据，可以为本章提供全方位立体化的贸易数据。因西藏和青海等的双边贸易数据小，且在有些年份没有做统计，本章删除这两个地区的数据。为了做横向和纵向两个维度的年度数据对比，本章选取 2009 年 1 月到 2021 年 12 月期间的数据，并加总到年度数据。因此，本小节所采用的数据 2009 年 1 月到 2021 年 12 月全国和 29 省、自治区、直辖市与十四个中东欧国家在 22 类产品的进口、出口和进出口总额的贸易数据。

地理距离，政治距离以及都是世界贸易组织成员的数据来源于 CEPII Gravity 数据库（Conte et al.，2022）。CEPII Gravity 数据库汇总了 1948—2020 年全世界国家或地区对的双边数据，如双边贸易总额、地理距离、文化距离、贸易便利化变量以及宏观经济变量等。经济自由化指数（Index of Economic Freedom）的数据来源于美国传统基金会网站。

6.1.3 模型估计与结果分析

（1）变量说明

1）被解释变量

双边贸易额。用浙江省与中东欧国家的双边贸易额来衡量，以 lntrade 的形式进入计量模型。

2）核心解释变量

核心解释变量有五类：一是地理距离和地理距离的多边贸易阻力。地理距离用 CEPII Gravity 数据库中人口密集城市之间人口加权处理的距离来量化，以 lngdis 的形式进入计量模型。地理距离的多边贸易阻力项，用 Baier and Bergstrand（2009）的方法估算得到，以 MRGDIS 的形式进入计量模型。

二是政治距离和政治距离多边贸易阻力。政治距离用 CEPII Gravity 数据库中的联合国投票分歧得分（diplo_disagreement）来量化，该指标经过标准化处理，其均值为 0，标准差为 1，以 lnpdis 的形式进入计量模型。政治距离多边贸易阻力项，用 Baier and Bergstrand（2009）的方法估算得到，以 MRPDIS 的形式进入计量模型。

三是经济自由化和经济自由化的多边贸易阻力。经济自由化的数据来源于美国传统基金会网站中经济自由化指数（Index of Economic Freedom），具体用中国相对于进口国的经济自由化指数来量化，以 lnfree 的形式进入计量模型。经济自由化的多边贸易阻力项，用 Baier and Bergstrand（2009）的方法估算得到，以 MRFREE 的形式进入计量模型。

四是都是 WTO 成员，数据来源于 CEPII Gravity 数据库。如果中国和进口经济体在某年都是 WTO 成员，则 bwto 等于 1，否则等于 0，以 bwto 的形式进入计量模型。Bwto 的多边贸易阻力项，同样是用 Baier and Bergstrand（2009）的方法估算得到，以 MRBWTO 形式进入计量模型。

五是浙江省与进口国的国内生产总值。浙江省的国内生产总额数据来源于浙江省统计局，人民币汇率来源于中国国家统计局和中国商务部。进口国国内生产总值数据来源于 CEPII Gravity 数据库，分别以 lngdp$_i$ 和 lngdp$_j$ 的形式进入计量模型。表 6.1 是本章的变量说明。

从表 6.2 的变量统计性描述可以看出，无论是标准差、最小值和最大值，地理距离多边贸易阻力项的数值都最低，这初步说明浙江省与中东欧国家之间的贸易量受地理距离的影响有限。另外，广义地理距离、政治距离、经济自由化和都是 WTO 成员多边贸易阻力的数据均值都偏低，这些一定程度上表明浙江省与中东欧国家之间的贸易潜力有较大提升空间。

在计量分析之前，先进行各个变量之间的相关性分析。从表 6.3 的 Spearman 秩相关系数矩阵可以看出，各个变量之间的秩相关系数都在 0.5 以下。进一步地，从方差膨胀因子（VIF）可以看出，六个变量的 VIF 值都在 10 以内，最大值为广义经济自由化多边贸易阻力 VIF 值，数值也仅为 2.00。总之，六个解释变量之间不存在严重的多重共线性问题，可以进行接来下的贸易潜力估计。

表 6.1 变量说明

变量类型	变量名称	变量形式	数据来源
被解释变量	双边贸易额	lntrade	CEPII BACI 数据库
解释变量	浙江省 GDP	$lngdp_i$	浙江省统计局
解释变量	进口国 GDP	$lngdp_j$	CEPII Gravity 数据库
解释变量	地理距离	lngdis	CEPII Gravity 数据库
解释变量	政治距离	lnpdis	CEPII Gravity 数据库
解释变量	经济自由化	lnfree	CEPII Gravity 数据库
解释变量	都是 WTO 成员	bwto	CEPII Gravity 数据库
解释变量	广义地理距离多边贸易阻力	MRGDIS*	B-V OLS 估算所得
解释变量	广义政治距离多边贸易阻力	MRPGIS*	B-V OLS 估算所得
解释变量	广义经济自由化多边贸易阻力	MRFREE*	B-V OLS 估算所得
解释变量	广义都是 WTO 成员多边贸易阻力	MRBWTO*	B-V OLS 估算所得

表 6.2 变量的统计性描述

变量名称	观察值	均值	标准差	最小值	最大值
lntrade	168	0.864	1.635	-2.751	3.931
$lngdp_i$	168	20.27	0.310	19.63	20.66
$lngdp_j$	165	17.86	1.320	15.21	20.21
MRGDIS*	168	9.1e-08	0.0002	-0.0006	0.0003
MRPGIS*	168	1.7e-09	0.147	-0.933	0.342
MRFREE*	168	1.0e-08	0.0520	-0.150	0.124
MRBWTO*	168	-1.7e-08	0.116	-0.750	0.250

表 6.3 变量之间的 Spearman 秩相关系数矩阵

	$lngdp_i$	$lngdp_j$	MRGDIS*	MRPGIS*	MRFREE*	MRBWTO*
$lngdp_i$	1					
$lngdp_j$	0.0567	1				
MRGDIS*	-0.4651*	0.0733	1			
MRPGIS*	-0.4339*	0.00620	0.4241*	1		
MRFREE*	0.5206*	0.0795	-0.5614*	-0.2248*	1	
MRBWTO*	0.1742	-0.2196*	-0.105	-0.0869	0.0110	1

注：*表示在 1% 的水平上显著。

在估计贸易潜力之前,先对结构引力模型(6.1)进行回归估计,结果如表 6.4 所示。列(1)是 Baier and Bergstrand(2009)的"绝佳的传统最小二乘估计方法"(Bonus Vetus OLS)的估计结果。从各个变量的系数来看,浙江省 GDP 对浙江省与进口国之间的双边贸易的影响显著为正,符合传统引力模型的基本观点,即出口经济体的规模越大,越有能力生产产品以供出口。进口国 GDP 对浙江省与进口国之间的双边贸易的影响同样显著为正,说明进口国的规模越大,越有能力进口更多的产品,也符合传统引力模型的结论。广义地理距离多边贸易阻力对浙江省与进口国之间的双边贸易的影响为负,但不具有统计学意义。广义政治距离多边贸易阻力对浙江省与进口国之间的双边贸易的影响为正,但不具有统计学意义。广义经济自由化多边贸易阻力对浙江省与进口国之间的双边贸易的影响为正,也不具有统计学意义。广义都是 WTO 成员多边贸易阻力对浙江省与进口国之间的双边贸易的影响为负,也不具有统计学意义。

表 6.4　　　　　　　　　　回归结果

	(1)	(2)
	BVOLS	OLS
$lngdp_i$	0.8397 ***	0.6428 ***
	(0.2496)	(0.2302)
$lngdp_j$	1.0712 ***	1.0337 ***
	(0.0927)	(0.1106)
MRGDIS*	−2.8e+02	
	(385.4310)	
MRPGIS*	0.0642	
	(0.5358)	
MRFREE*	0.2268	
	(1.6273)	
MRBWTO*	−0.5208	
	(0.3586)	
lndist		4.1781
		(4.0669)
lnpoldist		0.0139
		(0.5452)

续表

	（1）	（2）
	BVOLS	OLS
lnfree		1.9052 *
		（1.0825）
bothin		1.1358 **
		（0.4467）
常数项	-35.3098 ***	-68.7821 *
	（4.9447）	（38.2349）
观察值	165	165
R^2	0.7814	0.8350
R^2_a	0.7731	0.8287
F 统计量	33.3036	36.0365

注：（1）***、**、*分别表示在1%、5%和10%的水平上显著；（2）列（1）和（2）括号中的稳健标准误差聚类到地理距离。

列（2）是最小二乘估计方法（OLS）的估计结果。从各个变量的系数来看，浙江省 GDP 和进口国 GDP 对双边贸易的影响都为正，且都在1%的水平下显著，也证实了 Bonus Vetus OLS 估计结果的稳健性。地理距离和政治距离对双边贸易距离的影响都为正，但都不具有统计学意义。经济自由化对双边贸易的影响为正，且在10%的水平下显著，即中国与相对于进口国的经济自由化程度越高，浙江省与进口国之间的双边贸易额就越多。广义都是 WTO 成员多边贸易阻力对浙江省与进口国之间的双边贸易的影响为正，且在5%的水平下显著，即贸易双方如果都是 WTO 成员，越有助于双边贸易的开展。

本章采用的数据是非平衡面板数据，结合表 6.4 中的判定系数 R^2 和调整的判定系数 R^2_a，以及 Bonus Vetus OLS 估计方法的优势，可以采用表 6.4 中列（1）的模型预测潜在贸易额，并将真实贸易额除以预测的贸易得到贸易效率，得到浙江省与中东欧国家之间的双边贸易潜力现状和贸易效率。具体估算结果如图 6.1 所示。

从图 6.1 可以看出，浙江省与中东欧国家之间的贸易潜力有待重新挖掘，潜在贸易额从 2009 年的 45.98 亿美元上升到 2020 年的 130.23 亿美元，年均增长 9.93%。然而，浙江省与中东欧国家之间的贸易效率则呈现出微弱的下降趋势，下降趋势仅为 -0.0006。由 2009 年的 1.12 上升到 2010 年的峰值 1.43，之后下降至 2014 年的 1.23，2018 年的 1.37，之后呈下降趋势，降至 2020 年的谷值 1.21。按照刘青峰和姜书竹（2002）的贸易潜力分类方法，浙江省与中东欧国家之间的贸易潜力属于潜力再造型（贸易效率大于或等于 1.2），贸易潜力效率均值为 1.30。2018 年以后，浙江省与中东欧国家之间的贸易潜力呈下降趋势，依旧属于贸易再造型，需要重新寻找促进双边贸易发展的积极因素。

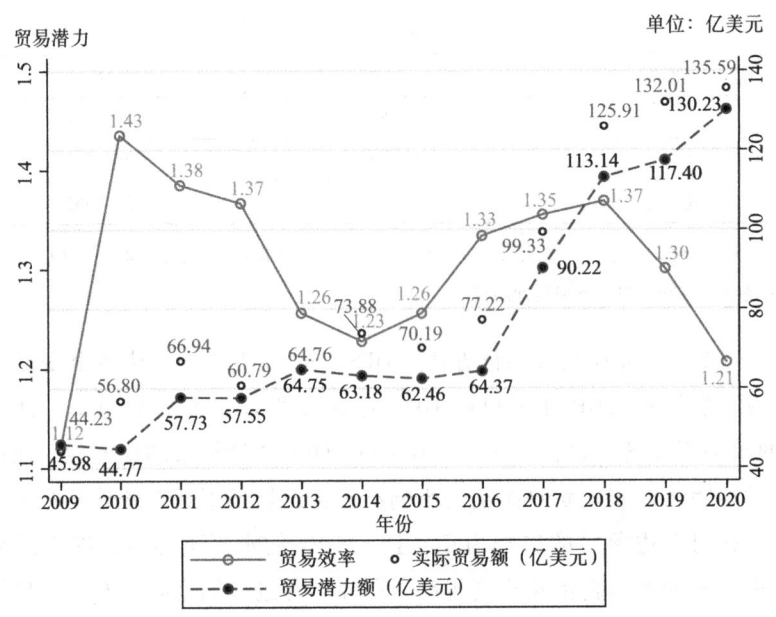

图 6.1　浙江省与中东欧国家总体的年均双边贸易潜力和贸易效率

在浙江省向中东欧国家出口的贸易潜力方面，如图 6.2 所示，浙江省向中东欧国家出口的贸易潜力依旧需要重新挖掘。潜在贸易额从 2009 年的 43.70 亿美元，剧增到 2020 年的 117.04 亿美元，年均增长 9.37%。虽然受到新冠疫情的冲击，浙江省向中东欧国家出口的贸易潜力依旧呈上升趋势。在出口贸易效率方面，浙江省向中东欧国家出口的贸易效率则呈现出 "M" 形变化趋势，并且目前处于下降阶段，但是总体呈轻微上升趋势，上升趋势系数为 0.0038。从出口贸易效率的均值来看，浙江省向中东欧国家出口的贸易潜力属于潜力再造型，出口贸易效率均值为 1.33。说明浙江省在发展向中东欧国家的出口贸易时，需要在保持现有积极因素的同时，培育其他促进出口贸易发展的新因素。2018 年以来，浙江省向中东欧国家的出口贸易效率呈下降趋势，降到 2020 年的 1.22，降幅为 14.69%。因此，排除浙江省向中东欧国家出口贸易的障碍是接下来开拓中东欧市场的主要工作。

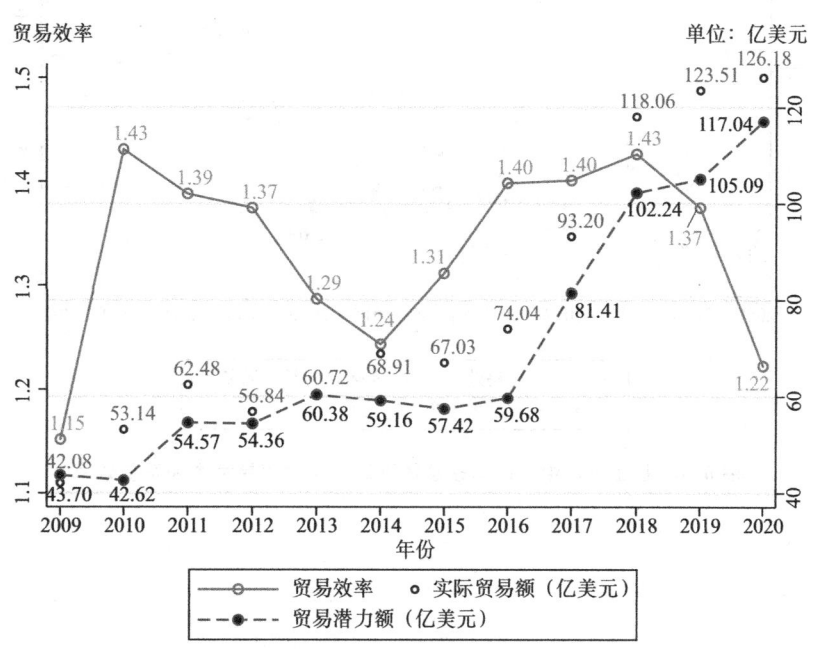

图 6.2　浙江省向中东欧国家总体出口的年均出口贸易潜力和贸易效率

此外，在浙江省从中东欧国家进口贸易潜力方面，如图 6.3 所示，进口贸易潜力也需要重新挖掘。贸易潜力额从 2009 年的 1.57 亿美元上升至 2020 年的 11.42 亿美元，年均增长 19.77%。再来看进口贸易效率，与双边贸易效率类似，浙江省从中东欧国家进口的贸易效率总体呈现的是下降趋势，下降趋势系数为 -0.0499，从 2009 年的 1.49 上升至 2011 年的 2.77，之后则在波动中变化。平均而言，浙江省从中东欧国家进口的贸易潜力类型为潜力再造型，进口贸易效率均值高达 1.91，高出出口贸易效率均值 0.58。2019 年以来，浙江省从中东欧国家进口的贸易效率的均值从 2019 年的 0.95 上升到 2020 年的 2.7，上升幅度高达 184.21%。因此，浙江省在发展与中东欧国家的进口贸易关系时，在保持以往促进进口贸易做法的基础上，积极培育与发展新的促进进口贸易因素，进一步开拓从中东欧国家进口的贸易潜力。

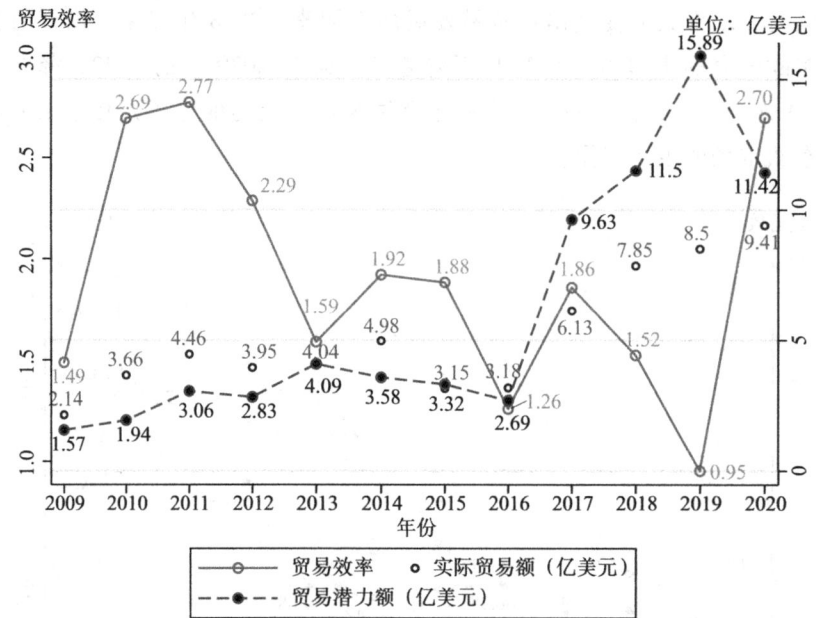

图 6.3　浙江省从中东欧国家总体进口的年均贸易潜力和贸易效率

6.2 分国别贸易潜力估算

前已述，浙江省与中东欧国家的总体贸易潜力属于潜力再造型。然而，十四个中东欧国家本身存在国家规模、经济自由化水平等方面的差异，浙江省分别与十四个中东欧国家之间的双边贸易也就存在明显差异。因此，需要分国别来估算浙江省与十四个中东欧国家之间的贸易潜力状况。

6.2.1 模型设定

与 6.1 节一样，本小节也采用扩展的引力模型来估算浙江省与中东欧国家的总体贸易潜力。

$$ln\, x_{ijt} = \beta_0 + ln\, y_{it} + ln\, y_{jt} + MRGDIS^*_{ij} + MRPDIS^*_{ijt} + MRFREE^*_{ijt} + MRBWTO^*_{ijt} + \varepsilon_{ijt} \tag{6.2}$$

式 (6.2) 中，x_{ijt} 表示 t 期浙江省与国家 j 的贸易量。y_{it} 表示 t 期浙江省的经济规模（GDP）。y_{jt} 表示 t 期国家 j 的经济规模（GDP）。$MRGDIS_{ij}$、$MRPDIS_{ijt}$、$MRFREE_{ijt}$、$MRBWTO_{ijt}$ 分别表示地理距离、政治距离、经济自由化和都是世界贸易组织成员的 Baier and Bergstrand（2009）型多边阻力项。ε_{ijt} 表示传统的均值为零的随机干扰项，且假设其独立同分布。参照 Shepherd（2016）的做法，本章将标准误差聚类到地理距离。

6.2.2 数据说明

本部分所使用的数据来源于 6.1 节中的子样本。选取的数据是 2009—2021 年浙江省分别与十四个中东欧国家的双边贸易数据，也是非平衡面板数据样本。

6.2.3 模型估计与结果分析

表 6.5 是采用 Baier and Bergstrand（2009）的"绝佳的传统最小二乘估计方法"（Bonus Vetus OLS）的估计结果。从十四个国家样本数据的估计结果来看，六个解释变量中，大多变量对双边贸易的作用方向与总样本的结果基本类似，且十四个样本估计结果的拟合优度都较高，可以用来预测浙江省与十四个中东欧国家的贸易潜力。

表 6.5　　　细分国家样本的 Bonus Vetus OLS 估计结果

国家	$lngdp_i$	$lngdp_j$	MRGDIS*	MRPGIS*	MRFREE*	MRBWTO*	R^2_a
阿尔巴尼亚	1.6825***	-0.8096	-92.8045	0.0571	0.9921*	0.0000	0.9679
	(0.0802)	(0.4126)	(179.401)	(0.4333)	(0.3494)	(.)	
波黑	1.3368	3.3732	-3.1e+02	-0.2843	4.0491	0.0000	0.8588
	(0.8650)	(1.5818)	(386.308)	(0.8797)	(5.6782)	(.)	
保加利亚	0.8202***	1.1058**	407.776**	-0.0303	-1.1502	0.0000	0.9732
	(0.0739)	(0.1454)	(125.666)	(0.2038)	(1.3444)	(.)	
克罗地亚	-0.0318	2.6749	-1.4e+02	0.1038	-2.6009	0.0000	0.4454
	(0.2636)	(1.3079)	(596.277)	(0.4074)	(3.2859)	(.)	
捷克	0.6591**	1.3237	11.5377	0.1767	0.4944	0.0000	0.8579
	(0.1951)	(0.7317)	(112.417)	(0.4881)	(0.9053)	(.)	
希腊	2.3107***	2.9277***	-8.7e+02***	-0.316*	0.2105	0.0000	0.9268
	(0.0483)	(0.0698)	(50.6483)	(0.0210)	(0.4314)	(.)	

续表

国家	lngdp$_i$	lngdp$_j$	MRGDIS*	MRPGIS*	MRFREE*	MRBWTO*	R^2_a
匈牙利	0.0780 (0.3482)	-0.2299 (0.9321)	372.0613 (398.1514)	0.8456** (0.1620)	6.3664 (3.6114)	0.0000 (.)	0.9083
黑山	-0.3348* (0.1266)	0.9112** (0.2465)	-1.2e+02 (58.5108)	-0.0506 (0.0642)	-0.5172 (0.3015)	0.2109** (0.0537)	0.3834
波兰	1.0196** (0.2149)	0.7438 (0.5876)	-96.3280 (124.6193)	0.1320* (0.0530)	0.6913 (0.6619)	0.0000 (.)	0.9846
罗马尼亚	0.5162** (0.1472)	1.2306** (0.3671)	-1.3e+02 (81.9073)	0.3750 (0.2577)	-2.0047* (0.8179)	0.0000 (.)	0.9896
塞尔维亚	0.4554 (0.2530)	1.6657** (0.3629)	-2.7e+02 (144.9888)	0.2309 (0.2762)	-0.4267 (0.8071)	0.0000 (.)	0.7512
斯洛伐克	0.4889 (0.5469)	1.7039* (0.4024)	-3.4e+02** (59.8114)	0.6225 (0.4688)	-0.0757 (0.8169)	0.0000 (.)	0.5041
斯洛文尼亚	1.5764** (0.2741)	1.7085*** (0.2633)	96.7939 (328.5407)	0.2030 (0.4053)	2.3868* (0.9524)	0.0000 (.)	0.8937
北马其顿	3.4777** (1.0289)	-4.7003 (2.2761)	1.3e+03 (1.3e+03)	0.5644 (0.9235)	15.0932 (7.1745)	0.0000 (.)	0.8236

注：（1）***、**、*分别表示在1%、5%、10%的水平上显著。（2）括号中的稳健标准误差聚类到地理距离。

表 6.6 汇集了 2012 年中国与中东欧国家合作机制运行以来，浙江省分别与十四个中东欧国家的双边贸易效率现状。平均而言，浙江省分别与十四个中东欧国家的双边贸易效率在 0.8 和 1.2 之间，都属于潜力开拓型。双边贸易效率值越高，其双边贸易潜力越小。其中，浙江省与克罗地亚的双边贸易效率最低，为 0.977，双边贸易潜力最大。其次是浙江省与斯洛伐克的双边贸易潜力，其双边贸易效率均值为 0.978。再次是浙江省与波黑的双边贸易潜力，其双边贸易效率均值为 0.9782。双边贸易潜力位于第四位到第十四位的国家依次为浙江省与塞尔维亚、斯洛文尼亚、北马其顿、匈牙利、黑山、希腊、捷克、保加利亚、罗马尼亚、波兰和阿尔巴尼亚，浙江省与该十一个国家的双边贸易效率依次为 0.981、0.992、0.995、0.996、0.998、0.999、0.9998、0.99992、0.99993、1.001 与 1.01。

表 6.6 2012 年以来浙江省与十四个中东欧国家的双边贸易效率

国家	2013 年	2014 年	2015 年	2016 年	2017 年	2018 年	2019 年	2020 年	均值
阿尔巴尼亚	1	1.02	0.89	1.17	1.06	0.98	1.04	0.94^{13-2}	1.01^{1-14}
波黑	0.73	0.82	0.81	1.13	1.2	1.05	1.03	1.07^{6-9}	0.9782^{12-3}
保加利亚	0.96	1.06	1.03	0.93	1.05	0.99	0.98	1.00^{8-7}	0.99992^{4-11}
克罗地亚	0.96	0.71	0.98	0.99	1.18	0.94	0.98	1.09^{5-10}	0.977^{14-1}
捷克	0.9	0.98	1.06	1.02	0.98	0.93	0.97	1.14^{3-12}	0.9998^{5-10}
希腊	0.89	1.06	0.91	1.08	1.02	0.86	1.19	0.975^{11-4}	0.999^{6-9}
匈牙利	0.96	0.89	1.05	1.06	0.93	1.07	0.98	1.02^{7-8}	0.996^{8-7}
黑山	0.97	1	1	1.01	1.07	1.01	0.96	0.971^{12-3}	0.998^{7-8}
波兰	0.96	1.01	0.97	1.04	1.04	0.98	1.02	0.99^{9-6}	1.001^{2-13}
罗马尼亚	0.97	—	—	—	1.04	1.01	1.01	0.98^{10-5}	0.99993^{3-12}
塞尔维亚	0.94	0.83	0.98	0.96	1.01	0.89	1.06	1.18^{2-13}	0.981^{11-4}
斯洛伐克	0.84	0.81	1.05	0.98	1.03	1.02	0.97	1.12^{4-11}	0.978^{13-2}
斯洛文尼亚	0.84	0.77	1	1.11	0.99	1.38		0.83^{14-1}	0.992^{10-5}
北马其顿	1.1	0.74	1.04	1.04	0.7	1.14	0.97	1.23^{1-14}	0.995^{9-6}

注：个别国家因数据缺失，本表主要显示 2012 年以来的双边贸易效率。右上角第一个数字代表双边贸易效率的位次，"-"后的数字代表双边贸易潜力的位次。

从近期来看，虽然受到新冠疫情的冲击，2020 年浙江省与十四个中东欧国家的双边贸易额依旧保持增长势头。2020 年，斯洛文尼亚是浙江省与十四个中东欧国家当中双边贸易潜力最大的国家，双边贸易效率仅为 0.83。其次是浙江省与阿尔巴尼亚的双边贸易潜力，浙江省与阿尔巴尼亚的双边贸易效率均值为 0.94。再次是浙江省与黑山的双边贸易潜力，浙江省与黑山的双边贸易效率均值为 0.971。之后依次是浙江省与希腊、罗马尼亚、波兰、保加利亚、匈牙利、波黑、克罗地亚、斯洛伐克、捷克、塞尔维亚和北马其顿，浙江省与这十一个国家的双边贸易效率均值分别为 0.975、0.98、0.99、1.00、1.02、1.07、1.09、1.12、1.14、1.18 和 1.23。从中可以看出，2020 年，浙江省除了与北马其顿的双边贸易效率高于 1.2 之外，浙江省与其余十三个中东欧国家的双边贸易效率都在 0.8 和 1.2 之间，双边贸易潜力类型属于潜力开拓型。因此，排除影响浙江省与阿尔巴尼亚、黑山、希腊、罗马尼亚、波兰、保加利亚、匈牙利、波黑、克罗地亚、斯洛伐克、捷克、塞尔维亚、斯洛文尼亚十三个中东欧国家贸易发展的障碍，以充分挖掘浙江省与这十三个国家的贸易潜力。与此同时，积极培育与发展新的促进浙江省与北马其顿的双边贸易因素，提升浙江省与中东欧国家的双边贸易额。

进一步地，本小节还用图显示浙江省分别与十四个中东欧双边贸易效率演化趋势，如图6.4所示。图6.4显示，浙江省除了与保加利亚、黑山、斯洛伐克和北马其顿等四国的双边贸易效率呈微弱的下降趋势以外，与阿尔巴尼亚、波黑、克罗地亚、捷克、希腊、匈牙利、波兰、罗马尼亚、塞尔维亚和斯洛文尼亚十个国家的双边贸易效率都呈现出微弱的上升趋势。从双边贸易效率的变化趋势幅度来看，浙江省与希腊的双边贸易效率的上升幅度最大，上升趋势系数为0.0023。其次是浙江省与塞尔维亚的双边贸易效率上升幅度，其上升趋势系数为0.0018。再次是浙江省与斯洛文尼亚的双边贸易上升幅度，其上升趋势系数为0.0017。变化幅度最小的是浙江省与匈牙利的双边贸易效率上升趋势，其上升趋势系数仅为0.0001。

2012年以来，在中国—中东欧合作机制的带动下，浙江省与十四个中东欧国家的双边贸易效率有了较大变化，如图6.5所示。浙江省除了与阿尔巴尼亚、保加利亚和黑山三国的双边贸易效率呈现出下降趋势之外，与波黑、克罗地亚、捷克、希腊、匈牙利、波兰、罗马尼亚、塞尔维亚、斯洛伐克、斯洛文尼亚和北马其顿十一个国家的双边贸易效率呈现出上升的态势。从变化趋势幅度来看，浙江省与波黑的双边贸易效率的上升趋势最为明显，上升趋势系数为0.0504。其次是浙江省与斯洛伐克的双边贸易效率的上升趋势，其上升趋势系数为0.0330。再次是浙江省与塞尔维亚的双边贸易效率的上升趋势，其上升趋势系数为0.0310。最低是浙江省与黑山的双边贸易效率的下降趋势，其下降趋势系数仅为-0.0013。

接下来，以浙江省作为出口省份和进口省份，将双边贸易效率分解为出口贸易效率和进口贸易效率。首先来看出口贸易效率。表6.7揭示，2012年以来，浙江省向十四个中东欧国家出口的贸易潜力类型都属于潜力开拓型，浙江省向这十四个国家出口的平均贸易效率值在0.8与1.2之间。因此，需要进一步排除阻碍促进浙江省向十四个中东欧国家出口贸易发展的因素，以挖掘浙江省向中东欧国家的出口贸易潜力。

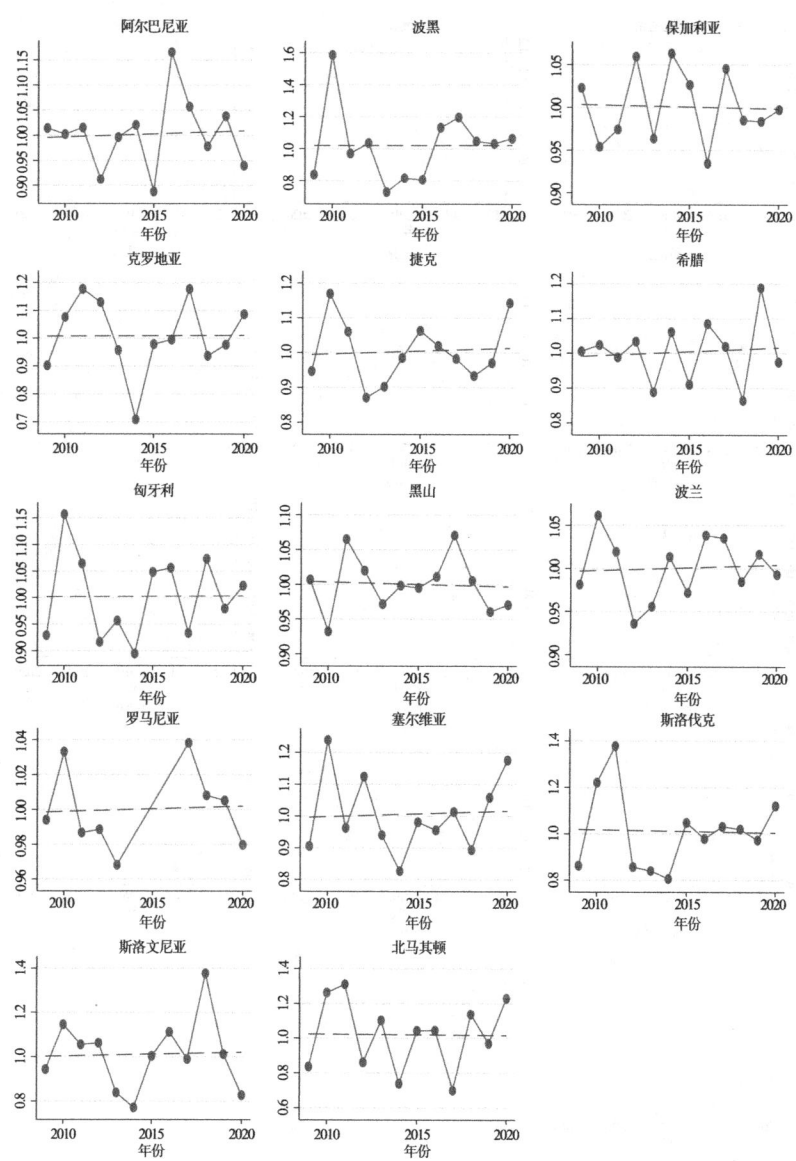

图 6.4　2009 年以来浙江省分别与十四个中东欧国家的双边贸易效率

2020 年，受到新冠疫情、世界经济不稳定性等因素的影响，浙江省向十四个中东欧国家出口的贸易效率不降反增，出口贸易效率均值为 1.02，高于 2012 年以来样本均值 0.03。与 2012 年以来的样本一样，浙江省向十四个中东欧国家出口的贸易潜力类型都属于潜力开拓型，出口贸易效率均值在 0.8 与 1.2 之间。在国别差异上，浙江省向斯洛文尼亚出口的

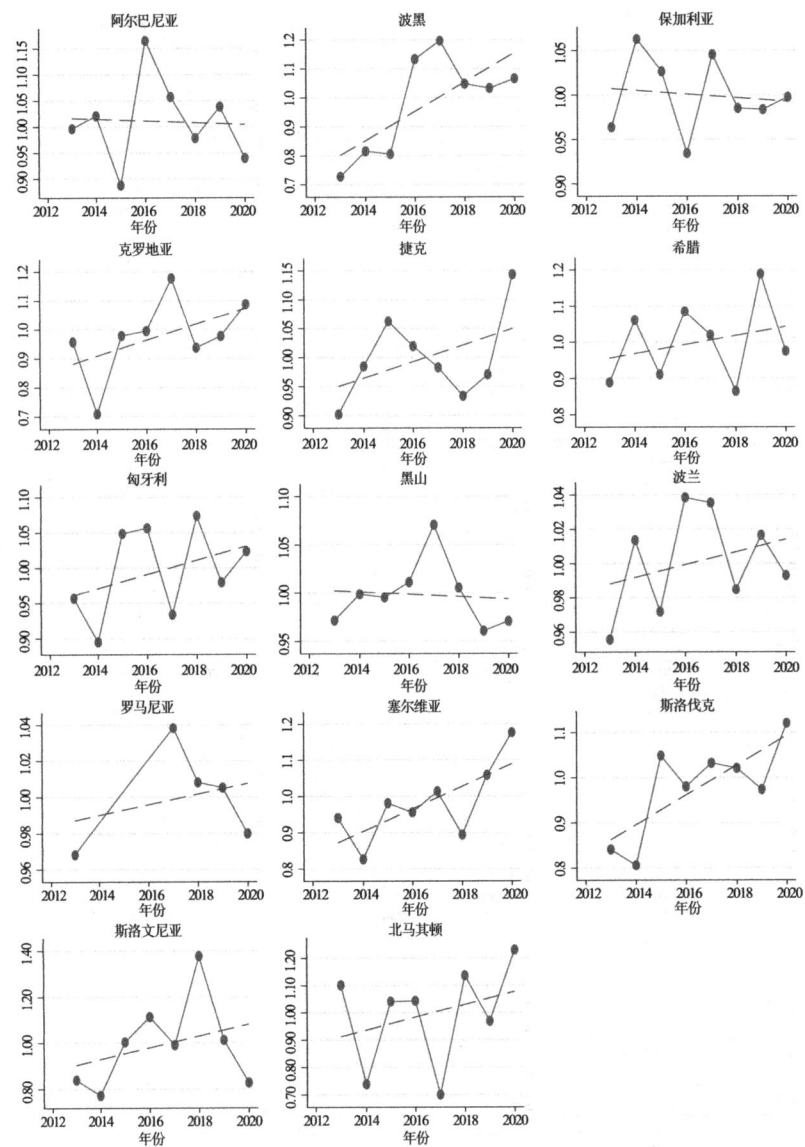

图 6.5　2012 年以来浙江省与十四个中东欧国家的双边贸易效率

表 6.7　　2012 年以来浙江省向十四个中东欧国家的出口贸易效率

国家	2013 年	2014 年	2015 年	2016 年	2017 年	2018 年	2019 年	2020 年	均值
阿尔巴尼亚	0.98	1.01	0.9	1.17	1.04	1	1.04	0.93^{13-2}	1.009^{1-14}
波黑	0.75	0.88	0.82	1.14	1.18	0.99	1.07	1.047^{6-9}	0.984^{11-4}
保加利亚	0.97	1.03	1	0.97	1.05	0.97	0.99	1.00^{8-7}	0.9987^{7-8}

续表

国家	2013年	2014年	2015年	2016年	2017年	2018年	2019年	2020年	均值
克罗地亚	0.96	0.72	0.97	1	1.18	0.92	0.98	1.09^{3-12}	0.978^{13-2}
捷克	0.9	1	1.06	1.02	0.98	0.93	0.97	1.15^{2-13}	1.002^{2-13}
希腊	0.88	1.08	0.91	1.09	1.02	0.87	1.19	0.970^{12-3}	1.001^{3-12}
匈牙利	0.99	0.88	1.05	1.04	0.94	1.1	0.97	1.01^{7-8}	0.997^{9-6}
黑山	0.98	1.01	0.99	1.02	1.05	1	0.97	0.974^{11-4}	0.9985^{8-7}
波兰	0.96	1	0.98	1.04	1.03	0.99	1.01	0.993^{10-5}	1.00^{4-11}
罗马尼亚	0.98	—	—	—	1.03	0.99	1.01	0.994^{9-6}	0.9996^{6-9}
塞尔维亚	0.96	0.83	0.99	0.95	1.02	0.89	1.04	1.18^{1-14}	0.982^{12-3}
斯洛伐克	0.81	0.83	1.04	1.02	0.99	1.04	1.03	1.06^{4-11}	0.977^{14-1}
斯洛文尼亚	0.84	0.78	1.11	0.99	1.38	1.02	0.82$^{14-1}$		0.993^{10-5}
北马其顿	1.16	0.71	0.91	1.05	0.76	1.13	1.24	1.05^{5-10}	0.9998^{5-10}

注：个别国家因数据缺失，本表主要显示2012年以来的出口贸易效率。右上角第一个数字代表出口贸易效率的位次，"－"后的数字代表出口贸易潜力的位次。

贸易潜力最大，其出口贸易效率均值最低，为0.82。其次是浙江省向阿尔巴尼亚出口的贸易潜力，其出口贸易效率均值为0.93。再次是浙江省向希腊出口的贸易潜力，其出口贸易效率均值为0.97。最低是浙江省向塞尔维亚出口的贸易潜力，其出口贸易效率均值最高，高达1.18。因此，需要继续开拓促进浙江省向十四个中东欧国家出口贸易的积极因素，充分挖掘浙江省与中东欧国家的出口贸易潜力。

与双边贸易效率一样，图6.6刻画的是2012年以来浙江省分别向十四个中东欧出口的贸易效率演化趋势。图6.6揭示，浙江省向十四个中东欧国家出口的贸易效率呈现出显著的差异。与双边贸易效率的变化趋势类似，浙江省除了向阿尔巴尼亚、保加利亚和黑山三国出口的贸易效率呈现出下降趋势之外，向波黑、克罗地亚、捷克、希腊、匈牙利、波兰、罗马尼亚、塞尔维亚、斯洛伐克、斯洛文尼亚和北马其顿等十一个国家出口的贸易效率都呈上升趋势。从变化趋势幅度来看，浙江省向波黑出口的贸易效率的上升趋势幅度最大，上升趋势系数为0.0419。其次是浙江省向斯洛伐克出口的贸易效率的上升趋势，其上升趋势系数为0.0317。再次是浙江省向塞尔维亚出口的贸易效率的上升趋势，其上升趋势系数为0.0281。最低是浙江省向保加利亚出口的贸易效率的下降趋势，其下降趋势系数仅为－0.0004。

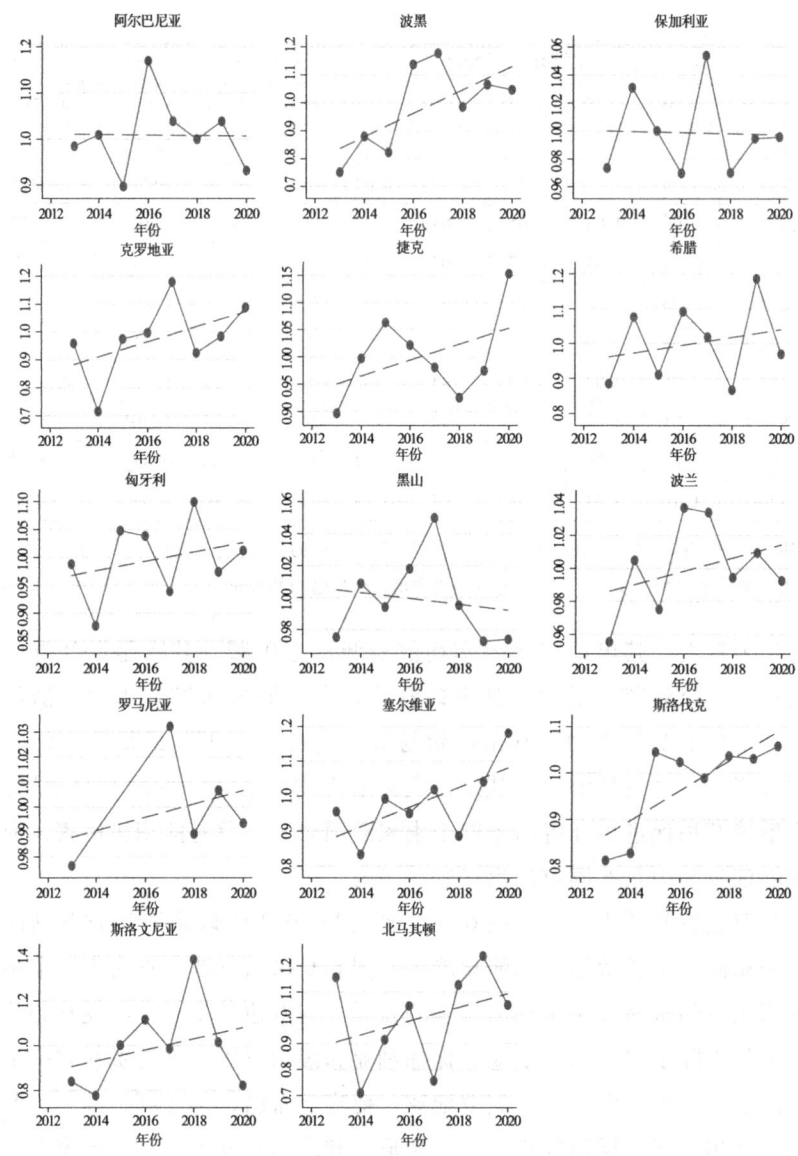

图 6.6　2012 年以来浙江省向十四个中东欧国家的出口贸易效率

在进口贸易效率方面，表 6.8 显示，2012 年以来，浙江省从中东欧国家进口的贸易效率总体高于向中东欧国家出口的贸易效率，进口贸易效率均值高达 1.05，进口贸易潜力类型属于潜力开拓型。而同期的出口贸易效率均值为 0.99，出口贸易潜力类型也属于潜力开拓型。这意味着，浙江省在发展与中东欧国家的贸易关系时，开拓出口贸易潜力是先行着力点。在进口贸易效率的国别差异上,浙江省从斯洛文尼亚、希腊、塞尔维亚、捷克、匈牙利、克罗地亚、黑山、罗马尼亚、保加利亚、波黑、波兰和斯洛伐克十二个国家进口的贸易效率在0.9到1.2之间,浙江省从这十二个国家进口的贸易潜力类型属于潜力开拓型。而浙江省从阿尔巴尼亚和北马其顿等两个国家进口的贸易潜力类型属于潜力再造型,浙江省从这两个国家进口的贸易效率都在1.2以上。

表6.8　　2012年以来浙江省从十四个中东欧国家的进口贸易效率

国家	2013年	2014年	2015年	2016年	2017年	2018年	2019年	2020年	均值
阿尔巴尼亚	1.91	1.54	0.87	0.6	1.68	0.4	0.76	1.87^{2-13}	1.21^{2-13}
波黑	0.87	0.35	0.81	0.6	1.27	1.37	0.63	2.23^{1-14}	1.018^{5-10}
保加利亚	0.91	1.25	1.28	0.67	0.99	1.08	0.88	1.07^{9-6}	1.017^{6-9}
克罗地亚	1.09	0.57	0.89	1.16	1.28	1.22	0.76	0.998^{13-2}	0.996^{9-6}
捷克	0.94	0.91	1.07	0.99	0.98	0.99	0.94	1.09^{8-7}	0.9894^{11-4}
希腊	1.06	0.68	1	0.7	1.12	0.73	1.25	1.29^{6-9}	0.98^{13-2}
匈牙利	0.69	1.05	1.06	1.22	0.9	0.87	0.99	1.15^{7-8}	0.993^{10-5}
黑山	0.99	1.23	0.9	1.05	1	1	1	1.00^{12-3}	1.00^{8-7}
波兰	0.91	—	—	—	1.09	0.79	1.14	1.03^{11-4}	1.03^{4-11}
罗马尼亚	0.48	0.56	0.82	0.94	1.07	1	0.99	0.87^{14-1}	1.01^{7-8}
塞尔维亚	1.22	0.76	0.95	0.83	0.85	1.08	1.5	1.69^{4-11}	0.9891^{12-3}
斯洛伐克	0.82	0.6	1.05	1.01	1.49	1.12	0.57	1.44^{5-10}	1.05^{3-12}
斯洛文尼亚	1.14	0.36	1.49	0.79	1.14	1.16	0.92	1.04^{10-5}	0.97^{14-1}
北马其顿	1.91	1.54	0.87	0.6	0.54	4.8	0.18	1.83^{3-12}	1.39^{1-14}

注:右上角第一个数字代表进口贸易效率的位次,"-"后的数字代表进口贸易潜力的位次。

2020年,在世界不确定性因素增加的大环境下,浙江省从十四个中东欧国家的进口贸易效率不降反增,进口贸易效率达到1.33,高出2019年的进口贸易效率0.44,也高出2012年以来样本进口贸易效率均值0.28。在国别差异上,浙江省从罗马尼亚进口的贸易潜力最大,进口贸易效率均值为0.87,进口贸易类型属于潜力开拓型。此外,浙江省从克罗地亚、黑山、波兰、斯洛文尼亚、保加利亚、捷克和匈牙利等七个国家的进口贸易潜力类型也属于潜力开拓型,其进口贸易效率处于0.9和1.2之间。浙江省从希腊、斯洛伐克、塞尔维亚、北马其顿、阿尔巴尼亚和波黑等六个国家的进口贸易效率都大于1.2,进口贸易潜力类型都属于潜力再造型。

进一步地,图 6.7 展示的是 2012 年以来浙江省分别从十四个中东欧的进口贸易效率演化趋势。与双边贸易效率和出口贸易效率不同,浙江省从阿尔巴尼亚、保加利亚和波兰三个国家进口的贸易效率呈现出明显的

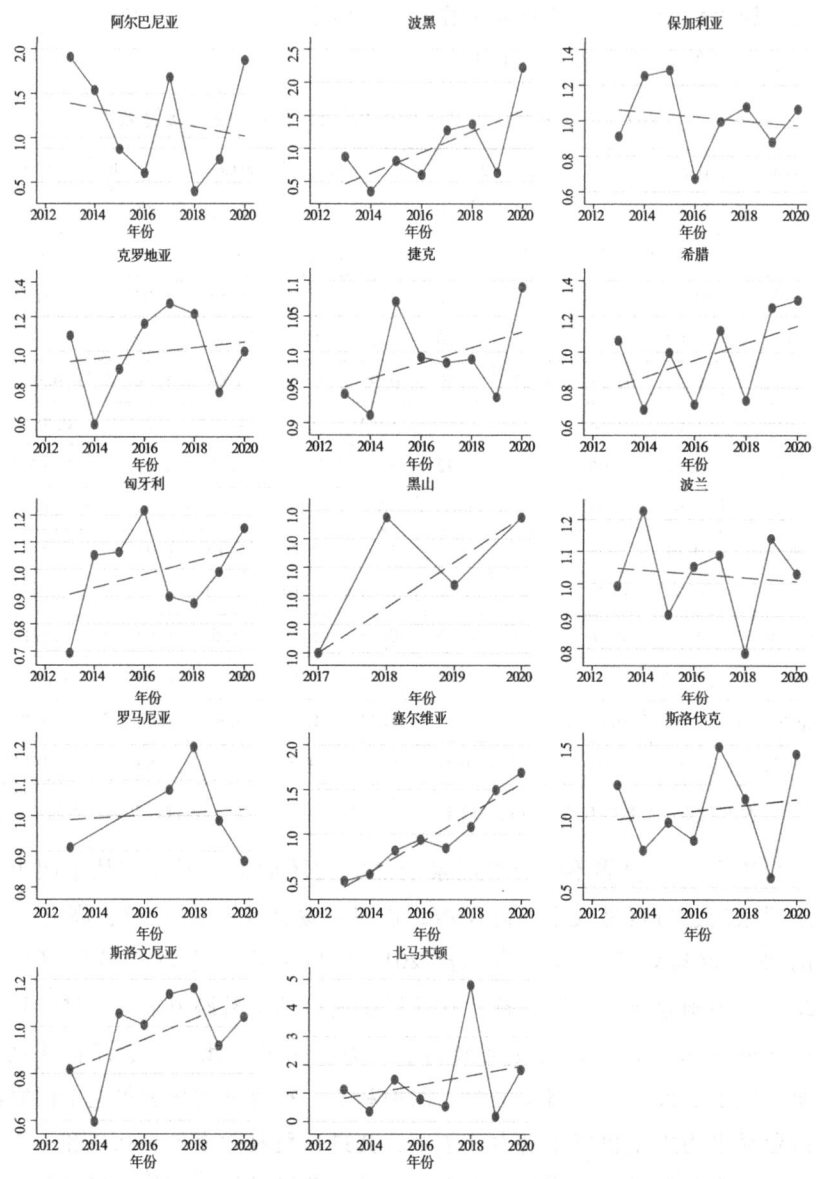

图 6.7　2012 年以来浙江省从十四个中东欧国家的进口贸易效率

下降趋势。浙江省从波黑、克罗地亚、捷克、希腊、匈牙利、黑山、罗马尼亚、塞尔维亚、斯洛伐克、斯洛文尼亚和北马其顿十一个国家进口的贸易效率总体体现出来的是上升趋势。从变化趋势来看，浙江省从塞尔维亚进口的贸易效率的上升趋势最为明显，其上升趋势系数高到0.1652。其次是浙江省从北马其顿进口的贸易效率上升趋势，上升趋势系数为0.1624。再次是浙江省从波黑进口的贸易效率上升趋势，上升趋势系数为0.1574。最低为浙江省从黑山进口的贸易效率上升趋势，上升趋势系数接近零。

6.3 分商品贸易潜力估算

本节进一步探讨浙江省与中东欧国家在T01—T22等22个大类商品上的贸易潜力。

6.3.1 模型设定

与6.1节和6.2节一样，本节也采用扩展的引力模型来估算浙江省与十四个中东欧国家在T01—T22等22个大类产品上的贸易潜力。

$$ln\ x_{ijgt} = \beta_0 + ln\ y_{it} + ln\ y_{jt} + MRGDIS^*_{ij} + MRPDIS^*_{ijt} + MRFREE^*_{ijt} + MRBWTO^*_{ijt} + \varepsilon_{ijt} \tag{6.3}$$

式（6.3）中，g表示第g类产品。其余变量的含义与式（6.2）中一样。

6.3.2 数据说明

本小节所使用的数据同样来源于6.1节中的子样本。选取的数据是2009—2021年浙江省与十四个中东欧国家的双边贸易数据，也是非平衡面板数据样本。

6.3.3 模型估计与结果分析

表6.9是采用Baier and Bergstrand（2009）的"绝佳的传统最小二乘

估计方法"（Bonus Vetus OLS）的估计结果。从浙江省与十四个国家在22个大类产品双边贸易数据的估计结果来看，六个解释变量中，大多变量对双边贸易的作用方向与总样本的结果基本类似，可用来预测浙江省与十四个中东欧国家在22大类产品上的双边贸易潜力。

表6.9 　　细分产品样本的 Bonus Vetus OLS 估计结果

产品	$lngdp_i$	$lngdp_j$	MRGDIS*	MRPGIS*	MRFREE*	MRBWTO*	R^2_a
第一类	-0.0480 (1.8385)	1.5316*** (0.3691)	2.3e+03 (1.8e+03)	3.4173 (2.2038)	0.2226 (12.0513)	10.0650 (6.4680)	0.5875
第二类	-2.8555 (4.1161)	1.8234*** (0.2677)	-3.1e+03 (2.1e+03)	-0.1876 (3.2781)	-28.321** (12.1970)	23.782*** (6.6749)	0.6383
第三类	-7.0206 (6.1122)	1.1341*** (0.3589)	-1.1e+03 (4.0e+03)	2.1415 (5.3931)	-46.287*** (17.6917)	0.0000 (.)	0.3052
第四类	0.1292 (1.0468)	1.0805*** (0.0740)	-1.2e+03 (972.033)	-4.6197*** (1.2381)	-9.761** (3.7033)	19.257*** (1.4215)	0.7308
第五类	-8.5551 (6.3729)	-0.2558 (0.4971)	-2.3e+03 (4.5e+03)	3.6896 (6.5877)	-19.0081 (21.6422)	-9.7333 (8.6648)	-0.0813
第六类	0.7402 (1.2908)	0.9926*** (0.1618)	982.1250 (1.2e+03)	2.8038 (1.7001)	3.6062 (7.4604)	1.5404 (3.0805)	0.5987
第七类	1.6414 (1.0284)	0.9861*** (0.1950)	1.4e+03 (1.1e+03)	3.5186** (1.3475)	3.7517 (5.0986)	2.9509 (3.7552)	0.7021
第八类	1.7002 (1.6000)	1.1632*** (0.2453)	2.5e+03* (1.3e+03)	3.3242** (1.5750)	9.5365 (7.7110)	1.1550 (4.4725)	0.6658
第九类	2.5772** (1.0864)	0.8984*** (0.2796)	-2.9e+02 (1.5e+03)	-2.9889* (1.5422)	-8.3508 (7.6237)	-0.2024 (4.7351)	0.5186
第十类	0.9600*** (0.3585)	1.0308*** (0.1532)	-3.3e+02 (646.325)	-0.1270 (0.7882)	-2.0310 (2.4757)	-0.5110 (0.6504)	0.5292
第十一类	0.7001** (0.3109)	1.1320*** (0.1277)	-5.3e+02 (576.966)	0.1564 (0.7300)	-1.8998 (2.3082)	-0.9255* (0.4624)	0.6585
第十二类	0.0016 (0.3255)	1.0226*** (0.1294)	-5.8130 (465.848)	0.6212 (0.8046)	-0.4120 (2.4582)	-0.6075 (0.4413)	0.5685
第十三类	0.3556 (0.3369)	0.7318*** (0.1469)	-2.8e+02 (522.739)	-0.0385 (0.6979)	-1.4345 (1.8516)	-0.0756 (0.6700)	0.4084

续表

产品	$\lngdp_i$	$\lngdp_j$	MRGDIS*	MRPGIS*	MRFREE*	MRBWTO*	R^2_a
第十四类	0.2950 (0.3759)	1.0772*** (0.1137)	-1.2e+03* (621.530)	-1.2229* (0.6887)	-2.9667 (2.5049)	-1.3794 (0.9661)	0.5223
第十五类	0.9155*** (0.3128)	1.0391*** (0.1013)	15.0239 (482.041)	-0.3226 (0.6266)	-0.1998 (1.7843)	-0.9029** (0.4287)	0.6983
第十六类	1.0714*** (0.2242)	1.1560*** (0.0798)	-4.1e+02 (374.162)	0.0221 (0.5116)	-2.3848* (1.4019)	-0.7227 (0.4883)	0.8332
第十七类	0.7734*** (0.1763)	1.2208*** (0.0578)	-4.2e+02 (259.042)	-0.6079 (0.5591)	0.1442 (1.2063)	-0.9762*** (0.2362)	0.8780
第十八类	0.3704 (0.2488)	1.2212*** (0.0833)	-5.1e+02 (479.487)	0.2412 (0.5547)	-3.8039** (1.8917)	-1.0199*** (0.2809)	0.7952
第十九类	1.0450 (5.5427)	1.6958*** (0.4388)	-2.1e+03 (2.5e+03)	-1.7535 (3.3026)	2.5515 (13.3036)	15.5125** (6.0531)	0.4551
第二十类	0.9946*** (0.2847)	1.0668*** (0.1189)	-3.3e+02 (488.217)	0.0478 (0.6476)	-1.3564 (1.7947)	-0.9175* (0.4864)	0.6943
第二十一类	-2.1630 (3.6359)	-0.0845 (0.3684)	-3.4e+03* (2.0e+03)	0.3230 (2.9575)	4.3302 (8.9812)	0.0000 (.)	-0.0618
第二十二类	5.1653*** (1.6941)	1.3351*** (0.1861)	-1.9e+03* (1.1e+03)	2.6834 (2.2466)	16.241*** (5.4350)	-7.1745 (5.5838)	0.6312

注：(1) ***、**、*分别表示在1%、5%、10%的水平上显著。(2) 括号中的稳健标准误差聚类到地理距离。

表6.10显示2012年中国与中东欧国家合作机制运行以来，浙江省与十四个中东欧国家在22个大类产品上的双边贸易效率现状。样本期间，浙江省与十四个中东欧国家在22个大类产品上的双边贸易效率均值高达2.22，双边贸易潜力类型属于潜力再造型。

表6.10　　浙江省与中东欧国家在22大类产品上的双边贸易效率

产品类别	2013年	2014年	2015年	2016年	2017年	2018年	2019年	2020年	均值
第一类	—	—	—	—	1.71	1.43	2.15	2.21^{2-21}	1.88^{8-15}
第二类	—	—	—	—	2.47	1.32	1.95	1.80^{5-18}	1.89^{7-16}
第三类	—	—	—	—	6.19	6.28	2.4	1.16^{20-3}	4.23^{2-21}

续表

产品类别	2013 年	2014 年	2015 年	2016 年	2017 年	2018 年	2019 年	2020 年	均值
第四类	—	—	—	—	1.12	1.29	0.99	1.412^{14-9}	1.201^{22-1}
第五类	—	—	—	—	8.89	27.1	27.04	8.14^{1-22}	17.58^{1-22}
第六类	—	—	—	—	1.79	1.63	2.13	1.857^{3-20}	1.850^{9-14}
第七类	—	—	—	—	1.51	1.18	1.4	1.322^{16-7}	1.35^{17-6}
第八类	—	—	—	—	1.73	1.59	2.02	1.43^{12-11}	1.69^{13-10}
第九类	—	—	—	—	1.69	1.54	1.17	1.60^{9-14}	1.499^{16-7}
第十类	1.87	1.89	2.16	2.21	2.15	1.57	1.77	1.64^{8-15}	1.902^{6-17}
第十一类	1.57	1.52	1.58	1.65	1.87	2.16	1.88	1.321^{17-6}	1.70^{12-11}
第十二类	2.14	1.69	2.19	1.87	1.63	2.11	1.85	1.33^{15-8}	1.849^{10-13}
第十三类	1.57	1.69	1.8	1.88	1.8	1.74	1.79	1.706^{7-16}	1.75^{11-12}
第十四类	1.15	3.84	2.35	3.1	2.32	2.36	1.67	1.21^{19-4}	2.23^{5-18}
第十五类	1.37	1.43	1.3	1.36	1.3	1.22	1.18	1.56^{10-13}	1.34^{18-5}
第十六类	1.29	1.27	1.21	1.3	1.43	1.17	1.18	1.12^{22-1}	1.25^{19-4}
第十七类	0.95	1.32	1.03	1.31	1.06	1.18	1.17	1.70^{6-17}	1.22^{21-2}
第十八类	1.23	1.09	1.24	1.17	1.54	1.2	1.3	1.157^{21-2}	1.24^{20-3}
第十九类	—	—	—	—	1.77	1.54	1.55	1.855^{4-19}	1.66^{14-9}
第二十类	1.4	1.48	1.59	1.77	1.55	1.35	1.5	1.413^{13-10}	1.504^{15-8}
第二十一类	—	2.24	1.82	1.03	1.36	2.62	4.08	1.52^{11-12}	2.336^{4-19}
第二十二类	2.29	2.37	1.48	1.06	4.88	3.43	0.51	1.23^{18-5}	2.341^{3-20}

注：右上角第一个数字代表双边贸易效率的位次，"－"后的数字代表双边贸易潜力的位次。

论及大类产品差异，浙江省与十四个中东欧国家在第四类产品上的双边贸易潜力最大，双边贸易效率均值为 1.201，双边贸易潜力类型属于潜力再造型。这也就意味着 2012 年以来，浙江省与中东欧国家在第四类产品等 22 大类上的双边贸易潜力均已发挥完毕，需要重新培育促进双边贸易的积极因素。位居第 2 位的是浙江省与中东欧国家在第十七类产品上的双边贸易潜力，其双边贸易效率均值为 1.22。再次是浙江省与中东欧国家在第十八类产品上的双边贸易潜力，其双边贸易效率均值为 1.24。

第四位是浙江省与中东欧国家在第十六类产品上的双边贸易潜力，双边贸易效率均值为 1.25。第 5 位是浙江省与中东欧国家在第十五类产品上的双边贸易潜力，其双边贸易效率均值为 1.34。第 6 位是浙江省与中东欧国家在第七类产品上的双边贸易潜力，其双边贸易效率均值为 1.35。

第七位到第 16 位分别是浙江省与中东欧国家在第九类产品，第八类产品，第十九类产品，第八类产品，第十一类产品，第十三类产品，第十二类产品，第六类产品，第一类产品，以及第二类产品，其双边贸易效率均值分别为 1.499、1.504、1.66、1.69、1.70、1.75、1.849、1.850、1.88 和 1.897。

倒数六位分别为浙江省与中东欧国家在第十类产品，第十四类产品，第二十一类产品，第二十二类产品，第三类及第五类产品，其双边贸易效率均值分别为 1.902、2.23、2.336、2.341、4.23、17.58。

以上特征性事实说明，浙江省与中东欧国家的进出口产品更多集中在第十类、第十四类、第二十一类、第二十二类、第三类和第五类等产品上，而在第四类、第十七类、第十八类、第十六类、第十五类和第七类等产品上的进出口贸易相对较低，是需要进一步开拓的进出口标的物。

2020 年，浙江省与十四个中东欧国家除了在第五类产品上的双边贸易潜力依旧为最后一名以外，在其余 21 大类产品上的的双边贸易潜力较 2012 年以来样本均值下的位次有明显差异，具体如下：

第一，浙江省与中东欧国家在第十六类产品上的双边贸易潜力位次由 2012 年以来样本均值下的第 4 位跃升为 2020 年的第 1 位，双边贸易效率仅为 1.12。

第二，浙江省与中东欧国家在第十八类产品上的双边贸易潜力位次由 2012 年以来样本均值下的第 3 位上升到 2020 年的第 2 位，双边贸易效率均值为 1.157。

第三，浙江省与中东欧国家在第三类产品上的双边贸易潜力的位次变化非常明显，从 2012 年以来样本均值下的第 21 位上升到 2020 年的第 3 位，双边贸易效率均值为 1.163。

第四，浙江省与中东欧国家在第十四类产品上的双边贸易潜力的位次变化也较大，从 2012 年以来样本均值下的第 18 位上升到 2020 年的第 4 位，双边贸易效率均值为 1.21。

第五，浙江省与中东欧国家在第二十二类产品上的双边贸易潜力位次变化也不小，从 2012 年以来样本均值下的第 20 位跃升到 2020 年的第 5 位，双边贸易效率均值为 1.23。

第六，浙江省与中东欧国家在第十一类产品上的双边贸易潜力位次由 2012 年以来样本均值下的第 11 位上升到 2020 年的第 6 位，双边贸易效率均值为 1.321。

第七，浙江省与中东欧国家在第七类产品上的双边贸易潜力位次下降 1 位，由 2012 年以来样本均值下的第 6 位降至 2020 年的第 7 位，双边贸易效率均值为 1.322。

第八，浙江省与中东欧国家在第十二类产品上的双边贸易潜力位次由 2012 年以来样本均值下的第 13 位上升到 2020 年的第 8 位，双边贸易效率均值为 1.33。

第九，浙江省与中东欧国家在第四类产品上的双边贸易潜力位次变动较大，由 2012 年以来样本均值下的第 1 位降低到 2020 年的第 9 位，双边贸易效率均值为 1.412。

第十，浙江省与中东欧国家在第二十类产品上的双边贸易潜力位次下跌 2 位，由 2012 年样本均值下的第 8 位跌至 2020 年的第 10 位，双边贸易效率均值为 1.413。

第十一，浙江省与中东欧国家在第八类产品上的双边贸易潜力位次下跌 1 位，由 2012 年以来样本均值下的第 10 位下降到 2020 年的第 11 位，双边贸易效率均值为 1.43。

第十二，浙江省与中东欧国家在第二十一类产品上的双边贸易潜力位次上升 7 位，由 2012 年以来样本均值下的第 19 位上升到 2020 年的第 12 位，双边贸易效率均值为 1.52。

第十三，浙江省与中东欧国家在第十五类产品上的双边贸易潜力位次下跌 8 位，由 2012 年以来样本均值下的第 5 位降低到 2020 年的第 13 位，双边贸易效率均值为 1.56。

第十四，浙江省与中东欧国家在第九类产品上的双边贸易潜力位次下降 7 位，由 2012 年以来样本均值下的第 7 位降到 2020 年的第 14 位，双边贸易效率均值为 1.60。

第十五，浙江省与中东欧国家在第十类产品上的双边贸易潜力位次上升 2 位，由 2012 年的第 17 位上升到 2020 年的第 15 位，双边贸易效率均值为 1.64。

第十六，浙江省与中东欧国家在第十三类产品上的双边贸易潜力位次下降 4 位，由 2012 年以来样本均值下的第 12 位降低到 2020 年的第 16 位，双边贸易效率均值为 1.706。

第十七，浙江省与中东欧国家在第十七类产品上的双边贸易潜力位次下降了 15 位，由 2012 年以来样本均值下的第 2 位跌至 2020 年的第 17 位，双边贸易效率增加到 1.707。

第十八，浙江省与中东欧国家在第二类产品上的双边贸易潜力位次下跌 2 位，由 2012 年以来样本均值下的第 16 位降至 2020 年的第 18 位，双边贸易效率位 1.80。

第十九，浙江省与中东欧国家在第十九类产品上的双边贸易潜力位次下降了 10 位，由 2012 年以来样本均值下的第 9 位降到 2020 年的第 19 位，双边贸易效率也增加到 1.855。

第二十，浙江省与中东欧国家在第六类产品上的双边贸易潜力位次下跌 6 位，由 2012 年以来样本均值下的第 14 位跌至 2020 年的第 20 位，双边贸易效率增加到 1.857。

第二十一，浙江省与中东欧国家在第一类产品上的双边贸易潜力位次下降 6 位，由 2012 年以来样本均值下的第 15 位降低到 2020 年的第 21 位，双边贸易效率为 2.21。

2020 年的特征性事实表明，浙江省在与中东欧国家的双边贸易方面，主要集中在第五类产品，第一类产品，第六类产品，第十九类产品，第二类产品，第十七类产品上，其双边贸易效率均值都在 1.7 以上，双边贸易潜力类型属于潜力再造型。

进一步地，图 6.8 和图 6.9 刻画的是 2012 年以来浙江省与十四个中东欧国家分别 22 大类产品上的双边贸易效率演化趋势。图 6.8 和图 6.9 显示，2012 年以来，浙江省与十四个中东欧国家在 22 大类产品上的双边贸易效率有显著变化。浙江省与中东欧国家除了在第一类、第四类、第六类、第十类、第十一类、第十三类、第十七类、第十九类、第二十类和第二十一类等 10 大类产品上的双边贸易效率呈上升趋势之外，在其余 12 大类产品上的双边贸易效率都呈下降趋势。

从双边贸易效率的变化趋势幅度来看，浙江省与中东欧国家在第三类产品上的双边贸易效率的下降趋势最为明显，其下降趋势系数为 -1.8967。其次是浙江省与中东欧国家在第五类产品上的双边贸易效率的下降趋势，

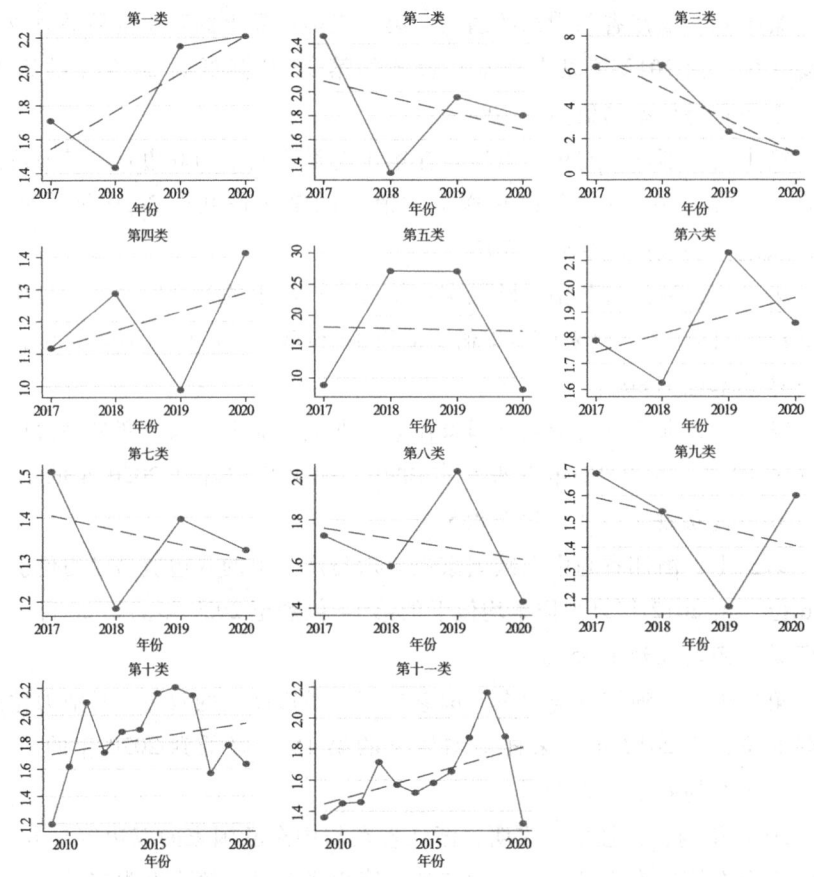

图 6.8　浙江省与中东欧国家在第一到第十一大类产品的双边贸易效率

其下降趋势系数为 -0.2310。再次是浙江省与中东欧国家在第一类产品上的双边贸易效率上升趋势，其上升趋势系数为 0.2210。最低是浙江省与中东欧国家在第十六类产品上的双边贸易效率的下降趋势，其下降趋势系数为 -0.0026。

　　接下来，以浙江省作为出口省份和进口省份，将双边贸易效率分解为出口贸易效率和进口贸易效率。

　　首先来看出口贸易效率。表 6.11 显示 2012 年中国与中东欧国家合作机制运行以来，浙江省向十四个中东欧国家出口 22 个大类产品的贸易效率现状。样本期间，浙江省向十四个中东欧国家出口 22 个大类产品的贸易效率均值为 2.42，高出双边贸易效率均值 0.02，出口贸易潜力类型也属于潜力再造型。

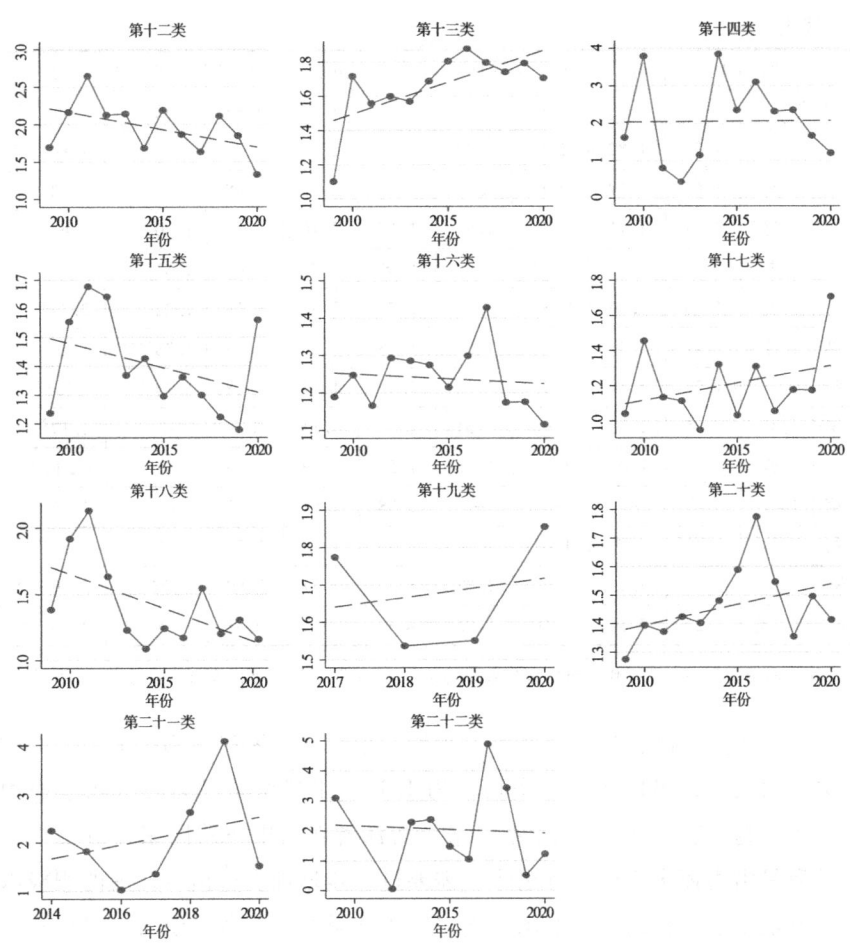

图 6.9　浙江省与中东欧国家在第十二到第二十二大类产品的双边贸易效率

表 6.11　浙江省向中东欧国家分别出口 22 大类产品的贸易效率

产品类别	2013 年	2014 年	2015 年	2016 年	2017 年	2018 年	2019 年	2020 年	均值
第一类	—	—	—	—	1.73	1.48	2.11	2.34^{2-21}	1.913^{6-17}
第二类	—	—	—	—	2.26	1.13	2.14	1.826^{8-15}	1.856^{9-14}
第三类	—	—	—	—	2.21	1.31	1.47	2.14^{3-20}	1.74^{13-10}
第四类	—	—	—	—	1.31	1.43	1.09	1.36^{16-7}	1.30^{19-4}
第五类	—	—	—	—	9.73	29.16	54.41	10.20^{1-22}	25.13^{1-22}
第六类	—	—	—	—	1.83	1.78	2.16	1.94^{4-19}	1.93^{5-18}
第七类	—	—	—	—	1.49	1.2	1.42	1.32^{18-5}	1.35^{18-5}
第八类	—	—	—	—	1.73	1.66	2.11	1.50^{11-12}	1.75^{12-11}

续表

产品类别	2013 年	2014 年	2015 年	2016 年	2017 年	2018 年	2019 年	2020 年	均值
第九类	—	—	—	—	2.1	1.55	1.89	1.82^{9-14}	1.84^{10-13}
第十类	1.76	1.82	2.2	2.24	2	1.49	1.79	1.66^{10-13}	1.86^{8-15}
第十一类	1.62	1.59	1.6	1.7	1.91	2.2	1.88	1.33^{17-6}	1.73^{14-9}
第十二类	2.17	1.71	2.3	1.96	1.67	2.16	1.9	1.40^{14-9}	1.907^{7-16}
第十三类	1.55	1.73	1.84	1.99	1.8	1.78	1.83	1.84^{5-18}	1.79^{11-12}
第十四类	1.16	3.86	2.37	3.13	2.31	2.37	1.68	1.22^{20-3}	2.24^{4-19}
第十五类	1.47	1.43	1.33	1.55	1.38	1.3	1.35	1.38^{15-8}	1.40^{17-6}
第十六类	1.29	1.27	1.23	1.32	1.42	1.17	1.18	1.14^{22-1}	1.251^{20-3}
第十七类	0.95	1.29	0.98	1.31	1.07	1.14	1.2	1.42^{13-10}	1.17^{22-1}
第十八类	1.23	1.09	1.25	1.18	1.55	1.19	1.29	1.17^{21-2}	1.246^{21-2}
第十九类	—	—	—	—	1.78	1.57	1.55	1.834^{7-16}	1.66^{15-8}
第二十类	1.39	1.5	1.61	1.8	1.56	1.39	1.52	1.45^{12-11}	1.52^{16-7}
第二十一类	—	2.45	2.01	1.08	1.26	2.54	3.89	1.835^{6-17}	2.39^{2-21}
第二十二类	2.28	2.35	1.46	1.03	4.9	3.52	0.51	1.25^{19-4}	2.36^{3-20}

注：右上角第一个数字代表出口贸易效率的位次，"—"后的数字代表出口贸易潜力的位次。

论及大类产品差异，浙江省向十四个中东欧国家出口第十七类产品的贸易潜力最大，出口贸易效率均值为 1.17，出口贸易潜力类型属于潜力开拓型。这也就意味着 2012 年以来，浙江省在向中东欧国家出口第十七类的贸易潜力还未完全发挥出来，需要进一步培训促进出口发展的积极因素。其次是浙江省向中东欧国家出口第十八类产品的贸易潜力，出口贸易效率均值为 1.246，出口贸易潜力类型属于潜力再造型。这也就意味着 2012 年以来，除了第十六类和第十八类等两大类产品，浙江省向中东欧国家出口第十八类等其余 21 大类上的贸易潜力都已发挥完毕，需要重新培育促进出口贸易的积极因素。再次是浙江省向中东欧国家出口第十六类产品的贸易潜力，出口贸易效率均值为 1.22，出口贸易潜力类型属于潜力再造型。

浙江省向中东欧国家出口贸易潜力位居第 4 位的是第四类产品，出口贸易效率均值为 1.30。位居第 5 位的是第七类产品，浙江省向中东欧国家出口该大类产品的贸易效率均值为 1.35。第 6 位是第十五类产品，浙江省向中东欧国家出口该大类产品的贸易效率均值为 1.40。第 7 位到第 16 位分别是第二十类产品，第十九类产品，第十一类产品，第三类产品，第八类产品，第十三类产品，第九类产品，第二类产品，第十类产品，以及第十二类产品，浙江省向中东欧国家出口该大类产品的贸易效率均值分别为1.52、1.66、1.73、1.74、1.75、1.79、1.84、1.856、1.86和1.907。

倒数6位分别是第一类产品，第六类产品，第十四类产品，第二十二类产品，第二十一类产品，以及第五类产品，浙江省向中东欧国家出口该大类产品贸易效率均值分别为1.913、1.93、2.24、2.36、2.39和25.13。

以上特征性事实说明浙江省向十四个中东欧国家出口大类产品主要集中在第五类、第二十一类、第二十二类、第十四类、第六类和第一类等产品上，而在第十七类、第十八类、第十六类、第四类、第七类和第十五类等产品上的出口贸易效率相对较低，是需要进一步开拓的出口贸易标的物。

2020年，浙江省向十四个中东欧国家除了出口第五类产品、第七类产品，以及第十八类产品的贸易潜力的位次依旧为第22名、第5名和第2名以外，出口其余19大类产品的贸易潜力较2012年以来样本均值下的位次有明显差异，具体如下：

第一，浙江省向中东欧国家出口第十六类产品的贸易潜力位次由2012年以来样本均值下的第3位跃升为2020年的第1位，出口贸易效率仅为1.14，出口贸易潜力类型属于潜力开拓型。

第二，浙江省向中东欧国家出口第十四类产品的贸易潜力的位次变化很大，从2012年以来样本均值下的第19位上升到2020年的第3位，出口贸易效率均值为1.22，出口贸易潜力类型属于潜力再造型。

第三，浙江省向中东欧国家出口第二十二类产品的贸易潜力的位次变化非常明显，从2012年以来样本均值下的第20位上升到2020年的第4位，出口贸易效率均值为1.25。

第四，浙江省向中东欧国家出口第十一类产品的贸易潜力位次上升3位，从2012年以来样本均值下的第9位跃升到2020年的第6位，出口贸易效率均值为1.33。

第五，浙江省向中东欧国家出口第四类产品的贸易潜力位次下降3位，从2012年以来样本均值下的第4位跌至2020年的第7位，出口贸易效率均值为1.36。

第六，浙江省向中东欧国家出口第八类产品的贸易潜力位次下降2位，从2012年以来样本均值下的第6位降至2020年的第8位，出口贸易效率均值为1.38。

第七,浙江省向中东欧国家出口第十二类产品的贸易潜力位次上升 7 位,从 2012 年以来样本均值下的第 16 位上升到 2020 年的第 9 位,出口贸易效率均值为 1.40。

第八,浙江省向中东欧国家出口第十七类产品的贸易潜力位次下降 9 位,从 2012 年以来样本均值下的第 1 位跌至 2020 年的第 10 位,出口贸易效率 1.42。

第九,浙江省向中东欧国家出口第二十类产品的贸易潜力位次下降 4 位,从 2012 年以来样本均值下的第 7 位跌至 2020 年的第 11 位,出口贸易效率 1.45。

第十,浙江省向中东欧国家出口第八类产品的贸易潜力位次下降 1 位,由 2012 年以来样本均值下的第 11 位降低到 2020 年的第 12 位,出口贸易效率均值为 1.50。

第十一,浙江省向中东欧国家出口第十类产品的贸易潜力位次上升 2 位,从 2012 年以来样本均值下的第 15 位上升到 2020 年的第 13 位,出口贸易效率均值为 1.66。

第十二,浙江省向中东欧国家出口第九类产品的贸易位次变化不明显,从 2012 年以来样本均值下的第 13 位降到 2020 年的第 14 位,出口贸易效率均值为 1.82。

第十三,浙江省向中东欧国家出口第二类产品的贸易潜力位次也变化不明显,从 2012 年以来样本均值下的第 14 位下降到 2020 年的第 15 位,出口贸易效率均值为 1.826。

第十四,浙江省向中东欧国家出口第十九类产品的贸易潜力位次下跌 8 位,从 2012 年以来样本均值下的第 8 位跌至 2020 年的第 16 位,出口贸易效率均值为 1.834。

第十五,浙江省向中东欧国家出口第二十一类产品的贸易潜力位次上升 4 位,由 2012 年以来样本均值下的第 21 位上升到 2020 年的第 17 位,出口贸易效率均值为 1.835。

第十六,浙江省向中东欧国家出口第十三类产品的贸易潜力位次下降 6 位,从 2012 年以来样本均值下的第 12 位降到 2020 年的第 18 位,出口贸易效率均值为 1.84。

第十七,浙江省向中东欧国家出口第六类产品的贸易潜力位次变动不明显,仅从 2012 年以来样本均值下的第 18 位下降到 2020 年的第 19 位,出口贸易效率均值为 1.94。

第十八，浙江省向中东欧国家出口第三类产品的贸易潜力位次下跌 10 位，从 2012 年以来样本均值下的第 10 位跌至 2020 年的第 20 位，出口贸易效率均值为 2.14。

第十九，浙江省向中东欧国家出口第一类产品的贸易潜力位次下降 4 位，从 2012 年以来样本均值下的第 17 位降到 2020 年的第 21 位，出口贸易效率均值为 2.34。

2020 年的特征性事实表明，浙江省向中东欧国家出口的产品大类主要集中在第五类产品、第一类产品、第三类产品、第六类产品、第十三类产品以及第二十一类产品，其出口贸易效率均值均在 1.8 以上，出口贸易潜力类型都属于潜力再造型。

进一步地，图 6.10 和图 6.11 显示了 2012 年以来浙江省向十四个中东欧国家分别出口 22 大类产品的贸易效率演化趋势。图 6.10 和图 6.11 显示，2012 年以来，浙江省向十四个中东欧国家分别出口 22 大类产品的贸易效率有显著变化，具体为：浙江省向中东欧国家出口第一类、第五类、第六类、第十类、第十一类、第十三类、第十四类、第十七类、第十九类、第二十类和第二十一类等 11 大类产品的贸易效率呈上升趋势，出口其余 11 大类产品的贸易效率都呈下降趋势。

从出口贸易效率的变化趋势幅度来看，浙江省向中东欧国家出口第五类产品的贸易效率的上升趋势最为明显，其上升趋势系数为 2.6646。其次是浙江省向中东欧国家出口第一类产品的贸易效率的上升趋势，其上升趋势系数为 0.2447。再次是浙江省向中东欧国家出口第二十一类产品的贸易效率的上升趋势，其上升趋势系数为 0.1202。最低是浙江省向中东欧国家出口第十六类产品的下降趋势，其下降趋势系数为 -0.0018。

在进口贸易效率方面，表 6.12 汇报的是 2012 年中国与中东欧国家合作机制运行以来，浙江省从十四个中东欧国家进口 22 个大类产品的贸易效率现状。2012 年以来，浙江省从十四个中东欧国家进口 22 个大类产品的贸易效率均值高达 8.14，分别高出双边贸易效率和出口贸易效率 5.92 与 5.72，进口贸易潜力类型属于潜力再造型。

论及大类产品差异，浙江省从十四个中东欧国家进口第二十一类产品的贸易潜力最大，进口贸易效率均值仅为 0.99999976，进口贸易潜力类型属于潜力开拓型。其次是是浙江省从中东欧国家进口第十九类产品的贸

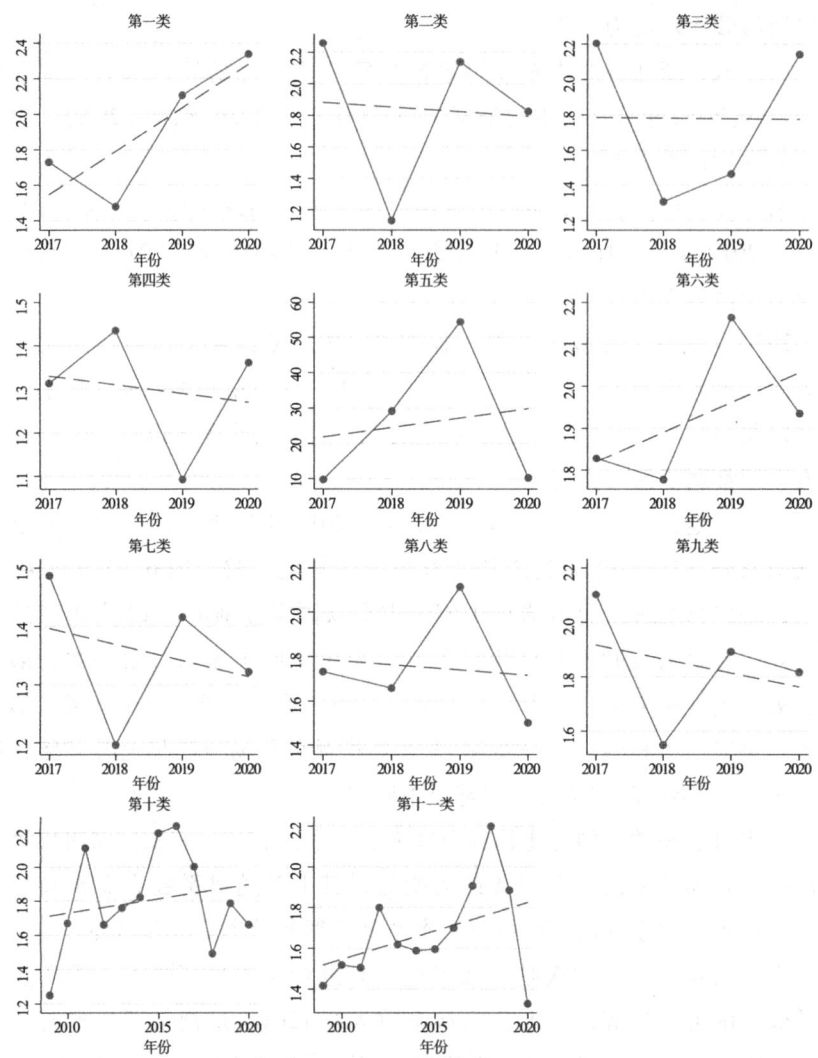

图 6.10　浙江省向中东欧国家出口第一到第十一大类产品的贸易效率

易潜力,进口贸易效率均值为 1.00,进口贸易潜力类型也属于潜力开拓型。这意味着 2012 年以来,浙江省从中东欧国家进口第二十一类产品和第十九类产品的贸易潜力还未完全发挥出来,需要进一步培训促进进口发展的积极因素。再次是浙江省从中东欧国家进口第四类产品的贸易潜力,进口贸易效率均值为 1.43,进口贸易潜力类型属于潜力再造型。这也意味着 2012 年以来,除了第二十一类和第十九类等两大类产品,浙江省从中东欧国家进口第四类等其余 20 大类上的贸易潜力都已发挥完毕,需要

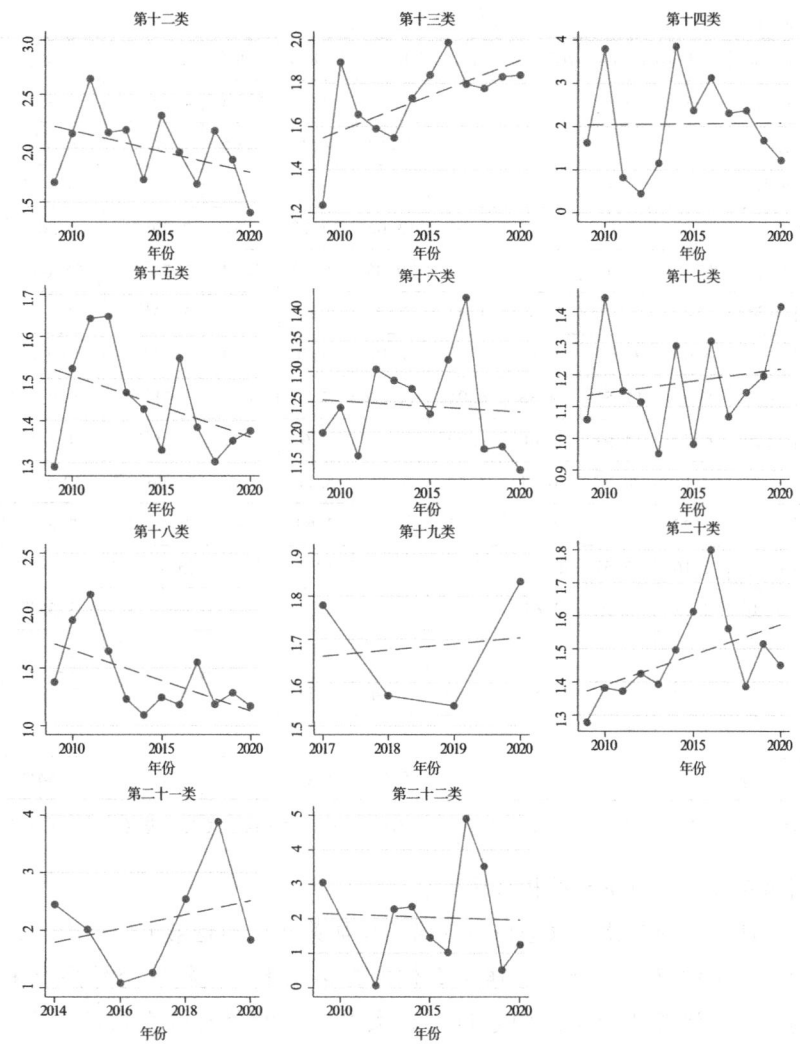

图 6.11　浙江省向中东欧国家出口第十二到第二十二大类产品的贸易效率

表 6.12　浙江省从中东欧国家分别进口 22 大类产品的贸易效率

产品类别	2013 年	2014 年	2015 年	2016 年	2017 年	2018 年	2019 年	2020 年	均值
第一类	—	—	—	—	15.22	11.34	2.6	12.77^{4-18}	11.64^{5-18}
第二类	—	—	—	—	10.19	3.61	5.09	4.04^{10-12}	5.68^{13-10}
第三类	—	—	—	—	11.48	9.75	4.06	1.60^{18-4}	7.01^{12-11}
第四类	—	—	—	—	1.24	1.52	1.07	1.89^{17-5}	1.43^{20-3}
第五类	—	—	—	—	4.14	10.92	20.97	19.08^{3-19}	14.39^{2-21}

续表

产品类别	2013 年	2014 年	2015 年	2016 年	2017 年	2018 年	2019 年	2020年	均值
第六类	—	—	—	—	11.74	2.1	13.46	4.72[8-14]	7.98[9-14]
第七类	—	—	—	—	21.83	4.58	1.06	3.39[11-11]	7.16[11-12]
第八类	—	—	—	—	4.01	5.11	7.97	2.97[14-8]	5.13[14-9]
第九类	—	—	—	—	13.05	12.77	2.12	8.59[5-17]	9.30[8-15]
第十类	85.82	32.17	13.29	14.01	20.06	29.82	7.92	7.76[7-15]	25.66[1-22]
第十一类	2.07	1.17	1.96	1.43	2.18	2.18	2.84	2.53[15-7]	2.06[19-4]
第十二类	5.06	6.17	3.06	4.77	5.26	25.06	20.99	8.52[6-16]	10.50[6-17]
第十三类	23.93	11.51	19.88	6.94	10.26	5.7	4.9	2.01[16-6]	9.83[7-16]
第十四类	6.71	14.91	2.44	1.79	6	0.6	1.21	3.25[13-9]	4.43[15-8]
第十五类	3.14	5.79	16.11	4.44	5.49	5.17	2.43	54.96[1-21]	12.56[4-19]
第十六类	3.27	3.63	2.25	2.47	2.57	2.69	2.49	1.43[20-2]	2.59[17-6]
第十七类	2.16	15.57	21.13	16.78	8.95	12.3	3.14	25.14[2-20]	13.22[3-20]
第十八类	2.41	3.68	2.81	3.24	2.7	4.45	3.81	3.27[12-10]	3.33[16-7]
第十九类	—	—	—	—	1	1	6	1.00[21-1]	1.00[21-2]
第二十类	25.78	0.83	4.59	12.18	8.44	3.85	1	4.56[9-13]	7.76[10-13]
第二十一类	—	—	—	1	1	1.9	—		0.99999976[22-1]
第二十二类	—	—	—	—	5.63	1.18	2.6	1.46[19-3]	2.54[18-5]

注：右上角第一个数字代表双边贸易效率的位次，"－"后的数字代表双边贸易潜力的位次。

重新培育促进进口贸易的积极因素。

浙江省从中东欧国家进口贸易潜力位居第 4 位的是第十一类产品，进口贸易效率均值为 2.06。位居第 5 位的是第二十二类特殊交易品及未分类商品，浙江省从中东欧国家进口该大类产品的贸易效率均值为 2.54。第 6 位的是第十六类产品，浙江省从中东欧国家进口该大类产品的贸易效率均值为 2.59。第 7 位到第 16 位分别是第十八类产品，第十四类产品，第八类产品、第二类产品、第三类产品、第七类产品、第二十类产品、第六类产品、第九类产品以及第十三类产品，浙江省从中东欧国家进口该大类产品的贸易效率均值分别为 3.33、4.43、5.13、5.68、7.01、7.16、7.76、7.98、9.30 和 9.83。

倒数第 6 位分别是第十二类产品、第一类产品、第十五类产品、第十七类产品、第五类产品以及第十类产品，浙江省从中东欧国家进口该大类产品贸易效率均值分别为 10.50、11.64、12.56、13.22、14.39 和 25.66。

以上特征性事实说明，浙江省从十四个中东欧国家所进口的大类产品主要集中在第十类、第五类、第十七类、第十五类、第一类和第十二类等产品上，而在第二十一类、第十九类、第四类、第十一类、第二十二类和第十六类等产品上的进口贸易效率相对较低，是需要进一步开拓的进口贸易对象。

2020年，浙江省从十四个中东欧国家进口了21大类产品，除了进口第二十类产品、第六类产品、第一类产品、第十七类产品贸易潜力的位次依旧为第13名、第14名、第18名和第20名以外，进口其余17大类产品的贸易潜力较2012年以来样本均值下的位次有明显差异，具体如下：

第一，浙江省从中东欧国家进口第十九类产品的贸易潜力位次由2012年以来样本均值下的第2位跃升为2020年的第1位，进口贸易效率均值仅为1.00，进口贸易潜力类型属于潜力开拓型。

第二，浙江省从中东欧国家进口第十六类产品的贸易潜力的位次上升4位，从2012年以来样本均值下的第6位上升到2020年的第2位，进口贸易效率均值为1.43，进口贸易潜力类型属于潜力再造型。

第三，浙江省从中东欧国家进口第二十二类产品的贸易潜力的位次上升2位，从2012年以来样本均值下的第5位上升到2020年的第3位，进口贸易效率均值为1.46。

第四，浙江省从中东欧国家进口第三类产品的贸易潜力位次上升7位，从2012年以来样本均值下的第11位跃升到2020年的第4位，进口贸易效率均值为1.60。

第五，浙江省从中东欧国家进口第四类产品的贸易潜力位次下降2位，从2012年以来样本均值下的第3位跌至2020年的第5位，进口贸易效率均值为1.89。

第六，浙江省从中东欧国家进口第十三类产品的贸易潜力位次上升10位，从2012年以来样本均值下的第16位升到2020年的第6位，进口贸易效率均值为2.01。

第七，浙江省从中东欧国家进口第十类产品的贸易潜力位次下降3位，从2012年以来样本均值下的第4位下降到2020年的第7位，进口贸易效率均值为2.53。

第八，浙江省从中东欧国家进口第八类产品的贸易潜力位次上升1位，从2012年以来样本均值下的第9位上升到2020年的第8位，进口贸易效率均值为 2.97。

第九，浙江省从中东欧国家进口第二十类产品的贸易潜力位次下降 1 位，从 2012 年以来样本均值下的第 8 位跌至 2020 年的第 9 位，进口贸易效率均值为 3.25。

第十，浙江省从中东欧国家进口第十八类产品的贸易潜力位次下降 3 位，由 2012 年以来样本均值下的第 7 位降低到 2020 年的第 10 位，进口贸易效率均值为 3.27。

第十一，浙江省从中东欧国家进口第七类产品的贸易潜力位次上升 1 位，从 2012 年以来样本均值下的第 12 位上升到 2020 年的第 11 位，进口贸易效率均值为 3.39。

第十二，浙江省从中东欧国家进口第二类产品的贸易位次下降 2 位，从 2012 年以来样本均值下的第 10 位降到 2020 年的第 12 位，进口贸易效率均值为 4.04。

第十三，浙江省从中东欧国家进口第十类产品的贸易潜力位次上升 7 位，从 2012 年以来样本均值下的第 22 位上升到 2020 年的第 15 位，进口贸易效率均值为 7.76。

第十四，浙江省从中东欧国家进口第十二类产品的贸易潜力位次下跌 1 位，从 2012 年以来样本均值下的第 17 位跌至 2020 年的第 16 位，进口贸易效率均值为 8.52。

第十五，浙江省从中东欧国家进口第九类产品的贸易潜力位次下跌 2 位，由 2012 年以来样本均值下的第 15 位下降到 2020 年的第 17 位，进口贸易效率均值为 8.59。

第十六，浙江省从中东欧国家进口第五类产品的贸易潜力位次上升 2 位，从 2012 年以来样本均值下的第 21 位降到 2020 年的第 19 位，进口贸易效率均值为 19.08。

第十七，浙江省从中东欧国家进口第十五类产品的贸易潜力位次下降 2 位，从 2012 年以来样本均值下的第 19 位下降到 2020 年的第 21 位，进口贸易效率均值为 54.96。

2020 年的特征性事实表明，浙江省从中东欧国家进口的产品大类主要集中在第十五类产品、第十七类产品、第五类产品、第一类产品、第九类以及第十二类产品，其进口贸易效率均值均在 8 以上，进口贸易潜力类型都属于潜力再造型。

进一步地,图 6.12 和图 6.13 刻画的是 2012 年以来浙江省从十四个中东欧国家分别进口 22 大类产品的贸易效率演化趋势。图 6.12 和图 6.13 显示,2012 年以来,浙江省从十四个中东欧国家分别进口 22 大类产品的贸易效率有显著变化,具体为:浙江省从中东欧国家进口第四类、第五类、第十一类、第十二类、第十四类、第十五类、第十七类、第十九类和第二十类等 9 大类产品的贸易效率呈上升趋势,进口其余 13 大类产品的贸易效率都呈下降趋势。

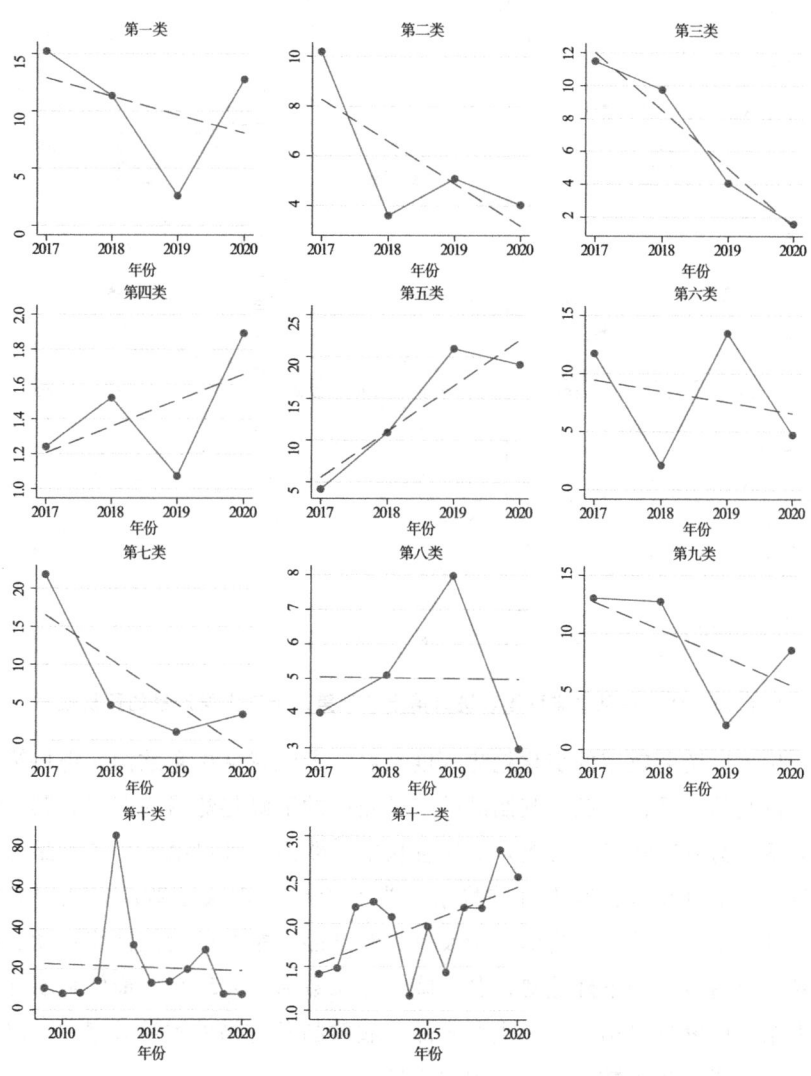

图 6.12　浙江省从中东欧国家进口第一到第十一大类产品的贸易效率

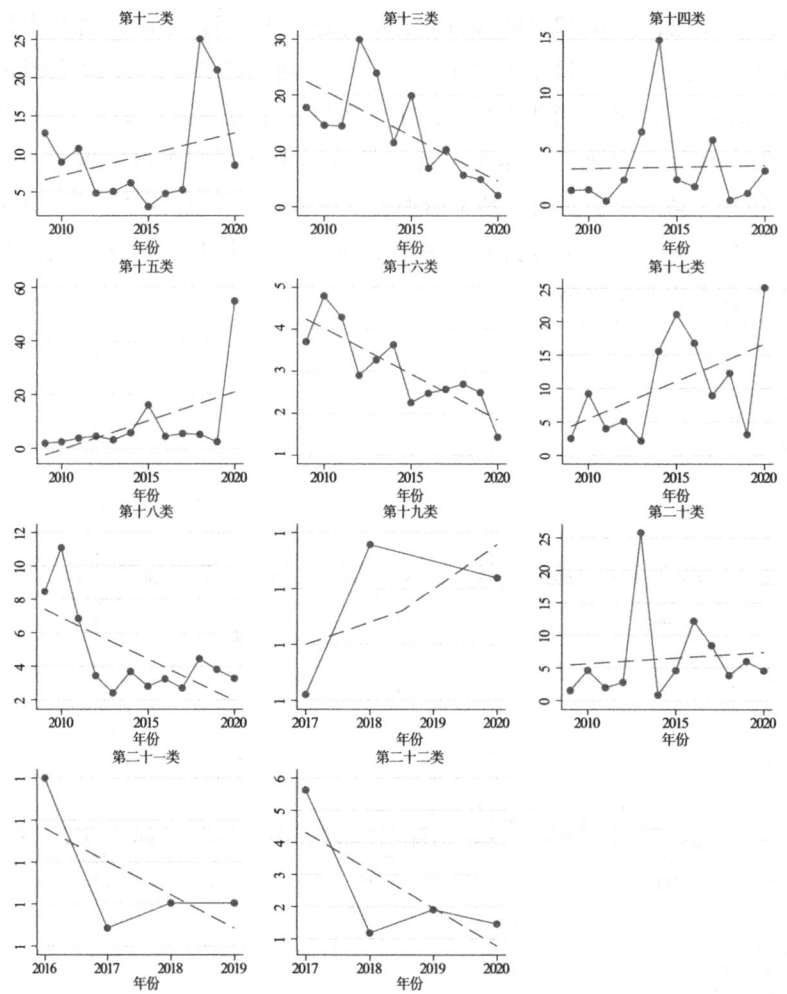

图 6.13　浙江省从中东欧国家进口第十二到第二十二大类产品的贸易效率

从进口贸易效率的变化趋势幅度来看，浙江省从中东欧国家进口第七类塑料及其制品；橡胶及其制品的贸易效率的下降趋势最为明显，其下降趋势系数为 -5.8853。其次是浙江省从中东欧国家进口第五类矿产品的贸易效率的上升趋势，其上升趋势系数为 5.4861。再次是浙江省从中东欧国家进口第三类动、植物油、脂及其分解产品；精制的食用油脂；动、植物蜡的贸易效率的下降趋势，其下降趋势系数为 -3.5340。最低是浙江省从中东欧国家进口第二十一类艺术品、收藏品及古物的贸易效率的下降趋势，其下降趋势系数为 -0.0000000834。

第 7 章

研究结论与政策启示（建议）

7.1 研究结论

本书首先综述了贸易潜力理论的演变历程与贸易潜力的测度方法；其次，从双边贸易总体现状、进口贸易现状和出口贸易现状等三个方面论述了中国（浙江省）与十四个中东欧国家的进出口贸易现状；最后，从总体贸易潜力、分国别贸易潜力和很商品贸易潜力等三个维度估算了中国（浙江省）与十四个中东欧国家的贸易潜力。综上研究得出以下几个重要结论：

结论一：中国与中东欧国家双边贸易长期存在日益严重的贸易顺差

1995—2020 年，中国分别与十四个中东欧国家的双边贸易都一直存在严重的贸易顺差问题，即中国分别向中十四个东欧国家出口的贸易总额大于分别从对应中东欧国家进口的贸易总额。平均而言，中国与中东欧国家的双边贸易顺差为 29.17 亿美元。从 1995 年的 1.10 亿美元跃升到 2020 年的 75.82 亿美元，年均增长 18.45%。论及国别差异，中国与波兰的双边贸易顺差最大，贸易顺差均值为 9.77 亿美元。其次是中国与捷克的双边贸易顺差，贸易顺差均值为 6.97 亿美元。再次是中国与匈牙利的双边贸易顺差，贸易顺差均值为 3.11 亿美元。第四位是中国与希腊的双边贸易顺差，贸易顺差均值为 2.53 亿美元。第五位是中国与罗马尼亚的双边贸易顺差，贸易顺差均值为 1.92 亿美元。第六位是中国与斯洛伐克的双边贸易顺差，贸易顺差均值为 1.18 亿美元。第七位是中国与斯洛文尼亚的双边贸易顺差，贸易顺差均值为 1.10 亿美元。中国与以上 7 个中东欧国家的贸易顺差均值总和达到 27.53 亿美元，占中国与 14 个中东欧国家双边贸易顺差均值总和的比重达到 92.66%。此外，中国与其余 7 个国家的双边贸易顺差虽然不足 1 亿美元，但是都有 1400 万美元，最低的是中国与北马其顿的贸易顺差，均值仅为 0.1489 亿美元。

结论二：中国与中东欧国家双边贸易市场集中度过高

1995—2020 年，双边贸易的市场集中度的结果显示，平均而言，中国与波兰、捷克、匈牙利、希腊、斯洛伐克和罗马尼亚六国的双边贸易额占中国与十四个中东欧国家总贸易额的比重接近九成，为 88.25%。其中，中国与波兰、捷克和匈牙利之间的双边贸易占比六成有余，为 64.84%。在进口贸易方面，中国从十四个中东欧国家年均进口贸易总额最多的六个国家分别为波兰、匈牙利、捷克、斯洛伐克、罗马尼亚和保加利亚。中国从最大六国进口贸易占比保持在 74% 以上，进口占比均值也高达 87.49%。其中，中国从波兰、匈牙利和捷克进口的贸易占比也接近六成，为 57.51%。在出口贸易方面，中国向十四个中东欧国家年均出口贸易总额最多的六个国家分别为波兰、捷克、匈牙利、希腊、罗马尼亚和斯洛伐克。中国向最大六国出口贸易占比保持在 83% 以上，均值达到 88.36%。

结论三：中国与中东欧重要伙伴国家双边贸易发展后劲不足

发展后劲不足主要体现在增速上。中国与波兰、捷克、匈牙利、希腊、斯洛伐克以及罗马尼亚六国的双边贸易额的占比虽然接近九成，但是中国与这些国家的双边贸易总额的增速都呈现幅度不同的下滑趋势。中国与波兰、匈牙利、希腊以及罗马尼亚等四个国家的双边贸易增速的下降幅度较大。其中，中国与匈牙利的双边贸易总额的增速下降幅度最大，其次是与斯洛伐克的双边贸易总额增速的下降幅度。在进口贸易方面，中国从波兰、匈牙利、捷克、保加利亚、斯洛伐克和罗马尼亚六国进口贸易额增速也都呈明显的下降趋势。其中，中国从斯洛伐克进口贸易总额增速的下降幅度最大,其次是从匈牙利进口贸易总额增速的下降幅度。在出口贸易方面,与双边贸易总额增速的下降幅度一样,中国向匈牙利和斯洛伐克出口的贸易总额增速的下降幅度位列第二和第一。

结论四:中国与中东欧国家的双边贸易产品结构有待优化

无论是 Basu(2011)的产品技术分类,还是 BEC Rev.4 的产品分类,抑或 Rauch(1999)的产品分类,中国与中东欧国家的双边贸易更多集中于某类产品,产品结构有待优化。

在 Basu(2011)的产品技术分类方面,1995—2020 年,中国与中东欧国家在高技能和技术密集型制成品上的双边贸易额最高,其均值是排在第二位的资源密集型产品的 1.97 倍,是排在第三位的低技能和技术密集型制成品的 4.83 倍。同时,中国与中东欧国家在高技能和技术密集型制成品上的双边贸易额占比均值也最高,达到 34.66%,而在低技能和技术密集型制成品、非燃料初级产品和矿物燃料等产品上的双边贸易额占比都不及 10%。论及六类产品的进口与出口差异,中国从中东欧国家进口最多的是中技能和技术密集型制成品,其次是非燃料初级产品,再次是高技能和技术密集型制成品,最低是矿物燃料。而中国向中东欧国家出口最多的是高技能和技术密集型制成品,其次是中技能和技术密集型制成品,再次是资源密集型产品,最低也是矿物燃料。

在 BEC Rev.4 的产品分类方面,1995—2020 年,中国与中东欧国家在中间产品上的双边贸易额最高,其均值是最终产品的 1.62 倍,是资本品均值的 1.94 倍。与此同时,中国与中东欧国家在中间产品上的双边贸易占比均值为 43.82%,其次是最终产品双边贸易占比,均值为 37.18%。最低的是资本品的双边贸易占比,均值为 18.99%。在进口与出口的差异上,中国从十四个中东欧国家进口最多的产品也是中间产品,其均值为资本品进口总额均值的 5.60 倍,是最终产品进口总额均值的 7.97 倍。同样,中国向十四个中东欧国家出口最多的产品也是中间产品,其均值为最终产品均值的 1.33 倍,是资本品均值的 1.61 倍。

在 Rauch(1999)的产品分类方面,无论是"保守"分类法还是"自由"分类法,中国与中东欧国家的双边贸易大多集中于差异化产品。在"保守"分类法下,中国与中东欧国家在差异化产品双边贸易额均值是参考价格产品双边贸易额均值的 21.10 倍,是同质化产品双边贸易额均值的 97.07 倍。在"自由"分类法下,中国与中东欧国家在差异化产品双边贸易额均值是参考价格产品双边贸易额均值的 15.42 倍，是同质化产品双边贸易额均值的 48.93 倍。

结论五：中国与中东欧国家的双边贸易效率低，市场潜力发展不均衡

无论是双边贸易还是出口贸易效率，中国与中东欧国家之间的贸易效率都呈下降趋势，亦即贸易潜力呈上升趋势，贸易潜力类型都属于潜力开拓型。然而，中国从中东欧国家进口的贸易效率呈现"L"形下降趋势，进口贸易潜力类型属于潜力再造型。

在国别差异上，中国与克罗地亚的双边贸易潜力最大。其次是中国与斯洛伐克的双边贸易潜力。再次是中国与北马其顿的双边贸易潜力。最低是中国与波黑的双边贸易潜力。在出口贸易潜力上，中国向斯洛伐克出口的贸易潜力最大，其次是向克罗地亚出口的贸易潜力，再次是向匈牙利出口的贸易潜力，最低是向波黑的出口贸易潜力。在进口贸易潜力上，中国从波兰进口的贸易潜力最大，其次是从北马其顿进口的贸易潜力，再次是从斯洛文尼亚进口的贸易潜力，最低是从阿尔巴尼亚进口的贸易潜力。

在产品差异上，在 Basu（2011）产品分类标准下，中国与十四个中东欧国家在矿物燃料上的双边贸易潜力最大。其次是在资源密集型产品上的双边贸易潜力，再次是在低技能和技术密集型制成品上的双边贸易潜力，之后依次为高技能和技术密集型制成品、中技能和技术密集型制成品以及非燃料初级产品。其中，中国与中东欧国家在非燃料初级产品上的双边贸易效率最高，双边贸易潜力类型为潜力再造型，在其余 5 种不同类型产品上的双边贸易潜力类型都为潜力开拓型。在出口贸易潜力上，中国向中东欧国家出口贸易潜力由大到小依次为矿物燃料、低技能和技术密集型制成品、非燃料初级产品、中技能和技术密集型制成品、资源密集型产品和高技能和技术密集型制成品。在进口贸易潜力上，中国从中东欧国家进口贸易潜力由大到小分别为非燃料初级产品、资源密集型产品、高技能和技术密集型制成品、矿物燃料、中技能和技术密集型制成品和低技能和技术密集型制成品。

在 BEC Rev.4 的产品分类下，中国与十四个中东欧国家在中间品上的双边贸易潜力最大，其次是在最终品上的双边贸易潜力，最低是在资本品上的双边贸易潜力，前两种产品的双边贸易潜力类型属于潜力开拓型，后一种双边贸易潜力属于潜力再造型。在出口贸易方面，中国向中东欧国家出口最终品的贸易潜力最大，其次是出口中间品的贸易潜力，最低是出

口资本品的贸易潜力。在进口贸易方面的贸易潜力，与出口贸易潜力一样，由大到小依次是最终品、中间品和资本品。

在 Rauch（1999）之"保守"分类法下，无论是双边贸易还是出口抑或进口，中国与中东欧国家在参考价格产品上的贸易潜力最大，其次是在差异化产品上的贸易潜力，最低是在同质化产品上的贸易潜力。

论及贸易潜力类型差异，在 Rauch（1999）之"自由"分类法下，无论是双边贸易还是出口抑或进口，中国与中东欧国家在差异化产品上的贸易潜力最大，其次是在参考价格产品上的贸易潜力，最低是在同质化产品上的贸易潜力。论及贸易潜力类型差异，无论是双边贸易还是出口贸易，中国与中东欧国家在参考价格产品和差异化产品上的贸易潜力类型都属于潜力开拓型，在同质化产品上的贸易潜力类似属于潜力再造型。对于进口贸易来说，中国与中东欧国家在三种类型上的贸易潜力类型都属于潜力再造型。

结论六：浙江省发展与中东欧国家贸易关系的潜在优势明显，贸易潜力类型为贸易潜力再造型

2009—2021 年，浙江省与中东欧国家的双边贸易总额均值居全国第三位，为 89.34 亿美元，仅次于居第一、二位的广东省和江苏省，高于上海市。在进口贸易方面，浙江省从中东欧国家进口贸易总额均值位列全国第八，仅为 5.921 亿美元，与第一位的上海市的差距高达 31.63 亿美元，与排名第四位和第五位的江苏省广东省的差距也分别有 8.99 亿美元和 6.2 亿美元。浙江省提高从中东欧国家进口贸易的空间不小。在出口贸易方面，浙江省向中东欧国家出口的贸易总额均值位居第三，为 83.42 亿美元，仅次于广东省和江苏省，且与二者的差距有限，分别为 34.66 亿美元和 5.29 亿美元。此外，无论是双边贸易还是出口抑或进口贸易，浙江省与中东欧国家的贸易效率都在 1.2 以上，贸易潜力类型都属于贸易潜力再造型，需要重新寻找促进双边贸易发展的积极因素。

结论七：浙江与中东欧国家双边贸易的贸易顺差渐涨且市场集中度高

2009—2021 年，浙江省与中东欧国家之间的双边贸易一直存在渐涨的贸易顺差问题。从 2009 年的 39.94 亿美元上涨到 2021 年的 122.83 亿美元，年均增长 9.81%。论及国别差异，估算 2009—2021 年之间的累计双边贸易顺差得到，浙江省与波兰、希腊、罗马尼亚、斯洛文尼亚、捷克和匈牙利等六国的双边贸易顺差占浙江省与 14 个中东欧国家总顺差的累

计占比达到 83.56%。其中，浙江省与波兰的双边贸易顺差最大，贸易顺差高达 379.94 亿美元，占比为 37.71%。其次是浙江省与希腊的双边贸易顺差，达到 142.58 亿美元，占比为 14.15%。再次是浙江省与罗马尼亚的双边贸易顺差值，为 92.7 亿美元，占比为 9.2%。之后分别为浙江省与斯洛文尼亚、捷克和匈牙利的双边贸易顺差，顺差依次为 83.75 亿美元、72.02 亿美元和 70.97 亿美元，占比分别为 8.31%、7.15% 和 7.04%。

结论八：浙江省与中东欧国家的双边贸易产品结构有待优化

2009—2021 年，平均而言，浙江省与中东欧国家在第十六类产品上的双边贸易额的均值最高，其次是在第十一类产品上的双边贸易额均值，再次是在第二十类产品上的双边贸易额均值，第四到第六位依次为第十五类产品、第十二类产品以及第六类产品。浙江省与中东欧国家在以上六类产品的双边贸易占比在 8 成以上，其余 16 大类产品的双边贸易占比不到 2 成。

7.2 政策启示（建议）

启示（建议）一：适当增加从中东欧国家的进口贸易

研究结论一与研究结论七都显示，中国（浙江省）与中东欧国家之间的双边贸易都存在明显的贸易顺差，这严重影响中东欧国家在参与中国与中东欧国家合作机制中的贸易利得。从中国与中东欧国家的进口贸易现状来看，可以适当增加从波兰、捷克、匈牙利、希腊、罗马尼亚、斯洛文尼亚和斯洛伐克等国家的进口。在产品差异上，适当增加对最终产品、非燃料初级产品、资源密集型产品、高技能和技术密集型制成品、参考价格产品和差异化产品的进口。

启示（建议）二：创造更佳的投资环境与营商环境

中国从中东欧国家进口的贸易总额远少于向中东欧国家的出口贸易额。因此，增加中东欧国家向中国的出口是首要任务。每个中东欧国家的要素禀赋、产业结构、工业体系、人均收入等存在显著差异。为此，可以引导中国企业走出去，去中东欧国家投资，尤其是绿地投资，生产出适合国人消费偏好的产品，然后再出口到中国。在提高中东欧国家当地税收，增加当地就业等的同时，缩小了中东欧国家与中国双边贸易的逆差，甚至带来双边贸易顺差，巩固中国与中东欧国家合作机制，进一步实现合作共赢、共谋发展的共同愿望。

启示（建议）三：进一步提高经济自由化程度，创造更好的制度环境

贸易潜力的实证结果中，出口国相较于进口国的经济自由化程度对双边贸易的影响为负。经济自由化指数包含法治（财产权、政府廉正和司法效力），政府规模（政府支出、税收负担和财政健康），监管效率（经商自由、劳动自由和货币自由），以及开放市场（贸易自由、投资自由和财务自由）等四大类十二子指标。因此，可以从这十二个指标入手，进一步完善财产权，提高政府的廉政能力和司法效力，降低税收负担，提高经商自由化程度，改革劳动力市场的自由化流动机制，进一步降低关税，与中东欧国家进行投资自由化谈判等等，提高中国的经济自由化水平。

启示（建议）四：多元化贸易对象

无论是中国还是浙江省单个省份，与中东欧国家之间的贸易都存在严重依赖于波兰、捷克、匈牙利、希腊、罗马尼亚、斯洛伐克、斯洛文尼亚、保加利亚等国的特点，市场集中度过高。因此，多元化贸易对象是一个需要考虑的政策方向。一方面，可以降低供应链中断的风险，另一方面可以增加其余几个中东欧国家的双边贸易额，降低中国与其余几个中东欧国家的贸易逆差，提高中东欧国家参与中国与中东欧国家合作的贸易利得。

启示（建议）五：双边经济体认真研究总结以往合作的经验

应继续深化双边政府官方的合作深度，探索出更加适合双方国情，平衡双边政治、经济利益等方面诉求的合作体系。在国际贸易领域，双方政府可以根据各自的比较优势，形成大区域之间的产业互补格局，进一步削减双方经济体的关税与非关税贸易壁垒，切实提高双边经济体的贸易效率，挖掘贸易潜力。

参 考 文 献

[1] Adao, R., C. Arkolakis., and S. Ganapati. Aggregate Implications of Firm Heterogeneity: A Nonparametric Analysis of Monopolistic Competition Trade Models [R]. NBER Working Papers, National Bureau of Economic Research, 2020.

[2] Aigner, D., C. A., Knox Lovell., and P. Schmidt. Formulation and Estimation of Stochastic Frontier Production Function Models [J]. Journal of Econometrics, 1977, 6 (1): 21 – 37.

[3] Allen, T., and C. Arkolakis. Trade and the Topography of the Spatial Economy [J]. Quarterly Journal of Economics, 2014, 129 (3): 1085 – 1140.

[4] Allen, T., and Y. Takahashi. Universal Gravity [J]. Journal of Political Economy, 2020, 128 (2): 393 – 433.

[5] Anderson, J. E. A Theoretical Foundation for the Gravity Equation [J]. American Economic Review, 1979, 69 (1): 106 – 116.

[6] Anderson, J. E., and D. Marcouiller. Insecurity And The Pattern Of Trade: An Empirical Investigation [J]. Review of Economics and Statistics, 2002, 84 (2): 342 – 352.

[7] Anderson, J. E., and E. van Wincoop. Gravity with Gravitas: A Solution to the Border Puzzle [J]. American Economic Review, 2003, 93 (1): 170 – 192.

[8] Anderson, J. E., and E. van Wincoop. Trade Costs [J]. Journal of Economic Literature, 2004, 42 (3): 691 – 751.

[9] Anderson, J. E., and Y. V. Yotov. The Changing Incidence of Geography [J]. American Economic Review, 2010, 100 (5): 2157 – 2186.

[10] Anderson, J. E. The Gravity Model [J]. Annual Review of Economics, 2011 (3): 133 – 160.

[11] Anderson, J. E., A. Costinot, and A. Rodriguez – Clare [J]. New Trade Models, Same Old Gains? [J]. American Economic Review, 2012, 102 (1): 94 – 130.

[12] Anderson, J. E., and Y. V. Yotov. Terms of Trade and Global Efficiency Effects of Free Trade Agreements, 1990 – 2002 [J]. Journal of International Economics, 2016, 99 (C): 279 – 298.

[13] Anderson, J. E., M. Vesselovsky., and Y. V. Yotov. Gravity with Scale Economies [J]. Journal of International Economics, 2016 (100): 174 – 193.

[14] Anderson, J. E., I. Borchert, A. Mattoo., and Y. V. Yotov. Dark costs, missing data: Shedding some light on services trade [J]. European Economic Review, 2018, 105 (C): 193 – 214.

[15] Anderson, J. E., M. Larch., and Y. V. Yotov. GEPPML: General equilibrium analysis with PPML [J]. The World Economy, 2018, 41 (10): 2750 – 2782.

[16] Anderson, J. E., and Y. Yoto, Pound for Pound Export Diversification [OL]. CESifo Working Paper No. 8800, Available at SSRN: https://ssrn.com/abstract = 3765298 or http://dx.doi.org/10.2139/ssrn.3765298, 2020.

[17] Anderson, J. E., and Y. Yotov. Short Run Gravity [J]. Journal of International Economics, 2020, 126, September.

[18] Anderson, J. E., M. Larch., and Y. V. Yotov. Trade and investment in the global economy: A multi – country dynamic analysis [J]. European Economic Review, 2019, 120 (C).

[19] Anderson, J. E., M. Larch., and Y. V. Yotov. Transitional Growth and Trade with Frictions: A Structural Estimation Framework [J]. Economic Journal, 2020, 130 (630): 1583 – 1607.

[20] Anderson, J. E. Non – parametric Gravity [R]. Manuscript, Boston College, 2021.

[21] Arkolakis, C. Market Penetration Costs and the New Consumers Margin in International Trade [J]. Journal of Political Economy, 2010, 118

(6): 1151 – 1199.

[22] Armington, P. A Theory of Demand for Products Distinguished by Place of Production [J]. IMF Econ Rev, 1969 (16): 159 – 178.

[23] Armstrong, S. Measuring Trade and Trade Potential: A Survey [R]. Asia Pacific Economic Papers 368, Australia – Japan Research Centre, Crawford School of Public Policy, The Australian National University, 2007.

[24] Armstrong, S. P., and D. Peter., and K. Kaliappa. Asian Trade Structures and Trade Potential: An Initial Analysis of South and East Asian Trade [OL]. Available at SSRN: https://ssrn.com/abstract = 1767686 or http://dx.doi.org/10.2139/ssrn.1767686, 2008.

[25] Arvis, J. – F., and B. Shepherd. The Poisson Quasi – Maximum Likelihood Estimator: A Solution to the "Adding up" Problem in Gravity Models [J]. Applied Economics Letters, 2013, 20 (6): 515 – 519.

[26] Baier, S. L. and J. H. Bergstrand. The Growth of World Trade: Tariffs, Transport Costs, and Income Similarity [J]. Journal of International Economics, 2001, 53 (1): 1 – 27.

[27] Baier, S. L., and J. H. Bergstrand. Do Free Trade Agreements Actually Increase Members' International Trade? [J]. Journal of International Economics, 2007, 71 (1): 72 – 95.

[28] Baier, S. L. and J. H. Bergstrand. Bonus Vetus OLS: A Simple Method for Approximating International Trade – cost Effects using the Gravity Equation [J]. Journal of International Economics, 2009, 77 (1): 77 – 85.

[29] Baier, S. L., and M. Feng. Economic integration agreements and the margins of international trade [J]. Journal of International Economics, 2014, 93 (2): 339 – 350.

[30] Baier, S. L., A. Kerr., and Y. V. Yotov. Chapter 2 Gravity, distance, and international trade [A]. in Bruce A. B., and W. W. Wilson, eds., Handbook of International Trade and Transportation [M]. Cheltenham: Edward Elgar Publishing, 2018.

[31] Baier, S. L., J. H. Bergstrand., and M. W. Clance. Heterogeneous effects of economic integration agreements [J]. Journal of Development Economics, 2018, 135 (C): 587 – 608.

[32] Baier, S. L. , Y. V. Yotov. , and T. Zylkin [J]. On the Widely Differing Effects of Free Trade Agreements: Lessons from Twenty Years of Trade Integration [J]. Journal of International Economics, 2019 (16): 206 – 226.

[33] Baldwin, R. Towards an Integrated Europe [M]. London: Centre for Economic Policy Research, 1994.

[34] Baldwin, R. , and D. Taglioni. Trade effects of the euro: A comparison of estimators [J]. Journal of Economic Integration, 2007, 22 (4): 780 – 818.

[35] Baldwin, R. , and J. I. Dingel. Telemigration and Development: On the Offshorability of Teleworkable Jobs [R]. NBER Working Papers 29387, National Bureau of Economic Research, 2021.

[36] Balistreri, E. J. , and R. H. Hillberry. Structural Estimation and the Border Puzzle [J]. Journal of International Economics, 2007, 72 (2): 451 – 463.

[37] Basu S. R. Retooling Trade Policy in Developing Countries: Does Technology Intensity of Exports Matter for GDP Per Capita? [R]. Policy Issues in International Trade and Commodities. United Nations publication. UNCTAD/ITCD/TAB/. New York and Geneva, 2011.

[38] Battese, G. E. , and G. S. Corra. Estimation of a Production Frontier Model: With Application to the Pastoral Zone off Eastern Australia [J]. Australian Journal of Agricultural Economics, 1977, 21 (3): 169 – 179.

[39] Battese, G. E. and T. J. Coelli. Prediction of Firm – Level Technical Efficiencies with a Generalized Frontier Production Function and Panel Data [J]. Journal of Econometrics, 1988 (38): 387 – 399.

[40] Battese, G. E. , and T. J. Coelli. Frontier Production Functions, Technical Efficiency and Panel Data: With Application to Paddy Farmers in India [J]. Journal of Productivity Analysis, 1992, 3 (1/2): 153 – 169.

[41] Battese, G. E. , and T. J. Coelli. A Model for Technical Inefficiency Effects in a Stochastic Frontier Production Function for Panel Data [J]. Empirical Economics, 1995 (20): 325 – 332.

[42] Bensassi, S. , and I. Martinez – Zarzoso. How Costly is Modern

Maritime Piracy to the International Community? [J]. Review of International Economics, 2012, 20 (5): 869 – 883.

[43] Benzarti, Y., and A. Tazhitdinova. Do Value – Added Taxes Affect International Trade Flows? Evidence from 30 Years of Tax Reforms [J]. American Economic Journal: Economic Policy, 2021, 13 (4): 469 – 89.

[44] Bergstrand, J. H., and P. Egger. A Knowledge – and – Physical – Capital Model of International Trade Flows, Foreign Direct Investment, and Multinational Enterprises [J]. Journal of International Economics, 2007, 73 (2): 278 – 308.

[45] Bergstrand, J. H., and P. Egger. Chapter 17 Gravity Equations and Economic Frictions in the World Economy [A]. in Bernhofen, D. et al., eds., Palgrave Handbook of International Trade [M]. London: Palgrave Macmillan, 2013. 532 – 570.

[46] Bergstrand, J. H., M. Larch., and Y. V. Yotov. Economic Integration Agreements, Border Effects, and Distance Elasticities in the Gravity Equation [J]. European Economic Review, 2015 (78): 307 – 327.

[47] Bergstrand, J. H. Understanding Globalization Through the Lens of Gravity [M]. Cheltenham: World Scientific Publishing Company, 2019.

[48] Beverelli, C., A. Keck, M. Larch., and Y. Yotov. Institutions, Trade and Development: A Quantitative Analysis. CESifo Working Paper Series No. 6920, Available at SSRN: https://ssrn.com/abstract = 3167749 or http://dx.doi.org/10.2139/ssrn.3167749, 2018.

[49] Borchert, I., M. Larch, S. Shikher., and Y. Yotov. The International Trade and Production Database for Estimation (ITPD – E) [J]. International Economics, 2021 (16): 140 – 166.

[50] Breinlich, H., F. Harald., N. Volker., and S. Nicolas, Gravity with Granularity [OL]. CEPR Discussion Paper No. DP15374, Available at SSRN: https://ssrn.com/abstract = 3723563, 2022.

[51] Caliendo, L., and F. Parro. Estimates of the Trade and Welfare Effects of NAFTA [J]. Review of Economic Studies, 2015, 82 (1): 1 – 44.

[52] Caliendo, L., M. Dvorkin., and F. Parro. Trade and Labor Market Dynamics: General Equilibrium Analysis of the China Trade Shock [J].

Econometrica, 2019, 87 (3): 741-835.

[53] Campbell, D. L. Estimating the Impact of Currency Unions on Trade: Solving the Glick and Rose Puzzle [J]. The World Economy, 2013, 36 (10): 1278-1293.

[54] Carrére, C., M. Mrázová., and J. P. Neary. Gravity Without Apology: the Science of Elasticities, Distance and Trade [J]. Economic Journal, 2020, 130 (628): 880-910.

[55] Chaney, T. Distorted Gravity: The Intensive and Extensive Margins of International Trade [J]. American Economic Review, 2008, 98 (4): 1707-1721.

[56] Chaney, T. The Network Structure of International Trade [J]. American Economic Review, 2014, 104 (11): 3600-3634.

[57] Chen, N., and D. Novy. Currency Unions, Trade, and Heterogeneity [R]. CEPR Discussion Papers 12954, CEPR. Discussion Papers May 2018.

[58] Chen, N., and D. Novy. Gravity and Heterogeneous Trade Cost Elasticities [R]. CEPR Discussion Papers 16318, C. E. P. R. Discussion Papers, 2021.

[59] Chor, D. Unpacking sources of comparative advantage: A quantitative approach [J]. Journal of International Economics, 2010, 82 (2): 152-167.

[60] Colombi, R. G. Martini., and G. Vittadini. A Stochastic Frontier Model with short-run and long-run inefficiency random effects [R]. Working Papers 1101, Department of Management, Information and Production Engineering, University of Bergamo, 2011.

[61] Colombi, R., S. C. Kumbhakar, G. Martini., and G. Vittadini. Closed-Skew Normality in Stochastic Frontiers with Individual Effects and Long/Short-Run Efficiency [J]. Journal of Productivity Analysis, 2014, 42 (2): 123-136.

[62] Conte, M., P. Cotterlaz and T. Mayer. The CEPII Gravity database [OL]. CEPII Working Paper N°2022-05, 2022.

[63] Cornwell, C., Schmidt, P., and Sickles, R. C. Production Fron-

tiers with Cross – Sectional and Time – Series Variation in Efficiency Levels [J]. Journal of Econometrics, 1990 (46): 185 – 200.

[64] Correia, S., P. Guimaraes., and T. Zylkin. Fast Poisson estimation with high – dimensional fixed effects [J]. Stata Journal, 2020, 20 (1): 95 – 115.

[65] Costinot, A., D. Donaldson., and I. Komunjer. What Goods Do Countries Trade? A Quantitative Exploration of Ricardo's Ideas [J]. Review of Economic Studies, 2012, 79 (2), 581 – 608.

[66] Costinot, A., and A. Rodriguez – Clare. Chapter 4 Trade Theory with Numbers: Quantifying the Consequences of Globalization [A]. in Gita G., E. Helpman, and K. S. Rogoff eds., Handbook of International Economics [M]. Oxford: Vol. 4, Elsevier Ltd., 2014.

[67] Coughlin, C. C., and D. Novy. Estimating Border Effects: The Impact Of Spatial Aggregation [J]. International Economic Review, 2021, 62 (4): 1453 – 1487.

[68] Cunat, A., and R. t Zymek. The (Structural) Gravity of Epidemics [J]. European Economic Review, 2022 (144), 104082.

[69] Dai, M., Y. V. Yotov., and T. Zylkin. On the Trade – diversion Effects of Free Trade Agreements [J]. Economics Letters, 2014, 122 (2): 321 – 325.

[70] Deardorff, A. Chapter 10 Testing trade theories and predicting trade flows [A]. in Jones, R. W., and P. B. Kenen, eds., Handbook of International Economics [M]. Oxford: Elsevier, 1984 (1): 467 – 517.

[71] Deardorff, A. V. Determinants of Bilateral Trade: Does Gravity Work in a Neoclassical World? [R]. NBER Working Papers No. 5377, National Bureau of Economic Research, 1995.

[72] Deluna, R. J., and C. Edgardo. Philippine Export Efficiency and Potential: An Application of Stochastic Frontier Gravity Model [R]. MPRA Paper 53580, University Library of Munich, Germany, 2014.

[73] de Sousa, J. The currency union effect on trade is decreasing over time [J]. Economics Letters, 2012, 117 (3): 917 – 920.

[74] Disdier, A. C. and K. Head. The Puzzling Persistence of the Dis-

tance Effect on Bilateral Trade [J]. Review of Economics and Statistics, 2008, 90 (1): 37 - 48.

[75] Dix - Carneiro, R., P. J. Paulo., R. - H. Ricardo., and T. Sharon, Globalization, Trade Imbalances, and Labor Market Adjustment [OL]. Available at SSRN: https://ssrn.com/abstract = 3807163 or http://dx.doi.org/10.2139/ssrn.3807163, 2021.

[76] Drysdale, P. and Garnaut, R. Trade Intensities and the Analysis of Bilateral Trade Flows in a Many - Country World: A Survey [J]. Hitotsubashi Journal of Economics, 1982, 22 (2): 62 - 84.

[77] Dutt, P., A. M. Santacreu, and D. A. Traca. The Gravity of Experience [J]. Canadian Journal of Economics, 2020, 55 (1): 213 - 248.

[78] Eaton, J., and S. Kortum. Technology, Geography and Trade [J]. Econometrica, 2002, 70 (5): 1741 - 1779.

[79] Eaton, J., S. Kortum, B. Neiman., and J. Romalis. Trade and the Global Recession [J]. American Economic Review, 2016, 106 (11): 3401 - 3438.

[80] Egger, P. An Econometric View on the Estimation of Gravity Models and the Calculation of Trade Potentials [J]. World Economy, 2002, 25 (2): 297 - 312.

[81] Egger, P. H., and M. Pfaffermayr. The proper panel econometric specification of the gravity equation: A three - way model with bilateral interaction effectsp [J]. Empirical Economics, 2003, 28 (3): 571 - 580.

[82] Egger, P. H., and F. Tarlea. Comparing Apples to Apples: Estimating Consistent Partial Effects of Preferential Economic Integration Agreements [J]. Economica, 2021, 88 (350): 456 - 473.

[83] Eichengreen, B., and D. A. Irwin. The Role of History in Bilateral Trade Flows [OL]. NBER Chapters, in: The Regionalization of the World Economy, pages 33 - 62, National Bureau of Economic Research, Inc, 1998.

[84] Esteve - Pérez, S., S. Gil - Pareja., and R. Llorca - Vivero. Does the GATT/WTO promote trade? After all, Rose was right [J]. Review of World Economics (Weltwirtschaftliches Archiv), 2020, 156 (2): 377 - 405.

[85] Fajgelbaum, P. D., and A. K. Khandelwal. Measuring the Unequal

Gains from Trade [J]. The Quarterly Journal of Economics, 2016, 131 (3): 1113 – 1180.

[86] Fally, T. Structural Gravity and Fixed Effects [J]. Journal of International Economics, 2015, 97 (1): 76 – 85.

[87] Feenstra, R. C., G. H. Hanson. Intermediaries in Entrepot Trade: Hong Kong Re – Exports of Chinese Goods [J]. Journal of Economics & Management Strategy, 2004, 13 (1): 3 – 35.

[88] Felbermayr, G., and Y. V. Yotov. From theory to policy with gravitas: A solution to the mystery of the excess trade balances [J]. European Economic Review, 2021, 139 (C).

[89] Fieler, A. C. Nonhomotheticity and Bilateral Trade: Evidence and a Quantitative Explanation [J]. Econometrica, 2011, 79 (4). 1069 – 1101.

[90] Fontagne, L., F. V. Kirchbach, and M. Mimouni [J. Assessment of Environmentally – related Non – tariff Measures [J]. The World Economy, 2005, 28 (10): 1417 – 1439.

[91] Fontagné, L. G., H. Guimbard., and G. Orefice. Product – Level Trade Elasticities: Worth Weighting For [R]. CESifo Working Paper Series 8491, CESifo, 2020.

[92] Fϕrsund, F. R., C. A K. Lovell., and P. Schmidt. A Survey of Frontier Production Functions and of Their Relationship to Efficiency Measurement [J]. Journal of Econometrics, 1980, 13 (1): 5 – 25.

[93] Freeman, R., and L. Mario., and T. Angelos., and Y. Yoto, Unlocking New Methods to Estimate Country – Specific Trade Costs and Trade Elasticities [OL]. ESifo Working Paper No. 9432, Available at SSRN: https://ssrn.com/abstract = 3971989 or http://dx.doi.org/10.2139/ssrn.3971989, 2021.

[94] Gaulier, G., Zignago, S. BACI: International Trade Database at the Product – Level. The 1994 – 2007 Version [OL]. CEPII Working Paper, NO. 2010 – 23, 2010.

[95] Gebrehiwot, G., and Gebru, B. Ethiopia's foreign trade potential: inferences from a dynamic gravity approach', Int. J. Economics and Business Research, 2015, 9 (4): 355 – 375.

[96] Gil-Pareja, S., R. Llorca-Vivero., and J. Paniagua. Trade law and trade flows [J]. The World Economy, 2020, 43 (3): 681-704.

[97] Glick, R., and A. K. Rose. Does a currency union affect trade? The time-series evidence [J]. European Economic Review, 2002, 46 (6): 1125-1151.

[98] Glick, R., and A. K. Rose. Currency unions and trade: A post-EMU reassessment [J]. European Economic Review, 2016, 87 (C): 78-91.

[99] Góralczyk, B. China's interests in Central and Eastern Europe: enter the dragon [J]. European View, 2017, 16 (01): 153-162.

[100] Greene, W. H. Reconsidering Heterogeneity in Panel Data Estimators of the Stochastic Frontier Model [J]. Journal of Econometrics, 2005a (126): 269-303.

[101] Greene, W. H. Fixed and Random Effects in Stochastic Frontier Models [J]. Journal of Productivity Analysis, 2005b (23): 7-32.

[102] Gurevich, T., and P. Herman. The Dynamic Gravity Dataset: 1948-2016 [R]. USITC Working Paper 2018-02-A, 2018.

[103] Gurevich, T., F. Toubal., and Y. Yotov. One Nation, One Language? Domestic Language Diversity, Trade and Welfare [R]. School of EconomicsWorking Paper Series 2021-8, LeBow College of Business, Drexel University January. 2021.

[104] Harrigan, J. Specialization and the Volume of Trade: Do the Data Obey the Laws? [R]. National Bureau of Economic Research, NBER Working Papers, 8675, 2001.

[105] Hausmann, R., and B. Klinger. Structural Transformation and Patterns of Comparative Advantage in the Product Space [OL]. KSG Working Paper No. RWP06-041, CID Working Paper No. 128, Available at SSRN: https://ssrn.com/abstract=939646 or http://dx.doi.org/10.2139/ssrn.939646, 2006.

[106] Head, K. Gravity for beginners. mimeo, University of British Columbia, 2003.

[107] Head, K., and J. Ries. Do trade missions increase trade? [J]. Canadian Journal of Economics, 2010, 43 (3): 754-775.

［108］Head, K., T. Mayer, and J. Ries. The erosion of colonial trade linkages after independence［J］. Journal of International Economics, 2010, 81（1）: 1 – 14.

［109］Head, K., and T. Mayer. Chapter 3 Gravity Equations: Workhorse, Toolkit, and Cookbook［A］. in Gita G., E. Helpman, and K. S. Rogoff eds., Handbook of International Economics［M］. Oxford: Vol. 4, Elsevier Ltd., 2014.

［110］Heid, B., and M. Larch. Gravity with Unemployment［J］. Journal of International Economics, 2016（101）: 70 – 85.

［111］Heid, B., and S. Frank, Structural Gravity and the Gains from Trade Under Imperfect Competition［OL］. CESifo Working Paper No. 8121, Available at SSRN: https://ssrn.com/abstract = 3544507 or http://dx.doi.org/10.2139/ssrn.3544507, 2020.

［112］Heid, B., and Y. V. Yotov. Estimating the effects of non – discriminatory trade policies within structural gravity models［J］. Canadian Journal of Economics, 2021, 54（1）: 376 – 409.

［113］Helpman, E. Imperfect Competition and International Trade: Evidence from Fourteen Industrial Countries［J］. Journal of the Japanese and International Economies, 1987（1）: 62 – 81.

［114］Helpman, E., O. Itskhoki, and S. Redding. Wages, Unemployment and Inequality with Heterogeneous Firms and Workers［R］. NBER Working Paper No. 14122, 2008.

［115］Henderson, D. J., and D. L. Millimet［J］. Is gravity linear?［J］. Journal of Applied Econometrics, 2008, 23（2）: 137 – 172.

［116］Hickman, J., and I. Karásková. What Do Central and Eastern European Countries Want from China? Assessing 16 + 1 and Its Future［R］. AMO. C Z, BRIEFING PAPER – 03, 2019.

［117］Hidalgo, C., B. Klinger, A. L. Barabasi., and Hausmann, R. The product space conditions the development of nations［J］. Science, 2007, 317（5837）: 482 – 487.

［118］Hillberry, R., and D. Hummels. Intranational Home Bias: Some Explanations［J］. Review of Economics and Statistics, 2003, 85（4）:

1089 – 1092.

[119] Hufbauer, G. C., and B. Oegg. The Impact of Economic Sanctions on US Trade: Andrew Rose's Gravity Model [R]. Policy Briefs PB03 – 04, Peterson Institute for International Economics, 2003.

[120] Hummels, D. Toward a Geography of Trade Costs [J]. GTAP Working Paper No. 17, 1999.

[121] Hummels, D., and Klenow, P. J. The Variety and Quality of a Nation's Exports [J]. American Economic Review, 2005, 95 (3), 704 – 723.

[122] Jondrow, J., C. A K. Lovell, I. S. Materov., and P. Schmidt. On the Estimation of Technical Inefficiency in the Stochastic Frontier Production Function Model [J]. Journal of Econometrics, 1982. 19 (2/3): 233 – 38.

[123] Kalirajan, K. Stochastic varying coe cients gravity model: an application in trade analysis [J]. Journal of Applied Statistics, 1999, 26 (2): 185 – 193.

[124] Kalirajan, K., and C. Findlay. Estimating Potential Trade Using Gravity Models: A Suggested Methodology [J]. GRIPS – FASID Joint Graduate Programme, Tokyo, Japan, 2005.

[125] Kang, H. and M. Fratianni. International Trade Efficiency, the Gravity Equation, and the Stochastic Frontier [OL]. Available at SSRN: https://ssrn.com/abstract =952848 or http://dx.doi.org/10.2139/ssrn.952848, 2006.

[126] Kumar, S., and P. Prabhakar. India's trade potential and free trade agreements: a stochastic frontier gravity approach [J]. Global Economy Journal, 2017, 17 (1): 235 – 261.

[127] Kumbhakar, S. C. Production Frontiers, Panel Data, and Time – Varying Technical Inefficiency [J]. Journal of Econometrics, 1990, 46 (1/2): 201 – 212.

[128] Kumbhakar, S. C., and A. Heshmati. Efficiency Measurement in Swedish Dairy Farms: An Application of Rotating Panel Data, 1976 – 88 [J]. American Journal of Agricultural Economics, 1995 (77): 660 – 674.

[129] Kumbhakar, S. C. and Knox Lovell, C. A. Stochastic frontier analysis [M]. New York and Melbourne: Cambridge University Press, 2000.

[130] Kumbhakar, S. C., G. Lien., and J. B. Hardaker. Technical Efficiency in Competing Panel Data Models: A Study of Norwegian Grain Farming [J]. Journal of Productivity Analysis, 2014, 41 (2): 321 – 337.

[131] Kumbhakar, S. C., H – J. Wang., and A. P. Horncastle. A Practitioner's Guide to Stochastic Frontier Analysis Using Stata [M]. New York: Cambridge University Press, 2015.

[132] Larch, M., and J. Wanner. Carbon tariffs: An analysis of the trade, welfare, and emission effects [J]. Journal of International Economics, 2017, 109 (C): 195 – 213.

[133] Larch, M., J. Wanner, Y. V. Yotov., and T. Zylkin. Currency Unions and Trade: A PPML Re – assessment with High – dimensional Fixed Effects [J]. Oxford Bulletin of Economics and Statistics, 2019, 81 (3): 487 – 510.

[134] Larch, M., J. – A., Monteiro, R. Piermartini, and Y. Yotov. On the Effects of GATT/WTO Membership on Trade: They are Positive and Large After All [R]. School of Economics Working Paper Series 2019 – 4, LeBow College of Business, Drexel University May 2019.

[135] Leamer, E. E., and J. Levinsohn. Chapter 26 International Trade Theory: The Evidence [A]. in Grossman, G. M., and K. S. Rogoff eds., Handbook of International Economics [M]. Oxford: Elsevier Ltd., 1995 (3): 1339 – 1394.

[136] Lee, Y., and Schmidt, P. A Production Frontier Model with Flexible Temporal Variation in Technical Efficiency [A]. in H. Fried, K. Lovell and S. Schmidt (Eds.), The Measurement of Productive Efficiency [M]. Oxford: Oxford University Press, 1993.

[137] Linnemann, H. An Econometric Study of International Trade Flows [M]. Amsterdam: North – Holland Publishing, 1966.

[138] Liu, Z. L. Cooperation between China and the Central and Eastern European Countries in Times of Major Changes [J]. China International Studies, 2020 (06): 24 – 43 + 2.

[139] Martin, W., and C. S. Pham. Estimating the gravity model when zero trade flows are frequent and economically determined [J]. Applied Eco-

nomics, 2020, 52 (26): 2766-2779.

[140] Mayer, T., and S. Zignago. Notes on CEPII's Distances Measures: the GeoDist Database [R]. CEPII Working Paper No. 2011 - 25, 2011.

[141] Meeusen, W., and van den Broeck, J. Efficiency Estimation from Cobb - Douglas Production Functions with Composed Error', International Economic Review, 1977, 18 (2): 435-44.

[142] Melitz, J., and F. Toubal. Native Language, Spoken Language, Translation and Trade [J]. Journal of International Economics, 2014, 93 (2): 351-363.

[143] Melitz, M. J. The Impact of Trade on Intra - Industry Reallocations and Aggregate Industry Productivity [J]. Econometrica, 2003, 71 (6): 1695-1725.

[144] Mersha, A. A. Evaluating Ethiopia's Agricultural Export Potential: Empirical Evidence Using Gravity Model [J]. Journal of Economics and Sustainable Development, 2020, 11 (21): 1-20.

[145] Moharreri, A., and A. Khosravi. Trade Potentials of the TPP: A Gravity Estimation [OL]. Available at SSRN: https://ssrn.com/abstract = 2434419, 2014.

[146] Neyman, J., and E. L. Scott. Consistent Estimates Based on Partially Consistent Observations [J]. Econometrica, 1948 (16): 1-32.

[147] Niedercorn, J. H., and J. D. Moorehead. The commodity flow gravity model: A theoretical reassessment [J]. Regional and Urban Economics, 1974, 4 (1): 69-75.

[148] Nilsson, L. Trade integration and the EU economic membership criteria [J]. European Journal of Political Economy, 2000 (16): 807-827.

[149] Novy, D. Gravity Redux: Measuring International Trade Costs With Panel Data [J]. Economic Inquiry, 2013, 51 (1): 101-121.

[150] Novy, D. International Trade without CES: Estimating Translog Gravity [J]. Journal of International Economics, 2013, 89 (2): 271-282.

[151] Oberhofer, H., M. Pfaffermayr., and R. Sellner. Revisiting time as a trade barrier: Evidence from a panel structural gravity model [J]. Re-

view of International Economics, November 2021, 29 (5): 1382 – 1417.

[152] Olivero, M. P., and Y. V. Yotov. Dynamic Gravity: Endogenous Country Size and Asset Accumulation [J]. Canadian Journal of Economics, 2012, 45 (1): 64 – 92.

[153] Pfaffermayr, M. Constrained Poisson pseudo maximum likelihood estimation of structural gravity models [J]. International Economics, 2020, 161 (C): 188 – 198.

[154] Poyhonen, P. A tentative model for the volume of trade between countries [J]. Weltwirtschaftliches Archiv, 1963, 90 (1): 93 – 100.

[155] Pulliainen, K. A World Trade Study: An Econometric Model of the Patterns of the Commodity Flows in International Trade in 1948 – 1960 [J]. Ekonomiska Samfundets Tidskrift, 1963, 16 (2): 78 – 91.

[156] Ramondo, N., A. Rodriguez – Clare., and M. Saborio – Rodriguez. Trade, Domestic Frictions, and Scale Effects [J]. American Economic Review, 2016, 106 (10): 3159 – 3184.

[157] Rauch, J. E. Networks versus Markets in International Trade [J]. Journal of International Economics, 1999, 48 (1): 7 – 37.

[158] Ravenstein, E. G. The Laws of Migration: Part 1 [J]. Journal of the Statistical Society of London, 1885, 48 (2): 167 – 235.

[159] Ravikumar, B., A. M. Santacreu., and M. Sposi. Capital accumulation and dynamic gains from trade [J]. Journal of International Economics, 2019, 119 (C): 93 – 110.

[160] Redding, S., and A. Venables. Economic Geography and International Inequality [J]. Journal of International Economic, 2004, 62 (1): 53 – 82.

[161] Redding, S. Theories of Heterogeneous Firms and Trade [J]. Annual Review of Economics, September 2011, 3 (1): 77 – 105.

[162] Reifschneider, D., and R. Stevenson. Systematic Departures from the Frontier: A Framework for the Analysis of Firm Inefficiency [J]. International Economic Review, 1991, 32 (3): 715 – 723.

[163] Reyes – Heroles, R. The Role of Trade Costs in the Surge of Trade Imbalances [R]. 2017 Meeting Papers, Society for Economic Dynamics,

2017.

[164] Shepherd, B. The Gravity Model of International Trade: A User Guide (An updated version) [OL]. https://repository.unescap.org/rest/bitstreams/ab15dad9-de4e-4c7d-b981-1dd9c5b6640c/retrieve, 2016.

[165] Rose, A. K. Do We Really Know That the WTO Increases Trade? [J]. American Economic Review, 2004, 94 (1): 98-114.

[166] Rose, A. K. Which International Institutions Promote International Trade? [J]. Review of International Economics, 2005, 13 (4): 682-698.

[167] Samuelson, P. A. The Transfer Problem and Transport Costs: The terms of Trade When Impediments Are Absent [J]. Economic Journal, 1952, 62 (246): 278-304.

[168] Santos Silva, J. M. C., and S. Tenreyro. The Log of Gravity [J]. Review of Economics and Statistics, 2006, 88 (4): 641-658.

[169] Santos Silva, J. M. C., and S. Tenreyro, "The Log of Gravity At 15 [J]. Portuguese Economic Journal, 2022, https://doi.org/10.1007/s10258-021-00203-w.

[170] Savage, I. R., and K. W. Deutsch. A Statistical Model of the Gross Analysis of Transaction Flows [J]. Econometrica, 1960, 28 (3): 551-572.

[171] Schmidt, P., and R. C. Sickles. Production Frontiers and Panel Data [J]. Journal of Business & Economic Statistics, 1984 (2): 367-374.

[172] Schneider, G., F. Stahler., and G. Thunecke. The (Non-) Neutrality of Value Added Taxation [OL]. CESifo Working Paper No. 9663, Available at SSRN: https://ssrn.com/abstract=4077475 or http://dx.doi.org/10.2139/ssrn.4077475, 2022.

[173] Sforza, A., and M. Steininger. Globalization in the Time of Covid-19 [R]. CESifo Working Paper Series 8184, CESifo, 2020.

[174] Shikher, S. Predicting the Effects of NAFTA: Now We Can Do It Better! [J]. Journal of International and Global Economic Studies, 2014, 5 (2): 32-59.

[175] Stewart, J. Q. Demographic Gravitation: Evidence and Applications [J]. Sociometry, 1948, 11 (1/2): 31-58.

[176] Tamini, L. D., Chebbi, H. E., Abbassi, A. Trade performance and potential of North African countries: an application of a stochastic frontier gravity model [OL]. SSRN Electron. J. 4 (1), 1-37. https://doi.org/10.2139/ssrn.3265453, 2016.

[177] Tinbergen, J. Shaping the World Economy: Suggestions for an International Economic Policy [M]. New York: The Twentieth Century Fund, 1962.

[178] Turcsányi, R. Q. Central and Eastern Europe's courtship with China: Trojan horse within the EU? [R]. European Institute of Asian Studies, IAS Policy Paper, 2014.

[179] Wang, H.-J., and C.-W. Ho. Estimating Fixed-Effect Panel Stochastic Frontier Models by Model Transformation [J]. Journal of Econometrics, 2010 (157): 286-296.

[180] Waugh, M. E. International Trade and Income Differences [J]. American Economic Review, 2010, 100 (5): 2093-2124.

[181] Weidner, M., and T. Zylkin. Bias and consistency in three-way gravity models [J]. Journal of International Economics, 2021, 132 (C).

[182] Xu. J., C. Lu. S. Ruan., N. N. Xiong. Estimating the efficiency and potential of China's steel products export to countries along the "Belt and Road" under interconnection: An application of extended stochastic frontier gravity model [J]. Resources Policy 75 (1): 102513, 2020.

[183] Yotov, Y. V. A Simple Solution to the Distance Puzzle in International Trade [J]. Economics Letters, 2012, 117 (3): 794-798.

[184] Yotov, Y. V., R. Piermartini, J.-A. Monteiro., and M. Larch, An Advanced Guide to Trade Policy Analysis: The Structural Gravity Model [M]. Geneva: UNCTAD and WTO, 2016.

[185] Yotov, Y. V. Gravity at Sixty: The Workhorse Model of Trade [OL]. CESifo Working Paper No. 9584, Available at SSRN: http://dx.doi.org/10.2139/ssrn.4037001, 2022.

[186] 陈继勇, 刘燚爽. "一带一路"沿线国家贸易便利化对中国贸易潜力的影响 [J]. 世界经济研究, 2018 (09): 41-54+135-136。

[187] 丁新正. 强化中国—中东欧国家法律政策合作机制——基于

《中国—中东欧国家合作中期规划》的分析前瞻及立法建议 [J]. 重庆理工大学学报（社会科学），2021，35（07）：136-144。

[188] 方英，马芮. 中国与"一带一路"沿线国家文化贸易潜力及影响因素：基于随机前沿引力模型的实证研究 [J]. 世界经济研究，2018（01）：112-121+136。

[189] 鞠豪. 浅谈"16+1合作"的影响因素 [J]. 欧亚经济，2019（03）：88-101+126+128。

[190] 贺书锋，平瑛，张伟华. 北极航道对中国贸易潜力的影响——基于随机前沿引力模型的实证研究 [J]. 国际贸易问题，2013（08）：3-12。

[191] 侯敏，邓琳琳. 中国与中东欧国家贸易效率及潜力研究——基于随机前沿引力模型的分析 [J]. 上海经济研究，2017（07）：105-116。

[192] 黄满盈. 中国双边金融服务贸易出口潜力及贸易壁垒研究 [J]. 数量经济技术经济研究. 2015，32（02）：3-18+82。

[193] 李丹，夏秋，周宏. "一带一路"背景下中国与中东欧国家农产品贸易潜力研究——基于随机前沿引力模型的实证分析 [J]. 新疆农垦经济，2016（06）：24-32。

[194] 李亚波. 中国与智利双边货物贸易的潜力研究——基于引力模型的实证分析 [J]. 国际贸易问题，2013（07）：62-69。

[195] 刘倩. "丝绸之路经济带"背景下新疆与欧亚经济联盟贸易潜力实证研究 [J]. 经济地理，2018，38（04）：65-72。

[196] 刘青峰，姜书竹. 从贸易引力模型看中国双边贸易安排 [J]. 浙江社会科学，2002（6）：17-20。

[197] 刘用明，朱源秋，吕一清. "一带一路"背景下中俄双边贸易效率及潜力研究——基于随机前沿引力模型（SFGM）[J]. 经济体制改革，2018（05）：78-84。

[198] 刘作奎. 中国与中东欧合作：问题与对策 [J]. 国际问题研究，2013（05）：73-82。

[199] 刘作奎. 中国—中东欧国家合作的发展历程与前景 [J]. 当代世界，2020（04）：4-9。

[200] 刘作奎. "双边+多边"理论：对中国—中东欧国家合作的新探索 [J]. 中共中央党校（国家行政学院）学报，2022，26（02）：

129-136.

[201] 龙海雯,施本植.中国与中东欧国家贸易竞争性、互补性及贸易潜力研究——以"一带一路"为背景[J].广西社会科学,2016(02):78-84.

[202] 马惠兰,李凤,叶雨晴.中国新疆与上合组织国家农产品贸易潜力研究——基于贸易引力模型的实证分析[J].农业技术经济,2014(06):120-126.

[203] 盛斌,廖明中.中国的贸易流量与出口潜力:引力模型的研究[J].世界经济,2004(02):3-12.

[204] 宋黎磊.中国—中东欧国家人文交流:合作进程、影响因素与前景[J].当代世界,2020(04):17-21.

[205] 孙林.中国农产品贸易流量及潜力测算——基于引力模型的实证分析[J].经济学家.2008(06):70-76.

[206] 谭秀杰,周茂荣.21世纪"海上丝绸之路"贸易潜力及其影响因素——基于随机前沿引力模型的实证研究[J].国际贸易问题,2015(02):3-12.

[207] 王领,陈珊.孟中印缅经济走廊的贸易效率及潜力研究——基于随机前沿引力模型分析[J].亚太经济,2019(04):47-54+150-151.

[208] 王灵桂.务实创新引航中国—中东欧国家合作[J].欧洲研究,2022,40(01):1-7.

[209] 万璐,高利,程宝栋.基于引力模型的林产品双边贸易潜力研究——以中国—中东欧沿线国家为例[J].林业经济问题,2017,37(01):63-67+73+107.

[210] 杨桔,祁春节."丝绸之路经济带"沿线国家对中国农产品出口贸易潜力研究——基于TPI与扩展的随机前沿引力模型的分析框架[J].国际贸易问题,2020(06):127-142.

[211] 姚鸟儿.浙江与中东欧双边贸易效率及潜力研究——基于随机前沿引力模型估计[J].华东经济管理,2018,32(10):14-21.

[212] 张亚斌,马莉莉.丝绸之路经济带:贸易关系、影响因素与发展潜力——基于CMS模型与拓展引力模型的实证分析[J].国际经贸探索,2015,31(12):72-85.

[213] 赵雨霖,林光华. 中国与东盟10国双边农产品贸易流量与贸易潜力的分析——基于贸易引力模型的研究 [J]. 国际贸易问题,2008 (12):69-77。

[214] 周念利. 基于引力模型的中国双边服务贸易流量与出口潜力研究 [J]. 数量经济技术经济研究,2010,27 (12):67-79。

[215] 周升起,付华. 贸易便利化与中国出口贸易:基于改进"引力模型"的分析 [J]. 商业研究,2014 (11):93-98。